ALBERT PITOT

L'Ile de France

Esquisses Historiques

(1715-1810)

PORT-LOUIS, ILE MAURICE

E. PEZZANI, Imprimeur Editeur

RUE DE LA POUDRIÈRE

1899

(Tous droits réservés)

Offert en hommage à la Bibliothèque Nationale par M. Georges Baschet de la part de l'auteur M. Albert Pitot de l'Ile Maurice

Paris, le 2 Avril 1906

Dr G. Baschet

L'Ile de France

ALBERT PITOT

L'Ile de France

Esquisses Historiques

(1715–1810)

PORT-LOUIS, ILE MAURICE

E. PEZZANI, Imprimeur Editeur

RUE DE LA POUDRIÈRE

1899

(Tous droits reservés)

AVANT-PROPOS

Ceci, hâtons-nous de le dire, n'est pas une œuvre d'érudition.

Tous ceux qui comme nous, hantés par le spectre du passé, ont voulu voir un peu clair dans nos annales, tous ceux-là savent combien la tâche en est ardue. Si quelques-uns, doués d'une patience peu commune, ont persévéré, combien ne se sont pas rebutés devant les difficultés de toute sorte qu'ils ont rencontrées ! Les chroniqueurs sont nombreux, mais leurs ouvrages sont rares pour ne pas dire introuvables ; bien peu ont adopté un véritable plan d'ensemble, et alors, soit par crainte de fatiguer leurs lecteurs, soit plutôt que les documents leur aient manqué pour être plus complets, ils nous ont servi les résumés les plus succincts, qui ne peuvent satisfaire les initiés et n'intéressent les profanes en aucune façon.

D'autres au contraire, abondent en renseignements précieux, mais ils se sont bornés à traiter quelques épisodes détachés de notre histoire, ou bien ces détails se perdent dans un fatras inutile qui en rend la lecture pénible et indigeste.

Pénétré de cette vérité et décidé à en avoir le cœur net, nous nous sommes astreint avec un entêtement qui fait peut-être tout notre mérite, à prendre note sur note au cours de notre lecture. Si bien qu'après avoir fait connaissance avec presque tous nos historiens nous nous sommes trouvé en présence d'un volumineux dossier qu'il a fallu classer et mettre en ordre.

C'est ce dépouillement, joint à bon nombre de recherches dans nos archives coloniales, que nous présentons aujourd'hui, non pas comme une histoire complète de l'Ile de France, nous n'avons pas cette prétention, mais comme de simples récits historiques.

Comparant, contrôlant, rectifiant, complétant, modifiant, déduisant, nous sommes parvenu cahin-caha à former un tout passablement homogène qui offrira du moins au lecteur l'avantage d'avoir sous les yeux ce qu'il n'aurait sans doute pu recueillir qu'à grand' peine, après des recherches aussi longues que fastidieuses.

Un ouvrage de ce genre, pouvant à juste titre être considéré comme une simple compilation, nous avons pensé que la probité la plus élémentaire exigeait l'indication des sources auxquelles nous avons puisé ; c'est pourquoi nous avons abusé des renvois. A part cette raison, ces notes n'ont pour la plupart aucune utilité, nous le savons bien, le lecteur sera quitte pour ne pas s'en occuper. Les adeptes reconnaîtront sans peine en quoi consiste le bien d'autrui et rendront à César ce qui lui appartient, les autres n'en auront cure et tout sera pour le mieux.

Nous avons cru devoir faire une large place à la partie anecdotique, étant de ceux qui ont un faible pour ce qu'on est convenu d'appeler " les petits côtés de l'histoire " ; nous y avons joint le récit des exploits de nos marins et de nos corsaires, sujet qui, selon nous, a été trop négligé par nos historiens, sous prétexte que ces hauts faits ne se rattachent qu'indirectement à l'histoire de notre colonie.

Enfin nous avons recueilli à la fin de ce volume, sous la rubrique *Pièces justificatives*, quelques documents importants qu'il nous a semblé indispensable de mettre sous les yeux du lecteur, tout en les retranchant du texte où ils auraient fait longueur.

Un mot encore : On répète à satiété que tout historien qui se respecte doit se montrer impartial ; c'est parfait en théorie, mais en pratique c'est une autre affaire. L'impartialité absolue est un mythe. L'historien n'ira sans doute pas s'amuser de gaîté de cœur à dénaturer les faits, mais ce n'est pas tout de les exposer, il doit encore les apprécier, c'est son devoir et c'est son droit. Or, le don d'appréciation est une faculté ondoyante et diverse, variant avec chaque tempérament, se modifiant singulièrement selon le point de vue auquel on se place. Ce qui est blanc pour les uns peut en toute conscience sembler noir aux yeux des autres, affaire d'appréciation, affaire de tempérament.

Tout ce verbiage, ami lecteur, est pour en venir à ceci : Dans les pages que tu vas lire, il est possible, il est même probable que tu rencontres des hérésies qui te feront bondir. Bondis si tu veux, mon ami, mais ne te fais pas de bile et conserve tes convictions, car après tout, c'est peut-être toi qui es dans le vrai.

En se montrant d'aussi bonne composition, il se pourrait bien que l'auteur nourrît une arrière-pensée, il espère peut-être ainsi gagner l'indulgence que tu n'auras pas le courage de lui marchander.

Sur ce, passons à notre sujet.

PREMIÈRE PARTIE

LA COMPAGNIE DES INDES

(1715—1767)

I

Prise de possession de l'Ile de France. — Dufresne. — Garnier Dufougeray. — MM. Durongouët le Toullec et de Nyon.—Fondation de la colonie.— Le Port Bourbon et le *Camp*.— Communications. — M. Brousse. — M. Le Noir.— Le Conseil d'administration.—Le Conseil provincial.—Concessions.—M. Dumas. — M. de Maupin. — Impositions, système monétaire. — Législation. — Les esclaves, les marrons.—Rats, sauterelles, singes,—Les habitants, les troupes, les filles de la Compagnie.— Le clergé.—Interdit contre le Port Bourbon. — Ingénieurs.—M. de Cossigny.—Sa mission, ses déboires, son rapport.—M. de La Bourdonnais.—(1715—1734.)

Deux ans s'étaient écoulés depuis l'abandon définitif de l'Isle Mauritius par les Hollandais, fuyant, disent les uns, devant l'invasion des rats, chassés, disent les autres, par des hordes innombrables de singes, et n'y laissant pour tous habitants qu'un petit nombre d'esclaves fugitifs qui eurent bientôt fait de se joindre aux marrons, maîtres absolus des montagnes et des forêts alors impénétrables ; lorsque dans les derniers jours de l'année 1714, les armateurs associés de Saint Malo, subrogés aux droits et privilèges de l'ancienne Compagnie des Indes alors à sa dernière extrémité (1), furent invités par le ministre, M. de Pontchartrain, à envoyer un de leurs bâtiments prendre possession de notre île au nom de Sa Majesté, au cas où elle serait inhabitée. Leur choix tomba sur M. Guillaume Dufresne, commandant le vaisseau le *Chasseur*. En conséquence M. de Laboissière, chargé de lui transmettre les ordres royaux, mit à la voile sur l'*Auguste*, au commencement de l'année suivante et rencontra Dufresne à Moka, dans le golfe de la mer Rouge (Juin 1715). Celui-ci après avoir pris connaissance de ses dépêches, leva l'ancre, cingla vers le sud et après une traversée assez longue, aborda au Port Nord-Ouest de l'Isle Mauritius, vers la fin du mois de Septembre. Cependant le vaisseau le *Succès* l'y attendait mouillé depuis le 7 Mai dans la baie de la Maison Blanche, située à environ une lieue du Port-Nord-Ouest, et son capitaine M. de Grangemont avait pu se

---

(1) La Compagnie des Indes, établie par l'édit d'Août 1664 confirmé par déclaration du Roi de Février 1685, était en 1707 réduite, faute de pouvoir faire des armements, à autoriser les négociants de Saint Malo à opérer dans la Mer Rouge à leurs risques et périls, moyennant une redevance de 7,000 livres une fois payées, plus 15 o/o sur les marchandises importées en France. L'année suivante elle céda son privilège à MM. de Saint Malo contre 10 o/o sur les bénéfices nets. (*Magon Saint Elier, Guët, A. d'Epinay.*)

rendre compte de l'absence des premiers occupants. Toutefois avant d'exécuter ses instructions, Dufresne envoya son équipage à la découverte et fit tirer à diverses reprises plusieurs salves de coups de canon. Personne ne se présenta,—les marrons comme on le pense bien, se gardèrent de donner signe de vie devant un si bruyant déploiement de forces militaires ;—si bien que le 20 Septembre 1715, l'île fut solennellement réunie à la Couronne sous le nom d'Isle de France et procès verbal en fut dressé. (1).

La tradition, précieuse à plus d'un titre à une époque où les données authentiques font presque absolument défaut, la tradition menteuse parfois, captivante toujours, veut que le jour même où Dufresne planta le drapeau fleurdelisé sur notre sol, un navire anglais se soit présenté dans un but analogue, mais que voyant la place prise, il se soit empressé de virer de bord (2).

M. Dufresne avait rempli sa mission, il ne lui était nullement recommandé de former aucun établissement à l'Isle de France qui se trouva de nouveau abandonnée pendant plusieurs années malgré les efforts répétés de M. Beauvollier de Courchant, gouverneur de Bourbon, qui essaya à diverses reprises et en pure perte d'y faire passer plusieurs colons par persuasion et même par force. Les évènements qui s'étaient succédés en France, la mort de Louis XIV, la régence, la chûte du ministère Pontchartrain, avaient pour le moment fait ajourner toute idée de colonisation.

Le 2 Avril 1721 le Roi céda l'Ile de France à la nouvelle Compagnie des Indes rétablie par l'édit de Mai 1719 ; M. le Chevalier de Nyon fut nommé gouverneur et ingénieur, il s'embarqua sur la *Diane* le 31 Mai. En attendant son arrivée, le Chevalier Jean Baptiste Garnier du Fougeray, commandant le *Triton* de Saint Malo, fut chargé de prendre officiellement possession de l'Ile au nom de la Compagnie des Indes.

Ancien officier de Dufresne sur le *Chasseur*, Garnier du Fougeray avait été témoin de la prise de possession de 1715 ; il arriva au Port Nord-Ouest le 23 Septembre 1721, fit hisser le pavillon blanc à un mât haut de quarante pieds au bas duquel fut gravée une inscription latine relatant le fait; à une portée de canon de cet endroit, sur l'Ile aux Tonneliers à la pointe qui forme l'entrée du Port, une croix fut dressée. Il y mit d'un côté son nom et les armes de France et de l'autre deux vers latins (3).

M. du Fougeray repartit le 3 Novembre ; on attendait incessamment un bâtiment de la Compagnie avec des ressources en hommes et en vivres. Ne voyant rien venir et craignant peut-être de la part d'une puisance étrangère une entreprise

---

(1) Voir pièces justificatives No. 1.
(2) Depuis longtemps l'Angleterre semblait avoir des vues sur cette colonie. François Cauche rapporte qu'en arrivant au Port Nord-Ouest de l'Isle Mauritius, au mois de Juillet 1638 avec ses compagnons, il s'y trouvait un vaisseau anglais de 500 tonneaux dont l'équipage leur proposa de jeter les Hollandais à la mer et s'emparer de l'Ile.
(3) Voir pièces justificatives No. 2.

mieux concertée que celle des Anglais en 1715, le conseil Provincial de Bourbon recommanda de faire construire une embarcation de 25 tonneaux pour faire passer à l'Ile de France douze ou quinze habitants, un aumônier et un chirurgien sous la direction de M. Durongouët le Toullec, Major de l'Ile Bourbon. Celui-ci reçut sa commission de gouverneur intérimaire le 1er Décembre et s'embarqua immédiatement. Son administration ne fut pas de longue durée, car le mois suivant (Janvier 1722) M. de Nyon arrivait d'Europe et prenait les rênes de son gouvernement après avoir fait chanter un *Te Deum* sur la plage pour célébrer la fondation définitive de la colonie. (1).

La population était si peu nombreuse que quelques mois après, sur les instances de M. de Nyon, le Conseil de l'Ile voisine décida de lui envoyer six colons au moins avec trente esclaves (2). Dès lors, elle se composa de 160 personnes en tout, y compris le gouverneur, le personnel de la Compagnie, les habitants, les esclaves et deux régiments formés en partie de compagnies suisses (3).

Le chef-lieu fut établi au Vieux Grand Port, non loin de l'ancien fort des Hollandais, il prit le nom de Port-Bourbon, le Port-Nord-Ouest conserva celui de *Camp*, qu'il devait aux premiers posseseurs. Ces deux villages n'étaient alors que des agglomérations de méchantes huttes en paille ou en palissades, l'Hôtel du Gouvernement, s'il est permis de lui décerner ce titre pompeux, n'était qu'une case un peu plus grande," en bois équarri "et couché qu'on avait apportée de Bourbon et recouverte de ".feuilles de latanier (4)."

Le conseil lorsqu'il fut établi siégea aussi dans une case en paille, faute d'armoires les papiers étaient empilés sur des tables, archives d'un genre tout primitif ; or il advint qu'en l'an de grâce 1731, un ouragan enleva case et documents officiels ; la plupart de ces minutes sont perdues pour nous (5). C'est ce qu'on est convenu d'appeler la " destruction des Archives de l'Ile de " France " ; le fait n'en est pas moins fort regrettable, bien des pièces curieuses qui ont disparu auraient sans doute jeté un nouveau jour sur cette époque.

Les soldats logeaient dans des paillottes, les malades durent au début se passer d'hôpital, un peu plus tard une vingtaine de lits leur furent affectés ; quant aux prisons il n'y en avait pas et jusqu'à l'arrivée de M. de La Bourdonnais on y suppléait pour les militaires coupables de quelque délit, en leur faisant garder les arrêts jusqu'au moment où ils étaient renvoyés en France (6).

(1) Voir pièces justificatives, Nos. 3, 4, 5.
(2) *G. Azéma*—" L'Ile Bourbon."
(3) *E. Piston* " La Bourdonnais."
(4) Lettre à M. de Malartic par *M. de Reine*.
(5) *E. Piston* " La Bourdonnais."
(6) Greffe de la Cour Suprême—Reg. 1, Nos. 5 et 31—Cas de MM. Wirtz et Guimont de Latour.

Au Port Bourbon, sur les plans de M. de Nyon, ingénieur de talent, on commença les assises d'une superbe citadelle qui ne tarda pas à s'élever jusqu'au premier cordon (1) ; pour le Camp, on se borna à y construire quelques retranchements entre le Ruisseau des Créoles et celui de la Butte à Tonniers, la rade resta sans défense. (2)

Entre les deux établissements point de routes, des sentiers seulement ; il fallait aller à pied car on n'avait pas encore de chevaux ; il n'était même pas prudent de se hasarder trop loin par ces labyrinthes à travers des fourrés épais, à cause des attaques des marrons. Souvent les voyageurs y rencontraient les cadavres d'habitants disparus et massacrés sans qu'on eût jamais pu découvrir leurs assassins (3). Cela n'empêcha pas quelques hommes courageux de se fixer aux Pamplemousses, à la Rivière du Tombeau, à la Montagne Longue, à Moka et aux Plaines Wilhems, en pleine forêt vierge. (4)

Les communications se faisaient tout bonnement par mer ; de sorte que quand un navire chargé de vivres entrait au Port Bourbon, il fallait l'envoyer déposer une partie de sa cargaison au Camp ou bien avoir recours aux caboteurs qui mettaient souvent un mois pour faire ce trajet. (5)

En Décembre 1725 M. de Nyon fut remplacé dans le gouvernement de l'Ile de France par le lieutenant de Roi de Bourbon, M. Dioré, qui ne prit pas les rênes de l'administration, sa nomination ayant été désapprouvée en haut lieu ; ce fut M. Denis Brousse lieutenant de Roi à l'Ile de France qui fit l'intérim, non sans tiraillements, jusqu'à l'arrivée de M. Dumas, directeur général du commerce, le 19 Août 1727. Au début un Conseil d'administration composé du Gouverneur, de l'Ingénieur, du Commandant pour le Roi, de deux Pères lazaristes et du Chirurgien (6), statuait sur toutes les questions importantes ; les ordonnances étaient publiées au prône chaque dimanche après l'office divin. (7) Un règlement de la Compagnie, de l'année 1723, remplaça pour l'Ile Bourbon le Conseil Provincial par un Conseil Supérieur et pour l'Ile de France cette assemblée d'habitants par un Conseil Provincial relevant du Conseil Supérieur de Bourbon, et qui ne fut installé que le 31 Mai 1726 au Port-Nord-Ouest par M. Le Noir, Gouverneur de Pondichéry (8).

La Compagnie hésitait alors à conserver une colonie qui lui coûtait d'assez grosses sommes et ne lui rapportait rien ; elle l'eût

---

(1) Lettre du *Père Ducros*—M. de Nyon était Chevalier de Saint-Louis et lieutenant-colonel d'infanterie.
(2) *E. Piston* " La Bourdonnais."
(3) *E. Piston* " La Bourdonnais."
(4) *M. de Reine*—Lettre à M. de Malartic.
(5) *E. Piston* " La Bourdonnais."
(6) *Dr. la Caze*—" l'Ile Bourbon etc.,"
(7) *Magon Saint-Elier*—" Tableaux pittoresques le l'Ile Maurice."
(8) Ibid.

sans doute abandonnée si l'excellence de son port n'eût été d'un certain poids dans la balance (1).

Aux termes de l'Édit 1723, voici quelle devait être la composition du Conseil Provincial :

" Les directeurs généraux de la Compagnie, s'il s'en trouve
" à l'Ile de France, le Gouverneur de cette Ile, six conseillers, un
" procureur général du Roi et un greffier." (2) Les nominations
faites par M. Le Noir furent les suivantes : " M. Brousse,
" lieutenant de Roi, premier conseiller et attendu l'absence de
" M. Dioré, commandant, il présidera le conseil et sera garde-
" dépositaire du sceau royal ; M. Didier de Saint Martin,
" teneur de livres et garde-magasin général, second conseiller,
" Duquesnain, greffier du conseil." (3)

Le Conseil avait à la fois des fonctions judiciaires et administratives. Ses jugements étaient rendus au civil par trois juges et exécutés par provision, sauf appel au Conseil supérieur de l'île sœur ; au criminel, le nombre des juges était porté à cinq et la voie de l'appel n'était interdite qu'aux esclaves (4). " En
" cas d'absence ou d'empêchement des juges titulaires, il sera
" appelé dans les affaires civiles, un ou deux habitants français
" capables et de probité, pour faire le nombre de trois, et dans
" les affaires criminelles un nombre suffisant de français, capables
" et de probité, pour former le nombre de cinq, encore que ces
" personnes ne soient graduées, ce dont elles sont dispensées." (5)
En dépit de ces précautions pour protéger l'existence et la fortune des citoyens, il ne semble pas que les magistrats se soient toujours maintenus à la hauteur de leur mandat ; il leur arriva plus d'une fois d'être vertement réprimandés par le tribunal d'appel de Bourbon. En voici quelques exemples :

En 1726, un officier, M. de Bellecourt, enseigne de la garnison de Port-Louis, prévenu d'attentat aux mœurs et de discours calomnieux contre M. Borthon, supérieur ecclésiastique (6), fut condamné à faire amende honorable à la porte de l'église, en chemise, la corde au cou, mené par l'exécuteur des hautes œuvres, puis à être enchaîné et conduit sur les galères du Roi pour y ramer à perpétuité. Il fit appel et le Conseil supérieur cassa l'arrêt, en invitant le Conseil provincial " à être à l'avenir
" plus attentif sur l'intérêt de son honneur et à examiner désormais
" avec une exactitude plus scrupuleuse les procès criminels
" soumis à sa juridiction." (7)

Ce M. de Bellecourt était pourtant un triste sire ; à quelque temps de là nous le voyons cassé à la tête de son régiment et renvoyé en France pour avoir frappé et maltraité le second

(1) *Pridham* " History of Mauritius."
(2) Greffe de la Cour Suprême. Reg. 1. No. 11. Fol. 13.
(3) Ibid. Reg. 1. No. 15. Fol. 18.
(4) *E. Piston* " La Bourdonnais."
(5) Greffe de la Cour Suprême. Reg. 1, No, 11, Fol. 13.
(6) *Magon Saint-Elier.*
(7) *E. Piston* " La Bourdonnais."

chirurgien, M. Lalot, et adressé des injures à M. de la Tour son capitaine (3 Juin 1726). (1)

Ce dernier officier, M. Guimont de la Tour, ayant eu maille à partir avec la justice, le Conseil Provincial refusa de connaître de son affaire et l'envoya à Bourbon pour passer en jugement, " vu le manque d'ordonnances du Roi, de règlements et coutumes " de la prévôté et de la vicomté de Paris." (8 Août 1726) (2).

Le Conseil Provincial faisait des concessions de terres aux habitants et dut plus d'une fois les contraindre par la privation des avances et des vivres à ne pas délaisser leurs plantations ; il fallut même appréhender au corps les plus incorrigibles et leur interdire le séjour de la ville. Le système d'avances établi par la Compagnie, excellent en lui-même, n'aboutit à rien en raison du peu de discernement qu'on mit à imposer la culture des terres à des gens qui n'étaient rien moins que des agriculteurs, et aussi, il faut le dire, en raison de la nature même de la population formée d'éléments hétérogènes et laissant beaucoup à désirer sous le rapport de la moralité et de l'activité.

Pour s'assurer le remboursement de ses fonds, la Compagnie s'était réservé le privilège exclusif de vendre et d'acheter ; tout ce dont les colons avaient besoin leur était fourni moyennant finances par ses employés, tous les produits étaient monopolisés par la Compagnie qui ne se faisait pas faute de réaliser de gros bénéfices sur le prix parfois dérisoire qu'elle payait aux habitants. Il était impossible qu'un pareil système ne prêtât pas à l'abus, mais elle s'en souciait fort peu, ne voyant dans l'Ile de France qu'un port de relâche pour ses vaisseaux. Elle enjoignit bien de cultiver les grains nourriciers, mais on n'en tint absolument aucun compte, aussi il arrivait trop souvent que quand les bâtiments destinés à lui porter des vivres essuyaient le moindre retard, la colonie était réduite à en envoyer chercher en toute hâte à Madagascar ; on serait mort de faim si l'on n'avait eu la ressource de la pêche et de la chasse, et encore cette dernière menaçait-elle de faire défaut à brève échéance malgré l'abondance du gibier, " chèvres, cerfs et taureaux sauvages, si gras qu'on les " prenait facilement." (3) Un témoin oculaire déclare que même en temps ordinaire, on mangeait rarement tout son saoûl à l'Ile de France. (4)

Il fallut règlementer cette matière ; d'abord le gouvernement enjoignit à chaque habitant de fournir une quantité de vivres proportionnée à ce qu'il avait en magasin (5),—c'était empêcher les accaparements. Les troupes furent chargées de pourvoir à la subsistance commune, trois cerfs ou deux cerfs et quatre cabris composaient le menu de la semaine. On dut restreindre le droit

(1) Greffe de la Cour Suprême. Reg. 1. No. 26.
(2) Ibid. Reg. 1. No. 31.
(3) *E. Piston* " La Bourdonnais."
(4) *Père Ducros.*
(5) *Magon Saint-Elier.*

de chasse et décréter l'extermination de la race canine, sauf dix de ces intéressants animaux que l'on respecta dans chacun des deux villages. (1)

Le poisson était si abondant qu'on se borna à interdire la pêche dans l'Etang du Port-Nord-Ouest. Un parc communal fut ouvert au Chef-lieu et au Camp, dans lequel les habitants durent enfermer leurs bestiaux chaque soir ; défense leur fut faite d'en abattre une seule tête avant quatre ans, à charge de 300 livres d'amende. La Compagnie achetait suivant estimation ceux des bestiaux que les habitants auraient à vendre. (2)

A son arrivée à Saint-Paul, (Ile Bourbon) le 19 Août 1727, M. Dumas mit à exécution un règlement général de la Compagnie en date du 29 Janvier précédent, divisant l'administration en deux départements distincts sous deux chefs différents ; le commerce, le gouvernement civil et la police concernaient exclusivement le " Directeur général du commerce et Inspecteur de la police des deux îles," qui devait faire chaque année un séjour de trois mois à l'Ile de France et s'y rendre à chaque fois que le bien du service l'exigerait. Il était expressément défendu aux bâtiments étrangers de mouiller ailleurs que devant les corps de garde établis *ad hoc* dans les deux ports et de mettre à terre personne de leurs équipages, même en cas d'avaries et de maladie ; il leur était seulement loisible de se ravitailler d'eau et de bois moyenant paiement. Quant aux marchandises qu'ils tenteraient de débarquer, elles devaient être saisies, vendues et le produit réparti par moitié entre les soldats de garde qui en auraient fait la capture, l'autre moitié étant affectée à l'hôpital.

Le département militaire était placé sous les ordres d'un commandant en chef, M. de Beauvollier, à la charge de résider six mois alternativement dans chacune des deux colonies. Le Conseil d'administration arrêtait les dépenses relatives au prêt, aux rations et à l'habillement des troupes, autorisait les officiers en cas de nécessité, à faire prendre les armes aux habitants, donnait les ordres nécessaires pour les fêtes et réjouissances publiques ; les officiers devaient se conformer à ses décisions et les faire exécuter. (3)

Le 24 Mars 1729, M. Dumas dut se rendre à l'Ile de France ; l'administration y était dans le plus complet désarroi ; l'amour propre froissé, les opinions contradictoires, la mauvaise volonté des fonctionnaires, avaient rendu urgent un remaniement sérieux. Le Conseil se trouvait alors virtuellement dissous depuis huit mois par le fait de deux conseillers, MM. de Saint Martin et Floch, qui ayant paraît-il à se plaindre de la façon d'agir du commandant, M. Brousse, à leur égard, refusaient énergiquement

(1) *E. Piston* " La Bourdonnais."
(2) *E. Piston* " La Bourdonnais." Greffe de la Cour Suprême. Reg. 1. No. 10 18, 28.
(3) Règlement du 29 Janvier 1727. Greffe de la Cour Suprême. Reg. 1. No. 36, Fol. 32.

de prendre part aux délibérations tant que M. Brousse ferait partie du Conseil, prétendant d'ailleurs que ce dernier ne pouvait décemment remplir ses fonctions, n'ayant pas la moindre connaissance des affaires judiciaires. Ces Messieurs s'acharnaient à envoyer leur démission que le commandant de son côté, déclarait ne pas être autorisé à recevoir. (1)

Descendu au chef-lieu, M. Dumas se rendit par terre avec les principaux employés au Camp où une assemblée générale de la population fut convoquée ; après avoir fait l'historique des évènements qui avaient rendu sa présence nécessaire et adressé à chacun en particulier une bonne semonce sans paraître y toucher, il répandit un peu d'eau bénite de cour sur les blessures qu'il venait de faire, et en somme chacun parut satisfait.

" Il représenta que la Compagnie songeant sérieusement
" à l'établissement de cette colonie, il était dans la résolution
" pour seconder ses intentions, d'y laisser la plus grande partie
" des noirs ouvriers et des provisions embarquées à Pondichéry
" sur le navire la *Syrène*, mais qu'il y avait lieu de craindre que
" chacun ne travaillât pas de concert et ne concourût pas au bien
" commun de la colonie, et que cette division ne rendît infruc-
" tueuses les dépenses que la Compagnie se proposait de faire ;
" qu'avant de donner ses ordres pour le débarquement des objets
" qui sont sur la *Syrène*, il exigeait que chacun oubliât les
" discussions passées, qu'il serait dressé un règlement tant pour
" le rétablissement du Conseil Provincial suspendu depuis le mois
" de juillet dernier, et l'administration des affaires de la Compa-
" gnie, que pour les fonctions de détails qui concernent M. de
" Brousse, lieutenant de Roi et MM. les officiers des troupes ; que
" chacun ferait sa soumission au bas de ce règlement, de s'y
" conformer sans pouvoir s'en dispenser sous aucun prétexte que
" ce puisse être, à peine de répondre en son propre et privé nom
" du désordre et du retard qui seraient apportés à l'exécution des
" ordres de la Compagnie." (2)

Le Conseil fut ainsi composé : " M. de Brousse est nommé
" président, M. de Saint Martin premier conseiller, présidant le
" conseil attendu le séjour de M. de Brousse au Port-Louis ;
" M. d'Hauterive second conseiller ; M. Floch troisième conseiller
" et procureur du Roi sans déroger à son rang ; le sieur Prégent,
" greffier.

" Le Conseil se tiendra au Port Bourbon, quartier principal
" aux jours et heures qui seront indiqués par le président, pour y
" rendre en première instance la justice civile et criminelle aux
" termes de l'édit de création du Conseil supérieur de l'Ile
" Bourbon, du mois de Novembre 1723.

" M. de Saint Martin aura en chef l'administration des
" affaires de la Compagnie dans les deux ports. Le garde-

(1) Greffe de la Cour Suprême. Reg. I. No. 33, 49, 50, 51, 52.
(2) Greffe de la Cour Suprême. Reg. I. No. 59.

"magasin du Port-Louis et tous les autres employés de la
"Compagnie seront sous ses ordres. M. de Saint Martin aura
"en l'absence de M. Dumas, le gouvernement civil et la police
"sur tous les habitants de cette île, lesquels seront tenus de lui
"obéir et de lui porter du respect. M. de Brousse, lieutenant
"de Roi et commandant les militaires, donnera des ordres à
"l'égard de tout ce qui concerne les troupes et dans le cas où il
"sera question d'une défense commune, il commandera et
"ordonnera aux soldats et habitants tout ce qu'il croira convena-
"ble pour se défendre de l'ennemi.

"M. Floch, résidant au Port N. O. aura soin d'y faire
"exécuter les règlements de police qui lui seront envoyés par le
"sieur de Saint Martin, et aura même en l'absence de ce dernier,
"l'administration des affaires de la Compagnie.

"Lorsque M. de Saint Martin voudra faire assembler les
"habitants, il en donnera avis à M. de Brousse ou à l'officier
"commandant, qui ordonnera aux canonniers de tirer deux coups
"de canon, signal convenu à cet effet. Le commandant des
"troupes aura soin que les soldats n'insultent aucun habitant.

"Dans le cas où les ouvriers attachés aux travaux de
"magasins et fortifications ne seraient pas en nombre suffisant,
"le commandant pourra autoriser les soldats à s'employer à ces
"travaux.

"Si un habitant venait à commettre quelque faute ou crime
"pourra le Sieur de Saint Martin, s'il le juge à propos, faire
"emprisonner cet habitant, et à cet effet il requerra main forte
"du commandant des troupes. (1)

Pour éviter tous ces tiraillements à l'avenir, il avait paru à
la Compagnie indispensable de nommer à la colonie un gouverneur
particulier : elle fit choix de M. de Maupin, qui confirmé le 14
Décembre 1728 entra en fonctions le 31 Août suivant.

Le nouveau gouverneur fit pousser les travaux de fortifications commencés par M. de Nyon, un plan spécial fut envoyé de
France pour le fort du Port-Nord-Ouest. (2)

En 1730 le Conseil Provincial prohiba les ventes de terres
par actes sous signatures privées dans le but d'assurer au trésor
une ressource sous la forme d'un droit de mutation (*lods et ventes*).
Chaque arpent en cultivation fut en outre frappé d'une redevance
en nature de trente livres de blé, trente de riz et quatre de
café ;—voilà pour les impositions.

Quant au système monétaire, "bien que la Compagnie ait
"ordonné par sa lettre du 10 Décembre 1725 de payer les
"appointements et soldes aux employés, officiers et ouvriers,
"moitié en argent et moitié en monnaie de cuivre, et de payer

(1) Greffe de la Cour Suprême, Reg. 1, No. 60.
(2) *Magon Saint-Elier.*

"en mêmes espèces dans les magasins les marchandises qui y
"seront vendues, il est impossible de faire aucun paiement
"partie en argent, attendu la vérification qui a été faite du peu
"d'espèces en cette matière qui restent dans l'île ; que la dispa-
"rition de ce numéraire est due à ce que les employés, officiers,
"ouvriers et soldats ont acheté tant des officiers des vaisseaux
"de la Compagnie que des vaisseaux anglais qui sont en cette
"île, les choses qui leur étaient nécessaires pour leurs vêtements
"etc. et que ces vaisseaux ont emporté tout l'argent que la
"Compagnie y avait envoyé, en sorte qu'il ne reste plus dans
"l'Ile que de la monnaie de cuivre." (1)

Pour empêcher la disparition des espèces, la Compagnie dut tarifer la valeur des monnaies de l'Inde et des piastres d'Espagne, les seules pièces françaises ayant cours étaient celles de un et deux sols, et encore au taux réduit de 6 et 18 deniers. Dans le même but, et pour faciliter les transactions journalières, elle avait émis un papier-monnaie en coupons de parchemin de 10 à 100 livres tournois, ne pouvant circuler qu'à l'Ile de France et échangeables contre des traites à vue sur sa caisse de la métropole. (2)

Trois législations différentes et bien distinctes s'appliquaient aux trois principaux éléments de la population ; pour les blancs c'était principalement la coutume de Paris adaptée aux circonstances par l'édit de création de la Compagnie de 1664, (3) pour les ecclésiastiques, un traité passé entre le Roi et la Compagnie les rendait absolument indépendants, " en cas de
" dissidence entre le pouvoir spirituel et le pouvoir temporel, les
" choses restaient en l'état jusqu'à la décision de la métropole." (4)

Les esclaves régis par le Code noir de 1723, bien que jugés dans les mêmes formes que les personnes libres, n'en étaient pas moins soumis à une incapacité absolue et aux peines les plus barbares. " La température défendant aux Français le travail
" pénible de terres," dit la loi, " on a dû y suppléer par des noirs,
" de là la nécessité de l'esclavage." (5) Sans entreprendre de discuter le bien ou le mal fondé de cette institution, hâtons-nous de dire que ce serait une grave erreur de croire que la loi attribuait au maître le droit de vie et de mort sur son esclave ; bien au contraire, la chaîne et le fouet étaient seuls tolérés et pour une faute évidente,—c'est déjà bien assez ;—s'il s'avisait de lui faire donner la question ou de lui infliger une mutilation quelconque, il voyait cet esclave confisqué sans préjudice de poursuites criminelles contre sa propre personne.

"Le nommé Annibal, noir de Madagascar, et esclave de
" François Aly, dit Davraincourt, habitant du quartier des

(1) Greffe de la Cour Suprême. Reg. 1. No. 19.
(2) Greffe de la Cour Suprême. Reg. 1. No. 19.—*E. Piston* "La Bourdonnais."
(3) *E. Piston* " La Bourdonnais."
(4) Ibid.
(5) Code noir cité par *Pridham*.

" Pamplemousses, la nommée Isabelle, femme du dit Annibal et
" ses deux petits enfants âgés d'environ 4 à 5 ans, seront mis
" au nombre des esclaves de la Compagnie, à laquelle ils appar-
" tiendront à compter de ce jour ; le compte d'Aly sera crédité
" du prix des esclaves ci-dessus désignés ; il sera fait au Sieur
" Aly injonction de traiter ses esclaves humainement, les nourrir,
" habiller d'après les règlements qui seront exécutés selon leur
" forme et teneur." (1)

Le maître était tenu de fournir vivres et vêtements à ses travailleurs, sous peine de les voir passer en d'autres mains sur une simple plainte portée par eux au Procureur général ; il devait des soins aux infirmes et aux malades, s'il négligeait de le faire, ils étaient accueillis à l'hôpital le plus voisin à ses frais, à raison de quatre sous par jour et par homme. Il lui était défendu de leur donner des liqueurs,—ce qui n'a pas besoin de commentaire— et même de les laisser s'absenter de leur travail pour pourvoir à leur subsistance. (2)

Si le législateur s'était occupé de la santé du corps, il n'avait pas oublié celle de l'esprit ; tous les nouveau-nés devaient être portés à l'Eglise pour y recevoir le baptême ; les adultes étaient exempts de travail le dimanche et les jours de fête ; leur maître était tenu de leur faire recevoir l'instruction religieuse d'un prêtre. Cet homme leur apprenait, à leur grande surprise, que les blancs et les noirs sont frères, et que s'ils se conformaient aux préceptes de la religion, ils iraient en paradis après leur mort, choses qui eu égard à leur situation, devait singulièrement confondre leur raisonnement naïf mais logique. (3)

Le mariage entre blancs et noirs était rigoureusement défendu, le clergé ne pouvait célébrer de pareilles unions ; le concubinage du maître et de son esclave était également prohibé, ainsi le voulait la loi, mais est-il besoin de le dire, avec la loi comme avec le ciel il y eut des accomodements ; l'esclave pouvait épouser un affranchi, à la condition d'être préalablement mise en liberté. Pour le mariage des esclaves entre eux il fallait le consentement du maître ; la mère et les enfants impubères ne pouvaient être vendus séparément, ces derniers appartenaient par droit d'accroissement au maître de leur mère. (4) D'un autre côté, l'esclave devait le respect à son maître ainsi qu'à sa famille ; s'il se livrait à des voies de fait sur leur personne, il était puni de mort ; ne jouissant pas des droits civils, il ne pouvait être appelé en témoignage contre son maître. (5) Ses petites économies ne pouvaient en aucun cas être affectées à la réparation du dommage occasionné par sa propre faute, le maître en était pécuniairement responsable. (6)

(1) Greffe de la Cour Suprême. Reg. 5. No. 105.
(2) E. Piston " La Bourdonnais."
(3) Magon Saint-Elier—Grant " History of Mauritius,"
(4) E. Piston " La Bourdonnais." Pridham.
(5) E. Piston " La Bourdonnais."
(6) G. Azéma.

Il était défendu à des esclaves de différentes habitations de s'attrouper de jour ou de nuit, sous peine du fouet et de la marque, de la mort même en cas de fréquentes récidives ou de circonstances aggravantes ; de rien vendre sans un billet du maître ; de porter des armes ou des bâtons. (1)

L'esclave qui s'absente pendant tout un mois à partir de la déclaration faite par le propriétaire, a les oreilles coupées et est marqué d'une fleur de lys sur l'épaule ; en cas de récidive il est marqué sur l'autre épaule et a le jarret tranché ; cette dernière peine ainsi que la peine capitale réservée à la troisième récidive, sont seules susceptibles d'appel. Le maître peut rechercher partout son esclave en fuite ; le blanc qui lui aura donné asile est passible d'une amende de trois piastres, l'affranchi d'une amende de cinq piastres entraînant la perte de la liberté pour ce dernier en cas de non-paiement. (2)

Ces mesures avaient pour objet d'empêcher les noirs d'abandonner la culture au préjudice de leurs employeurs et surtout de se joindre aux marrons, plus formidables que jamais,—mesure de salut public s'il en fut— ; le résultat laissa pourtant à désirer. Ces esclaves étaient pour la plupart des malgaches, hommes d'un caractère indépendant, mieux faits pour porter les armes que pour se plier à un pareil régime ; leur horreur pour la race blanche, en outre des mauvais traitements qu'ils en recevaient, s'augmentait nous dit un écrivain digne de foi, d'une croyance bizarre et profondément enracinée, comme on en voit chez les races encore sauvages : ils étaient persuadés que les blancs fabriquaient la poudre avec leurs os et le vin avec leur sang. (3)

Quelques-uns tentèrent de regagner leur pays natal dans une simple pirogue, on commit la faute immense de briser l'embarcation ; se voyant entravés dans leur fuite, ils se jetèrent dans les bois et portèrent aux brigands des renseignements précieux sur les êtres des habitations qu'ils venaient de quitter. (4) D'autres au dire de Bernardin de Saint-Pierre, réussirent dans le même projet, nageant et ramant à tour de rôle ; il en périt sans doute le plus grand nombre, mais quelques uns parvinrent à Madagascar, la *Grande Terre* comme ils l'appelaient, où ils furent reconnus par des personnes qui les avaient rencontrés à l'Ile de France. (5)

L'audace des marrons n'avait plus de bornes ; nous savons déjà comment ils guettaient les habitants qui s'aventuraient hors de la ville. Le Camp était alors encombré d'énormes pierres et couvert d'esquines hautes de six pieds, auxquelles ils mettaient le feu par les nuits sans lune ; tout flambait, herbes et cases, les

(1) *E. Piston* " La Bourdonnais."
(2) Ibid.
(3) *Grant.*—Les lettres du baron Grant écrites sur les lieux à une époque peu éloignée, doivent donner des renseignements bien exacts.
(4) Lettre du *Père Ducros.*
(5) *Bernardin de Saint-Pierre* " Voyage à l'Ile de France."

habitants s'enfuyant éperdus, étaient massacrés à coups de sagaïes. (1) On faisait le guet et parfois au signal d'alarme, on accourait en toute hâte pour voir défiler quelque troupeau de cerfs inoffensifs que le zèle du factionnaire avait confondu avec un ennemi autrement redoutable. (2)

S'étant procuré des femmes de force ou de gré, ils s'étaient organisés en tribus et avaient choisi un chef suprême ; celui-ci blessé à la tête dans une escarmouche avec les détachements qu'on envoyait de temps en temps contre eux avec plus ou moins de succès, arracha son ceinturon de cuir dont il banda sa plaie et s'en alla mourir à quelques pas plus loin. Un soldat, le bras cassé dans une autre rencontre, les entrailles pendantes, ne dut son salut qu'à l'obscurité ; il put se traîner jusqu'à un rocher d'où il vit rôtir deux de ses camarades à un grand feu autour duquel ces sauvages dansaient avec des cris et des hurlements horribles. (3)

Plus tard on voulut essayer des Indiens comme laboureurs, les communications avec Pondichéry rendaient cette immigration facile, mais on dut y renoncer ; leur mollesse les faisait peu propres au genre de travail qu'on exigeait d'eux, sans compter qu'à la moindre contrariété ils mettaient le feu partout. (4)

Le règlement du 29 Janvier 1727, dont il a été question plus haut, (5) autorisa le Conseil supérieur à faire venir des esclaves de Madagascar, pour être affectés à la construction des forts, maisons et magasins de la Compagnie ; ils devaient être marqués sur l'épaule d'une empreinte spéciale, afin d'en empêcher l'introduction clandestine. (6) M. de Beauvollier, commandant militaire fut chargé de se concerter avec le Conseil de l'Ile de France pour détruire les marrons et faire passer dans ce but autant d'hommes de Bourbon qu'il le jugerait convenable ; des récompenses étaient accordées aux détachements pour chaque prise. " Les noirs marrons pris par les détachements leur
" appartiendront en propriété à l'exception de deux ou trois,
" les plus criminels qui leur seront retenus pour faire un exemple
" de justice. Il sera payé à cet effet aux détachements 50 écus,
" et pour les noirs marrons tués dans la poursuite et dont les
" détachements apporteront la main gauche, il leur sera payé
" 100 livres." (7)

Les esclaves forts et bien conditionnés des deux sexes, de 15 à 30 ans étaient distingués sous le nom de *Pièces d'Inde*, les négrillons et négrites de 7 à 14 ans également bien constitués, étaient appelés *Capores*. Les pièces d'Inde valaient deux fois

(1) *De Reine* " Lettre à M. de Malartic."
(2) Ibid.
(3) Lettre du *Père Ducros*.
(4) *E. Piston* " La Bourdonnais."
(5) Voir page 7.
(6) *G. Azéma* " L'Ile Bourbon."
(7) Greffe de la Cour Suprême, Reg. 1, No. 20.

plus que les capores et ceux-ci deux fois plus que les enfants au-dessous de 7 ans ; un noir de Guinée valait un quart en plus qu'un noir Mozambique, à force égale.

En 1732 les marrons attaquèrent un soir le poste de Flacq ; plusieurs habitants furent tués, entre autres M. Gallet ancien officier de dragons. Madame Céré, mère de l'ancien directeur du jardin des plantes, fit preuve en cette occasion d'un rare sang froid et d'une énergie peu commune chez une femme. Sa maison était investie, elle s'y trouvait enfermée avec un soldat d'escorte du nom de l'Heure, blessé d'un coup de sagaïe qui lui avait ouvert le ventre. Sans perdre la tête, " elle fit rentrer les intestins et " les contint au moyen d'une nappe qu'elle roula autour de lui," prit son fusil et continua à tirailler par la fenêtre ; au point du jour un détachement vint la délivrer en mettant les marrons en fuite. (1) Les colons n'en furent pas moins obligés d'abandonner le quartier et de se réfugier en ville.

A quelque temps de là, un habitant des Plaines Wilhems, M. de Saint-Pierre, ayant été forcé de se rendre au Camp pour ses affaires, sa propriété située au pied de la montagne du Corps-de-garde fut assaillie dans la nuit ; quatre soldats qu'on lui avait donnés pour veiller pendant son absence, s'étaient enivrés au lieu de faire le guet. Tout fut massacré ; seule Madame de Saint-Pierre échappa, grâce à une inspiration providentielle qui l'avait portée à se revêtir d'une chemise de toile bleue. Elle pût se glisser hors de la maison sans être vue et se réfugier chez un voisin, M. Giblot Ducray. (2)

Vers la même époque, avec l'aide des serviteurs même de la maison, les marrons exterminèrent toute une famille à la Grande Rivière. (3)

Les cultivateurs avaient à redouter d'autres fléaux qui du jour au lendemain détruisaient leurs plus chères espérances ;— d'abord les rats, ces ennemis victorieux des Hollandais. Un témoin oculaire nous assure qu'ils étaient pour le moins gros comme des lapins avec le ventre blanc. (4) Ces rongeurs sortaient la nuit par bandes innombrables ; pour s'en préserver on était obligé de s'envelopper de la tête aux pieds comme des morts dans leur linceul ; malgré tout il fallait bien " s'accoutumer de les " sentir sur soi trotter, sauter, se battre," au réveil comme fiche de consolation, " on se racontait les morsures que l'on avait " essuyées." (5)

Les noirs les détruisaient au moyen d'un engin primitif appelé le *quatre de chiffre* ; ce piège se composait d'une bille de de bois très-lourd, arrondie au-dessus et plate au-dessous, la partie plane tournée vers la terre et supportée par une détente formée

---

(1) *De Reine*—Lettre à M. de Malartic.
(2) Ibid.
(3) *E. Piston* " La Bourdonnais."
(4) *De Reine*—Lettre à M. de Malartic.
(5) Lettre du *Père Ducros*.

de trois brindilles de bois présentant à peu près l'aspect du chiffre 4 ; on plaçait dessus quelques grains de maïs, les rats saisissaient l'appât, au moindre contact la détente basculait, le bloc de bois tombait et les écrasait. (1)

Un autre ennemi plus impitoyable encore, c'étaient les sauterelles. Elles s'élevaient par légions, obscurcissant l'air en plein midi ; en moins de deux heures toute trace de végétation avait disparu, les récoltes étaient perdues. (2) On organisa des battues auxquelles chaque habitant était tenu de prendre part ; le meilleur moyen de s'en débarrasser était de creuser à l'époque de la ponte, des fossés dans le sol, comme on en prépare pour planter la canne à sucre ; lorsque ces insectes s'y étaient abattus au point de les combler, les esclaves ramenaient sur eux la terre et les foulaient aux pieds jusqu'à les réduire en pâte. (3) Les singes aussi faisaient le désespoir des maraîchers ; ils arrivaient par bandes de quatre à cinq cents (4) on avait beau tenir des négrillons à la lisière des bois pour les effrayer par leurs cris, ils ne s'éloignaient que pour revenir de plus belle par le premier passage non gardé. Le fusil était encore le meilleur porte-respect ; mais prévenue par ses sentinelles, la troupe détalait à l'approche du chasseur, ou se cachait si bien derrière les branches et sous le feuillage qu'il était presque impossible de l'apercevoir. (5)

Nous avons eu à plusieurs reprises à signaler la composition bizarre de la population primitive de l'Ile de France ; après avoir donné quelques détails sur les noirs et les marrons, il importe d'agir de même pour les colons, les soldats et le clergé.

L'Ile Mascarin (6) avait été peuplée à l'origine par des colons échappés au massacre de Fort-Dauphin (7) ; un peu plus tard l'équipage d'un vaisseau pirate qui périt sur les côtes de cette île, s'y fixa avec des esclaves indiens, puis la Compagnie y envoya quelques familles. Ces habitants étaient en général sociables, paisibles et laborieux, nous dit un père Jésuite à qui nous faisons cet emprunt (8), mais il devait s'y trouver aussi bon nombre de fainéants et d'indisciplinés ; aussi lorsqu'il s'agit de coloniser l'Ile de France, ce ne fut certes pas l'élite des travailleurs qui dut se présenter. Au contraire, ceux-là devaient être en bonne voie de faire leurs affaires, ou plutôt de faire celles de la Compagnie ; l'administration n'aurait pas consenti aisément à les laisser partir, tandis qu'elle dut trouver double avantage à éloigner les mutins et les bons à rien, en s'en débarrassant d'abord, en leur offrant ensuite l'occasion de revenir à de meilleurs sentiments. Il n'est donc pas téméraire d'avancer que les premiers

(1) *Grant. E. Piston* " La Bourdonnais."
(2) *De Reine.*
(3) *E. Piston* " La Bourdonnais."
(4) *De Reine.*
(5) *Grant.*
(6) Corruption de *Mascareigne*, premier nom de l'Ile Bourbon.
(7) En 1673.
(8) Lettre du *Père Brown*, 1724.

habitants de l'Ile de France ne furent à quelques exceptions près, que le rebut de ceux de l'île sœur ; il s'en trouva même que le Conseil Provincial dut renvoyer à Bourbon en désespoir de cause, tellement leur présence était devenue intolérable malgré punitions et réprimandes. (1)

Plusieurs matelots et ouvriers des vaisseaux de la Compagnie s'établirent aussi à l'Ile de France ; un peu plus tard des familles de Bourbon et de Saint-Malo, cédant aux instances de la Compagnie y vinrent tenter fortune et infuser un sang nouveau dans cette population qui en avait si grand besoin. En somme il s'y trouvait bien quelques gens respectables, mais les mœurs étaient rien moins que patriarcales. (2)

Quant aux troupes que l'on faisait passer aux colonies, ce n'était pas non plus la fine fleur des militaires, mais en général d'assez mauvais sujets ; celles cantonnées à l'Ile de France le firent bien voir par leur indiscipline et leur arrogance. Les soldats commencèrent par refuser formellement de participer aux travaux publics auxquels ils étaient d'abord employés, menaçant de se réfugier dans les bois si on voulait les y contraindre ; (3) puis c'étaient des difficultés pour recevoir leurs vivres, fournis comme nous l'avons dit par le Conseil d'administration, qui accusait hautement deux officiers, MM. d'Hauterive et Mascle, d'être les principaux fauteurs de désordre. (4) Un peu plus tard vu le manque de numéraire, il fallut les payer en monnaie de cuivre, nouveaux murmures (5) ; cet état de choses était continuel. Un beau jour ils entrèrent en guerre ouverte contre l'autorité et arborèrent le pavillon hollandais, dans la bagarre un soldat maltraita le premier conseiller, M. de Saint-Martin. Le commandant dut capituler et accorder aux séditieux une amnistie complète au nom du roi. (6)

Toujours dans le but d'accroître la population, la Compagnie imagina d'expédier à l'Ile de France plusieurs cargaisons de filles ;—on sait où elle les recrutait, l'abbé Prévost dans *Manon Lescaut*, a pris la peine de nous renseigner à ce sujet. Pour encourager les soldats à s'adonner à l'agriculture, on leur offrait une concession, une femme, des avances et leur congé. Ces engagements ne furent pas religieusement tenus ; le 1er Septembre 1728, cinq soldats se plaignirent au Conseil Provincial de ce que le lieutenant de Roi, M. Brousse persistait à vouloir les maintenir malgré eux au service militaire.

" Le 28 Octobre, le Conseil s'oppose à un ordre donné au
" garde-magasin par le lieutenant de Roi de payer le prêt et de

(1) Greffe de la Cour Suprême. Reg. 1. No. 53. Cas de Valory.
(2) Mémoires de *La Bourdonnais*. E. Piston " La Bourdonnais."
(3) Greffe de la Cour Suprême. Reg. 1. No. 3.
(4) Greffe de la Cour Suprême. Reg. 1. Nos. 45, 46.
(5) Ibid. Reg. 1. No. 64.
(6) Mémoires de *La Bourdonnais*. E. Piston " La Bourdonnais."
Ce commandant militaire était M. Gast d'Hauterive.

" fournir les vivres au nommé Guingans, ci-devant soldat ;
" attendu que Guingans a épousé une des filles de la Compagnie
" à condition de s'établir et de se rendre habitant, et qu'il ne
" peut pas être compris dans l'état des paiements faits aux
" troupes, ni rien recevoir des magasins de la Compagnie." (1)

Puisque nous parlons de ces envois de filles, c'est ici le lieu de raconter une plaisanterie d'assez mauvais goût, dont le curé de Notre Dame du Port Bourbon fut la victime au mois de Juin 1730, de la part d'un des principaux habitants, que disons-nous ? du premier conseiller, le premier après le Gouverneur, M. de Saint-Martin dont nous avons déjà parlé plus d'une fois, le même qui remplaça par la suite, et à deux reprises différentes M. de La Bourdonnais dans le gouvernement de la colonie ! Cette anecdote peint si bien les mœurs de l'époque que nous n'hésitons pas à la citer.

Une de ces intéressantes cargaisons venait d'arriver sur le *Neptune*, la répartition des donzelles avait été faite et quatre d'entre elles se trouvaient sur l'habitation de M. de Saint-Martin ; l'histoire ne dit malheureusement pas si elles étaient affectées au maître lui-même ou à quelques soldats cultivateurs qu'il pouvait avoir chez lui. Dans le doute nous nous abstiendrons de tout commentaire désobligeant.

Notre homme, soit qu'il eût une pique contre le digne curé, soit qu'il voulût simplement s'amuser un brin à ses dépens, imagina d'envoyer chercher les jeunes personnes et de les faire entrer nuitamment dans le presbytère ; le lendemain au point du jour, il ne manqua pas d'en avertir ses amis et connaissances, et l'on vint aussitôt en procession chanter pouilles à M. l'abbé Igou. Celui-ci prit la chose de travers,—vu les exigences de son ministère, il faut avouer qu'il lui était bien difficile d'agir autrement,—et s'en alla tout droit se plaindre au Conseil de son propre vice-président. La situation était embarrassante, mais l'assemblée en sortit à son honneur en condamnant M. de Saint-Martin à faire des excuses à l'abbé en présence de deux ou trois personnes.

Une femme Toutain (une des quatre héroïnes croyons-nous), qui semblerait avoir joué le rôle principal dans cette fumisterie, s'en tira à moins bon compte, il lui fallut subir huit jours de prison ; quant aux soldats qui avaient été chercher les filles et les avaient menées à la loge, se doutant de ce qui les attendait, ils avaient disparu. Ordre fut donné de les rechercher, et M. Igou se retira, satisfait ? Nous en doutons. (2)

Le clergé de l'Ile de France se composait de missionnaires lazaristes sous la direction de M. Borthon, supérieur ecclésiastique ; l'île était divisée en deux paroisses à chacune desquelles

(1) Greffe de la Cour Suprême. Reg. 1. Nos. 54, 55.
(2) Greffe de la Cour Suprême. Reg. 1. No. 78. Les faits contenus dans la plainte de M. Igou sont détaillés dans une lettre missive de ce dernier qui n'est malheureusement pas transcrite au registre.

était attaché un certain nombre d'esclaves pour le service personnel de la cure et l'exploitation des terres qui en faisaient partie (1). Indépendants de l'administration, ne relevant directement que du Roi et du général de leur congrégation (2), ces hommes ne tardèrent pas à prendre une influence considérable sur la partie la plus saine des habitants, ce qui ne laissa pas d'être un grand bien par ces temps de trouble et d'indiscipline.

L'un d'eux, le frère Adam, en dépit de l'humilité de ses fonctions a laissé une réputation légendaire de charité et de dévouement ; homme fort instruit, il s'était senti porté tout d'abord vers les sciences naturelles, la botanique était sa passion. Ses heures de loisir il les employait à parcourir l'île en tous sens, herborisant, recueillant les simples dont la flore coloniale est si richement pourvue ; partout où il se présentait il était sûr de rencontrer un accueil cordial. Vers la fin de Juin 1722, des pluies torrentielles qui durèrent plusieurs jours, firent déborder tous les ruisseaux ; au premier rayon de soleil, le 24 au matin, frère Adam se mit en route. Deux ou trois jours se passèrent sans qu'on le vît revenir. Inquiet de cette absence prolongée, M. de Nyon envoya à sa recherche partout où il se rendait d'habitude ; personne ne l'avait vu. A la fin son corps fut retrouvé par des chasseurs, à une lieue du Port Bourbon, près d'un bras de mer où il avait dû se noyer en cherchant à le traverser à gué ; une de ses mains ainsi qu'une partie de son visage avaient servi de pâture aux poissons. (3)

Quatre ans plus tard (Mars 1726), plusieurs missionnaires venaient de débarquer au chef-lieu ; dans un excès d'empressement, un esclave chrétien planta là son travail pour aller remplir ses devoirs religieux ; le maître ne trouva pas la chose à son goût et fit infliger une verte correction à ce trop zélé néophyte. Dans son irritation il laissa comprendre en termes peu mesurés, aux ecclésiastiques qui sollicitaient la grâce du coupable, qu'ils en prenaient par trop à leur aise et s'inquiétaient trop peu des intérêts et des droits des maîtres. Les habitants firent chorus, si bien que d'un évènement assez insignifiant on fit un gros scandale. Les religieux se voyant grossièrement insultés, se plaignirent au supérieur ; M. l'abbé Borthon crut devoir sévir en lançant un interdit contre tout le village. (4) Le Père Ducros raconte que lors de son passage à l'Ile de France, le Port Bourbon se trouvait encore excommunié, il demanda et obtint la permission d'y dire la messe. (5)

Les choses ne tardèrent pas à s'arranger, puisque le 28 Mai 1728, un ordre du lieutenant de Roi prescrivit à une des

(1) *E. Piston* " La Bourdonnais." *E. Trouette* " L'Ile Bourbon pendant la période révolutionnaire."
(2) *E. Piston* " La Bourdonnais."
(3) *Magon Saint Elier.* Voir pièces justificatives No. 6.
(4) *Magon Saint Elier. E. Piston—T. Bonnefoy—*" Index " Voce : *Ports.*
(5) *Père Ducros.* Ceci établirait l'époque à laquelle cette lettre a été écrite, entre Mars 1726 et Mai 1728.

compagnies commandées par le sieur Mascle, de rendre les honneurs au clergé le jour de la Fête-Dieu, d'escorter le Saint-Sacrement et de faire une salve de mousqueterie à sa sortie de l'église comme à sa rentrée. (1)

Bien souvent le supérieur était forcé de faire entendre sa voix devant les abus de l'autorité, devant l'indifférence des habitants pour les règles les plus élémentaires de la morale. Le 9 Décembre 1728 nous le voyons protester contre la conduite d'un employé de l'administration, qui avait arbitrairement infligé à la femme d'un planteur, Madame Coupet, " dont la conduite a été irréprochable depuis son mariage, selon le témoignage de son pasteur et de tous les honnêtes gens de la colonie ", une punition, contraire à la décence et jusque là réservée aux hommes seuls, aux soldats, la peine du cheval de bois. On sait en quoi consistait ce châtiment ; on élevait sur la place publique deux tréteaux surmontés de deux planches en dos d'âne et terminées par la grossière effigie d'une tête de cheval. Le coupable était attaché, jambe de ci, jambe de là à cette espèce de pilori et exposé aux railleries de la foule toujours avide de ces exhibitions. (2)

Un peu plus tard, en 1730, il traîna devant le conseil Provincial un habitant, le sieur François Marteau, dit Dragon, qui venant de perdre son enfant, l'avait enfoui dans un champ de patates sans se soucier de lui faire rendre les honneurs funèbres ; ce père dénaturé fut condamné à déterrer lui-même le cadavre et à le porter dans ses bras à l'église. (3)

Avec le développement que prenait chaque jour la colonie, les quartiers les moins peuplés se voyaient privés des secours de la religion ; le 1er Septembre 1729 une requête des habitants de la Savane et de Flacq fut présentée au Conseil pour obtenir de deux capucins de passage dans l'île, et se rendant dans l'Inde, qu'ils consentîssent à s'établir dans ces deux districts (4). Le 5 Décembre 1734, M. l'abbé Igou, vicaire général, se plaignit du manque d'une église aux Pamplemousses, le Conseil présidé par M. de Maupin fit droit à sa demande, mais la chose traîna en longueur jusqu'au 25 Avril 1742, date à laquelle un terrain fut acheté dans ce but (5).

En 1730 la Compagnie commença seulement à soupçonner l'importance de cette colonie comme point stratégique ; elle y fit passer quelques ingénieurs et travailleurs. L'année suivante (18 Juillet 1731) elle chargea un de ses ingénieurs les plus habiles, M. Jean François Charpentier de Cossigny, officier du génie, de lui faire un rapport détaillé après avoir visité l'île ;

---

(1) Greffe de la Cour Suprême. Reg. 1, No. 44.
(2) Greffe de la Cour Suprême. Reg. 1. No. 56—Encyclopédie—voce : *Châtiments militaires.*
(3) Greffe de la Cour Suprême. Reg. 1. No. 84—*E. Piston*—" La Bourdonnais"
(4) *Magon St. Elier.*
(5) *Magon Saint Elier—T. Bonnefoy,* Voce ; *Église.*

cette mesure est due en grande partie au ministre des finances de l'époque, M. Orry (1).

M. de Cossigny arriva donc avec des instructions précises (1732), il lui était recommandé de transporter le chef-lieu du Port-Bourbon au Port Nord-Ouest où un bassin intérieur serait creusé s'il était possible derrière l'Ile aux Tonneliers. L'idée première de ce changement, qu'on a attribuée à La Bourdonnais, revient entièrement à M. de Maupin, qui gouvernait alors l'Ile de France ; une lettre des directeurs de la Compagnie en date du 22 Septembre 1731, ne laisse aucun doute à cet égard. (2) La Bourdonnais ne fit que partager cette manière de voir et comme le transfert se fit sous son gouvernement, on lui en a attribué la paternité. Il n'est que juste de rendre à César ce qui appartient à César ; La Bourdonnais a bien d'autres créations à son actif et ce n'est nullement diminuer sa gloire que de lui retirer une idée qu'il n'a pas été après tout le premier à entretenir.

Les fortifications des deux ports n'étaient pas négligées, non plus que des magasins à vivres et des casernes entourées de murailles pour protéger les troupes contre les attaques de l'extérieur et la population contre les séditions militaires. M. de Cossigny devait aussi se rendre compte de la possibilité d'établir un petit mouillage pour quinze ou seize vaisseaux dans la Baie du Tombeau. Il semblerait donc que cet ingénieur eût dû recevoir de l'administration locale toute l'assistance nécessaire ; bien loin de là, on lui refusa des ouvriers. Au lieu de le laisser s'occuper des travaux importants dont il était chargé, on l'employa à construire l'hôpital en palissades, le parc des bestiaux, et suprême ironie, à approvisionner de bois à feu les navires en relâche ; cependant les fondations de la batterie de l'Ile aux Tonneliers et le curage du port étaient suspendus.

Découragé, M. de Cossigny se fit donner acte d'une protestation bien en règle et retourna en France.

Le rapport qu'il présenta à la Compagnie, l'exposé lumineux qu'il fit de la situation géographique exceptionnelle de la colonie confirma le ministère dans ses bonnes intentions. Il fallait pour conduire à bien une pareille entreprise, pouvoir trouver un homme actif, intelligent et probe, un homme de génie disons le mot, qui sût tirer parti de toutes les circonstances, même des plus défavorables ; un homme de tête et de sang froid, qui sût imposer son autorité aux petites ambitions, aux jalousies de clocher, et faire courber le front à l'insolence et à l'anarchie.

Par un bonheur inouï, cet homme existait, la Compagnie sans s'en douter l'avait sous la main ; c'était M. de La Bourdonnais ! (3)

(1) *Grant——d'Unienville* " Statistique de l'Ile Maurice."
(2) *A. d'Épinay*—" Ile de France.
(3) *E. Piston*— " La Bourdonnais."

II

La Bourdonnais, sa jeunesse, ses services, le *Bourbon*. Ses campagnes dans l'Inde, son retour à l'Ile de France. Il est nommé gouverneur des Iles de France et de Bourbon.—Son portrait.—Son arrivée au Port Nord-Ouest.— Fâcheuse impression causée par une mesure de la Compagnie.—Agriculture. — Le siège du gouvernement transporté au Port-Louis.—Aspect du Port-Louis.—Bâtiments, constructions navales, fortifications, mines de fer.— Les troupes, maréchaussée.—Les ingénieurs— *Le Magasin Éternel*.— Les capitaines—Recensement—La ville, les habitants, les femmes, mets favoris. — Mort de Madame de La Bourdonnais.—La Bourdonnais rentre en France. Il réfute les accusations dirigées contre lui.—Nouveaux plans ; il quitte la France avec cinq vaisseaux.—Son second mariage.— Retour à l'Ile de France, (1735-1741.)

Bertrand François Mahé de La Bourdonnais naquit à Saint Malo le 11 Février 1699, de Jacques Mahé écuyer, sieur de La Bourdonnais et de Ludivine Trenchant de Prébois, son épouse ; sa famille d'ancienne noblesse bretonne s'appelait véritablement Mahé (1). A une époque où les Malouins ses compatriotes, s'illustraient par tant de brillant faits d'armes et d'entreprises remarquables, il n'est pas étonnant que dès sa plus tendre enfance le jeune Mahé se soit senti invinciblement attiré vers la carrière maritime.

A l'âge de dix ans, il s'embarqua pour les mers du Sud, à quatorze ans, il était enseigne de vaisseau à bord d'un bâtiment se rendant aux Indes et aux Iles Philippines. Après avoir parcouru les mers du Nord et du Levant, il entra en 1719 comme lieutenant au service de la Compagnie des Indes, qui venait, chose bizarre, de se relever et de surgir des ruines mêmes causées par le trop célèbre système de Law. (2)

En 1723 devenu premier lieutenant à bord de l'*Argonaute*, il rencontra dans les eaux de l'Ile Bourbon un vaisseau en détresse et coulant bas ; ne pouvant le réparer on allait l'abandonner après avoir sauvé toutefois l'équipage et la partie la moins encombrante de sa riche cargaison, lorsque La Bourdonnais s'offrit spontanément pour tenter dans une simple chaloupe la traversée de l'Ile de France, d'où il ramena peu de temps après un vaisseau qui mit le *Bourbon* en état de reprendre sa route. En récompense de sa belle action, le jeune officier fut promu au grade de second capitaine. (3).

De 1724 à 1730, il séjourna dans l'Inde, où ses brillantes dispositions lui attirèrent l'amitié de M. Le Noir, gouverneur de Pondichéry ; un service important qu'il rendit dans ce temps là

---

(1) Hommes illustres de la marine françoise.
(2) Mémoires de *La Bourdonnais*.
(3) Mémoires de *La Bourdonnais*. Hommes illustres de la marine françoise.

à deux bâtiments portugais, lui valut de la part de cette nation des lettres de noblesse, la croix de l'ordre du Christ et l'offre d'entrer à son service comme agent portugais à la côte de Coromandel. M. Le Noir fut le premier à lui conseiller d'accepter cette proposition si honorable. Dans le courant de l'année 1733, il retourna à Saint Malo et épousa Mademoiselle Marie Anne Joseph le Brun de la Franquerie. (1)

L'année suivante il fit un voyage à Paris. C'est justement à cette époque que le contrôleur des finances, M. Orry et M. de Fulvy son frère, commissaire du Roi près de la Compagnie des Indes, cherchaient un homme capable de comprendre et d'exécuter leurs projets sur l'île de France; au cours de plusieurs entrevues qu'ils eurent avec La Bourdonnais, les réflexions profondément justes émises par ce dernier avec l'assurance de l'homme supérieur qui sait et qui sent, les frappèrent d'étonnement, ils étaient dépassés ; seul l'homme capable de concevoir de si hautes idées était à même de les réaliser !

Ces Messieurs firent part au Cardinal Fleury et à M. de Maurepas alors chargé du portefeuille de la marine, de l'aubaine imprévue qui leur tombait pour ainsi dire du ciel ; le ministère entier vota d'enthousiasme un rapport on ne peut plus favorable, et Sa Majesté nomma M. Mahé de La Bourdonnais, gouverneur général des Iles de France et de Bourbon (1734). (2)

C'était alors, au dire de sa fille, Madame de Montlezun, un homme de taille médiocre, atteignant tout juste cinq pieds et quelques lignes, de peu d'embonpoint et d'une tournure élégante, il avait de beaux yeux noirs, les sourcils également noirs, le nez long et la bouche un peu grande, l'air vif, spirituel et enjoué, sa principale vertu était l'humanité. (3) Doué d'un tempérament robuste, il s'était astreint depuis sa jeunesse à ne jamais dormir plus de deux ou trois heures consécutives. (4)

La Compagnie en présence du gaspillage des fonds prêtés aux planteurs de l'Ile de France, sans aucun résultat satisfaisant, chargea M. de La Bourdonnais de couper court à ce système dès son arrivée et d'exiger même le remboursement intégral de toutes les avances faites précédemment ; cette nouvelle était parvenue dans la colonie lorsque le gouverneur débarqua au Port Nord-Ouest le 5 Juin 1735. On peut juger des sentiments hostiles de la population à son égard. En présence d'ordres aussi sévères qui pouvaient entraîner la ruine de tous, il n'hésita pas un instant à désobéir en quelque sorte, en se conformant à l'esprit plutôt qu'à la lettre de ses instructions, pour le plus grand bien de la Compagnie elle-même. Il fut sans pitié pour les paresseux

---

(1) Et non *Franquoie* comme plusieurs l'ont écrit. Hommes illustres de la marine françoise.
(2) Ibid. Mémoires de *La Bourdonnais*.
(3) Lettre de *Madame de Montlezun* à Bernardin de Saint Pierre.
(4) Mémoires de *La Bourdonnais*.

endurcis et ne se fit pas faute sur les réquisitions du procureur général, de confisquer leurs terres pour les réunir au domaine, mais il ouvrit sa propre bourse à tous les bons travailleurs, victimes des circonstances bien plus que de leur incurie. (1)

"Les circonstances de l'établissement de l'Ile de France
"ont engagé la Compagnie à accorder des terrains à tous ceux
"qui en ont demandé. La culture a été son principal but et a
"formé la condition qu'elle a fait, puisqu'elle a rendu les terrains
"reversibles à son domaine faute de mise en valeur ; cette clause
"est de rigueur. La Compagnie l'a envisagée comme le prix
"du don qu'elle faisait, mais ce qu'elle craignait est arrivé. Des
"gens sans forces se sont fait concéder des terrains et les ont
"abandonnés ; des gens non domiciliés les ont demandés et
"contre l'intention de la Compagnie, on leur a accordé des
"terres ; ces personnes n'en ont même pas pris possession ;
"d'autres se sont fait concéder des terres et en ont acheté en si
"grandes quantités que les forces leur manquant, ils en ont
"abandonné une partie pour faire valoir l'autre ; en sorte
"qu'aujourd'hui la grande quantité de terres incultes empêche
"les nouveaux établissements que la Compagnie se propose de
"faire, éloigne les habitants les uns des autres, rend les quartiers
"déserts et impraticables, les assujettit à des évènements qui
"peuvent troubler le repos de ceux qui voudraient s'y établir ;
"que toutes ces particularités réunies apportent un obstacle aux
"secours mutuels que les habitants se doivent, ainsi qu'à l'Etat,
"faute de pouvoir se réunir aussi promptement que l'exigent
"les circonstances ; que le vol, le feu, la dévastation des vivres
"et des troupeaux sont une suite inévitable de ce désordre et
"de cet éloignement, et qu'il importe de remédier à de pareils
"inconvénients, en confirmant la réunion qui s'est faite des
"terrains dont est mention, au domaine de la Compagnie afin
de les rendre impétrables. (2)

"La Compagnie pour procurer l'abondance aux habitants
"de cette île et à ses vaisseaux, allant et venant dans ce port,
"a gratifié les habitants de la propriété de partie de son domaine ;
"depuis cette générosité, des vues de condescendance, d'utilité
"particulière et publique lui on fait consentir que ces mêmes
"habitants abandonnassent leurs premières concessions et en
"reprissent d'autres dans les cantons où ils ont pensé que leurs
"travaux et leurs peines fructifieraient davantage avec moins
"de dépenses. Mais la Compagnie n'imaginait pas qu'il en
"naîtrait un abus que le procureur général croit devoir signaler.
"Des particuliers, après avoir remis leurs concessions pour en
"demander d'autres, que la Compagnie leur a accordées,
"vendent à des tiers les terrains dans la propriété desquels
"la Compagnie est rentrée de droit au moyen de la remise que
"ces personnes en ont faite ; qu'il peut naître de ces abus des
"dissensions sur ce que ceux qui, sur la foi d'une vente émanée

(1) *E. Piston* " La Bourdonnais. "
(2) Greffe de la Cour Suprême, Reg. 8. No. 182.

" d'un tiers en qui il ne réside plus de droits acquis, croiraient
" pouvoir contester la propriété à ceux à qui la Compagnie
" aurait de nouveau concédé ces mêmes terrains réunis à son
" domaine." (1)

Le tarif auquel les employés de la Compagnie achetaient aux habitants les produits du sol, variait le plus souvent au gré de leur caprice, aussi ne doit-on pas être surpris si ces derniers se décourageaient, craignant d'avoir à livrer à un prix dérisoire ce qui leur avait coûté tant de peines et de travaux. (2) La Bourdonnais pour les rassurer, leur offrit d'être de moitié avec eux dans les risques comme dans les profits (3) ; ils s'enhardirent et dans peu de temps on comptait à l'Ile de France plus de cent quatorze plantations bien dirigées, répandues dans les principaux quartiers (4). Le coton, l'indigo, les céréales prospéraient ; en 1742 on put manger pour la première fois du pain fait avec du blé récolté dans la colonie (5) ; la canne à sucre fut importée de Java par les soins du gouverneur qui la planta sur une propriété lui appartenant en commun avec son frère Mahé de la Villebague,—tout un canton de l'Ile a conservé ce nom— ; à son départ en 1747 ce bien passa entre les mains de MM. Vigoureux frères, de Saint-Malo, moyennant 71,942 piastres. (6) On s'occupa aussi de l'élève du ver à soie ; les arbres fruitiers ne furent pas négligés non plus que les volailles, vendues aux équipages des navires en relâche à un prix rémunérateur. On doit aussi à La Bourdonnais la création du Jardin Botanique à *Mon Plaisir* sa résidence. (7)

Jusqu'ici l'Ile Bourbon avait continué d'être le siège du gouvernement, bien qu'elle n'offrît aux vaisseaux aucun abri dans ses mauvaises rades foraines ; depuis longtemps La Bourdonnais avait compris que l'île de France avec ses deux excellents ports, devait lui être préférée ; toutefois, cette dernière dépendant pour l'administration de la justice, du Conseil Supérieur de Bourbon, un changement était difficile. Un ordre du Roi que le nouveau gouverneur était chargé de mettre à exécution à peine arrivé, vint tout simplifier en plaçant les deux colonies sur le même pied ; La Bourdonnais s'empressa d'établir sa résidence ordinaire à l'Ile de France.

Le jour même de son débarquement, il fit enregistrer ces lettres patentes portant abolition du Conseil Provincial et son remplacement par un Conseil Supérieur (5 Juin 1735), composé du gouverneur général, du directeur général du commerce, de quatre conseillers, d'un procureur et d'un greffier.

" Il jugera au nombre de cinq au civil et de sept au criminel ;
" les jugements seront rendus en dernier ressort et exécutés sans

(1) Greffe de la Cour Suprême. Reg. 8. No. 133.
(2) *E. Piston.* " La Bourdonnais."
(3) Hommes illustres de la marine françoise.
(4) *Grant. E. Piston.* " La Bourdonnais."
(5) *Grant.*
(6) *Grant.* Hommes illustres de la marine françoise.
(7) *E. Piston.* " La Bourdonnais."

" appel. En cas d'absence ou de légitime empêchement des
" juges titulaires, il sera appelé un nombre suffisant de Français
" capables et de probité pour les suppléer tant au civil qu'au
" criminel, encore que ces personnes ne soient pas graduées, ce
" dont elles sont dispensées." (1)

Le résultat ne se fit pas attendre, la dignité de la justice y gagna considérablement par la suppression des dissentiments et des divergences d'opinions qui s'élevaient jadis entre les deux cours ; il faut dire aussi que le niveau moral s'était élevé petit à petit. Non content de cela, le gouverneur s'attacha à remplir le rôle d'arbitre entre les particuliers, les engageant à terminer leurs contestations à l'amiable ; pendant les onze années que dura son administration il n'y eut qu'un seul procès à l'Ile de France ! (2)

De tout temps le Port Bourbon avait été considéré comme le chef lieu de l'Ile de France ; suivant en cela autant sa propre conviction que les désirs de la Compagnie (3), il abandonna cette rade excellente en elle-même et d'un accès des plus faciles, mais dont les vents généraux contrariaient constamment la sortie, et ne songea plus qu'au Port Nord-Ouest. Ici, c'était tout le contraire ; on ne pénétrait dans la rade que par un étroit goulet et encore fallait-il se faire touer ou remorquer, car les mêmes vents du Sud-Est en interdisaient l'approche sous voiles, tout en en facilitant la sortie,—avantage précieux pour un port dont on voulait faire une station militaire. (4)

Le Port Nord-Ouest prit dorénavant le nom de Port-Louis.

Voici quel en était l'aspect à l'arrivée M. de La Bourdonnais : L'entrée de la rade se trouvait resserrée entre l'Ile aux Tonneliers à gauche et une presqu'île bizarrement découpée et réunie au littoral par un mince ruban de terre sur la droite. (5)

De là la côte s'infléchissait un peu au Sud-Est, à la Pointe de Caudan elle tournait brusquement à l'Ouest et au Sud, contournait la petite baie aux tortues,—qui se prolongeait bien avant dans les terres, jusqu'à l'emplacement où furent construites les casernes—, revenait vers le Nord-Ouest et aboutissait à la Place d'Armes où se trouvait un poste militaire sur les ruines du camp des Hollandais, après avoir côtoyé un vaste marais où il avait été question d'établir un port et qui, comblé en partie servait de cimetière et devint plus tard le Jardin de la Compagnie. (6)

Dans un coin de la Place d'Armes était un petit port intérieur, la pointe Desforges un peu plus loin et enfin le Trou Fanfaron dans lequel trois ruisseaux venaient se jeter. A la pointe Desforges se trouvaient quelques huttes formant le

(1) Greffe de la Cour Suprême. Reg. 4. No. 90.
(2) Mémoires de *La Bourdonnais*.
(3) Voir page 20.
(4) Mémoires de *La Bourdonnais*.
(5) On y construisit le *Fort Blanc*.
(6) *Froberville père*.—" Souvenirs de l'Ile de France."

premier établissement de la Compagnie et un fort inachevé dont les fondations avaient été posées en 1726 par M. de Nyon (1).

Connaissant les difficultés éprouvées par M. de Cossigny pour se procurer des travailleurs, La Bourdonnais s'était précautionné d'une quinzaine d'artisans de tous les métiers, il les avait engagés pour son propre compte et les céda à la Compagnie dès son arrivée. (2)

Des quatre ou cinq ingénieurs envoyés précédemment par la Compagnie, par suite de dissentiments entre eux et le Conseil, il ne restait plus au Port-Louis qu'un métis indien, laborieusement plongé dans la construction d'un petit moulin à vent ; les autres édifices se bornaient à un magasin commencé depuis quatre ans et dont les murs atteignaient tout juste la hauteur d'appui, ainsi qu'une petite maison pour l'ingénieur. (3) Si les matériaux étaient abondants, encore fallait-il les faire arriver jusqu'au Port ; nouvelle difficulté, il n'y avait pas de routes carrossables, il fallait ouvrir des chemins, il fallait des véhicules, des bêtes de trait, des bras ; La Bourdonnais fit construire des charriots, introduisit des bœufs de Madagascar, les fit dompter et plier au joug, il fit venir des esclaves qu'il répartit dans ses ateliers et qu'il fit instruire. Cette dernière partie de sa tâche n'était pas la moins rebutante ; il en vint à bout pourtant. Bientôt les carrières furent exploitées, les forêts fournirent des bois pour les constructions et pour la marine ; en moins de deux ans toute une ville s'élevait. (4)

(1) E. Piston. " La Bourdonnais."
(2) E. Piston. " La Bourdonnais." C'est par erreur croyons-nous, que l'auteur dit que La Bourdonnais mena avec lui M. de Tromelin ; ce gouverneur dans ses mémoires dit bien positivement qu'il n'était assisté par aucun ingénieur.
(3) Mémoires de La Bourdonnais.
(4) E. Piston. " La Bourdonnais."
(Construction du Port-Louis dans l'Ile de France, représenté pendant le défrichement des lieux par le feu et tous les moyens prompts que l'art peut dicter, en 1738.)
Tel est le titre d'une curieuse gravure offerte à la Municipalité de Port-Louis par M. Théodore Sauzier.

Elle se trouve à la Bibliothèque Nationale, section des estampes sous le No. 39 dans un volume intitulé : " Recueil de combats et d'expéditions maritimes
" contenant des vues perspectives et pittoresques de ces combats, les plans parti-
" culiers des continens, îles et ports à la vue desquels ils ont eu lieu, avec texte
" explicatif etc., etc. en 74 planches gravées par Dequevauvilliers, d'après les
" dessins de N. Ozanne ancien ingénieur de la marine. A Paris chez Dequevaulliers
" 1797 in fo."

Voici la description qu'en donne M. Sauzier dans une lettre publiée par la " Revue Historique et Littéraire de l'Ile Maurice," 7me. année, No. 35.

" Le peintre placé près du rivage du Trou Fanfaron, a représenté sur le
" premier plan de charmants accessoires, des bucherons dans des attitudes diffé-
" rentes ; Mahé de La Bourdonnais entouré de personnages, des ingénieurs sans
" doute, avec lesquels il discute, un plan déployé sous les yeux, les travaux qu'il a
" décidé de faire ; à gauche les géomètres relèvent les lignes d'opérations ; au
" second plan, le bassin du Trou Fanfaron protégé à droite par la pointe avancée,
" sur laquelle on a édifié de nos jours la chapelle des marins ; sur cette pointe un
" navire en construction ; dans le bassin et plus loin dans le port des navires et
" des embarcations. De l'autre côté du bassin en face, un vaste campement, des
" construcions édifiées ou en voie de l'être. Au fond se dessine la montagne de la
" Découverte, le reste à l'avenant.

" Tout cela est vivant et habilement disposé, et les lieux représentés sont
" encore aujourd'hui facilement reconnaissables."

L'Hôtel du Gouvernement se dressa au fond de la Place d'Armes, bordée elle-même à droite et à gauche par les magasins de la Compagnie, bâtiments en pierre construits dans le style italien et surmontés de terrasses (1) ; un vaste hôpital pouvant admettre quatre ou cinq cents personnes, fut bâti à la pointe Desforges ; ce fut toujours l'œuvre de prédilection de La Bourdonnais, pendant toute une année il ne se passa pas de jours qu'il n'y fît une visite. Là encore il avait à lutter contre l'incapacité et le mauvais vouloir des infirmiers et des chirurgiens, à répondre aux criailleries et aux réclamations continuelles de quelques malades irascibles, se plaignant d'être réduits à la portion congrue et ne voulant pas admettre que le manque de vivres rendît parfois cette mesure nécessaire. On n'avait pas assez de bœufs pour la consommation journalière, il fallait avoir recours au gibier fourni par l'île, aux tortues que le gouverneur faisait venir par quantités de Rodrigue, et lâcher dans l'étang du port qui prit à cause de cela le nom de Baie aux Tortues, ou Bassin des Tortues. (2)

L'eau manquait également, les ruisseaux de la ville, prenant leur source dans les forêts épaisses de l'Enfoncement du Pouce n'en fournissaient pas de buvable ; la population était contrainte d'en envoyer chercher tous les jours à la Grande Rivière, par un chemin à peine tracé qui contournait la base de la montagne et traversait des plaines désertes,—c'est aujourd'hui la Rue Moka et la route des Plaines Wilhems. (3)

Pour obvier à cet inconvénient, le gouverneur fit construire un aqueduc de trois quarts de lieue, franchissant sur des arches la ravine du ruisseau Saint-Louis, et bientôt ce canal conduisit l'eau à quelques pas de l'hôpital, sur le quai où les équipages des vaisseaux vinrent désormais s'en approvisionner sans peine et sans perte de temps à une fontaine surmontée d'un chien en plomb. (4)

Les spacieuses casernes qui s'élevèrent au quartier du Rempart, à peu de distance du Gouvernement, n'ont guère changé depuis.

Quelques moulins à farine et à poudre, des salines à Caudan, une poudrière à côté de l'hôpital, à l'entrée du Trou Fanfaron, une autre sur un petit îlot de la rade, voilà les bâtiments dûs à M. de La Bourdonnais. (5)

Une chaussée relia bientôt à la Place d'Armes l'îlot dont nous venons de parler, formant ainsi un bassin assez vaste pour que les vaisseaux pussent venir s'y faire radouber. Jusqu'ici on ignorait absolument à l'Ile de France les premiers éléments de la construction navale ; on ne savait même pas réparer les

---

(1) *E. Piston.* " La Bourdonnais. " *Grant.*
(2) Mémoires de *La Bourdonnais.*
(3) *E. Piston.* " La Bourdonnais. "
(4) Toute cette partie des quais porte encore le nom de " *Chien de Plomb.* "
(5) *E. Piston—*" La Bourdonnais."

embarcations de pêche, il fallait s'adresser aux ouvriers des navires de passage. (1)

Surpris de cet état de choses, La Bourdonnais résolut d'y remédier et de faire du Port Louis " une autre Batavia, l'entrepôt " le plus commode et le plus sûr pour les vaisseaux de la " Compagnie." (2)

Bientôt on y vit des pontons de carénage et de débarquement, des gabarres, des chalands, des canots, des chaloupes ; enfin en 1738 un vaisseau de 100 tonneaux fut mis sur le chantier. (3) Il fit creuser et fermer par deux estacades le petit port de la Place d'Armes, assez profond pourtant pour que la frégate la *Fière* s'y soit engloutie quelques années auparavant ; (4) il y installa une machine de son invention pour élever les bâtiments dont la coque demandait un raccommodage, cette machine dont on a beaucoup parlé, mais dont nous n'avons pu trouver la description, fut imaginée en 1739. (5) Un ponton de 100 tonneaux se trouvant faire eau, fut soulevé, réparé et remis à flot en moins d'une heure. (6) Le chenal du port fut indiqué par deux rangées de bouées surmontées de pavillons blancs, un phare élevé sur la montagne de la Découverte pour indiquer la nuit, la position de la rade. (7) Le gouverneur avait d'autres projets d'amélioration qui ne furent exécutés que plus tard et seulement en partie ; il avait reconnu la possibilité de transformer le Trou Fanfaron en un port de refuge ; il songeait aussi à relier à la terre ferme, le Fort Blanc et l'Ile aux Tonneliers par deux chaussées parallèles formant deux quais où les plus gros bâtiments eussent pu accoster. (8)

Le système de fortifications qu'il établit est pour le moins tout aussi remarquable ; il s'empara du projet de M. de Cossigny sur l'Ile aux Tonneliers pour le perfectionner ; comprenant l'importance de cette position, il en fit " comme un vaisseau hérissé d'artillerie, embossé devant l'entrée de la rade." (9)

Une redoute qui conserva longtemps son nom,— aujourd'hui le *Fort George*,— croisant son feu avec le *Fort Blanc*, situé sur l'autre rive, interdisait l'approche du goulet ; du Fort Blanc une jetée s'avançait jusqu'à la passe, c'est là que le soir au canon de retraite, était accrochée une énorme chaîne partant de l'Ile aux Tonneliers. (10) Sur la pointe de Caudan un petit fort carré fut rattaché à la ville par des retranchements aboutissant à la Montagne des Signaux ; le fort du Pavillon commencé par M. de

(1) Mémoires de *La Bourdonnais*.
(2) Ibid.
(3) Ibid.
(4) E. *Piston*—" La Bourdonnais."
(5) Hommes illustres de la marine françoise.
(6) E. *Piston*—" La Bourdonnais."
(7) Ibid.
(8) Ibid.
(9) Ibid.
(10) Ibid.

Nyon à la Pointe Desforges, fut achevé, armé de pièces de rempart et surmonté du drapeau royal ; situé devant l'hôpital, il en défendait les approches, tandis que le fort Sainte Barbe (1) se dressait derrière ; d'autres ouvrages reliaient l'Ile aux Tonneliers à la terre, La Bourdonnais voulait les prolonger le long de la rivière des Lataniers, jusqu'au sommet de la Montagne Longue. Le long de la côte, depuis la pointe Desforges jusqu'à la Pointe aux Canonniers, c'était une ligne non interrompue de batteries se soutenant mutuellement. (2) Un projet d'une audace inouïe couronnait cette œuvre imposante ; la citadelle devait être placée sur le plateau du Pouce à 2000 pieds du niveau de la mer, et foudroyer sans rémission l'ennemi qui serait parvenu, contre toutes probabilités à forcer l'entrée de la rade. (3)

Les Hollandais avaient eu connaissance de plusieurs gisements de minerai dans la colonie ; La Bourdonnais ne négligea point cette ressource, de hauts-fourneaux furent établis aux Pamplemousses, à la Ville Bague, à la Nouvelle Découverte ; les échantillons de fer qu'il fit passer en Europe furent déclarés être de fort bonne qualité. Une circonstance toute fortuite vint bientôt démontrer que ce métal était supérieur à celui dont on se servait en France. Dans le cours de son expédition dans l'Inde, quelques années plus tard, on reconnut que les cercles d'assemblage fabriqués en France et servant à relier les diverses pièces des mâts et des vergues, rompirent tous sous l'expansion du bois ; tous ceux qui avaient été forgés à l'Ile de France, restèrent intacts. (4)

Ce n'était pas tout, des difficultés encore plus sérieuses se présentaient ; d'abord la licence qui régnait parmi les troupes, incompatible avec le bon ordre et le bien du service ; grâce à sa fermeté il ne tarda pas à rappeler cette soldatesque au sentiment de la discipline. (5) Il fit plus, l'Ile de France à ses yeux, devait être aussi bien un poste militaire qu'une colonie agricole ; pour y arriver il fallait à toute force transformer les habitants en soldats. Chaque dimanche après la messe on dut se réunir pour l'exercice, tous les mois une revue générale avait lieu au Champ-de-Mars et toute la population masculine y prenait part. (6)

Pour venir à bout de l'insolence des marrons il eut l'idée de former une maréchaussée composée des meilleurs sujets pris parmi les esclaves malgaches ; ceux-ci plus durs à la fatigue que les Européens et connaissant toutes les ruses de leurs congénères, rendirent de grands services ; si la colonie ne fut pas entièrement purgée de ces bandits, elle put du moins respirer. (7)

(1) Serait-ce la citadelle ?
(2) *E. Piston.* " La Bourdonnais."
(3) Ibid.
(4) Mémoires de *La Bourdonnais.*
(5) Hommes illustres de la marine françoise.
(6) *E. Piston.* " La Bourdonnais ".
(7) Mémoires de *La Bourdonnais.*

Les ingénieurs envoyés par la Compagnie et qui jusqu'ici avaient agi à leur guise, ne tardèrent pas à trouver mauvais que le gouverneur se passât d'eux ; ils se plaignirent de l'empiètement de leurs fonctions, la Compagnie mal renseignée, prêta l'oreille à ces murmures et La Bourdonnais fut réduit à les laisser faire. Ils prirent trois années pour construire un magasin dont le pareil avait été terminé en trois ou quatre mois par le gouverneur avec les mêmes ouvriers ; l'opinion publique le vengea en donnant à ce travail le nom de *Magasin Éternel !* (1)

De même les commandants des vaisseaux de la Compagnie, habitués à faire leurs volontés ne pouvaient se résoudre à l'idée d'obéir à un homme qui avait été longtemps leur égal et leur camarade ; quelques-uns à l'esprit plus étroit, lui en voulaient de la croix de Saint-Louis qu'il avait reçue en 1737, juste récompense de ses travaux. Une mesure dont La Bourdonnais n'était responsable en rien, vint mettre le comble à leurs récriminations ; le ministre lui avait enjoint expressément de faire rentrer en France les anciens équipages en les remplaçant par ceux qui arrivaient, de fournir aux vaisseaux qui effectuaient leur retour, cinq mois de vivres et deux barriques d'eau par homme, et de faire mettre à terre les agrès et apparaux de rechange de tous les bâtiments qui n'auraient pas subi d'avaries. Les capitaines ne manquaient pas de trouver qu'on ne leur donnait pas assez de vivres, que les hommes nouveaux ne valaient pas les anciens ; ils ne disaient rien toutefois au gouverneur, mais une fois rendus en France, ils ne tarissaient pas sur son compte. (2)

Dans le but de connaître bien exactement les ressources que la colonie pouvait lui offrir, un des premiers actes du gouverneur général fut de faire un recensement de la population ; en 1735 elle se composait de 190 blancs et de 648 noirs. (3) Elle s'accrut considérablement les années suivantes par l'arrivée de nouveaux colons attirés par la tournure favorable que prenaient les affaires et l'espoir de s'enrichir ; il se trouvait parmi eux bon nombre de personnes d'excellentes familles, quelques unes appartenant à la noblesse. (4)

Le Port-Louis ne continua à être habité que par ceux qui en raison de leurs fonctions ou de la médiocrité de leurs ressources, ne pouvaient faire autrement, les employés de l'administration, les marchands et les personnes qui n'avaient pas de terres à mettre en culture. Le long de rues irrégulières et tracées sans suivre de plan, encombrées d'énormes roches et dépourvues malheureusement d'arbres qui eussent offert leur ombrage aux passants,— chose digne de considération sous les tropiques,— le long de ces rues s'alignaient des demeures plus spacieuses que leurs devancières, séparées les unes des autres

(1) Mémoires de *La Bourdonnais.*
(2) Ibid.
(3) Hommes illustres de la marine françoise.
(4) *Grant.*

par des jardins, construites en bois, les plus riches recouvertes de planches, les plus modestes, d'humbles feuilles de palmier, mais toutes ne s'élevant pas au dessus du rez-de-chaussée, l'action du vent et de la chaleur s'y opposant, au dire d'un contemporain. D'ailleurs on se visitait peu ; tous les soirs au coup de canon de 8 heures chacun rentrait chez soi. (1)

Les habitants pour la plupart vivaient retirés sur leurs terres et ne venaient en ville que lorsque leurs affaires les y appelaient, ou bien quand il y avait bal ou quelque cérémonie religieuse. En ce cas, les femmes étaient du voyage ; passionnées pour la danse, exactes à remplir les devoirs de leur culte, elles se mettaient en route de tous les points de l'île. C'était alors par les chemins une procession de palanquins, véhicule reservé au beau sexe, les hommes les escortaient à pied, suivis d'un nombreux cortége d'esclaves chargés de colis et d'ustensiles les plus divers. (2)

Un peu pâles de teint, mais remarquablement bien faites et d'un visage agréable ; pleines d'esprit d'à-propos et de repartie, leur société n'en serait que plus charmante si leur éducation première n'avait été fort négligée. Vêtues simplement mais avec élégance, de mousseline de l'Inde et de taffetas rose, leur toilette fraîche et de bon goût leur donne pour ainsi dire un charme de plus. Excellentes mères, elles adorent leurs enfants dont les membres ne sont jamais emmaillotés dans des langes ; au contraire on les laisse se remuer, gigotter, s'agiter, courir partout dès leur naissance ; l'usage fréquent des bains froids leur donne la vigueur et la santé ; on leur permet de manger des fruits tant qu'ils en veulent et ce régime semble leur convenir en tous points. Epouses dévouées en général, s'il leur arrive jamais d'être infidèles, la faute en est à l'indifférence des maris ou "à la mode de Paris qui s'est introduite jusqu'ici." (3)

Voilà le tableau ravissant que le baron Grant a fait de nos créoles ; ajoutons-y, — qu'on excuse la transition,— quelques détails gastronomiques puisés à la même source et qui prouvent une fois de plus qu'il n'y a rien de nouveau sous le soleil :

Très sobres de leur nature, les dames ne boivent que de l'eau ; elles préfèrent de beaucoup au pain le plus délicat le riz cuit à l'eau sans aucun assaisonnement ; en revanche elles se rattrapent sur les *caris* et les *plots*, leurs mets de prédilection, dans lesquels on fait entrer les épices et les condiments les plus effroyablement concentrés ; malheur à l'Européen fraîchement débarqué qui tenterait seulement d'y goûter, son palais en conserverait un cuisant souvenir. (4)

(1) *Grant.*
(2) Ibid.
(3) Ibid.
(4) Ibid,

N'ayant pas de beurre on accomode les mets au saindoux ou à la *mantaigre* (1), sorte de graisse importée de l'Inde et rappellant le beurre rance de Normandie ; on obtient aussi de la graisse des bosses que les bœufs de Madagascar portent sur leurs épaules ; ces excroissances pèsent souvent plus de trente à quarante livres et servent de selles à leurs cavaliers, car n'ayant que fort peu de chevaux, on emploie ces animaux comme montures. Cette graisse possède un goût désagréable et se coagule promptement, on lui préfère à cause de cela le saindoux et l'huile de tortue qui ne présentent pas le même inconvénient. (2)

Dans le courant de l'année 1738, La Bourdonnais perdit coup sur coup, à quelques mois d'intervalle, son jeune fils François, à peine âgé de vingt-deux mois et son épouse, morte subitement d'une indigestion de pain chaud, (16 Février, 9 Mai). (3) Profondément impressionnée par la mort de son enfant, la pauvre femme poursuivie par l'idée qu'elle ne lui survivrait pas longtemps, avait dicté ses dernières volontés. Elle avait demandé que le petit corps fût placé près du sien et légué son propre cœur à la grande église de Port-Louis, dont la construction était alors décidée, en grande partie sur ses instances croyons-nous. Tout fut fait selon ses désirs ; les funérailles eurent lieu dans la petite chapelle Saint Louis, située rue Royale tout contre le Gouvernement et qui servait au Conseil supérieur ; l'absoute fut prononcée par l'abbé Igou assisté de trois ecclésiastiques ; douze des principaux habitants de l'île tinrent les cordons du drap, la chronique n'a conservé que les noms de quatre d'entre eux, MM. de Belleval, Azéma, de Saint Martin et Reynaud. (4)

Les deux corps enfermés dans le même cercueil furent déposés sous l'autel, on y joignit provisoirement le cœur de Madame de La Bourdonnais, placé dans une gaîne de plomb, sur laquelle était enchâssée une plaque d'argent ornée d'une inscription et des armes de sa famille. (5)

Plus tard, lorsque la grande église fut achevée, cette châsse fut transportée dans la chapelle Sainte-Anne, ainsi désignée du nom de sa bienfaitrice (6) ; une niche l'attendait, ménagée dans l'épaisseur du mur et surmontée d'une dalle en saillie présentant ses armoiries en couleur ; une urne de pierre supportée par quatre griffes et terminée en un faisceau de flammes ondulantes, indiqua le lieu de la sépulture. (7)

Une messe fut fondée en son honneur à raison de soixante

---

(1) *Grant.* On écrit généralement *mantègue.*
(2) *Grant.*
(3) Nous avons tout lieu de croire que ce détail est inédit ; il nous a été donné par une personne digne de foi qui le tenait de sa mère et en garantissait l'exactitude.
(4) E. *Piston.* "La Bourdonnais."
(5) F. *de Froberville père.* "Souvenirs de l'Ile de France."
(6) *Ibid.* Elle porte aujourd'hui le nom de Chapelle Saint-Louis.
(7) F. *de Froberville père.* "Souvenirs de l'Ile de France."

francs par an et fut régulièrement célébrée jusqu'à l'époque de la Révolution. (1)

Tout ce que nous avons pu recueillir sur cette jeune et charmante femme, c'est qu'elle était bonne et charitable et que son entourage l'admirait et la vénérait.

A quelque temps de là, La Bourdonnais se vit forcé de rentrer en France pour régler ses affaires de famille ; il s'embarqua au mois de Février 1740 laissant l'administration aux mains du premier conseiller, M. Didier de Saint Martin. Rendu à Paris, c'est alors seulement qu'il put se faire une idée du revirement de l'opinion publique à son égard ; s'il réclamait une explication, on lui répondait vaguement et sans rien préciser, que beaucoup de gens se plaignaient de lui et que la Compagnie elle-même n'avait pas que des louanges à lui adresser au sujet de son gouvernement. Quelques directeurs affectaient même de donner créance à ces assertions calomnieuses ; à une de leurs assemblées, l'un d'eux se laissa emporter au point d'apostropher rudement La Bourdonnais en ces termes : " Comment donc avez-vous pu vous y prendre pour si bien faire " vos propres affaires et si mal celles de la Compagnie ? "— " C'est," répondit celui-ci en le regardant bien en face, " parce que " j'ai toujours fait les vôtres d'après vos ordres et les miennes " d'après mes lumières." (2)

Cette vive répartie si bien méritée du reste, ne fit qu'accroître le nombre des ennemis acharnés à sa perte ; ils avaient tant fait que ses protecteurs jadis les plus dévoués, le cardinal Fleury, MM. Orry et de Maurepas, étaient fortement ébranlés et n'osaient plus croire à l'innocence de l'homme qui les avait éblouis six ans auparavant. Le moment semblait bien choisi pour lui donner le coup de grâce ; un mémoire imprimé parut, rédigé par un homme qui avait eu deux fois déjà des démêlés peu honorables avec la justice ; toutes les imputations qu'on avait débitées sous le manteau s'y trouvaient rassemblées et traîtreusement présentées

---

(1) *F. de Froberville père.* " Souvenirs de l'Ile de France."—Sous la révolution la pierre et le sarcophage furent plus ou moins maltraités par les sans culottes ; un peu plus tard, l'église tombant en ruines fut abandonnée ; démolie sous l'administration du général Decaen, elle ne fut reconstruite qu'en 1813 après que Lord Moira en eût posé la première pierre ; l'architecte fit alors disparaître la niche et les armoiries. La châsse fut sans doute placée dans le chœur où se trouvaient déjà les tombeaux de M. de La Brillane et de l'abbé Guérin. (*Froberville père*).—En 1827, comme on démolissait la rangée de bâtiments situés sur la rue Royale, entre le Gouvernement et la rue de l'Eglise, on trouva sous les décombres de la petite chapelle du Conseil, un cercueil contenant deux corps qu'on reconnut être ceux de Mme de La Bourdonnais et de son enfant ; le 26 Décembre le Docteur Slater, évêque de Ruspa, les transporta en grande pompe dans le chœur de la Cathédrale, en présence des autorités et de l'équipage d'un navire français de Saint-Malo (*E. Piston*). En cette circonstance ce furent les dames de la société créole qui tinrent les coins du drap. Le cénotaphe fut enlevé de l'église du temps de Mgr Collier ; après être resté longtemps jeté dans un coin, en plein air, il a été transporté dans le bureau de la fabrique. (*Cernéen 28 Décembre 1880.*

(2) Mémoires de *La Bourdonnais.* Hommes illustres de la marine françoise.

au public. Seulement, ainsi qu'il arrive souvent, le but ne fut pas atteint ; en présence de faits nettement articulés, La Bourdonnais retrouva tous ses avantages, il ne lui fut pas difficile de démolir pièce à pièce cet amas de faussetés et de mensonges. On prétendait entre autres griefs, que sous prétexte de travaux publics, il avait fait des réquisitions de journaliers pour les employer à son profit ; qu'il avait coutume d'accaparer les nègres et les marchandises de la Compagnie, de concert avec plusieurs employés, pour les faire revendre à 200, 300 et même 400 pour cent de bénéfice, aux habitants par des personnes interposées ; qu'il avait mis en circulation au taux de 3 sols des " *sols marqués* " n'en valant que deux, et avait par conséquent profité de la différence. Il prouva clair comme le jour que tous les actes qu'on lui reprochait avaient été non seulement accomplis pour le bien exclusif des deux colonies et non dans un but de lucre, mais encore qu'ils avaient tous été sanctionnés auparavant par le Conseil Supérieur. (1)

En présence de ces différentes allégations, le ministre dut ordonner à la Compagnie, mieux placée pour cela que n'importe qui, de vérifier scrupuleusement l'exactitude des imputations comme celle des réponses, et après une enquête rigoureuse, de lui transmettre son rapport. La vérité ne tarda pas à se faire jour ; la Compagnie reconnut et attesta par un écrit signé de tous ses directeurs, que la conduite de M. de La Bourdonnais était au-dessus de tout reproche. (2)

Afin de rendre cette justification aussi publique que possible, le cardinal Fleury permit à La Bourdonnais de faire imprimer ce rapport ; en quelques jours tout Paris fut désabusé. Mais notre homme savait désormais à quoi s'en tenir sur les sentiments de quelques-uns de ses chefs directs ; pouvait-il continuer plus longtemps à recevoir les ordres d'un corps parmi lequel il avait des ennemis cachés, toujours prêts à scruter ses moindres actions, à les dénaturer au besoin afin de les interpréter contre lui ? C'était plus qu'il ne pouvait supporter, il se décida à offrir sa démission. (3)

Lorsque les ministres eurent connaissance de cette résolution, ils s'y opposèrent de toutes leurs forces. Cependant la guerre paraissait imminente contre la Hollande et l'Angleterre ; devinant tout l'avantage qu'on pourrait tirer d'être rendu sur les lieux avant le début des hostilités, La Bourdonnais forma un plan qui reçut l'approbation unanime de quelques amis auxquels il le soumit. Il s'agissait de faire un armement particulier de six vaisseaux et de deux frégates, de se rendre dans l'Inde et de les employer tant que la paix durerait, au transport des marchandises de la Compagnie de l'Inde à l'Ile de France ; au premier signal on fondrait sur les vaisseaux et les comptoirs

(1) Mémoires de *La Bourdonnais*.
(2) Mémoires de *La Bourdonnais*. Hommes illustres de la marine françoise.
(3) Ibid. Ibid.

anglais qui n'auraient encore reçu aucun secours de la Métropole, on les détruirait ou on les rançonnerait (1). Il fut convenu qu'on lui avancerait cinq millions à la condition qu'il prendrait dans l'entreprise une part d'un dixième, lui laissant toute latitude pour le reste ; le lendemain il alla trouver le ministre de la marine pour obtenir son autorisation. M. de Maurepas l'approuva fort, mais objecta que la Compagnie était persuadée que la guerre ne s'étendrait pas au delà du Cap de Bonne Espérance, les deux Compagnies rivales ayant tout intérêt à conserver la neutralité. La Bourdonnais lui répondit qu'on ne pourrait y compter qu'autant que les puissances elles-mêmes en conviendraient, sans quoi les bâtiments de la marine royale n'hésiteraient pas un instant à violer un traité qui ne les concernait pas. Le ministre l'engagea à consigner ses idées par écrit, et quelques jours après, M. Orry lui intima l'ordre du Roi d'avoir à faire cet armement pour le compte de la Compagnie et de garder le plus grand secret vis-à-vis de la principale intéressée, (2) ajoutant : " Il n'est pas question ici de vos mécontentements, " obéissez et continuez à bien servir, le Roi aura soin de vous et " de votre fortune." (3) Tout ce que La Bourdonnais put obtenir, ce fut que les directeurs de la Compagnie fissent la promesse solennelle, en présence du contrôleur général, de l'aider en tout ; — engagement qu'ils tinrent Dieu sait comment ! Il leur remit alors une lettre expliquant sa conduite et le secret qui lui avait été imposé. (4) Muni de son brevet de capitaine de frégate, il quitta Paris en Février 1741 ; à Lorient il devait trouver une escadre composée de cinq bâtiments de la Compagnie, le *Fleury*, le *Brillant*, l'*Aimable*, la *Renommée* et la *Parfaite* ; le ministre avait d'abord eu l'idée de lui adjoindre deux vaisseaux de l'Etat, le *Mars* et le *Griffon*, alors en rade de Brest, La Bourdonnais avait même en poche sa commission pour commander le premier de ces bâtiments, mais de nouveaux ordres en changèrent la destination. Il arbora son pavillon sur le *Fleury*, et le 5 Avril suivant, la division levait l'ancre et cinglait vers l'Océan. (5)

Avant de partir La Bourdonnais veuf et sans enfants, cédant aux exigences de son siècle et pour ne pas laisser s'éteindre son nom, avait épousé Mademoiselle Charlotte Elizabeth de Combault d'Auteuil qui s'embarqua avec lui pour l'Ile de France. (6)

Une fois en pleine mer le calme ayant succédé aux préoccupations du départ, il s'aperçut que les trois quarts au moins de ses équipages, comptant en tout douze cents matelots et cinq cents soldats, étaient étrangers aux manœuvres comme au maniement des armes. Le mal était fait, il fallait prendre

---

(1) Hommes illustres de la marine françoise.
(2) Mémoires de *La Bourdonnais*.
(3) Ibid. Hommes illustres de la marine françoise.
(4) Mémoires de *La Bourdonnais*.
(5) Ibid.
(6) Hommes illustres de la marine françoise.

philosophiquement son parti de ce nouvel ennui causé par la négligence, peut-être même suscité par la sourde hostilité de la Compagnie, et se résoudre à faire l'éducation de ces hommes neufs dans le métier.

Afin de leur permettre de s'exercer sans trop de fatigues, il décida de relâcher à l'île Grande, sur la côte du Brésil ; arrivé le 28 Mai, il y séjourna vingt-deux jours bien employés, sans tenir compte des sarcasmes et du mécontentement de la plupart de ses officiers qui trouvaient absurde tout le mal qu'il se donnait et auraient voulu être déjà au terme de la traversée. Cependant la *Parfaite* dont la marche était très inférieure, n'avait pas encore rejoint le gros de l'escadre ; comme il fallait se mettre en route, la *Renommée* fut laissée à l'île Grande pour attendre le bâtiment retardataire, tandis que La Bourdonnais s'éloignait avec ses trois autres vaisseaux qui mouillèrent au Port-Louis de l'Ile de France le 14 Août 1741. (1)

(1) Mémoires de *La Bourdonnais*.

III

Expédition dans l'Inde.—Retour à l'Ile de France.—Le manioc.—Les Seychelles. —Les Indiens, les esclaves.—Indigoteries, cotonneries, sucreries.—Naufrage du *Saint-Géran*.—Guerre entre la France et l'Angleterre.— Armements.— Seconde expédition dans l'Inde.—M. David.—Retour de La Bourdonnais, il rentre en France.—Son voyage, sa capture, son arrivée à Londres.—Il se rend à Paris, son arrestation, son emprisonnement à la Bastille.—Son innocence est proclamée.—Mauvaise foi de la Compagnie.—Mort de La Bourdonnais.— Pension à sa veuve.—Les Assemblées coloniales des Iles de France et de Bourbon et Madame de Montlezun.—Opinion du Chevalier Desroches sur La Bourdonnais.—(1741-1747).

Une nouvelle alarmante attendait La Bourdonnais ; Pondichéry sérieusement menacé par les Marattes, avait appelé à son aide les garnisons des deux îles qu'on lui avait aussitôt expédiées. Il ne perdit pas de temps, en six jours il trouva moyen de tout régler pour mettre l'Ile de France en position de repousser une attaque, passa à Bourbon le 20 Août 1741, y donna des ordres de même nature et leva l'ancre deux jours après ; le 30 Septembre suivant il entrait à Pondichéry. Grâce à la fermeté du gouverneur Dumas, la tranquillité n'avait pas été troublée, les Marattes intimidés avaient renoncé à leur projet ; mais l'établissement français de Mahé se trouvait alors dans une situation des plus précaires, investi depuis dix-huit mois par les Naïres, peuplade montagnarde et belliqueuse ne vivant que de rapines. Sur l'invitation de M. Dumas et du Conseil Supérieur de Pondichéry, La Bourdonnais partit le 22 Octobre après avoir recommandé aux bâtiments de son escadre, dans le cas où ils ne pourraient le suivre, de faire toute diligence pour le retrouver devant Mahé ; il y parvint avec deux navires, au moment même où les assiégeants se disposaient à risquer l'assaut. Sa présence les tint en respect, mais ne voulant pas compromettre ce premier avantage en se risquant avec la poignée d'hommes qu'il avait sous la main, contre un ennemi infiniment supérieur en nombre, il se contenta d'ouvrir une tranchée et attendit des renforts dans cette position.

Enfin tous ses équipages l'ayant rejoint, le 4 Décembre il donna le signal de l'attaque et culbuta si bien les Naïres, qu'ils s'enfuirent en toute hâte, laissant leur artillerie aux mains des Français. Un traité avantageux signé au mois de Février 1742, mit fin à cette expédition dont La Bourdonnais s'empressa de rendre compte aux ministres et à ses chefs ; ce succès lui valut une lettre des plus flatteuses du Cardinal Fleury, son Eminence donnait en même temps l'ordre de lui expédier des lettres de noblesse, mais la famille de La Bourdonnais s'y opposa, déclarant qu'il était né gentilhomme ; notre héros racontant cela dans ses mémoires, avoue en toute humilité qu'il l'ignorait complètement, ne s'étant jamais préoccupé de consulter son arbre généalogique. (1)

S'attendant d'un moment à l'autre à apprendre la rupture entre la France et l'Angleterre, il s'empressa de retourner au siège de son gouvernement où le cas échéant, sa présence pouvait être nécessaire ; son premier soin fut de faire radouber son escadre à mesure que les vaisseaux arrivaient au Port-Louis, cela fait, il attendit les évènements avec confiance. (2)

C'est alors qu'il reçut de la Compagnie l'ordre formel de désarmer, de "renvoyer ses vaisseaux à vide plutôt que d'en "garder un seul." Il fallait s'incliner devant des instructions aussi précises, La Bourdonnais le fit ; mais l'escadre partie, une lettre de M. Orry vint le plonger une fois de plus dans le découragement, en lui disant : " Qu'il était à désirer qu'il n'ait "pu exécuter ces ordres en entier." C'était le comble, on défaisait le lendemain ce qu'on avait fait la veille, et lui, placé à l'autre bout du monde, n'était averti de ces changements que quand il était trop tard pour y porter remède ! A bout de patience, il demanda son rappel, le ministre s'y refusa catégoriquement, déclarant que sa présence dans la mer des Indes était d'autant plus indispensable qu'on n'y envoyait pas de nouvelles forces. (3) Réduit encore une fois à obéir, La Bourdonnais se décida à ne plus s'occuper que du bien être matériel des deux colonies confiées à ses soins.

Pendant un séjour qu'il avait fait jadis au Brésil, il avait été frappé du peu de culture que demandait une plante indigène qui y servait à la nourriture de tous les noirs ; il s'était dit souvent que si le manioc pouvait être acclimaté à l'Ile de France où les vivres manquaient si fréquemment, ce serait le service le plus signalé qu'on pût rendre aux habitants. Profitant du voyage qu'il fit en France en 1740, il donna ordre au commandant de l'*Hercule*, vaisseau de la Compagnie se rendant à l'Ile de France, de toucher à San Iago près de la côte du Brésil et d'y prendre un chargement de cette plante. L'*Hercule* arriva en rade de Port-Louis au mois d'Octobre suivant avec sa précieuse cargaison (4) On en distribua à tous les planteurs, le manioc poussa merveilleusement, mais des noirs en ayant volé quelques racines et les ayant mangées sans avoir eu la précaution d'en extraire le suc vénéneux, furent empoisonnés. (5)

Aussitôt la panique se répandit dans la colonie ; en dépit des ordonnances obligeant chaque habitant à en planter cinq cents pieds par tête d'esclave, la plupart emportés par leurs préjugés,

1) Mémoires de *La Bourdonnais*. Hommes illustres de la marine françoise.
(2) Mémoires de *La Bourdonnais*.
(3) Ibid.
(4) *Grant*. Cette version doit être exacte, le baron Grant se rendant à l'Ile de France, se trouvait alors comme passager sur ce bâtiment.
(5) *De Reine*. Lettre à M. de Malartic.

refusèrent obstinément d'obéir, quelques uns allèrent jusqu'à arroser leurs plantations d'eau bouillante. (1)

Rentré à l'Ile de France en 1742, La Bourdonnais s'occupa tout d'abord de vaincre cette opposition ridicule ; il ne fallait pas songer à employer la menace, la persuasion remplirait bien mieux le but ; dans cette disposition d'esprit, il jeta les yeux sur un des plus anciens colons, M. de Reine, capitaine d'infanterie, lui fit part de son projet et réclama son assistance.

Celui-ci n'ayant jamais eu l'occasion de voir préparer le manioc, se sentit fort embarrassé mais finit par se rendre aux instances du gouverneur qui lui fit parvenir une râpe, une bassine, une platine et les mémoires du Père Labat, l'invitant en même temps à porter la cassave préparée à *Mon Plaisir* où il l'attendrait à dîner le lendemain de Noël. Avec un peu de persévérance M. de Reine ne s'en tira pas trop mal et fut exact au rendez-vous au jour fixé. Une nombreuse société l'y attendait, MM. Bouloc, Haché, de Bernage, de Ponsy et d'autres avec leurs épouses ; La Bourdonnais avait voulu faire fête au héros du jour. Il se précipita au devant de lui, le fit lui-même descendre de cheval, l'embrassa en l'appelant le sauveur de la colonie, s'empara du panier contenant le précieux aliment et voulut être le premier à en goûter ; ses invités l'imitèrent et le pauvre capitaine, un peu déconcerté de cet accueil chaleureux, dut passer de bras en bras et recevoir l'accolade du sexe laid comme du beau sexe.

La partie était gagnée ; pendant plusieurs jours de Reine envoya régulièrement au bazar des galettes de manioc et de la cassave pour être distribuées gratuitement au public qui ne tarda pas à reconnaître l'absurdité de ses préventions. (2)

Jusqu'ici les navires qui se rendaient dans l'Inde avaient coutume, en quittant l'Ile de France, au lieu de s'élever directement à travers l'Océan Indien, de faire un détour pour aller reconnaître la côte de Madagascar jusqu'au Cap d'Ambre, et de là seulement se dirigeaient vers leur destination. Cette même année (1742), désireux de s'assurer d'une route plus directe que la reprise probable des hostilités pouvait rendre d'une importance capitale pour les établissements français dans la péninsule hindoustanique, La Bourdonnais fit partir une expédition composée du both le *Charles* et de la tartane l'*Élizabeth*, aux ordres du capitaine Lazare Picault, pour reconnaître les diverses îles de l'archipel indien ; le résultat ne fut pas d'abord aussi satisfaisant qu'il l'avait espéré, M. Picault se borna à fixer très approximativement le gisement des îles qu'il rencontra et commit même l'erreur grossière de confondre les Amirantes avec les Sept Frères. Il fallut lui faire reprendre sa mission l'année suivante (Janvier 1743), assisté cette fois d'un ingénieur géographe.

(1) Mémoires de *La Bourdonnais*.
(2) De Reine. " Lettre à M. de Malartic."

Picault ayant eu connaissance des Seychelles, en prit possession sous le nom d'Iles de La Bourdonnais et appela la principale de ce groupe *Mahé* en l'honneur de celui qui l'envoyait, appellation qu'elle a conservée jusqu'à ce jour. (1)

Avant de continuer le récit des évènements, il n'est pas superflu de faire connaître au lecteur les mœurs et les usages de la partie la plus nombreuse de la population, des noirs libres et esclaves. Les premiers, Indiens de la caste des *Gentoux*, venant principalement de Pondichéry, plus foncés de couleur que les malgaches et moins robustes, les surpassaient de beaucoup en intelligence, en sobriété et en prévoyance ; ouvriers et artisans habiles, jouissant de toute leur liberté, ils louaient leurs services pour un temps déterminé et n'étaient soumis à aucune des incapacités qui frappaient les esclaves. Tout un faubourg de la ville, le Camp noir, leur était réservé ; leur habillement se composait d'un turban de mousseline, d'une longue robe flottante de la même étoffe, de larges pantalons, leurs pieds étaient chaussés de babouches au bout recourbé, leurs oreilles et leurs bras ornés d'anneaux d'or et d'argent. Beaucoup de ces hommes s'employaient dans l'administration ou chez les riches, comme *pions* ou *courriers*, et portaient alors comme signe distinctif, une canne à la main et un poignard à la ceinture. (2)

Quant aux esclaves, c'étaient en général des noirs de la côte d'Afrique et des Malgaches achetés sur les lieux par les négriers moyennant un baril de poudre, quelques fusils, quelques pièces d'étoffe et quelques piastres. A leur arrivée à l'Ile de France on les exposait à la vue des acquéreurs, les hommes rangés en ligne d'un côté, les femmes et les enfants de l'autre, tous complètement nus,— car on ne peut pas donner le nom de vêtement au *langouti* large de trois doigts, qu'on leur nouait autour des reins.

L'inspection faite, le prix débattu et accepté, on les envoyait en bandes sur les plantations de leurs nouveaux maîtres ; la loi, nous l'avons vu, défendait de séparer la mère de ses jeunes enfants, mais elle ne pouvait guère aller plus loin, il faut en convenir, aussi l'auteur que nous citons fait-il preuve d'une philanthropie un peu exagérée, eu égard au temps et aux circonstances, lorsqu'il s'apitoie sur le sort des "frères et des " sœurs, des amis, des amants " que l'on arrache les uns aux autres. (3)

Les Africains étaient plus forts et plus dociles, les malgaches plus enclins à déserter, mais plus adroits et plus intelligents. Sur l'habitation, soir et matin on les réunissait pour dire la prière en commun ; au point du jour un claquement de fouet donnait le signal du travail qui durait, sans autre interruption

---

(1) *Magon Saint-Elier,—d'Unienville,—Grant.*
(2) *Grant.*
(3) *Grant.* Il emprunte ces détails au " Voyage à l'Ile de France" de *Bernardin de Saint-Pierre.*

que pour les repas, jusqu'au coucher du soleil ; le dimanche on ne travaillait pas. La nourriture des noirs fournie par le maître, se composait de maïs bouilli, de manioc et d'une ration de viande par semaine, mais chaque esclave était libre d'y ajouter quelque légume, quelque volaille ou quelque morceau de porc provenant de son jardinet, de son poulailler ou de son parc. Il était aussi d'usage de donner tous les ans une chemise à chaque esclave. La punition des fautes et des négligences peu graves était du ressort du commandeur ; le coupable solidement attaché par les pieds et les bras à une échelle, recevait sur le dos et sur les reins le nombre de coups de fouet indiqué ; trente coups, c'était tout ce que le maître pouvait prendre sur lui de faire administrer ; la peine était rigoureuse comme on voit malgré cette restriction, mais tout dépendait de la façon dont l'exécuteur remplissait son office.

Le châtiment subi, l'esclave un collier à trois pointes au cou, était reconduit au travail. Lorsque c'était une femme qu'il avait à corriger, le commandeur passait la main au mari, qui bien souvent pardonnait la faute commise contre son autorité. (1)

Dans les cas plus graves, lorsqu'il y avait refus d'obéir, rébellion ou tel autre acte d'insubordination, le coupable était généralement condamné à la chaîne.

Il arrivait très fréquemment qu'un esclave s'amusait à contrefaire le malade, dans le seul but de se soustraire au travail ; comme il était parfois assez difficile pour le maître de reconnaître s'il avait affaire à un homme souffrant réellement ou à un malade imaginaire, voici la méthode qu'on employait, et qui réussissait le plus souvent : Le patient était transporté à l'infirmerie et soumis pendant vingt-quatre heures à une diète sévère sans qu'il lui fût permis de faire usage de tabac, dont les nègres ne sauraient se passer ; pendant ce temps on l'entonnait de remèdes d'eau tiède et de tisanes, toutes choses que les noirs abhorrent le plus au monde et qui ne pouvant faire aucun mal à un homme bien portant, devaient en revanche soulager un malade. Il était rare qu'après un jour de ce régime débilitant, le paresseux le plus endurci ne revînt pas à de meilleurs sentiments. (2)

Lorsqu'un esclave voulait se marier, il devait tout d'abord obtenir le consentement de son maître qui le refusait rarement et tenait toujours compte des inclinations du prétendu ; une chose digne de remarque, c'est que son choix se portait de préférence sur une femme d'un certain âge ; dédaignant les jeunes beautés dans la fleur de leur printemps, très pratique, il déclarait d'un air convaincu que " les vieilles marmites font les meilleures " soupes." La demande ayant été accueillie, on procédait à la célébration des épousailles ; une petite allocution allant droit au

---

(1) *Grant. Bernardin de Saint Pierre*—" Voyage à l'Ile de France,"
(2) Encyclopédie, voce : " Sucreries."

but sans détours et sans ambages, exhortait les conjoints à se vouer amitié et fidélité réciproque, et leur laissait entrevoir que le rotin du commandeur pourrait bien remettre dans le droit chemin le mari ou la femme qui tenterait de s'en écarter. (1)

Très amoureux de sa nature, le noir donnait tout ce qu'il possédait à la belle qui l'avait charmé, qu'elle fût son épouse légitime, en tout bien tout honneur, ou simplement sa *ménagère*, selon l'expression consacrée. Le travail accompli, ni menaces, ni punitions ne pouvaient retenir celui qu'un rendez-vous galant ou ses devoirs conjugaux appelaient parfois sur une plantation très éloignée, ni celui que l'amour de la maraude attirait sur les terres d'un voisin ; le maître devait fermer les yeux et pourvu que l'esclave fût rendu à l'appel le lendemain matin, il n'avait pas à se plaindre. D'autres de sens plus rassis, ou moins portés à courir le guilledou, se réunissaient le soir autour du feu, pour chanter et danser le *séga* au son de la *marvanne*, gourde remplie de pois, pour entendre raconter d'interminables histoires, toujours les mêmes, débitées par les mêmes narrateurs, pour faire assaut de perspicacité en trouvant les *sampèques* des *sirandanes* les plus abracadabrants. (2)

Une qualité remarquable chez les noirs, c'était la façon dont ils comprenaient l'hospitalité ; à n'importe quelle heure du jour ou de la nuit, un noir n'avait qu'à se présenter dans une case pour être admis au foyer et recevoir sa part de nourriture sans que jamais la moindre question indiscrète lui fût posée ; on ne l'avait jamais vu, on ignorait absolument d'où il venait, où il se rendait ; il voyageait, cela suffisait. (3)

Pourtant, en dépit de ces mœurs assez pacifiques en apparence, l'habitant ne se sentait pas en sûreté chez lui, ayant à redouter les incursions des marrons assistés trop souvent par les esclaves en qui on avait le plus de confiance ; un arrêt de règlement du Conseil Supérieur, en date du 24 Août 1745, le prouve surabondamment :

" Expresses défenses et inhibitions à tous noirs esclaves,
" soit d'habitants, soit de la Compagnie, ou de toutes autres
" personnes de quelque qualité et condition qu'elles soient,
" de porter aucune arme à feu, et à leurs maîtres de leur en
" souffrir et de leur en fournir, à peine contre le noir qui s'en
" trouvera porteur de 200 coups de fouet pour la première fois
" et de 100 livres d'amende contre le maître qui le souffrira.

" Défense aux habitants d'aller sur les grands chemins et de
" s'écarter de leurs maisons à plus de trente pas, sans aucune
" arme à feu, à peine de pareille amende.—Permis aux habitants

---

(1) *Grant. Bernardin de Saint Pierre*, "Voyage à l'Ile de France." *C. Baissac*, Introduction à " l'Etude du Patois Créole."

(2) " Le *sirandane* est une courte énigme dont le mot se cache sous une " image parfois heureuse, ou sous le voile un peu épais d'une allégorie tirée de ' loin. " Le *sampèque* est le mot de l'énigme. *C. Baissac*. Introduction à ' l'Etude du Patois Créole. "

(3) *Grant, Bernardin de Saint-Pierre.* " Voyage à l'Ile de France,"

" et autres personnes de faire porter leurs fusils par leurs noirs,
" mais de façon que ces derniers ne s'écartent d'eux qu'à portée
" de pistolet.—Permis à l'habitant de faire porter par un ou
" plusieurs noirs des fusils sur son habitation en cas d'alarme
" ou autre évènement, en sa présence seulement, de façon que
" les noirs soient toujours devant lui, à la portée du fusil dont il
" sera armé lui-même.—Défense à toutes personnes de donner,
" confier et vendre de la poudre à aucun noir à peine de prison
" et de 300 livres d'amende, et de 200 coups de fouet contre les
" noirs qui s'en trouveraient saisis.—Défense de laisser aucune
" arme à feu dans sa maison sans en ôter le chien qu'il emportera
" ou enfermera sous clef, à peine de 100 livres d'amende et d'être
" garant des dommages qui pourraient en résulter.

" L'on trouve journellement dans le camp, sur les grands
" chemins et habitations, des noirs armés de fusils et de pistolets ;
" ce port d'armes défendu dans toutes les colonies, a été toléré
" jusqu'ici parce qu'il y avait peu de noirs ; mais la colonie
" augmentant tous les jours, ce port d'armes pourrait devenir
" dangereux, s'il était plus longtemps toléré." (1)

Du reste quelques années plus tard (en 1749), le baron
Grant se plaint de la paresse et de l'insolence des noirs, des
Malgaches principalement. (2)

Cependant La Bourdonnais donnait tout son temps aux
différentes entreprises agricoles qu'il avait créées à grand frais ;
des échantillons de coton et d'indigo qu'il fit parvenir au ministre,
furent justement admirés ; les cannes de la Ville Bague étaient
superbes, il n'attendait plus pour faire sa première coupe que les
machineries nécessaires, cylindres et chaudières, demandées en
France et expédiées sur le *Saint-Géran* qui allait arriver d'un
moment à l'autre. (3)

Ce bâtiment avait quitté Lorient le 24 Mars 1744, avec bon
nombre de passagers pour les îles, parmi lesquels se trouvaient
M. de Villarmois, M. Guinée, planteur à l'Ile Bourbon et deux
jeunes filles créoles retournant dans leurs familles après avoir
achevé leur éducation en France, Mesdemoiselles de Mallet et
Caillou, fiancées à deux officiers du *Saint-Géran*, MM. de
Peyramon et Longchamps de Montendre. Vers le 15 Juin on
toucha à Gorée où l'on prit un chargement de noirs Yoloffs et
Bambaras.

La traversée avait été exceptionnellement heureuse, à part
des maladies qui retinrent sur les cadres une partie de l'équipage ;
le 17 Août vers quatre heures de l'après-midi, on se trouva par
le travers de l'Ile Ronde, à six lieues au plus de la terre. La
nuit approchait, le temps était splendide et la lune n'allait pas
tarder à se lever ; le capitaine Delamarre fut d'avis de donner

(1) Greffe de la Cour Suprême. Reg. 6. No. 111.
(2) *Grant.*
(3) *E. Piston* " La Bourdonnais."

de suite dans les îles et d'aller mouiller dans la Baie du Tombeau ; le second capitaine, M. Malès et M. L'Air, lieutenant, l'en dissuadèrent, assurant qu'ils connaissaient la côte et qu'il n'y avait aucun danger de mettre à la cape sous la grande voile jusqu'au jour, tandis qu'avec un équipage réduit par la maladie, on n'aurait pas assez de monde pour manœuvrer les ancres si l'on mouillait.

Un bosseman, Maître Ambroise, les entendant, s'approcha d'eux et fit observer qu'ayant longtemps servi dans ces parages comme patron de chaloupe, il pouvait assurer qu'après avoir mouillé, on n'aurait qu'à tirer un coup de canon pour voir arriver les bâteaux du port avec plus d'hommes qu'on n'en aurait besoin ; Malès lui ordonna de se taire en lui administrant deux soufflets.

On continua donc à courir des bordées, tantôt sur un bord, tantôt sur l'autre ; vers minuit deux marins disant à l'officier de quart qu'on approchait beaucoup de la terre, il leur fut répondu de ne pas s'en préoccuper. Tout à coup, entre deux heures et demie et trois heures, le cri de " Brisants à l'avant !" retentit ; on vire de bord, mais trop tard, le navire touche et la lame très forte le jette sur les récifs de l'Ile d'Ambre. On sonne la cloche d'alarme, tout le monde se précipite en désordre sur le pont ; on met les embarcations à la mer, cependant le grand mât est rompu. Pour soulager le navire le commandant ordonne de couper le mât d'artimon ; il vient bas sous le vent et entraîne le mât de misaine dont les débris sans cesse ramenés contre le vaisseau, fracassent les chaloupes. L'instant d'après la quille se brise par le milieu, le pont s'effondre, la poupe et la proue se dressent presque verticalement ; tout est perdu ! L'aumônier prononce l'absolution et donne la bénédiction, tandis que tout le monde se demande mutuellement pardon ; le premier lieutenant propose de faire un vœu à Sainte Anne d'Auray, on chante le *Salve Regina* et l'*Ave Maris Stella*.

Vers 6 heures du matin on parvient à construire un radeau, soixante personnes s'y précipitent et sont englouties ; M. Delamarre et un marin nommé Caret, se mettent à cheval sur une planche ; ce dernier invite son capitaine à ôter sa veste et sa culotte pour être plus libre de ses mouvements, il refuse, disant qu'il est contraire à la dignité de son grade de gagner le rivage dans un aussi léger appareil et que d'ailleurs, il a sur lui des papiers importants qu'il ne peut abandonner. Ils étaient parvenus à franchir les récifs et avaient déjà pied, lorsqu'un radeau passé, monté par sept ou huit hommes qui engagent M. Delamarre à prendre place avec eux, il les rejoint mais une lame les emporte ; Caret lui-même perd sa planche et se voit forcé de plonger et de se cramponner aux roches du fond pour laisser passer le flot ; enfin exténué de fatigue il gagne la côte de l'Ile d'Ambre.

Dix hommes seulement et une négresse purent échapper,

et encore cette dernière et le pilote qui l'avait sauvée, moururent-ils d'épuisement après avoir touché la terre ; les autres, huit marins et un passager, M. Dromart de Saumur, restèrent deux jours sur cet îlot désert ; alors ayant repris quelques forces, trois d'entre eux traversèrent le bras de mer à la nage et furent recueillis dans les environs de la Mare aux Flamants par des chasseurs qui s'empressèrent d'aller au secours des autres naufragés. (1)

Voilà dans toute sa simplicité le récit de ce sinistre auquel l'Ile de France doit une grande partie de sa célébrité ; voilà les faits qui ont servi de canevas à Bernardin de Saint-Pierre pour son immortelle idylle. Pour la rendre plus touchante il a eu recours à son imagination et s'est peu soucié d'être véridique ; c'était son droit, nul ne le lui conteste. Mais disons-le, la Virginie du roman n'a jamais existé quoi qu'aient pu avancer quelques auteurs, c'est là notre ferme conviction.

Maintenant, à qui faire remonter la responsabilité de ce triste évènement ? La réponse est toute prête, il ne peut y avoir aucun doute à cet égard ; à la faiblesse du commandant, à la présomptueuse ignorance de ses officiers ; leur faute, ils l'ont

(1) Ces détails sont puisés dans les dépositions des survivants, telles qu'elles se trouvent au Greffe de la Cour Suprême : Voir aussi : *A. Pascau* "Chroniques de l'Ile de France," deuxième livraison ; *E. Piston* "La Bourdonnais." ; *Magon Saint-Elier* ; *H. de Rauville* " l'Ile de France légendaire " et une notice publiée dans la "Merchants & Planters' Gazette" en Septembre 1886, sans signature.

Nous avons omis à dessein quelques détails par trop fantaisistes et qui me semblent reposer sur aucune base sérieuse. Ainsi, Magon veut que M. de Montendre ait supplié Mademoiselle Caillou d'enlever une partie de ses vêtements et de se jeter à l'eau avec lui, promettant de la sauver ; comme elle s'y refusait, il tira de son portefeuille une boucle de cheveux qu'elle lui avait donnée, la baisa, la mit sur son cœur et attendit la mort à ses côtés. Tout cela n'a rien d'invraisemblable, mais sur quoi Magon s'appuie-t-il ? Nous avons rejeté cette version comme ressemblant trop à celle-ci qui ne supporte pas l'examen :

Un M. de Mallet, officier au régiment de Pondichéry et qui mourut en 1819 à un âge très avancé, se plaisait à raconter que sa sœur Virginie était à bord du *Saint-Géran* et fiancée à un officier ; elle revenait à l'Ile de France après avoir achevé son éducation. Le *Saint-Géran* aurait fait naufrage en Décembre 1743 ou 1744, par un violent ouragan ; M. de Péramon, l'officier en question, aurait engagé Mademoiselle de Mallet à se dévêtir, et pour lui faire voir qu'il était possible de gagner le rivage, il se serait jeté à l'eau et serait revenu peu de temps après avec une branche verte. D'un autre côté Madame de Mallet, la mère, aurait vu en songe sa fille sur le bâtiment en détresse et sur ses instances, son mari aurait envoyé à la Poudre d'Or quelques noirs avec un commandeur nommé *Domingue* ; M. de La Bourdonnais et ses officiers étaient sur la plage et leur auraient dit que Virginie avait péri. Le narrateur prétendait tenir ce récit de sa mère elle-même. (*E. Piston* "La Bourdonnais", *A. Pascau* "Chroniques de l'Ile de France", deuxième livraison). Sans vouloir mettre le moins du monde sa bonne foi en doute, examinons les faits : Le *Saint-Géran* se perdit en Août 1744 et par un beau clair de lune ; au dire des survivants il n'est pas possible qu'un homme ait fait le tour de force de gagner la terre et de revenir au vaisseau, il eût été englouti dix fois pour une ; la branche verte ressemble trop à celle de la colombe de l'arche, le décor rappelle trop le roman de Bernardin. Ensuite il est parfaitement établi que personne n'eut connaissance du sinistre jusqu'au jour où les survivants furent recueillis à la Mare aux Flamants ; M. de La Bourdonnais pas plus que n'importe qui ne se trouvait sur les lieux. Que reste-t-il donc de l'anecdote ? Presque rien. Il faut donc en prendre son parti et ne pas chercher malgré tout le roman là où il n'existe pas.

payée de leur vie, leur sangfroid ils l'ont retrouvé au moment du danger, mais alors qu'il était trop tard ; quoi qu'on puisse dire, ils avaient charge d'âmes, leur légèreté coupable est sans excuse !

Un fait extraordinaire, c'est que le *Saint Géran*, bâtiment d'un fort tonnage, ait pu non seulement pénétrer dans une passe où les caboteurs n'osent pas se risquer d'habitude, mais encore franchir la barrière de brisants qui entourent l'Ile d'Ambre ; il faut que la mer ait été bien grosse en dépit du ciel serein. Cet étroit chenal n'est plus connu aujourd'hui que sous le nom de Passe du *Saint Géran*. (1)

Qu'on nous permette pour terminer de faire diversion en abordant la note gaie. On sait que le corps de Virginie fut trouvé dans la Baie du Tombeau quelques jours après l'évènement, au dire du romancier. Sans avoir l'outrecuidante prétention de se prononcer entre les deux opinions qui partagent les érudits,— les uns voulant que cette baie ait reçu son nom d'une jeune dame protestante qui y fut enterrée, les autres soutenant que ce fut bel et bien un amiral hollandais, le général de mer Pieter Both d'Amersfoort qui en fut le parrain, à son corps défendant,—un habitant des environs, dont nous imiterons la sage réserve, eut l'idée au commencement de ce siècle de faire élever un monument en l'honneur de l'héroïne. Tous les étrangers qui visitaient l'île et se rendaient au Jardin des Pamplemousses, ne manquaient pas de faire une station émue devant le *Tombeau de Virginie* ; les choses allèrent bien pendant un temps, mais quelque touriste enthousiaste, ou loustic peut-être, demanda ce qu'on avait fait de Paul ; pour satisfaire à une si juste réclamation, il fallut construire un second mausolée en tout point semblable au premier. (2)

Pour l'Ile de France elle-même la perte du *Saint Géran* était un grand malheur, ce vaisseau lui portait des vivres impatiemment attendus ; l'année précédente la sécheresse avait détruit les récoltes, en 1744 elles venaient d'être ravagées par les sauterelles ; un bâtiment qu'on avait fait partir pour chercher du riz dans l'Inde, venait de retourner à vide. La Bourdonnais dut demander au Conseil de faire un recensement des subsistances que les particuliers pouvaient avoir en magasin, de leur en laisser suffisamment pour leurs besoins et de les obliger à céder le surplus à un prix convenu, pour être distribué journellement à la population (8 janvier 1745). Le Conseil approuva cette mesure indispensable, mais les habitants s'en plaignirent. (3)

Cependant la frégate la *Fière*, arrivée le 1er Septembre 1744, annonça la rupture définitive entre la France et l'Angle-

---

(1) C'est par erreur que *Piston* l'appelle la Passe d'Ocornes. La Passe d'Ocornes ou d'Uscorne est située entre l'extrémité septentrionale de l'Ile d'Ambre et la terre.
(2) *Merchants and Planters' Gazette* 16 Septembre 1886.
(3) Mémoires de *La Bourdonnais*. Hommes illustres de la marine françoise.

terre ; la Compagnie fidèle à son système de neutralité malgré tout, défendait au gouverneur de commencer les hostilités, *l'autorisant toutefois à se défendre s'il était attaqué* et lui laissant pour cela deux bâtiments. La Bourdonnais s'empressa de faire parvenir la nouvelle à M. Dupleix, gouverneur de Pondichéry, et renvoya la *Fière* en France, se doutant bien de ce qui allait arriver.

Le 5 Avril suivant, le *Fleury* lui porta l'invitation pressante du Conseil de Pondichéry de venir à son secours et la nouvelle de la prise du *Favori* par le capitaine Peyton en rade d'Achem. (1)

Les Anglais avaient alors dans ces mers quatre vaisseaux de guerre qui s'emparèrent successivement de presque tous les navires marchands français ; à chaque nouvelle prise le commodore Barnett ne manquait pas de dire : " Messieurs, nous exécutons contre vous ce que M. de La Bourdonnais avait projeté contre nous.". (2)

Que faire avec le peu de ressources dont il disposait ? La Bourdonnais n'hésita pas ; un des vaisseaux de la Compagnie, le *Neptune*, allait partir pour l'Europe, il fit passer sa cargaison sur la *Charmante* et le garda ; il avait en outre le *Bourbon*, l'*Insulaire*, construit dans la colonie, la *Renommée* et un petit bâtiment fin voilier, l'*Elizabeth*. Mais à cette escadrille il fallait des équipages, les habitants effrayés du naufrage qu'ils avaient eu sous les yeux, ne voulaient pas entendre parler de s'embarquer ; une décision du Conseil Supérieur réclama à chaque colon un noir sur vingt, moyennant un loyer de 18 livres par mois et 200 piastres d'indemnité pour chacun de ceux qui mourraient au service de la Compagnie ; on n'eut heureusement pas besoin d'en venir là. Un bâtiment dans lequel La Bourdonnais possédait un intérêt, arriva sur les entrefaites avec deux ou trois cents nègres, le gouverneur offrit au Conseil de les céder à la Compagnie au prix de 200 piastres par tête. (3)

Le mois suivant (Mai 1745), l'armement étant au complet, il fut décidé qu'on escorterait à Pondichéry les bâtiments de la Compagnie et qu'après avoir assuré le retour du courrier de l'Inde, on irait chercher celui de Chine à un endroit déterminé. Pour empêcher la consommation inutile des vivres, La Bourdonnais envoya ses vaisseaux se ravitailler à Madagascar, ne gardant avec lui que le *Bourbon* et l'*Elizabeth*. (4)

On était au mois de Juillet, aucun navire n'avait encore paru ; il fallait partir, car la saison s'avançait. La Bourdonnais se disposait à lever l'ancre le 1er Août, lorsque le 28, la frégate l'*Expédition* annonça la prochaine arrivée de cinq vaisseaux de la Compagnie qu'il faudrait armer en guerre et conduire à

(1) Mémoires de *La Bourdonnais*. Hommes illustres de la marine françoise
(2) Ibid. Ibid.
(3) Mémoires de *La Bourdonnais*.
(4) Ibid.

Pondichéry. Il dut modifier son plan et rappeler son escadre de Madagascar.

Ce ne fut que du 28 Janvier au 1er Février 1746 que les vaisseaux si impatiemment attendus, mouillèrent en rade de Port-Louis, tous en assez mauvais état et dépourvus de vivres ; seul l'*Achille* était armé en guerre. Pour comble de malheur une épidémie venait de décimer les ateliers, La Bourdonnais dut avoir recours à des ouvriers complètement étrangers aux travaux de la marine, aux menuisiers pour les réparations, aux serruriers pour la fabrication des clous, des affûts et l'ajustement des bastingages, aux tailleurs pour la confection des voiles ; grâce à sa persévérance, en leur fournissant des modèles et des mesures, en travaillant lui-même avec eux, il parvint à accomplir en fort peu de temps cette tâche écrasante.

Il fallait en outre dresser les équipages et les habituer au maniement des armes ; il les fit habiller, les forma en compagnies dans lesquelles il fit entrer des noirs et des ouvriers ; il invita les officiers à dîner tous les dimanches pour s'entendre avec eux et discuter des signaux et des mouvements à adopter ; d'aucuns refusèrent ses invitations, prétextant " qu'ils étaient trop vieux pour aller à l'école." (1)

A mesure qu'un vaisseau était prêt, on l'expédiait faire des vivres à Madagascar ; enfin le 24 Mars 1746, La Bourdonnais put se mettre en route pour rejoindre son escadre ; il arriva le 4 Avril à Foulepointe par un assez mauvais temps et dut reprendre la mer presque aussitôt pour fuir devant un ouragan qui se déclarait. Les bâtiments assez maltraités, se retrouvèrent tous à l'Ile Marosse le 8, à l'exception du *Neptune de l'Inde* qui fut jeté à la côte et se perdit ; ce nouveau contre-temps aurait découragé une âme moins bien trempée ; des réparations étaient urgentes dans une île absolument déserte, le bois ne manquait pas dans les forêts, mais il fallait aller le chercher ; à force d'énergie, en quarante-huit jours, la division réduite à neuf vaisseaux et frégates, le *Bourbon*, l'*Achille*, le *Lys*, le *Duc d'Orléans*, le *Saint-Louis*, l'*Insulaire*, le *Phénix*, la *Renommée*, la *Parfaite* et un aviso, l'*Elizabeth*, put quitter la rade d'Antongil et se diriger vers l'Inde. (2)

Le 6 Juillet on rencontra sur la côte de Coromandel une division anglaise de six vaisseaux commandée par le capitaine Peyton : moins nombreuse que l'escadre de La Bourdonnais, elle lui était infiniment supérieure en artillerie. Le combat s'engagea avec acharnement, mais sans résultat bien tranché ; le lendemain au point du jour l'ennemi s'éloigna. Trois jours plus tard on jetait l'ancre devant Pondichéry. (3)

(1) Mémoires de *La Bourdonnais*.
(2) Ibid.
(3) Ibid.

Les évènements du siège et de la prise de Madras par La Bourdonnais, ainsi que ses dissentiments avec Dupleix sont connus ; ces faits ne se rattachent d'ailleurs qu'indirectement à l'histoire de l'Ile de France, nous nous bornerons à dire que Madras s'était rendue à la condition expresse de pouvoir se racheter pour 1,100,000 pagodes d'or à l'étoile, (soit neuf millions environ de livres françaises) ; La Bourdonnais, sachant bien qu'à la fin des hostilités l'Angleterre ne consentirait pas à laisser cette ville aux mains de ses conquérants, pensait qu'une pareille rançon n'était pas à dédaigner ; Dupleix et le Conseil de Pondichéry, qui n'avaient pris aucune part au siège, furent d'un avis diamétralement opposé, ils voulaient conserver Madras coûte que coûte, au mépris de la foi jurée. La Compagnie leur donna gain de cause ; on rétablit, on perfectionna même les défenses de la place qu'un traité de paix vint bientôt rendre à l'Angleterre plus florissante et plus forte que jamais. (1)

Pendant que La Bourdonnais était retenu dans l'Inde, ses ennemis firent si bien auprès du ministère,—nous ne disons pas auprès de la Compagnie, cette dernière ayant en toutes circonstances assez fait montre d'hostilité à son égard, — ses ennemis se démenèrent tant qu'une enquête fut ordonnée, et par un *malheureux hasard*, le rapporteur choisi se trouva être la personne qui haïssait le plus l'accusé ; le résultat était facile à prévoir. (2)

M. David fut envoyé à l'Ile de France pour en prendre le gouvernement et se mettre au courant des griefs accumulés contre La Bourdonnais ; s'il le trouvait coupable, il ne devait pas hésiter à lui retirer le commandement des vaisseaux retournant en Europe ; en même temps le Roi signait l'ordre d'arrêter La Bourdonnais dès qu'il aurait mis le pied en France. (3)

Lorsqu'il débarqua au Port-Louis, dans les derniers jours de 1746, La Bourdonnais trouva M. David rendu depuis le 8 Octobre, et s'étant déjà assuré par lui-même de la fausseté de toutes ces accusations. Mais cette justification n'était pas assez complète, il fallait confondre ses ennemis devant la Cour, en présence de la Compagnie elle-même, il fallait partir. Le nouveau gouverneur le pria de rester à la tête de ses équipages et de ramener les six vaisseaux qui lui restaient ; malgré toute sa répugnance La Bourdonnais ne crut pas pouvoir se dispenser d'accomplir son devoir jusqu'au bout. Il s'embarqua donc avec

(1) Mémoires de *La Bourdonnais*.
(2) Hommes illustres de la marine françoise.
(3) Ibid. Mémoires de *La Bourdonnais*.
Enregistrement des provisions accordées par le Roi à Pierre Félix Barthélemy David (10 Mars 1746) l'investissant du gouvernement général des Iles de France et de Bourbon et de la présidence des Conseils Supérieurs.
Commission par le chevalier d'Aguesseau au Conseil Supérieur de l'Ile de France pour députer le premier et le plus ancien officier pour recevoir le serment de M. David (M. de Saint-Martin). M. David est nommé en remplacement de M. de La Bourdonnais *qui a demandé la permission de se démettre de ses fonctions*.
Greffe de la Cour Suprême. Reg. 6, No. 114-115.

sa femme et ses enfants en Avril 1747, après avoir publié à l'Ile de France, et chargé M. de Saint-Martin qui commandait alors à Bourbon de faire publier dans cette dernière colonie " qu'il était " prêt à rendre justice à tous ceux qui pourraient avoir à se " plaindre de lui, ou qui se trouveraient lésés dans quelque " convention faite avec lui, offrant de rompre tout marché, de " rendre ce qu'il avait reçu, en reprenant ce qu'il avait donné. " Personne ne se présenta ; il était pourtant alors déchu de son rang et privé de toute influence. (1)

Une tempête l'assaillit par le travers du Cap de Bonne Espérance ; un de ses bâtiments désemparé, alla se réfugier dans la Baie de Tous les Saints, un second dut retourner à l'Ile de France ; avec les quatre autres il gagna Saint-Paul de Loango. Après avoir fait passer sa famille au Brésil, d'où un vaisseau Portugais la conduisit à Lisbonne, La Bourdonnais se dirigea sur la Martinique et y laissa son escadre. Pour rentrer en France il dut aller chercher un navire à Saint-Eustache, une des Antilles Hollandaises, et pour cela il dut s'embarquer dans une petite chaloupe sans boussole ni compas ; poursuivi par un croiseur anglais, il s'éloigna considérablement de sa route et ce contretemps lui sauva sans doute la vie ; un ouragan se déchaîna et détruisit quarante bâtiments dans ce petit port. Enfin, après six semaines d'attente il put prendre passage sur un navire hollandais retournant à Flessingue (2)

Il n'était pourtant pas au bout de ses ennuis ; bientôt un vaisseau anglais les rencontre et leur annonce la reprise des hostilités entre la France et la Hollande ; le commandant se décide à entrer à Falmouth pour se mettre sous la protection du convoi des Dunes. On avait eu le temps d'apprendre en Angleterre que La Bourdonnais devait prendre passage à Saint-Eustache sur un bâtiment hollandais ; en dépit de ses précautions, il est reconnu et conduit à Londres comme prisonnier de guerre. Partout il est accueilli avec distinction ; bien loin de le jeter dans un cachot, on lui déclare qu'il ait à considérer la capitale comme sa prison ; le prince de Galles le présente lui-même à son épouse : " Voilà Madame," lui dit-il, " cet homme qui nous a fait tant de mal !"—" Ah ! Monseigneur " s'écrie La Bourdonnais, " vous allez me faire regarder avec horreur ! "—" Ne craignez rien," répondit le prince, " on ne peut qu'estimer un sujet qui " sert si bien son Roi et qui fait la guerre en ennemi humain " et généreux. " (3)

Instruit de ce qui l'attendait en France, fort de la bonté de sa cause, La Bourdonnais ne voulut pas se rendre aux conseils de ses amis qui le suppliaient de ne pas rentrer dans sa patrie, pour le moment du moins ; il demanda l'autorisation d'aller se

---

(1) Mémoires de *La Bourdonnais*. Hommes illustres de la marine françoise. *Mayon Saint-Elier* donne le mois de Mars comme l'époque du départ de La Bourdonnais.
(2) Mémoires de *La Bourdonnais*.
(3) Ibid.

justifier, un des directeurs de la Compagnie anglaise s'offrit spontanément pour le cautionner corps pour corps ; le gouvernement britannique refusa noblement, ne voulant d'autre garantie que la parole d'honneur de son prisonnier. Il quitta Londres le 22 Février 1748, trois jours après, il était à Paris ; dans la nuit du 1er au 2 Mars, arrêté en vertu d'un ordre du Roi, il fut conduit à la Bastille. (1) Son secrétaire fut défoncé, ses papiers enlevés, son testament saisi chez son notaire et violé au mépris de toutes les lois. (2). Ce ne fut que *vingt-six mois* plus tard qu'on lui permit de voir son avocat. Pendant ce temps, séparé de tous les siens, n'ayant même pas à sa disposition ce qu'il fallait pour écrire, il réussit à tracer ses mémoires et même à dresser une carte explicative sur des mouchoirs gommés à l'eau de riz, avec un sou marqué recourbé et assujetti à un morceau de bois, trempé dans une encre faite de suie et de marc de café. (3)

Enfin après une détention de trois longues années, il sortit de son cachot le front haut, son innocence clairement établie ; mais ses biens étaient sous séquestre, la Compagnie eut l'insigne mauvaise foi de contester des créances garanties par tous ses directeurs et contresignées par le ministre lui-même ; on lui défendit d'avoir recours aux tribunaux ! Son corps jadis si robuste n'avait pu résister à de pareilles épreuves, son séjour à la Bastille l'avait achevé ; il expira le 9 Septembre 1753, succombant à l'âge de cinquante-quatre ans, sous le poids de ses infirmités prématurées. (4)

Plus tard le Gouvernement eut honte de sa conduite, une pension de 100 livres fut accordée à la veuve de ce grand homme, mort " sans avoir reçu " dit le brevet, " aucune récompense ni " aucun dédommagement pour tant de persécutions et tant de " services " ; plus tard encore, sa fille Madame la marquise de Montlezun, ayant perdu la plus grande partie de sa fortune, l'Assemblée Coloniale de l'Ile de France, dans sa séance du 6 Fructidor an 7, lui vota une rente annuelle de 3,000 livres, et l'Ile de la Réunion suivit l'exemple de sa voisine, faible et tardif tribut de reconnaissance envers celui qui fut leur bienfaiteur (5)

(1) Mémoires de *La Bourdonnais.*
(2) *Magon Saint-Elier.*
(3) Mémoires de *La Bourdonnais.*
Les mémoires de La Bourdonnais sont apocryphes en ce sens qu'ils n'ont pas été écrits de la main de La Bourdonnais lui-même ; lorsqu'il fut emprisonné à la Bastille et qu'on lui eût permis de communiquer avec son conseil légal, M. de Gennes, ce dernier rédigea selon l'usage un *mémoire justificatif pour le sieur de La Bourdonnais,* (1750) qu'il adressa aux magistrats et aux membres du Parlement. Ce factum remanié plus ou moins, fut retrouvé et retouché par le petit fils de La Bourdonnais qui le publia sous le titre de " Mémoires de La Bourdonnais." (Note fournie par M. Théodore Sauzier). Plusieurs auteurs ont mis en doute et ont rejeté comme une légende, l'histoire des mouchoirs gommés, du sou marqué et de l'encre au marc de café, nous voulons bien l'admettre, n'étant pas de ceux qui recherchent le pittoresque malgré tout. Mais cela n'empêche que ces mémoires ne soient fort intéressants, fort instructifs, très-véridiques et qu'ils ne nous donnent des renseignements précieux sur cette époque, renseignements qu'on ne pourrait guère trouver ailleurs.
(4) Mémoires de *La Bourdonnais,*
(5) Ibid.

Lorsqu'on songe aux travaux immenses accomplis par La Bourdonnais avec d'aussi faibles ressources, l'esprit est frappé d'étonnement, on est naturellement porté à se demander ce que cet homme extraordinaire n'aurait pu faire s'il ne s'était vu entraver pour ainsi dire à chaque pas par l'étroitesse de vues et la mesquine jalousie de la Compagnie, oublieuse dans son aveuglement de ses intérêts les plus chers ! A ce propos, qu'il nous soit permis avant de terminer, de soulever une question de responsabilité que les principaux historiens de nos colonies n'ont guère songé à envisager, croyons-nous ; ce que nous en disons n'est pas pour disculper la Compagnie, loin de là ; nous sommes bien persuadé que le faire serait noircir du papier en pure perte. Mais est-il bien juste de la transformer en bouc émissaire et de ne rien dire du gouvernement royal ? Que penser de ces ministres qui s'entendent avec un serviteur de la Compagnie pour former un plan de campagne auquel la Compagnie participera par son argent et ses bâtiments et qui exigent que le secret soit gardé envers la principale intéressée ! N'y a-t-il pas là un manque de confiance intolérable ? Si ce manque de confiance était justifié, ce qui est fort possible après tout, le gouvernement ne devait-il pas faire l'armement pour son propre compte et ne pas y mêler la Compagnie, puisqu'elle n'était pas jugée digne de prendre part à ses conseils ? Et ce ministre qui laisse la Compagnie envoyer à La Bourdonnais des ordres de désarmement et qui lui écrit ensuite de son côté, qu'il espère qu'il n'aura pas suivi ces instructions trop à la lettre !

Non, la part du gouvernement dans toutes ces circonstances, est pour le moins aussi lourde que celle de la Compagnie ; les ministres comme les directeurs, méritent d'être cloués au pilori de l'histoire, la postérité ne saurait les séparer !

Sur un théâtre plus vaste, La Bourdonnais eût sans doute donné toute la mesure de ses hautes capacités d'homme de guerre et d'administrateur ; mais ayons l'égoïsme de ne pas trop le regretter ! Sans quitter l'Ile de France, rappelons-nous ce qu'elle était à son arrivée et dans quel état il l'a laissée onze ans après : C'est à nos yeux un de ses plus beaux titres de gloire ! Aussi la colonie n'a-t-elle fait que lui rendre justice en lui érigeant une statue sur la Place d'Armes de Port-Louis, à quelques pas du quai, afin que les étrangers en mettant pied à terre, pussent avant toutes choses, contempler les traits du fondateur de sa prospérité.

Pour finir, citons ce passage d'une lettre adressée au ministre de la marine par un de ses successeurs, M. le chevalier Desroches, en 1769 : " On ne peut faire ici le bien qu'en suivant " les routes tracées par M. de La Bourdonnais. Cet homme " extraordinaire distinguait mieux les objets à travers l'épaisseur " des forêts que d'autres ne les aperçoivent depuis que le pays " est découvert. " (1)

---

(1) Hommes illustres de la marine françoise.   Mémoires de *La Bourdonnais*

IV

M. et Mme d'Auband.— Gouvernement de M. David. — Tentative de l'Amiral Boscawen.—Le *Réduit*, plantations, l'*Épreuve*.—Chasse interdite, marrons.— Forval et la princesse Béty, l'Ile Sainte-Marie.—M. de Lozier Bouvet.— Commune des habitants.—M. d'Après et l'Abbé de la Caille.—Les sucreries.— Le Jardin du Réduit.— Poivre, sa biographie.—Les arbres à épices.—Fusée Aublet.—M. Magon.— Forêts, pâturages et bestiaux.—Le Jardin des Plantes du Réduit.— Salines. — Forges d'Hermans et de Rostaing.— Sucreries.— L'Église des Pamplemousses.— Les Seychelles.—Guerre de l'Inde.—MM. de Lally et d'Aché.—Perte de Pondichéry.— Jugement et exécution de Lally.— M. Desforges Boucher.—Nouvelles mesures de la Compagnie.—Les employés, les banians, agiotage, abus.— Les militaires.— Assemblée générale.—Les députés de la Colonie.—Rétrocession au Roi (1747-1767).

A cette époque vivait à l'Ile de France un officier de fortune, le lieutenant Urbain Maldaque, dit d'Auband, dont les aventures sont assez singulières pour que nous nous en occupions. (1)

(1) La vérité *vraie* sur ce personnage est tant soit peu difficile à démêler, tous les écrivains qui en avaient parlé jusqu'ici, ne le connaissaient que sous le nom de d'Auband, qu'ils orthographiaient chacun d'une manière différente. Madame de Créqui prétend que d'*Aubans* mourut en 1735, le baron Grant l'appelle d'*Auband* et le laisse vivre jusqu'en 1747; Magon Sain-Elier supprime la lettre finale, d'*Auban* selon lui mourut en 1757. Sous le rapport chronologique il est évidemment plus près de la vérité, mais pour l'orthographe nous aimons mieux suivre le baron Grant qui a connu notre homme à l'Ile de France, bien que ce ne soit pas une raison péremptoire, on sait le peu de cas que l'on faisait de l'orthographe au siècle dernier.

D'un autre côté, M. Albert Rae, à la suite de consciencieuses recherches, a publié dans la Revue Historique et Littéraire de l'Ile Maurice (5me année N° 13, 14) une étude fort bien documentée, d'après laquelle le véritable nom de cet officier serait tout bonnement Urbain Maldaque, ainsi qu'il ressort d'un acte de donation mutuelle, passé par devant Me Calbert notaire à l'Ile de France le 10 Septembre 1736, entre sieur Urbain Maldaque et dame Charlotte Christine Wolfenbüttel, son épouse.

Les comparants déclarent qu'ils sont mariés depuis quinze ans (vers 1721 par conséquent,) et n'ont pas fait de contrat pour des raisons qui leur sont particulières ; qu'ayant perdu récemment leur fille unique et qu'étant presque sans espoir d'avoir d'autres héritiers, ils se font donation mutuelle et réciproque de tous leurs biens, au dernier survivant.

Les époux Maldaque seraient venus à l'Ile de France sur le *Bourbon* en 1728, et non pas en 1735 ou 1741, comme divers l'ont prétendu, car en 1729 Maldaque est major dans un régiment au Port-Louis et obtient la concession d'un emplacement sis à la Grande rue du Rempart de la Grande Montagne.

En 1737 il est officier des troupes au Port Sud-Est. En 1740, il marie sa nièce, fille de son frère Guillaume Maldaque, à Nicolas Valentin Chautard ; les notabilités de la Colonie assistent au mariage et signent au contrat, ce qui laisserait supposer que le rang de l'ex-princesse était connu. En 1757 Maldaque est capitaine, faisant fonction de Major des troupes au Port-Louis. (*A. Rae* loc: cit :)

Voilà pour les faits ; maintenant, il s'agit de concilier toutes ces divergences, et nous proposons dans ce but l'hypothèse suivante, qui nous semble assez plausible :

Maldaque comme le faisaient alors beaucoup d'officiers de petite naissance, aurait adopté un nom de guerre afin de se décrasser un peu de sa roture originelle, il aurait choisi celui de d'*Auband* qui était peut-être le nom de son village ou d'un château des environs.

Il fut généralement connu sous ce nom de d'Auband, et s'il se servit de celui de Maldaque dans des actes authentiques, c'est qu'il ne pouvait faire autrement.

On sait que le fils de Pierre Le Grand, le czarevitch Alexis, était un rustre de la pire espèce, violent, ivrogne et méchant ; on l'avait marié à la Princesse Charlotte Christine Sophie de Brunswick Wolfenbüttel, née le 25 Août 1694, sœur de l'Impératrice Elizabeth femme de Charles VI d'Allemagne et mère de la célèbre Marie-Thérèse.

Soit que son épouse lui déplût et qu'il voulût s'en débarrasser pour courir à d'autres amours, soit que sa brutalité naturelle et se rapprochant de l'aliénation mentale, fût la plus forte, il ne tarda pas à rendre la vie impossible à la Princesse ; on prétend qu'il tenta même de l'empoisonner. Enfin, un beau jour, alors qu'elle était grosse de huit mois, il se précipita sur elle sans provocation aucune, la renversa, la traîna par les cheveux en lui donnant de grands coups de pied dans le ventre et la laissa privée de sentiment et baignée dans son sang. Une de ses dames d'atours, Madame de Warbeck, née comtesse de Kœnigsmark et tante du maréchal de Saxe, (1) eut pitié de la malheureuse femme, la recueillit et lui prodigua les soins les plus dévoués. La Princesse Charlotte ne tarda pas à mettre au monde un enfant mort, on en profita pour faire courir le bruit qu'elle n'avait pas survécu ; le czarévitch ne demandait pas mieux que de le croire, aussi ne fit-il rien pour s'assurer de l'évènement. La nouvelle fut annoncée officiellement à l'Empereur qui était en voyage, ainsi qu'à toutes les cours de l'Europe.

Cependant la jeune femme s'était rétablie, elle traversa Paris accompagnée d'un seul domestique allemand qu'elle faisait passer pour son père, gagna un port de mer et s'embarqua pour la Louisiane.

Les deux émigrés s'y établirent sous le nom de M. et Mlle. Wolf et vécurent fort modestement. C'est là que d'Auband reconnut la Princesse pour l'avoir vue autrefois à Saint Pétersbourg. Il se garda de troubler leur *incognito*, mais touché de tant d'infortune, il s'efforça de rendre quelques services au vieillard et finit par gagner ses bonnes grâces, au point que celui-ci lui proposa de loger avec eux à frais communs. Sur ces entrefaites on apprit la mort du czarévitch (1718) ; le jeune homme prit Mlle. Wolf à part, lui avoua qu'il l'avait reconnue dès le premier jour et lui offrit de la ramener en Russie ; elle refusa en le suppliant de la traiter comme par le passé et de ne laisser deviner son secret à personne. Leur existence paisible fut encore troublée à quelque temps de là par la mort du vieux serviteur ; il leur devenait impossible de continuer à vivre ensemble, d'Auband le comprit et ne s'en cacha pas à la Princesse qui l'amena peu à peu à lui ouvrir son cœur et à lui offrir son nom. Les époux jouirent du bonheur le plus parfait pendant plusieurs

(1) Ici, nous suivons Mme. de Créqui ; les autres auteurs prétendent que cette dame était la comtesse de Kœnigsmark, la propre mère du maréchal de Saxe. On verra tout à l'heure la raison de notre préférence.

années, une fille était venue resserrer encore leurs liens ; (1) c'est alors que d'Auband atteint d'une fistule, se vit forcé de retourner à Paris pour se mettre entre les mains des hommes de la science. L'opération réussit ; une fois rétabli, le jeune officier fit des démarches auprès de la Compagnie des Indes pour obtenir un emploi ; le poste de Major à l'Ile Bourbon lui fut offert, il accepta.

Pendant le cours de ces négociations, le maréchal de Saxe traversant un jour le jardin des Tuileries, s'arrêta instinctivement en entendant une jeune femme parler allemand à son enfant ; à peine eût-il levé les yeux, qu'il resta muet d'étonnement : la Princesse Charlotte était devant lui, la malheureuse princesse que tout le monde croyait morte depuis tant d'années ! Il s'approcha respectueusement et lui demanda de vouloir bien lui expliquer ce mystère. Madame d'Auband l'avait bien reconnu elle aussi, sachant qu'elle pouvait compter sur sa discrétion, elle lui dit tout, sa guérison, sa fuite en Amérique, son nouveau mariage, la position de son mari, l'espoir qu'il avait d'être envoyé aux îles, en lui faisant jurer de n'en rien dire au Roi avant trois mois ; elle donna son adresse au maréchal, il alla la voir aussitôt que le délai fut expiré, et apprit qu'elle venait de partir pour l'Ile de France avec son époux et son enfant sur le *Bourbon* (1728.) Sans perdre de temps, le Maréchal de Saxe se rendit à Versailles et raconta cette histoire extraordinaire à Sa Majesté, qui sans donner d'explications à M. de Machault, alors ministre de la marine, lui ordonna d'écrire au gouverneur, M. Dumas, qu'il eût à traiter Monsieur et Madame d'Auband avec la plus grande distinction.

Louis XV était alors en guerre avec l'Autriche, adorant pardessus tout les histoires scandaleuses, il fut ravi de pouvoir railler son ennemie Marie Thérèse en lui annonçant les aventures de sa tante. On juge de la colère de la Reine de Hongrie ; mais le premier moment d'irritation passé, elle fit proposer à la Princesse de venir la rejoindre à Vienne et de reprendre une existence plus conforme à son rang, à la condition d'abandonner son mari et sa fille dont le sort serait assuré d'une façon convenable. Madame d'Auband ne répondit même pas à cette ouverture. Peu après elle perdit son enfant (1736) et peut-être enfin son mari (2) ; c'est alors qu'elle retourna en Europe (1759.)

(1) Leur fille fut baptisée au Port Louis le 25 Juillet 1728, assez tardivement alors si les chroniqueurs disent vrai quant à l'époque de sa naissance ; elle mourut en 1736 (voir note, page 53). *A. Rae.*

(2) Nous disons *peut-être*, car il n'y a rien de positif à cet égard. On le voit encore à l'Ile de France en 1759, formant le projet de rentrer en Europe, et vendant son emplacement de la rue du Rempart au Capitaine Guillaume Gilbert Paignan de Gargas—(*A. Rae.*)

Encore un nom de guerre celui-là, croyons-nous.—Gargas est en effet un tout petit village de la Haute Garonne, près d'Aventignan, entre Montréjeau et Saint Bertrand de Comminges.

En tous cas, à partir de 1759, on n'entend plus parler de Maldaque à l'Ile de France.

C'était au dire de ceux qui l'ont vue, une femme d'un grand air, affable et d'une conversation agréable, pas belle pourtant, grande, maigre et marquée de petite vérole ; ce qui a le plus frappé le baron Grant, appelé à la voir continuellement pendant les longues années qu'elle passa à l'Ile de France, c'est son extrême fécondité. Il dit l'avoir vue enceinte en 1745 alors qu'elle avait plus de cinquante ans ; quoi qu'il en soit, elle n'a conservé aucun de ses enfants. (1)

A Paris, elle descendit à l'hôtel du Pérou, rue Taranne et voulut entrer au couvent de Bellechasse ; ne pouvant y réussir, elle acheta du Président Feydeau, pour 112,000 francs, sa propriété de Vitry, la Meulière. Elle y vécut jusqu'à sa mort, en 1771, sous le nom de Madame de Moldack, avec deux domestiques et un nègre pour tous serviteurs. (2) C'est alors que cette anecdote parut dans les *Nouvelles à la main* ; l'Impératrice de Russie, la grande Catherine, se crut obligée de protester officiellement par une note émanant de la chancellerie de Saint Pétersbourg, niant tous les faits avancés et déclarant que la mère du maréchal de Saxe, la comtesse de Kœnigsmark, n'avait jamais été en Russie. Les nouvellistes ripostèrent en démolissant cet échafaudage construit sans grand frais de logique et firent observer qu'il n'avait jamais été question de la *mère* du maréchal de Saxe, mais bien de sa *tante*, Madame de Warbeck, et le reste à l'avenant. " En tout cas ", dit Mme de Créqui, " les opinions
" sont partagées ; Madame d'Egmont ne doutait pas que Madame
" d'Auband ne fût la bru du czar Pierre et devait le tenir de
" son père M. de Richelieu, qui ne s'amusait pas à la tromper.
" Madame de Luxembourg a toujours soutenu que c'était un
" roman ; quant à moi, je vous dirai que je ne sais qu'en
" penser. " (3)

Monsieur Barthélemy David, provençal de naissance et fils d'un directeur de la Compagnie des Indes, avait été gouverneur du Sénégal ; riche, animé des meilleures intentions, plein de bon sens et d'intégrité, — sa conduite parfaitement correcte vis-à-vis de La Bourdonnais en est la preuve. (4) Pour se conformer aux ordres de ses chefs, il dut négliger tout ce qui avait trait à l'armement et à la défense de la colonie, pour ne s'occuper que d'agriculture ; ce plan de conduite qui aurait eu sa raison d'être

---

(1) Comment concilier cela avec la déclaration faite par les époux dans l'acte de donation dressé en 1736 ? Rien ne prouve du reste qu'ils aient eu d'autres enfants.
(2) "Nouvelles à la main pour 1771."—"Mémoires secrets de *Duclos*." "Correspondance de Grimm et Diderot." "Souvenirs de Mme de Créqui." Vol : VI. Nous comprenons facilement que la princesse ne se soit pas souciée de conserver le nom de d'Auband en rentrant en France, ses aventures étaient trop connues, la curiosité était trop en éveil.
Maldaque, Moldack, c'est tout un. Maldaque était évidemment trop roturier, de Maldaque n'aurait pas été admis, la fraude aurait été trop aisément découverte ; tandis que Moldack était une trouvaille et sonnait admirablement bien. Quand on s'appelait ainsi, on pouvait tout aussi bien être duchesse ou princesse, le monde n'y aurait pas regardé de très près.
(3) Souvenirs de Mme de Créqui.
(4) *Grant*.

en temps de paix, était pour le moins extrêmement dangereux alors que la guerre continuait contre l'Angleterre. Aussi un évènement arrivé à quelque temps de là, mit-il l'Ile de France à deux doigts de sa perte ; c'est miracle que ses ennemis ne s'en soient pas emparés.

Dans le courant du mois de Juillet 1748, (1) une flotte anglaise de vingt-huit vaisseaux aux ordres de l'amiral Boscawen, se présenta devant le Port-Louis, alors encombré de bâtiments de la Compagnie, et ne contenant qu'un seul navire de guerre, l'*Alcide* ; son commandant, M. de Kersaint, manœuvra aussitôt de façon à s'embosser en travers du chenal, l'ennemi intimidé par cette démonstration et persuadé que toute l'escadre française se trouvait au mouillage, jeta l'ancre à portée de canon de la terre.

Lors de sa première expédition dans l'Inde, La Bourdonnais avait ordonné au comte de Rostaing, commandant de l'artillerie, de hisser sur le sommet de la Petite Montagne, un mortier pour protéger la rade ; cet engin n'avait pas été déplacé, mais abandonné depuis des années, on le considérait comme hors de service. Dans les circonstances actuelles on résolut d'en tirer parti quand même : une bombe fut lancée sur les anglais sans aucun effet ; le tir ayant été rectifié, un second projectile vint éclater si près d'un des bâtiments, que l'amiral croyant avoir affaire à toute une batterie de mortiers, s'éloigna un peu et le feu cessant, jugea qu'il devait se trouver hors de portée ; il n'en était rien pourtant, à la seconde décharge l'arme avait tout bonnement crevé.

Pendant cinq jours la flotte resta à son mouillage, hésitant à prendre une décision ; le jour suivant, un des vaisseaux s'avança et canonna sans répit un point du littoral où il devait y avoir, croyait-il, une batterie masquée ; ses boulets ne firent qu'éparpiller un énorme tas de fagots empilés en cet endroit pour servir à un four à chaux. Le soir, une division composée d'une frégate et de quelques corvettes, passa devant les batteries en se tenant hors de leur atteinte et sembla vouloir se diriger vers la Baie de la Petite Rivière qui n'était pas gardée. Le Baron Grant, en sa qualité de commandant du quartier des Plaines Wilhems, fit diligence avec une poignée d'hommes et quelques pièces de campagne ; il était rendu sur le point menacé à la nuit tombante, et comme les corvettes pénétraient dans l'embouchure de la rivière ; une décharge d'artillerie les arrêta, tandis que quelques tambours disséminés dans les environs avec ordre d'accourir à ce signal, se mirent à battre aux champs. Craignant de voir arriver des renforts considérables, les Anglais se replièrent précipitamment sur l'escadre qui s'éloigna le lendemain vers onze heures du matin, quatre vaisseaux s'en détachant dans la direction de Madagascar, les autres s'élevant vers le Nord-Est, comme s'ils se rendaient dans l'Inde. Ces quatre premiers bâtiments étaient, paraît-il, porteurs de plusieurs familles de colons avec toutes

(1) La Bourdonnais dans ses mémoires dit que ce fut le 3 Juin 1748.

sortes d'instruments propres à la cultivation de l'île dont les Anglais comptaient faire la conquête ; les habitants de l'Ile de France devaient être transportés au Cap. (1)

Avec un peu plus d'audace, l'amiral Boscawen se serait emparé de cette île pour ainsi dire sans coup férir ; il semble étrange qu'il n'ait pas essayé de s'assurer sérieusement de la résistance qu'il pouvait rencontrer, et se soit borné à ajouter foi à des apparences aussi décevantes ; mais il faut le dire à sa décharge, le but principal de son expédition était l'attaque de Pondichéry, —où il ne réussit pas mieux, entre nous soit dit,—il ne voulut pas perdre un temps précieux à des efforts peut-être inutiles, achever de consommer ses vivres et courir le risque de recevoir des avaries sérieuses qui auraient compromis ses projets. (2)

Cette alerte eut pour résultat d'ouvrir un moment les yeux à l'administration ; on prit quelques dispositions dictées par la prudence, mais on eut le grand tort de trop se fier aux défenses naturelles de la colonie, et l'on aurait pu s'en repentir si les ennemis avaient songé à renouveler leur attaque.

Le gouverneur ne laissa pas échapper une si belle occasion de réaliser un projet qui lui tenait tout particulièrement au cœur. Comme un vrai méridional, M. David professait, au dire de la chronique scandaleuse, une admiration sans bornes pour le beau sexe, c'était là son seul défaut, si défaut il y a. On raconte qu'ensorcelé par les doux yeux d'une belle dame des environs, il avait découvert sur les confins des quartiers de Moka et des Plaines Wilhems, au confluent de trois rivières, un site délicieusement retiré où il avait rêvé d'abriter ses amours et auquel il donna le nom significatif de *Bout du monde*. Il y fit construire le *Réduit* ; amant discret et désireux de sauver les apparences, il fit courir le bruit que les dames y trouveraient un asile assuré si la colonie était jamais surprise par les Anglais. (3) Dans ce but,—à moins que ce ne fût pour se débarrasser des indiscrets à l'occasion,—il donna à sa nouvelle résidence un certain aspect de château-fort, avec fossés, pont-levis, mâchicoulis et barbacanes. (4) Bien fin aurait été l'ennemi qui y aurait pénétré, bien confus le mari jaloux qui se serait vu arrêté par douze ou quinze pieds d'eau ! (1749).

Cependant M. David ne se contentait pas de filer le parfait amour, tout bon provençal est doué d'un esprit éminemment pratique ; le Réduit était un charmant nid de verdure, mais ce

---

(1) *Grant.*
(2) *Grant. Pridham.*
(3) Keepsake mauricien. " Notice sur le Réduit " par *L. Bouton.*
L'auteur se basant sur ce que dit le père Paulin de Saint Barthélemy, alias Fra Bartolomeo, en 1789, semble croire que c'était la coutume d'appeler *Réduit* les habitations que l'on construisait alors. Les récits de ce carme déchaussé sont tellement fantaisistes qu'on ne saurait y attacher aucune autorité. *Magon Saint Elier* cite un passage où il prétend " qu'il y a un volcan à l'Ile de France, qui " vomit nuit et jour, une fumée si épaisse que les asthmatiques peuvent à peine " respirer." Sur cet échantillon on peut juger de la véracité du reste !

(4) Keepsake mauricien. " Le Réduit " par *L. Bouton.*

nid pouvait-être utile à quelque chose, il y fit une plantation de cotonniers. Il en établit une seconde aux Pamplemousses sur une habitation qu'il y possédait, l'*Épreuve*, ainsi nommée d'une maison en pierre qu'il y avait fait bâtir, la première demeure de ce genre que l'on construisît à l'Ile de France. Jusque là on s'était contenté de maisons en bois, les carrières de l'île étaient abondantes et fournissaient des pierres de toute beauté, mais d'un grain serré et très difficiles à travailler. Un four à chaux situé sur le rivage et occupant journellement soixante-dix nègres, était le corollaire obligé de ces entreprises. (1)

Le gibier si nombreux jadis commençait à se faire rare, les anciens règlements étant tombés en désuétude ; comme il fallait toujours prévoir les évènements, et comme l'île était moins que jamais à l'abri de la famine, le gouverneur dut défendre expressément la chasse.

" Expresses inhibitions et défenses à tous habitants, officiers,
" employés et autres personnes, de quelque qualité qu'ils soient,
" et sous quelque prétexte que ce soit, de chasser ou faire
" chasser leurs noirs dans l'étendue de l'île, à compter du jour
" de la publication du présent règlement, à peine de 100 piastres
" d'amende, applicables moitié au dénonciateur et moitié à
" l'hôpital, au paiement de laquelle amende, les contrevenants
" seront contraints par corps.

" Adopté sur réquisitoire du procureur général qui expose
" que par les concessions faites aux habitants des terrains qu'ils
" possèdent, la Compagnie s'est toujours réservé le droit de
" chasser, ce qui est un droit seigneurial, que néanmoins les
" habitants et autres particuliers, par une tolérance préjudiciable
" aux droits de la Compagnie, ont chassé, fait chasser leurs noirs
" ou commandeurs, de sorte que le gibier se trouve presque
" entièrement détruit à la proximité du Camp ; ce qui est cause
" que les chasseurs nommés par la Compagnie pour fournir de la
" viande tant aux vaisseaux de relâche qu'aux habitants,
" et à la distribution ordinaire qui s'en fait au Camp, ne peuvent
" en trouver que dans des quartiers si éloignés, que le gibier
" arrive presque toujours gâté. " (2)

Le seul genre de *sport* qui restât alors autorisé, au dire du Baron Grant, c'était la *chasse à l'homme*, mais on ne s'y livrait, s'empresse-t-il d'ajouter, que lorsqu'on y était poussé par quelque délit ou quelque crime commis par les marrons. Ces derniers allaient jusqu'à pénétrer, la nuit, dans les demeures habitées et faisaient main basse sur ce qu'ils pouvaient trouver, sur les armes et la poudre principalement, et jouaient volontiers du couteau si les habitants se réveillaient et avaient le mauvais goût de s'opposer à ces déprédations. (3)

(1) *Grant.*
(2) Greffe de la Cour Suprême. Reg. 6. No. 118.
(3) *Grant.*

Le 30 Juillet 1750 la France s'enrichit d'une nouvelle colonie, l'Ile Sainte-Marie sur la côte orientale de Madagascar ; (1) la réunion de cette petite île à la couronne fut amenée par une suite d'évènements romanesques, qui pour être rigoureusement authentiques n'en sont pas moins extraordinaires. Comme il s'agit d'un jeune officier dont la famille était alliée à celle du Baron Grant, qu'on nous permette quelques éclaircissements aussi brefs que possible.

L'oncle de notre historien, M. Grant d'Anelle, avait épousé Mademoiselle de Grenville dont le père avait dû quitter le service et passer aux colonies à la suite d'un duel malencontreux dans lequel il tua son adversaire sous les propres fenêtres du Roi, à Versailles. Il s'était fixé à l'Ile de France où ses mœurs simples, son caractère sérieux et reservé lui avaient valu le surnom de *Philosophe*.

Sous l'administration de La Bourdonnais son second fils, M. de Forval, fut envoyé à Madagascar pour s'y procurer des esclaves ; ayant débarqué à l'Ile Sainte Marie appelée par les indigènes *Nosse Ibrahim*, il fut accueilli à bras ouverts par le souverain Tamsimalo (2), qui après lui avoir fait visiter ses domaines, admirer ses troupeaux et ses femmes, lui demanda à brûle-pourpoint si le Roi de France était aussi puissant que lui. (3) Se fiant à ces témoignages d'amitié, Forval consentit à passer la nuit sous le toît de son hôte, ne conserva auprès de lui que quelques soldats et envoya les autres camper vis-à-vis de l'île. (1742.) (4)

Au milieu de la nuit des pas légers l'éveillèrent de son sommeil, il ouvrit les yeux et ne fut pas peu surpris de voir une jeune femme à son chevet ; c'était la fille du roi, la princesse Béty (5), qui venait elle-même lui annoncer que sa vie était en danger. Avant de lui révéler son secret, elle lui demanda s'il consentirait à l'emmener avec lui, à la prendre pour femme, car si l'on apprenait qu'elle avait sauvé la vie à l'officier blanc, on ne se ferait pas faute de la réduire à l'esclavage en dépit de sa naissance. Forval touché de tant de sincérité, lui déclara qu'après avoir reçu d'elle un pareil service, une pareille preuve d'attachement, il se considèrerait comme le dernier des hommes s'il la laissait en butte à la vengeance des siens, il la conduirait donc à l'Ile de France et ferait d'elle son épouse légitime, dût-il encourir le mécontentement de sa famille. Elle lui dit alors qu'au lever du jour son père viendrait le trouver, et que si Forval le voyait briser le bâton qu'il tiendrait à la main, ce serait le signal du massacre, les gardes tomberaient à coups de hâche sur les Européens ; si au contraire le roi jetait son chapeau, sa suite se retirerait.

(1) *Magon Saint Elier.*
(2) *Magon Saint Elier.* Greffe de la Cour Suprême. Reg. 16, No. 527. *Grant* l'appelle Adrian Baba.
(3) *Grant.*
(4) *Magon* donne cette date comme approximative.
(5) *Grant* écrit BETSY, *Magon Saint Elier* BÉTI.

Forval s'empressa de faire prendre les armes à ses soldats et s'endormit lui-même devant sa table, la main sur ses pistolets. Comme la princesse l'avait annoncé, Tamsimalo ne tarda pas à paraître, et tout en causant avec le jeune homme il rompit sa canne sur son genou ; Forval qui le guettait, se précipita sur lui et lui appuya sur la gorge le canon de son pistolet. Ahuri par cette attaque subite, à laquelle il était loin de s'attendre, le roi jeta prestement son chapeau et ses gardes qui accouraient déjà, s'arrêtèrent. Les compagnons de Forval arrivèrent sur les entrefaites et maintinrent solidement cet étrange potentat, tandis que l'officier s'embarquait avec sa belle ; on le relâcha alors et le vaisseau s'éloigna sous toutes voiles.

De retour au Port-Louis, Forval accomplit sa promesse malgré les remontrances et les quolibets de ses amis, blâmant son esprit chevaleresque et ne pouvant se faire à l'idée de le voir épouser une femme au teint cuivré ; le jeune couple vécut en fort bons termes, la nouvelle Madame de Forval avait la taille bien prise, un grand air de distinction, tout dénotait en elle une naisssance relevée et l'habitude du commandement ; très charitable pourtant et douce pour ses inférieurs, " elle ne " voyageait jamais qu'à pied, lorsqu'elle allait rendre visite à sa " famille à l'autre bout de l'île, et toujours accompagnée d'un " esclave qui portait un léger fusil dont elle se servait fort " adroitement," son éducation était naturellement très négligée, mais elle ne manquait pas d'esprit, et de jugement encore moins. (1)

A quelque temps de là Béty perdit son père, elle demanda à Forval la permission de retourner dans son pays ; celui-ci n'osa pas refuser, mais il ne l'y autorisa qu'avec la plus grande répugnance ; il avait fini par s'attacher réellement à son épouse et souffrait de se voir abandonné ; le souvenir des services passés lui interdisait pourtant de la retenir. Quel ne fut pas son étonnement lorsqu'il la vit revenir bientôt accompagnée d'une suite nombreuse et lui annoncer qu'avec le consentement de ses sujets, elle lui avait transmis la souveraineté de son royaume de Foulepointe. (2)

Elle fit proposer aussitôt à M. David d'y établir un comptoir ; il y consentit moyennant l'abandon fait par elle de ses droits sur l'Île Sainte-Marie. Vers la fin de juillet 1750 la jeune reine avec sa famille et ses principaux sujets, prit passage sur le vaisseau le *Mars*, commandé par M. de Villiers ; le 30 on jeta l'ancre dans la rade de la petite île qui fut solennellement réunie à la France et confiée à la garde d'un commandant, M. Gosse. (3)

Tout marcha à souhait au début, mais M. Gosse commit la faute de réserver tous ses égards pour Béty et de dédaigner la veuve du roi ; cette femme hautaine et vindicative, jura de le lui

(1) *Grant.*
(2) Ibid.
(3) *Magon Saint Elier.*

faire payer cher ; elle réussit à faire croire aux indigènes que les Français, dans le but de s'emparer de prétendus trésors, avaient violé la tombe de Tamsimalo. Irrités déjà de voir ces étrangers s'implanter chez eux, cette nouvelle mit le comble à leur exaspération ; le 24 Décembre 1754, ils se soulevèrent en masse et exterminèrent les Européens.

Les représailles ne se firent pas attendre, elles furent terribles ; un bâtiment de guerre parut et mit à feu et à sang les villages de la côte ; pendant le bombardement, un boulet coupa en deux une pirogue sur laquelle la Reine mère et sa suite tentaient de gagner la Baie d'Antongil ; parmi les prisonniers se trouvait Béty ; menée à l'Ile de France, elle dut paraître devant le Conseil Supérieur, mais sa conduite était à l'abri de tout reproche et lui valut son acquittement. Le gouvernement s'empressa même de la dédommager de la perte de ses biens par de vastes concessions de terre. (1)

M. David partit en congé le 10 Février 1753, emportant les regrets de tous les habitants ainsi que leurs vœux unanimes pour son prochain retour ; mais les directeurs de la Compagnie en décidèrent autrement. (2) Pendant son absence les deux îles furent administrées par M. de Lozier-Bouvet, " un des plus grands hommes de mer de son temps " (3) et qui commandait à l'île Bourbon depuis le mois d'Août 1750. (4)

Un des premiers actes de M. Bouvet fut l'établissement d'une commune des habitants, (9 Avril 1753) institution créée dans un but tout spécial, sans la moindre influence politique, et qui n'était en somme qu'une sorte d'assurance mutuelle contre le marronnage. Jusque-là les dispositions rigoureuses de la loi à ce sujet, ne tendaient qu'à la répression des délits et n'accordaient aucune compensation aux habitants lorsque leurs esclaves fugitifs étaient tués par les détachements envoyés à leur poursuite ; l'agriculture souffrait tout particulièrement de cet état de choses et voici comment la commune y remédia : Tous les propriétaires d'esclaves sans distinction, — et la Compagnie des Indes elle-même à ce titre, — composèrent cette corporation et furent tenus de faire la déclaration fidèle et exacte de tous leurs noirs, sous peine de voir ceux qui n'auraient pas été déclarés, confisqués et vendus, moitié au profit du dénonciateur et moitié au profit de la caisse de la commune ; ce recensement général de la population

---

(1) *Magon Saint Elier*—Quelques années après le gouverneur Magon lui fit d'autres concessions d'habitations et d'emplacements en ville ; plus tard, le 19 Mai 1782, M. de Souillac lui accorda des lettres de naturalisation. (Greffe de la Cour Suprême, Reg. 16 No 527.) Ce serait cette princesse qui aurait introduit à l'Ile de France la patate qui porte son nom : *Cambarre Béty*. (E. Virieux. " La Loge la Triple Espérance ").

(2) *Grant.*

(3) *Magon Saint Elier.*

(4) Greffe de la Cour Suprême. Reg. 6. No. 124. Cette nomination est du 14 Mars et a été enregistrée le 17 Août 1750.

ouvrière servit de base à une légère imposition frappant les propriétaires au *pro ratâ* du nombre de leurs esclaves et formant avec le montant des confiscations la masse sur laquelle ils seraient indemnisés pour chaque noir marron tué ou pris et condamné à la chaîne à perpétuité, d'après l'estimation qui en serait faite par deux habitants nommés d'office par le Procureur général. Les esclaves fugitifs devaient être également déclarés comme tels dans le plus bref délai, ou leurs maîtres ne seraient pas admis, le cas échéant, à réclamer l'indemnité (1).

Le 18 Avril 1753, arrivèrent sur le *Puisieux*, deux hommes dont les noms sont encore célèbres dans le monde savant, M. d'Après de Mannevillette et l'abbé de la Caille ; le premier avait déjà fait un séjour à l'Ile de France en 1751 et dressé une carte de cette colonie dont il avait rectifié le gisement et l'étendue. Bien qu'il n'eût alors à sa disposition que des instruments très imparfaits, toutes ses observations furent confirmées par son collègue sans différence bien sensible. (2) Ces Messieurs débarquèrent le jour suivant ; M. Bouvet les reçut avec les plus grands égards et mit à leur disposition un logement dans son hôtel, tandis qu'il leur faisait préparer un observatoire dans la maison de M. Jacques François Mabille, rue des Tribunaux. (3) L'abbé de la Caille passa tout son temps à parcourir l'île dont il établit d'une façon péremptoire, le méridien, la superficie et la hauteur des montagnes. (4) Après un séjour de neuf mois, il s'embarqua le 16 Janvier 1754 pour l'Ile Bourbon où il demeura jusqu'au 27 Février, époque à laquelle il rentra en France. (5)

Suivant l'exemple de son prédécesseur, M. de Lozier-Bouvet encourageait tant qu'il pouvait les constructions et l'agriculture ; les murs du fort Frédérick Henry, élevé jadis par les Hollandais et complètement abandonné depuis, se lézardaient, s'écroulaient tous les jours ; on les démolit et les matériaux servirent à édifier des magasins et des bâtiments au Port-Bourbon ; l'ancien chef-lieu sortait momentanément de l'oubli où il avait été plongé pendant bientôt vingt ans ! (6)

Les sucreries prospéraient, en 1750 elles avaient rapporté à la Compagnie un bénéfice net de 60,000 livres ; pourtant les produits étaient d'une qualité fort inférieure, une substance gluante et poisseuse ressemblant vaguement au miel, d'un aspect répugnant et tout-à-fait impropre à la consommation. Comme ce sucre ne revenait qu'à deux sous la livre, après y avoir ajouté une quantité suffisante de plâtre, d'après une recette connue des Indiens seuls, on en faisait une sorte de stuc dont on recouvrait les argamasses des maisons et qui ne tardait pas à prendre la

(1) Greffe de la Cour Suprême. Reg. 8. No. 140, 154,
(2) *Grant. D'Unienville.*
(3) " Nouveau Mauricien," No. 31.
(4) *Grant. D'Unienville.*
(5) *A. d'Épinay*—" Ile de France."
(6) *D'Unienville.*

consistance de la pierre. (1) Pour les besoins journaliers on employait du sucre de l'Inde, moins mauvais certainement, mais laissant beaucoup à désirer et coûtant six sous ; les riches seuls pouvaient faire usage du sucre candi de Chine importé par les bâtiments hollandais, il valait neuf sous, était excellent, mais contenait presque autant de fil que de sucre. (1753). (2)

Les parterres du Réduit furent par contre fort négligés, M. de Lozier-Bouvet d'une nature plus prosaïque que le galant M. David, préférait les légumes aux fleurs ; les plates-bandes furent remplacées par un vaste potager servant à l'approvisionnement des navires, un coin fut réservé aux plantes médicinales réclamées pour le service des hôpitaux. Pour être juste, il faut pourtant reconnaître que lorsque M. Poivre rapporta des arbres à épices de Manille, à quelque temps de là, une partie du jardin fut mise à sa disposition. (3)

Poivre, *le voyageur philosophe, le voyageur patriote*, comme on l'appelle avec raison, Poivre, c'est un nom que les habitants de l'ancienne Ile de France doivent se garder de jamais oublier !

Pierre Poivre, né à Lyon le 23 Août 1719, d'une famille de négociants recommandables, établis dans cette ville depuis près de trois siècles, fut élevé par des missionnaires de Saint Joseph, et se destinait à la carrière ecclésiastique. Cœur tendre et généreux, esprit élevé et enthousiaste il se passionna pour l'étude des sciences naturelles et du dessin. A l'âge de vingt-un ans il parcourut la Chine et la Cochinchine ; jeté dans un cachot à Canton, par suite d'une infâme calomnie, il employa sa captivité à apprendre la langue du pays, ce qui lui permit, quand il en fut maître, d'établir son innocence auprès du vice-roi et de gagner son amitié. En 1745 il prit passage pour retourner en France sur un bâtiment qui fut attaqué et pris par les Anglais dans le détroit de Banca ; les vainqueurs ayant amariné leur capture, découvrirent dans l'entrepont, gisant pêle-mêle avec d'autres blessés, le malheureux Poivre dont le poignet droit avait été emporté par un boulet. La gangrène s'y était mise, il fallut lui amputer le bras ; sa première parole fut : " Je ne pourrai plus peindre ! "

Transporté à Batavia, il fut bientôt remis en liberté, mais il ne pouvait plus songer désormais à entrer dans les ordres ; après avoir traversé le royaume de Siam, il arriva à Pondichéry tandis que Labourdonnais faisait le siège de Madras ; à la fin de

(1) *Grant*—Cette préparation est encore employée dans l'Inde sous le nom de *Jaggery*.
(2) *Grant. E. Piston*—" Labourdonnais ". On sait que cette espèce de sucre se préparait en faisant fondre du sucre ordinaire dans une faible solution de chaux ; le liquide était ensuite clarifié, écumé, passé au drap et lorsqu'il était suffisamment cuit, on en remplissait des moules traversés par des brins de bois ou de fil sur lesquels le sucre candi se déposait en cristallisant à l'étuve (Encyclopédie, voce *sucre*).
(3) *Magon Saint Elier*. Keepsake Mauricien, " Le Réduit " par L. Bouton.

1746, il accompagna ce gouverneur à l'Ile de France, n'y passa que fort peu de temps et se rendit à la Martinique ; là un vaisseau hollandais se chargea de le ramener en France. Pris dans la Manche par un corsaire de Saint-Malo, repris par les Anglais, la paix de 1748 lui permit enfin de regagner sa patrie. (1)

Sans perdre de temps, Poivre alla trouver les directeurs de la Compagnie et leur exposa un double projet qu'il avait conçu pendant sa détention à Batavia ; c'était d'entrer en relations commerciales avec la Cochinchine, et ensuite d'introduire les épiceries fines à l'Ile de France et à Bourbon. La Compagnie effrayée des difficultés que cette dernière entreprise pouvait lui susciter, s'y refusa absolument, mais elle accueillit favorablement la première ; en 1749 Poivre s'embarqua pour la Cochinchine, obtint des autorités locales l'ouverture d'un comptoir français à Faï-Fó, et sa mission terminée, revint à l'Ile de France où il s'empressa de verser dans les magasins de la Compagnie jusqu'aux présents qu'il avait reçus, refusant toute indemnité pour les pertes qu'il avait subies, et écrivant aux directeurs : " Je vous " ai remplacé tel objet de mon argent, parce qu'on me l'a volé " par ma faute, et qu'il n'est pas juste que vous en supportiez " la perte." (2) Il fit présent à la colonie d'une collection de plantes utiles, des poivriers, des cannelliers, des arbres à teinture, à résine, à vernis, à fruits, ainsi qu'une espèce de riz hâtif que l'on cultivait sur les montagnes en Cochinchine ; malheureusement les nègres chargés de le planter, eurent l'idée saugrenue de le mélanger avec d'autres espèces dont la maturité était plus tardive, si bien que ce grain tomba avant la récolte et fut perdu. (3)

Cependant la Compagnie enhardie par ce résultat satisfaisant, se décida à envoyer Poivre à Manille pour tâcher de s'y procurer des épiceries fines. On sait que les Hollandais s'en étaient attribué le monopole ; jaloux de le conserver coûte que coûte, ils avaient détruit tous les girofliers et les muscadiers de l'archipel, n'en gardant qu'à Ternate et à Amboine ; et encore lorsque les récoltes s'annonçaient exceptionnellement belles, ils en brûlaient une partie afin que le prix n'en diminuât pas ; leur égoïsme alla plus loin, ils dressèrent de fausses cartes de ces parages sillonnés d'écueils, afin d'en interdire la navigation aux puissances étrangères. (4)

Voilà les dangers que Poivre avait à affronter, voilà les difficultés qu'il avait à surmonter ; la force n'était pas de mise, il fallait employer la ruse et la persévérance, il le fit et réussit, là où tout autre que lui se fût rebuté mille fois.

Poivre se mit donc en route, arrivé à Manille il se fit bien venir du gouverneur et entra en relations avec les Moluquois, cependant la frégate qu'on lui avait promise n'arrivait pas, les

---

(1) Revue pittoresque de l'Ile Maurice. " Notice sur Poivre." par E. Boullé.
(2) Revue pittoresque de l'Ile Maurice " Poivre " par E. Boullé. Magon Saint Elier.
(3) Ibid. Ibid.
(4) Ibid.

agents de la Compagnie à Canton lui suscitaient mille difficultés. La Compagnie elle-même semblait avoir perdu de vue cette entreprise si utile ; il se décida à gagner Pondichéry après s'être procuré une vingtaine de plants de muscadiers et des noix propres à la germination. C'est en vain qu'il supplia M. Dupleix de lui confier un bâtiment pour retourner aux Moluques ; ce gouverneur jaloux de toute gloire qui pouvait lui porter ombrage, s'y refusa absolument. Il fallut avoir recours à l'Ile de France ; par bonheur M. de Lozier Bouvet était homme à comprendre l'importance de ce projet ; il offrit à Poivre un petit bâtiment de 160 tonneaux, le seul dont il pût disposer sans trop affaiblir les forces navales de la colonie (1) *La Colombe* fut équipée en conséquence, et le 1er Mai 1754 elle prit la mer. Une fois entré dans les détroits, on ne put avancer que la sonde à la main afin d'éviter les écueils ; sur ces entrefaites un vaisseau hollandais parut, mais se laissa fort heureusement tromper par un pavillon neutre que Poivre fit arborer. Il lui fallait aussi lutter tous les jours contre les fatigues et le dégoût de l'équipage, du capitaine lui-même, tous voulaient retourner à l'Ile de France. " Non, " s'écria Poivre, " non ! tant qu'il y aura à bord du riz et de " l'eau ! " (2)

On arriva enfin à Timor où les autorités s'engagèrent par traité à livrer à la Compagnie des Indes des plants de muscadiers de Banca et de girofliers d'Amboine. Poivre quitta Lifao le 2 Mai 1755 et mouilla le 8 Juin suivant en rade de Port-Louis ; méticuleux comme toujours, il commença par rendre ses comptes et remboursa à la Compagnie trois mille piastres qu'il n'avait pas dépensées, ensuite il remit au Conseil Supérieur les plants qu'il s'était procurés et qui furent distribués entre les habitants ou plantés au Réduit (3) Quant aux muscadiers qu'il avait portés l'année précédente, la méchanceté du directeur des jardins du Réduit, M. Fusée Aublet, les avait fait disparaître ; on a prétendu que ce fonctionnaire avait été envoyé tout particulièrement à l'Ile de France pour y empêcher l'introduction des épices. (4) Sa conduite après comme alors semblerait justifier cette accusation. Il est certain qu'à cette époque il existait dans la colonie un parti qui était contraire à l'acclimatation des arbres à épices et qu'Aublet en était un des meneurs. Il commença par déclarer que les noix rapportées par Poivre en 1753, étaient impropres à la germination, mais le Conseil Supérieur lui intimant l'ordre de planter quand même une noix et un plant de muscadier, il dut s'incliner. Le 28 Octobre suivant il invita le Conseil à venir s'assurer *de visu*, que la noix comme le plant avait péri.

Le Conseil ordonna une enquête et il fut établi que ces plants avaient été arrosés d'eau bouillante. (5)

(1) Revue pittoresque de l'Ile Maurice.
(2) Ibid.
(3) Ibid. *Magon Saint Elier.*
(4) *Magon Saint Elier.*
(5) *A. d'Epinay,* " Ile de France, " *D'Unienville.*

L'année suivante, (1756), l'Ile de France avait un nouveau gouverneur ; Poivre ne manqua pas de s'offrir pour une nouvelle expédition aux Moluques et demanda seulement un meilleur bâtiment que la *Colombe*, mais M. Magon lui opposa les circonstances difficiles que l'on traversait, le manque d'instructions à cet égard, bref un refus catégorique bien qu'entremêlé de regrets et de paroles flatteuses. (1) Voyant qu'il n'avait rien à espérer, notre voyageur se décida à rentrer en Europe, aussi bien son étoile pâlissait, l'envie et la calomnie faisaient leur œuvre ; la malechance le poursuivit, il trouva moyen de se faire encore prendre par les Anglais pendant la traversée ; on le garda prisonnier jusqu'en Avril 1757. Il passa alors en France et se fixa à la Freta, dans les environs de Lyon. (2)

Nous allons l'y laisser pour le moment, jouissant d'un repos légitimement acquis, et passer en revue les évènements qui signalèrent la fin du régime de la Compagnie des Indes ; nous retrouverons alors notre héros, de voyageur intrépide devenu administrateur habile,— pour le plus grand bien de notre pays ? Oui et non.—On verra plus loin la raison de cette restriction.

M. René Magon arriva le 3 Janvier 1756 à l'Ile de France comme gouverneur. Bien décidé à pousser autant que possible les habitants dans la voie du progrès, il fallait sans doute étendre la culture, beaucoup de terres encore en friche demeuraient improductives, mais il commit une faute irréparable en accordant une permission illimitée d'abattre des bois ; les propriétaires le prirent au mot, si bien qu'en très peu de temps l'île se trouva dégarnie à son grand détriment, des forêts dont la prévoyance la plus élémentaire réclamait la conservation. (3)

Autant pour assurer au pays des bêtes de trait que pour satisfaire à la consommation journalière d'une viande de boucherie saine et nutritive, il introduisit des bœufs de Madagascar, les distribua à crédit aux planteurs et créa des prairies artificielles de *fataques* pour servir de nourriture aux troupeaux, dans l'Anse Courtois, au Réduit, à Flacq et au Grand Port. (4)

Ce pâturage, excellent tant que la végétation continuait, se desséchait bientôt sur place, les bestiaux n'en voulaient plus et force était de les conduire dans les bois pour trouver une herbe plus tendre. Alors la moindre étincelle suffisait pour embraser en un clin d'œil ces plaines arides, le feu gagnait de proche en proche et souvent une simple négligence causait la destruction des forêts avoisinantes. (5)

Le gouverneur s'occupait aussi beaucoup du Réduit ; sous son administration des plantes d'utilité et d'ornement furent confiées aux soins de Fusée Aublet, qui pour avoir des idées

---

(1) *Magon Saint Elier.*
(2) Revue pittoresque de l'Ile Maurice. " Poivre " par *E. Boullé.*
(3) Grant. *D'Unienville.*
(4) Milbert " Voyage pittoresque à l'Ile de France."
(5) *Grant.*

étroites, n'en était pas moins un horticulteur émérite, dès que les arbres à épices n'étaient pas en question. Le jardin des plantes était créé. (1)

Les salines de Caudan dues à La Bourdonnais, furent concédées à un officier de marine, M. Gatumeau, qui reçut pour les exploiter une avance sur la Caisse de la Compagnie, remboursable en nature. (2) Une autre entreprise établie par ce gouverneur, prenait alors une importance considérable ; nous voulons parler des Forges et Fonderies et de MM. Hermans et de Rostaing dans les hauts des Pamplemousses ; au dire de Bougainville qui les visita, neuf cents nègres y étaient employés ; on en avait formé un bataillon d'élite de deux cents hommes qui se montraient singulièrement pointilleux et refusaient formellement d'admettre dans leurs rangs les camarades dont la moralité laissait à désirer. (3)

En même temps, M. Magon perfectionnait l'industrie sucrière ; les usines de la Villebague produisirent bientôt un sucre d'un beau grain, transparent et sec, ne coûtant que cinq sous la livre, en quantité suffisante pour la consommation des deux îles et pour les besoins des navires en relâche. (4) Dès lors ce fut un engouement général, beaucoup de gens abandonnèrent toute autre culture pour ne songer qu'à la canne à sucre. (5)

Les plantations étaient en général situées sur le bord d'un ruisseau, les maisons construites en bois et entourées de haies vives du plus riant aspect ; non loin de là se trouvait le camp, hameau de paillottes où logeaient les esclaves ; le nombre de ces derniers variait de trente à deux-cents, selon l'étendue de l'habitation et le genre de culture à laquelle on se livrait. (6) Les moulins à cannes dont on faisait usage à cette époque, étaient des plus rudimentaires, composés de trois gros rouleaux de bois ou de pierre de diamètre égal, rangés verticalement sur la même ligne, et recouverts s'ils étaient en bois, d'un tambour ou cylindre de métal. Le rouleau du milieu, mu soit par l'eau, soit plus généralement par des bœufs ou des mulets attelés à un levier horizontal traversant son axe, et tournant autour de la machine sur une plateforme en maçonnerie appelée *trottoir*, transmettait par un système d'engrenage, le mouvement aux deux autres. (7)

L'Eglise des Pamplemousses installée jadis par raison d'économie dans une maison appartenant à M. Boucher, officier des troupes, et achetée dans ce but par le Conseil Supérieur (25 Avril 1742), ne se trouvant plus en rapport avec la population

(1) Keepsake Mauricien " Le Réduit " par *L. Bouton*.
(2) *Magon Saint Elier*.
(3) Ibid.
(4) *Grant. Magon Saint-Elier*.
(5) *Magon Saint-Elier*.
(6) *Grant*.
(7) Encyclopédie : voce *sucre*. " Histoire de la canne à sucre " par *M. J. F. Dutrône*.

que la prospérité croissante de ce quartier y attirait, il fut décidé qu'un édifice plus vaste et plus décent serait construit ; c'est celui qui existe encore et dont M. Magon supporta généreusement une partie des frais. (1)

Tout faisait présager une rupture prochaine entre la France et l'Angleterre ; M. Magon, se rendant aux observations de son entourage, dépêcha la frégate le *Cerf* commandée par un jeune officier de talent, M. Corneille Nicolas de Murphy et la goëlette le *Saint-Benoit* aux ordres de M. Préjan, avec ordre de se rendre aux Seychelles et d'en reprendre possession avant que les Anglais eussent pu s'y établir ; le 6 Septembre 1756 le drapeau français fut arboré à Mahé. (2)

Dans l'intervalle la guerre éclate, sur les instances de la Compagnie un armement se prépare ; M. de Lally gentilhomme d'une bonne maison irlandaise, est choisi pour le commander (Août 1756) ; son major général, le chevalier de Soupire, quitte Lorient le 30 Décembre avec trois vaisseaux de la marine royale et quelques bâtiments de la Compagnie, avec ordre d'attendre à l'Ile de France le reste de l'escadre qui doit porter Lally et ses troupes. Le 20 Février suivant, le *Zodiaque*, le *Belliqueux* et le *Superbe*, sous les ordres du comte d'Aché, sortent en effet du port de Brest, mais sont obligés d'y rentrer pour réparer quelques avaries ; ils y sont retenus jusqu'au 2 Mai, (3) Ce n'est que le 17 Décembre 1757, qu'ils atteignirent le Port Louis sans vivres, sans munitions, dépourvus même d'équipages suffisants. M. Magon se mit entièrement à la disposition du général, mais dans l'état de dénûment où se trouvait l'Ile de France, quatre mois se passèrent avant que l'escadre fût en état de reprendre la mer ; enfin dans le courant d'Avril 1758, M. de Lally partit, emmenant avec lui comme volontaires, bon nombre de jeunes créoles que les hasards de la guerre attiraient, aussi bien que le désir de servir dans une armée où se trouvaient des rejetos des plus grandes familles de France, un d'Estaing, un Crillon, un Conflans, un Lafare, un Montmorency. (4) Le 25, on débarquait à Pondichéry. (5)

Le Chevalier de Soupire après avoir vainement attendu le gros des vaisseaux, s'était décidé à quitter l'Ile de France, il y avait huit mois qu'il était rendu dans l'Inde ; n'osant rien entreprendre faute de connaître suffisamment le pays, et s'étant laissé circonvenir par le gouverneur, M. de Leyrit, il resta dans l'inaction, consommant ses vivres et son argent, tandis que les Anglais profitaient de ce répit pour se concentrer. A l'arrivée des troupes, Lally voulut réparer le temps perdu, mais rencontra la plus grande obstination chez le gouverneur, qui refusait de rien avancer pour la solde des militaires ; il fallut que quelques

---

(1) *Magon Saint-Elier.*
(2) *Magon Saint Elier.* Voir Pièces Justificatives No. 7.
(3) *Magon Saint Elier. Grant.*
(4) *Magon Saint Elier.*
(5) *Grant, Magon Saint Elier* dit le 28.

habitants aisés et quelques officiers vinssent à son secours, le jeune d'Estaing, si célèbre plus tard, fit don de sa vaisselle plate. (1)

D'un autre côté, le comte d'Aché, se signalait également par son mauvais vouloir ; malheureux dans toutes ses rencontres avec les Anglais sous l'Amiral Pococke, il était resté à l'Ile de France (Novembre.) A ce moment quatre vaisseaux arrivèrent d'Europe à destination de Pondichéry, commandés par M. de l'Eguille, avec des renforts et trois millions de livres ; M. d'Aché prit sur lui de les retenir pour renforcer sa division. (2) La disette sévissait alors dans la colonie, trois bâtiments étaient en partance pour le Cap, sous l'escorte du *Centaure* et devaient en rapporter des vivres ; lorsque l'amiral eut la malencontreuse idée d'en vouloir donner le commandement à un de ses officiers ; la marine marchande ne fit qu'un cri, on attentait à ses privilèges et à ses droits ! Le temps se passa en disputes frivoles, si bien que le 27 Janvier 1759, un ouragan surprit les vaisseaux au mouillage, trente-deux navires furent jetés à la côte ! (3)

D'Aché retourna dans l'Inde ; le 17 Septembre il arriva à Pondichéry, offrit à Lally 800,000 livres provenant d'une prise qu'il venait de faire, en compensation des millions qu'il avait retenus l'année précédente et dont un seul eût permis de prendre Madras ! Il annonça en même temps qu'il relèverait pour Madagascar le jour suivant. Cette conduite était étrange, on avait plus que jamais besoin de son appui, car les opérations de terre tournaient mal ; Lally secondé par le Conseil entier, protesta contre cette prétention, rejetant sur le chef de l'escadre la responsabilité des revers futurs ; mais d'Aché n'en tint compte et s'en alla se faire battre une fois de plus par les Anglais. (4) Il ne s'agissait plus de conquérir Madras, il fallait maintenant défendre les possessions françaises contre l'envahissement d'un ennemi victorieux ; dès les premiers jours de 1760, Lally dut s'enfermer dans le chef-lieu ; pendant près d'une année cet homme énergique et habile parvint à tenir tête aux assiégeants, au milieu d'une population, au milieu d'une armée à qui son caractère hautain et orgueilleux, sa cruauté, le mépris qu'il affectait pour ses inférieurs, l'avaient rendu odieux. Le 16 Janvier 1761, Pondichéry à la dernière extrémité, fut réduit à capituler.(5)

Cet homme eut une fin tragique. Plongé dans un cachot, accusé d'avoir trahi les intérêts de son roi et de la Compagnie, d'avoir abusé de son autorité pour commettre des exactions monstrueuses envers les Français et les étrangers résidant à Pondichéry, il fut dégradé, déchu de ses titres et de ses honneurs, ses biens confisqués, sa tête enfin tomba sur la place de Grève !

(1) *Grant.*
(2) Ibid.
(3) *Pridham.*
(4) *Grant.*
(5) Ibid.

Quelques instants avant son supplice, lui qui avait persisté à garder devant ses juges un dédaigneux silence, il leva les mains au ciel et s'écria : " Est-ce là la récompense de quarante années de services fidèles ? " (1)

Pendant que ces évènements se déroulaient dans l'Inde, M. Magon dégoûté de voir tous ses efforts pour rendre la prospérité à l'Ile de France, frustrés par la Compagnie elle-même, qui au lieu de maintenir cette importante colonie, ne faisait que l'épuiser sans aucun profit par tous ces armements mal combinés, M. Magon demanda un remplaçant (2) ; son successeur M. Desforges Boucher arriva le 8 Novembre 1759.

Homme distingué, poli, affable, instruit, M. Desforges sut s'attacher la population ; dans des circonstances moins difficiles son administration aurait laissé des traces profondes et durables, mais que pouvait-il faire ? La Compagnie des Indes en pleine décadence, affolée par l'insuccès, le malheur qui la poursuivait grâce à son incurie, se décida subitement à faire de l'Ile de France avant tout un poste militaire.

En 1761 elle transmit des instructions à cet effet au gouverneur qui recevait en même temps, en raison de la guerre, l'ordre de prendre le commandement de l'île au nom du Roi, les pouvoirs donnés à Lally, quatre ans auparavant (31 Décembre 1756), se trouvaient restreints aux territoires de Pondichéry et de la côte de Coromandel. (3) La garnison devait être augmentée, il était enjoint à M. Desforges d'agrandir les casernes afin de prévenir les accidents et la licence pouvant provenir du séjour des soldats chez les particuliers. (4) La Compagnie défendait la destruction des forêts, mais sur deux points du littoral seulement, autour du Port-Louis et du Port Bourbon, attendu que les arbres dans ces endroits pouvaient protéger l'île contre les incursions de l'ennemi. Pendant ce temps les sommets des montagnes étaient dénudés, la terre végétale entraînée par les pluies, était emportée à la mer ou s'amoncelait dans le port qu'elle comblait. (5)

L'agriculture ne recevait plus d'encouragements, l'élevage des bêtes de somme et de trait était tout particulièrement recommandé pour abaisser la main-d'œuvre et pour fournir des chevaux de remonte à la cavalerie. (6) Cependant la production des grains, des fruits, des volailles, assez abondante quelques années auparavant, pour qu'on pût ravitailler les bâtiments du surplus de la consommation, était négligée. (7) ; les planteurs

(1) *Grant.*
(2) *Magon Saint-Elier.*
(3) Ordre du 6 Mars 1761. Enregistré le 27 Juin, Greffe de la Cour Suprême. Reg. 9. No. 184.
(4) *Grant.*
(5) *L'abbé Rochon, Grant.*
(6) *Grant.*
(7) *Ibid.*

ne s'attachaient plus à rien, pressés de jouir et incertains du lendemain.

Les employés de la Compagnie avaient tout accaparé, la police, l'administration, les magasins où ils achetaient à un prix ridicule tous les produits du pays. (1)

On ne recevait plus guère de marchandises ; celles de l'Inde, il n'y fallait plus compter depuis la chûte des établissements français, celles d'Europe arrivaient de loin en loin, disparaissaient dans les greniers de la Compagnie ; le tarif qui jadis en fixait le prix, était virtuellement aboli, les commissaires trouvant tout bénéfice à les vendre à l'encan. (2) C'est alors qu'entrait en lice une engeance de petits négociants véreux, hommes tarés et perdus de réputation, affichant le plus souverain mépris des titres et des distinctions et soutenant que : " La ligne une fois " franchie, tous les hommes sont égaux." Pour le prouver, de compte à demi avec les employés, ils agiotaient, achetaient, tripotaient, monopolisaient ; les bons écus trébuchants une fois entrés dans les caisses de la Compagnie n'en sortaient plus que sous la forme de papier-monnaie et d'assignats vite dépréciés. Les habitants se plaignaient, réclamaient en vain et n'avaient pour toute ressource que la satisfaction platonique de stigmatiser ceux qui les dépouillaient du nom de *Juifs*, de *Banians*. (3) Pour tout dire, la colonie se trouva bientôt divisée en deux camps, celui des *créanciers* " qui avaient vendu deux fois plus " qu'ils ne possédaient, et celui des *débiteurs*, qui avaient reçu " deux fois moins qu'ils ne devaient." (4)

D'un autre côté, bien des militaires au service de la Compagnie, dégoûtés de la nonchalance et de l'incapacité qui changeaient toutes les entreprises en autant de désastres, avaient donné leur démission et s'étaient établis à l'Ile de France ; gens fort honorables, appartenant à d'excellentes familles, ils ne pouvaient se faire à l'idée de recevoir des ordres d'un homme qui avait été simple petit commis, tout en daignant, sans trop se faire prier, recevoir de lui leurs salaires. (5) Leur ridicule orgueil, leurs prétentions extravagantes, donnèrent lieu à des disputes si fréquemment renouvelées, à des différends si souvent tranchés les armes à la main, que le gouvernement s'en émut ; défense fut faite sous peine d'une amende de 500 livres, sans préjudice d'une punition plus forte en cas de récidive, à toutes gens, " sans qualité, sans profession et sans aveu, habitants, " bourgeois, soldats, caporaux et sergents, sauf le cas où ils seront " employés pour le service du Roi ou de la Compagnie, ou par " permission spéciale et par écrit du commandant, de porter " l'épée ou des armes à feu, des bâtons ferrés ou creux et con-" tenant une lame en fer ou d'autres instruments cachés."

(1) *Grant. Magon Saint-Elier.*
(2) *Magon Saint Elier.*
(3) *Grant. Magon Saint Elier.*
(4) *Magon Saint Elier.*
(5) *Grant. Milbert,* " Voyage pittoresque à l'Ile de France."

Seuls furent autorisés à porter l'épée, " les gentilshommes, les " employés de la Compagnie, les capitaines, lieutenants, enseignes, " tambours-majors, fifres, hautbois, les capitaines et officiers des " vaisseaux, commandant ou ayant commandé comme officiers " de terre ou de mer." (1)

Cet état de choses ne pouvait durer, M. Desforges Boucher le comprit et autorisa les habitants à nommer des députés pour former avec les syndics des divers quartiers, créés l'année précédente (11 Avril 1762) pour s'occuper des affaires communes, une assemblée de notables qui élirait deux délégués chargés de se rendre en France, et de faire connaître au ministre les abus de l'administration de la Compagnie. (1763) Deux anciens officiers furent choisis, l'un d'eux M. le comte de Maudave avait servi dans la cavalerie, l'autre, M. Pytois dans l'infanterie ; munis de leurs pouvoirs ils s'embarquèrent, mais à leur arrivée à Lorient, ils apprirent que la question était déjà tranchée. La Compagnie avait fait abandon au Roi des Iles de France et de Bourbon, moyennant 12.500.000 livres ; l'édit du mois d'Août 1764 avait confirmé cette rétrocession. (2)

La liquidation de la Compagnie se prolongea pendant trois années, elle avait nommé une commission secrète composée de MM. Desforges Boucher, Denis, conseiller au Conseil Supérieur de Pondichéry, Cardonne, contrôleur du port de Lorient, Lecointe, conseiller au Conseil Supérieur de l'Ile de France, Hermans, habitant, Le comte Dampierre, pour gérer et administrer toutes ses affaires. Après avoir cédé à Sa Majesté ses colonies ses comptoirs, son établissement de Lorient, ses vaisseaux, ses nègres, ses marchandises, elle se trouvait encore créancière de près de huit millions. Mais il fallait payer ses dettes et les fonds qu'elle possédait n'étaient pas disponibles, rembourser le montant des billets de caisse, des assignats, des traites qu'elle avait données en paiement. Tout cela empêcha que le gouvernement royal fût établi à l'Ile de France avant le milieu de 1767. (3)

Au dire de l'Abbé Raynal, la population de cette colonie était alors de 18,772 habitants dont 3.163 Européens, 587 noirs libres et 15.022 esclaves ; sur 149.067 arpents de terre concédés, il n'y en avait en culture que 6.385. (4)

(1) Greffe de la Cour Suprême. Reg. 8. No. 157.
(2) Greffe de la Cour Suprême. Reg. 10. No. 185. *Magon Saint-Elier.* *G. Azéma.*
(3) *G. Azéma.* Greffe de la Cour Suprême. Reg. 10. No. 199.
(4) *Grant. d'Unienville. L'abbé Raynal.*

DEUXIÈME PARTIE

LE GOUVERNEMENT ROYAL

(1767—1790)

Le Gouvernement Royal.—Arrivée de MM. Dumas et Poivre.—M. Desforges Boucher se retire à Bourbon ; ses réceptions, ses déceptions.—Attributions du Gouverneur et de l'Intendant.—Le nouveau Conseil Supérieur, le Tribunal terrier, Curatelle aux biens vacants ; les fabriques, registres de l'Etat civil.—La monnaie de carte.—Caractère de M. Dumas, impression fâcheuse.—Démêlés entre le gouverneur et l'intendant —Un mot sur la conduite de Poivre.—Le pamphlet l'*Auguste protection*.—L'ordonnance sur les syndics des quartiers.—MM. Desribes et Rivalz de Saint-Antoine.—M. Dumas dépasse la mesure, son rappel ; Poivre est blâmé.—MM. de Maudave et Bernardin de Saint-Pierre.—M. le chevalier Desroches ; ses relations avec Poivre, son opinion sur les habitants.—Suppression de la chambre syndicale.—Faillite de la Compagnie des Indes ; la liberté du commerce, fièvre de négoce.—Le Port-Louis.— Le cimetière de l'Enfoncement.— Ouragan de 1771 ; l'*Ambulante* et le *Vert Galant*.—Travaux d'amélioration du port ; reboisement des montagnes.—Voyageurs distingués.—Introduction de plantes utiles.—Le martin détruit les sauterelles.—Les épices ; Fusée Aublet et Commerson.—Monplaisir.—(1767-1772).

Le 14 Juillet 1767 MM. Jean Daniel Dumas et Poivre arrivèrent à l'Ile de France, le premier en qualité de gouverneur général des Iles de France et de Bourbon, le second comme Intendant ordonnateur et président des Conseils Supérieurs.

Possesseur d'une fortune assez médiocre, grâce à son traitement de gouverneur et à la facilité de l'existence dans ces colonies, M. Desforges Boucher avait pu jusqu'ici mener un train de vie quasi-seigneurial tout-à-fait en rapport avec ses goûts ; rentré dans la vie privée, il sentit bien qu'il ne fallait pas songer à faire figure en France avec ses quelques mille livres de revenu. Il préféra donc finir ses jours à Bourbon, sur son magnifique domaine de Belle-Vue, au Gol ; n'ayant d'autre souci que de faire bonne chère et de bien traiter ses invités, chose qu'il savait accomplir avec une rare perfection, le châtelain était estimé, envié de tout le monde. Ceux qui assistaient à ses splendides réceptions, et le voyaient grand seigneur jusqu'au bout des ongles, en perruque poudrée, le chapeau à plumes sous le bras, s'avancer en cadence, le mollet cambré, avec la grâce d'un talon rouge et offrir galamment le poing aux belles dames pour les faire descendre de leur palanquin, ou bien passer sur les routes, mollement étendu sur les coussins de son carrosse, (le seul qui existât alors à Bourbon comme à l'Ile de France) et disparaître dans un nuage de poussière ; tous ceux-là répétaient à satiété que rien ne devait manquer à son bonheur.

Quelque chose lui faisait défaut pourtant, tant il est vrai qu'en ce bas monde il n'est point de roses sans épines. Dans le cours de sa carrière, il avait rendu des services importants à la

Compagnie, principalement lorsqu'il s'était agi, en 1746, de réparer la flotte délabrée de La Bourdonnais dans la rade de l'Ile Marosse ; aussi s'était-il bercé de l'espoir que le grade de brigadier général couronnerait une retraite bien gagnée. L'heure de la retraite avait sonné, et il n'était hélas ! que colonel et colonel il devait rester ! Pour se consoler de cette mortification, il fit des démarches reitérées, appuyées par le commandant de l'Ile Bourbon, M. de Bellecombe (1), afin d'obtenir de Sa Majesté que sa terre fût érigée en marquisat, ou tout au moins en comté ; c'était demander vraiment bien peu de chose, mais ses vœux ne furent pourtant pas exaucés ! Il dut se résigner à demeurer Desforges Boucher comme devant. (2)

Les attributions du gouverneur et de l'intendant étaient nettement établies par l'ordonnance même qui les avaient institués ; mais cette séparation de pouvoirs, mettant constamment en rivalité la personne de ces deux officiers, devait fatalement aboutir à des discussions oiseuses, à des empiètements de fonctions, à bien des abus dont les colonies eurent à subir les conséquences.

Seul le gouverneur général avait pleine et entière autorité sur les habitants, sur les troupes de terre et de mer, sur leurs commandants et officiers et sur les armateurs.

L'intendant de son côté, avait seul le maniement des fonds publics, le droit de lever des impositions pour subvenir aux affaires communes et aux dépenses annuelles des quartiers, par conséquent il avait seul compétence en cas d'irrégularités ou de malversations dans l'emploi des deniers royaux. Les marchés passés pour les travaux d'utilité, l'entretien des bâtiments publics, tels que les hôpitaux, les tribunaux, les églises, le regardaient seul ; pour ce qui concerne la marine royale ou marchande, il avait les mêmes attributions que les Intendants des ports de France.

Par contre, la coopération du gouverneur et de l'intendant était obligatoire pour dresser chaque année un état des besoins des deux îles, pour adresser des demandes au roi, pour autoriser l'affranchissement des esclaves, pour ordonner les corvées nécessaires à l'entretien des routes, pour pourvoir à l'approvisionnement des colonies, pour faire des règlements sur la chasse et la pêche.

Les travaux de défense exigeant des corvées extraordinaires

---

(1) Il n'est que juste de citer ici ce passage d'une lettre de M. de Bellecombe au ministre, pendant qu'il était gouverneur particulier de Bourbon ; il avait eu l'intuition des évènements qui survinrent cinquante ans plus tard : " l'Ile " Rodrigue nuit à la sûreté de l'Ile de France, parce qu'elle peut servir de " ralliement à une escadre anglaise, qui oserait tenter la conquête de l'Ile. En " 1761, l'Amiral Cornish y mouilla avec son escadre et y attendit pendant " longtemps les troupes de l'Inde qui devaient venir se joindre à lui pour attaquer " l'Ile de France." (*A. d'Épinay.* " Ile de France ").

(2) *Dr. Lacaze.* " L'Ile Bourbon, l'Ile de France, Madagascar."

ou une nouvelle imposition, ne pouvaient être décidés que par un conseil de guerre. (1)

L'Edit du 20 Juin 1766 enleva au Conseil Supérieur toutes fonctions administratives et le transforma purement et simplement en une cour de justice ; il fut composé pour l'Ile de France, du gouverneur, lieutenant-général, président d'honneur, de l'intendant, président ordinaire, ou des officiers qui le représenteraient en cas d'absence, de sept conseillers titulaires, dont un second conseiller, chargé de la police du corps et devant en rendre compte à l'intendant, d'un Procureur général et de son substitut et d'un greffier. (2)

Toutes les contestations relatives aux concessions de terres devaient être en principe tranchées par le gouverneur et l'intendant, mais comme la question était d'une importance primordiale, la propriété foncière dans ces colonies n'ayant pas d'autre origine, et comme les nombreuses occupations de ces deux officiers ne pouvaient leur permettre d'accorder un temps suffisant à l'examen de ces affaires, l'ordonnance royale du 25 Septembre 1766 leur adjoignit quatre membres du Conseil Supérieur, dont l'un faisant fonction de Procureur Général ; cette commission prit le nom de *Tribunal terrier*.

Afin de protéger la fortune des particuliers qui venaient à mourir dans la colonie sans héritiers présents, la même ordonnance nomma un comité chargé de régir ces biens, et composé d'un conseiller, d'un Procureur Général et d'un *Curateur aux biens vacants*. Ce dernier pouvait sans autorisation spéciale, ester en justice au nom de ses mandants, soit pour former des demandes, soit pour y défendre. Il présentait ses comptes tous les six mois à la vérification de ses collègues, et devait verser à la caisse du roi tous les fonds qu'il avait entre les mains, sauf toutefois ceux qu'il aurait été spécialement autorisé à garder par un héritier. Il avait aussi pouvoir de faire des baux de terrains et de maisons dépendant de la curatelle, mais sauf l'assentiment des deux autres commissaires. (3)

Des fabriques furent instituées dans chaque paroisse par l'ordonnance du 15 Septembre 1766, qui prescrivit la tenue en triples originaux des registres de naissances, mariages et décès, que les curés tenaient déjà plus ou moins régulièrement. Un exemplaire devait rester dans la paroisse, un second devait être déposé au greffe du tribunal et le troisième conservé au ministère de la marine. (4)

En conformité de l'Edit de Décembre 1766, le papier monnaie de la Compagnie fut entièrement retiré de la circulation à partir du mois de Juillet 1768 ; on l'avait remplacé l'année précédente par une monnaie de carte, pour une valeur totale de

---

(1) *G. Azéma*, " l'Ile Bourbon "—Nous le citons presque textuellement.
(2) Greffe de la Cour Suprême. Reg. 12, No. 1.
(3) *G. Azéma.* " l'Ile Bourbon "
(4) *E. Trouette* " l'Ile Bourbon pendant la période révolutionnaire."

510.000 livres tournois, somme qui étant insuffisante, fut portée lors du retrait de ces premiers assignats, à deux millions de livres, ayant cours légal et échangeables contre des traites sur le trésor à six mois de vue. Comme l'échéance de ces traites ne pouvait être fixée à une époque déterminée, il arriva fatalement que ce papier fut vite déprécié ; les spéculateurs poussant à la baisse tant qu'ils pouvaient afin de l'accaparer à bas prix, et d'en toucher le montant intégral en bons du Trésor. (1)

Nous avons vu plus haut les abus qui avaient signalé les dernières années de la Compagnie des Indes ; comment les employés eux-mêmes s'entendaient avec des individus sans vergogne pour pressurer les habitants, et de leurs exactions de toute sorte se faire de bonnes rentes au soleil. Ces faits, on s'en souvient, avaient été portés à la connaissance du ministre par les délégués que la colonie avait nommés en 1763, si bien qu'à son arrivée M. Dumas savait sûrement à quoi s'en tenir sur le compte de ses administrés. Cela explique, quoique cela n'excuse pas la réception qu'il fit aux colons quelques jours après son débarquement (20 Juillet 1767), botté, éperonné et cravache à la main ; certaines paroles qu'il prononça à ce moment, durent mettre la puce à l'oreille à plus d'une brebis galeuse. Mais aux yeux de la population générale, l'effet fut déplorable et pour comble de malheur, au lieu de trancher dans le vif, et d'éloigner une bonne fois des affaires publiques ceux qui pouvaient être une cause de désordre, l'administration commit la maladresse insigne de laisser siéger au Conseil plusieurs anciens directeurs et employés de la Compagnie ; on verra bientôt ce qui en résulta. (2)

Ce n'était pourtant pas un méchant homme que M. Dumas, brave comme son épée mais allant droit au but comme un boulet de canon, sans jamais dévier d'une ligne, plein de bonnes intentions, mais péchant par le manque de formes et d'éducation ; dur à lui-même, têtu comme un vieux troupier, il n'admettait pas la contradiction et se serait fait hâcher plutôt que de céder lorsqu'il avait en tête une idée qu'il croyait bonne ; loyal avec cela jusqu'à l'exagération, il ne put jamais se plier aux rouéries administratives qui lui répugnaient comme autant de lâchetés et d'hypocrisies.

Poivre de son côté, pointilleux et susceptible à l'excès, avait été tout d'abord froissé des allures cavalières du gouverneur et de ses procédés sentant un peu trop la caserne. Avec son intelligence hors-ligne et sa finesse naturelle, il s'était bien vite senti de beaucoup supérieur à son chef hiérarchique ; son amour-propre en souffrit, il eut le tort de le laisser trop voir à ceux de son entourage immédiat que la récente algarade de M. Dumas avait particulièrement mécontentés. Devinant que Poivre ne supportait qu'impatiemment ces boutades, ils se

(1) *G. Azéma. E. Trouette.* Greffe de la Cour Suprême. Reg. 12, No. 21.
(2) *A. d'Epinay.* " Ile de France."

rangèrent de son côté et à force de flatteries et de cajoleries, ils parvinrent si bien à caresser sa vanité, que par faiblesse de caractère il se laissa mettre à la tête de ce groupe qui par la suite et sans qu'il s'en doutât, le conduisit comme un pantin.

A peine rendu dans la colonie, Dumas écrit au ministre pour accuser Poivre de malversation ; Poivre de son côté prend sa plume pour taxer son chef d'incapacité absolue !

Voilà bien les deux hommes !

Au mois de Novembre 1767, un mémoire (que l'on désigne généralement sous le nom de l'*Auguste protection* parce qu'il commençait par ces mots,) couvert des signatures de plusieurs colons des plus honorables, fut présenté au gouverneur avec prière de le faire tenir au ministre. Les abus des employés de la Compagnie y étaient relatés tout au long, et les signataires se déclaraient prêts à en fournir la preuve. Poivre dès qu'il en eut connaissance, déclara tout d'abord que les faits allégués étaient parfaitement exacts, mais il s'était trop hâté de donner son opinion car il pouvait en coûter gros à sa petite coterie qui s'empressa de le circonvenir en lui faisant un sombre tableau du tapage et du scandale que ces révélations pourraient causer en France. Aussi, avec une désinvolture qui n'est guère à sa louange, opéra-t-il prestement un changement de front et alla-t-il même jusqu'à écrire une réfutation du pamphlet qu'il venait d'approuver et à la faire circuler parmi son entourage pour recueillir des signatures.

De son côté le Conseil Supérieur veut étouffer l'affaire et poursuit pour diffamation trois des principaux auteurs de cet écrit, MM. de Chemillé, de la Merville et Archambault. Les accusés protestent contre la composition d'un tribunal composé en partie d'anciens agents de la Compagnie, qui par le fait peuvent se trouver juges et partie à la fois. (1) Le conseil passe outre,— trois conseillers, il faut le reconnaître à leur éloge, MM. Estoupan de Saint Jean, de Candos et de Chazal, se récusent ; M. Codère, rapporteur, fait arrêter les accusés, (1er Décembre), ils sont enfermés à l'île aux Tonneliers, à la batterie La Bourdonnais et traités avec tant de sévérité que M. Dumas indigné et partageant en cela le sentiment de la population, ordonne de relâcher les prisonniers incontinent, ne cachant pas au Procureur Général M. Desribes, sa stupéfaction de voir que malgré sa qualité d'ancien directeur de la Compagnie des Indes, il se soit permis de requérir contre eux.

L'affaire en resta là ; le lendemain les trois inculpés étaient élargis et autorisés à faire appel à Sa Majesté de leur détention illégale si bon leur semblait. (2)

(1) Voici les noms de ces conseillers : MM. Estoupan de Saint-Jean, de Candos, de Chazal, le Tellier, Codère, Desribes, Denis de La Coudraye, Thébaud et Géraud.

(2) *A. d'Epinay*—" Ile de France."

C'était une rude leçon pour le Conseil Supérieur, mais bien résolu à prendre sa revanche, le 23 Décembre il confirma l'établissement des chambres syndicales telles qu'elles avaient été constituées par l'arrêté du 11 Août 1762. (1)

Voici en quelques mots les grands lignes de cette institution ;

L'Ile de France était divisée en huit quartiers : le Port-Louis, le Port Bourbon, les Plaines Wilhems, Moka, les Pamplemousses, la Montagne Longue, Flacq et la Rivière du Rempart ; six conseillers furent nommés commandants des dits quartiers, sans être tenus d'y résider. Les Pamplemousses et la Montagne Longue n'avaient qu'un seul commandant, Flacq et la Rivière du Rempart se trouvaient dans le même cas.

Les commandants devaient réunir les habitants en assemblée dans chaque quartier, pour procéder à l'élection d'un syndic nommé pour trois ans. Ces syndics étaient chargés de régir les affaires communes des habitants ou de leurs quartiers et, sous l'autorité des commandants, avaient le détail de la police, et devaient veiller à l'exécution des règlements. Tous les ans ils étaient tenus de faire un recensement général de la population libre et esclave ; de même, après chaque récolte, ils devaient dresser un état de la quantité et des espèces de grains récoltés. Ils tenaient un registre spécial pour toutes les déclarations de marronnage, un second registre pour les déclarations de décès. Ils avaient l'entretien des routes et étaient chargés de faire acquitter les cens et redevances dus par les habitants, d'après un état qui leur était transmis par le conseiller chargé du domaine.

Les commandants de quartier jugeaient sommairement, sauf appel au Conseil Supérieur, de toutes les contestations survenues entre les habitants de leur quartier, pour les corvées, les redevances, les dommages occasionnés par les bestiaux. Ils prononçaient les amendes, en faisaient contraindre le paiement, jugeaient enfin tous les faits de police, d'habitant à habitant et de noir à habitant, et leurs jugements étaient exécutés par provision nonobstant l'appel. (2)

D'après sa constitution, le nouveau Conseil Supérieur devait se borner à l'administration pure et simple de la justice ; en prenant cet arrêté confirmatoire il outrepassait ses droits et empiétait sur les fonctions du chef de la colonie, mais jaloux de conserver son influence d'antan, il ne regarda pas dans l'espèce à commettre une irrégularité. (3)

Le gouverneur ne manqua pas de s'en plaindre au ministre, à qui il donna à entendre que Poivre était le principal fauteur

---

(1) A. *d'Epinay.* " Ile de France. "
(2) Greffe de la Cour Suprême. Reg. 10, No. 185.
(3) A. *d'Epinay.* " Ile de France. "

de désordre, Poivre conspirait plus ou moins ouvertement contre son autorité, dans le but avoué de créer tant d'embarras à l'administration royale que de guerre lasse elle se dégoûterait des deux îles et les rendrait à la Compagnie des Indes. Fort de l'appui des directeurs, l'intendant espérait bien que si ces prévisions se réalisaient, c'est lui qui serait choisi comme gouverneur. Tout cela était assurément fort exagéré, et M. Dumas aurait été bien embarrassé de prouver ses dires, mais cette crainte s'était fait jour dans un coin de sa cervelle, il devait fatalement y tenir comme il tenait à toutes ses idées fixes. Tout ce que faisait Poivre maintenant, par une obsession incroyable, M. Dumas le rattachait à son prétendu complot. Cela ne pouvait durer, et pour en finir, le gouverneur eut la malencontreuse idée de vouloir proclamer une sorte d'état de siége, en tâchant de forcer le conseil à enregistrer une ordonnance qui lui donnait liberté d'arrêter et d'emprisonner pendant la durée de son bon plaisir quiconque paraîtrait suspect à ses yeux.

Cette fois c'était lui qui excédait de beaucoup ses pouvoirs, le conseil ne pouvait faire autrement que de s'opposer à l'enregistrement et invita le commandant " à prendre séance à la " cour, pour qu'en sa présence, son écrit fût examiné, vérifié et " qu'il y fût à son sujet définitivement statué." (13 Février).

Le conseil siégeait alors dans un bâtiment en pierre qui existe encore dans la rue du Vieux Conseil, à deux pas du gouvernement, M. Dumas s'y transporta immédiatement. Le Procureur Général Desribes se leva alors et donna lecture de l'ordonnance et des lettres patentes qui avaient fixé les attributions du gouverneur, puis il conclut au rejet de la proposition et au refus du conseil de l'enregistrer. M. Dumas répliqua en ces termes, avec véhémence : " Je ne connais aucune loi qui puisse " s'opposer à ma volonté ! Ce que j'ai fait, j'ai cru devoir le faire, " et si je me suis trompé, je serai repris par le ministre du Roi, " à qui seul, je dois compte." Sur ce, il se fit donner acte de sa comparution et sans attendre la décision du conseil, il se retira.

Les esprits étaient montés à leur diapason, à peine le gouverneur avait-il quitté la salle des séances, ce fut à qui prendrait la parole pour commenter les évènements. Un des conseillers, M. Rivalz de Saint-Antoine, se distingua particulièrement par son attitude énergique et son langage imagé ; il parla de " verser la dernière goutte de son sang pour conserver " aux lois leur intégrité, leur force, leur pureté, et pour en " soutenir l'exécution." Mais la situation était délicate, l'assemblée jugea plus sage de s'ajourner au surlendemain afin de permettre aux esprits de se calmer avant d'arriver à une décision.

Le 15 Février elle rendit un arrêt ainsi conçu : " La cour " déclare l'écrit du commandant général inadmissible et la " publicité qui en a été faite nulle et non avenue sauf à statuer " par le commandant et le commissaire pour le Roi remplissant

" les fonctions d'intendant, sur les objets compris au dit écrit,
" par un règlement en forme, pour icelui après vérification faite
" au conseil, être enregistré provisoirement ou définitivement
" s'il y a lieu, ordonne que le présent arrêté sera publié et
" affiché partout où besoin sera, à la diligence du Procureur
" Général." Il fut aussi décidé que deux des conseillers
rédigeraient des remontrances qui seraient envoyées à Sa Majesté.

" Mardi 23 Février 1768. M. Dumas entre au conseil avec
" environ soixante gens de guerre, officiers de la marine, de la
" légion et des troupes nationales, gendarmes et dragons, pour
" exiger l'enregistrement d'une ordonnance intitulée : *Copie*
" *collationnée d'un extrait d'une ordonnance du Roi, publiée au*
" *Port-Louis, Isle de France, le 11 Février 1768 par ordre de*
" *M. Dumas, et composée de huit articles.*"

" LE PRÉSIDENT POIVRE (*s'adressant au Gouverneur*) : Monsieur,
" vous avez seul le droit de siéger au conseil, les ordonnances
" ne permettent pas que vous vous y fassiez assister par des gens
" de guerre.— J'ai fait venir ces Messieurs en vertu de l'autorité
" que j'ai sur eux, pour être présents à ce que je vais vous dire
" (*Là dessus il pousse M. le Président avec colère, en disant :*)
" M. l'Intendant asseyez-vous !— Je ne m'assiérai point !— Je
" vous l'ordonne de la part du Roi !— (*M. Dumas s'assied et fait*
" *signe de son chapeau au major de la légion et aux autres qui*
" *sont les plus rapprochés, de se ranger derrière lui.*) M. POIVRE.
" Puisque vous voulez faire rester les officiers, de ce moment le
" conseil est dissous et se retire.— Il ne doit pas se retirer.— Le
" conseil est dissous. — M. DUMAS (*frappant de sa main sur la*
" *table*). De la part du Roi, j'ordonne au conseil de rester !—
" Monsieur, vous ne pouvez point donner cet ordre au conseil qui
" n'en reçoit que du Roi, et par écrit. (*Il se dispose à sortir.*)
" M. DUMAS : Quand je parle ici de la part du Roi, tout le monde
" doit m'entendre et on doit obéir ! (*D'un ton de voix plus élevé*
" *et plus emporté :*) De la part du Roi, j'ordonne au conseil de
" rester.—L'INTENDANT (*rendu près de la porte se retourne :—*)
" Les ordonnances du Roi le défendent, et c'est contre toutes les
" constitutions du royaume !"

M. Dumas resté maître de la place et peut-être assez ennuyé
de sa victoire et de la tournure que les évènements avaient prise,
força le greffier à transcrire sur le registre une déclaration qu'il
s'était proposé de lire à l'assemblée et qui contenait le passage
suivant : " Vous, Monsieur le Procureur Général, et vous
" M. Rivalz que je reconnais pour être les premiers moteurs de
" cette espèce de guerre civile, je vous ordonne de vous rendre
" dans vos maisons et de n'en sortir qu'après avoir reçu mes
" ordres ultérieurs qui vous seront signifiés par le major de
" place."

Effectivement, les deux conseillers reçoivent bientôt l'ordre
de garder les arrêts, à quoi le conseil riposte par la décision
suivante : " La cour a arrêté que MM. Estoupan et Chazal se

" transporteront chez M. le Procureur Général et chez M. Rivalz
" de Saint Antoine, conseiller, et qu'au nom du conseil, ils leur
" communiqueront les arrêts de ce jour et les pièces y relatives ;
" qu'i's leur témoigneront de la part du conseil, combien il est
" sensible à leur détention, injuste et téméraire, détention pro-
" noncée contre des magistrats pour raison de leurs fonctions ;
" que la cour les exhorte à continuer de soutenir avec dignité et
" avec courage les excès que l'on commet contre eux et ceux plus
" violents que l'on pourrait commettre encore ; que les deux
" membres en députation assureront de la part du conseil, M. le
" Procureur Général et M. Rivalz, que la cause de leur détention
" est trop belle, pour qu'il y ait aucun des membres de la cour
" qui n'ait désiré et ne désire encore être à leur place."

Tout n'est pas encore dit, M. Desribes reçoit bientôt l'ordre de rester consigné sur son habitation et M. Rivalz apprend qu'il va être incessamment transporté à Rodrigue où il demeurera en exil.

Ces Messieurs n'acceptent pas leur sort sans se plaindre. M. Desribes proteste contre la faveur dont il est l'objet et veut à toute force partager le sort de son collègue ; M. Rivalz se rend au conseil et proteste comme magistrat, proteste comme citoyen contre la violence qui lui est faite, il se prévaut de ses privilèges de conseiller, se met sous la protection de la cour et se targue de l'inviolabilité de sa personne. Il rend le gouverneur responsable de tout ce qui peut lui advenir de fâcheux, tant pour sa personne et sa santé que pour ses biens et ses affaires personnelles.

Le conseil a fort affaire à calmer ces cerveaux en ébullition ; il finit par leur faire comprendre qu'ils ont tout avantage à se modérer et à obéir pour le moment ; cette fois le beau rôle est bien de leur côté, en se montrant dignes et impassibles, leur cause ne pourra que faire un grand pas auprès des autorités de la métropole. (27 Février).

Le 9 Mars, M. Codère se précipite dans la salle du conseil et raconte qu'il vient de voir M. Rivalz enlevé de son domicile par le Major Montvert, escorté de trois soldats, la baïonnette au fusil, et embarqué séance tenante sur *l'Étoile du matin* qui doit le transporter à son lieu d'exil.

La relation de ce gros scandale avec toutes les pièces à l'appui avait été expédiée en France par les soins du conseil, le dénouement ne tarda pas à être connu : le ministre rappela M. Dumas dont il ne pouvait approuver l'attitude vis-à-vis du Conseil Supérieur. Son successeur était déjà nommé, c'était M. le chevalier Desroches, mais comme ce dernier ne pouvait prendre son poste immédiatement, M. de Steinauer, porteur d'une commission provisoire, arriva au Port-Louis le 27 Novembre sur le *Massiac*, dont le commandant avait ordre d'aller chercher M. Rivalz de Saint-Antoine à Rodrigue et de le ramener à l'Ile de France. Il y parvint le 14 Décembre et fut immédiatement réintégré ; mais pendant son absence ses plantations avaient été mises au pillage, ses esclaves étaient en fuite, sa fortune compromise, sa santé délabrée, il avait perdu un œil et perdu l'ouïe. Résolu à tirer une vengeance éclatante de son persécuteur, qui avait quitté la colonie quinze jours auparavant, (29 Novembre), M. Rivalz demanda un congé, partit pour France et porta sa plainte devant le Parlement. De son côté, M. Dumas, le premier moment de colère passé, avait eu tout le loisir de réfléchir aux conséquences de son acte arbitraire, il en fut sincèrement désolé et reconnaissant ses torts bien que tardivement, il fit faire des démarches auprès de M. Rivalz qui finit par accepter ses excuses et eut la générosité de ne pas poursuivre l'affaire. M. Desribes lui aussi avait repris son poste, et son premier acte fut de demander au conseil que la déclaration consignée au registre par le greffier sur l'ordre formel de M. Dumas, fût biffée comme injurieuse au conseil et attentatoire à son autorité.

L'année suivante (1769) un libelle fut imprimé à Paris et signé Muguet de Limas, habitant de l'Ile de France, se plaignant d'un arrêt qui l'avait condamné à 10 livres d'amende envers le Roi et à trois ans de bannissement et prétendant que le conseil " était un ramassis de calomniateurs, de prévaricateurs, de pas- " sionnés et de tyrans, complottant pour le perdre et se venger " par là de M. Dumas et des punitions infligées par lui à MM. " Desribes et Rivalz." La cour pria Sa Majesté de punir les auteurs du dit mémoire et lui envoya les pièces et le réquisitoire du Procureur Général. (17 Juillet 1770.) (1)

Ainsi finit cette tragi-comédie qui fit grand bruit dans Landernau. Il ne faudrait pas croire cependant que la victoire fût restée à Poivre sur toute la ligne, tout en destituant M. Dumas, le ministre adressa une verte mercuriale à l'intendant, lui rappelant que dans bien des cas son attitude avait été pour le moins fort incorrecte ; il lui était enjoint, pour terminer, de tâcher de se montrer plus modéré et plus circonspect à l'avenir.

Il résulte de l'examen impartial des faits, que M. Dumas, bien qu'à ses débuts il eût fait une entrée en scène des plus fâcheuses, s'était pourtant maintenu strictement dans son bon droit pour l'affaire du pamphlet et pour celle des syndics ; par quelle aberration en vint-il par la suite à perdre si complètement le jugement, à déplacer les torts et les responsabilités à un tel point, que devant sa conduite autoritaire, on soit porté malgré soi, non pas à excuser, mais à perdre de vue les actes répréhensibles commis antérieurement par ses adversaires ?

Pendant que ces évènements se déroulaient, arriva à l'Ile de France (14 Juillet 1768) M. Louis Laurent de Féderbe, comte de Mandave, qui avait obtenu de M. de Choiseul l'autorisation de relever les établissements français à Madagascar. Chargé

---

(1) Voir *Magon Saint Elier*. Chroniques de l'Ile de France. *A. d'Epinay.* Greffe de la Cour Suprême. Reg. 12 Nos. 78. 86. 121. 177. 180. 207.

par la colonie quelques années auparavant de faire connaître au Roi ses griefs contre la Compagnie des Indes, Maudave et son collègue M. Pytois s'étaient rendus en France ; on sait comment les circonstances avaient rendu inutile l'exécution de leur mandat

Profitant de son séjour à Versailles, Maudave ne manqua pas d'aller rendre ses devoirs à M. de Choiseul qui avait été l'ami de son père ; accueilli avec bienveillance, il en vint à parler au ministre d'un projet qu'il caressait depuis longtemps. Il voulait tenter sur de nouvelles bases la colonisation de la grande île africaine et se faisait fort d'y réussir en dépensant très peu d'argent, très peu d'hommes et très peu de temps. Pénétré de ce que Flacourt avait écrit sur Madagascar, il commencerait par bannir entièrement toute idée d'esclavage, considérerait le peuple malgache comme un peuple libre et s'attacherait à le gagner par de bons procédés ; tirant parti de la grande influence que possèdent les femmes de cette race, il encouragerait autant qu'il lui serait possible, les alliances entre elles et les colons européens. En un mot, sa devise serait : " Coloniser par la " persuasion et par la patience." Il lui fallait pour commencer, seulement 60.000 livres et quelques soldats ; lorsqu'il serait sur les lieux et qu'il se serait mis en rapport avec les naturels, le ministre lui enverrait pour 500,000 livres de marchandises de traite qui seraient immédiatement remboursées en produits du pays ; il lui faudrait aussi trois cents ouvriers et trois cents soldats. Séduit par la simplicité de ce projet et peut-être encore plus par la modicité des demandes, M. de Choiseul promit tout, et au bout du compte n'envoya rien ; il écrivit à M. Dumas pour lui ordonner de mettre un détachement à la disposition de Maudave et de l'aider dans son entreprise.

Maudave avait choisi Fort Dauphin comme lieu de ses premières tentatives, en raison des ressources de toute sorte que cette position pouvait lui offrir et de la salubrité de son climat. M. Dumas tout en partageant ses vues pour le reste, était d'avis que le choix de Fort Dauphin était mauvais, non seulement à cause des souvenirs fâcheux qui y étaient attachés, mais surtout à cause de son rapprochement de la Baie de Saint-Augustin, constamment fréquentée par les Anglais qui seraient bientôt au courant de ses projets et feraient tout en leur pouvoir pour les faire échouer. Cependant comme Maudave insistait sur ce point, il le laissa partir avec une vingtaine de personnes et lui donna une escorte de cinquante hommes. Il ne serait pas juste de dire que Maudave échoua précisément, car pendant les deux années qu'il se maintint à Madagascar, il eut des rapports excellents avec les chefs qu'il fréquenta ; ce qui lui manqua surtout, ce fut l'appui moral tout aussi bien qu'effectif du gouvernement de l'Ile de France.

Car M. Desroches avait alors succédé à M. Dumas ; pour une raison ou pour une autre il se montra franchement hostile à cette expédition ; peut-être craignait-il de voir la colonie naissante prendre dans la mer des Indes une importance qui ne pourrait que nuire à sa propre situation, peut-être se laissa-t-il influencer par le mécontentement de ceux de ses administrés qui avaient jusqu'ici profité presque exclusivement des relations commerciales avec Madagascar, peut-être tout bonnement, en son âme et conscience ne crut-il pas à la réussite de l'entreprise ; quoi qu'il en soit, ses rapports au ministre y furent si contraires, qu'étant donnée l'influence dont il jouissait, il dut être en grande partie la cause de l'abandon où Maudave fut laissé. Il commença par lui interdire de recruter des ouvriers à l'Ile de France et même d'y acheter des marchandises, puis un peu plus tard il rappela les troupes qui lui avaient été données.

Au mois d'Octobre 1770, Maudave reçut l'ordre du ministre d'évacuer Fort Dauphin ; il y prolongea son séjour pendant deux mois encore dans l'espérance vaine de recevoir un contre ordre ; enfin à bout de patience et de courage il se décida à quitter Madagascar. (Décembre 1770.)

Dès que son rappel fut connu, M. Desroches, s'empressa d'écrire à M. de Choiseul au sujet de Maudave, dont il avait apprécié l'énergie et la loyauté, bien qu'il n'eût partagé en aucune façon ses idées ; il le recommenda chaudement pour le poste de gouverneur de Karikal, espérant que cette compensation lui serait accordée ; Poivre de son côté appuya cette demande, mais la lettre arriva trop tard, le ministère était à bas.

Cet évènement rendit à Maudave toutes ses illusions, il adressa un long rapport au nouveau ministre, M. de Boynes et sollicita son appui ; ne recevant pas de réponse, il profita du prochain départ de Cossigny de Palma pour le prier de faire une nouvelle tentative en sa faveur. Cossigny accepta non seulement de plaider sa cause, mais proposa encore à Maudave de s'associer à lui dans son entreprise. (1772) ; rendu en France il fit les démarches nécessaires, mais la chose en resta là. Enfin un beau jour le ministère sortit de sa torpeur et reprit l'idée de coloniser Madagascar, la partie semblait gagnée pour Maudave, mais il avait compté sans sa mauvaise étoile ; l'expédition fut décidée, mais le commandement au lieu de lui revenir, fut donné à Beniowsky. (1774). (1)

Lors de son départ de France en 1768, on avait donné à Maudave pour l'accompagner en qualité d'ingénieur, Bernardin de Saint Pierre, qui ne se doutait certainement pas alors qu'il devrait un jour sa célébrité à cette Ile de France où il allait aborder. Tous les écrivains sont unanimes à reconnaître le caractère ombrageux et hypocondriaque de ce grand enfant gâté, mais on a attaché ce nous semble, trop d'importance à bien de ses élucubrations dithyrambiques. Doué pour son malheur, d'un amour propre colossal, le moindre froissement qui eût fait sourire de pitié un homme mieux équilibré, suffisait pour le mettre dans un état de surexcitation indescriptible. Egoïste et rancunier à

---

(1) *H. Pouget de Saint André.* "La colonisation de Madagascar sous Louis XV."

l'excès, quoique nullement méchant, il était d'un commerce on ne peut plus difficile ; il le sentait bien et s'en aigrissait d'autant plus.

Pendant la traversée il avait trouvé moyen de se brouiller avec M. de Maudave pour une futilité, une simple expérience de physique qui avait tourné à sa confusion. Maudave ayant prétendu que rien n'était plus facile que d'enflammer la poudre par l'action des rayons solaires sur une lentille de verre, Bernardin nia le fait et soutint que c'était absurde. Il voulut à toute force en faire l'expérience immédiate, et s'étant légèrement brûlé la main au grand amusement de ses compagnons de route, il en garda une aversion profonde pour celui qui, bien involontairement, avait été la cause première de ces moqueries. Rendu à l'Ile de France, sous prétexte que son brevet n'était pas arrivé,— il n'arriva jamais—, il refusa de suivre Maudave, qui croyons-nous, en fut très peu chagriné.

On sait que de tout temps notre homme s'était passionné pour l'idée grandiose d'une république universelle ; l'Ile de France où il se trouvait alors, ne pouvait convenir de cadre à cette magnifique théorie, elle n'aurait pu s'y développer, enfermée dans un cercle mesquin de quelques centaines de lieues. Il lui fallait l'espace, l'immensité, une nature vierge qui se prêterait comme la cire aux doigts du modeleur, à la forme que ce philanthrope voudrait bien lui donner. Eh bien ! tout cela ne l'avait-il pas à proximité ? Madagascar n'était-il pas assez vaste ? Pourrait-il trouver jamais territoire plus immense, plus neuf, nature plus vierge ? Hanté de ces rêveries, il prit le parti de s'en ouvrir à Poivre ; on prétend que ce dernier lui fit reconnaître la vanité de ses projets. Nous avons quelque peine à l'admettre. Le songe-creux, après avoir assisté sans mot dire, mais non sans ronger son frein, à la démolition de son œuvre, dut s'en aller le cœur ulcéré et ne jamais pardonner à Poivre son excès de franchise. Cela cadre mieux avec ce que nous connaissons de son caractère.

Il séjourna à l'Ile de France jusqu'en 1771, fut reçu partout avec la plus grande cordialité, ainsi qu'on accueillait les étrangers du reste ; il visita l'île entière, observa beaucoup sans trop s'en rendre compte ; si bien qu'un beau jour ce misanthrope, ce taciturne, écrivit des pages charmantes. *Paul et Virginie* a suffi pour sauver son nom de l'oubli, comme cette œuvre a contribué en grande partie à rendre populaire le petit coin de terre où s'est déroulée cette idylle.

M. François Julien Dudresnay, chevalier Desroches, nommé par Sa Majesté gouverneur général des Iles de France et de Bourbon le 22 Juillet 1768, n'arriva à Port Louis que le 6 Juin de l'année suivante. Homme foncièrement honnête et d'un caractère moins entier que son prédécesseur, se disant avec raison que la colonie ne pourrait que bénéficier de l'entente qui règnerait entre lui et l'intendant, il fit tout en son pouvoir pour rester en bons termes avec Poivre dont il reconnaissait hautement l'intelligence et les capacités. Peu de temps après son arrivée il écrivait au ministre :

" Pour MM. Dumas et Poivre, ces deux honnêtes gens
" doivent être bien honteux de la petite guerre qu'ils se sont
" faite aux dépens du service qui n'a pas manqué d'en souffrir.
" Le sieur Rivalz n'est plus ici, le chevalier de Maudave n'y
" date de rien (1), le règne du sieur Hermans est passé, le sieur
" Chalan de Belval est parti, voilà quatre mauvais conseillers
" en moins pour M. Poivre, en supposant qu'ils l'aient jamais
" été." De son côté M. de Courcy, commissaire de la marine, émet une opinion analogue en termes beaucoup plus énergiques dont nous lui laissons la responsabilité. " M. Poivre est entouré
" de ce qu'on peut hardiment nommer en partie la plus vile
" canaille et les hommes de la plus mauvaise foi à tous égards."
Lorsque revinrent MM. Rivalz et de Belval (2 Septembre 1771), Desroches se plaignit au ministre de ce que Poivre les avait reçus à bras ouverts ; M. de Courcy pour sa part, se retira à la campagne, " pour ne pas voir mille choses qui sont contraires à sa
" religion." (2)

Pour atteindre son but, M. Desroches ne négligea pas la moindre occasion d'être agréable à Poivre et de flatter sa vanité, qui n'était pas mince, autant que cela était compatible avec ses devoirs de gouverneur ; c'est ainsi qu'il revendiqua l'honneur d'être parrain de l'enfant que Madame Poivre venait de mettre au monde, (3) et qu'il le tint sur les fonts baptismaux, assisté par les commandants des onze quartiers de l'île (25 Août 1770) ; peu de temps après (4 Octobre) pour célébrer les relevailles de la jeune mère, et profitant de la fête de Saint-François, son patron, il donna une soirée magnifique en son honneur, plus de sept cents personnes y assistèrent.

Malgré toute sa bonne volonté, M. Desroches ne put réussir dans cette tâche ingrate, de nouveaux tiraillements survinrent, tant avec l'intendant qu'avec le Conseil Supérieur. Le 15 Août 1771, à l'occasion de la cérémonie commémorative du vœu de Louis XIII, le conseil ne fut pas satisfait de la place qui lui fut assignée dans l'église ; il se déclara grièvement insulté et décida qu'à l'avenir, " il n'assisterait plus à aucune cérémonie jusqu'à
" ce qu'il puisse y être avec dignité et sûreté. Le banc du
" conseil n'est pas décemment placé, sa place naturelle et
" convenable serait placée à la suite devant la balustrade." (4)

---

(1) C'était le frère du colonisateur de Fort-Dauphin et l'un des signataires du contre-mémoire rédigé par Poivre pour réfuter l'*Auguste protection*. Ce passage pourrait laisser supposer que l'opposition faite par M. Desroches au comte de Maudave dans son essai de colonisation à Fort-Dauphin, ne provenait pas tant d'une divergence d'opinion que d'une aversion toute personnelle.
(2) *A. d'Epinay.* " Ile de France."
(3) Poivre avait épousé Mademoiselle Robin en 1767, très peu de temps avant de partir pour l'Ile de France.—Revue pittoresque de l'Ile Maurice.—
" Poivre " par *E. Boullé.*
(4) Greffe de la Cour Suprême, Reg. 12, No. 224,229.

Ces petites taquineries mesquines se renouvelèrent si bien qu'une enquête fut ordonnée par le ministre, d'où il résulta que " la " jalousie, l'esprit de parti, la rivalité des pouvoirs et surtout " l'opposition d'autorité, avaient conduit les administrateurs à " de grands excès pour le malheur des deux colonies. " (1) Personne n'ignorait cela assurément, mais encore fallait-il y porter remède.

Voici maintenant comment M. Desroches parle des habitants : " Ils sont presque tous hospitaliers, généreux, braves et animés " de sentiments patriotiques, mais ils sont avides d'argent et de " mœurs dissolues. Il suffirait de la disparition de quelques " juifs et de gens tarés venus de l'extérieur et cachés sous le " masque de la religion, pour faire disparaître ces derniers " vices." (2)

Le premier acte de M. Desroches fut de faire enregistrer les ordonnances royales dont il était porteur et qui annulaient complètement l'arrêté pris par le Conseil Supérieur le 23 Décembre 1767 pour faire pièce à M. Dumas. Les chambres syndicales étaient portées de huit à onze, (les trois nouveaux quartiers étant la Rivière Noire, la Terre Rouge, et les Calebasses). Chaque quartier se trouvait placé sous les ordres d'un commandant chargé uniquement d'organiser une milice composée d'habitants âgés de 15 à 20 ans, et ne pouvant être conduite hors de son quartier sans un ordre spécial du gouverneur. (14,15 Juin 1769.) (3)

Sur les entrefaites, la Compagnie des Indes dont la liquidation avait traîné forcément en longueur, faute de pouvoir réaliser immédiatement son actif, se trouvait aux abois, ne pouvant plus tenir ses engagements, ne possédant même plus les fonds nécessaires pour faire ses armements et continuer son commerce ; un arrêt en Conseil du 13 Août 1769 vint enfin trancher cette situation anormale, la Compagnie fut définitivement mise en faillite et liberté fut accordée à tout Français de faire le commerce à la seule restriction que toutes les opérations aboutiraient au port de Lorient. (4)

Alors à l'Ile de France on vit cette chose inouïe : bon nombre de colons, dans le but de se refaire de leurs pertes et de leurs déboires, ou gagnés par la fièvre de la spéculation, se jetèrent à corps perdu dans le négoce. Il n'était pas rare de rencontrer de graves magistrats, des officiers de terre et de mer, ayant donné leur démission afin de pouvoir tenir publiquement boutique, trafiquant de tout, en gros comme au détail et réalisant un bénéfice plus ou moins avouable, au point de faire dire à un écrivain : " En arrivant à l'Ile de France, il semblerait

(1) A. d'Epinay " Ile de France."
(2) A. d'Epinay " Ile de France."
(3) Greffe de la Cour Suprême. Reg. 12, Nos, 141, 143,
(4) Voir pièces justificatives No. 8.

" qu'il y eût convention pour regarder la ligne et le tropique
" comme les limites de l'exactitude et de la fidélité." (1)

Vers cette époque un négociant de Pondichéry, M. Monneron, envoya à l'Ile de France et à Bourbon 1,800,000 livres en espèces, de seize à la piastre, ce numéraire fut communément appelé *Monneron*. (2)

Ce n'est que sous l'administration de M. Desroches que le Port-Louis commença à prendre quelque ressemblance avec la vague ébauche d'une ville ; il s'occupa tout d'abord de la voierie, les rues étaient étroites et tortueuses, il en fit rectifier l'alignement et leur donna partout une largeur uniforme de 36 pieds pour les artères principales et de 24 pieds pour celles où le trafic était moins considérable. (3) Une cause d'insalubrité qu'il fallait à tout prix faire disparaître, existait au centre même de la ville, à deux pas de l'Hôtel du gouvernement, c'était le cimetière de l'Enfoncement, situé là où se trouve actuellement le Jardin de la Compagnie. Depuis fort longtemps l'administration avait pris la résolution de le déplacer et de l'établir tout-à-fait en dehors des limites urbaines, mais la difficulté de trouver un terrain convenable, la crainte d'encourir le mécontentement et l'opposition de la population et surtout du clergé, car il fallait d'abord procéder à l'exhumation de corps récemment enterrés ; tout cela fut cause que le projet n'aboutit pas ; des préoccupations d'autre nature vinrent ensuite le faire perdre de vue.

M. Desroches lui, n'hésita pas ; il choisit un vaste terrain vague non loin du Fort Blanc, le même où se trouve actuellement le cimetière de l'Ouest, le fit défricher et entourer de raquettes ; et bien qu'à ce moment (Décembre 1771), l'île fût ravagée par une épidémie de petite vérole, il n'en ordonna pas moins de commencer les exhumations et les fit hâter le plus qu'il put, sans vouloir prêter l'oreille aux protestations affolées de ceux qui trouvaient cette décision on ne peut plus dangereuse en un pareil moment, ni aux récriminations de ceux qui criaient au scandale et à la profanation. On prétend que le curé de Port Louis, l'abbé Pierre Léonard Leborgne, s'en laissa mourir de désespoir. Ce digne ecclésiastique échappa du moins par là à la contagion et put se consoler en songeant qu'il donnait une fois de plus le bon exemple à ses ouailles en étrennant le nouveau champ du repos. Les faits prouvèrent qu'il portait un nom prédestiné, car il n'y vit pas plus clair que les autres en cette occasion. L'épidémie n'augmenta pas pour cela, grâce aux précautions prises. (4)

Il y avait beaucoup à faire pour le port, depuis les travaux de La Bourdonnais il avait été totalement négligé ; on se souvient du désastre causé par l'ouragan de 1759 à l'escadre du

---

(1) J. M. *Voïart.*—" Etudes sur l'Ile Bourbon."
(2) A. *d'Epinay.*—" Ile de France."
(3) A. *d'Epinay.*—" Ile de France."
(4) F. *de Froberville.*—" Souvenirs de l'Ile de France."

comte d'Aché dans la rade, un nouveau cyclone, un des plus violents que l'île ait ressentis, vint bientôt faire reconnaître qu'il fallait sans retard donner plus de sécurité aux bâtiments qui se trouvaient au mouillage.

Le 1er Février 1771, à 4 heures de l'après midi, le baromètre se mit subitement à baisser ; Poivre très inquiet s'en fut trouver le capitaine du Port qui ne partagea nullement ses craintes, affirmant que depuis qu'il était dans la colonie, il ne s'était pas présenté un seul cas où un ouragan n'avait été annoncé au moins vingt-quatre heures auparavant par les noirs qui descendaient des montagnes pour se réfugier en ville, et que du reste l'aspect du ciel au coucher du soleil était un indice infaillible. Le temps semblait rester au beau fixe, le ciel était d'une pureté remarquable lorsque le soleil disparut, bien que le baromètre accentuât toujours sa marche descendante. Au dire du capitaine, aucun danger n'était à redouter, quand une heure plus tard une formidable tempête se déchaîna. Aucune précaution n'avait été prise, aussi avant 9 heures du soir, tous les bâtiments en rade étaient-ils jetés à la côte. Seules la flûte l'*Ambulante* et la corvette le *Vert Galant* avaient résisté, et encore cette dernière ne tarda pas à sombrer lorsque l'amarre qui la retenait à l'*Ambulante* fut lâchée. L'*Ambulante* rasée comme un ponton, sans mâts, ni voiles, ni gouvernail, fut entraînée en pleine mer avec son équipage et un détachement du régiment irlandais de Clare qui s'y trouvait ; pendant douze heures elle fut balottée de ci, de là, comme une véritable épave et finit par se jeter au plein près du Morne Brabant ; tout l'équipage put se sauver. L'étroit goulet par lequel ce vaisseau franchit la ceinture de récifs qui borde ces parages, porte encore le nom de *Passe de l'Ambulante*. (1)

Le déboisement inconsidéré des hauteurs dominant la ville de Port-Louis, en dénudant les pentes escarpées des montagnes, fut cause que les fortes pluies entraînaient constamment des terres qui n'étaient plus retenues par les racines des arbres. Les ruisseaux qui traversent la ville, prenant leur source à la base du Pouce, charriaient naturellement tous ces détritus et les déversaient dans le port qui se comblait de plus en plus. Le capitaine de vaisseau Tromelin fut chargé d'y remédier par des travaux auxquels Desroches et Poivre ne marchandèrent pas leur appui.

Au moyen de gabarres à clapet et de dragues, le port fut curé convenablement, un barrage fut construit entre le Trou Fanfaron et l'embouchure des ruisseaux, les eaux détournées dans un large canal, furent jetées à la mer, hors de la rade, par derrière l'Ile aux Tonneliers qu'une chaussée relia à la terre ferme. Un chenal fut creusé à grand renfort de mines et fit communiquer, même pour les bâtiments du plus fort tonnage,

---

(1) *Magon Saint-Elier, A, d'Epinay.*

le port avec le Trou Fanfaron, qui devint de la sorte un dock spacieux où toutes les réparations pouvaient être effectuées. (1)

Pour remédier aux avalaisons, il fallut reboiser le versant des montagnes qui abritent Port-Louis ; en cela Poivre donna tout son concours à Joseph François Charpentier de Cossigny, le fils de l'ingénieur que nous avons vu à l'œuvre avant l'arrivée de La Bourdonnais, ingénieur lui-même, et l'un des plus illustres enfants que l'Ile de France ait produits.

Il fut reconnu que de tous les arbres, celui qui croîtrait le plus rapidement et résisterait le mieux à la sécheresse de l'été, c'était le bois noir. On en planta des forêts entières dont il ne reste plus guère vestige ; l'entreprise en fut donnée à M. de Lartigue, employé de l'administration. (2)

Maintenant nous allons aborder l'œuvre propre de Poivre, celle à laquelle son nom doit rester attaché, l'introduction des arbres et des plantes utiles. Si comme intendant, dans ses rapports avec les gouverneurs auprès desquels il s'est trouvé placé, ses actes ont pu donner prise à une critique trop souvent justifiée, ici on ne saurait lui marchander les éloges ; il a beaucoup fait pour la colonie, elle ne saurait l'oublier sous peine d'être taxée d'ingratitude. Et pourtant qui s'en doute seulement aujourd'hui !

A cette époque l'Ile de France était visitée par des hommes remarquables, explorateurs, savants, astronomes, ingénieurs, naturalistes, la liste en est longue et la plupart de ces noms ont survécu à l'oubli.

En 1768 la série commence avec le chevalier Grenier et l'abbé Rochon qui passent au Port-Louis, au cours d'un voyage de découvertes dans la mer des Indes ; ils n'ont qu'une corvette, l'*Heure du Berger*, Desroches et Poivre s'empressent de mettre à leur disposition le *Vert Galant*, le même qui sombre un peu plus tard en rade, pendant l'ouragan de 1771. Ensuite c'est Bougainville (Novembre 1768), revenant de son voyage autour du monde accompagné de l'astronome Verron et de Philibert de Commerson, le célèbre naturaliste ; ce dernier séduit par l'accueil chaleureux de Poivre, se fixe à l'Ile de France, y fait bien des recherches utiles et assiste plus d'une fois de ses lumières Poivre et Cossigny ; il voit Poivre retourner en France, continue son amitié à M. Céré, directeur du Jardin des plantes et meurt enfin à Flacq sur la propriété la Retraite appartenant à la famille Magon (Mars 1773).

Puis c'est Legentil, Sonnerat, Marion, Kerguélen, Lapérouse, Coëtivi, Provost, Cordé, Barré qui découvre le cocotier de mer ; enfin celui qui prit peut-être une plus large part aux tentatives d'acclimatation, Charpentier de Cossigny, dont l'habitation *Palma* devint une véritable pépinière. C'était un créole celui-là,

---

(1) *Magon Saint-Elier. E. Piston.* " La Bourdonnais."
(2) *F. de Froberville.* " Souvenirs de l'Ile de France. "

mais à l'heure actuelle, qui se souvient de ses travaux ? Qui connaît même son nom dans la colonie ?

Après les noms de ces voyageurs illustres, il n'est que juste de citer au hasard quelques unes des plantes introduites par leurs soins à cette époque : l'arbre à pain, le rima, le mûrier, le badamier, le cannelier, le manguier, les quatre épices, le ravinsara, le giroflier, le muscadier, le pêcher, le sagoutier, le mangoustan et tant d'autres. Une autre acclimation, celle d'un modeste oiseau, fut autrement importante ; nous voulons parler du *martin*, qui ne tarda pas à détruire les sauterelles, le plus redoutable fléau de la culture.

Nous avons vu plus haut les premiers essais de Poivre pour introduire ici les épiceries fines des îles de la Sonde, les déboires qu'il encourut, les dangers qu'il eut à surmonter. Une fois nommé intendant à l'Ile de France, il songea à donner suite à cette entreprise qui lui tenait au cœur. En 1769 il en chargea Provost, ancien écrivain des vaisseaux de la Compagnie des Indes, et lui confia deux bâtiments, le *Vigilant* et l'*Étoile du matin*, commandés par MM. de Trémigon et d'Etcheverry. Provost revint à Port-Louis le 24 Juin 1770 avec 400 plants de muscadiers, 10,000 noix de muscade, 70 plants de girofliers et une caisse pleine de baies de cet arbre. Le Conseil Supérieur se fit un devoir de rendre publiquement hommage à Poivre pour les peines qu'il s'était données (10 Juillet 1770.) (1)

Afin de bien faire connaître la différence qui existe entre le vrai et le faux muscadier, Poivre avait recommandé à Provost de rapporter quelques plants de cette dernière espèce, ce qui fut fait ; mais cela n'empêcha pas Fusée Aublet, de triste mémoire, de soutenir que l'on n'avait introduit rien que de faux muscadiers.(2)

Les plants mis en terre commencèrent à prospérer ; c'est alors que M. Desroches eut la malencontreuse idée de vouloir établir à l'Ile de France le même monopole qui avait attiré naguère aux Hollandais la réprobation de toutes les nations civilisées. Avec l'appui du Conseil Supérieur, il déclara coupable de haute trahison quiconque exporterait des muscadiers et girofliers même pour en doter une colonie française. (16 Juillet 1770). Poivre protesta de toutes ses forces contre cette absurde prétention, et ne pouvant réussir à faire partager son avis à ses collègues, il envoya un mémoire au ministre qui l'approuva en tous points et ordonna de faire passer des épices à Bourbon et à la Guyane. (3)

L'année suivante (Juin 1771) nouvelle expédition de Provost sur l'*Ile de France* et le *Nécessaire*, aux ordres de MM. Coëtivi et Cordé ; il rapporta le 4 Juin 1772, une grande quantité de mus-

(1) Greffe de la Cour Suprême. Reg. 12. No. 175.
(2) Transactions of the R. S. A. S. " New Series " Vol. 8, 1875.
(3) Greffe de la Cour Suprême. Reg. 12 No. 179.

cadiers et de girofliers, dont quelques plants furent envoyés à Bourbon, aux Seychelles et à Cayenne. (1)

Aublet ne manqua pas de renouveler ses allégations, mais cette fois il eut affaire à forte partie, ce fut Commerson qui se chargea de le relever vertement dans un rapport adressé au Roi le 8 Juin, et qui ne se gêna nullement pour traiter ces assertions de menteuses et calomnieuses, ainsi qu'elles le méritaient. (2)

Poivre avait acheté de la Compagnie des Indes l'ancienne résidence des gouverneurs avant M. David, *Mon plaisir*, au quartier des Pamplemousses ; c'est là qu'il rassembla avec amour tous les spécimens qu'il avait pu se procurer de la flore exotique. Il y dépensa une fortune en installations, en agrandissements et en embellissements.

Lorsqu'il quitta la colonie au mois d'Octobre 1772, il céda cette résidence au gouvernement et ne voulut rien recevoir de plus que le prix qu'elle lui avait coûté pour en faire l'acquisition. Ce fut le premier noyau du jardin des plantes qui allait bientôt devenir célèbre dans toute la mer des Indes.

(1) *A. d'Epinay. Magon Saint Elier.*—Revue pittoresque de l'Ile Maurice " Poivre " par *E. Boullé.*
(2) Ibid. Ibid. Ibid.

II

MM. de Ternay et Maillard Dumesle.—Voyages dans l'île ; la Savane.—Encore le papier monnaie.—Les préséances aux cérémonies publiques.—La Juridiction Royale. — Nouvelles divisions de l'île. — Les gazettes hebdomadaires. — Explosion du Moulin à poudre.—L'affaire Lehecq.—Beniowsky.—Arrivée de M. de La Brillane ; départ de M. de Ternay.—Quelques mots sur M. de La Brillane, une anecdote.—Les volontaires de Bourbon ; le régiment de l'Ile de France.—Saint-Jean de Lisboa.—Dépôt des chartes des colonies.—M. Céré. — Le Jardin Botanique ; les girofliers.— Mort de M. Magon.— L'espionnage.—La guerre ; les premiers corsaires.— Mort de M. de La Brillane. (1772-1779).

MM. Desroches et Poivre furent relevés de leurs fonctions le 24 Août 1772 par MM. Charles Louis d'Arzac de Ternay, chevalier de Saint-Jean de Jérusalem et Jacques Maillard Dumesle, arrivés tous deux depuis trois jours dans la colonie. Desroches retourna immédiatement en France, mais Poivre demeura jusqu'au mois d'Octobre et partit alors avec Rochon.

M. de Ternay était encore un de ces gouverneurs que l'administration royale semblait réserver de préférence à ses colonies de l'Océan Indien. Fort honnête homme du reste et bien décidé à travailler à la prospérité des deux îles, il était malheureusement d'un caractère renfermé et peu sympathique ; les renseignements qu'il avait pu recueillir sur les colons dans leurs rapports avec les deux gouverneurs précédents, n'étaient sûrement pas faits pour modifier en rien son humeur taciturne. La population imita sa froideur et sa réserve, et si son administration fut paisible, lorsqu'elle prit fin, on peut avancer sans crainte d'être contredit, que personne ne le regretta, pas plus qu'il ne regretta sans doute personne dans la colonie.

C'était un petit homme sec et nerveux, doué d'une activité dévorante, il voulait tout voir par lui-même ; toujours par voies et par chemins, signalait-on sa présence sur un point de l'île, qu'il était déjà bien loin, à l'autre extrémité. Partant de bon matin de Port-Louis, il longeait la côte jusqu'au bras de mer du Tamarin où il arrivait pour la couchée, le lendemain de bonne heure il était sur pied, continuait sa route jusqu'à la Baie du Cap, se faisait transporter sur l'autre rive en pirogue et s'arrêtait au Poste de Jacotet, le jour suivant il campait au Grand Port à la Baraque du Gouverneur, ensuite à Flacq au Puits des Hollandais, à la Pointe Lafayette, et après une absence de huit ou dix jours on le voyait reparaître au gouvernement.

Dans ces tournées il put se rendre compte de la quantité de terres qui restaient encore en friche, moins en raison du manque de bras que faute de connaissances spéciales en agriculture ;

tout un quartier et des plus vastes, la Savane, était entièrement inculte. Il demanda au ministre de lui envoyer quelques familles de colons Allemands et Arcadiens qu'il aurait réparties entre le Cap et le Port de la Savane ; sa demande ne fut pas prise en considération, le ministre trouvant plus simple de faire venir des colons de l'île voisine ; pourtant il recommanda au gouverneur de ne pas se presser et d'attendre que les finances de la colonie lui permissent de faire cette dépense. (1) Son désir ne tarda pas à être exaucé, en ce sens que la Savane devint avant longtemps un des plus riches quartiers de l'île.

M. Maillard Dumesle possédait toutes les qualités requises pour bien remplir le poste qui lui était confié, homme de grand sens et de jugement, il n'eut de cesse qu'il eût mis un peu d'ordre dans les finances de la colonie ; il comprit bien vite que l'Ile de France devait faire quelque chose pour sa propre consommation, et combien sa situation resterait précaire tant qu'elle serait entièrement à la merci de ses voisines pour ses approvisionnements. Dans ce but il donna un nouvel essor aux cultures vivrières, qui en cinq années furent portées de 400,000 à plus de cinq millions de livres. (2) Les ressources dont il disposait, en outre des fonds qu'il recevait directement de la métropole, se composaient des lettres de change, des récépissés sur les objets fournis aux magasins, des recettes ordinaires et extraordinaires du domaine. (3)

Une crise financière était à redouter ; sous prétexte que les deux millions de papier monnaie émis en 1768 par l'administration, représentaient un capital trop élevé en circulation, l'édit de Septembre 1771 les supprima et ordonna à la place une émission d'un million de nouveaux billets qui toutefois ne pourraient être convertis en lettres de change, la caisse royale n'en délivrant que contre remise de valeur égale en numéraire. MM. Desroches et Poivre avant leur départ, avaient reçu l'ordre de faire enregistrer cette ordonnance et de la mettre à exécution ; sachant qu'ils allaient être bientôt remplacés par d'autres administrateurs, ils jugèrent plus prudent d'attendre leur arrivée et de leur faire part des craintes qu'ils éprouvaient, vu la situation des deux colonies, déjà compromise par les effets de deux violents ouragans, et les embarras que causerait l'obligation de fournir des espèces pour obtenir des traites.

MM. de Ternay et Maillard Dumesle approuvèrent leur hésitation et décidèrent de surseoir pour le moment à l'enregistrement, sauf pour un article qui fixait à 6 livres la valeur de la piastre gourde, et portait à 3 sols celle des pièces de 2 sols, afin que ce numéraire ne fût pas exporté hors de la colonie (1er Septembre 1772).

(1) *Magon Saint-Elier. A. d'Epinay.* " Ile de France."
(2) *A. d'Epinay.* " Ile de France."
(3) *E. Trouette.* " L'Ile Bourbon pendant la période révolutionnaire."

En ceci la loi manqua son but, il était évident que les marchandises baisseraient de prix proportionnellement à ce surhaussement factice de la piastre, ou à peu de chose près ; si bien que s'il y avait un léger écart, le vendeur et l'acheteur seraient seuls à en profiter aux dépens de l'administration qui était tenue d'accepter ces mêmes piastres pour 6 livres. Par ce fait l'agiotage avait beau jeu, aussi ne tarda-t-on pas à s'apercevoir que le numéraire disparaissait de plus belle. (1)

Nous avons dit un mot au chapitre précédent, du mécontentement du Conseil Supérieur au sujet des places qui lui étaient réservées aux cérémonies publiques, et qui le poussa à refuser d'y assister dorénavant ; il était indispensable d'éviter à l'avenir tous ces froissements d'amour-propre qui ne pouvaient que faire du tort au bon fonctionnement du service. Le 16 Décembre 1772 un règlement vint y mettre un terme, en établissant une sorte de protocole dont il ne fut pas permis de se départir.

" *Règlement concernant les places et rangs aux églises et*
" *cérémonies publiques* :

" Le gouverneur et l'intendant auront prie-Dieu et fauteuil
" dans le chœur de l'église principale de Port Louis ; le gouver-
" neur du côté de l'Epître, l'intendant du même côté, mais un
" peu au-dessous ; les dits prie-Dieu et fauteuils proche de la
" muraille.

" Le commandant en second aura un banc dans le chœur
" du côté de l'Evangile, vis-à-vis le gouverneur et un peu au
" dessous ; le commissaire-général de la marine sera vis-à-vis
" l'intendant et un peu au-dessous.

" En cas d'absence du gouverneur, le commandant en
" second pourra prendre sa place, de même le commissaire
" général de la marine pourra prendre celle de l'intendant en
" cas d'absence.

" Hors du chœur, du côté de l'Epître, le Conseil Supérieur
" aura un banc. Du côté de l'Evangile il y aura un banc à
" une seule place pour le lieutenant de Roi, un autre à deux
" places pour le Major de la place et le plus ancien commis-
" saire de la marine, s'il y en a plusieurs. Les officiers de la
" Juridiction Royale auront leur banc après le Conseil, du même
" côté, mais moins élevé. Le banc de l'œuvre sera toujours
" vis-à-vis la chaire.

" Dans tous ces bancs les femmes et enfants des officiers ne
" pourront se placer, sauf celles du gouverneur et de l'intendant.

" Le pain bénit sera distribué d'abord au prêtre célébrant,
" aux ecclésiastiques assistans, au clergé, dont les enfants de
" chœur font partie, au gouverneur, à l'intendant, au commandant
" en second, au commissaire-général de la marine, au lieutenant

(1) E. Trouette. "L'Ile Bourbon pendant la période révolutionnaire."
G. Azéma. Greffe de la Cour Suprême.—Reg. 12 No. 242.

" de roi, au major de la place, au plus ancien commissaire de la
" marine, (seulement lorsque ces trois derniers officiers auront
" entrée et séance au Conseil Supérieur), aux officiers du Conseil
" Supérieur, aux officiers de la Juridiction, au commandant des
" milices, au marguillier en charge, (lorsqu'ils seront dans les
" susdits bancs, et le dit marguillier dans celui de l'œuvre et
" non ailleurs), ensuite au public sans distinction.

" L'encens sera donné au gouverneur et à l'intendant
" seulement, il est défendu aux autres officiers de l'exiger, sauf
" le commandant en second et le commissaire général de la
" marine, mais seulement lorsque le gouverneur et l'intendant
" seront absents.

" Aux assemblées et marches publiques, le gouverneur
" marchera en tête du Conseil, l'intendant à sa gauche, puis le
" commandant en second, le commissaire général de la marine,
" le lieutenant de roi, le major de la place, le plus ancien
" commissaire de la marine (si ces trois officiers ont entrée et
" séance au Conseil), les conseillers, les assesseurs, le Procureur
" général, son substitut, le greffier du Conseil Supérieur, les
" officiers de la Juridiction, le commandant des milices du
" Port-Louis. La marche se fera de deux en deux.

" Elle sera précédée par les gardes du gouverneur marchant
" devant lui, les sergents de la Juridiction, et les huissiers du
" Conseil devant l'intendant, en sorte que les gardes du
" gouverneur auront la droite et les sergents et huissiers la
" gauche.

" Le capitaine des gardes du gouverneur marchera à côté
" et au-dessous de lui, les gardes de l'intendance, à côté et
" au-dessous de l'intendant, mais des deux parts en dehors de la
" ligne du Conseil.

" Le commandant particulier et le commissaire ordonnateur
" de l'Ile Bourbon, lorsqu'ils se trouveront à l'Ile de France,
" prendront place respectivement après le commandant en second
" de l'Ile de France et le commissaire général de la marine.

" Lorsqu'il y aura feux de joie, trois torches seront
" présentées, une au prêtre officiant, une au gouverneur et la
" troisième à l'intendant pour y allumer le feu.

" Toutes discussions à ce sujet seront réglées par le
" gouverneur et l'intendant." (1)

Un remaniement eut lieu dans la branche judiciaire, l'Edit
de Juin 1766 en enlevant au Conseil Supérieur ses fonctions
administratives l'avait transformé en une seule et unique cour
de justice, jugeant en premier et dernier ressort.

L'Edit d'Octobre 1771, enregistré à l'Ile de France le
12 Novembre 1772, créa un tribunal de première instance, sous

---

(1) Greffe de la Cour Suprême. Reg. 12. No. 298.

la dénomination de Juridiction Royale ; il fallut donc modifier les attributions du Conseil Supérieur pour le mettre en harmonie avec ce nouvel état de choses, c'est ce que fit l'ordonnance royale de Novembre 1771, enregistrée le 2 Décembre 1772, en en faisant une véritable Cour d'appel.

La Juridiction Royale se composait d'un juge, d'un lieutenant de juge, d'un procureur du roi et d'un greffier ; sa compétence s'étendait en premier ressort à toutes les affaires civiles et criminelles ainsi qu'aux questions d'amirauté. Comme dans les procès criminels le nombre des juges devait être porté à trois, le tribunal était autorisé à se faire assister à défaut de gradués, par des notables jusqu'au nombre de cinq, choisis par le Conseil Supérieur. Ces fonctionnaires ne recevaient pas une rétribution fixe, leurs émoluments consistaient en épices perçues suivant un règlement *ad hoc*.

Le nouveau Conseil Supérieur conserva sa même organisation à très peu de chose près, ainsi le gouverneur avait toujours la présidence d'honneur, l'intendant la présidence ordinaire, le commandant en second et le plus ancien commissaire général ou ordinaire de la marine y prirent place, ce dernier en qualité de premier conseiller, les conseillers ordinaires n'étaient plus que six, dont un second conseiller chargé comme par le passé de la police du corps ; un procureur général, son substitut, un greffier et quatre assesseurs complétaient le personnel de la haute cour.

Les ecclésiastiques ne pouvaient plus faire partie de cette assemblée, les relations du conseil et du clergé s'en ressentirent naturellement.

Les assesseurs n'avaient voix délibérative que dans trois cas : dans les affaires dont ils étaient rapporteurs, lorsqu'ils étaient appelés à remplacer un des conseillers empêché pour une raison quelconque, et lorsqu'il y avait partage de voix. Le Conseil siégeait à cinq au civil, à sept au criminel et ses arrêts n'étaient pas susceptibles d'appel. Lorsque de concert avec les administrateurs généraux, il était d'avis que les ordonnances royales dont il recevait communication, pouvaient causer à la colonie un préjudice irréparable, il était autorisé à surseoir à leur enregistrement jusqu'à plus ample informé.

A l'opposé de la Juridiction Royale, le Conseil Supérieur rendait la justice sans frais ni épices ; il était en outre chargé comme tout tribunal supérieur, de faire les arrêts de règlement intérieur que les circonstances nécessitaient. Seuls les avocats âgés de 27 ans, ayant exercé dans le ressort d'un des Parlements du royaume, ou ayant rempli pendant sept années des fonctions judiciaires, avaient capacité pour être nommés Conseillers ou Procureurs généraux.

Cette subdivision de l'ordre judiciaire en tribunaux de première instance et d'appel, constituait une amélioration sensible à l'ancien système, mais cette organisation laissait encore à désirer sous bien des rapports ; ainsi la présence des principaux fonctionnaires au sein d'une cour de justice ne pouvait qu'être une entrave à la liberté des consciences, sans compter l'influence fâcheuse qu'involontairement ils devaient exercer sur leurs collègues. Quelques points de détail causèrent aussi des lenteurs et des ennuis, le Conseil Supérieur tenta d'y remédier, mais ce ne fut pas sans peine, car en haut lieu on ne voulut y voir que mécontentement contre le nouvel état de choses et tentative d'indépendance.

Le Conseil Supérieur avait jadis institué dans chaque quartier des commis greffiers, pour procéder sans retard aux appositions et levées de scellés, à la constatation des décès et des délits, à la réception des plaintes ; la nouvelle ordonnance en donnant tous ces pouvoirs au juge de la cour inférieure et à lui seul, supprima par le fait les commis greffiers. Les commandants de quartiers qui percevaient jadis les impôts et les versaient à la caisse de la commune, furent également supprimés, les habitants devant dorénavant s'acquitter de leurs taxes entre les mains du receveur général du domaine. Les subdivisions de l'île furent encore une fois remaniées, (11 Octobre 1774), les quartiers qui avaient été portés à onze en 1769 furent de nouveau réduits à huit avec quelques modifications dans leurs limites : Le Port-Louis, le Port Bourbon ou Sud-Est, Flacq, la Rivière Basse du Rempart ou Poudre d'Or, les Pamplemousses, la Rivière Noire, les Plaines Wilhems et Moka. C'est là division qui a prévalu et qui existe encore à l'heure actuelle, avec l'addition d'un neuvième quartier, la Savane qui, nous l'avons vu plus haut, était encore entièrement inculte. (1)

Mais il advint que le juge royal, ne pouvant toujours se transporter sur les lieux au moment voulu, les scellés se trouvaient souvent apposés très tardivement, au détriment des héritiers comme du fisc, des cadavres même attendaient leur inhumation pendant plusieurs jours. En présence de cet état de choses, le Conseil Supérieur crut de son devoir de rétablir d'office les commis greffiers avec les mêmes pouvoirs que par le passé, sauf l'obligation qui leur fut imposée d'obtenir l'autorisation du juge pour lever les scellés par eux apposés ; c'était assez raisonnable, mais le ministre ne le jugea pas ainsi et cassa ce règlement comme attentatoire à l'institution qui venait d'être établie ; le Conseil dut protester sous forme de requête et faire connaître en détail les raisons qui l'avaient fait agir, pour obtenir l'annulation de cet arrêt de cassation. (2)

Depuis la chûte de la Compagnie et la perte de son monopole, grâce à la plus grande stabilité donnée aux affaires par quelques années de paix, l'Ile de France devenait de jour en jour un centre important où aboutissaient toutes les transactions avec les pays situés dans la mer des Indes. Son commerce prospérait,

---

(1) Greffe de la Cour Suprême. Reg. 14. No. 261, 268, 356, 357, 377, 378, 379, 401. *E. Trouette.* " l'Ile Bourbon pendant la période révolutionnaire." *G. Azéma, Dr. Lacaze,* " l'Ile Bourbon, l'Ile de France, Madagascar." *A. d'Epinay.*

(2) *E. Trouette.*

sa population augmentait, la sécurité étant plus grande, les quartiers jadis désertés se repeuplaient. C'est alors qu'on songea à créer dans la colonie une presse périodique afin de tenir au courant des affaires et des évènements tous ceux qui y avaient intérêt.

Les premières gazettes hebdomadaires qui parurent au mois d'Octobre 1773 (1) ne brillaient certes pas par l'abondance des matières et ne furent pas rédigées à grand renfort d'imagination ; elles se composaient presque exclusivement d'un bulletin commercial donnant le mouvement de la rade, les cargaisons reçues et expédiées, une mercuriale des denrées actuellement sur place, des offres et demandes d'objets à vendre ou à acheter, où les esclaves tenaient généralement la première place, les déclarations de marronnage, les décès, quelques avis officiels émanant de l'administration et de loin en loin, quelques rares nouvelles de la métropole, vieilles de quatre ou cinq mois et plus, et venues s'échouer ici sur quelque bâtiment récemment arrivé. Quoi qu'il en soit, malgré leur format restreint et leur apparence tant soit peu dénuée d'intérêt, ces gazettes avaient leur utilité et étaient très appréciées des colons de cette époque qui n'auraient jamais imaginé qu'on pût faire mieux.

L'année 1774 fut marquée par l'explosion du Moulin à poudre ; le fait s'était déjà présenté plusieurs fois et si nous en parlons ici, c'est afin de faire connaître l'ingénieuse théorie émise par Cossigny pour expliquer la répétition pour ainsi dire périodique de ces accidents. Il raconte que sous le gouvernement de M. David, pendant un violent orage, la foudre étant tombée sur un moulin à café appartenant à M. Dubuisson, et y ayant causé des dégâts, le propriétaire recevant la visite du gouverneur le jour suivant et voulant lui faire comprendre comment l'accident s'était produit, reçut une telle commotion en touchant sans y penser à une pièce de la charpente, qu'il en fut malade pendant plusieurs jours. Partant de là, Cossigny observa des propriétés électriques bien accentuées chez certaines espèces de bois de construction indigènes et il en conclut que comme les moulins à poudre étaient en partie construits en bois du pays, il se pourrait bien faire que cette particularité ne fût pas étrangère aux explosions dont la cause était restée jusqu'ici inexplicable. (2)

Sur ces entrefaites la colonie fut plongée dans la stupeur par un crime atroce commis dans la nuit du 24 au 25 Février 1774 au quartier de Flacq, sur la propriété la *Retraite* appartenant à M. Bezac. Vers 3 ou 4 heures du matin par un clair de lune superbe, le personnel de cette habitation fut réveillé en sursaut par la cloche d'alarme qui sonnait à toute volée ; une petite demeure occupée par un officier de la garnison du Poste

(1) *Magon Saint-Elier, A. d'Epinay, D'Unienville* dit que les premières feuilles parurent en 1772.
(2) *A. d'Epinay.*— " Ile de France." *Cossigny.*— " Moyens d'améliorations dans les colonies."

de Flacq, M. Lehecq, était la proie des flammes. On se précipita au secours des habitants, les ouvertures étaient barricadées, on enfonça la porte principale et l'on aperçut un cadavre en travers du passage ; à ce moment la maison s'écroula. Dès que le jour commença à paraître et qu'on eut pu éteindre ce brasier, on visita les décombres et l'on découvrit, en sus du premier cadavre d'homme entrevu durant l'incendie, trois autres corps de femmes et celui d'un jeune enfant, presqu'entièrement carbonisés. Le long du chemin conduisant à la maison de M. Bezac, on distingua des traces de sang, puis une petite paire de souliers de femme en étoffe rouge brodée, attachés d'une rosette, enfin un peu plus loin on retrouva la clef de la maison.

Le chevalier Joseph Etienne André Lehecq, lieutenant au corps royal d'artillerie de l'Ile de France et faisant partie du détachement cantonné au Poste de Flacq, habitait là avec sa femme, son jeune enfant, sa belle-sœur Mademoiselle de Montbrun, une négritte et un invalide. Plus d'une fois Madame Lehecq s'était plainte à son mari des assiduités de quelques uns des officiers et des propos qu'ils avaient tenu à son égard, le Marquis de Valory, le chevalier de Kérouan et M. de Mauléon lui avaient même déclaré qu'ils se proposaient de venir lui souhaiter le bonsoir en enlevant quelques planches à sa maison. Lehecq n'attacha pas grande importance à ces fanfaronnades, connaissant ses camarades pour être des cerveaux brûlés, des jeunes gens aimant à rire et se croyant tout permis en leur qualité de cadets de grandes familles, mais incapables de commettre sciemment une mauvaise action.

Pourtant comme les terreurs de sa femme augmentaient et qu'elle l'assurait qu'à chaque fois qu'il était de garde elle entendait marcher sans bruit autour de la maison et chuchoter avec persistance, il se décida à demander son transfert et obtint d'être envoyé aux Pamplemousses où il comptait parmi ses amis, le curé et son vicaire, les pères Simon Bruno Fontaine et Mouton. Le soir du crime Lehecq avait été justement retenu aux Pamplemousses pour prendre ses dernières dispositions avant de s'y installer.

Ces faits étaient connus dans le quartier, aussi accusa-t-on tout d'abord les jeunes officiers, qui fort heureusement pour eux, purent établir un alibi et prouver que ce soir-là ils étaient au Grand Port et n'en étaient revenus que le lendemain.

Alors on chercha ailleurs et l'on apprit que le 24 Février, à huit heures du soir, un soldat de la compagnie de Valory, nommé François Despéront, plus connu sous le sobriquet de *Sans Quartier*, et que Madame Lehecq chargeait parfois de faire ses commissions, avait quitté le poste accompagné de trois camarades, Guillaume Arnoult, Jacques Desmoulins autrement dit *Baron* et Guillaume Abel surnommé *Provençal*, tous trois soldats au régiment de Port-Louis. Ces quatre individus furent immédiatement arrêtés ; les explications qu'ils donnèrent de l'emploi de leur temps paraissant assez équivoques, on les soumit à la question.

Sans Quartier avoua alors et fit une confession pleine et entière, bien que par la suite il se soit rétracté et ait persisté à se déclarer innocent jusque sur l'échafaud. Il déclara s'appeler non pas Despéront, mais de la Barde, appartenir à une bonne famille, son père était chevalier de Saint Louis. Connaissant les habitudes de la maison et sachant que ce soir-là Lehecq était absent et devait sous peu quitter le quartier, il forma le projet de concert avec ses complices, de s'introduire chez Madame Lehecq et de faire main basse sur tout ce qu'ils trouveraient ; la maison n'étant gardée que par un vieillard infirme, ils en viendraient facilement à bout et n'auraient pas non plus grand chose à craindre de trois jeunes femmes, presque des enfants.

Rendu sur les lieux, Sans Quartier s'avança seul et frappa à la porte ; au bout d'un instant l'invalide vint ouvrir, mais avant qu'il eût eu le temps d'appeler il recevait un coup de fusil en pleine poitrine et tombait comme une masse, un coup de baïonnette l'acheva. Pendant ce temps Madame Lehecq effrayée de ce tapage, ouvrit la fenêtre, se glissa dehors et courut de toutes ses forces pour aller donner l'alarme à son voisin, M. Bezac ; Sans Quartier la voyant s'enfuir, l'abattit d'un second coup de feu. Baron courut à elle, la prit dans ses bras et la rapporta dans la maison où les deux fillettes qui restaient, mortes de peur, ne firent aucune résistance et furent égorgées sans même proférer une plainte. Quant à l'enfant qui était couché dans son berceau et poussait des cris lamentables, les assassins ne s'en préoccupèrent pas. Ils eurent tout le loisir de dévaliser la maison, après quoi ils la fermèrent à double tour, y mirent le feu et jetèrent la clef dans un buisson au bord de la route.

Deux des autres accusés, Baron et Provençal, avouèrent également, bien que différant sur quelques points de détail ; Provençal prétendit que Sans Quartier s'était servi d'un couteau et non d'un fusil, Baron affirma que Sans Quartier avait assassiné les quatre victimes à lui seul et que ses complices ne l'avaient aidé que dans le vol et dans l'incendie.

Arnoult fut acquitté, les preuves contre lui faisant défaut, Baron et Provençal furent condamnés à être étranglés, quant à Sans Quartier, son supplice fut tout aussi épouvantable que son crime ; il fut roué vif, ses membres encore pantelants furent exposés sur la roue pendant une heure, puis jetés au feu. (1)

Nous avons dit plus haut les insuccès du comte de Maudave, son rappel en France, ses démarches auprès de M. de Boynes pour faire reprendre son projet de colonisation de Madagascar

---

(1) *A. Pascau.*— " Chroniques de l'Ile de France." *Magon Saint-Elier.*— *A. d'Epinay.*—Greffe de la Cour Suprême.—Reg. 14 Nos. 328 à 347.

et enfin ses dégoûts, lorsqu'il vit préparer une nouvelle expédition et en donner le commandement à un autre. Le moment est venu de faire connaître ce type du parfait aventurier hâbleur que rien ne pouvait embarrasser, pas plus les principes dont il faisait bon marché, que les difficultés qu'il ne daignait même pas surmonter.

Maurice d'Aladar, baron de Beniowsky, était issu d'une bonne famille hongroise ; aussitôt qu'il se sentit en âge de voler de ses propres ailes, il se lança dans les aventures les plus folles ; il parcourut le monde, vivant au jour le jour, faisant un peu de tous les métiers, faisant des dupes principalement.

Au mois de Mars 1772 il arrive à l'Ile de France où il séjourne environ trois semaines ; il a le talent de se faire accueillir comme un grand personnage par le chevalier Desroches qui l'héberge à l'Hôtel du gouvernement et l'accompagne dans une tournée générale dans la colonie. Il part le 4 Avril, passe quelque temps à Madagascar, bien peu de temps, car le 8 Juillet il débarque à Lorient. Il arrive à Paris où grâce à la protection de la Reine et du Duc d'Aiguillon, il est chargé bientôt du commandement en chef de l'expédition qui se prépare pour coloniser la grande île africaine ; on lui promet l'appui du gouvernement, 300 hommes pour l'accompagner, autant encore tous les ans sans compter tout ce qui lui sera nécessaire, des lettres pour les administrateurs de l'Ile de France, à quoi Beniowsky ayant vu de près ce qui était arrivé à Maudave, déclare que le mettre sous la dépendance de ces officiers, c'est vouloir que l'entreprise échoue dès le début. Le ministre garantissant que les ordres donnés seront si précis qu'il faudra bien les exécuter, Beniowsky n'insiste pas et s'embarque à Lorient le 22 Mars 1773 sur la *Marquise de Marbœuf*. Il touche au Port-Louis le 22 Septembre, présente ses lettres à M. de Ternay et réclame des secours. Le gouverneur se récuse et le renvoie à l'intendant que les questions d'argent regardent seul ; M. Maillard assez ennuyé de voir toute la responsabilité retomber sur ses épaules et songeant aussi que le commerce des deux îles pourrait grandement souffrir par le fait de cette entreprise, déclare après mûre réflexion qu'il ne se croit pas autorisé à faire aucune avance de fonds sur une simple lettre du ministre.

Beniowsky fit mine de se fâcher, bien qu'il s'attendît à cette fin de non recevoir, et pour arranger les choses, M. de Ternay lui donna 30 hommes qui partirent en avance sur le *Postillon*. Le Roi avait autorisé Beniowsky à enrôler un corps de volontaires qui devaient le suivre et servir de noyau à la future colonie ; ces soldats arrivèrent sur le *Laverdi*, furent transbordés sur le *Desforges*, et l'expédition mit à la voile le 22 Janvier 1774, manquant de tout, même des choses les plus indispensables. Le 14 Février on jetait l'ancre dans la baie d'Antongil, où l'on retrouva le *Postillon* dont l'équipage était décimé par les fièvres.

A peine descendu à terre, Beniowsky envoie prévenir les

chefs des environs et les invite à venir prendre part à une assemblée où il leur communiquera les intentions du gouvernement français. Ses paroles furent naturellement tout miel et tout sucre, et comme les indigènes ne lui témoignaient aucune hostilité, il s'empressa de faire savoir au ministre que les premières difficultés étaient résolues et qu'il s'occupait activement de la construction d'une ville, qu'il appellerait Louisbourg, un port, un fort, des casernes, des maisons, tout cela disait-il était en bonne voie d'exécution. D'un autre côté, tous ses efforts tendaient à faire les naturels secouer leur paresse légendaire et à les décider à cultiver la terre. Mais les ennuis vont commencer par sa faute, il encourage la traite pardessous main, bien qu'on en ait dit ; les révoltes commencent, il a le talent, comme tous les gens habiles, de s'appuyer sur ceux-ci pour écraser ceux-là, tant qu'il est assez fort cela va bien. Les fièvres se mettent de la partie, son fils meurt, et il trouve tout naturel d'en rendre responsables MM. de Ternay et Maillard qui lui ont refusé du vinaigre et des pierres à filtrer ; quant à lui, il n'est coupable de rien, pas même d'avoir choisi un marécage pour y installer sa colonie !

Il continue à faire savoir en France que par suite de traités passés avec les Saphirobays et les Sambarives, il se trouve en temps de guerre à la tête de 20,000 hommes de troupes indigènes. Il reconnait pourtant que les Européens qui l'ont accompagné n'en peuvent plus, mais c'est surtout afin de recevoir les renforts promis et qui n'arrivent pas. Il déclare avoir envoyé à l'Ile de France plusieurs navires chargés de bœufs et de riz représentant un capital considérable. Au 22 Mai 1775 il balance ses comptes et se trouve avec un excédant de 340,398 francs.

La maladie continue à faire des ravages dans ses rangs, les Sakalaves et les Saphirobays, ses prétendus alliés, en profitent pour l'attaquer, il obtient heureusement l'assistance d'autres peuplades qui l'aident à sortir de peine. Pourtant sa situation est assez compromise, son amour-propre souffre aussi d'être constamment obligé de compter sur les Malgaches pour se soutenir ; il lui vient une idée lumineuse qu'il s'empresse de mettre à exécution.

Parmi quelques noirs malgaches qui étaient retournés de l'Ile de France avec Beniowsky pour lui servir d'interprêtes au besoin, se trouvait une vieille femme à la tête tant soit peu faible, qui se plaisait à raconter tout le jour des histoires du bon vieux temps où revenait fréquemment le nom du roi des Sambarives, le grand Ramini Lazim, dont la fille unique avait été transportée comme esclave à l'Ile de France ; la vieille déclarait avoir connu intimement cette princesse, ayant vécu pendant de longues années d'esclavage à ses côtés. Elle disait aussi que cette princesse avait un fils qui était beau et fort et qui reviendrait un jour dans son pays pour régner sur le royaume de ses pères. Beniowsky l'écoutant parler, fut frappé d'une inspiration ;

pourquoi ne se ferait-il pas passer pour ce prince esclave, n'avait-il pas là, sous la main, un moyen unique de prendre une influence considérable sur ces peuples chez qui le merveilleux est tout puissant ? Aussitôt il fit appeler la vieille et n'eut guère de peine à se faire reconnaître par elle qui ne demandait qu'à être persuadée, flattée de jouer un rôle qui la mettrait au dessus de ses congénères, bien persuadée du reste, dans sa faiblesse d'esprit, qu'elle n'était pas le jouet d'une illusion.

La nouvelle se répandit rapidement que l'héritier du roi des Sambarives n'était autre que le commandant blanc ; bien des chefs vinrent lui faire leur soumission. Il eut l'adresse, après avoir accepté modestement leurs hommages, de leur déclarer que le gouvernement trompé par de faux rapports, lui retirait sa confiance et allait le rappeler ; pour sa part il ne pourrait qu'obéir et quand les ordres seraient venus, il n'aurait plus qu'à partir à son grand regret. Les malgaches lui répondirent alors qu'ils ne consentiraient jamais à le voir s'éloigner puisqu'il était un des leurs ; ils lui proposèrent de le reconnaître publiquement comme le petit-fils de Ramini et de lui décerner solennellement le titre d'*Ampansacabe*, ou grand chef.

Beniowsky se fit une douce violence et céda à leurs supplications ; à quelque temps de là une foule immense s'assembla, le triomphateur apparut avec toute la pompe voulue et se fit proclamer grand roi de tout Madagascar, aux applaudissements d'un peuple en délire, tandis que trente-trois rois, pas un de plus, pas un de moins, venaient à tour de rôle s'incliner devant lui et lui prêter serment d'allégeance.

Notre aventurier n'eut rien de plus pressé que de faire constater l'évènement par un bon procès-verbal en due forme qu'il expédia au ministre par première occasion ; mais il négligea une précaution élémentaire, le document ne portait que deux signatures alors qu'il en aurait fallu trente-trois, ce n'était pourtant pas bien difficile de les obtenir, Beniowsky avait maintes fois fait plus fort que cela, mais il n'y pensa malheureusement pas. Le ministre un peu ahuri par la relation de cette mascarade, commença à se demander si Beniowsky ne se moquait pas de lui en voulant lui faire prendre des vessies pour des lanternes. Il se décida à faire une enquête et nomma deux commissaires MM. de Bellecombe, maréchal de camp et Chevreau, commissaire-général des vivres, pour se rendre à Madagascar et y constater si tout ce qu'avait dit Beniowsky était bien exact.

Ils s'embarquèrent sur la *Consolante*, commandée par le célèbre Lapérouse, touchèrent à l'Ile de France à la fin d'Août 1776 et mouillèrent devant Louisbourg le 21 Septembre. Avant de descendre à terre ces Messieurs éprouvèrent une fâcheuse impression qui ne fit que croître et embellir : où donc était cette ville de Louisbourg dont ils avaient admiré le plan superbe quelques jours avant, à l'Ile de France ? Ils avaient beau ouvrir les yeux, ils ne voyaient qu'un marécage au milieu duquel se dressaient quelques mauvaises cabanes aux trois quarts pourries par l'humidité ; où étaient les rues si bien alignées sur le papier ? Où donc le fort ? Serait-ce cet amoncellement de pierres et de boue sèche ? Où les casernes ? Où était le chemin de Louisbourg, celui de Bombétoc, routes stratégiques dont ils avaient eux-mêmes reconnu sur les cartes l'utilité incontestable et dont on ne voyait pas le moindre vestige? Toutes ces bicoques prises dans leur ensemble ne valaient pas, dit Lapérouse, la somme de 10,000 francs ! Quels étaient ces malheureux efflanqués, hâves, au visage livide, émacié, grelottant de fièvre, rongés par le scorbut, manquant de tout, mourant de faim plus encore peut-être que de maladie ? Qu'avait donc fait le commandant ? N'avait-il donc pas songé à veiller à leur subsistance ? A quoi Beniowsky répondit fièrement, en se drapant dans sa majesté impériale ; " Je suis soldat, et l'honneur est ma seule nourriture !" Puis froissé de se voir questionné et contrôlé, il jeta sa démission à ces Messieurs qui n'osèrent l'accepter. Leur rapport produisit naturellement son effet; au mois de Décembre Beniowsky était rappelé ; le peu de ce qui lui restait de troupes, 68 hommes, 68 squelettes, furent versés dans le régiment de l'Ile de France. A son arrivée en Europe, il reçut de Sa Majesté une épée d'honneur en récompense de ses bons et loyaux services. (1) Nous n'avons pas encore terminé avec lui, nous le retrouverons dix ans plus tard, toujours aussi intrigant.

Le 2 Décembre 1776 M. de Ternay s'embarqua sur la *Belle Poule,* après avoir remis les rênes de l'administration à son successeur qui était déjà rendu depuis plusieurs jours, M. le chevalier Antoine de Guiran La Brillane.

Il était réellement fâcheux qu'on se crût obligé en haut lieu, à chaque fois que l'on nommait un gouverneur, de lui inculquer des préventions telles contre les colons que les meilleures dispositions s'en trouvaient paralysées ; car lorsque la première impression n'est pas favorable, il est bien difficile de faire revenir une foule à des sentiments plus en harmonie avec la raison et la justice. C'est ce qui advint à M. de La Brillane ; d'un naturel doux et timide, il craignit tout d'abord de se montrer faible, aussi se tint-il sur une réserve exagérée au point qu'il fut gêné lui-même du rôle qu'il s'imposait et se fit par là une réputation de maussaderie qui lui valut l'antipathie de la population. Très sensible, il souffrit profondément du vide qui se fit autour de lui, son amour-propre froissé le fit se renfermer encore plus en lui-même. Très juste, mais aussi très méticuleux et ne transigeant pas avec ses principes peut-être un peu outrés, il se montra parfois plus rigide qu'il n'aurait été nécessaire et se fit des ennemis, au point qu'il recevait des lettres anonymes

---

(1) *A. d'Epinay.*—"Revue pittoresque de l'Ile Maurice." *Magon Saint-Elier. G. Azéma. H. Pouget de Saint-André.*—" La colonisation de Madagascar sous Louis XV."

contenant des menaces de mort. Il y répondait aussitôt, il l'avoue lui-même, par un redoublement de sévérité !

Une chose qu'il ne pouvait admettre, comme contraire au bien du service et devant créer des influences fâcheuses, c'était l'alliance des fonctionnaires publics avec les familles des colons. Voici comment il exprime ses craintes : " MM. de Courcy, " commissaire de la marine, de Rochegoutte, écrivain de la " Compagnie, un républicain qui fronde tout, de Savournin, " capitaine des grenadiers, épousent des demoiselles Le Juge, " filles du conseiller au Conseil Supérieur, et ce qu'il y a de plus " grave, c'est que M. Le Juge a encore trois filles à marier !" (1)

Très grave en vérité ! Mais peut-être plus grave encore pour le pauvre M. Le Juge que pour l'administration !

Et pourtant ce croquemitaine laissa derrière lui une réputation de galanterie à rendre des points à M. David d'amoureuse mémoire ; un chroniqueur ne nous raconte-t-il pas que M. de La Brillane et son successeur, le vicomte de Souillac, voulurent transformer le Réduit en un Parc aux Cerfs. (2)

Un soir à un grand dîner au Réduit, M. de La Brillane avait à sa gauche une dame aussi jolie qu'outrageusement décolletée ; on venait de se mettre à table et selon la coutume d'alors, l'amphitryon servait lui-même le potage ; un coulis de *bigorneaux* et de *tectecs* des plus pimentés eut don de titiller à un tel point les papilles de la belle dame, qu'une violente crise de toux s'ensuivit, et que dans les efforts qu'elle fit, les richesses d'un opulent corsage se montrèrent dans tout leur éclat. Le gouverneur ne perdant pas la tête, se servit de la louche qu'il avait en main pour faire rentrer les mutins dans le devoir et continua ensuite, avec un flegme imperturbable, à distribuer à la ronde le potage révolutionnaire, cause de ces méfaits.

Comment concilier cela avec le caractère hargneux et renfermé qu'on s'est plu à lui reconnaître ? On s'y perd ! A moins qu'il n'ait imité en cela le roi Louis XIII, qui nous dit-on, prenait des pincettes pour enlever les billets doux du corsage des dames de la Cour.

Le 18 Août 1772 on avait créé pour la défense et la garde particulière des deux îles, trois régiments qui portaient les noms de régiment de l'Ile de France, régiment de l'Ile Bourbon et régiment de Port Louis ; le 21 Janvier 1775 ces trois corps furent fondus en un seul, formé de quatre bataillons, et que l'on nomma régiment de l'Ile de France ; lorsque un peu plus tard Beniowsky se retira de Madagascar, on incorpora dans cette troupe le peu qui lui restait de ses volontaires. Le régiment de l'Ile de France se fit une réputation bien méritée de bravoure et d'endurance pendant les campagnes de l'Inde sous Bussy et sous Suffren.

(1) *Magon Saint Elier*. A. *d'Épinay* " Ile de France."
(2) Keepsake Mauricien " Le Réduit " par *L. Bouton.*

Vers la même époque (Avril 1772), on avait formé à Bourbon un corps de volontaires composé de deux compagnies de 110 hommes chaque, qui en temps de paix étaient dispensés de tout service actif, mais qui devaient se rendre sous les drapeaux à la première reprise des hostilités. Quoique soumis à la même discipline que les troupes régulières d'infanterie, ils avaient une caserne particulière, leur équipement, leur habillement leur était fourni par l'état ; chaque volontaire avait la faculté de garder un nègre à son service pendant les opérations et le gouverneur pouvait même faire distribuer des armes à ces serviteurs, s'il le jugeait nécessaire. Leur temps de service expiré, les volontaires recevaient de l'administration des terres à mettre en culture et six mois de paie afin de leur en faciliter les moyens.

Le 1er Septembre 1778 un nouveau corps de volontaires fut établi, *les volontaires étrangers de la marine*, formé de huit légions et d'une compagnie générale aux ordres d'un colonel, choisi parmi la population et qui devait être possesseur d'une certaine aisance. (1)

Parlons maintenant d'une fantasmagorie qui fit noircir bien du papier, tourna bien des cervelles et fit courir bien des gens à cette époque ; la recherche de l'Ile Saint Jean de Lisboa, qu'on apercevait de temps à autre comme un mirage, alors qu'on n'y avait nullement pensé, et qui disparaissait comme par enchantement dès qu'on faisait mine de vouloir la reconnaître.

Un des premiers qui en font mention, c'est M. de la Roche Saint André qui avait été envoyé à Madagascar par la Meilleraie en 1655. Le 6 Mai de cette année, se trouvant dans les parages où les cartes d'alors plaçaient cette île, il la cherche et ne parvient pas à la découvrir.

En 1704 bon nombre de mémoires anonymes en parlent et la décrivent diversement. Elle est située à 100 lieues au sud de Bourbon, c'est une île généralement visitée par les forbans. Les uns prétendent qu'elle a la forme d'un croissant (comme Diégo Garcia), les autres qu'elle possède un piton et que le sol est plat (comme Maurice), les autres enfin soutiennent qu'elle est ronde (comme Bourbon).

Le 31 Mai 1721, dans ses instructions remises au Chevalier de Nyon, le roi lui recommande de profiter de son séjour à l'Ile Bourbon pour reconnaître Jean de Lisboa et pour tenter de la coloniser dans le cas où il ne pourrait s'établir à l'Ile de France. De Nyon ayant accompli la première partie de la tâche qu'on lui imposait, jugea sans doute inutile de s'occuper du reste qui était laissé à son option.

En 1772, M. Donjon, commandant en second du *Bougainville* sous les ordres de M. Sornin, déclare que le 27 Avril, pendant un violent orage, il a entrevu la fameuse île, dont il donne

(1) *G. Azéma. A. d'Épinay*—" Ile de France."

la situation précise par 27° 26' de latitude sud et 76° 34' de longitude est de Paris ; il joint à cette affirmation un croquis fait sur les lieux et qui a une certaine ressemblance avec les côtes de Bourbon. Poivre charge immédiatement le Chevalier de Saint Félix, commandant de l'*Heure du Berger* et M. Ayet, capitaine du brick la *Curieuse*, de s'y rendre et de tâcher d'avoir enfin le mot de cette énigme. Ces messieurs ne tardèrent pas à rentrer à l'Ile de France sans avoir rien découvert. L'année suivante, M. de la Biolière fait une nouvelle tentative aussi infructueuse sur l'*Etoile du Matin*. En 1782, M. Forval de Grenville, l'époux de la princesse malgache dont nous avons raconté les aventures, se fait fort d'aborder à Saint Jean de Lisboa, il demande à M. de Souillac alors gouverneur, une concession bien en règle de l'île entière pour dix années. Au dernier moment il renonce à son projet.

En 1787 l'idée est reprise par M. Advisse des Ruisseaux, l'île lui est concédée à la condition qu'elle recevra le nom d'*Ile de la Reine* ; au bout du compte, l'expédition n'a pas lieu. En 1799 on finit par se décider, on se met en quête de l'île fugitive, on sillonne ces parages dans tous les sens et l'on ne trouve rien encore !

Où donc avait passé cette terre, qui dit-on, nous ne l'avons pas vérifié, figure encore de nos jours sur les meilleures cartes anglaises. Voici l'explication ingénieuse qu'en donne M. Guët dans son intéressant travail sur les origines de l'île sœur :

D'après lui, Jean de Lisboa n'aurait jamais été autre que Bourbon.

Lorsque Mascarenhas découvrit nos îles, il est probable qu'il aura simplement noté leur position sur son itinéraire, sans donner un nom particulier à chacune ; il aura écrit à côté cette légende abrégée, comme *memento* : " *Joan III, Mascarenhas de Lisboa, Santa Appolonia.*" C'est-à-dire, pour qui sait lire entre les lignes : " Sous le règne de Jean III, roi de Portugal, " Mascarenhas de Lisbonne a rencontré cet archipel le jour de " Sainte Appolonie. "

On aura ensuite donné par erreur aux trois îles, pour noms, les mots écrits en face ou au dessus ; c'est ainsi que Jean de Lisboa et Mascarenhas seraient échus à Bourbon, Sainte Appolonie à Maurice et le nom du pilote à Rodrigue. Par le fait Bourbon eut deux noms ; celui de Mascareigne ou Mascarin prévalut, et les géographes se trouvant embarrassés pour placer le nom de Jean de Lisboa resté libre, tranchèrent la difficulté en inventant une autre île à laquelle ce nom s'appliquerait.

D'un autre côté, il ne faut pas oublier que les forbans qui fréquentaient ces parages, avaient tout intérêt à embrouiller la question tant qu'ils pouvaient et à prolonger le doute où l'on se trouvait, afin que l'on ne connût pas exactement la situation de leur repaire où on les eût bien bien vite pourchassés. (1)

Depuis longtemps on s'était aperçu combien précaire était la durée aux colonies des documents les plus importants, des actes publics, dont l'existence était constamment menacée dans ces climats par l'humidité, les insectes, les rongeurs, sans compter les causes inhérentes à une installation défectueuse, toutes choses qui pouvaient compromettre la fortune des particuliers par la perte des actes de l'état civil et des titres de propriété. L'édit de Juin 1776, enregistré à l'Ile de France le 10 Avril de l'année suivante, remédia enfin à cela en établissant à Versailles un bureau où seraient conservés les duplicata de tous les actes publics des colonies françaises, sous le nom de *Dépôt des chartes des colonies*. Tout utile et même tout indispensable qu'était ce règlement, il fut fort mal reçu du Conseil Supérieur, ennuyé sans doute de l'obligation qui était faite de dresser tous les actes publics en doubles et parfois en triples originaux. (2)

Lorsque La Bourdonnais eut introduit le manioc, il fit défricher un vaste espace de terre autour de sa résidence de Monplaisir, dans le but de propager cette plante utile ; petit à petit ce terrain se transforma en un jardin d'agrément que ce gouverneur entretenait avec une prédilection marquée. Malheureusement M. David transporta au Réduit la résidence des chefs du pays, si bien que Monplaisir resta de longues années dans l'état d'abandon le plus complet.

Poivre vint enfin s'y fixer en 1767, après avoir acheté ce bien de la Compagnie des Indes ; son penchant le portait naturellement à perfectionner et à embellir l'œuvre de La Bourdonnais dont il restait à peine quelques vestiges.

Ce fut plutôt une véritable création qu'il entreprit, guidé en cela par l'expérience et le goût sûr de Cossigny, qui lui fit don généreusement de toutes les variétés de plantes qu'il était parvenu à acclimater à Palma, ainsi que de différentes espèces d'animaux jusqu'alors inconnus dans la colonie. Lorsque Poivre quitta l'Ile de France en 1772 et céda sa propriété au gouvernement, il recommanda d'en laisser l'administration à son disciple et ami Jean Nicolas de Céré, qui semblait tout indiqué pour mener à bien cette entreprise. Céré s'en tira à merveille et reçut enfin, en Novembre 1775, la nouvelle de sa confirmation à ce poste qu'il occupait si bien, en dépit des ennuis que lui causait l'honnête M. Maillard Dumesle. Celui-ci était d'un esprit trop terre à terre pour voir autre chose dans cet établissement qu'une fantaisie coûteuse, un objet de luxe dont la colonie ferait mieux de se priver dans la crise qu'elle traversait. Il ne voulait pas admettre l'utilité de ce jardin malgré les protestations du directeur ; sous prétexte d'économie, il lui retrancha ses

(1) I. *Guët.* "Les origines de l'Ile Bourbon."
(2) G. *Azéma.* A. *d'Epinay.* Greffe de la Cour Suprême. Reg. 14. Nos. 402. 403. 405.

crédits, heureusement que Céré était possesseur d'une certaine aisance, il n'hésita pas à sacrifier sa propre fortune à des travaux considérables qu'il put accomplir à force d'ordre dans les dépenses.

" Ce jardin " dit Cossigny quelques années plus tard, " l'emporte sur celui du Cap par l'étendue, la variété du dessin, " l'abondance et la distribution des eaux, la multiplicité, la " variété et la richesse de ses productions ; il est devenu entre " les mains de M. Céré, un des plus beaux jardins de la terre, " le plus curieux, le plus utile et le plus riche qui existe. " (1)

C'est là qu'avaient été plantés les premiers arbres à épices multipliés plus tard à l'infini, dont la croissance et la floraison furent suivis avec un soin jaloux et annoncés solennellement en France comme un évènement de la plus haute importance.

L'année 1775 est signalée par l'apparition des deux premières fleurs du giroflier, l'une tombe mais la seconde noue et porte fruit, une chétive petite baie qui fut surveillée comme un trésor et recueillie précieusement par Céré en présence des autorités. Le chevalier de Ternay, lorsqu'il rentra en France à la fin de l'année suivante, ne manqua pas de l'emporter avec lui, et d'en faire hommage à Sa Majesté.

Deux ans après, le 14 Octobre 1777, les girofliers étaient en plein rapport et l'on put faire une cueillette importante.

Les muscadiers furent plus longtemps à venir, ce n'est que le 1er Mars 1778 que la première fleur se laissa voir sur un des plants introduits par Poivre en 1770 ; le 7 Décembre suivant, le gouverneur La Brillane escorté de l'intendant, des principaux officiers de l'administration, des corps constitués et des notables habitants de la colonie, se rendit à Monplaisir où Céré lui offrit une réception superbe ; la noix fut détachée de sa branche avec une certaine solennité et expédiée au Roi par la première occasion qui se présenta. (2)

Fort peu de temps auparavant, était mort en sa résidence de la Villebague, à la Montagne Longue, M. René Magon, ancien gouverneur de la colonie sous le régime de la Compagnie des Indes. Rentré dans la vie privée depuis 1759, M. Magon avait résolu de terminer son existence dans cette Ile de France qui lui était chère comme une seconde patrie ; il se retira modestement sur sa propriété qu'il avait achetée jadis de La Bourdonnais, s'adonna à l'élève des animaux, à la culture, et fut un des promoteurs de l'industrie sucrière. Il ne voulut plus prendre part aux affaires publiques, ce qu'il en avait vu pendant son administration, l'avait dégoûté à tout jamais des rêves ambitieux. Il s'éteignit le 5 Octobre 1778 et la colonie tint à rendre un dernier hommage à cet homme de bien, en l'accompagnant en

(1) *Cossigny.* " Moyens d'améliorations dans les colonies."
(2) *A. d'Epinay, d'Unienville, Magon Saint-Elier.* Revue pittoresque de l'Ile Maurice. " Notice sur J. N. Céré."

foule au cimetière des Pamplemousses où sa tombe est encore visible. (1)

Voici maintenant une des pages les plus sombres de notre histoire coloniale, un sujet auquel les chroniqueurs n'ont jamais voulu toucher, soit faute de renseignements précis, soit par une délicatesse exagérée, soit par crainte d'affaiblir le bon renom de la population, soit encore afin de ne pas froisser quelques personnalités, la date à laquelle ils écrivaient étant assez rapprochée des évènements.

Pourquoi ne pas dire la vérité aujourd'hui ? L'Ile de France n'a-t-elle pas eu un passé assez glorieux à la fin du siècle dernier et dans les premières années de celui-ci, pour que sa réputation puisse être en rien ternie par la lâcheté et la félonie de quelques-uns de ses enfants ? — Etaient-ce bien ses enfants après tout ? Sans vouloir nous abaisser à remuer cette fange et à rechercher les noms et les actes de ces immondes personnages, nous nous bornerons à dire ceci : Oui, l'espionnage a existé à l'Ile de France, depuis l'avènement du gouvernement royal, jusqu'à la capitulation signée par le Général Decaen ! Espionnage merveilleusement organisé par l'Angleterre, porté pour ainsi dire à la hauteur d'une institution, ayant des ramifications dans presque toutes les classes de la société, des agents secrets lui fournissant tous les renseignements qu'elle désirait, les obtenant soit à prix d'argent soit au moyen de questions indiscrètes habilement posées à la sottise ou à la complaisance de leurs hôtes trop confiants. Qu'ils aient été soudoyés par leur gouvernement ou qu'ils aient exercé ce triste métier par amour de l'art ou par une déviation du sens patriotique poussée jusqu'à l'aberration, comme le fit Mackintosh en 1778 (2), il n'est pas moins vrai que la colonie était constamment visitée par des officiers et des particuliers anglais, (en temps de guerre les officiers se faisaient passer pour de simples citoyens de nationalité américaine ou danoise ou hollandaise, selon le cas). Les administrateurs les laissaient circuler et vaquer à leurs petites affaires, par une faiblesse des plus blâmables, se bornant à les faire surveiller ; mais les trois quarts du temps cette surveillance n'empêchait guère ces individus d'en arriver à leurs fins.

En 1775 voici ce qu'écrit au ministre le contrôleur de la marine, M. de Bompar : " Les Anglais ne permettent point aux
" Français de descendre à Bombay et à Sainte-Hélène, pourquoi
" descendent-ils à l'Ile de France ? Pourquoi M. de Ternay
" leur a-t-il donné des fêtes au Réduit ? Pourquoi les Anglais
" ont-ils un plan exact de l'île et toutes les sondes, la qualité
" du sol des différents quartiers, les noms des endroits où l'on
" peut tenter une descente etc... Il y a dans la circonférence
" de l'île dix endroits au moins où l'on peut tenter une
" descente. " (3)

(1) *Magon Saint-Elier. A. d'Epinay.*
(2) Voir *A. d'Epinay.* "Ile de France," à cette date.
(3) *A. d'Epinay.* " Ile de France "

Ces notes précieuses, ces renseignements, de qui donc les tenaient-ils ? Est-il admissible qu'un étranger débarquant en pays inconnu pût les obtenir tous par ses seules observations ? N'est-il pas évident qu'ils ne pouvaient lui être fournis, chose triste à dire, que par quelque traître fourvoyé dans l'administration, ou tout au moins par une personne qui y avait ses entrées libres ? Cela saute aux yeux et voudrait-on en douter quand même, on ne saurait le faire, les documents existent qui dissiperaient bien vite toute illusion ! Laissons-les plutôt reposer sous l'épaisse couche de poussière qui les recouvre ! L'Ile de France a eu ses traîtres ; que la terre leur soit légère ! (1)

Elle eut aussi ses héros !

On sait quel était à cette époque le délabrement de la marine française ; lorsque la guerre éclata en 1778, Louis XVI n'hésita pas à délivrer des lettres de marque à ceux qui voudraient faire la course. Aussitôt la nouvelle connue à l'Ile de France, les principaux négociants de la colonie, en qualité de représentants des plus puissantes maisons de Saint Malo, se mirent à armer des corsaires. Le premier qui sortit du Port-Louis, fut la *Philippine* sous les ordres du célèbre Deschiens que les Anglais ne connaissaient que sous le nom de *Chien enragé* ; d'autres suivirent bientôt, le *Salomon* commandé par Dubignon, la *Sainte Anne*, par Chaudeuil (1779). (2)

Dire leurs exploits, leur audace inouïe, leur mépris de tout danger, serait trop long ; aussi bien leur histoire ne touche que très indirectement à celle de l'Ile de France. Lorsque le moment sera venu, nous relaterons quelques uns de ces hauts faits qu'il n'est pas permis de passer sous silence. Il y a là, comme dans l'histoire de la marine royale, de quoi faire bien vite oublier toutes ces vilenies que nous avons cru devoir évoquer.

Cependant M. de La Brillane avait continué à exercer ses fonctions avec un dégoût toujours croissant ; plus navré que jamais de l'espèce d'ostracisme dont le frappait la colonie, il demanda son rappel. Bientôt sa santé s'altéra, il tomba gravement malade. Lorsque le moral est profondément affecté, il est bien rare que la nature puisse réagir sur un corps débile, il mourut au Port-Louis, à l'hôtel du Gouvernement, le 28 Avril 1779, son corps fut déposé dans le chœur de l'église paroissiale.

Depuis la fondation de la colonie c'était la première fois qu'un gouverneur mourait à l'Ile de France, du moins dans l'exercice de ses fonctions, car lorsque M. Magon succomba, il y avait bien près de vingt ans qu'il s'était retiré du service.

(1) A. d'*Épinay*—" Ile de France."
(2) Ibid.

III

M. de Souillac.— Un gouverneur populaire.— Son intimité avec M. de Céré.— La Guerre de l'Inde, d'Orves, Duchemin, Suffren, Bussy.— La Nauscopie.— Paix de Versailles.—Suffren à l'Ile de France.—MM. Foucault et Chevreau.— Enquête.— Rappel de M. Chevreau.— M. Motais de Narbonne.— Départ de M. de Souillac pour Pondichéry.—Beniowsky.—Le Port-Louis ; la rue du Gouvernement, l'Eglise, le dépôt, le Palais de Justice.— La Chaussée.— Un vignoble.— Plantations de bois noirs.— Un ouragan au mois de Juin. — Tremblement de terre. — La nouvelle Compagnie des Indes.— Les mœurs ; la société créole.—Fête d'adieu offerte à M. de Souillac.—*Les Rafraîchisseurs*.— MM. D'Entrecasteaux et Motais de Narbonne.— Papier-monnaie; sa dépréciation, les assignats.— M. du Puy.— Instructions de Louis XVI à MM. d'Entrecasteaux et du Puy.—Le Conseil Supérieur de Bourbon et la Juridiction Royale.— Le comte de Locatel.— M. de Conway.— Licenciement des volontaires de Bourbon.— Les colons et la révolution. (1779-1790.)

Cette fois le ministère avait fait preuve de sagesse en envoyant M. le vicomte François de Souillac à l'Ile Bourbon, comme commandant particulier dès 1776, et en lui remettant une commission secrète pour prendre charge de l'administration générale en cas de départ ou de décès de M. de La Brillane. Pendant les trois années que M. de Souillac passa à l'île sœur, il eut tout le loisir de se mettre au courant des besoins réels des deux colonies, des mœurs de la population en général, du caractère des personnes avec lesquelles il devait se trouver en relation directe, et de connaître ainsi le degré de confiance qu'il pourrait leur accorder. Aussi à peine eut-il connaissance de l'évènement qui le faisait gouverneur intérimaire de l'Ile de France, il s'embarqua immédiatement, arriva au Port Louis le 1er Mai et deux jours après il entra en fonctions avec une connaissance parfaite des hommes et des choses. Doué d'une rare distinction, d'une courtoisie exquise, d'une affabilité qui lui gagna bien des cœurs, il mit le comble à sa popularité en s'attachant tant qu'il put dans ses relations privées, à faire oublier le personnage officiel pourvu d'un grade supérieur.

Sachant bien que malgré tout, les habitants, surtout ceux des campagnes, éprouveraient une certaine gêne à converser librement avec un gouverneur et à lui exposer en toute franchise leurs désirs et leurs plaintes, il ne manquait pas à chaque fois qu'il parcourait la colonie, et cela lui arrivait assez fréquemment, de se faire accompagner par Céré dont il prisait la douceur et la simplicité. Avec celui-là, les colons ne se gênaient pas, ils lui disaient ce qu'ils avaient sur le cœur ; Céré prenait la peine de discuter avec eux, si leurs demandes lui paraissaient mal fondées ou exagérées, au cas contraire il se faisait un devoir de les transmettre à M. de Souillac qui ne tardait pas à y faire droit.

Il arriva une fois que Céré, légèrement indisposé, ne put prendre part à une de ces tournées ; le gouverneur lui écrivit à son retour : " Je n'ai reçu ni demande ni requête pendant mon " voyage ; je n'en suis pas surpris, vous n'étiez pas avec moi ; je " ne leur ai pas inspiré assez de confiance, aussi suis-je décidé à " ne plus visiter sans vous nos braves et bonnes gens. " (1)

A cette aménité de caractère, M. de Souillac joignait un zèle infatigable, une activité et une énergie dont il donna des preuves lorsqu'il fallut fournir des troupes et des ressources de toute sorte à l'expédition que la métropole envoya bientôt dans l'Inde. A cause de cela, quelques biographes ont prétendu le faire marcher de pair avec Suffren ; certes Souillac se montra à la hauteur de sa tâche et accomplit plus qu'on n'aurait pu attendre d'un administrateur ne pouvant disposer que de moyens très limités, mais de là à le comparer à l'une des premières gloires de la marine française, avouons qu'il y a de la marge !

La guerre avait éclaté, mais jusqu'ici des escarmouches seules en avaient marqué le cours dans la péninsule hindoustanique. Les Anglais aux prises avec leurs colons révoltés de l'Amérique du Nord, s'étaient vus forcés de rappeler peu à peu les forces qu'ils avaient dans l'Inde et n'y avaient laissé qu'une seule armée sous les ordres de Sir Eyre Coote. En 1780 Hyder Ali réclama des secours de la France, faisant voir combien les circonstances étaient favorables, une intervention énergique aurait en bien peu de temps complètement anéanti la puissance anglaise dans l'Océan Indien. Le malheur voulut qu'on n'attacha guère créance à un projet venant de si loin et émanant d'un monarque indigène, l'expérience ayant prouvé maintes fois le peu de fond qu'on pouvait faire de ces princes indolents et versatiles. Cependant pour ne pas le décourager, on envoya à l'Ile de France une escadre commandée par M. Duchemin de Chenneville, pour renforcer la division du chevalier d'Orves, qui se composa par le fait de six vaisseaux, une frégate, deux corvettes avec un régiment d'infanterie.

Quittant l'Ile de France le 14 Octobre 1780, d'Orves atterrissait à Gondelour le 25 janvier de l'année suivante ; sans y penser il venait de bloquer étroitement les forces anglaises actuellement devant Pondichéry et ayant les troupes du rajah sur leurs derrières, la flotte anglaise croisait alors sur la côte occidentale. Un peu de discernement eût bien vite tracé à d'Orves la ligne de conduite qu'il devait adopter ; c'était bien simple, il lui suffisait de débarquer son régiment et d'attendre au mouillage que les Anglais pris entre deux feux, eussent mis bas les armes ; Hyder Ali l'en suppliait, il ne voulut rien entendre et leva l'ancre le 15 Février, se bornant à cette démonstration platonique et laissant à l'ennemi la voie de Madras pour recevoir ses ravitaillements.

(1) Revue pittoresque de l'Ile Maurice. " Notice sur J. N. Céré. "

Souillac en rendant compte au ministre de cette funeste apathie, s'exprime en ces termes : " Par suite de l'incroyable "entêtement de M. d'Orves, nous avons perdu une occasion " qui ne se représentera jamais de devenir maîtres absolus " de la côte de Coromandel ; l'armée de Gondelour, forte de " 14.000 hommes dont trois ou quatre mille européens, com- " posait les seules troupes que les anglais eussent dans cette " partie de l'Inde ; Madras n'aurait pu résister, et la jonction de " nos forces avec celles d'Hyder Ali, nous eût permis de faire " la conquête de Tanjore et de Masulipatam avec toutes leurs " dépendances. "

Enfin la métropole se rendit à l'évidence, dès les premiers jours de l'année 1781 on s'occupa activement d'un armement important. Avis fut donné à M. de Souillac de prendre ses dispositions pour ravitailler toute une flotte qui se concentrerait prochainement à l'Ile de France et pour lever toutes les troupes qu'il pourrait expédier dans l'Inde. Le 22 Mars une escadre de cinq vaisseaux, deux frégates, une corvette et sept transports sort de Brest sous les ordres de Suffren, dépose au Cap des renforts et des secours que les Hollandais avaient demandés à la France, arrive au Port-Louis le 25 Octobre et se joint à l'escadre de la mer des Indes, sous le commandement d'Orves.

Pierre André de Suffren de Saint Tropez, né en 1726, fut une des plus grandes figures de ce siècle, un des plus grands hommes de mer dont la France ait lieu d'être fière. Tous ses officiers, même ceux qui ne l'aimaient pas—et ils étaient malheureusement nombreux ceux dont il eut à réprimer le mauvais vouloir et l'indiscipline — ne pouvaient s'empêcher d'admirer son sang-froid qui lui faisait deviner du premier coup d'œil pendant l'action, le point vulnérable de ses adversaires, sur lequel il devait concentrer tous ses efforts, sa bravoure, son énergie, son ardeur, son activité sans bornes. A peine débarqué à l'Ile de France, il ne put s'empêcher de manifester sa surprise en voyant à quel point la discipline s'était relâchée parmi les officiers de tous grades ; cela tenait en grande partie à la mauvaise direction d'un chef incapable aussi bien qu'à un séjour trop prolongé dans cette île des plaisirs qu'il surnomma la *Cythère de la mer des Indes*.

La flotte fut promptement mise en état de prendre la mer, Souillac à force d'activité, était parvenu à mettre sur pied une troupe de près de 3,000 hommes. Le commandement en chef avait été donné à Bussy, le grand Bussy qui s'était couvert de gloire dans l'Inde vingt années auparavant. Comme il n'était pas encore arrivé, Duchemin fut mis provisoirement à la tête des troupes.

Duchemin était un marin et non un soldat, il manquait, de plus, totalement d'énergie et de décision ; là où des capacités très ordinaires auraient suffi amplement, il se trouva que Duchemin ne les possédait même pas ! Ces 3,000 hommes bien dirigés, soutenus par Suffren, c'était encore assez pour donner l'avantage à Hyder Ali.

Mais il n'y avait pas de temps à perdre, tout fût prêt et le 7 Décembre d'Orves quitta l'Ile de France avec onze vaisseaux, trois frégates, trois corvettes, deux flûtes, un brûlot et six transports. Fort heureusement pour la France, le commandant de la flotte mourut en route le 9 Février 1782, et Suffren le remplaça. En sept mois il livra quatre combats à l'amiral Hughes, s'empara de Trincomali, fit sa jonction avec Hyder Ali, l'aida à prendre Gondelour et à reprendre Pondichéry.

Bussy avait quitté Cadix en Décembre 1781 avec vingt vaisseaux, trois transports et un fort convoi qui fut pris ou dispersé en partie par les croiseurs anglais. Bussy n'était plus que l'ombre de lui-même, goutteux, perclus, usé, fini, bien qu'il n'eût guère plus de 64 ans ; un repos de vingt années dans la mollesse et la débauche, avait éteint ses brillantes facultés au point qu'il était incapable de rien décider et de rien entreprendre.

Il touche au Cap où il laisse 650 hommes, arrive à l'Ile de France le 1er Juin 1782 et cédant à la demande de Souillac, il expédie sur le champ à Suffren pour lui annoncer sa prochaine venue, M. d'Aymard avec deux vaisseaux, une frégate et neuf transports portant 800 hommes, des vivres et des munitions. (1)

Faisons ici une courte incursion dans le domaine du merveilleux et parlons d'une légende qui a été reproduite plusieurs fois avec plus ou moins de véracité et plus ou moins, plutôt moins, de respect pour les dates ; afin de faire cadrer ce récit avec les faits, nous allons être obligé de redresser tant bien que mal les entorses données à la chronologie, cela est assez peu important du reste.

Il paraîtrait que vers cette époque, un certain M. Bottineau, créole de l'Ile Bourbon, aurait écrit au ministre de la marine, M. de Castries, pour lui donner connaissance d'une prétendue découverte qu'il aurait faite et qui lui permettait d'annoncer à grandes distances le passage des navires par les ombres qu'ils projetaient sur les nuages ; c'est du moins ce que nous avons cru comprendre à cette théorie à laquelle il donna le nom pompeux de *Nauscopie*. Le ministre l'accueillit fort gracieusement et l'invita à partir pour l'Ile de France afin de continuer ses observations ; un registre fut déposé au secrétariat de la marine, sur lequel ses moindres prophéties étaient inscrites, puis confrontées avec les livres de bord des bâtiments qui arrivaient. Il paraîtrait que pendant huit mois et dans 62 rapports, il prédit l'arrivée de cent cinquante navires (on ne dit pas précisément si ces 62 prédictions furent reconnues exactes).

---

(1) *A. d'Épinay. Magon Saint Elier. Hennequin*—" Vie de Suffren." *Colonel G. B. Malleson.*—" Final French struggles in India."

Le 20 Juillet 1782, M. Bottineau aurait découvert quelques vaisseaux à quatre jours de l'Ile de France, le lendemain leur nombre avait encore augmenté, mais comme ces bâtiments étaient pris par le calme, il était impossible de dire quand ils arriveraient. C'était la flotte de l'amiral Reynier dont les premiers bâtiments parurent du 29 Juillet au 12 Août ; les autres continuèrent à rester immobiles jusqu'au 13 Septembre. Ce jour-là M. Bottineau annonça qu'ils seraient rendus au Port Louis dans quarante huit heures, en effet du 15 au 18 Septembre les retardataires finirent par arriver au mouillage, ils avaient été retenus près de Rodrigue par les calmes pendant bientôt deux mois !

Un peu plus tard il donna avis d'une escadre qui passait à quelques journées de l'Ile de France et semblait mettre le cap sur l'Inde ; ce ne pouvait être que des Anglais ; on expédia de suite la frégate la *Naïade* et la corvette le *Duc de Chartres* à Suffren pour l'avertir de se tenir sur ses gardes. La corvette faillit tomber au milieu des ennemis, mais parvint à échapper. (1)

Les équipages de Bussy étaient décimés par une épidémie affreuse, il avait près de 3,000 malades à bord, la contagion se répandait rapidement ; on voulut désinfecter les navires, mais les malheureux chargés de cette besogne en furent victimes à leur tour, faute de bras il fallut se résoudre à saborder l'*Alexandre* où la pestilence régnait plus particulièrement. Dans l'espace de quatre mois 429 soldats et marins et 106 officiers succombèrent.

Le mal gagna l'hôpital, 150 infirmiers en furent atteints ; dans les rues de Port-Louis on ne voyait que des lambeaux de cadavres que les porcs avaient déterrés dans le cimetière et qu'ils traînaient partout. (2)

Enfin la flotte put partir au mois de Décembre ; rendu dans l'Inde, Bussy se laissa enfermer dans Gondelour où il était pris sans l'intervention de Suffren, qui arrivant en force, contraignit l'escadre anglaise à lever le blocus. (3) Somme toute la campagne avait été favorable aux armes françaises, la situation des troupes anglaises continuait à être des plus critiques, un peu de décision, un coup d'audace pouvait les détruire ; Madras succombait et les Français restaient maîtres de toute la partie méridionale de la presqu'île. Quand survint la paix désastreuse de Versailles (9 Février 1783, promulguée à l'Ile de France 19 Mai), rétablissant dans l'Inde le *statu quo* ; tous les efforts accomplis par Suffren l'avaient été en pure perte, toutes les colonies de l'Océan Indien, et principalement l'Ile de France, se trouvaient livrées à elles-mêmes, n'ayant plus que leurs propres ressources pour se soutenir. (4)

Le 12 Novembre suivant, la ville de Port-Louis était en

(1) "*Nouveau Mauricien.*"
(2) *A. d'Epinay.* Archives de la marine.
(3) *Colonel G. B. Malleson.*
(4) Ibid ; *A. d'Épinay.*

émoi, la vigie de la montagne de la Découverte signalait l'escadre du héros de l'Inde ; le lendemain à 4 heures de l'après-midi, Suffren jetait l'ancre par le travers de l'Ile aux Tonneliers ; à 4½ heures, M. de Souillac, suivi de l'intendant Chevreau, de MM. Delaleu et Saint-Mihiel délégués par le Conseil Supérieur et de divers officiers et notables, vint lui présenter ses hommages ; à 5 heures le gouverneur retournait à terre et était salué de 15 coups de canon par le vaisseau amiral. Une demie heure après, Suffren descendit et au moment où il mettait le pied sur le quai, il fut accueilli par un salut de 21 coups de canon. M. de Souillac l'attendait au débarcadère, ils se rendirent ensemble au gouvernment, musique en tête, à travers une foule compacte, dont la garnison, rangée en deux lignes sur la place d'Armes, avait peine à réprimer l'enthousiasme qui éclatait en bruyantes acclamations. Après souper, les dames de la ville vinrent lui faire la révérence et lui donner une sérénade.

Le 18 il y eut en son honneur une soirée splendide au gouvernement, la colonie entière y assistait, il y eut illumination et feu d'artifice.

Le 28 Suffren regagnait son bord et recevait les adieux des autorités et des corps constitués, le 29 Novembre il quittait l'Ile de France à 11½ heures du matin. (1)

A son retour en France il fut comblé d'honneurs qui lui étaient bien dus ; ce grand homme eut une fin des plus banales, il fut tué dans un duel en 1788 à l'âge de 62 ans, encore n'avait-il reçu qu'une blessure insignifiante, mais son embonpoint était tel qu'il ne put saigner, l'hémorrhagie se fit intérieurement et il étouffa. On aurait rêvé pour lui un trépas plus glorieux, sur son banc de quart, au plus fort d'un de ces combats, comme il savait les soutenir ! (2)

M. de Souillac fut assisté dans son gouvernement, d'abord par M. Foucault qui exerçait les fonctions d'intendant-ordonnateur depuis 1777, ensuite par M. Chevreau qui arriva le 4 Juillet 1781 et remit au gouverneur sa confirmation au poste de commandant général, car jusque là M. de Souillac n'avait fait que remplir un intérimat. M. Chevreau fut malheureux dans son administration, il n'avait pourtant pas fait plus que ses prédécesseurs et peut-être en avait-il fait beaucoup moins, mais un évènement qui causa la ruine de bien des gens, vint attirer l'attention sur quelques vétilles et appela naturellement une enquête sérieuse qui dévoila des choses vraiment incroyables.

Un des principaux négociants de la colonie, M. Paul d'Arifat, ayant engagé des sommes considérables dans des spéculations malheureuses, se vit forcé de déposer son bilan, qui se chiffrait

(1) *Magon Saint-Elier, A. d'Epinay.* Greffe de la Cour Suprême, Reg. 16, No. 669, 670, 676.
(2) *Colonel G. B. Malleson, Hennequin, A. d'Epinay.*

à 15 millions de déficit, soit environ le double du numéraire alors en circulation. M. d'Arifat avait avancé à l'administration les fonds nécessaires lors de l'expédition de Bussy et M. Chevreau avait eu la faiblesse de lui accorder certains avantages incompatibles avec une bonne gestion (1784).

M. Le Brasseur fut envoyé par le ministre, avec ordre de faire une inspection scrupuleuse et générale de toutes les administrations qui s'étaient succédées aux Iles de France et de Bourbon depuis la rétrocession au Roi. Il y découvrit des complaisances vraiment inouïes, des actes de favoritisme dont au bout du compte le trésor royal avait supporté tous les frais.

Ainsi il fut découvert que Poivre avait jadis accordé à Céré le contrat pour la fourniture de la viande de boucherie, à raison de 14 sols la livre, tandis qu'on avait toujours eu coutume de ne la payer que 12 sols, cette infime différence se monta à une perte de 74,000 livres pour la colonie. Un autre fournisseur, M. Oury, se faisait payer du papier à raison de 22 livres la main ! (1)

M. Chevreau fut rappelé en France (1785), pour avoir à rendre compte des irrégularités qu'on lui reprochait ; en sortant d'une entrevue avec le ministre, exagérant sans doute les conséquences de sa légèreté, il crut sa réputation ternie à jamais, son honneur compromis ; désespéré il résolut de mettre fin à ses jours, il se jeta à la Seine et s'y noya. L'affaire fut étouffée tant qu'on put, par égard pour lui-même et pour sa famille, on attribua son suicide à un accès de fièvre chaude.

Au départ de M. Chevreau (5 Octobre 1785), M. Motais de Narbonne l'avait remplacé et resta en fonctions jusqu'au 17 Août 1789. Il se plaignit tout d'abord de l'obligation où il se trouvait de présider le Conseil Supérieur ; le gouverneur n'y assistant plus guère que dans les occasions exceptionnelles, pour l'intendant c'était autant d'heures enlevées à son administration. Il s'attacha à rechercher le moyen de séparer les fonctions judiciaires et administratives de ce corps, de ne lui laisser que les premières en lui enlevant petit à petit les dernières ; dans ce but avec l'appui du gouverneur, il fit enregistrer le 18 Décembre 1786 une ordonnance réservant aux deux chefs de la colonie le droit exclusif de faire des règlements de police. (2)

Malgré la cessation des hostilités Bussy était resté à Pondichéry, attendant des instructions pour rentrer en France ; elles arrivèrent bientôt, dans les derniers jours de 1784, il fit donc ses préparatifs, mais la mort ne lui donna pas le temps de se mettre en route, il succomba dans le courant du mois de Janvier suivant. Cependant le roi avait nommé M. de Souillac gouverneur général de tous les établissements français au delà du Cap de Bonne Espérance ; sa commission en date du 15 Août 1784, lui parvint le 15 Février 1785 ; il se disposa à obéir et environ six semaines après, le 4 Avril, il prit passage sur le *Subtil*, s'embar-

---

(1) *A. d'Épinay*—" Ile de France."
(2) *A. d'Épinay*. *E. Trouette*. " L'Ile Bourbon pendant la période révolutionnaire." (Instructions de Louis XVI à MM. d'Entrecasteaux et du Puy).

quant de nuit afin d'échapper aux manifestations et aux députations prescrites par l'étiquette et se rendit à Pondichéry, siège de son gouvernement. Son absence ne fut pas longue, il était de retour à l'Ile de France le 9 Novembre. Il fut remplacé d'abord par le plus ancien officier des troupes, qui se trouva être M. de Fresne, colonel au régiment de Bourbon ; le 28 Juin, celui-ci étant appelé dans l'Inde avec son régiment, laissa l'administration au Chevalier de Fleury, colonel au régiment de Pondichéry. (1)

On se souvient de Beniowsky mis en demeure en 1776 de renoncer à son projet sur Madagascar, et rentré en France, n'obtenant qu'une épée d'honneur pour toute compensation ; la récompense lui parut maigre et l'accueil qui lui fut fait en dehors de son petit cercle de protecteurs, lui fit comprendre que tant que le vent soufflerait de ce côté, il n'aurait aucune chance de reprendre ses tentatives avec l'appui du gouvernement français.

Il fit des offres de service à l'Autriche, se voyant rebuté, il se rendit à Londres et entra en relations avec le gouvernement anglais qui l'éconduisit ; découragé de ce côté encore, il eut l'habileté de ne pas rompre entièrement les pourparlers et d'en profiter au contraire pour se jeter aux pieds de M. de Vergennes et le supplier de gagner ses collègues à sa cause, faisant en sorte de dissimuler ses démarches auprès de l'Angleterre juste assez pour qu'il s'en rendît compte et craignît de voir les Anglais maîtres de Madagascar. M. de Vergennes donna complètement dans le panneau et fut si impressionné qu'il n'hésita pas à écrire au maréchal de Castries, alors ministre de la marine ; il ne lui cacha pas que lui aussi pour sa part, tenait l'intrigant en assez piètre estime, mais que plutôt que de permettre aux Anglais de s'implanter dans cette île, si voisine de l'Ile de France et de Bourbon, il vaudrait encore mieux laisser Beniowsky tenter une nouvelle fois la chance, quitte à lui dicter telles conditions qu'on jugerait convenable et à surveiller étroitement ses moindres actions. M. de Castries ne fut pas de cet avis, il flaira le piège et la tentative de chantage.

Notre héros repoussé encore une fois, se tourna vers le nouveau continent, il partit pour l'Amérique ; là bas il avait beaucoup plus de chance de se faire écouter. En effet, une maison de commerce de Baltimore accepta ses ouvertures, lui avança les fonds nécessaires et lui confia un bâtiment de 26 canons ; dans le courant de 1785 Beniowsky mouillait dans la baie d'Antongil.

Il existe plusieurs versions de ce qui lui advint alors ; les uns ont prétendu que le jour même de son débarquement, il fut attaqué et dépouillé par des traitants français qui avaient leur établissement à côté. D'autres assurent, avec raison croyons-nous, que ce fut Beniowsky qui commença les hostilités ; si cela n'était pas, à quel propos aurait-on envoyé des troupes de l'Ile de France pour protéger cette petite colonie ? Beniowsky ne

(1) *Magon Saint Elier. A. d'Épinay.*

déclara-t-il pas que son établissement était placé sous la protection de l'Autriche ? Ce qu'il y a de certain, c'est que sur la plainte de quelques sujets français établis à Madagascar, M. de Souillac envoya un détachement de 60 hommes du régiment de Pondichéry, commandé par M. Larcher, capitaine d'infanterie, sur la corvette la *Louise* pour tâcher de rétablir l'ordre, (9 Mai 1786). Le 17 Mai on toucha à Foulepointe où l'on apprit que Beniowsky venait de piller un magasin de vivres appartenant aux Français et situé à Angontcy, au nord de la baie d'Antongil.

Le 23 Mai la corvette débarqua ses hommes devant l'établissement de Beniowsky ; reçus par une vive fusillade, les Français appuyés par quelques pièces de canon et guidés par quelques insulaires, tournèrent la position, traversèrent successivement cinq marais et tombèrent sur notre homme qui fit une défense héroïque, n'ayant autour de lui qu'une poignée de braves. Atteint d'une balle en pleine poitrine, au moment où il mettait le feu à une pièce chargée à mitraille, il tomba et expira sur le champ.

On trouva sur lui une lettre qu'il adressait à M. de Vergennes, contenant force protestations de dévouement envers la France ! Ainsi finit cet homme étrange, brave et entreprenant il l'était sans doute, intrigant comme pas un ; des scrupules, il n'en avait guère, mais il serait excessif d'avancer qu'il était réellement malhonnête. On serait tenté de croire plutôt à une de ces natures déséquilibrées, prenant leurs désirs et leurs chimères pour des réalités, au point de finir par y croire réellement. Certes les fables qu'il voulut faire accepter aux ministres, étaient d'une force peu commune, tous ses actes ne furent qu'un long tissu de mensonges. Était-il de bonne ou mauvaise foi ? Bien fin qui pourra se prononcer ! Nous y renonçons pour notre part ! (1)

Pour se faire une idée de ce qu'était la ville de Port-Louis au temps de M. de Souillac, il faudrait tout d'abord se transporter au *Chien de plomb* et tourner le dos à la mer, supprimer en imagination les quais, les hangars et toutes les constructions avoisinantes. A droite se trouvait la fontaine qui avait donné son nom au débarcadère ; un peu en avant, une tour carrée, la tour d'ordre, dont les derniers vestiges ont disparu, encastrés dans les murs d'un bâtiment. (2) A gauche la batterie Desforges,

---

(1) *Magon Saint-Elier*—" Revue pittoresque de l'Ile Maurice." *G. Azéma. H. Pouget de Saint André. A. d'Épinay.*

(2) Cette tour était l'ancienne poudrière construite par La Bourdonnais sur un petit îlot de la rade ; elle avait environ huit mètres de haut sur sept de diamètre, et était à l'origine surmontée d'un moulin à vent. Plus tard, l'îlot fut relié aux quais par une chaussée en palissades, aboutissant à un bâtiment servant d'habitation aux lascars du port et appelé le *Bancassal* ; plus tard encore l'ingénieur Tromelin démolit cette jetée pour la reconstruire en pierres de taille. La tour servit alors aux signaux, le mât du pavillon de la place y étant dressé.

Sous la domination anglaise, elle fut transformée en observatoire vers 1833, et ne fut démolie que vers 1872, lorsque le nouvel observatoire des Pamplemousses ayant été construit, le gouvernement l'eût vendue à une société particulière.

(" L'Observatoire de Port-Louis," par *A. Duvivier*.)

" Revue Historique et Littéraire de l'Ile Maurice "—7me année—No. 1.

le Bastion et le Trou Fanfaron, près duquel s'espaçaient les divers ateliers de la marine, la corderie royale et l'hôpital, dominé par la Petite Montagne et la citadelle. En face, un pont-levis fermé par une herse, donnait accès à la Place d'Armes, bordée de chaque côté par des bâtiments formant équerre et qui servaient jadis de magasins à la Compagnie des Indes ; la plupart de ces constructions existent encore, principalement au nord de la place, bien que la partie en retour ait été démolie.

La place, vaste quadrilatère planté d'arbres, aboutissait à l'hôtel du gouvernement, flanqué d'un côté par les bureaux du contrôle et séparé de l'autre par une rue étroite des bâtiments de l'Intendance. Derrière les murs de l'hôtel et dans l'axe de la Place d'Armes, la rue du Gouvernement remontait dans la direction du Champ de Mars, étroite, tortueuse, traversée de crevasses et de fondrières, bordée de ci, de là, de quelques bâtisses inélégantes, pour ne pas dire plus, et se terminant à la place de l'Église. (1)

L'Église paroissiale construite sous l'administration de La Bourdonnais, à une époque qu'il est impossible de préciser, avait été renversée par l'ouragan du 9 Avril 1773 qui détruisit, dit-on, trois cents maisons. (2) L'année suivante on songea à la reconstruire et l'exécution en fut confiée à M. Dayot, à qui la colonie est aussi redevable d'un aqueduc qui porte son nom. Par raison d'économie, l'administration lui enjoignit de se servir des anciennes assises, en dépit de ses protestations ; car l'édifice reposant en partie sur le roc et en partie sur une base beaucoup moins résistante, il était à craindre que les murs ne s'affaissassent à la longue.

Vers 1780, fort peu de temps après l'arrivée de M. de Souillac, les soubassements étant entièrement achevés, le gouverneur, au son des cloches et au bruit du canon, escorté du clergé revêtu des insignes sacerdotaux, bannières en tête, de l'intendant, des commissaires de la marine, des officiers de terre et de mer en grand uniforme, des corps constitués en habit de cour et l'épée au côté, des notables habitants, vint en grande pompe poser la première pierre du monument au milieu d'une foule compacte, accourue de tous les points de l'île. (3)

L'Église fut achevée en 1786 ; elle avait à peu près les mêmes dimensions qu'à l'heure actuelle et était recouverte en argamasse. (4) Elle se dressait au milieu d'une place assez spacieuse, ou pour mieux dire, d'un terrain vague ombragé de bois noirs et de tamariniers, bordé de chaque côté par deux petits ruisseaux, des égouts à ciel ouvert qui se déversaient dans la Butte à Tonniers. La plupart des rues avoisinantes, les rues

(1) *Ed. Virieux*—" La Loge la Triple Espérance."
(2) *D'Unienville*. D'après M. de Froberville la construction de l'Église est postérieure à 1740.
(3) *F. de Froberville* " Souvenirs de l'Ile de France."
(4) Ibid. Revue pittoresque de l'Ile Maurice.

de la Corderie, du Contrôle, de Châlons, étaient à peine bordées de quelques bicoques de distance en distance. (1)

Pour fournir l'eau à la ville, M. de Souillac fit capter les sources qui jaillissaient à la base du Pouce, un réservoir et un château d'eau furent construits sur le versant de la colline qui domine le Champ de Mars ; l'eau amenée dans des conduits souterrains jusqu'à la rue du Gouvernement, s'échappait par quatre gueules de lion d'une fontaine en forme d'obélisque et retombait dans une vasque en pierre. Derrière cette fontaine, et juste en face du portail de l'église, une croix en pierre au pied de laquelle se trouvaient deux dés, indiquait le *dépôt*, c'est-à-dire l'endroit où devaient être déposés les corps que l'on conduisait à l'église.

Jadis il était d'usage que le clergé allât prendre les enterrements à domicile, le *dépôt* ne servait qu'à la population indigente ; un peu plus tard, lorsque la cure de Port-Louis ne compta plus que deux ou trois ecclésiastiques, on fut forcé de supprimer cette distinction et d'user du *dépôt* pour tout le monde ; mais quelques exceptions ayant été faites dans des circonstances particulières, il devint difficile de refuser cette faveur et l'on adopta un moyen terme : des limites furent fixées, la Plaine Verte d'un côté, le Pont Bourgeois de l'autre. (2) Lorsqu'un enterrement avait lieu dans un de ces faubourgs, le clergé averti de l'heure, attendait le cortège dans l'un ou l'autre de ces deux endroits et l'escortait ensuite à l'église. (3)

Le Conseil Supérieur siégeait d'abord dans un bâtiment de la rue du Vieux Conseil, c'est là qu'eut lieu l'algarade entre MM. Dumas et Poivre ; cette maison ayant été endommagée par l'ouragan de 1773, il s'installa provisoirement dans le premier local qu'il put trouver. Le 13 Novembre 1783 il réclama la reconstruction d'un tribunal, le lieu de ses séances était si exigu que du dehors on pouvait entendre les délibérations les plus secrètes, comme il n'y avait pas de fenêtres intérieures, les jours de vent ou de pluie on était obligé de barricader les contre vents et l'on n'y voyait plus ; en été par les fortes chaleurs, on y étouffait. (4) A quelque temps de là, le Conseil, la Juridiction Royale et la Curatelle aux biens vacants furent installés dans le bâtiment situé à l'angle des rues du Contrôle (de l'Église) et de Touraine, qui sert aujourd'hui de presbytère, puis sur la Place d'Armes.

Derrière l'Intendance le terrain s'abaissait par une pente rapide jusqu'à un marécage où se déversaient les ruisseaux de la Butte à Tonniers et du Pouce, sorte de lagune couverte et découverte à tour de rôle par le flux et le reflux, là se dressaient sur une petite butte, la potence et l'échafaud ; au fond derrière ce

---

(1) F. de Froberville. Ed. Virieux.
(2) Le pont Bourgeois avait reçu son nom d'un crieur public qui habitait à côté. F. de Froberville.
(3) Ibid.
(4) Greffe de la Cour Suprême. Reg. 16. No. 671.

marais, se trouvait le cimetière de l'Enfoncement que M. Desroches avait fait fermer naguère ; de l'autre côté, sur une hauteur, le Rempart, quartier habité par la population aisée et le haut négoce, où l'on voyait d'assez belles demeures. Non loin de là, les casernes construites par La Bourdonnais, sur le devant, les bâtiments de l'artillerie, sur le côté, ceux du génie militaire, enfin à l'angle du passage Monneron et de la rue Dumas, une grande bâtisse en pierre, à la façade flanquée à chaque coin de deux énormes canons sculptés dans le mur, c'était le chantier de marine de MM. Monneron et Lezongard ; on s'en souvient encore, il n'y a pas si longtemps que l'on dut avoir recours à la dynamite pour faire sauter les pans de ses murs qui avaient résisté à un des plus formidables incendies que le Port-Louis ait jamais éprouvés. (1893). (1)

Les principales maisons de commerce étaient établies sur le Rempart, le petit négoce, le commerce de détail était groupé de l'autre côté de la Place d'Armes et près du gouvernement ; les communications étaient des plus difficiles par une ruelle étroite, enjambant les ruisseaux sur des ponceaux. Par les fortes pluies le passage devenait même impraticable, les ruisseaux gonflés faisaient déborder le marais, l'eau recouvrait ponts et route, si bien qu'il fallait employer des pirogues pour se rendre d'un bord à l'autre. Il était important de remédier à cela ; dès 1782, M. de Souillac fit construire une large chaussée en pierres de taille, partant de l'extrémité de la rue des Casernes pour aboutir à l'Hôtel du Gouvernement et à la Place d'Armes ; les deux faubourgs se trouvaient ainsi réunis et les empiètements de la mer arrêtés.

La rue une fois ouverte, comme elle était devenue l'artère principale de la ville, on voulut bâtir de chaque côté, on n'y parvint qu'à grand renfort de remblais, si bien que toute trace de la chaussée primitive a disparu sous un amoncellement de terre, le marais de jadis devint le Jardin de la Compagnie, comblé de façon à atteindre le niveau de la rue de la Chaussée (1787). (2)

" Le 1er Mars 1784, MM. les administrateurs dans un but
" d'utilité et d'administration, ayant concédé au Sieur Avice le
" terrain ou étaient installés la potence et l'échafaud, et désigné
" un autre endroit au pied de la Petite Montagne, en consé-
" quence, les fourches patibulaires y seront transportées de sur
" la Chaussée. " (3)

Derrière le quartier du Rempart, sur le versant de la montagne qui domine le Champ Delort, un industriel avait vers cette époque (1780) essayé de créer un vignoble ; la vigne vint assez bien et se couvrit de grappes tant soit peu chétives et rabougries, qui une fois récoltées et mises au pressoir, donnèrent

(1) *F. de Froberville*—" Souvenirs de l'Ile de France."
(2) Ibid
(3) Greffe de la Cour Suprême. Reg. 16. No. 680.

quatre barriques d'une affreuse piquette, si exécrable que le malheureux propriétaire se garda bien de renouveler son essai.(1)

En 1781 Cossigny proprosa à l'administration de planter en bois noirs tout le littoral, depuis la Pointe aux Canonniers jusqu'à la Baie du Tombeau, afin de servir à l'alimentation de grands troupeaux qu'on pourrait y élever, de façon à n'avoir plus besoin de faire venir de Madagascar des bœufs destinés à la boucherie ou à la culture. Cette offre fut acceptée, Cossigny s'engagea à planter 500,000 bois noirs dans un délai fixé, malheureusement au bout de deux ans il se trouvait en perte, avant même d'avoir achevé le quart de la plantation stipulée, force lui fut de demander l'annulation de son contrat. Une grande partie de ces bois noirs fut alors enlevée, les uns furent transportés à Monplaisir, les autres plantés en ville, sur les hauteurs au dessus du Champ de Mars ou dans les rues. (2)

Avant de quitter le Port-Louis, citons pour la rareté du fait, deux phénomènes qui se produisirent à cette époque et que l'on n'a pas eu à constater depuis : Le 5 Juin 1785 un ouragan qui dura vingt-quatre heures, chose inconnue jusqu'à ce jour à cette époque de l'année, et le 4 Août 1786, un tremblement de terre, assez bénin pour qu'un chroniqueur consciencieux n'ait eu à enregistrer pour tous dégâts, que l'éboulis de plusieurs monticules de pierres entassées dans un jardin et quelques fissures de six à sept pouces dans le sol. Terrible catastrophe ! (3)

L'arrêt en Conseil du 14 Avril 1785 avait renouvelé en faveur d'une nouvelle société le privilège dont jouissait jadis la Compagnie des Indes ; toutefois les Iles de France et de Bourbon en furent exclues et continuèrent à jouir de la liberté de commerce, sauf dans la mer Rouge, en Chine et au Japon ; tous les ans la nouvelle Compagnie devait approvisionner les deux îles de marchandises provenant de ces contrées, en y faisant relâcher un de ses vaisseaux. Mais l'Ile de France se trouva lésée par cette restriction et refusa tout d'abord l'enregistrement de cet arrêté qui ne lui avait pas été officiellement signifié. (6 Juin 1787); des instructions formelles étant arrivées à cet égard, elle dut se résigner (19 Août 1789), mais quelques jours après, le 3 Septembre, les colons se réunirent au Port Louis pour demander au ministre tout au moins la faculté de trafiquer dans la mer Rouge de toutes les denrées telles que la gomme, l'encens, la myrrhe, l'aloès, la nacre, l'écaille, l'orpiment, les tissus de poils de chèvre et de chameau que la Compagnie dédaignait pour ne s'occuper que du café. Bientôt l'Assemblée Nationale lui donna gain de cause en abolissant tous les monopoles. (3 Avril 1790). (4)

(1) F. de Froberville A. d'Epinay.
(2) A. d'Epinay. " Ile de France."
(3) A. d'Epinay. F. de Froberville. Dr. Lacaze.
(4) G. Azéma J. M. Voïart. Magon Saint-Elier. A. d'Epinay—Greffe de la Cour Suprême. Reg. 18. Nos. 861, 952.

L'essor donné au commerce par la chûte de la Compagnie des Indes, la déclaration de guerre en 1778, avaient attiré à l'Ile de France une foule de gens bien nés pour la plupart, désireux de tenter fortune et éblouis par le mirage des richesses fabuleuses que l'Inde semblait leur offrir. Les relations sociales ne purent qu'en profiter ; ici point de distinctions établies sur le plus ou le moins de quartiers de noblesse, le mérite, le savoir-vivre et la bonne compagnie suffisaient amplement à l'étranger nouvellement débarqué pour se faire admettre dans tous les cercles où il avait droit à l'hospitalité créole, la plus large, la plus franche, la plus exempte de cérémonie qu'on pût imaginer. Les réunions intimes étaient nombreuses, car si l'on se visitait beaucoup, on voisinait encore plus, surtout après souper, lorsque les occupations du jour avait pris fin et que la fraîcheur du soir avait rendu l'atmosphère un peu moins oppressive. La simplicité régnait partout, mais une simplicité de bon goût, relevée par un certain cachet d'élégance dans les réceptions, dans les repas comme dans le mobilier, dans la mise des hommes comme dans la toilette des femmes dont les mousselines et les *sirsacas* de l'Inde ainsi que les *pagnes* de Madagascar faisaient tous les frais.

Partout on recevait un accueil sympathique, le temps passait en causeries libres et gaies, de bon ton, sans éclat ni recherche ; presque toujours la jeunesse organisait une sauterie, tandis que les vieillards, assis autour d'une table de jeu, risquaient une bouillotte ou un boston à quelques sols la fiche. Parfois de nouveaux hôtes arrivaient à l'improviste ; le gouverneur ou l'intendant, sûrs de l'accueil qu'ils rencontreraient dans une maison amie, venaient se mêler sans façon aux conversations d'un petit cercle, heureux de se retremper au sein de la vie de famille et d'échapper pour quelques instants à la roideur et à l'étiquette qu'il leur faudrait reprendre le lendemain. (1)

M. de Souillac avait réussi à se faire aimer de tous, aussi lorsqu'on apprit qu'il allait être bientôt remplacé, la colonie voulut lui donner un dernier témoignage de sa gratitude et de son affection en lui offrant une fête magnifique ; par une délicate pensée, le bal fut fixé au 5 Novembre 1787, le jour même où son successeur, M. le Chevalier d'Entrecasteaux, était entré en fonctions, afin de bien faire voir que si l'on accordait un regret à celui qui s'éloignait, on tenait néanmoins en sa présence à faire bon visage et à souhaiter la bienvenue à celui qui le remplaçait.

Une immense salle verte fut construite, sur la droite du Champ de Mars, ornée de feuillage, de fleurs à profusion, de glaces où se reflétaient à l'infini les lumières des lustres, des girandoles et des candélabres, les ouvertures étaient garnies de tentures et de draperies aux couleurs chatoyantes ; tout autour, dix tentes aussi richement décorées et communiquant entre elles, servaient de salons pour les dames, d'orchestre, de salles de jeu,

(1) F. de Froberville, D'Unienville. " Souvenirs d'un vieux colon."

de buffet et enfin de salle à manger où un souper somptueux fut dressé par tables séparées de dix, vingt et trente couverts, servi par des domestiques, portant la livrée du héros de la fête. Les ambassadeurs de Tippoo Saïb, se trouvant de passage à Port-Louis et sur le point de partir pour France, assistèrent à ce bal en grand uniforme oriental ; ils furent tellement stupéfaits de ce déploiement de luxe, de l'entrain et de l'animation des jeunes gens, de la grâce exquise et de l'élégance de nos créoles, de l'urbanité et de la courtoisie de tout ce monde, qu'ils ne purent s'empêcher d'en faire tout haut la remarque et de se déclarer charmés et ravis. (1)

Lorsque l'escadre de Suffren toucha à l'Ile de France, bon nombre de jeunes gens de famille, déçus dans leurs projets d'aventures par l'annonce de la paix, demeurèrent dans la colonie, ne possédant pour tous biens qu'un grand nom et une épée, un assez mauvais caractère, une susceptibilité des plus chatouilleuses et par dessus le marché, la conviction bien enracinée qu'ils étaient de beaucoup supérieurs sous tous les rapports à ceux qui les entouraient.

De pareilles notions n'ont jamais engraissé un homme, aussi se virent-ils bientôt forcés pour vivre d'user de toutes sortes d'expédients ; leur dignité leur défendait d'avoir recours au vol qualifié, ils tournèrent habilement la difficulté en se faisant exploiteurs. Ils fondèrent entre eux une espèce d'association maçonnique, vivant aux dépens des tailleurs, des hôteliers, des restaurateurs envers lesquels ils prétendaient s'acquitter en leur conduisant des clients ; ceux-ci, ils les recrutaient parmi les étrangers, souvent trop heureux à leur débarquement de se voir accueillis par la bande, guidés, pilotés, protégés, même au prix de quelques repas et de plus nombreux rafraîchissements, (d'où le nom de *Rafraîchisseurs* que cette honorable corporation s'était décerné). Jouait-on, ils s'abstenaient toujours, mais une discussion s'élevait-elle, ils y plaçaient leur mot, rien que pour mettre la paix ; ils s'en acquittaient toutefois si bien que la dispute dégénérait toujours en querelle, et pour leur propre compte encore. Il fallait se rendre sur le terrain ; friands de la lame, habiles à manier l'épée, il était rare que le combat ne se terminât pas par une légère estafilade que recevait leur adversaire,—ils ne blessaient jamais grièvement, c'était contre tous leurs principes.— On se réconciliait alors et pour faire voir qu'on ne se gardait pas rancune, on s'en allait chez Violet, Rue des Dames, faire honneur à un excellent déjeûner, que payait le blessé naturellement.

Les choses allèrent bien pendant quelque temps, on redoutait ces individus et on les évitait le plus qu'on pouvait, par malheur ils tombèrent un jour sur un jeune aspirant de la *Nymphe*, M. Petit Bien, qui était aussi habile tireur que mauvais coucheur. Tout se passa comme à l'ordinaire, on prit apéritif sur apéritif,

---

(1) *F. de Froberville.* Revue pittoresque de l'Ile Maurice. "Souvenirs d'un vieux colon." *D'Unienville.* *A. d'Épinay.*

on commanda d'avance le déjeuner et en attendant on proposa un assaut ; le prétexte à discussion se présenta tout naturellement sur un coup contesté, on se rendit au Château d'Eau ; là M. Petit Bien eut le mauvais goût de tuer roide le premier de ses adversaires et d'éclopper le second pour le reste de ses jours, les autres se déclarèrent satisfaits et prièrent le jeune officier et ses amis qui lui avaient servi de témoins, d'accepter leur dîner qu'ils eurent la délicatesse de faire porter sur leur compte. Mais leur prestige avait disparu, il avait suffi de cette correction pour faire voir que la bande n'était pas invincible, plusieurs autres furent châtiés par la suite, beaucoup décampèrent sans tambour ni trompette, quelques uns renoncèrent à leur existence aventureuse et devinrent des hommes rangés et honnêtes. (1)

Le 5 Novembre 1787 M. de Souillac avait été relevé de ses fonctions par le Chevalier Joseph Antoine Raymond de Bruny d'Entrecasteaux, qui était arrivé à l'Ile de France depuis le 22 Septembre. (2) Ce gouverneur n'administra la colonie que pendant deux années, il sut néanmoins se faire apprécier de tous par la droiture de son caractère et par sa bienveillance affectueuse ; si son gouvernement ne fut pas aussi brillant que celui de son prédécesseur, c'est que les circonstances avaient changé, aux grands préparatifs de M. de Souillac, à la visite des escadres de Suffren et de Bussy, le calme avait succédé. Il s'occupa de mener à bien beaucoup des entreprises que son devancier avait été forcé de laisser inachevées, l'embellissement de la ville, la canalisation des eaux du Pouce, le Château d'Eau, le Jardin de la Compagnie et la rue de la Chaussée.

L'Edit de Mars 1781 avait retiré de la circulation tous les papiers monnaie ayant cours aux Iles de France et de Bourbon et n'avait laissé comme instrument d'échange que la piastre, au taux de 5 livres 8 sols ; la mesure était trop radicale pour ne pas causer de grands embarras dans des colonies où jusqu'ici il avait été impossible de faire rester le numéraire ; survint la suspension de paiements de la maison d'Arifat et les ennuis et les difficultés redoublèrent, principalement à l'Ile de France qui ne produisait pour ainsi dire rien, car à Bourbon on prit le parti de se passer presque entièrement de numéraire, les paiements se faisaient couramment en tant de sacs de café de 25 livres. (3)

A peine rendu dans la colonie, M. d'Entrecasteaux s'entendit avec M. Motais de Narbonne pour réclamer la remise en cours des billets, expliquant tout au long au ministre combien les circonstances l'exigeaient et toute la gêne que leur suppression avait causée (Janvier 1788). En réponse à leur requête, l'Edit du 10 Juin 1788, prescrivit l'émission de 6 millions de livres

---

(1) " Souvenirs d'un vieux colon. " *F. de Froberville*. " Souvenirs de l'Ile de France."
(2) *Magon Saint-Elier. A. d'Epinay.*
(3) *G. Azéma. E. Trouette.* "L'Ile Bourbon sous la période révolutionnaire."

tournois en papier, à partir du 1er Janvier 1790 ; toutes les dépenses de l'administration devaient être soldées en papier monnaie, dont un tiers resterait en circulation et les deux autres tiers seraient remboursés tous les ans en lettres de change à six mois de vue sur le trésor royal, jusqu'à ce que les 6 millions émis fussent entièrement mis en cours. (1)

Lorsque vint le jour de l'émission, la garnison refusa catégoriquement d'être payée en papier, ces billets tombèrent immédiatement à 50 o/o au dessous de leur valeur, tandis que la piastre qui ne valait alors que 3 livres 12 sols, atteignit d'un bond jusqu'à 25 livres. Ces malheureux coupons continuèrent à tomber, et de chûte en chûte, ils n'eurent bientôt plus que la valeur du papier dont ils étaient fabriqués, comme ceux qui furent créés un peu plus tard sous l'administration de M. de Malartic, on les désigna communément sous le nom d'*Assignats* de triste mémoire. (2)

Les fonctions de M. Motais de Narbonne touchant à leur terme, la place d'intendant général fut offerte d'abord à M. Ange Monneron et sur son refus à M. Le Brasseur ; ce dernier déclinant aussi la proposition qui lui était faite, le ministre nomma M. du Puy, ancien conseiller au Châtelet. Il arriva à l'Ile de France le 12 Août 1789 et prit son poste cinq jours plus tard. (3)

M. du Puy était porteur d'une longue lettre de Sa Majesté, adressée collectivement à lui et au gouverneur, dans laquelle étaient rappelées la situation des deux colonies et les réformes qu'il serait désirable d'accomplir.

Le Roi considérait tout d'abord l'Ile de France comme un entrepôt militaire où l'on pourrait concentrer en peu de temps et dans le plus grand secret, des forces suffisantes pour frapper un grand coup dans l'Inde ; Bourbon devait lui servir de grenier d'abondance.

Passant à l'agriculture, Sa Majesté remarque avec regret que l'Ile de France n'est pas peuplée comme elle devrait l'être à ce point de vue, " parce que l'on a laissé le Port-Louis se " remplir de gens inutiles, d'accapareurs de marchandises et de " brocanteurs des effets qui ont cours sur place, " la culture elle-même n'a pas été encouragée comme elle devait l'être, parce que le système de la Compagnie des Indes " dont on a malheu- " reusement suivi une partie des errements, " n'a pas laissé aux habitants une liberté raisonnable, de sorte que jusqu'ici cette colonie n'a pu se suffire à elle même.

Les besoins sans cesse renaissants ont multiplié les spéculations à l'infini, spéculations sur le papier-monnaie, sur les piastres, sur les marchandises d'Europe et de l'Inde, sur les terrains, sur les bois, sur les bestiaux, sur les vivres, pots de vin que les habitants sont forcés de donner aux contracteurs de

(1) *G. Azéma, E. Trouette, A. d'Epinay.*
(2) *A. d'Epinay.*
(3) *Magon Saint-Elier, A. d'Epinay.*

l'administration, afin de pouvoir écouler les denrées qu'ils ont en magasin.

" Les objets les plus essentiels et les plus communs ainsi
" que la main d'œuvre ont atteint un prix tellement excessif,
" que tout dernièrement pour le radoub d'un vaisseau on a
" dépensé autant que pour l'achat d'un vaisseau neuf !"

" Voilà les abus qu'il faut à tout prix faire disparaître." (1)

Le Roi rappelle aux administrateurs que : " à eux seuls
" appartient la connaissance de toutes les matières de haute
" police et le droit de faire des règlements sur la police particu-
" lière." Il se plaint de l'attitude des Conseils Supérieurs et principalement de celui de l'Ile Bourbon qui a cherché plusieurs fois à créer des difficultés en contrecarrant l'autorité des administrateurs. " Ce motif joint au peu d'utilité de ce Conseil, qui
" serait peut-être suppléé sans inconvénient par celui de l'Ile
" de France, pourra déterminer Sa Majesté à ne laisser subsister
" qu'un seul tribunal supérieur, qui toujours sous les yeux des
" chefs, serait plus facilement maintenu dans les bornes qui le
" circonscrivent et ferait cesser surtout une diversité de juris-
" prudence qui donne lieu à beaucoup d'abus. Sa Majesté
" donnerait alors à la Juridiction le pouvoir de juger en dernier
" ressort jusqu'à concurrence de 6,000 livres. Les sieurs
" d'Entrecasteaux et du Puy examineront le pour et le contre
" de cette opération." (2)

Si le roi Louis XVI ne se montre pas tendre envers le Conseil Supérieur de Bourbon, ce dernier ne le cède en rien dans ses sentiments à l'égard de la Juridiction Royale, à en juger par ce qu'écrit à David Charpentier de Cossigny, commandant particulier de cette île, un ancien conseiller, M. Guillaume Desjardins, alors commandant de Saint Paul.

Il commence par dire que depuis l'installation de ce tribunal il n'y a pas eu d'ouragan à Bourbon, sans doute " *parce que la*
" *Providence avait estimé que c'était assez de ce fléau pour la ruine*
" *du pays.*" Il se plaint ensuite que les juges se soient attaqués aux commandants de quartier en raison de l'influence qu'ils exerçaient sur la masse des habitants. Vous êtes orfèvre, M. Josse !

Il cite un juge royal envoyé à l'Ile de France, qui non content de voler la colonie dans tous les procès, aurait subtilisé 56.000 livres à son greffier ; M. de Ternay par humanité aurait étouffé l'affaire et l'aurait renvoyé en France. Pendant la traversée il aurait escamoté des malles appartenant à des passagers. A Bourbon on eut affaire à un juge trop amoureux de la dive bouteille, qui rendit des arrêts tellement fantaisistes qu'on dut l'interdire ; sans vergogne aucune, il se fit inscrire au barreau et plaidait sans cesse ivre comme plusieurs polonais. Le

---

(1) *E. Trouette.* " l'Ile Bourbon pendant la période révolutionnaire."
(2) Ibid.

Procureur du Roi agissait différemment : il faisait les requêtes pour et contre, là où il y avait à gratter, faisait disparaître les pièces des dossiers et donnait ses conclusions par dessus le marché ; on ne saurait être de meilleure composition. (1)

Le joli monde si cela est exact !

La fin de l'administration de M. d'Entrecasteaux fut marquée par un assassinat commis avec une lâcheté insigne qui provoqua un débordement d'indignation d'autant plus grand que le coupable parvint à échapper à la justice, grâce à la protection de quelques amis influents.

Le comte de Locatel appartenant à une bonne famille du Piémont, parvenu au grade de colonel, avait été obligé de quitter le service du roi de Sardaigne à la suite de certains scandales dans une affaire de jeu, où son nom se trouvait mêlé d'une façon déplorable. Il se rendit dans l'Inde où il espérait se réhabiliter et refaire sa fortune ; à Pondichéry il devint éperdûment amoureux de la veuve d'un officier, Madame de R., créole de l'Ile de France, et la fatigua de ses assiduités au point que la dame, pour le fuir, retourna dans son pays. Locatel voulut la suivre, mais il dut attendre plusieurs mois avant de trouver à s'embarquer ; ce retard ne fit qu'accroître sa passion et lorsqu'il arriva au Port-Louis, il était bien décidé à tout essayer pour atteindre son but.

Accueilli partout comme on le faisait pour les étrangers de bonne éducation, le comte reçut tout d'abord une hospitalité cordiale chez MM. Janvier Monneron et Lezongard, constructeurs de la marine, qui habitaient près des casernes ; il se lia bientôt avec les officiers de la garnison et fut présenté par eux chez toutes les personnes de la société et chez Madame de R. en particulier, où il ne tarda pas à prendre ombrage, à tort ou à raison, des visites fréquentes d'un jeune chirurgien major, M. Gouy, dont la distinction et l'amabilité lui déplurent souverainement.

Le 18 Octobre 1789, ayant été invité par M. de Chermont, colonel du régiment de l'Ile de France, à un dîner qu'il donnait aux casernes, il y rencontra Gouy et la malechance voulut qu'après le repas on se mît à jouer ; entraîné par la passion des cartes et aussi par l'antipathie toujours croissante qu'il nourrissait pour le major, il joua contre lui comme un enragé, et s'emballa si bien qu'il perdit coup sur coup une forte somme sur parole. On dut l'arrêter car il était dans un tel état de surexcitation qu'il ne savait plus ce qu'il faisait.

Le lendemain de grand matin il alla frapper chez le major, ce dernier pensant qu'il ne venait que pour acquitter sa dette, le fit entrer en s'excusant de le déranger de si bonne heure et de le recevoir en déshabillé. Mais Locatel sous l'empire d'une sorte de frénésie, se mit à l'injurier grossièrement, le sommant de se battre avec lui et sur son refus, menaça de le frapper au visage. Gouy voyant qu'il n'y avait pas à faire entendre raison à ce forcené, et se fiant à son adresse aux armes, saisit son épée et

(1) *E. Trouette.* " L'Ile Bourbon pendant la période révolutionnaire."

suivit son adversaire dans le jardin. Locatel en entrant, avait eu le soin de barricader la porte ; les voisins en entendant le tapage s'étaient mis à leurs fenêtres, quelques soldats aussi assistaient à la scène de l'étage des casernes. Un voisin, M. Lefaure, voulant séparer les combattants et ne pouvant parvenir à ouvrir la porte extérieure, se décida à escalader le mur ; juste au moment où il atteignait le chaperon, il vit Locatel saisir de la main gauche l'épée du major et lui plonger par deux fois la sienne dans la poitrine.

Tous les spectateurs furent tellement saisis d'horreur, que pas un ne songea sur le moment à arrêter l'assassin, qui entra tranquillement aux casernes, monta chez le Chevalier de Fleury, y resta quelques minutes, redescendit et sortit par la porte de l'artillerie sans être inquiété. Quant au major Gouy, tous les soins qu'on lui prodigua ne purent le sauver ; il expira quelques instants après.

Quatre jours plus tard seulement, on songea à décerner un mandat d'arrêt contre le meurtrier, on fit une perquisition à l'établissement Monneron, chez ses hôtes à la Ménagerie et aux Plaines Wilhems, mais on ne découvrit rien.

Le 2 Février 1790, le comte de Locatel fut condamné par contumace " à avoir les bras, jambes, cuisses et reins rompus
" vifs sur un échafaud dressé sur la place des exécutions de la
" ville, son corps exposé sur la roue, face au ciel, pour y rester
" tant qu'il plaira à Dieu lui conserver la vie, son corps mort
" transporté ensuite au gibet qui sera dressé sur la butte près le
" chemin de la Grande Rivière ; ses biens acquis et confisqués
" au profit du Roi ou de qui il appartiendra ; sur iceux et autres
" non sujets à la confiscation, préalablement pris la somme de
" 500 livres d'amende envers le Roi, en cas que confiscation n'ait
" pas lieu au profit de Sa Majesté, et sera la sentence exécutée
" par effigie, en un tableau qui sera attaché dans la place
" publique des exécutions, par l'exécuteur de la haute justice, à
' un poteau qui y sera à cet effet planté. " (1)

Voilà une condamnation bien sévère et bien en règle, mais il eût mieux valu rechercher plus tôt le meurtrier et ne pas lui donner tout le temps voulu pour disparaître, quitte à mitiger sa peine de moitié ; une fois qu'on lui aurait rompu bras, jambes, cuisses et reins, il nous semble que la pendaison de son *corps mort* était bien superflue !

La puissance française était bien déchue dans l'Inde, il ne lui restait plus que Pondichéry et quelques petits comptoirs d'une importance très secondaire ; on jugea que le siège du gouvernement général devait être plutôt transféré à l'Ile de France, qui par sa situation et son importance militaire, était devenue pour ainsi dire la clef de la mer des Indes ; en conséquence, le gouverneur de Pondichéry, le lieutenant général comte Thomas de Conway, reçut l'ordre d'avoir à se transporter

(1) *A. Pascau.* "Chroniques de l'Ile de France." Revue pittoresque de l'Ile Maurice. *A. d'Epinay.*

à l'Ile de France où il relèverait M. d'Entrecasteaux. Il arriva dans la colonie le 12 Novembre 1789 et prêta serment le 14. (1)

M. de Conway était la véritable incarnation du hobereau de l'ancien régime, vain et orgueilleux, ne manquant certes pas de courage, mais d'un caractère faible et pusillanime ; naturellement attaché aux principes dans lesquels il avait été élevé et avait vécu jusqu'ici, aussi les idées nouvelles, l'esprit de liberté qui commençait à se faire jour dans la colonie, bouleverseraient-ils de fond en comble ses notions préconçues du bien et du mal, du juste et de l'injuste. Il y perdit franchement la tête, ne voyant partout que complots contre son autorité et par le fait, crime beaucoup plus grave, contre l'autorité royale dont il était le dépositaire. (2)

Le premier acte de son administration le rendit impopulaire. Malgré les protestations de personnes bien placées, malgré les remontrances de M. de Montvert, commandant le corps des volontaires de Bourbon, qui ne se fit pas faute de démontrer au gouverneur toute l'utilité de cette troupe d'élite, les services qu'elle avait rendus et qu'elle était appelée à rendre encore, son respect de la discipline, malgré les attestations de certains officiers qui l'avaient vue à l'œuvre, M. de Conway décida que ce corps serait licencié (19 Novembre 1789) (3)

Epouvanté de la fermentation des esprits prenant au pied de la lettre les tirades échevelées et les périodes exaltées et subversives dont la plupart des orateurs de cette époque émaillaient volontiers leurs moindres harangues, il se crut tout bonnement transporté au fond d'un repaire de brigands, prêts à mettre la colonie à feu et à sang ! Peut-être craignait-il qu'en cas d'émeute— il en voyait partout—, les volontaires ne fissent cause commune avec la population ; c'est fort possible, mais on ne saurait l'affirmer, car il ne daigna pas faire connaître le motif de sa décision.

Cependant un grand souffle de liberté planait sur l'Ile de France ; les colons jadis courbés sous les exactions de la Compagnie des Indes et non moins écrasés par les abus de l'administration royale, commençaient à relever la tête, encouragés par une voix autorisée, celle du monarque lui-même, et soutenus par l'exemple de la métropole.

Ce qu'ils voulaient, hâtons-nous de le dire, ce n'était pas un bouleversement de l'ordre établi, leur intelligence terre à terre se refusait à voir si loin ; ce qu'ils souhaitaient ardemment, c'était de voir leurs droits reconnus, c'était l'avènement d'une ère de justice égale pour tous.

Leurs exigences leur semblaient bien modestes, et c'est pourquoi ils avaient une foi aveugle dans l'avenir ; mais hélas ! le rêve était encore trop beau, pauvres colons, ils ne devaient jamais le voir se réaliser !

(1) *Magon Saint Elier*. A. *d'Epinay*.
(2) Ibid. Ibid.
(3) Dr. *Lacaze*. A. *d'Epinay*.

TROISIÈME PARTIE

LES ASSEMBLÉES COLONIALES

(1790—1803)

I

La cocarde tricolore.— MM. de Conway et Coriolis.— Agitation populaire.— Le comité des sept.— La colonie réclame deux députés à l'Assemblée Nationale.— Première assemblée générale de la colonie.— Ennuis de M. de Conway.— Arrivée du *Stanislas*; le décret du 8 mars 1790.— Enthousiasme et agitation.— La lanterne.— Macnémara.— M. de Ravenel.— Les clubs.— L'Assemblée prend le nom d'Assemblée coloniale.— Les députés, les Municipalités.— M. de Maissin fils, un fumiste.— Abus d'autorité de l'Assemblée.— Démission de M. de Conway.— M. de Cossigny, son installation.— Les relations sociales sous la révolution.— Le théâtre, le luxe, l'agiotage.— Le décret du 28 mars.— Assassinat de M. de Macnémara.— La constitution du 21 Avril 1791.— Fédération de la colonie.— La nouvelle Assemblée.— La petite vérole.— (1790-1792).

Le dimanche 31 janvier 1790, le paquebot No. 4, commandé par M. Gabriel de Coriolis, lieutenant de vaisseau, mouille en rade de Port-Louis dans l'après-midi. Quelques instants après les officiers et l'équipage descendent à terre et se répandent dans les rues de la ville, portant qui à leur chapeau, qui à leur boutonnière, une cocarde tricolore. Ils arrêtent les passants, leur annoncent que le Roi, la Reine et la famille royale ont été conduits à Paris, que tous les Français sont libres désormais, et que les couleurs qu'ils ont arborées sont le symbole de cette liberté. Bientôt la foule les entoure, bon nombre de désœuvrés, des soldats, des matelots, des jeunes gens sans occupation ou ardents à s'enflammer pour les idées nouvelles qui leur semblent grandes et généreuses, tout ce monde les presse de questions, les écoute bouche béante, trépigne d'enthousiasme, se pare de cocardes dont ils ont les poches pleines et qu'ils distribuent à la ronde.

Le lendemain, 1er Février, les troupes refusent de recevoir leur prêt; le chevalier de Chermont en avise aussitôt M. de Conway, qui malade depuis quelque temps est allé changer d'air au Réduit. Bien que le temps soit épouvantable,— un ouragan souffle avec furie depuis le matin—le gouverneur descend immédiatement en ville, va tout droit aux casernes, fait battre l'ordre et annonce aux soldats qu'ils seront payés en papier, mais en leur tenant compte de la valeur de la piastre.

Le jour suivant, la tempête fait rage, personne ne risque le nez dehors; le mercredi au premier rayon de soleil, les attroupements recommencent de plus belle, l'exemple a été contagieux, en deux jours plus de trois cents personnes ont pris les trois couleurs, les femmes surtout et non les premières venues, s'en couvrent littéralement depuis la tête jusqu'aux boucles de leurs souliers! (1)

(1) Dépêches de Conway à M. de La Luzerne des 11 et 14 Février 1790. (Revue Historique et Littéraire de l'Ile Maurice 2e année No. 6.) "Nouveau Mauricien" 1883, E. Trouette, A. d'Epinay.

Ainsi qu'il arrive toujours en pareille circonstance, ceux qui ont adopté la cocarde ne veulent pas admettre que d'autres puissent refuser ou même négliger de la porter, il faut que tout le monde les imite de gré ou de force, les récalcitrants sont insultés, hués, bousculés, et l'on n'a de cesse qu'ils se soient décidés à faire acquisition des emblêmes patriotiques. Les merciers sont aux anges, leurs boutiques ne désemplissent pas. Dans tous les coins de rues, sur la place du Gouvernement principalement, des groupes se rassemblent, on pérore ferme ; une affiche imprimée en gros caractères est collée aux murs du Palais de Justice, il y est dit que puisqu'en France on a installé partout des comités, la colonie se doit à elle-même d'en faire autant, les citoyens sont invités à se réunir en masse le lendemain, 4 Février, à l'église paroissiale où l'on avisera aux mesures à prendre. (1)

M. de Conway n'ayant reçu aucun avis officiel de ce qui avait pu se passer en Europe, se trouvait naturellement dans un cruel embarras ; il avait jugé avec raison, plus prudent de paraître ignorer l'effervescence populaire, d'autant plus que l'ordre n'avait guère été troublé, à part quelques horions distribués par ci par là et rendus avec usure, entre cocardistes et anti-cocardistes et même entre cocardistes purs ; mais la vue d'un placard apposé aux murs même de son hôtel lui fit perdre patience, il donna ordre de le déchirer.

S'il espérait par là faire cesser l'agitation, il se trompait de la belle manière, les attroupements n'en devinrent que plus nombreux. Les orateurs de carrefour s'étaient jusqu'ici bornés, faute d'accusations précises à formuler contre le pouvoir, à enguirlander leurs discours de belles périodes ronflantes sur les bienfaits de la liberté, sur la fraternité des peuples ; depuis deux jours que cela durait, ils avaient dû à peu près épuiser leur stock de lieux communs et commençaient sans doute à se demander non sans quelque inquiétude, si le public naguère si bienveillant et si enthousiaste, ne se lasserait pas à la longue de les entendre leur seriner toujours le même refrain et quelles en pourraient être pour eux les conséquences immédiates. Et voilà que sans s'en douter, le gouverneur les tirait d'embarras en leur fournissant un thème nouveau, sur lequel en véritables virtuoses, ils allaient broder mille variations capricieuses et abracadabrantes; M. de Conway en croyant faire acte d'autorité, épargnait peut-être à leurs épaules une bonne volée de bois vert ! (2)

Une affiche avait été lacérée, on la remplaça par dix autres, par vingt autres, en vouant le gouverneur aux gémonies. Il envoya chercher quelques uns des plus enragés discoureurs et leur demanda à brûle-pourpoint ce que signifiait ce tumulte et de quel droit ils osaient parler de s'assembler sans autorisation, pour modifier en quoi que ce soit la forme du gouvernement sans

(1) "Nouveau Mauricien" 1883.
(2) "Nouveau Mauricien" 1883, *E. Trouette.*

en avoir eu mission de l'Assemblée Nationale. Malheureusement il n'était plus temps de parler aussi sévèrement, depuis le début de son administration M. de Conway s'était pour ainsi dire complu à faire voir à la colonie le peu de cas que l'on pouvait faire de son énergie et de sa force de caractère. Bien loin d'être intimidés par cette sortie, les orateurs lui servirent une nouvelle harangue émaillée de quelques allusions aussi transparentes que bien senties, à son antipathie pour les idées nouvelles. Le gouverneur leur déclara qu'ils étaient pris de vin et les fit arrêter. (1)

Mais voilà qu'en sortant du gouvernement, les gardes sont pressés par la foule, saisis à bout de bras, passés de mains en mains, si lestement, si rapidement, que les prisonniers se trouvent libres avant que M. de Conway, témoin de la scène, ait eu le temps d'ouvrir la bouche. Il reproche alors aux manifestants leur attitude si contraire à l'ordre public ; l'un d'eux s'avançant et semblant parler au nom de tous les autres, dit : " En cela, " nous avons tort, général ! "—" Puisqu'il en est ainsi et que " vous en convenez loyalement " répond le gouverneur, enchanté de profiter d'un faux-fuyant, " qu'on laisse aller les prison-" niers. " (2)

Cet ordre arrivant quoique un peu tardivement et le gouverneur faisant prier M. de Coriolis de venir lui parler, la foule se calme comme par enchantement ; on lui présente une cocarde tricolore qu'il accepte sans trop de répugnance.

Enervé de la scène à laquelle il vient d'assister, M. de Conway reproche amèrement à Coriolis d'être la cause première de tout ce tapage ; celui-ci déclare que " ce n'est pas sa faute " si on lui reconnait du caractère et si comme à Lafayette, on le " force de se mettre à la tête du mouvement. " —" C'est fort bien," répond Conway, " c'est fort bien ! mais si l'on en vient " aux voies de fait, il faudra sévir, et il se pourrait fort bien " alors que vous en fussiez la première victime." Coriolis se retire furieux et va raconter partout que Conway a menacé de le fusiller. (3)

La soirée se passe à commenter les évènements, on veut infliger une correction exemplaire au pauvre diable qui a osé arracher l'affiche, on blâme hautement le gouverneur de son manque de résolution, on est indigné de son incapacité et de son indécision, on parle de le forcer à se démettre, de le renvoyer en France. Le jour suivant à midi, Coriolis est rappelé au gouvernement, la conversation entamée sur un ton aigredoux, dégénère bientôt en dispute ; Coriolis froissé de ces récriminations continuelles, menace de se retirer et de laisser les mécontents agir à leur guise, il déclare au gouverneur qu'il n'entend pas assumer la responsabilité de ce qui peut arriver.

(1) Dépêches de Conway à M. de La Luzerne des 11 et 14 Février 1790.
(2) Ibid.
(3) Ibid.

Sur le champ, Conway s'apaise, le prie d'excuser un moment de mauvaise humeur et le supplie au contraire d'user de toute son influence pour faire cesser l'agitation. Coriolis flatté dans son amour propre d'être choisi comme arbitre, s'engage sur l'honneur à prêter son concours aux autorités. (1)

L'assemblée a lieu dans l'après-midi, une véritable cohue envahit l'église, on a toutes les peines du monde à obtenir un peu de silence pour procéder à la formation d'un bureau.

Coriolis prend la parole et recommande aux colons la modération et le respect des institutions actuelles jusqu'à l'arrivée des avis de la métropole, il leur dépeint les anxiétés du gouverneur, n'osant agir ni dans un sens, ni dans l'autre, faute de savoir à quoi s'en tenir, et les exhorte à respecter son autorité quelque nulle qu'elle puisse être. La fin de son discours fréquemment interrompu par des observations ironiques, se perd dans un effroyable charivari ; Coriolis sentant bien qu'il n'est plus le lion du jour, se résigne au silence. Après lui, Ricard de Bignicourt se lève, accueilli par un murmure flatteur, il débute en réclamant de l'assemblée le vote d'une résolution par laquelle la colonie tout-entière s'associera aux évènements qui ont passionné la mère patrie, et acclamera la Révolution Française. Il recommande ensuite de nommer séance tenante sept commissaires, chargés de convoquer le plus tôt possible une assemblée générale de la colonie qui nommera des députés à l'Assemblée Nationale, fixera les conditions requises pour être électeur et formera un comité permanent jusqu'à ce qu'on ait reçu des instructions précises. En attendant il est persuadé que la population ne voudra pas troubler la paix publique, et que même, au besoin, elle saura prêter main-forte aux autorités pour maintenir l'ordre. Sa voix est couverte par des vivats et des applaudissements.

On procède à l'élection des commissaires : Ricard est naturellement nommé en tête, puis MM. Maissin père, Sanglier, Lamalétie, Léchelle, Fressanges et Bernès. Avant de lever la séance, Ricard propose de faire chanter un *Te Deum*, on envoie chercher M. Darthé le préfet apostolique " de la part de la " nation, " il se résigne sans trop se faire prier et l'assemblée entonne avec lui l'hymne d'actions de grâce.

La foule se sépare, Ricard est l'objet d'une véritable ovation, on le porte en triomphe jusqu'à sa demeure où viennent même le trouver les remercîments émus du gouverneur, touché de l'empressement qu'il a mis à calmer les esprits. Ricard ne s'attendait certes pas à cela ! (2)

Les commissaires font un coup de maître ; ils se rendent auprès du gouverneur, lui font part de leur nomination, émanant d'une assemblée irrégulièrement convoquée, ils reconnaissent

(1) " Nouveau Mauricien " 1883. *E. Trouette.*
(2) " Nouveau Mauricien " 1883. *E. Trouette.* *A. d'Epinay.*

que leurs pouvoirs sont nuls et qu'ils n'ont aucun droit d'exécuter le mandat qui leur a été confié. Pourtant, dans les circonstances présentes ils sont d'avis qu'il faudrait se hâter de réunir une assemblée générale, ils soumettent simplement la question à l'autorité en lui offrant l'appui de leur influence sur les masses et de leur bonne volonté.

Conway et du Puy, charmés de la tournure que prennent les choses, s'empressent de faire droit à leur demande, il est décidé que l'assemblée sera convoquée le 13, les commissaires devant rester en fonctions jusque là afin de veiller à la tranquillité, on leur envoie même à juger plusieurs plaintes assez insignifiantes pour insultes et voies de fait.

Sur ces entrefaites Conway donne ordre de payer les soldats en numéraire, il parvient ainsi à les détacher de la cause des émeutiers ; des patrouilles parcourent les rues et dispersent les attroupements sans aucune peine ; le 8 Février le Conseil Supérieur rend un arrêté contre les perturbateurs, les jours suivants, tout est calme, tout est rentré dans l'ordre, sauf les cocardes qui se montrent plus nombreuses que jamais. (1)

Le 12 Février une assemblée eut lieu chez M. d'Hauterive, chevalier de Saint Louis, elle était composée naturellement de fort peu de personnes, appartenant toutes à la classe élevée, on en jugera du reste par la résolution suivante votée à l'unanimité et remise au gouverneur qui en fit des gorges chaudes : " Leurs
" vœux et désirs sont de continuer à être régis et gouvernés
" comme ils l'ont été jusqu'à présent, sans une plus grande
" liberté, attendu que ces îles sont prises en considération par
" l'Assemblée Nationale."

Conway profita de la circonstance pour manquer à la promesse faite quelques jours auparavant au comité des sept, voici l'explication qu'il donne lui-même de sa conduite, avec plus ou moins de bonne foi :

" A cette illégale assemblée (celle du 4 Février), nous crûmes
" devoir opposer une assemblée régulière de tous les habitants ;

---

(1) " Nouveau Mauricien." 1883. *E. Trouette.*
A ce sujet, Conway écrivant au ministre, fait la remarque suivante que rien ne semble justifier, il fait preuve en cette occasion de sentiments étroits et mesquins qui ne lui font guère honneur :
" Il paraît qu'une des causes de cette émeute était le désir de vendre des
" pacotilles de cocardes apportées ici tant par le vaisseau de M. de Coriolis que
" par quelques autres bâtiments de Bordeaux. Ces cocardes avaient coûté 12 à
" 20 sols en France et dans les premiers deux jours l'on forçait par des menaces
" les passants à acheter ces cocardes 9 et même 12 francs pièce."
Que des individus sans vergogne aient tenté de faire une pareille spéculation, c'est fort possible ; mais de là à avancer que ce fut *une des causes de l'émeute*, il y a loin. Une assertion pareille ne mérite pas d'être relevée.
Plus loin il voit juste lorsqu'il dit : " D'où vient le désordre ? De la seule
" ville de Port-Louis ; si tous les habitants étaient réunis en cette ville, ils
" imposeraient peut-être à la foule ; mais ils sont dispersés sur leurs propriétés...
" La voix d'un petit nombre d'habitants qui résident en ville, est impuissante à
" lutter contre les cris de la multitude."
(Dépêches de Conway à M. de La Luzerne des 11, 14 et 20 Février 1790.)

" elle avait été fixée au 13 de ce mois, mais les honnêtes
" habitants nous ayant marqué leur opposition de se trouver
" assemblés avec des étrangers qui n'avaient ni intérêts, ni
" droits à exercer, sur leur déclaration qu'ils n'avaient nul sujet
" de se plaindre de l'administration, nous jugeâmes nécessaire de
" surseoir à la tenue de l'assemblée indiquée. Ce coup terrassa
" les cabaleurs, leurs conseils nous déclarèrent par écrit l'irrégu-
" larité de leurs fonctions. Depuis ce temps la tranquillité règne
" dans la colonie." (1)

Comme de juste, ces atermoiements furent accueillis par la plupart comme des actes d'insigne mauvaise foi ; les têtes s'échauffèrent et l'on ne sait ce qui serait advenu si les commissaires n'étaient parvenus à faire entendre raison aux plus turbulents. Les choses allèrent ainsi cahin-caha pendant quelque temps, mais devant la volonté bien arrêtée des colons d'envoyer des représentants à l'Assemblée Nationale, M. M. de Conway et du Puy furent obligés, à leur corps défendant, de faire réunir les habitants dans chaque quartier, afin de constater le vœu de la majorité qui se prononça naturellement en faveur d'une assemblée générale de la colonie (Mars 1790). (2)

Cette assemblée composée de 61 membres, se réunit pour la première fois à l'église de Port-Louis le 27 Avril ; M. Ange d'Houdetot en fut nommé président. Elle procéda d'abord à la prestation du serment par tous ses membres.

Ayant appris que M. de Conway se disposait à faire également prêter serment aux troupes le jour suivant, et qu'il avait même invité le Conseil Supérieur à assister à cette solennité, l'Assemblée demanda que la cérémonie se passât en sa présence et que dans les quartiers où se trouvaient des détachements, ceux-ci prêtassent serment en présence d'électeurs qu'elle aurait délégués à cet effet. Le gouverneur répondit que la cérémonie devait en effet avoir lieu le lendemain à 7½ heures à la caserne et que tous les membres de l'Assemblée seraient libres d'y assister car les portes seraient ouvertes à tous ceux qui voudraient s'y rendre. Froissée de ce manque complet d'égards, l'Assemblée trouvant que " c'était aux troupes à venir au devant de la nation, " et non à la nation à aller au devant des troupes ", pria le gouverneur d'indiquer un autre lieu où elle pourrait occuper une place convenable, car elle était bien décidée à ne pas mettre les pieds aux casernes.

Le gouverneur répliqua que l'Assemblée lui semblait outrepasser ses pouvoirs, que le projet venait de lui et le regardait seul comme responsable envers la nation et le roi ; pour éviter tout conflit il se décidait à contremander l'assemblée des troupes et allait en conférer avec le Conseil Supérieur (27 Avril 1790).

Cette conférence aboutit comme de juste à une reculade,

(1) " Nouveau Mauricien " 1883. E. Trouette. A. d'Epinay.
(2) E. Trouette.

M. de Conway fit savoir à l'Assemblée quelques jours après, que la cérémonie était renvoyée indéfiniment, jusqu'à ce qu'on eût reçu des ordres de l'Assemblée Nationale. (4 Mai) Ces instructions arrivèrent-elles à point nommé ? Nous en doutons fort, mais ce qu'il y a de certain, c'est que *six jours* après, le 10 Mai à 7¾ heures, l'Assemblée se rendit en corps au Champ de Mars, le gouverneur vint au devant d'elle et l'assura qu'il était sur le point de lui envoyer un aide-de-camp pour lui annoncer que les troupes étaient au rendez-vous.

L'Assemblée se rangea alors aux côtés du gouverneur, les membres se couvrirent, la prestation de serment eut lieu, puis la garnison défila devant elle, après quoi, l'Assemblée s'en alla au gouvernement féliciter M. de Conway. Sans doute de s'être soumis à sa volonté. (1)

Quelques jours après, nouvel ennui pour M. de Conway : lorsqu'il avait fallu convoquer les assemblées de quartiers, il avait adressé une circulaire aux commandants, les mettant en garde, en termes assez peu mesurés, contre les grandes phrases qui se débitaient couramment dans les assemblées populaires et qu'il qualifia d'insanités ou de quelque chose d'approchant. L'Assemblée générale s'en déclara insultée et exigea du gouverneur des excuses écrites qui furent lues en pleine séance. Il n'avait pas de chance, ce pauvre M. de Conway. (2)

L'Assemblée une fois organisée, ne perd pas son temps à tergiverser, elle abat rondement la besogne, et quelle besogne ! Le 30 Avril elle force le Conseil Supérieur à accepter que ses membres participent aux délibérations des représentants de la colonie (3) ; elle crée une garde nationale pour remplacer les anciennes milices, elle proclame l'état de siège dans toute la colonie, s'empare des attributions communales et les délègue provisoirement à des municipalités qu'elle établit dans tous les quartiers. (4) Elle se déclare en permanence, décrète son inviolabilité et ne reconnaît qu'à une loi de l'Assemblée Nationale sanctionnée par le Roi, le droit de la dissoudre. (5)

---

(1) Procès-verbaux des séances de l'Assemblée générale des 27 Avril, 4 et 10 Mai 1790. (Revue Historique et Littéraire 2e année No. 9, 5e année Nos. 34, 42).

(2) *A. d'Epinay*. Le Gouverneur déclare dans une lettre assez plate, que son intention n'était pas d'offenser l'Assemblée, ni aucun de ses membres et encore moins de la calomnier ; si quelques expressions offensantes ou désagréables lui sont échappées à son insu, il en est très fâché.

Il ne s'oppose pas à ce que l'Assemblée se saisisse des pouvoirs municipaux— en fait, il ne s'est jamais opposé à rien que pour la forme—Elle vient de créer une milice de jeunes gens dont les brevets sont expédiés directement par la municipalité et non par les officiers généraux ou par le commandant militaire ; pour prouver ses dispositions conciliantes, Conway a ordonné que le mot de passe leur fût régulièrement transmis et que le commandant de l'artillerie, sur la réquisition de l'Assemblée, leur livrât 500 fusils avec baïonnettes, fournimonts et sabres.

On n'est pas plus complaisant !

(Voir " Le comte de Conway " par *L. H. de Froberville*. Revue Historique et Littéraire. 6me année No. 16).

(3) *A. d'Epinay*. Greffe de la Cour Suprême. Reg. 18, No. 986.
(4) Ibid. Reg. 19, No. 999. (22, 24, 26, 28 Mai 1790.) *E. Trouette*.
(5) *E. Trouette*.

Le préfet apostolique, M. Darthé, met gracieusement à la disposition de l'Assemblée, pour y tenir ses séances et installer ses archives ainsi que les bureaux de ses secrétaires, les deux tiers de la grande église, la tribune pratiquée au dessus de la grande porte d'entrée dans toute la longueur de l'édifice, et celle pratiquée dans la partie latérale du chœur, à droite en entrant par la porte principale. (1)

Le Port-Louis est débaptisé, il redevient tout simplement le Port Nord-Ouest ; en revanche l'Assemblée tient sur les fonts baptismaux, par l'entremise de M. Collin, son nouveau président, le fils qui vient de naître à son ex-président et qui se nomme Ile de France d'Houdetot. (2) A cette occasion la ville est en liesse, nopces et festins, fêtes patriotiques et agapes fraternelles, rien n'y manque !

Le 25 Mai le commandant de la division navale, le général comte de Macnémara était arrivé à l'Ile de France ; choqué de voir l'indiscipline qui régnait à bord des bâtiments, il publia un ordre du jour, prévenant les équipages d'avoir à éviter les " séductions criminelles " que des personnes mal intentionnées affectaient de leur présenter et donnant ordre à tous les capitaines de la marine militaire, comme de la marine marchande, de redoubler de vigilance afin de prévenir de nouveaux désordres. (2 Juin) Ces derniers, mécontents de l'attitude du général et se figurant que puisque tout était changé, ils n'avaient plus d'ordres à recevoir de lui, s'en furent répandre leurs doléances dans le sein de l'Assemblée, qui ne laissa pas échapper une aussi belle occasion de faire acte de vigueur. Le 4 Juin elle sommait Macnémara de lui faire connaître individuellement " ces personnes méchantes et coupables de séductions criminelles. "

Macnémara, peu patient de sa nature et très ennuyé de ce tapage, répondit catégoriquement que ses équipages dociles jusqu'ici, commençaient à se montrer récalcitrants et insubordonnés ; il ne pouvait attribuer ce changement qu'à une influence extérieure aussi néfaste que coupable, et que du reste, quoi qu'il en fût, il ne reconnaissait pas à une assemblée chargée uniquement des intérêts de la colonie, le droit de lui dicter ses volontés ; comme chef de la division il niait son autorité et ne prenait d'ordres que du Roi. " La portion d'éloges que l'Assemblée
" générale s'est attribuée de droit de donner au zèle que le comte
" de Macnémara a manifesté, le flatterait infiniment si elle ne
" prouvait que qui s'arroge le droit de louer les actions des
" hommes, se permet facilement de les blâmer à son gré." (3)

La leçon pour être bien méritée, n'en était pas moins dure, l'Assemblée devait s'en souvenir en temps et lieu !

(1) Procès-verbaux des séances de l'Assemblée générale du 5 Mai 1790, (Revue Historique et Littéraire.—5me année No. 35.)
(2) *A. d'Epinay.* 28 Mai 1790.
(3) *A. Pascau*—" Chroniques de l'Ile de France. "

Dans tout cela l'Assemblée semble fort peu se préoccuper s'il existe un gouverneur dans la colonie, on se passe avec désinvolture de ses avis et le pouvoir local accepte bon gré, mal gré son infériorité ! La métropole a donné l'exemple, il faut bien que la colonie l'imite tant qu'elle peut ; peu lui importe que le pastiche soit mauvais et qu'elle n'ait pas les mêmes raisons de se soulever, car il ne s'agit pas ici de l'antagonisme d'un peuple contre une aristocratie qui l'opprime, la population ne comporte que deux catégories, les blancs propriétaires que leur intérêt vital réunit, quelle que soit la divergence de leurs opinions, contre les noirs esclaves. Ces différences d'opinion ne sont même pas aussi tranchées qu'on voudrait le croire ; les uns, principalement la bourgeoisie, les négociants et les avocats, ont accepté avec enthousiasme le nouvel état de choses, les autres, d'anciens militaires pour la plupart, n'osent encore se prononcer et conservent au fond du cœur un certain regret pour un passé glorieux. Tous siégent pourtant pêle-mêle à l'Assemblée, ce qui donne lieu parfois à des scènes désopilantes, à des algarades entre collègues, qui menacent à tout bout de champ de dégénérer en pugilats. (1)

Enfin les nouvelles de France si impatiemment attendues arrivent avec le *Stanislas*, qui mouille en tête de rade le 17 Juin ; son commandant, M. Fournier, se rend à l'Assemblée et dépose un paquet contenant l'expédition du décret du 8 Mars 1790, par lequel l'Assemblée Nationale recommande à la colonie l'élection d'une chambre législative ainsi que la nomination d'une municipalité dans chaque quartier. Lecture en est donnée au milieu d'un religieux silence qui fait bientôt place à la joie la plus désordonnée. (2)

L'article 6 de ce décret contenait le paragraphe suivant :

" Au surplus, l'Assemblée Nationale déclare qu'elle n'a
" entendu rien innover dans aucunes des branches du commerce,
" soit direct ou indirect, de la France avec ses colonies ; elle met
" les colons et leurs propriétés sous la sauvegarde spéciale de la
" nation ; déclare criminel envers la nation quiconque travaillerait
" à exciter des soulèvements entre eux. Jugeant favorablement
" des motifs qui ont animé les citoyens des dites colonies, elle
" déclare qu'il n'y a pas lieu contre eux à aucune inculpation ;
" elle attend de leur patriotisme le maintien de la tranquillité
" et une fidélité inviolable à la nation à la loi et au roi. "

Malgré l'assurance dont elle avait fait preuve, l'Assemblée générale se demandait parfois, non sans inquiétude, comment ses actes seraient accueillis par sa sœur ainée, si elle ne serait pas réprimandée et même sévèrement punie pour certaines de ses décisions plus ou moins entachées d'illégalité et de despotisme, aussi l'on conçoit aisément le délire qui s'empara d'elle en recevant l'approbation implicite de tout ce qu'elle avait fait et de ce qu'elle comptait faire encore. Le jour suivant, 18 juin, on se

(1) *E. Trouette.*
(2) *A. d'Epinay.*

réunit à l'église pour chanter encore un *Te Deum*, le soir la ville fut illuminée, on tira des salves d'artillerie, les jours suivants des réjouissances eurent lieu dans les quartiers, et pour terminer on changea le nom du *Stanislas*, qui n'en pouvait mais, pour le baptiser le *Sauveur de la colonie*. (1)

La foule n'avait pas été la dernière à être instruite des évènements, elle était dans un état d'exaltation indescriptible, car les marins du *Stanislas* avaient naturellement raconté comment les choses se passaient en France et comment on en usait vis-à-vis des aristocrates ou ceux réputés tels. Lorsque là-bas les suppôts de la tyrannie n'en menaient pas large, la colonie pouvait-elle décemment rester inactive ?

En un clin d'œil une lanterne et sa potence se dressèrent sur la place du Gouvernement ; il fallait quelqu'un de bonne volonté pour l'y accrocher, mais ce quelqu'un n'était-il pas tout désigné à la vindicte populaire ? Ce Macnémara qui avait osé tout récemment faire si peu de cas des institutions nouvelles, en remettant l'Assemblée à sa place !

Pendant que la cohue augmente, profère des menaces et s'essaie pour la première fois à chanter le *Ça ira !*, Macnémara se trouve au gouvernement, observant tout avec le plus grand calme, car il sait bien que la foule n'osera pas encore aller l'y chercher. Sur ces entrefaites on vient le prévenir que l'Assemblée se dispose à le mander à sa barre. Le cas est grave, M. de Conway ne pourra certainement pas fermer sa porte à la députation qui viendra le relancer ; une fois dehors, l'Assemblée sera-t-elle assez forte pour le protéger contre l'exaspération de ces énergumènes ? Ne vaut-il pas mieux tâcher d'éviter une scène pénible qui peut avoir des conséquences fâcheuses ?

C'est aussi l'avis de tous ceux qui se trouvent réunis à l'hôtel du gouvernement ; Macnémara suivi de six hommes dévoués, se glisse par la petite porte donnant sur la rue de l'Intendance, gagne le quai par un chemin détourné, espère pouvoir atteindre une embarcation et se réfugier à bord de la *Thétis*, lorsqu'en débouchant au Chien de plomb il tombe au milieu d'un groupe de gardes nationaux qui allaient justement à sa recherche. Il est pris, il se croit perdu, il perd la tête, saisit un pistolet et veut se brûler la cervelle ; on le désarme, on l'entoure et l'on prend le chemin de l'église.

MM. de Conway, du Puy et Fournier le voyant revenir, sortent du gouvernement, percent la foule et se rangent à ses côtés, ils ont mille peines à empêcher qu'on le maltraite, les gardes nationaux font leur devoir et aident puissamment à contenir la populace qui vocifère plus que jamais. On arrive à l'église, Macnémara est introduit ; l'assemblée avait tout d'abord

(1) *A. d'Épinay*.

voulu exiger de lui une rétractation de la lettre qu'il lui avait adressée, mais après réflexion, on jugea qu'il serait suffisant de lui réclamer une profession de foi patriotique. Macnémara cédant aux instances de ses amis, y consent, on lui fait prendre l'uniforme de la garde nationale, il est conduit à la barre et fait la déclaration qu'on lui demande. Des applaudissements éclatent, l'Assemblée ordonne de brûler séance tenante les plaintes portées contre lui, on en fait un feu de joie sur la place de l'église, tandis que les officiers de la marine marchande et ceux de la division oublient leurs rancunes et fraternisent. L'Assemblée en corps reconduit Macnémara en triomphe jusqu'au gouvernement. La foule est d'abord assez déconcertée de voir sa proie lui échapper, mais elle ne tarde pas elle aussi à être gagnée par l'enthousiasme et crie plus haut que les autres : " Vive Macnémara !" Pourtant comme il lui faut à toute force dépenser contre quelqu'un son besoin de violence, elle tourne sa fureur, on n'a jamais trop su pourquoi, contre le capitaine du port, M. de Ravenel, qui sans l'intervention de plusieurs personnes, aurait certainement passé un fort vilain quart d'heure. (1)

Mais pérorer en plein air était bien incommode, l'Assemblée n'était ouverte qu'aux élus de la population, il fallait bien un lieu de réunion où tous ces hommes assoiffés de politique pussent échanger leurs idées ; la métropole regorgeait de clubs, l'Ile de France ne pouvait se dispenser d'avoir les siens, il y en eut bientôt plus qu'il n'était nécessaire. Le premier qui s'ouvrit fut celui des *Amis de la Constitution*, fondé par des membres de la classe dirigeante dans une maison de la rue Royale, non loin du gouvernement. Ses opinions étaient assez modérées en somme, composé qu'il était de personnes de bonne éducation ; il ne tarda pas à englober d'autres sociétés qui existaient déjà, simples cercles où l'on s'assemblait pour causer et pour banqueter sans toucher jusqu'ici à la politique. La classe inférieure organisa le *Club des Jacobins*, où furent admis les sous-officiers et même les simples soldats ; celui-ci se subdivisa plus tard en *Club des sans culottes* et en *Chaumière*, dont l'influence devint à ce point toute puissante, qu'elle dicta ses volontés au gouverneur et que l'Assemblée Coloniale dut maintes fois se courber devant son despotisme. (2)

Aussitôt que l'Assemblée générale eut pris connaissance des dépêches portées par le *Stanislas*, elle prit le nom d'Assemblée Coloniale de l'Ile de France et procéda sans délai à l'élection des délégués qui devaient la représenter à l'Assemblée Nationale (1er Juillet 1790). Furent nommés députés MM. Collin et Codère, et suppléants MM. Pierre Monneron et de Missy, le premier négociant à Paris, le second à la Rochelle. (3)

Elle s'occupa ensuite de former les différents corps constitués

---

(1) *D'Unienville. A. Pascau.* " Chroniques de l'Ile de France. " *A. d'Epinay.*
(2) " Souvenirs d'un vieux colon, " *F. Ducray,* " Le contre coup de 89 à l'Ile de France. " *A. d'Epinay.*
(3) *A. d'Epinay.*

auxquels devait être confiée l'administration intérieure. Les assemblées primaires furent convoquées (21 juillet) (1), les municipalités provisoires remplacées dans chaque quartier par des institutions définitives ; le premier maire de Port Louis fut M. Fressanges, membre de l'Assemblée, homme de tact et de bon goût, qui sut se tenir complètement en dehors des passions politiques et des dissensions qui troublèrent plus d'une fois le cours des délibérations. Il mourut peu de temps après et fut remplacé par Ricard de Bignicourt. (2)

Les milices avaient été dissoutes lors de la création de la garde nationale, un de leurs officiers, M. de Maissin fils, professant des opinions ultra-royalistes et faisant publiquement montre du plus profond mépris pour les nouvelles institutions, affectait pour narguer la foule, de ne pas quitter son uniforme et de se promener ainsi dans les rues en ne laissant jamais échapper la moindre occasion d'être désagréable aux républicains, soit par ses paroles, soit par ses actes. Apercevait-il un attroupement, vite il se faufilait au premier rang, semblait s'informer avec intérêt de quoi il était question, s'indignait avec les uns, protestait avec les autres, était de l'opinion des plus exaltés jusqu'au moment où il pouvait leur glisser quelque ironie bien acérée, leur prouvant clair comme le jour qu'il s'était moqué d'eux. Il s'esquivait alors en riant aux éclats, enchanté de leur avoir joué un bon tour. Une fois il s'était amusé à rédiger une sorte de protestation contre l'Assemblée, dans laquelle sa verve satirique s'était librement donnée cours, puis il imagina de pénétrer dans différentes maisons pour y distribuer son pamphlet ; inutile de dire qu'il avait fait choix des demeures des plus fougueux partisans de l'ordre nouveau. Bref, il était devenu la bête noire de la foule qui guettait le moment où elle pourrait lui faire payer cher ses sarcasmes.

Ce jour arriva bientôt, soit qu'il eût poussé ses plaisanteries trop loin, soit que les républicains en éveil lui eussent coupé la retraite, il fut entouré juste en face du bureau de la police, bousculé, maltraité, son uniforme déchiré, ses épaulettes arrachées, quelques uns voulaient à toute force le faire étrenner la lanterne ; fort heureusement pour lui, beaucoup trouvaient cette punition excessive. Pendant qu'on discutait, plusieurs membres de l'Assemblée eurent le temps d'arriver, et grâce à leur intervention, il put échapper à peu près sain et sauf. (3)

Tout avait marché jusqu'ici trop bien à souhait pour l'Assemblée Coloniale ; fière de l'influence, nous dirons même l'omnipotence qu'elle avait prise dans la colonie, elle n'hésita pas, contrairement à l'esprit comme à la lettre du décret du 28 Mars, à émettre l'exorbitante prétention de statuer sur des plaintes portées contre plusieurs officiers supérieurs des établissements

(1) *Pridham.* Greffe de la Cour Suprême. Reg. 19. No. 1.
(2) *A. d'Épinay. F. Ducray.*
(3) *F. Ducray.* " Le contrecoup de 89 à l'Ile de France."

de l'Inde, et les cita à comparaître devant elle. (25 Juillet). M. de Conway protesta, se basant sur les ordres formels de la métropole ; l'Assemblée, sous prétexte qu'il entretenait une correspondance secrète avec le ministre, exigea alors qu'il lui mît sous les yeux toutes ses dépêches, il y consentit ; on fit une véritable perquisition dans ses papiers, ses lettres privées ne furent même pas respectées. C'était porter le comble aux avanies dont on l'avait abreuvé, il se décida (le 29 Juilllet) à remettre sa démission entre les mains de M. de Chermont, colonel du régiment de l'Ile de France, qui le remplaça jusqu'au 26 Août, date à laquelle le gouverneur particulier de Bourbon, M. de Cossigny, prit les rênes de l'administration. (1)

M. de Conway resta dans la colonie jusqu'au 9 Septembre, il s'embarqua alors sur la *Nymphe*, sans tambour ni trompette, son départ passa même inaperçu, l'escadre seule daigna lui accorder le salut d'usage. La *Nymphe* resta sur rade pendant deux semaines encore, elle ne leva l'ancre que le 21. (2)

M. David Charpentier de Cossigny était le neveu de Cossigny l'ingénieur et le cousin de notre Cossigny de Palma ; parti de Bourbon le 19 Août, il arriva le jour suivant au Port-Nord-Ouest. Il se fit tout d'abord reconnaître par la garnison, remit au Conseil Supérieur ses pouvoirs pour être enregistrés et le 26 Août il fut installé par l'Assemblée Coloniale, qui dans la matinée s'était réunie pour arrêter dans ses moindres détails le programme de cette solennité, dont nous donnerons un aperçu pour la rareté du fait.

M. de Cossigny arrivé à la porte de l'Assemblée, est reçu par une députation de cinq membres ; il entre, tous les députés restent assis sauf le nouveau président et son prédécesseur, M. Yvon. On l'introduit à la barre, et lecture est faite de sa commission, après quoi toute l'Assemblée se lève et M. de Cossigny prête le serment de fidélité à la nation, à la loi et au roi. Il est ensuite conduit sur l'estrade et s'assied entre les deux présidents ; son installation est proclamée à haute voix, on lui adresse les félicitations d'usage auxquelles il répond comme de juste. L'intendant se présente ensuite, l'Assemblée décide que tous ses membres ainsi que tous les corps constitués seront appelés à renouveler le serment. L'intendant commence, toute l'Assemblée en masse l'imite ; le Conseil Supérieur, M. Delaleu en tête, vient ensuite, puis les officiers de la Juridiction Royale et leur président M. Barbé Marbois, puis les officiers de l'administration. Sur la proposition de M. d'Houdetot, commandant général de la garde nationale, secondé par M. Darthé, préfet apostolique, et par M. Delaleu, président du Conseil Supérieur, l'Assemblée prononce à l'unanimité l'oubli des divisions et une réconciliation pleine et entière entre les diverses classes de la communauté.

(1) Voir pièces justificatives No. 9.
(2) D'Unienville, A. d'Epinay.

M. de Cossigny se retire et est accompagné au gouvernement par toute l'Assemblée. A 4 heures de l'après-midi, " l'Assemblée
" étant réunie en corps en une salle basse du presbytère, le
" gouverneur arriva environné de tous les chefs militaires, officiers
" et autres. On se mit en marche pour l'église, précédé par une
" nombreuse musique, les membres de l'Assemblée mêlés aux
" officiers du cortège du gouverneur. Le clergé croix en tête avec
" deux accolytes, M. le préfet apostolique, en chappe, vint au
" devant du gouverneur jusque sur le perron de la grande porte
" de l'église, l'invita à entrer et prit la tête, traversa la nef, remplie
" par la foule dont partie était forcée de se tenir dehors. Le
" clergé entra dans le sanctuaire et le gouverneur encore dans
" la nef, à la porte du chœur, le préfet environné de tous les
" ministres des autels, lui souhaita la bienvenue, et puis le fit
" entrer et le conduisit au fauteuil du représentant du roi. Le
" préfet et le clergé se retirèrent dans la sacristie, l'Assemblée
" générale se plaça du côté de l'Evangile, le corps municipal se
" plaça du même côté, derrière." (1)

Lorsque tout le monde fut installé, on entonna un *Te Deum*, le gouverneur fut ensuite reconduit solennellement à son hôtel et pour prouver la pureté de ses intentions, la foule abattit la lanterne. (2)

Les ruines occasionnées par la déconfiture de la trop célèbre Banque du Mississipi, le résultat funeste du système de Law, la panique produite par les premiers troubles révolutionnaires, tout cela contribua à faire émigrer à l'Ile de France, un grand nombre de personnes appartenant aux classes supérieures de la société, se voyant menacées non seulement dans le peu qui leur restait de leur fortune, mais aussi dans leur propre existence. Ici, nous l'avons dit, aucune prérogative, aucune hiérarchie attachée à l'ordre nobiliaire, par conséquent ni jalousie, ni rivalité. Nos vieux colons portaient presque tous la croix de Saint Louis sur leur gilet de conjon bleu ou de nankin, s'ils étaient fiers de cette décoration noblement acquise, ni leur simplicité, ni leur bienveillance ne s'en ressentirent du moins. (3) Dans ces conditions, le système d'égalité prôné par les adeptes du nouveau régime, opéra tout-à-fait à rebours. Se voyant brutalement arracher des privilèges auxquels il avait jusqu'ici accordé si peu d'importance, le gentilhomme crut de sa dignité de se montrer plus renfermé, moins accueillant aux nouveau-venus, comme à ceux mêmes de ses connaissances qui professaient les idées nouvelles. Du coup les relations sociales s'en ressentirent ; plus de ces réunions intimes qui avaient un si grand charme quelques années auparavant, plus de cette hospitalité large et chaleureuse que les étrangers trouvaient à peine débarqués ; les maisons étaient fermées, les hommes ne se rencontraient plus que pour parler politique.

(1) Greffe de la Cour Suprême, Reg. 19, No. 8. Nouveau Mauricien 1883.
(2) A. *d'Épinay*.
(3) *D'Unienville*, " Souvenirs d'un vieux colon." *Pridham*.

La politique, c'était la plaie du moment, tout le monde voulait émettre son opinion, tout le monde était membre d'un club où les plus folles théories rivalisaient journellement d'absurdité ! Tout le monde avait son petit système, tous se croyaient pour le moins l'étoffe d'un Barnave ou d'un Mirabeau. A la jeunesse la politique ne suffisait guère, après avoir passé un moment au club, on se retrouvait dans les cafés, dans les billards et dans les tripots, car le jeu marchait de pair avec la politique. (1) Un auteur cite un de ces bouges situé hors de la ville, au jardin Despeaux, sur la route des Pamplemousses, où des hommes graves fréquentaient assez souvent. La chose était d'autant plus facile que la maison possédait plusieurs issues. (2)

Le seul lieu, pour ainsi dire, où les deux sexes se retrouvaient en présence, et où par conséquent les hommes étaient obligés à une tenue moins débraillée, c'était le théâtre. En 1788, lorsque la colonie fêta M. de Souillac au moment de son départ, l'idée était venue à un chirurgien major d'un des navires de guerre, M. Laglaine, de mener à l'Ile de France une troupe théâtrale ; il espérait ainsi faire une bonne spéculation tout en offrant aux colons un divertissement jusqu'alors ignoré. Il fit courir des listes de souscription qui furent couvertes en fort peu de temps et s'embarqua pour aller recruter son personnel. Pendant ce temps on s'occupa de construire une salle de spectacle, l'emplacement choisi fut le Jardin de la Compagnie à son extrémité la plus éloignée de la Chaussée ; les travaux commencèrent au mois de Février 1789, l'architecte, M. Guérandel, livra la salle en Juin de l'année suivante, et elle fut inaugurée le 11 Juillet. Cependant artistes et directeur étaient déjà rendus depuis le 20 Mai, on s'installa tant bien que mal pour le moment dans l'immeuble qui forme l'angle des rues Desforges et de l'Église et qui sert aujourd'hui de bureau aux archives. M. Laglaine s'était mépris sur le goût de son public, comme à cette époque la comédie et surtout la tragédie faisaient florès en France, il avait formé une troupe dramatique, mais on ne l'entendit pas ainsi, on voulut à toute force avoir de l'opéra, rien que de l'opéra. Le directeur se trouva fort embarrassé, il parvint pourtant à seriner quelques rôles à ses artistes qui les braillèrent à qui mieux mieux, nous dit-on, et le succès n'en fut que plus colossal ! (3) Nos pères ne possédaient pas un sentiment artistique bien développé, sous ce rapport pouvons-nous dire que nous avons dégénéré ?

Un des résultats immédiats de ces représentations auxquelles toute la population assistait avec frénésie, fut de mettre l'amour propre en jeu par ces temps d'égalité à outrance ; l'égalité de la fortune n'avait pas été proclamée, mais il n'en parut pas moins

(1) *D'Unienville.* " Souvenirs d'un vieux colon."
(2) " Souvenirs d'un vieux colon."
(3) *D'Unienville.* " Souvenirs d'un vieux colon." " Revue pittoresque de l'Ile Maurice." *F. de Froberville, A. d'Epinay.*

pénible à ceux qui ne possédaient qu'une aisance tout à fait relative, de se voir éclipser par le luxe de quelques privilégiés. Ne pouvant songer à établir des lois somptuaires, on aima mieux, en cela la vanité trouvait son compte, rivaliser de richesse et d'élégance dans la mise avec ces derniers. Ce fut une véritable fièvre de luxe, l'amour du paroistre poussé à son paroxysme ; mais partout le luxe coûte cher, où trouver des ressources pour faire face à ces dispendieuses fantaisies ? Pour y arriver, il fallait à tout prix gagner des sommes folles aussi vite qu'on les dépensait ; le jeu, les spéculations, l'agiotage seuls pouvaient les donner, on ne s'en fit pas faute, loin de là ! C'était une chose poignante au delà de toute expression, que de voir de respectables pères de famille, qui avaient travaillé toute leur vie dans le seul but d'amasser quelques rentes pour leurs vieux jours ou pour les laisser à leurs enfants, pris d'un vertige subit, risquer tout leur avoir, quelquefois hélas plus qu'ils ne possédaient, dans des entreprises pour le moins douteuses, sans vouloir se rendre compte qu'ils couraient infailliblement à la ruine et au déshonneur, sans vouloir même songer que si la chance les favorisait, ce ne pouvait être qu'au détriment de quelque autre, peut-être un autre père de famille dans la même position qu'eux ! Voilà où l'on en était venu, et l'ère de la liberté ne faisait que commencer ! (1)

Voici en résumé ce qui se trouvait au fond des passions politiques, la forme pouvait varier, il pouvait se rencontrer des convictions profondes et par le fait respectables, mais le germe de discorde perçait malgré tout. D'un coté, chez les gentilshommes, mépris fait d'indignation et de dégoût pour la bourgeoisie qui sans provocation aucune, prétendait supprimer les titres et les autres avantages de la naissance dont jusqu'ici les principaux intéressés n'avaient pas cherché le moins du monde à se targuer ; cette disposition d'esprit jointe aux nouvelles qu'ils recevaient de la métropole, leur fit embrasser la cause royaliste, comme la seule compatible avec le bon ton et la bonne éducation. De l'autre, la classe intermédiaire, composée d'avocats et de négociants pour la plupart, trouvant l'occasion de satisfaire sa jalousie contre ceux dont elle rêvait d'égaler sinon de surpasser le luxe et l'élégance, se jeta à corps perdu dans les idées nouvelles mais s'arrêta bientôt à moitié chemin, ayant trop à perdre en proclamant l'égalité à outrance ; elle se rangea dans la catégorie des constitutionnels. Plus bas, les classes ouvrières, prolétaires, gens sans aveu, ne risquant rien et par conséquent ne pouvant que tirer avantage du désordre et de l'anarchie, haïssant instinctivement tous ceux qui s'élevaient au-dessus d'eux par leur intelligence et leurs capacités, nous ne dirons pas leur naissance, car c'était chose tout à fait secondaire dans la colonie ; ceux là formaient la démagogie, les sans culottes, capables de tout, de faire le mal comme de faire le bien selon le caprice du moment et la volonté des chefs en qui ils reposaient

(1) *D'Unienville*, " Souvenirs d'un vieux colon."

leur confiance. Ainsi, orgueil déplacé, basse envie, amour du désordre, voilà en peu de mots la devise des partis qui allaient se disputer le pouvoir. Comme il arrive toujours, chacun à tour de rôle allait jouir de la puissance jusqu'à ce que l'équilibre fût rétabli.

En dehors des passions politiques se trouvait la classe des noirs esclaves, attentifs à tout ce qui se passait, mais n'y voyant goutte naturellement ; liberté, égalité, fraternité, ces abstractions ne les touchaient pas. Ils se disaient tout bonnement que le roi voulait leur liberté et que les colons s'y refusaient, et s'inclinant devant la force des choses, ils continuaient leur train d'existence sans songer à percer ce mystère. (1)

Le 30 Août la colonie avait reçu de la métropole le décret du 28 Mars et les instructions qui l'accompagnaient, mais ce ne fut que le 18 Septembre que M. de Cossigny en fut officiellement avisé par des dépêches portées par le capitaine de Grissac du navire le *Hernoux* venant de Bordeaux. (2)

Voici les principaux paragraphes de ces instructions :

" 2. L'Assemblée Coloniale pourra déclarer qu'elle juge la
" formation d'une nouvelle assemblée coloniale plus avantageuse
" que la continuation de sa propre activité, et dans ce cas il sera
" procédé à de nouvelles élections.

" 3. Si elle juge sa continuation plus avantageuse, elle
" pourra commencer à travailler suivant les indications de
" l'Assemblée Nationale, mais ne pourra user de la faculté de
" mettre certains décrets à exécution jusqu'à ce que la colonie
" ait approuvé sa continuation.

" 4. Toutes les personnes âgées de 25 ans, propriétaires
" d'immeubles ou domiciliées dans la paroisse depuis trois ans et
" payant une contribution, se réuniront en assemblée paroissiale.

" 8. Le nombre des députés à envoyer à l'Assemblée Coloniale
" sera de un pour cent citoyens, en observant que la dernière
" centaine sera censée complète par le nombre de 50. Il sera nommé deux députés pour 150 citoyens, trois pour 250, sans avoir égard au nombre fractionnaire au dessous de 50. Les paroisses de moins de 100 citoyens nommeront toujours un député.

" 9. Les assemblées paroissiales procèderont dans la forme
" qui leur paraîtra la plus convenable.

" 10. Les députés ne pourront être gênés quant à leurs
" opinions par aucun mandat, ni soustraits à l'empire de la
" majorité.

" 11. Les députés...... détermineront le lieu où devra siéger
" l'Assemblée Coloniale.

(1) *E. Trouette.*
(2) Note fournie par *M. Aimé Duvivier.*

" 17. Les lois destinées à régir les colonies, préparées dans
" leur sein, ne sauraient être définitives avant d'avoir été décrétées
" par l'Assemblée Nationale et sanctionnées par le Roi. Les lois
" purement intérieures pourront être provisoirement exécutées
" avec la sanction du gouverneur, en réservant l'approbation
" définitive du Roi et de la législature française, mais les lois
" proposées, qui toucheraient aux rapports extérieurs, ne sauraient
" recevoir aucune exécution, même provisoire, avant d'avoir été
" consacrées par la volonté nationale.

" 18. Le Roi, chef suprême du pouvoir exécutif, des
" tribunaux, de l'administration et des forces militaires, sera
" représenté dans la colonie par un gouverneur qui exercera
" provisoirement son autorité. " (1)

Depuis l'entrée en fonctions de M. de Cossigny les choses avaient marché à peu près sans encombre, on aurait juré que la tranquillité était rétablie et rien ne pouvait faire prévoir le drame qui allait se dérouler.

Les députés de la colonie étaient sur le point de partir pour aller prendre leur siège à l'Assemblée Nationale ; déjà, depuis le 27 Octobre ils avaient reçu bon nombre de pétitions dans lesquelles les habitants se plaignaient de la tyrannie des gouverneurs et de la rapacité de la Compagnie des Indes. Le 2 Novembre au moment de s'embarquer, l'Assemblée Coloniale leur fit tenir les instructions suivantes :

" L'Assemblée Coloniale
" 27 Septembre 1790.

" La colonie charge ses députés d'assurer l'Assemblée
" Nationale de la profonde soumission des colons à tous les décrets
" la concernant ; d'exprimer la vive gratitude dont ils sont
" pénétrés et comme français et comme colons, pour tous les
" bienfaits qu'ils en ont reçus.

" La première étincelle du feu sacré de la Liberté a jailli
" sur nous le 4 Février 1790 !

" Les colons ne veulent pas qu'un étranger, c'est-à-dire un
" agent de la métropole, les gouverne ni les représente. Ils
" attribuent une grande partie de leurs divisions à ces sortes de
" choix d'hommes, qui pour maintenir leur despotisme, ne
" craignent pas d'armer les colons les uns contre les autres.

" Ont signé, les membres suivants :

" Barbé de Marbois, président, Ricard de Bignicourt, vice
" président, Cailleau, receveur, Couaraud, receveur, Villard,
" Boudot de la Motte, Dureau de Vaulcomte, Philibert, Oury,
" Anglade, Bédel, Quelleven, Delarue, Aveline, Baré, Léchelle,
" Faure, Céré, Merville aîné, Prévost de Langeron, Maissin père,

(1) *E. Trouette*.

" Darifat, Darthé, Ourtak, Jérôme Monneron, Abraham Lezon-
" gard, De la Butte, Magon de la Villebague, Kerbalanec,
" Yvon, Jollivet, secrétaire, Balu, secrétaire. " (1)

 Ces messieurs étaient déjà rendus à bord de l'*Amphitrite* qui allait appareiller, lorsqu'un lieutenant de la *Thétis*, M. Desnos, eut une altercation avec un garde national, quelques horions furent échangés et Desnos fut conduit en prison pour avoir troublé la paix publique. Cet incident si peu sérieux qu'il eût dû passer inaperçu, suffit à mettre les cerveaux en ébullition ; on raconte tout haut que Macnémara a l'intention de se mettre à la poursuite des députés, de se saisir de leur personne et de faire disparaître leur dépêches, peut-être même de les faire disparaître eux aussi. Ce bruit prend une telle consistance que la foule se rend à l'Assemblée et demande qu'on fasse revenir les députés à terre ; voyant bien qu'il ne fallait pas songer à faire entendre raison à ces exaltés, l'Assemblée accède à leur demande, elle envoie chercher ces messieurs et pour donner plus ample satisfaction encore à la populace, elle réclame du général le gouvernail de sa frégate. Sur les instances du gouverneur, Macnémara consent à cette ridicule prétention, le gouvernail est démonté et remorqué à terre par une embarcation. Tout semble terminé cette fois encore, lorsque la municipalité reçoit une nouvelle dénonciation contre Macnémara, on l'accuse d'avoir traité les soldats de lâches et de traîtres, le gouverneur et l'Assemblée de gredins et de bandits, dans une lettre mise à la poste et détournée par le directeur lui-même sur l'avis du propre secrétaire du général. De prétendues copies de ce document, saisi par une insigne félonie, circulent dans les clubs et dans les casernes, considérablement amplifiées pour les besoins de la cause ; l'exaspération est naturellement portée à son comble. Le lendemain dans la soirée les députés se rembarquent tandis que la foule cherche en vain à arracher Desnos de sa prison pour le hisser à la lanterne qu'on s'est empressé de rétablir. Le 4 Novembre, au moment où la *Thétis* va enfin lever l'ancre, des soldats du régiment de Pondichéry pour la plupart, ivres de vin et de fureur, excités par les lettres qu'on leur a fait lire, se ruent sur les embarcations du port, prennent la frégate d'assaut et somment Macnémara de les suivre. Les officiers rassemblent l'équipage et se disposent à jeter cette canaille par dessus bord ; Macnémara s'y refuse, et s'avançant vers les soldats, il leur déclare qu'il se fie à leur honneur, qu'il les suivra jusqu'à l'Assemblée et qu'il est bien persuadé qu'ils n'hésiteront pas à le protéger contre la foule si cela est nécessaire. Par surcroît de précaution, il passe une paire de pistolets à sa ceinture sans songer à en vérifier les amorces qui ont été enlevées par son valet de chambre depuis le jour où il a voulu se brûler la cervelle. Il descend à terre escorté par les soldats qui le conduisent sain et sauf à l'église.

(1) *A. d'Epinay.*

L'Assemblée est houleuse, plusieurs membres vociferent et réclament sa tête sans vouloir écouter ses explications ; heureusement que la majorité se montre plus modérée, on lui accorde la parole, il reconnaît avoir écrit des lettres, mais il nie énergiquement s'être servi des expressions contenues dans celles que l'on a fait circuler, il flétrit comme il le mérite l'acte infâme de ceux qui ont abusé de leur situation pour commettre un indigne abus de confiance. Bref, son attitude à la fois très ferme et très fière en impose à l'Assemblée qui se déclare satisfaite. Craignant avec quelque raison la colère de la populace qui gronde devant l'église et profère des imprécations, elle décide que quatre de ses membres l'escorteront. Macnémara demande à être mené aux casernes sous la protection des soldats ; le gouverneur de son côté allait s'y rendre, comment se fait-il qu'ils n'aient pas fait route ensemble ? Par quelle coupable insouciance M. de Cossigny ne se plaça-t-il pas à ses côtés ? Comment laissa-t-il le cortège du général quitter la rue du Gouvernement à la rue Desforges pour descendre par la rue de l'Eglise ? C'est là une de ces coïncidences malheureuses dont on ne s'aperçoit que lorsqu'il est trop tard pour y porter remède.

Les cris *à mort l'aristocrate, à la lanterne le traître*, retentissent de toute part, la foule se précipite sur lui, les soldats ont mille peines à le dégager, son épée est arrachée, on cherche à le frapper à coups de poing et à coups de bâton, on lui crache au visage, on l'insulte, on le harcèle. On arrive ainsi, le pressant, le bousculant, jusqu'à l'angle de la rue Royale ; de l'endroit où il est, le général aperçoit la lanterne qui se dresse menaçante, il se sent perdu, il veut fuir à tout prix ! Près de lui, s'ouvre la boutique d'un horloger nommé Esnard, il s'y précipite en jetant l'appel maçonnique : " A moi les enfants de la veuve ! " Il gagne l'escalier, grimpe à l'étage en toute hâte, espérant trouver une issue pour s'échapper en franchissent le mur qui sépare cette maison du gouvernement. La fatalité le poursuit, il est arrêté par une porte verrouillée qu'il tente vainement d'enfoncer. Pendant ce temps les soldats se sont mis à sa poursuite ; l'un d'eux le serre de près, il fait volte-face et lui décharge son pistolet en pleine figure, l'arme dépourvue d'amorce ne part pas, le soldat, un nommé Legueux, riposte par un coup de sabre qui l'abat.

Le malheureux, vivant encore, est traîné par les pieds jusque dans la rue, on s'acharne sur lui, on le frappe à coups redoublés, on le piétine, sa tête séparée du corps est fichée au bout d'une pique, son cadavre attaché à une corde est tiré à bout de bras jusqu'au Pont Bourgeois où on se décide à l'abandonner.

Un soldat de marine, nommé Simon, recueillit pieusement le corps et le déposa au cimetière du Fort-Blanc.

Des lambeaux de ses vêtements, ses pistolets ramassés dans la rue, furent remis à M. Auffray, procureur de la commune, qui en donna connaissance au procureur du roi. L'exhumation fut ordonnée, on retrouva la tête couverte de cheveux bruns coupés ras, près du corps vêtu d'une culotte de coton blanc et d'une chemise blanche toute maculée de sang et de boue, les jambes couvertes d'une paire de bas de soie gris ; M. Couacaud, chirurgien, reconnut trois blessures à la face, deux aux tempes, l'épaule gauche tranchée net d'un coup de sabre. Une enquête fut commencée mais il parut difficile de dégager les responsabilités, peut-être redouta-t-on l'exaspération des troupes ; dans tous les cas, les poursuites furent abandonnées. (1)

On a diversement apprécié cet assassinat, les uns ont voulu en rendre responsable M. de Cossigny, d'autres ont cru démêler la participation de l'Assemblée et l'ont même accusée de préméditation et de guet-apens, d'autres enfin s'en sont pris aux seuls soldats, mais tous les écrivains sont unanimes à proclamer l'innocence de la population. Nous ne partageons en aucune façon cette manière de voir, pour nous jusqu'à preuve du contraire, nous nous refusons à admettre la complicité de M. de Cossigny ou de l'Assemblée ; tout ce qu'on peut leur reprocher, c'est une grave imprévoyance pour n'avoir pas veillé plus attentivement à la sûreté de Macnémara lorsqu'il sortit de l'église. Les soldats furent les premiers à frapper, soit, mais furent-ils les seuls à s'acharner sur le cadavre ? Qui leur avait fait perdre la tête au point de s'en prendre à un officier supérieur que son grade devait pour le moins rendre sacré à leurs yeux ? Qui donc avait répandu parmi eux ces écrits perfides ? Qui donc les soutenait, les encourageait dans l'acte qu'ils allaient commettre, par des vociférations, par des cris de vengeance et de haine, par des menaces de mort contre la victime ? N'est-ce pas là le rôle joué dans cette affaire par une partie de la population ? Qu'elle ait été comme les soldats, un simple instrument aux mains de quelques gredins inconnus, nous l'admettons volontiers, mais bras qui agit, tête qui combine, bouche qui voue à la mort, c'est tout un ; la populace de l'Ile de France est pour le moins aussi coupable que les militaires dans ce lâche attentat.

La *Thétis* put enfin partir le 9 Novembre, jusque là son équipage avait été consigné à bord, tant on redoutait des représailles de la part des marins. Quelque temps après Desnos fut relâché après avoir fait des excuses, et envoyé à Bourbon. (2)

Après ces évènements la colonie resta dans un calme relatif. L'Assemblée vota à l'unanimité l'abolition de la noblesse héréditaire, des titres, des armoiries et des livrées ; les municipalités
" ouvrirent des registres destinés à recevoir les déclarations de
" ceux qui seraient dans le cas, d'après le dit décret, (du 19 Juin
" 1790) de changer les noms sous lesquels ils sont aujourd'hui
" connus. Les curés et notaires...... seront tenus de n'employer
" à l'avenir, dans tous les actes de leur compétence, que les noms

---

(1) *A. Pascau.* "Chroniques de l'Ile de France." "Souvenirs d'un vieux colon." Revue pittorésque de l'Ile Maurice. *D'Unienville. A. d'Epinay.*
(2) *D'Unienville, A. d'Epinay.*

" de famille et patronimiques des citoyens qui passeront les dits " actes." (1)   Ensuite elle ordonna la confiscation des biens du clergé au profit du trésor colonial. (17 Février 1791). (2)

Sur la demande du Conseil Supérieur, (20 Septembre 1790) elle avait chargé un comité de lui soumettre un projet de constitution ; discutée article par article, adoptée par l'Assemblée le 2 Avril, sanctionnée le 9 par le pouvoir exécutif, enregistrée le 15 et mise à exécution provisoirement le 21, sauf approbation de l'Assemblée Nationale, cette loi devint la Constitution Coloniale du 21 Avril 1791, (3) dont voici les grandes lignes :

Séparation des pouvoirs législatif et exécutif, le premier attribué à l'Assemblée, le second au gouverneur, comme représentant du Roi.

Etablissement d'un directoire colonial de trois membres, chargé de l'administration des affaires intérieures.

L'Ile de France assimilée à un département et divisée en municipalités, les maires nommés à l'élection, le corps électoral ainsi que les corps municipaux, élus par les assemblées primaires.

Le corps électoral nommait les députés à l'Assemblée Nationale, les membres de l'Assemblée Coloniale, les corps administratifs et même le corps judiciaire. Car l'ancienne organisation était supprimée, le Conseil Supérieur et la Juridiction Royale faisaient place à deux tribunaux qui conservaient provisoirement leurs anciens noms, mais dont les membres étaient choisis à l'élection. Leurs attributions n'étaient pas bien définies, paraît-il, car les plaideurs avaient la faculté d'appeler d'une cour à l'autre et *vice versa*, cela s'appelait l'*appel réciproque*. (4) ; ce système vraiment extraordinaire, qui dut donner lieu aux décisions les plus bouffonnes, dura jusqu'en 1793, lorsque les deux degrés de juridiction furent rétablis sous les noms de Tribunal d'appel et de Tribunal de première instance, mais l'élection des juges prévalut.

Un jury fut institué en matière criminelle, des juges de paix et des prudhommes installés au Port Nord-Ouest et dans les diverses municipalités.

Jusqu'ici, malgré l'adoption de la cocarde tricolore par la colonie, les bâtiments de la marine royale avaient conservé le drapeau blanc, ce ne fut que le 26 Mai 1791 que les trois couleurs furent arborées partout dans la rade comme dans la ville, aux cris enthousiastes de " Vive la nation, vive la loi, vive le Roi ! "

L'année précédente à la fête de la Fédération (14 Juillet 1790), la commune de Paris avait offert une bannière commémorative à la colonie, cette enseigne n'arriva que le 2 Juin de

---

(1) Greffe de la Cour Suprême. 28 Novembre 1790. Reg. 19. No. 22.
(2) Ibid.   Ibid.   Reg. 19.   No. 35.
(3) Ibid.   Ibid.   Reg. 19.   No. 45, 46, 47.
(4) G. Azéma, E. Pajot. " Simples renseignements sur l'Ile Bourbon."

l'année suivante, fut débarquée en grande pompe et portée à l'Assemblée ; elle décida que la colonie ne pouvait mieux faire pour reconnaître ce présent, que d'avoir sa petite fédération à elle aussi. Le 14 Juillet fut la date choisie naturellement, le gouverneur, l'intendant, l'Assemblée, les corps constitués, le clergé, la garde nationale, la garnison se rendirent en corps au Champ de Mars, chaque quartier avait envoyé de son côté une députation précédée d'une bannière où s'étalaient les emblèmes qu'ils s'étaient choisis. C'était pour les Pamplemousses, un arbre à pain, pour Flacq, des renards, pour la Rivière du Rempart, des masques, pour les Plaines Wilhems, une escarpolette, pour Moka, trois lézards aux trois couleurs, pour le Grand Port, des ours, pour la Savane, des singes, pour le Port-Louis, un lion entouré des insignes des autres quartiers. (1) Après force allocutions on renouvela comme de juste le serment civique sur l'autel de la patrie représenté par une mauvaise estrade en planches qui menaça de s'écrouler en entraînant sous ses décombres les personnages importants qui y étaient placés ; heureusement que quelques précautions prises à temps empêchèrent un accident qui eût singulièrement compromis la solennité de cette cérémonie.

Quelques jours auparavant, le mandat de l'Assemblée étant expiré, elle s'était représentée devant ses électeurs dont le choix était tombé sur des hommes d'opinion beaucoup plus modérée (11 Juillet) ; la nouvelle assemblée rechercha l'appui du gouverneur afin d'enrayer autant que possible les tendances ultra-révolutionnaires des municipalités et des jacobins, mais Cossigny reçut ces avances assez froidement et afficha même de partager les opinions radicales, si bien que le désordre et l'anarchie continuèrent de plus belle au grand détriment des affaires locales. (2)

Le dernier acte de l'Assemblée avait été de nommer un remplaçant à ses députés qui avaient péri sur les côtes de Bretagne à leur arrivée en France, son choix était tombé sur M. d'Adhémar ; il partit le 1er Août sur la *Méduse* porteur des remontrances de l'Assemblée à ses deux suppléants, MM. Monneron et de Missy, qui depuis leur entrée en fonctions, n'avaient pas songé à donner signe de vie à la colonie. (3)

L'Assemblée Nationale (13 et 15 Mai 1791) s'était formellement interdit toute discussion tendant à modifier l'état des personnes non-libres dans les colonies, sauf sur une demande bien catégorique émanant des assemblées coloniales. Cette restriction des plus sensées et des plus prudentes ne fut pas du goût de la Société des Amis des noirs qui venait d'être créée à Paris et qui comptait parmi ses membres les plus convaincus, l'abbé Grégoire, Brissot, Lafayette, Robespierre et bien d'autres.

(1) " Souvenirs d'un vieux colon."
(2) *D'Unienville. A. d'Épinay.*
(3) Ibid. Ibid. Voir pièces justificatives No. 10.

Ceux-ci réclamaient à grands cris l'affranchissement immédiat de tous les esclaves quelles qu'en fussent les conséquences ; " périssent les colonies plutôt qu'un principe !" tel était leur mot d'ordre. Les colonies demandaient l'affranchissement graduel et progressif, elles eurent gain de cause pour le moment.(1) Le décret du 28 Mars 1790 avait donné la qualité de " citoyen actif" à toute personne libre, propriétaire ou domiciliée depuis deux ans et contribuable, lui seul avait droit de suffrage ; devant l'insistance des députés coloniaux, elle établit une catégorie intermédiaire entre les esclaves et les citoyens actifs, jouissant des droits civils mais non des droits politiques et composée uniquement des affranchis et des personnes libres nées d'un père et d'une mère qui ne l'étaient pas. Ce décret fut confirmé par l'Assemblée Nationale le 8 Septembre 1791, elle proclama l'admissibilité aux fonctions publiques de tous les citoyens sans distinction de caste et d'origine. (2) Le 23 Septembre elle adopta les décrets des 28 Février, 11 et 12 Mai relatifs au droit de pétition.

" La souveraineté étant une et indivisible et appartenant à
" la nation entière,...... aucune section du peuple ou de l'empire,
" sous quelque dénomination que ce soit, n'a le droit et ne peut
" exercer aucun acte de souveraineté....... Le droit de pétition
" appartient à tout individu et ne peut être délégué. En consé-
" quence, il ne pourra être exercé en nom collectif par les corps
" électoraux, administratifs, judiciaires et municipaux, par
" commune, section de commune, ni par des sociétés de citoyens.
" Tout pétitionnaire signera la pétition ; s'il ne le fait, ou ne le
" peut, il en fera mention nominativement." (3)

Au mois de Juillet 1791 arriva la division du contre-amiral de Saint Félix, composée de quatre frégates, la *Cybèle*, l'*Atalante*, la *Cléopâtre* et la *Résolue*. Cette dernière ayant à son bord des malades atteints de la petite vérole, reçut la défense formelle de communiquer avec la terre, elle dut continuer sa route pour l'Inde. Au mois de Janvier suivant, se trouvant en rade de Mahé, elle y fut rencontrée par quatre bâtiments anglais aux ordres du commodore Cornwallis ; sous prétexte qu'elle pouvait porter des secours à Tippoo Saïb, l'anglais intima l'ordre au commandant de se laisser visiter, sur son refus énergique la *Résolue* fut mitraillée au mépris du droit des gens et forcée à amener son pavillon. Sur ces entrefaites Saint-Félix survint avec la *Cybèle*, il exigea une réparation et ne recevant que des explications évasives, il commanda le branle-bas, voulant à lui seul venger l'honneur du drapeau, mais son équipage se mutina, ne pouvant s'en faire obéir il dut se résigner à dévorer son affront et à mettre le cap sur l'Ile de France. Il y arriva le 24 Juin ; à peine débarqués, les marins allèrent tous se plaindre de leur chef aux membres de la Chaumière. (4)

(1) *G. Azéma. A. d'Épinay.*
(2) Greffe de la Cour Suprême. Reg. 20. No. 97. *G. Azéma,*
(3) Greffe de la Cour Suprême. Reg. 20, No. 94,
(4) *A. d'Épinay.*

Cependant la colonie qui avait échappé à la petite vérole l'année précédente, grâce à de sages précautions prises envers la *Résolue*, ne put l'éviter au mois de Janvier 1792 ; la cupidité criminelle de M. Ollier Grandpré, capitaine d'un négrier venant de la côte de Mozambique, fut cause de l'introduction de cette terrible maladie. Pendant trois mois l'Ile de France fut plongée dans la stupeur, plus de 4.000 personnes succombèrent sur une population d'environ 58.000 âmes ; les affaires furent suspendues, la politique chôma, les dissensions furent momentanément oubliées, on ne songea plus qu'à une chose, conjurer à tout prix le fléau ! (1)

(1) *D'Unienville*. " Souvenirs d'un vieux colon. " *A. d'Épinay*.
D'après une dépêche du gouverneur Malartic, le capitaine Olliér Grandpré, pour éviter la quarantaine, aurait caché ses malades et fait une fausse déclaration ; il se serait hâté de vendre les noirs sans rien dire du mal dont quelques uns étaient atteints. Lorsqu'on s'en aperçut il était trop tard, les noirs étaient déjà dispersés dans tous les quartiers. (Revue Historique et Littéraire, 2e année No. 18.)

II

M. de Malartic.—Les commissaires civils.—Piété, charité, bonté, et politesse de Malartic ; quelques anecdotes. Il entre en fonctions.—Le papier monnaie, famine.—Les tribunaux.—Proclamation de la République, les Chaumières, les sans-culottes, le gouverneur et l'Assemblée. — L'affaire Saint-Félix.— Le service de Marat.— La cocarde tricolore.— Les croix de Saint-Louis, la guillotine.—Les noms entachés d'incivisme.—Gally.—Le calendrier républicain.—La soupe des sans-culottes.—Quelques types : Litray, Dauvin, Rivière, le teinturier, le bancal, le bossu, Gadebois.— Les grandes sans-culottides.— La déesse Raison.—Fête de la Liberté.—La guillotine est étrennée.—L'abbé Hoffmann et les sans-culottes.—Procession de la Fête Dieu.—Considérations sur le décret du 16 Pluviôse an 2 et le retard qu'on mit à le faire exécuter à l'Ile de France. — L'Assemblée Coloniale abolit la traite des noirs. — Les évènements de Thermidor. — La chûte de Robespierre et des Jacobins. — Commencement de réaction (1792-1794.)

C'est à peine si la colonie commençait à se remettre un peu des angoisses qu'elle avait traversées, lorsque la frégate la *Fidèle*, commandée par M. de Rosily Mesros, arriva le 16 Juin 1792 avec un nouveau gouverneur escorté de quatre délégués de l'Assemblée Législative. Le gouverneur qui venait relever de ses fonctions M. David Charpentier de Cossigny, était le lieutenant général Anne Joseph Hippolyte Maurès, comte de Malartic ; les délégués, ou plutôt les commissaires civils, car tel était leur titre, avaient mission de remanier l'administration de fond en comble afin de la mettre en harmonie avec le nouveau régime ; deux d'entre eux, MM. Jacques François Le Boucher et Daniel l'Escalier avaient l'Ile de France pour champ d'action, le troisième M. Marc Antoine Pierre Tirol, était chargé de Bourbon et M. Joseph Pierre Du Morier des établissements de l'Inde. Si leurs fonctions s'étaient bornées au contrôle le plus étendu sur le département civil comme sur le département militaire, c'eût été parfait ; le principe d'une surveillance locale exercée par des agents spéciaux dans une colonie éloignée de la métropole, était excellent en lui-même, mais à la condition que leur rôle ne dépassât pas les limites d'une stricte inspection. Leur donner en outre les mêmes attributions qu'aux administrateurs réguliers, c'était commettre une erreur grossière, c'était créer des embarras journaliers, des entraves continuelles, des conflits incessants, c'était surtout rendre leur contrôle illusoire, puisque ayant la faculté d'agir eux-mêmes, il était évident que leurs actes avaient besoin d'être contrôlés. (1)

Quant à M. de Malartic, il était si complètement l'antithèse des esprits brouillons et remuants qui détenaient le pouvoir, il

(1) E. Trouette. A. d'Epinay.

s'écartait si diamétralement par ses convictions religieuses et sa profonde piété des sentiments philosophiques et de l'incrédulité qui étaient alors en vogue, que l'on se demande si son envoi à l'Ile de France,—nous de dirons pas sa nomination, car elle fut un des derniers actes du roi Louis XVI—n'est pas le premier symptôme de l'oubli dans lequel la France devait bientôt laisser ses colonies de l'Océan Indien. Quoi qu'il en soit, la douceur de son caractère porté plutôt à excuser les écarts d'opinion qu'à les réprimer, la patience vraiment inouïe avec laquelle il toléra les prétentions les plus exorbitantes des Jacobins, l'esprit de conciliation dont il fit preuve afin d'éviter autant que possible les troubles et les désordres, sa profonde honnêteté, ses manières simples et patriarcales, tout cela joint à sa grande charité envers les malheureux, lui gagna bien vite l'affection, mieux que cela, la vénération de tous les habitants quelle que fût leur opinion. Si bien que lorsque plus tard, sous la menace d'une prochaine destitution, Malartic voulut prendre les devants et se retirer sous prétexte d'âge avancé, de mauvaise santé, d'affaiblissement de la mémoire et de la vue, l'insistance des colons à le conserver malgré tout, le força à revenir sur sa décision. (5 Mai 1796.) (1)

Nous avons parlé des sentiments religieux et de la charité du gouverneur, voici quelques traits empruntés à un de ses biographes qui dépeignent si bien l'homme que nous n'hésitons pas à les citer textuellement : " Il allait tous les matins à la
" chapelle, le chapeau sous le bras, l'épée au côté, s'entretenant
" familièrement avec tous ceux qu'il rencontrait. Vers la fin du
" mois on voyait sortir du gouvernement un modeste palanquin
" aux gothiques armoiries, c'était le bon gouverneur qui allait
" demander l'hospitalité à quelque famille créole, car oublieux
" de lui-même, il avait dépensé en aumônes tout l'argent dont il
" pouvait disposer. Il portait dans la société cette bonhomie
" pleine de franchise et cette galanterie chevaleresque des vieux
" temps ; c'était le fidèle langage d'un cœur plein de bien-
" veillance et d'urbanité. Les reproches mêmes trouvaient dans
" sa bouche quelque expression paternelle qui en adoucissait
" l'amertume. " (2)

Cette " galanterie chevaleresque, " il n'hésitait pas à la témoigner même aux ennemis de son pays. Un chroniqueur ne nous raconte-t-il pas que pendant qu'une croisière anglaise bloquait le Port-Nord-Ouest, Malartic ayant appris que la jeune femme du commodore venait d'accoucher, s'empressa de lui envoyer une chèvre laitière, des fruits et des légumes ; lorsque plus tard elle fut rétablie, la jeune mère vint elle-même, sous pavillon parlementaire remercier le gouverneur de ses délicates attentions. Ces visites se renouvelèrent assez fréquemment et la jeune anglaise parut même au théâtre à côté du gouverneur, au grand scandale des sans culottes qui n'admettaient pas ces

(1) A. d'Epinay. Dr. Lacaze. Ch. Cunat. " Histoire de Surcouf. "
(2) Revue pittoresque de l'Ile Maurice. " Notice sur Malartic " par R. Drouin

politesses entre ennemis, en quoi ils n'avaient peut-être pas tout à fait tort. (1) Si cette règle de conduite avait été suivie bien strictement, les Anglais n'auraient pas été informés aussi exactement de ce qui se passait dans la colonie ; nous aurons plus d'une fois dans la suite à parler de ce formidable système d'espionnage qui étendait ses ramifications dans toutes les classes de la société. Combien de braves colons, hommes d'honneur et patriotes s'il en fut jamais, n'écoutant que leur générosité, se rendirent, nous ne dirons pas complices, ils ne méritaient pas cette épithète infamante, mais plutôt les instruments bien involontaires de ceux qui ne se faisaient aucun scrupule d'abuser de l'hospitalité cordiale dont ils profitaient !

Aussitôt débarqués M. de Malartic et les commissaires se rendirent à l'Assemblée Coloniale alors présidée par M. Rivalz, leurs commissions furent lues en séance publique, après quoi M. de Cossigny remit l'administration aux mains de son successeur. (17 Juin 1792.) (2) Les pouvoirs de Malartic ne furent enregistrés que quatre jours après, c'est de cette date que commence réellement son entrée en fonctions. (3)

Les débuts du gouverneur ne furent pas heureux, la garnison qui, on s'en souvient, avait fait mille difficultés pour recevoir sa solde en papier monnaie et qui avait fini par obtenir gain de cause auprès de M. de Conway, renouvela ses réclamations sur un ton tellement arrogant et tellement comminatoire, que le pouvoir jugea prudent de capituler afin d'éviter de nouveaux troubles. Mais il était facile de prévoir la suite, bientôt la garde nationale, puis les équipages de la division navale émirent la même prétention. (8 Décembre 1792). Un conseil de révision fut chargé d'examiner ces griefs et de statuer en dernier ressort sur leur admissibilité ; fort de l'appui des révolutionnaires, il s'acquitta de sa tâche si consciencieusement, qu'au lieu de restreindre les demandes il en doubla presque le montant. L'administration une fois entrée dans la voie des concessions, dut aller jusqu'au bout, mais comment payer en numéraire alors qu'il n'y en avait pas en circulation, les appoints même étaient devenus si rares que les transactions journalières au détail était devenues impraticables ! Les troupes et les marins durent se contenter de papier-monnaie, leur solde étant augmentée de tout l'écart qui existait alors entre la valeur des billets et celle des livres effectives.

Ce surcroît de dépenses contraignit l'Assemblée Coloniale à faire une nouvelle émission de 500,000 francs en coupures de

---

(1) " Souvenirs d'un vieux Mauricien " par B. D. (*Berger-Dujonnet père.*) L'auteur garantit la véracité de l'anecdote et dit que cela se passait en 1796 et que la croisière était composée du *Lancaster* et du *Sceptre*, commandés par le commodore Laussac ; nous voulons bien l'admettre, mais il a dû singulièrement estropier l'orthographe de ce nom, car Laussac n'a jamais été un nom anglais, c'est un vocable bien français et gascon qui plus est.

(2) A. *d'Epinay.*

(3) Greffe de la Cour Suprême. Reg. 20, No. 136, 137.

confiance et d'échange de la valeur de 50 sols. (1) Un peu plus tard, lorsque les prises faites par les corsaires commencèrent à arriver au Port-Nord-Ouest, et que le numéraire afflua, elle dut à diverses reprises (Octobre, Novembre 1794), défendre l'exportation des piastres ainsi que des matières d'or et d'argent. (2)

Si le numéraire manquait, les vivres aussi firent défaut, la colonie fut menacée d'une véritable famine en Septembre 1792, en Août et Septembre 1793 et en Mars 1794. Il fallut avoir recours à une réglementation énergique ; défense d'exporter les grains nourriciers, primes accordées aux corsaires qui amèneraient des prises chargées de grains, peines sévères contre les accapareurs, rationnement de la population à six onces de pain par tête et par jour. (3) Grâce à ces mesures, grâce surtout aux corsaires qui capturèrent plusieurs bâtiments chargés de grains, l'Ile de France put éviter le pire de tous les maux, le mal de la faim !

Cependant le Conseil Supérieur, devenu la Cour Supérieure de Justice, crut le moment venu de secouer le joug de l'Assemblée en déclarant solennellement (10 Décembre 1792) n'avoir à tenir compte d'aucune injonction de sa part, vu que le pouvoir judiciaire était complètement indépendant du pouvoir législatif. (4) La riposte ne se fit pas attendre ; l'Assemblée reçut sur les entrefaites communication du décret de la Convention du 21 Septembre 1792, elle le mit à exécution dans son intégrité le 25 Février 1793. Les deux cours de justice étaient supprimées et transformées en deux tribunaux d'appel et de première instance, le principe de l'élection des juges était conservé. (5)

La République Française était proclamée à l'Ile de France, tous les insignes de la royauté abolis, la prestation de serment au nouveau régime ordonnée aux corps constitués ainsi qu'à tous les citoyens indistinctement. (6)

Ce ne fut que quelques mois plus tard, le 17 Mai, par un bâtiment qui fit relâche à Bourbon, que la colonie eut connaissance du procès de Louis XVI, de son exécution, des

---

(1) *G. Azéma. A. d'Epinay.* Greffe de la Cour Suprême. Reg. 21 No. 219. 6 Mars 1793.

(2) " Ce détestable système de papier monnaie, en frustrant les serviteurs
" aux gages du Roy, d'environ la moitié de leur paie, doublait en même temps
" les dépenses de l'administration, parce que le Roy étant ici presque l'unique
" acheteur, on lui fait tout payer au prix courant de la piastre et que par
" conséquent, pour les lettres de change qui sont exactement acquittées en
" Europe, il paie 4 livres 12 sols de plus que ne vaut la piastre en papier-monnaie.
" Et il paiera vraisemblablement davantage à mesure que le papier s'avilera.

" Les habitants et les marchands ont presque doublé le prix des denrées et
" des marchandises, la piastre ne valant pas ici 5 liv : 8 sols en papier, mais bien
" 9 à 10 fr.

" Qui donc profite de cet état de choses ? "
(Dépêche de M. de Conway au comte de la Luzerne des 11 et 14 Février 1790). " Revue Historique et Littéraire " 2me année. No. 6. *A. d'Epinay*. Greffe de la Cour Suprême. Reg. 23. No. 339.

(3) *A. d'Épinay.*
(4) Ibid.
(5) *A. d'Épinay.* Greffe de la Cour Suprême. Reg. 21. No. 174.
(6) Ibid. Ibid.

massacres de la Terreur et du triomphe des Jacobins. Nos sans-culottes se gardèrent bien de laisser échapper une pareille aubaine ; profitant du premier moment de stupeur causée par l'annonce de ces évènements, ils se hâtèrent de s'organiser. Ils réunirent tous leurs clubs afin d'en former une société centrale qui prit le nom de Chaumière et eut des succursales établies dans tous les quartiers. Ayant pour eux le nombre puisqu'ils étaient la masse, la force puisqu'ils étaient soutenus par la garnison, l'appui moral des municipalités dont la grande majorité des membres appartenait à leur parti, ils se sentirent bientôt de taille à tenir tête à l'Assemblée et à lui imposer leurs volontés.

Le gouverneur de son côté, avait eu le loisir d'étudier les hommes ; il se dit que ces révolutionnaires coloniaux n'étaient pas aussi terribles qu'ils voulaient bien le faire croire, que le meilleur moyen d'en venir à bout, serait de leur laisser tant soit peu les coudées franches et de ne pas trop chercher à contrecarrer leurs opinions, ni l'innocente manie qui les poussait à imiter plus ou moins exactement leurs grands confrères de la métropole ; il se traça une ligne de conduite dont il ne se départit pas un instant, laisser dire, laisser faire, tout sanctionner, tout approuver, sauf à intervenir le jour où les résolutions prises seraient de nature à causer des désordres sérieux. La bonhomie proverbiale de Malartic n'allait pas sans une pointe de finesse ironique, peut-être ne fut-il pas fâché de la tournure que prenait les choses, car cela lui permit d'exercer sans en avoir l'air une bien douce vengeance contre cette orgueilleuse Assemblée qui depuis son arrivée dans la colonie, avait paru faire si peu de cas de sa personne. Affolée maintenant, sentant la prépondérance lui échapper, trop intéressée à conserver le pouvoir pour envisager les choses bien sainement, croyant de bonne foi la colonie menacée d'exécutions sommaires, dont ses membres auraient sans doute fait les premiers frais, ne sachant trop à quel saint se vouer, ou plutôt pour parler dans le style de l'époque qui avait banni les saints du calendrier pour les remplacer par des légumes, à quelle branche se raccrocher, l'Assemblée ne vit de salut que dans son union avec le gouverneur.

Celui-ci la laissa faire toutes les avances mais n'eut pas la cruauté de la repousser ; lorsque la nouvelle s'en répandit par la ville, l'enthousiasme déborda, Port-Louis fut illuminé, des farandoles se déroulèrent dans les rues, et chose à remarquer, les sans-culottes furent peut-être les plus ardents à manifester ; ce qui prouve suffisamment, croyons-nous, la justesse des vues de Malartic (1)

Les premiers arrêtés de l'Assemblée coloniale se ressentent naturellement de cet état de choses : abolition du costume ecclésiastique, confiscation des biens des émigrés, condamnation à mort de tout émigré qui rentrera sur le territoire français,— tout cela était bien anodin vue la situation géographique de la

_____
(1) " Souvenirs d'un vieux colon." A. d'Épinay. F. Ducray.

colonie,—suppression du drapeau fleurdelisé, remplacé par le drapeau tricolore dans les régiments : " Chaque régiment de " la ligne fera effacer ou couvrira par des étoffes aux trois " couleurs tous les emblèmes de la ci-devant royauté " (5 Prairial an 3—29 Juin 1793). (1)

Vers cette époque un convoi de bâtiments de commerce allait partir pour France sous l'escorte de la frégate la *Fidèle* ; le 17 Juin les capitaines et les armateurs firent une démarche auprès du vice-amiral de Saint-Félix, commandant la division navale, pour obtenir qu'une seconde frégate, l'*Atalante* fût jointe à la *Fidèle* en raison de l'importance du convoi qui représentait 45,600,000 livres. L'amiral leur répondit qu'ayant reçu des ordres précis du pouvoir exécutif, il ne pouvait à son grand regret faire droit à leur demande, le salut de la colonie exigeant qu'on n'affaiblît pas encore les forces navales déjà si insuffisantes ; tout ce qu'il pourrait prendre sur lui d'accorder afin de leur être agréable, ce serait de faire accompagner la flotte par l'*Atalante* jusqu'à la hauteur du Cap de Bonne Espérance. Cette réponse rendue publique fut cause d'une levée de boucliers des plus absurdes, la Chaumière poussée en cela par le mécontentement des intéressés, alla jusqu'à accuser l'amiral de refuser l'escorte demandée afin de permettre aux Anglais de s'emparer plus facilement du convoi. M. de Saint-Félix, jugeant plus digne de ne pas répondre à ces insinuations, fit savoir que si on lui présentait une réquisition en règle formulée par le commissaire civil, il ne demanderait pas mieux que de s'exécuter pourvu que sa responsabilité fût mise à couvert. Cette réquisition lui fut présentée, il se déclara prêt à y accéder, mais cela n'empêcha pas les clubs de fulminer contre lui et de réclamer son renvoi immédiat. L'amiral répondit le 20 Août suivant par une lettre très fière et très sensée où il donna tout au long à l'Assemblée les raisons qui lui interdisaient de quitter son poste alors que les hostilités avaient commencé. Cette lettre attribuée à tort ou à raison à son aide-de-camp le lieutenant Decrès, le futur ministre de la marine de Napoléon, attira à cet officier des désagréments qui faillirent lui coûter la vie ; poursuivi par plusieurs marins de la marine marchande qui voulaient à toute force lui passer la corde au cou, il n'échappa que grâce à l'intervention de quelques habitants et de l'Assemblée elle-même. Decrès ne devait jamais oublier le vilain quart d'heure qu'il avait passé, il sut le faire voir en temps et lieu, quant au service rendu, il ne s'en souvint guère.

Au mois d'Octobre le convoi partit accompagné par la *Fidèle* et par l'*Atalante*, Saint Félix en profita pour faire passer Decrès en Europe sur cette dernière frégate, porteur de dépêches relatant les évènements qui l'avaient forcé à diminuer son effectif et réclamant des renforts immédiats. En attendant, abreuvé de dégoûts et sentant sa santé fortement ébranlée, il se rendit à

(1) A. d'*Épinay*, Greffe de la Cour Suprême, Reg. 21, No. 207,

Bourbon et renvoya sa frégate à l'Ile de France sous les ordres provisoires de son premier lieutenant M. de Latour. (1)

Le 27 Novembre la *Société des Amis de la Liberté et de l'Égalité*, présente à l'Assemblée une pétition réclamant la destitution de l'amiral qui a abandonné son poste et qui n'a plus la confiance de la colonie ; l'Assemblée n'ose refuser et rend un arrêté conforme le 29, cet arrêté, revêtu de l'approbation du commissaire civil le 1er Décembre et de la sanction du gouverneur (2 Décembre)—sanction formulée en termes assez vagues qui mérite d'être reproduite : " Citoyens, puisque la tranquillité " publique l'exige, je pense comme vous sur le compte du vice- " amiral, et je souscrirai à tout ce que vous prononcerez sur son " compte." (2)—cet arrêté est envoyé à l'amiral par le commissaire civil Le Boucher le 8 Janvier 1794.

M. de Saint Félix riposte par une protestation indignée, refusant de reconnaître le droit que l'Assemblée s'arroge de vouloir modifier en quoi que ce soit les instructions du Conseil exécutif ; afin qu'aucun doute ne puisse exister, il la réfère au décret du 16 Mai, par lequel la Convention édictait : " Les " corps administratifs et municipaux, leurs commissaires, les " agents civils envoyés par le Conseil exécutif provisoire, ne " pourront sous quelque prétexte que ce soit, et sous peine de " dix ans de fers, suspendre ou modifier l'exécution des ordres " donnés par le Conseil exécutif provisoire, apporter aucun " changement aux dispositions militaires qu'il aura arrêtées." Il termine en qualifiant son pouvoir usurpé, de criminel sous tous les rapports. (28 Janvier 1794). (3)

On juge de la fureur des jacobins lorsque cette lettre fut rendue publique ; le jour même, (29 Janvier), la Chaumière envoya directement au gouverneur l'injonction d'avoir à faire arrêter Saint Félix à Bourbon et de le ramener sous bonne escorte à l'Ile de France afin de le faire passer en jugement. Malartic promit d'envoyer à cet effet, aussitôt qu'il serait possible, un détachement de soldats sur le bot la *Minerve*. (4) Il est à supposer que le gouverneur voulait d'abord gagner du temps, il traîna les choses en longueur et ne se décida à expédier la *Minerve* que le 10 Avril suivant, voyant que les sans-culottes ne voulaient pas lâcher leur proie ; il dut se dire alors que l'amiral serait plus en sûreté dans une prison à l'Ile de France et sous sa main, qu'en liberté à Bourbon, où les esprits exaltés ne manquaient pas.

Dans l'intervalle, M. Duplessis, gouverneur particulier de Bourbon, s'était rendu suspect aux révolutionnaires de l'île voisine qui l'accusaient de professer des opinions royalistes ; les Chaumières ne possédant pas encore dans cette colonie l'influence

(1) *A. d'Épinay.* *D'Unienville.*
(2) *A. d'Épinay.* *D'Unienville.* *F. Ducray.*
(3) *F. Ducray.*
(4) *A. d'Épinay.* *D'Unienville.*

souveraine dont elle jouissaient à l'Ile de France, elles s'adressèrent aux clubs du Port Nord-Ouest afin d'obtenir l'arrestation du commandant et de plusieurs autres personnes. Les Jacobins réclamèrent de Malartic l'exécution de sa promesse contre Saint Félix et ajoutèrent à son nom la liste des arrestations demandées par l'île sœur.

Le 10 Avril le bot la *Minerve* sous les ordres de M. Daussère se rend à Bourbon avec quelques soldats, pas mal de sans-culottes escortant deux commissaires délégués par la Chaumière de l'Ile de France. Ils débarquent à Saint Denis le lendemain 11, fraternisent toute la journée avec leurs condisciples, gagnent les soldats préposés à la garde du gouvernement, et par un coup de main hardi, s'emparent de MM. Duplessis, Tirol, commissaire civil, Tessan, Fayolle, Marcenay et quelques autres qui venaient d'achever de souper, vers 10 heures du soir. Mais un des convives, le jeune Joseph de Villèle, aide-de camp de l'amiral, avait pu s'échapper par une des portes de derrière, il gagna Sainte Marie à franc étrier et prévint M. de Saint Félix qui y habitait chez un de ses amis, M. Desorchères. Craignant d'être arrêté, car sa résidence était connue, l'amiral se réfugia dans les environs de Saint André. Les sans-culottes ne tardèrent pas à arriver, leurs perquisitions furent vaines, l'oiseau s'était envolé. Ils durent retourner à l'Ile de France, emmenant leurs prisonniers, mais le but principal de leur expédition n'était pas atteint puisque Saint Félix était encore en liberté. Ils s'en consolèrent en faisant frapper une médaille commémorative de leurs prouesses à Saint Denis ; cette médaille en argent, portait d'un côté l'arbre de la liberté, et de l'autre l'inscription suivante : *République française, Réunion des sans-culottes, 15 Germinal 1794.* (1) Ils obtinrent aussi que l'Ile Bourbon fût débaptisée en l'honneur de cet évènement, et portât dorénavant le nom de La Réunion, qu'elle a conservé.

Mais cette satisfaction toute platonique ne faisait pas l'affaire de la *Société des amis de l'égalité et de la liberté républicaine*, qui la première avait réclamé la mise en jugement de l'amiral, il lui fallait sa tête à tout prix, le 29 Avril, elle résolut d'accorder une récompense de 20,000 livres, à prendre sur les biens de Saint Félix, à qui parviendrait à l'arrêter. (2) L'Assemblée Coloniale de l'Ile de la Réunion, donnons-lui une bonne fois son nouveau nom, le mit hors la loi, un individu nommé Catogan qui était entré au service de Saint Félix, alléché par l'espoir de gagner la forte somme, le livra le 22 Mai à la garde nationale de Saint André ; on le conduisit à Saint Denis et de là à l'Ile de France où il fut enfermé avec les autres prisonniers dans la Tour qui se trouvait à l'entrée de la Place d'Armes, après avoir été traînés à la Chaumière qui les accueillit par ces paroles : " Le peuple " vous accuse, le peuple vous jugera !" (3)

(1) A. d'Épinay. D'Unienville. G. Azéma. E. Trouette. Dr. Lacaze. Voïart.
(2) G. Azéma.
(3) A. d'Epinay. D'Unienville.

Leur détention se prolongea indéfiniment, d'autant plus cruelle qu'ils étaient mis au secret, on leur défendait d'écrire, de causer entre eux, la nuit la consigne exigeait qu'ils fussent réveillés d'heure en heure pour répondre à l'appel ; les factionnaires étaient autorisés à tirer sur eux s'ils le jugeaient nécessaire ! Ils n'avaient un peu de répit que lorsque le tour de garde de la compagnie d'artillerie arrivait ; ces soldats, des jeunes gens de bonne famille formant un corps d'élite, avaient pour les prisonniers toute sorte d'égards et de bontés qui les touchaient jusqu'aux larmes, aussi c'était avec une joie profonde qu'ils voyaient paraître leur uniforme. (1)

Les sans-culottes avaient poussé la cruauté jusqu'au raffinement ; n'avaient-ils pas eu l'idée un beau matin de faire dresser une guillotine sur la place, juste devant leurs fenêtres ! Une commission militaire fut d'abord chargée d'instruire leur procès, elle se récusa pour cause d'incompétence. Le 16 Août l'Assemblée ordonna de traduire Saint Félix devant le jury révolutionnaire d'instruction. (2)

Mais heureusement pour les détenus de graves nouvelles vinrent changer le cours des idées ; le 29 Août un bâtiment qui avait quitté Bordeaux le 18 Avril, porta l'annonce de l'abolition de l'esclavage dans toutes les colonies, décrété par la Convention le 16 Pluviôse an 2. On pouvait s'attendre d'un moment à l'autre à recevoir des instructions à cet effet. (3) La perspective était rien moins que riante, chacun y était plus ou moins intéressé ; aussi oublia-t-on les prisonniers de la Tour, la surveillance se relâcha considérablement, ils obtinrent même certaines faveurs qu'ils n'avaient pas osé espérer jusqu'ici. On leur donna un logement convenable, ils purent se visiter entre eux et même communiquer avec l'extérieur sauf autorisation de l'Assemblée.

Les sans-culottes fulminèrent plus d'une fois, ils voulaient voir " ces monstres reconnus coupables du crime de lèse-nation, " transférés dans les cachots qu'ils occupaient autrefois, et dont " ils n'eussent jamais dû sortir que pour être remis au vengeur " national." (4) Cette fois on les laissa tempêter tout leur saoûl sans s'en préoccuper ; le cours des idées était changé, beaucoup des plus exaltés se calmèrent bientôt et la réflexion aidant, reconnurent qu'ils s'étaient laissés entraîner plus qu'ils n'auraient dû. L'influence des Chaumières en reçut une rude atteinte et si les clubs ne furent pas fermés, c'est que l'Assemblée se trouvait liée par le décret du 25 Juillet 1793, sur la liberté de réunion des sociétés populaires, qu'elle avait adopté le 7 Brumaire an 3. (5)

Les prisonniers durent se résigner à une détention assez

(1) " Souvenirs d'un vieux colon."
(2) *A. d'Epinay*—Le jury criminel révolutionnaire d'instruction avait été institué par l'Assemblée le 23 Avril 1794.
(3) *A. d'Epinay*.
(4) *F. Ducray*.
(5) *D'Unienville*.

douce jusqu'à l'annonce de la chûte de Robespierre ; l'Assemblée se sentant alors plus forte, fit une espèce de Thermidor colonial, elle ordonna la suppression des clubs, expulsa quelques uns des plus fougueux révolutionnaires, fit abattre la guillotine et mit les accusés en liberté après leur avoir fait subir un simulacre de jugement. (Novembre 1794.) (1)

Reprenons maintenant le récit des évènements que nous avons négligés pour nous occuper de l'affaire Saint Félix.

Grande émotion à la Chaumière vers la fin de Novembre 1793, on venait d'apprendre la mort de Marat. Qu'imaginer, que faire pour prouver que la colonie prétendait s'associer à la consternation générale ? Proclamer un deuil public, c'était tout indiqué, mais cela ne suffisait pas, cela ne pouvait suffire. Il fallait trouver quelque chose de neuf, d'imprévu ; à force de se creuser la tête, nos bons sans-culottes arrivèrent à leur insu à un projet vraiment extraordinaire. Ils adoptèrent l'idée baroque, saugrenue, de faire dire un service solennel pour le repos de l'âme du fougueux révolutionnaire ! Ses mânes durent en tressaillir de stupéfaction !

Dans tous les cas on fit grandement les choses ; le 29 Novembre au matin le son du glas et du tocsin attira une foule immense sur la place de l'église ; grand déploiement comme de juste de soldats et de gardes nationaux, d'uniformes chamarrés, de cocardes tricolores et de bonnets phrygiens. Tout républicain qui se respectait un peu avait tenu à faire acte de présence, la Chaumière, la Municipalité, l'Assemblée Coloniale, l'intendant, le commissaire civil, le gouverneur, rien n'y manquait ! L'édifice était entièrement tendu de draperies funèbres que piquait de distance en distance comme autant de paillettes d'or, la flamme vacillante de plus de 1200 cierges ; au milieu de la nef se dressait un immense catafalque flanqué de trophées aux couleurs nationales cravatées de longs crêpes. On avait installé sur les marches, à l'entrée de la porte principale, une batterie de canons qui firent entendre leur voix au moment de l'élévation ; les murs déjà passablement endommagés par les ouragans en furent ébranlés au point que le monument menaça ruine. (2)

Il fallut bientôt l'interdire au culte qui se réfugia dans la petite chapelle de l'hôpital. La partie la moins compromise continua à servir de salle de séances à l'Assemblée et au directoire, le reste du bâtiment fut transformé en un magasin général où l'on recevait en dépôt toute sorte de marchandises contre un récépissé ayant cours sur place. (3)

Vint ensuite l'épisode de la cocarde et le triomphe du beau sexe dans la personne de la citoyenne Truméreux. On agitait un soir à la Chaumière la question de rendre impératif le port

(1) A. d'Epinay. D'Unienville.
(2) F. de Froberville. A. d'Epinay.
(3) "Souvenirs d'un vieux colon."

des couleurs nationales ; bien des discours plus ou moins éloquents avaient été prononcés tendant tous à l'adoption de la mesure, lorsque arriva une députation de sans-culottes en jupons, de vraies celles-là, précédée de la citoyenne en question qui demanda la parole et revendiqua avec énergie pour son sexe, non seulement le droit, mais le devoir de se parer des trois couleurs. Son allocution accueillie avec enthousiasme par les bons patriotes, fut saluée par les trépignements frénétiques de nos jeunes muscadins, qui manquaient rarement d'assister à ces séances, histoire de rire un brin. La Chaumière promit d'appuyer cette réclamation si juste auprès de l'Assemblée ; proposa-t-elle aussi de faire déclarer que l'oratrice avait bien mérité de la patrie ? nous l'ignorons, mais les muscadins pour leur part furent unanimes à proclamer séance tenante qu'elle avait bien mérité le sobriquet qui avait couru de bouche en bouche dès l'appel de son nom, car il s'y prêtait, il faut le dire, de la plus heureuse façon. Lorsqu'elle voulut se retirer, les jeunes gens lui firent une ovation colossale ; on voulut la porter en triomphe jusqu'à son domicile, et la citoyenne Truméreux toute honteuse de son beau succès, toute interloquée d'être assaillie par une pluie de quolibets d'un goût plus que douteux, eut mille peines à s'esquiver et à regagner son trou......... méreux !

L'Assemblée comme de juste, fit droit à sa requête le 9 Avril 1794, en rendant obligatoire pour les deux sexes le port de la cocarde tricolore, condamnant à huit jours de prison toute personne qui contreviendrait à cet arrêté, à la mise en suspicion et à la détention jusqu'à la paix, quiconque se rendrait coupable de récidive et enfin à six ans de fers celui qui arracherait l'emblème national. (1)

" Dans les lieux publics le port des trois couleurs était de
" rigueur, la ceinture, la coiffure des dames devait offrir un
" mélange du bleu, du blanc et du rouge, quant aux formes et à
" la mesure, il n'y avait pas de règle fixe. Les sans-culottes
" s'en surchargeaient la tête, bonnets et plumes pouvaient leur
" servir de parapluie. Les autres n'en montraient que le strict
" nécessaire ou se privaient d'assister aux réunions d'apparat."(2)

Ensuite ce fut la suppression des croix de Saint Louis dont les possesseurs étaient priés de faire hommage à la nation ; un délai de quinze jours leur était accordé pour s'acquitter en déposant ces insignes entre les mains des fonctionnaires municipaux, faute de quoi ils s'exposaient à se voir dénoncer comme suspects d'incivisme et leurs noms affichés comme tels. Les croix trouvées devaient être confisquées et vendues aussi bien que les autres au profit de la République. (10 Avril.)

Le même jour le calendrier grégorien fut supprimé, le calendrier républicain adopté à partir du 22 Septembre 1792,

(1) A. d'Epinay. F. Ducray. Greffe de la Cour Suprême. Reg. 23. No. 292.
(2) " Souvenirs d'un vieux colon."

premier jour de l'ère des Français et de la fondation de la République. (1)

La guillotine avait été dressée sur le port comme nous l'avons vu, peu de jours après l'emprisonnement des inculpés venant de Bourbon ; les jacobins semblaient à bout d'inventions, mais ils eurent bientôt une inspiration sublime. Le Port-Louis était devenu le Port Nord-Ouest, cela ne suffisait pas, il fallait pour le chef-lieu un parrainage plus relevé, celui des démagogues tout-puissants alors, on lui donna le nom de Port de la Montagne, son frère aîné le Grand Port, si oublié depuis La Bourdonnais, ne fut pas jugé indigne d'un baptême républicain, il devint le Port de la Fraternité. (10 Mai 1794). (2)

C'est un signe bien caractéristique de l'époque, que cet empressement mis par les sans-culottes à changer les dénominations les plus innocentes, les moins entachées d'*incivisme* (3) ; quant aux noms qui de près comme de loin pouvaient rappeler le temps de la tyrannie, ils étaient frappés d'un ostracisme absolu et les malheureux qui en étaient affligés, n'avaient qu'à se hâter de s'en choisir d'autres plus conformes au nouveau régime, sous peine de s'attirer des désagréments de toute sorte, car l'épithète d'aristocrate appliquée à quelqu'un, lui valait parfois de bons coups de trique à défaut d'autres arguments, pour l'engager à professer des sentiments plus acceptables aux yeux des républicains.

"Les noms de Leduc, Le Roy, Château, Curé, Baron, "Chandelier, Tombe, etc., sonnaient mal à l'oreille de certaines "gens." (4) Ainsi, parmi plusieurs comédiens arrivés à l'Ile de France quelque temps avant ces évènements, se trouvait un nommé Gally, qui pour se faire une réclame, eut l'idée de se faire passer pour un fils naturel de Louis XV et adopta pour paraître sur les planches, le pseudonyme de Le Roy, sous lequel il recueillit une ample moisson de bravos. Les temps ayant changé, le théâtre ne faisant plus ses frais, Le Roy obtint la protection de l'intendant Du Puy, qui le nomma garde-magasin ; il s'acquittait à merveille de ses fonctions, mais Le Roy préposé à la surveillance d'un magasin républicain, cela semblait un contresens, aussi demanda-t-il à l'Assemblée d'échanger ce surnom contre celui de "La République." Un peu plus tard encore, lorsque la chûte de Robespierre vint refroidir tant soit peu l'exaltation démagogique et que la réaction commença à se faire sentir en s'appesantissant sur quelques énergumènes, le citoyen La République trouva ce nom un peu lourd à porter et demanda à reprendre pour finir son véritable nom, cela lui fut accordé à la seule condition que ses principes n'eussent pas à en souffrir. Le jour suivant, comme l'intendant Du Puy avait à faire expédier son ordre de service et était au courant de ce qui s'était passé, il

(1) A. d'*Epinay*.
(2) Ibid.
(3) Voir pièces justificatives No. 11.
(4) " Souvenirs d'un vieux colon."

lui demanda son nouveau nom.—"Gally," répondit-il.—"Et votre "prénom ?" — " Mathias."— " Citoyen Gally, prenez garde "qu'après avoir charmé l'Ile de France par vos talents sous le "nom de Le Roy, qu'après avoir bien servi le gouvernement "sous celui de La République, nous n'alliez faire du *Gally* "*Mathias* dans votre place." (1)

Après avoir mis à pied sans façon les rois, les ducs, les comtes, les barons et les curés, il restait à donner encore un bon coup de balai dans le paradis, on y pensa ; le calendrier grégorien avait été jeté bas et remplacé par un autre formé de douze mois, tous de trente jours, ainsi le voulait l'égalité. Par le fait les douze mois républicains ne donnaient qu'un total de 360 jours, on y remédia en ajoutant à la fin de chaque année cinq ou six jours supplémentaires selon le cas.

Les saints avaient naturellement suivi le sort du calendrier, mais il fallait pourvoir à leur remplacement ; on imagina donc de consacrer chaque jour du mois à quelque objet d'un usage courant : tel jour fut voué aux choux, tel autre aux carottes, tel autre aux oignons, quelques uns à des animaux. Le mois n'était plus divisé en semaines de sept jours, mais également en trois décades de dix jours chaque, le décadi étant naturellement jour de repos. Les sans-culottes coloniaux tentèrent d'inaugurer ce système en invitant les frères et amis à une réunion solennelle à la Chaumière pour y manger les saints du jour ; chacun s'y rendit à l'heure indiquée, la cuiller à la boutonnière et l'estomac dans les talons. Mais il y a encore loin de la *soupe* aux lèvres, qu'on nous pardonne cet atroce à peu près ; les muscadins avaient eu vent de la chose et étaient arrivés en masse après avoir fait un crochet au bazar pour se bourrer les poches de tous les légumes qu'ils purent trouver. En un clin d'œil les projectiles tombèrent dru comme grêle sur les malheureux néophytes. " Passe encore pour les "choux, les laitues et l'oseille, criait l'un d'eux, mais les carottes, "mais les navets c'est par trop dur ! "

Ce fut une mêlée générale ; pendant qu'on se bombardait de part et d'autre, des noirs se glissèrent dans la salle, se faufilant entre les jambes des combattants, accrochant de ci, de là, qui un trognon de choux, qui une botte de poireaux, qui un potiron, agrémentés de quelque bon coup de pied à la chûte des reins, ou de quelque calotte qui leur faisait voir trente-mille chandelles. En fort peu de temps ils avaient fait place nette et le combat cessait faute de munitions. Les muscadins se retirèrent alors en bon ordre, laissant leurs adversaires camper sur le champ de bataille et puiser une nouvelle énergie en goûtant enfin au brouet patriotique si chèrement acheté. (2)

Le tableau ne serait pas complet si l'on n'essayait de détacher de la masse des plus fervents adeptes du jacobinisme, quelques silhouettes des personnages les plus en vue et des types les plus

(1) " Souvenirs d'un vieux colon "—" Revue pittoresque de l'Ile Maurice."
(2) Ibid.

réussis. Avant tout il n'est que juste de faire observer que bien peu d'entre eux songèrent à tirer parti des circonstances à leur profit ; sous ce rapport ils étaient demeurés au-dessus de tout reproche, ils étaient réellement de bonne foi dans leurs opinions exaltées et souvent ridicules. Le premier de tous, Litray, qu'un chroniqueur a dépeint excellemment d'un seul mot, en le comparant à Diogène, (1), possédait une intelligence remarquable, il avait sur son parti une influence des mieux établies ; toujours plus que négligé dans sa mise, toujours râpé, toujours crasseux, il semblait mettre sa gloire à ignorer l'eau et le savon.

Dauvin, lui, représentait le tranche-montagne et le parfait capitan, montant sur ses ergots à la moindre contradiction, ne parlant que de pourfendre son antagoniste ou de lui couper les oreilles ; il était brave avec cela, dégaînant pour un oui ou pour non, et ne reculant jamais devant un duel. Un autre encore, plus dangereux peut-être parce qu'il affectait constamment de se tenir tout à fait au second plan, c'était Rivière ; rien à le voir ne pouvait faire deviner ce qui se cachait sous cet extérieur lourd et grossier ; il fallait l'entendre parler, les expressions les plus heureuses lui venaient sans effort, il professait le mépris le plus absolu pour les grandes phrases académiques dont les orateurs d'alors se plaisaient tant à émailler leurs discours, ce qu'il disait était vite dit et bien dit, le mot juste ne lui faisait jamais défaut, bref, c'était la forte tête du parti. (2)

Autour d'eux grouillait la masse des ambitieux, des avides, des adroits, des maladroits, des grognards, des ahuris, des ridicules et des grotesques ; toutes les difformités de corps et d'esprit y étaient représentées. Un soir à la Chaumière, un teinturier demande la parole et fait machinalement le geste de lever la main, une patte noire et velue à faire honneur à un orang-outang. Des rires bruyants éclatent parmi les jeunes gens. " Otez le gant !" lui crie-t-on de toute part.—" Vous riez de mes " mains noires, vous riez, n'est-ce pas ? Eh bien ! vous vous " amuserez bientôt d'une autre façon quand elles seront " rouges !" (3) L'orateur fut rappelé à l'ordre et blâmé à l'unanimité ; les sans-culottes de l'Ile de France ne toléraient pas un pareil langage.

Un petit bonhomme haut comme la botte, avec les jambes en arc de cercle, allait sous le surnom de Bancal, marchant avec brusquerie, se mouvant par à-coup, lorsqu'il paraissait à la tribune, on croyait voir un de ces diablotins sortant d'une boîte à surprise ; toujours emmaillotté dans une ceinture tricolore qui lui montait presque jusqu'au menton, sur la tête un immense tricorne orné d'une cocarde large comme une assiette et surmonté d'un plumet rouge aussi grand que lui. Pour les grands jours il ajoutait à son costume un véritable arsenal composé d'un fusil à baïonnette,

(1) " Souvenirs d'un vieux colon."
(2) Ibid.
(3) Ibid.

de deux pistolets passés à sa ceinture et dont les crosses se dressaient de chaque côté de sa tête comme une paire de cornes, de deux poignards qui lui défonçaient la poitrine et d'un sabre de cavalerie qui lui battait les mollets. (1)

Un autre type c'était un petit bossu à peu près de la même taille, aussi rageur et aussi importun qu'il était contrefait ; à l'entendre rien ne pouvait se faire sans lui, la république eût été sérieusement en danger, s'il n'avait pas donné son avis, et quel avis ! sur les questions les plus banales ; en somme, c'était le plus désagréable et plus grotesque petit avorton qu'on pût voir. Un soir que Malartic avait été mandé à la Chaumière, ne s'avisa-t-il pas de l'apostropher en ces termes : " Malartic, tu " as bien mérité de la patrie, tu es l'ami des sans-culottes, le " père des pauvres, l'enfant de la république, l'oncle de la " colonie ; tu n'es pas le cousin des anglais et j'espère que tu " ne seras jamais l'allié des aristocrates. Tu peux t'en aller !" (2)

Une autre fois, agacé d'entendre pérorer certain gascon fraîchement débarqué, qui ne cessait de dire qu'à Paris on agissait ainsi, qu'à Paris on faisait cela, notre petit bonhomme l'interrompit pour lui demander à brûle-pourpoint s'il savait seulement lire ; il reçut en guise de réponse un formidable soufflet qui l'envoya rouler sous la table ; depuis lors il ne se frotta plus aux méridionaux, tous des brutes incapables de discuter, marronnait-il en se frottant la joue. (3)

Encore un original pour finir, l'ineffable Gadebois, le fabricant de tabac héroïque, un des piliers de la Chaumière où il se faisait remarquer par ses motions sanguinaires, par ses idées subversives, qu'il présentait avec une bonhomie charmante, avec une douceur angélique, comme s'il vous eût offert de son meilleur tabac d'Espagne ou de Cocanada ; après quoi il s'asseyait avec un calme olympien, avec le sentiment du devoir accompli. Rentré chez lui, c'était l'homme le plus complaisant, le plus doux qu'on pût imaginer ; il lui arrivait souvent, dans le courant de la journée, d'être pris d'inquiétudes dans les jambes, il se promenait de long en large dans sa boutique, bousculant caisses et bocaux, les clients sachant ce que cela voulait dire, s'empressaient de se retirer. Il fermait alors son échoppe, montait à l'étage, passait une robe de chambre à ramage et se présentait au balcon ; quelques instants après, la petite ruelle où il habitait était pleine de noirs qui l'accueillaient aux cris de " Vive Gadebois ! " Il leur adressait un salut protecteur, commençait un interminable discours, que soulignaient des applaudissements bruyants et ne s'arrêtait que lorsque le souffle lui manquait ; il faisait alors une nouvelle révérence, tournait les talons, se débarrassait de sa toge, rouvrait sa boutique et recom-

(1) " Souvenirs d'un vieux colon."
(2) Ibid.
(3) Ibid.

mençait à débiter sa marchandise comme un bon et honnête commerçant. (1)

Les cinq derniers jours de l'année républicaine, les jours complémentaires ainsi qu'on les appelait, étaient de droit des jours fériés, dévolus à la célébration des *Grandes Sans-culottides*. Tous les quartiers tenaient à honneur de s'y faire représenter par une députation précédée de sa bannière ; dans ces jours de liesse on tenait à faire grand, on ne lésinait pas sur la dépense, l'Assemblée votait les fonds nécessaires pour les costumes et les cortèges, tout était payé par la colonie, aussi on allait de l'avant.

La première cérémonie était la *Fête des Vertus*. On se réunissait le matin sur la Place d'Armes, les sans-culottes, les membres de la Chaumière sous les armes, les députations des régiments et de la garde nationale en grand uniforme, les citoyens en habits de fête. Le cortège s'organisait : les *Vertus* en robe de mousseline blanche, écharpe et bonnet aux couleurs nationales, quelquefois les quartiers en fournissaient leur contingent lorsqu'ils en avaient de reste ; l'*Indigence*, représentée par un sale petit vieillard aux longs cheveux graisseux, à la barbe de huit jours au moins, à la chemise qui fut peut-être blanche quinze jours auparavant, à la culotte aussi déchirée que la décence le permettait, à la veste en loques, autour du cou un vieux morceau d'étoffe rouge roulé en corde en guise de cravate, aux pieds des souliers éculés laissant percer au bout d'ignobles orteils, un simulacre de chapeau sur la tête, d'une nuance douteuse et rappelant vaguement la forme d'un accordéon. Tout ce monde prenait le poste qui lui était assigné d'avance ; au chant de la *Marseillaise* et musique en tête on défilait par la rue du Gouvernement jusqu'au Champ de Mars où se dressait l'arbre de la Liberté. On poussait trois fois le cri de " Vive la République," Litray s'avançait, haranguait la foule, trois salves de mousqueterie donnaient le signal du départ et l'on revenait sur ses pas jusqu'à la Place où l'on se séparait pour recommencer le soir le même défilé et les mêmes chants patriotiques à travers les rues. (2)

Le jour suivant c'était la *Fête des Récoltes*, quelles récoltes pouvait-on faire à l'Ile de France à pareille époque ! Aussi les sans-culottes se contentaient-ils de partir en troupe, avec chants et musique vers 6 heures du matin. A midi ils étaient de retour en ville portant chacun une botte de foin sur l'épaule ; la journée se passait à la Chaumière à discourir, à boire, à fumer, on se réunissait le soir à un dîner composé, non pas de la provende qu'on avait rapportée, mais de beaux et bons légumes cueillis à l'habitation des prêtres. (3)

La troisième cérémonie était la plus pittoresque, c'était la

(1) " Souvenirs d'un vieux colon."
(2) Ibid.
(3) Ibid. Cette habitation se trouvait au pied du Pieterboth, au lieu dit l'Enfoncement ou Vallée des Prêtres.

Fête des Vendanges. A cet effet deux barriques de vin installées sur des brancards et convenablement ornées de guirlandes de fleurs et de pampres, avaient été laissées la veille au bord de la Rivière des Lataniers ; c'est là que le cortége se formait pour entrer en ville au coup de 10 heures, toujours avec accompagnement de musique, de *Marseillaise* et de bannières déployées. Sur les tonneaux étaient juchées à califourchon deux citoyennes déguisées en bacchantes et comme de juste fort légèrement vêtues ; leur rôle consistait à vider le plus souvent possible la coupe qu'elles tenaient à la main et à offrir à boire à tous les bons patriotes. Il ne faudrait pas croire qu'on avait été chercher ces héroïnes dans les bas-fonds de la société, loin de là, elles occupaient un certain rang dans la bourgeoisie et rien ne serait plus aisé que de retrouver leurs noms si l'on voulait commettre une indiscrétion bien inutile. Bref, le spectacle pour être un peu leste était des plus réussis, mais il scandalisa fort un honnête ecclésiastique, l'abbé Flageolet, curé de Moka et un de nos plus dignes colons, M. Rudelle, qui ne purent s'empêcher de manifester hautement leur indignation ; mal leur en prit, les sans-culottes les empoignèrent bel et bien, les fourrèrent sur les tonneaux à côté des prêtresses de Bacchus et les obligèrent bon gré, mal gré à faire amende honorable avec force libations à la prospérité de la république. Ce jour là fut un jour d'orgie générale, ce qu'on consomma de pain, de vin et de charcuterie ne saurait s'imaginer ; d'ailleurs pas de désordre, beaucoup de bruit, beaucoup de chants, bien des indigestions et bien des *saoûlaisons*, disons le mot, il ne déparera pas cette Kermesse. (1)

Le quatrième jour fut plus calme, le sujet le réclamait et les sans-culottes devaient avoir mal aux cheveux ; il s'agissait de fêter *la mort du dernier tyran*, cela se passa à huis clos à la Chaumière, c'est ce jour là que le bossu et le gascon s'attrapèrent, le beau sexe qui trônait dans les tribunes, se précipita pour amener une réconciliation et tout le monde s'embrassa comme du bon pain ; après quoi il y eut promenade en musique par la ville et farandole le soir. (2)

Le dernier jour des sans-culottides était réservé à la *Fête de l'Innocence*, on avait choisi une fillette de douze ans, belle à miracle, pour remplir le principal rôle dont elle se tira si bien que tout le monde se pressait pour la voir passer, vêtue d'une simple tunique de mousseline blanche, les bras et les jambes nus, sur un char enguirlandé de fleurs que traînaient deux amours. Malheureusement on commit l'imprudence de laisser la pauvre enfant exposée pendant plusieurs heures à la fraîcheur de la nuit, elle prit froid et fut enlevée en quelques jours par une fluxion de poitrine. (3)

Une autre fois, on fêta la *Déesse Raison*, qui fut représentée

(1) "Souvenirs d'un vieux colon."
(2) Ibid.
(3) Ibid.

par l'épouse d'un des principaux membres de l'Assemblée, tout de blanc vêtue, une écharpe rose en sautoir, cuirassée d'or, casque en tête et pique à la main, une reproduction assez exacte de la Minerve antique ; on la promena ainsi par la ville sur un brancard que douze citoyens portaient sur leurs épaules. Ensuite on célébra la *Liberté*, encore une citoyenne et non des moins en vue, vêtue à la grecque, tunique blanche, un sein nu, bonnet phrygien orné de la cocarde tricolore et drapée dans les couleurs nationales ; cette fois encore le cortège partit de la Place d'Armes précédé de la guillotine qu'on avait démontée pour l'occasion ; on se rendit au Champ de Mars, où, pendant que les orateurs se faisaient applaudir, d'autres citoyens dressaient avec prestesse les bois de justice. L'instrument étant convenablement agencé, il se fit un grand silence, l'exécuteur des hautes œuvres parut, traînant par les cornes une pauvre chèvre qui n'en pouvait mais, et dont la tête roula bientôt sur le sol aux applaudissements de la foule, toute fière qu'un sang impur eût enfin abreuvé ses sillons !

Le cortège se replia sur la Place d'Armes et l'on se sépara au bruit des marteaux tapant dur pour bien faire comprendre aux prisonniers de la Tour que la guillotine n'avait été enlevée que très provisoirement. (1)

Une autre chose bien digne de remarque, c'est le respect mêlé de crainte, dont les sans-culottes au milieu de leurs saturnales entouraient ce qui avait trait à la religion catholique ; cela tenait en grande partie à l'attitude d'un digne prêtre, l'abbé Hoffmann, aumônier de l'hôpital. Vers cette époque le préfet apostolique, M. Darthé, avait quitté la colonie et avait nommé pour le remplacer M. l'abbé Durocher, curé des Pamplemousses qui mourut fort peu de temps après ; l'abbé Hoffmann se trouva par le fait seul à la tête de la principale paroisse de l'île. Homme d'un cœur excellent, il était adoré des pauvres, ancien caporal il avait l'allure et le langage d'un vieux dur-à-cuire ; ce qu'il avait à dire, il le disait carrément, sans ambages, ne s'attardant pas à chercher ses expressions lorsque le mot cru se présentait sur ses lèvres. C'est sans doute ce qui lui valut la haute estime des jacobins ; pour lui, il ne connaissait ni patriotes ni aristocrates, tout ce monde était son troupeau, et il le menait rondement au doigt et à l'œil, tout comme avant la révolution. La veille de la Fête Dieu par exemple, il allait trouver les principaux sans-culottes, Guion ou Litray et leur tenait ce langage : " C'est " demain la procession de la Fête Dieu, j'ai besoin de toi, tu " tiendras un des cordons du dais, et les sans-culottes en armes " borderont la haie, nous placerons les muscadins derrière. " C'est entendu. Tu recommanderas à tes sans-culottes de se " mettre à genoux lorsque le Saint Sacrement passera. Nous " dînerons à 3 heures et tu inviteras de ma part les capitaines

(1) " Souvenirs d'un vieux colon " *E. Pajot*. " Simples renseignements sur l'Ile Bourbon. "

" des compagnies qui assisteront à la procession." Et les choses se passaient ainsi dans le plus grand ordre, si quelque récalcitrant regimbait et semblait hésiter à mettre genou en terre, l'abbé Hoffmann qui avait l'œil à tout, sortait de sous le dais, marchait droit à lui, l'empoignait par le collet, le secouait comme un prunier et avec quelques bonnes bourrades, le forçait à prendre l'attitude commandée et à faire un grand signe de croix par dessus le marché. (1)

Lorsqu'on apprit à l'Ile de France le 29 Août 1794, que la Convention avait décrété l'abolition immédiate et sans indemnité de l'esclavage dans toutes les colonies françaises, la stupéfaction fut grande; on avait toujours espéré que les choses en resteraient aux décrets des 13 et 15 Mai 1791, aux demies mesures, au système bâtard mis en vigueur par l'Assemblée Nationale. On n'avait pas songé que depuis lors les évènements s'étaient singulièrement modifiés et que les hommes qui détenaient maintenant le pouvoir étaient justement ceux-là même qui naguère avaient soutenu avec tant d'énergie les idées qu'ils préconisaient; l'heure de la révanche avait sonné, il était naturel qu'ils missent leur programme à exécution qu'elles qu'en fussent les conséquences, dont ils n'avaient cure, leur intérêt n'étant pas en jeu. La consternation fut donc profonde, mais il ne faudrait pas se hâter d'en déduire que la grande majorité des colons fût diamétralement opposée à cette innovation; ils avaient le bon sens d'en reconnaître la justesse, mais il avaient aussi la prétention d'être indemnisés de leurs pertes, en partie tout au moins. La mesure étant d'ordre public, il leur semblait souverainement injuste que les propriétaires d'esclaves fussent les seuls sacrifiés. En cela, ils n'avaient pas tort, car tous les citoyens français sans exception, consommant des denrées produites aux colonies par le travail servile, avaient plus ou moins, selon leurs ressources et selon leurs besoins, bénéficié de cet état de choses ; ne l'eussent-ils pas fait, du reste, que la mesure s'imposant au nom de la liberté, de l'égalité, de la fraternité et de la charité, la nation qui en prenait l'initiative ne devait pas perdre de vue qu'elle avait à distribuer la justice à tous indistinctement. En méconnaissant ce principe la république amoindrissait singulièrement le beau rôle qu'elle s'était tracé, car faire le bien ne suffisait pas, encore fallait-il le faire sans dépouiller uniquement une catégorie de citoyens qui n'avaient fait que se conformer à la loi ; si la loi était mauvaise, il était inique de les en rendre seuls responsables !

Mais là n'était pas le principal grief des colons. Ils avaient été indignés de la négation de leurs droits sacrés, proclamée *urbi et orbi* par la voix de quelques soi-disant bienfaiteurs de l'humanité; la phrase : " Périssent les colonies plutôt qu'un principe ! " ils l'avaient sur le cœur, les procédés tortueux et hypocrites dont on usa à leur égard, ils ne pouvaient les pardonner, mais ce qui

(1) " Souvenirs d'un vieux colon."

les exaspéra, ce furent les appels répétés à la haine et à la vengeance d'une race encore trop peu civilisée pour connaître d'autres sentiments que ceux-là, ce qui les épouvanta ce fut l'exemple de ce qui se passait alors à Saint-Domingue, révolte ouverte, meurtres, incendies, crimes atroces, forfaits inouïs, tout cela aboutissant à la perte pour la France de sa plus riche colonie ! Etait-ce là le sort réservé à l'Ile de France ? Etait-ce là le but secret auquel tendaient les négrophiles ? Il y a bien là de quoi expliquer l'opposition systématique faite par la colonie ; si elle triompha, seul son éloignement de la mère patrie en fut sans doute la cause. N'est-ce pas une chose profondément triste ?

On a prétendu que le retard mis à faire parvenir le décret à l'Ile de France était dû à des intelligences que la colonie possédait au ministère de la marine ; cela n'est pas prouvé, mais c'est possible après tout, car les documents n'arrivèrent qu'au mois de Septembre 1795 et les agents envoyés par le Directoire, au mois de Juin de l'année suivante. En tout cas, si les choses se passèrent ainsi, cela prouve une fois de plus combien les colonies étaient négligées. Puiqu'on attachait tant d'importance à la mise en vigueur de cette mesure, pourquoi la Convention ne veilla-t-elle pas de plus près à la stricte exécution de ses ordres ?

Il est bien difficile de deviner quelles auraient été les conséquences de l'abolition de l'esclavage à l'Ile de France, si le décret de Pluviôse avait été immédiatement promulgué. Y aurait-il eu soulèvement général, massacre et expulsion des classes dirigeantes ? Ou bien l'ordre n'aurait-il été troublé que partiellement ? La population noire était-elle réellement assez forte pour se rendre maîtresse de la colonie ? N'aurait-elle pas été plutôt traquée et forcée de se rendre à merci ? Quelles représailles alors auraient semblé nécessaires ! Voilà autant de questions que nous ne tenterons pas de résoudre.

La suppression de l'esclavage était une idée si profondément juste que ce serait la dénigrer que la qualifier de noble et généreuse, elle était juste tout simplement et s'imposait par le fait. Mais la république ne sut pas la mettre en pratique, elle commença par nier un droit sacré, le droit d'indemnité, et au lieu de veiller à ce que ce grand acte s'accomplît tranquillement, ouvertement, loyalement, elle s'abaissa devant l'opposition qu'elle rencontra, à la combattre par des mesures indignes d'elle. Il fallait tout simplement imposer sa volonté puisqu'elle le jugeait nécessaire et non pas encourager la révolte par dessous main. Les existences qu'elle sacrifia ainsi, ne méritaient-elles donc pas sa sollicitude ? Qui sème le vent récolte la tempête, c'est ce qui arriva à la Convention !

Cependant l'Assemblée Coloniale pour parer à toute éventualité abolit la traite des noirs, d'abord à Madagascar (20 Septembre 1794) et ensuite dans tous les pays. (Octobre 1794). (1)

L'année 1794 s'acheva sous de meilleures auspices, au mois de Novembre parvint la nouvelle des évènements de Thermidor, la chûte de Robespierre et des Jacobins ; nous avons vu plus haut, comment l'Assemblée en profita pour se débarrasser de la tutelle des clubs et des Chaumières en faisant fermer leurs portes, en faisant relâcher M. de Saint Félix et ses compagnons, en abattant la guillotine qui n'avait été fort heureusement qu'un innocent joujou, et, en déportant une trentaine de démagogues qu'elle renvoya en France. (2)

(1) *A. d'Épinay.*
(2) *A. d'Epinay. F. Ducray. D'Unienville.*

III

La marine française et la Révolution.—L'Ile de France abandonnée de la métropole, pourvoit à sa propre subsistance.—Armements en course.—Lemême. — Expédition projetée contre l'Ile de France. — Combat de la *Cybèle* et la *Prudente* contre le *Centurion* et le *Diomed*.—Abolition de la traite des noirs. — Surcouf ; il fait la contrebande. Son aventure avec les délégués du comité colonial de la Réunion.—Surcouf passe sur l'*Emilie*.—Malartic lui refuse des lettres de marque.—Portrait de Surcouf.—L'*Emilie* se rend aux Seychelles. — Les Seychelles sous la Révolution.—Surcouf manque d'être pris ; il fait la course.—Capture du *Pingouin*, du *Russell*, du *Sambolasse*, du *Cartier*, de la *Diane*, du *Triton*.—Retour à l'Ile de France.—Ses prises sont confisquées. — Protestation de Surcouf.—Il se rend en France.—Le Directoire lui donne gain de cause.—Pertes du commerce anglais. (1793-1796).

L'émigration avait enlevé à la marine française la plupart de ses chefs, de ceux qui avaient fait leurs preuves pendant la guerre d'Amérique ; les bâtiments ne manquaient pas, restes de la flotte que Louis XVI avait organisée avec un soin jaloux, leurs cadres pouvaient être aisément complétés, les héroïques populations maritimes de la Manche, de l'Océan et de la Méditerranée ne demandaient qu'à faire leur devoir et mieux que leur devoir ; les officiers, il y en avait aussi, depuis le simple aspirant jusqu'au capitaine de vaisseau, braves, pleins d'ardeur et d'enthousiasme, mais à ce brillant état-major il fallait un commandement supérieur et c'était justement ce qui lui faisait défaut. Lors du début des hostilités l'embarras fut cruel, bien des mécomptes en résultèrent, car pour mener à bien une expédition maritime la bravoure ne suffit pas, il faut y joindre des connaissances de toute sorte qui ne s'acquièrent que par une longue pratique. C'est pourquoi la marine française se trouva tout d'abord dans un état d'infériorité bien marquée vis-à-vis de son éternelle rivale. Elle possédait pourtant des hommes de valeur qui, le premier moment d'hésitation passé, surent profiter de leurs revers pour en tirer un enseignement profond ; il n'y a rien de tel que l'école du malheur pour raffermir les âmes bien trempées et les faire se hausser au niveau du rang qu'elles doivent occuper ; Latouche-Tréville, Villaret-Joyeuse, Bouvet, Linois, Nielly, Treilhard et tant d'autres en sont des exemples frappants.

Ces premières défaites firent comprendre à la France qu'elle ne devait pas songer pour le moment à renouveler les exploits de Suffren dans la mer des Indes ; cela était bien raisonné, mais en envoyant à l'Ile de France des forces suffisantes, elle protégeait son propre commerce et infligeait des pertes irrémédiables au commerce anglais. Ce plan était tellement simple, tellement facile à exécuter, il devait être si fécond en heureux résultats, qu'on se demande comment le gouvernement de la République n'y songea pas. Peut-être est-ce son extrême simplicité qui le fit rejeter !

Quoi qu'il en soit, l'Ile de France fut bel et bien abandonnée de la métropole, qui ne lui envoya plus ni de quoi subsister, ni de quoi se défendre. Elle ne lui adressait guère plus que des mesures législatives à appliquer, or une colonie ne vit pas de paperasses et de grimoires !

Un auteur anglais définit par une phrase heureuse les perplexités de la population ; se voyant livrée à ses propres ressources qui depuis les premières années de la colonisation n'avaient jamais suffi à la nourrir, elle résolut courageusement de ne compter que sur elle-même et se posa cette suprême question : " Comment vivre ?" La solution ne se fit pas attendre, elle fut trouvée par les corsaires qui, sillonnant la mer des Indes en tous sens, fondant sur les bâtiments anglais, encouragés par les primes accordées à ceux qui enverraient à l'Ile de France des prises chargées de grains nourriciers, parvinrent d'abord à la sauver de la famine, ensuite à lui rendre l'aisance et le bien être ; la solution du problème peut ainsi se résumer : " Vivre aux dépens " du commerce anglais ! " L'Ile de France ne s'en fit pas faute ! (1)

Le premier qui fit parler de lui fut un malouin, François Thomas Lemême, arrivé à l'Ile de France en Décembre 1791 sur un bâtiment de commerce, la *Liberté* ; il passe l'année suivante sur le brick l'*Hirondelle* et fait la cueillette dans les ports des détroits. Il est rentré à l'Ile de France lorsqu'arrive l'annonce de la déclaration de guerre (Janvier 1793) ; l'*Hirondelle* est immédiatement armée en course, elle porte douze canons de 4 et un équipage de 80 hommes d'élite. Lemême quitte le Port Nord-Ouest le 10 Juin, touche à Saint-Denis où il embarque 20 volontaires. Le 16 Août il se trouve devant Java, en présence d'une corvette hollandaise le *Good Werwagting*, qui lui donne la chasse ; ne pouvant échapper à un adversaire de marche supérieure, Lemême laisse arriver, appuie ses couleurs d'un coup de canon, essuie sans riposter le feu de l'ennemi qui lui lâche sa bordée presque à bout portant ; l'effet en est terrible, un de ses officiers se précipite vers lui et lui crie : " Capitaine nous " allons couler si cela continue ! "—" C'est bien ce que je veux, " riposte Lemême, de cette façon nous serons bien obligés de " grimper sur ce grand flandrin !"

Il gouverne droit sur le hollandais, s'accroche à lui et s'en empare en quelques instants.

Neuf jours après, escorté de sa prise sur laquelle il a fait passer une partie de ses hommes, il tombe sur le *William Thesied* de la Compagnie hollandaise, armé de 40 canons ; il l'aborde et s'en rend maître après un combat sanglant. Embarrassé de ses

---

(1) *Colonel G. B. Malleson.*—" Final French struggles in India"

prisonniers, il les fait descendre dans des embarcations et les engage à regagner la terre qui n'est pas éloignée. Il rentre alors à l'Ile de France avec ses deux prises, vers la fin de Septembre.

Quelques semaines après il accepte le commandement du fin voilier la *Ville de Bordeaux*, de 24 canons de 12 en batterie et 8 pièces de 6 sur le pont; son état-major le suit, il recrute 200 hommes d'équipage et lève l'ancre le 15 Novembre. Cette fois il a en vue une expédition audacieuse, il se dirige sur Padang, y mouille le 12 Décembre, s'empare du fort par un hardi coup de main et oblige la garnison à capituler. La colonie hollandaise offre de se racheter, Lemême accepte, embarque l'indemnité stipulée et s'éloigne le 20 Décembre. Le 12 Février 1795 il rencontre sur les brasses du Gange le trois mâts portugais *Saint Sacrement*, portant une cargaison estimée à dix millions de francs. Il commande l'abordage et force le commandant portugais à amener après une résistance désespérée. Treize jours après, la *Ville de Bordeaux*, démâtée par un ouragan, faisait son entrée triomphale au Port-Nord-Ouest. Pour se faire une idée des richesses capturées par Lemême, qu'il suffise de dire que sa part de prises atteignit 1.100.000 livres tournois. (1)

Les succès des corsaires, le refuge assuré qu'ils trouvaient à l'Ile de France, décidèrent la Compagnie anglaise des Indes à tenter une expédition contre cette colonie. Le corps d'opération devait se ranger sous les ordres du général Meadows; l'escadre sous le commandement du commodore Newcombe devait se concentrer à Rodrigue. En attendant que tout fût prêt, deux vaisseaux, le *Centurion* et le *Diomed*, furent détachés de la division de Madras avec mission de bloquer étroitement les Iles de France et de la Réunion (1794). Ces faits furent divulgués par le plus grand des hasards : au mois de Septembre, le commandant Renaud qui avait remplacé M. de Saint-Félix dans ses fonctions de chef de la division navale, toucha à Rodrigue et y apprit que deux vaisseaux anglais venaient de s'en éloigner pour commencer leur croisière, après avoir pris la précaution de détruire toutes les embarcations qui eussent pu servir à faire connaître leurs projets à l'Ile de France. Renaud se hâta de rentrer et fut assez heureux pour regagner le Port-Nord-Ouest, sans avoir rencontré les bâtiments anglais. Nous avons vu que l'Ile de France était alors en proie à une pénurie de vivres qui se renouvelait périodiquement tous les ans ; les prises faites par les corsaires étaient jusqu'ici arrivées à point pour épargner à la population les angoisses de la faim, mais comment compter désormais sur ces arrivages lorsque les abords de l'île étaient surveillés par deux vaisseaux de haut bord de 50 et 44 canons. La situation était des plus graves, il fallait à tout prix la trancher par un coup d'audace ; tel était l'avis du commandant Jean

---

(1) *A. d'Épinay, Ch. Cunat, Col. G. B. Malleson.*

Marie Renaud, il savait bien qu'avec les forces dont disposait la colonie, il ne fallait pas compter sur une victoire, il s'agissait tout bonnement d'attaquer l'ennemi et de ne pas cesser le feu, quoi qu'il arrivât, quitte à couler bas s'il le fallait, jusqu'à ce qu'on lui eût fait éprouver des avaries telles qu'il se vît forcé de lever le blocus pour aller se faire réparer. Ce plan était simple on le voit, mais cette simplicité était passablement héroïque ; il fallait avoir l'âme fortement trempée pour le concevoir et l'exécuter ! La division française se composait alors de la *Cybèle*, frégate de 18 canons, commandée par Pierre Julien Tréhouard, de la corvette la *Prudente*, de 12, portant le guidon de Renaud, du brick le *Coureur*, de 6, commandant Garaud et du corsaire colonial le *Jean Bart*, de 6, capitaine Loiseau ; soit 42 canons contre 94. L'inégalité était si grande que Malartic au premier moment ne voulut pas autoriser cette entreprise qu'il traita de folie sublime, mais le salut de la colonie en dépendait, tous ces hommes avaient fait le sacrifice de leur existence, il dut les approuver. Cependant les équipages furent bientôt au complet, cinquante soldats de ligne du 101me régiment leur furent adjoints ainsi que de nombreux volontaires pris dans toutes les classes de la population.

Le 19 Octobre à 6½ heures du matin Renaud réunit en conseil les différents commandants ; il est arrêté que la *Cybèle* et le *Coureur* attaqueront le *Centurion* et que le *Diomed* aura affaire à Renaud avec la *Prudente* et le *Jean Bart*. A 4 heures de l'après midi la flottille appareille, elle remonte vers le Nord, double l'Ile Ronde et redescend le long de la côte de Flacq ; ce n'est que le 22 Octobre (1er Brumaire an 3) à 11 heures du matin, par le travers du Morne du Bambou, qu'elle a connaissance de l'ennemi ; elle se dirige immédiatement sur lui. A 3½ heures on arrive à portée de canon, l'action s'engage alors terrible, meurtrière. Dès les premiers coups les Français ont beaucoup à souffrir des gros canons de leurs adversaires, la *Cybèle* engagée à fond contre le *Centurion*, ses vergues brisées, ses voiles en lambeaux, ses manœuvres hâchées, rend cependant coup pour coup, assistée par le *Coureur* qui tourne autour de son énorme ennemi, le harcèle, évite ses atteintes et profitant du peu d'élévation des ses batteries, s'attache à lui envoyer ses faibles bordées juste à la ligne de flottaison. La *Prudente* essuie de son côté le feu formidable du *Diomed* et riposte avec rage ; l'artilleur Brunet a le poignet droit emporté pendant qu'il charge sa pièce, il saisit le refouloir de la main qui lui reste, achève de charger, pointe, tire, atteint l'ennemi en plein bois, s'assure que le coup a porté et descend ensuite se faire panser. Renaud atteint d'un biscaïen est renversé de son banc de quart. Les Anglais de leur côté sont très maltraités, le *Diomed* a reçu de graves avaries dans sa mâture, le *Centurion* a perdu deux mâts et son gouvernail, une voie d'eau se déclare dans sa cale, c'est l'œuvre du petit brick. Bref, Renaud fait hisser le signal de ralliement, la *Prudente* force de voiles, mais la *Cybèle* ne peut plus gouverner, la *Prudente* revient au feu et le combat recommence. Enfin le

Centurion donne l'ordre de la retraite, les deux vaisseaux anglais s'éloignent et disparaissent, ils sont contraints de lever le blocus.

De son côté la *Prudente* remorque péniblement la *Cybèle* qui a trois pieds d'eau dans sa cale. Le plan de Renaud a complètement réussi, mais il a coûté cher, on compte 136 tués et blessés. Lorsque la petite division rentra au Port-Nord-Ouest, elle fut l'objet d'une véritable ovation ; une souscription fut immédiatement ouverte pour venir en aide aux familles de ceux qui avaient été tués à l'ennemi ; 260,000 livres furent recueillies en fort peu de temps. L'Ile de France pouvait respirer maintenant ! (1)

Tréhouard et Garaud furent promus par le gouverneur au grade de capitaine de vaisseau ; quand à Renaud, Malartic lui déclara publiquement qu'à son grand regret il n'était pas en son pouvoir de lui accorder la récompense qu'il avait si bien méritée et que l'opinion générale lui décernait. L'Assemblée coloniale rendit hommage à sa valeur en déclarant qu'il avait tenté tout ce qu'il était humainement possible de faire, et qu'en osant davantage, il n'aurait fait que compromettre le salut de sa division sans remporter un succès plus appréciable. La Convention décréta dans sa séance du 19 Février 1795 que les habitants des Iles de France et de la Réunion avaient bien mérité de la patrie. (2)

L'Assemblée coloniale venait de défendre la traite des noirs (Septembre, Octobre, 1794), cette mesure ne pouvait être du goût de bien des planteurs qui n'y virent autre chose qu'une nouvelle tracasserie du gouvernement métropolitain, qu'une nouvelle preuve de la haine de quelques utopistes, ne rêvant que la ruine des colonies qui avaient l'audace de ne pas partager leurs théories. Lorsque les esprits sont montés à ce diapason, il est impossible qu'ils ne se laissent pas entraîner plus loin qu'ils ne le devraient ; se croyant en butte à un parti pris de vengeance et ne pouvant ouvertement s'opposer à l'exécution de la loi, quelques uns s'arrangèrent pour la violer en secret et ne rencontrèrent malheureusement que trop d'individus entreprenants prêts à les seconder, soit par amour du gain, soit par la passion des aventures. Un de ces derniers fut Robert Surcouf dont le nom allait bientôt devenir la terreur du commerce anglais.

Robert Surcouf, né à Saint-Malo le 12 Décembre 1773, était fils de Charles Joseph Ange Surcouf, sire de Boisgris et de Rose Julienne Truchot ; il descendait par sa mère du célèbre Duguay Trouin. Ses parents le destinaient tout d'abord à la carrière ecclésiastique et le firent entrer au séminaire ; c'était un garnement de la pire espèce, ne rêvant que plaies et bosses, son enfance a quelque analogie avec celle de Bertrand Duguesclin. Son biographe raconte que comme il rentrait chez lui les trois

---

(1) *A. d'Epinay. Ch. Cunat. Col. G. B. Malleson. Dick de Lonlay.* " Les marins français."
(2) *A. d'Epinay. Ch. Cunat.*

quarts du temps avec ses vêtements en lambeaux, sa mère imagina de lui fabriquer une culotte, vrai costume d'arlequin, faite de morceaux d'étoffe très forte et très épaisse mais de différentes couleurs. Robert se laissa tranquillement revêtir de ce mirifique habillement sans hasarder la moindre observation, puis il se rendit sur le sommet d'une éminence et choisissant une pente abrupte, il eut la constance de se laisser glisser du haut en bas sur son derrière, recommençant l'opération sans la moindre interruption jusqu'au coucher du soleil. Lorsqu'il rentra chez lui, il avait naturellement les parties charnues fort endommagées, mais du moins la fameuse culotte n'avait plus de fond !

Il venait d'avoir dix ans, lorsque pour un méfait quelconque son professeur s'avisa de vouloir le fouetter, Surcouf se débattit et ne pouvant échapper, mordit cruellement son bourreau au mollet ; ce dernier abasourdi par cette attaque imprévue et paralysé par la douleur, lâcha prise aussitôt, Surcouf en profita pour s'enfuir dans les bois ; on était en plein hiver, il fut recueilli quelques heures après, à moitié gelé, par des poissonniers qui le ramenèrent à ses parents. Le refroidissement lui donna une bonne fluxion de poitrine dont il guérit grâce à sa forte constitution. Il demanda à se faire marin et ses parents n'en pouvant venir à bout, y consentirent en désespoir de cause ; il avait alors 13 ans. Vers l'âge de 16 ans il arriva pour la première fois à l'Ile de France et fit plusieurs voyages au long cours, enfin à l'époque où nous sommes rendus il venait d'atteindre sa vingtième année.

Il commandait alors le *Créole* quand on lui proposa de faire la traite en secret ; cela convenait trop bien à son caractère aventureux aimant le danger pour le danger, aussi accepta-t-il avec enthousiasme. Il fut d'abord heureux dans ses opérations grâce à son audace et à son esprit fertile en inventions, mais les autorités avaient l'œil sur lui et cherchaient à le prendre en flagrant délit. Bien qu'il en eût été averti par ses commettants, il n'en continua pas moins son trafic illicite et vint débarquer sa cargaison nuitamment à la Grande Chaloupe, à trois lieues de Saint Denis, puis il alla tranquillement jeter l'ancre devant Saint Paul. Il était à peine 8 heures du matin et l'équipage était activement occupé à faire disparaître les traces accusatrices, lorsque trois délégués du comité colonial se présentent incontinent, constatent le délit, dressent procès-verbal et somment Surcouf de les suivre à terre.

Notre héros ne perd pas la tête, il se fait doux comme un agneau, prend une figure humble et contrite, se déclare prêt à se soumettre à leurs ordres, mais il est sur le point de se mettre à table et prie ces messieurs de vouloir bien partager avec lui la fortune du pot. En physionomiste habile il avait deviné que les commissaires étaient gens portés sur leur bouche, il leur fait servir un déjeûner pantagruélique et les voyant bien occupés, il en profite pour filer son câble ; on gagne le large, le *Créole* commence à caracoler, le roulis augmente, le mal de mer fait des siennes, les commissaires n'y résistent pas. S'apercevant qu'ils ont été joués, ils entrent en fureur, veulent à tout prix être débarqués et menacent Surcouf des foudres du Comité. Surcouf leur répond que dans ces conditions, ils ne peuvent raisonnablement s'attendre à ce qu'il aille se jeter dans la gueule du loup, il se rendra tout simplement à la côte d'Afrique et débarquera Messieurs les commissaires au milieu des nègres qu'ils chérissent si ardemment. La nuit porte conseil, dès que ces Messieurs voient les ténèbres s'épaissir, ils s'apaisent et cherchent à entrer en composition. Ils étoufferont l'affaire, détruiront leur procès-verbal, en dresseront un autre déclarant qu'ils n'ont rien trouvé de suspect à bord et qu'un raz de marée a seul forcé le *Créole* à s'éloigner de son mouillage et à se diriger sur l'Ile de France, où Surcouf les débarque en effet quelques jours après. (1)

Ce trait hardi d'un tout jeune homme, joint à ce qu'on connaissait généralement de son sang froid et de son courage, fit que deux armateurs du Port-Nord-Ouest vinrent lui offrir le commandement du *Modeste*, l'un des paquebots arrivés de France avant la guerre et qui avait été vendu par le gouvernement à MM. Malroux et Le Vaillant ; ce petit bâtiment portant remarquablement la voile avait été armé de 15 pièces de 6 et était monté par 30 hommes d'équipage, il jaugeait 180 tonneaux et avait déjà fait la course sous Guerronière de Nantes et Le Vaillant de Bordeaux, l'un de ses propriétaires. Surcouf rêvait depuis longtemps de commander un corsaire, il sentait instinctivement que ses facultés jusqu'ici renfermées, trouveraient carrière dans l'initiative qui lui serait laissée et ne pourraient que se développer au contact des périls qu'il allait affronter, aussi ne fut-il pas long à se décider. Les préparatifs furent bientôt terminés, le *Modeste* débaptisé pour la circonstance et devenu l'*Emilie*, verni, ciré, astiqué, tout battant neuf, se balançait tranquillement dans la rade, attendant l'ordre d'appareiller. Mais un contre-temps survint, Malartic assailli par des demandes de lettres de marque, et craignant de laisser partir en trop grand nombre les hommes effectifs qui devaient veiller à la défense de la colonie si, la chose était possible, elle venait à être menacée une fois encore par les croisières anglaises, Malartic prit le parti de limiter le nombre des corsaires et profitant de ce que Surcouf était un nouveau venu, il expliqua à ses armateurs le motif qui le retenait et leur refusa l'autorisation demandée. (2) Cependant il voulut bien laisser à l'*Emilie* ses canons dont elle ne se servirait que pour se défendre, car ce n'était pas un bâtiment armé en guerre, mais simplement *armé en temps de guerre*. Le désappointement de Surcouf fut grand comme on peut le croire, aussi ne manqua-t-il pas d'accuser le gouverneur d'injustice et d'arbitraire, mais il fallut se soumettre. Sa destination fut donc changée, il dut se contenter, à sa grande répugnance, d'une besogne utilitaire pour laquelle il se sentait peu fait, on l'envoya aux Seychelles pour

(1) *Ch. Cunat.*
(2) *Ch. Cunat, Col. G. B. Malleson, A. d'Epinay.*

y prendre des tortues, du maïs, du coton et bien d'autres denrées nécessaires à la colonie (1)

Surcouf était alors d'une taille un peu au dessus de la moyenne, remarquablement charpenté, les épaules larges, les bras noueux, d'un embonpoint déjà fortement accentué, mais doué d'une agilité surprenante et d'une vigueur herculéenne ; ses yeux fauves petits et brillants, son regard plein d'assurance, son visage brûlé par le soleil et couvert de taches de rousseur, son nez court et aplati, ses lèvres minces et perpétuellement agitées par une sorte de tic nerveux. (2)

A première vue, son abord assez grossier et manquant absolument de distinction, ses façons originales, ne prédisposaient pas en sa faveur, mais dès qu'il parlait, sa physionomie changeait du tout au tout, ses yeux s'animaient d'une lueur extraordinaire et l'on sentait ce qu'il y avait à la fois de bonté, de générosité, d'énergie et de force de volonté dans cet homme remarquable, on comprenait l'empire absolu qu'il exerçait sur ses équipages qui l'adoraient et se seraient fait hâcher pour lui. " Au reste, bon " et joyeux vivant, il possédait une gaieté communicative dont on " ne pouvait se défendre." (3)

L'*Emilie* quitte l'Ile de France le 3 Septembre 1795, touche à Saint Denis le 6 et mouille devant Sainte Anne le 15.

L'Archipel des Seychelles avait été de tout temps, considéré comme une dépendance du gouvernement de l'Ile de France, qui se bornait à y laisser un détachement de 15 hommes commandés par un officier. A la nouvelle des évènements de 1789, les Seychellois voulurent eux aussi jouir des nouvelles institutions ; ils eurent bientôt à Mahé une assemblée coloniale, une municipalité, une justice de paix ainsi qu'une garde nationale ; seulement, comme la population des plus restreintes, n'offrait pas le nombre voulu de citoyens aptes à remplir tous ces postes, les fonctions de président, de maire et de juge de paix, quelle que fût leur incompatibilité, furent cumulées par la même personne ; la garde nationale composée du chiffre imposant de cinq hommes, s'était réunie en assemblée générale pour élire un chef, qu'elle choisit dans ses rangs à l'unanimité et qui prit le titre de commandant général. Si bien que l'agent du gouvernement de l'Ile de France réduit au rôle de Pouvoir Exécutif, ne possédait plus que le droit de représentation et de sanction. (4)

Au mois de Mai 1794, une division anglaise sous les ordres du capitaine Newcombe et composée de l'*Orpheus*, du *Centurion*, de la *Résistance* et de la prise le *Duguay-Trouin*, jeta l'ancre devant Mahé pour faire des provisions ; les habitants refusèrent.

(1) *Ch. Ounat, Col. G. B. Malleson, A. d'Epinay.*
(2) *Garneray.* " Voyages, aventures et combats."
(3) Ibid.
(4) *D'Unienville.*

énergiquement de rien livrer, le commandant anglais fut obligé de faire un simulacre de descente, enveloppa le poste et la garde nationale, leur fit mettre bas les armes et imposa une capitulation à tout l'archipel, capitulation qui se bornait à un seul article : Rien n'était changé dans l'administration comme dans les propriétés privées, toutes les Iles Seychelles s'engageaient simplement à conserver la neutralité vis-à-vis des belligérants tant que durerait la guerre. (1)

Les choses en étaient à ce point lorsque Surcouf arriva ; il s'occupa sans retard de prendre son chargement et l'avait à peu près terminé, lorsque le 15 Vendémiaire (7 Octobre) vers 3½ heures de l'après-midi, on signala deux bâtiments arrivant sous toutes voiles, ce ne pouvait être qu'une croisière anglaise ; Surcouf ordonne d'appareiller, les deux vaisseaux lui appuient chasse ; l'*Emilie* laisse arriver, passe entre l'Ile aux Mamelles et les récifs de l'Ile Trompeuse, force de voiles tant qu'elle peut, et le lendemain matin au petit jour, elle a distancé ses ennemis. Mais il ne faut pas songer à retourner aux Seychelles pour achever son chargement, les Anglais y sont sans doute, Surcouf décide donc de se diriger en plein vers l'est et de tâcher de compléter sa cargaison à Sumatra soit en riz, soit en tout ce qu'il y pourra trouver. (2)

Pendant son séjour à Sainte Anne, il avait pris à son bord un certain nombre de marins des îles avoisinantes, pour les ramener à l'Ile de France, ce surcroît d'équipage devait lui être d'un grand secours dans sa navigation lointaine. Surcouf jugea prudent aussi de faire monter sur le pont quelques canons qui lui servaient de lest ; bref, l'*Emilie* présentait à l'heure actuelle un armement assez formidable pour pouvoir se défendre, et même attaquer si cela était nécessaire. Le hasard avait bien fait les choses, était-ce réellement le hasard ? Quand il s'agit de Surcouf, on ne saurait rien affirmer, bien fin celui qui aurait pu prétendre connaître ses pensées de derrière la tête ! (3)

Il touche à Poulo Nias faire de l'eau qu'il paie royalement en offrant au rajah deux superbes mouchoirs de cotonnade, mais il ne peut s'y procurer du riz ; il se dirige sur Achem, est pris par une bourrasque, éprouve des avaries, ne pouvant lutter contre les courants il est forcé de rétrograder, longe les Iles Nicobar et les brasses du Pégou, rencontre le bâtiment anglais le *Pingouin*, chargé de bois, s'en empare, le dirige sur l'Ile de France et remonte le Golfe de Bengale. (4)

Le 19 Janvier 1796, à l'embouchure du Gange, il rencontre deux navires marchands, le *Russell* et le *Sambolasse* que remorque un brick pilote ; pensant que ces bâtiments pouvaient contenir le riz qu'il n'a pu se procurer et que l'on attend avec anxiété à

---

(1) *Pridham. D'Unienville.*
(2) *Ch. Cunat. Col. G. B. Malleson.*
(3) *Ch. Cunat.*
(4) *Ibid.*

l'Ile de France, il les attaque et s'en rend maître. Reconnaissant dans le brick des qualités nautiques que ne possède pas l'*Emilie*, il y passe avec 23 hommes, le nomme le *Cartier*, et expédie l'*Emilie* à l'Ile de France pour y conduire ses deux prises. Le 28, près de la Pointe aux Palmiers, il amarine la *Diane* avec un chargement de 6.000 balles de riz et songe à terminer son expédition, il gagne le sud. Le lendemain matin on signale une voile, c'est le *Triton*, vaisseau de la Compagnie anglaise portant 150 hommes d'équipage et 26 canons ; Surcouf ignorant à quel adversaire il allait s'attaquer, fait passer sur le *Cartier* quelques marins de la *Diane*, (son personnel se trouve ainsi porté à 19 hommes), et se dirige sur le *Triton*, battant pavillon anglais. Le *Triton* reconnaissant un bateau pilote, met en panne. Surcouf à mesure qu'il approche, peut se rendre compte de la force de ce bâtiment ; il ne s'y attendait guère, mais il faut faire preuve d'audace car la moindre hésitation à l'heure actuelle donnerait l'éveil à l'Anglais. Il fait descendre tout le monde, ne gardant auprès de lui que trois lascars provenant de ses prises, un marin, l'officier de quart et le quartier-maître. Rendu à demie portée de pistolet il remplace le yacht britannique par le drapeau tricolore et fait feu de toute sa bordée sur les Anglais ; avant qu'ils aient eu le temps de se reconnaître il a mis le nez au vent, il aborde le *Triton* par la poupe, culbute l'équipage, le force à quitter le pont, fait couper les rabans des sabords, ferme les écoutilles à travers lesquelles il les fusille. Cependant les Anglais ont démonté une des pièces de la batterie et la pointent de façon à faire sauter le pont et les Français avec ; Surcouf s'en aperçoit à temps, il fait lever le grand panneau, un feu bien nourri force les Anglais à renoncer à leur projet et à mettre bas les armes. Surcouf embarrassé de la quantité de prisonniers qu'il a faits, propose au commandant de la *Diane* de lui revendre son navire pour 30,000 roupies ; il garde simplement quelques hommes pour faire constater la prise, fait passer tous les autres Anglais sur la *Diane*, répartit son équipage entre le *Cartier* et le *Triton*, prend le commandement de ce dernier, recommande au *Cartier* de regagner l'Ile de France au plus vite et s'éloigne. (1)

Le *Cartier* rencontra bientôt le vaisseau anglais le *Victorious* et dut se rendre. Conduit à Madras, son capitaine, M. Petit, fut traité avec les plus grands égards, tant les Anglais avaient été touchés de la générosité que Surcouf avait témoignée aux équipages de la *Diane* et du *Triton*. (2)

Surcouf après une heureuse traversée arriva le 10 Mars 1796 à l'Ile de France. Il serait superflu de dire l'enthousiasme de la colonie lorsqu'elle apprit ce fait d'armes extraordinaire. (3)

Grâce à lui et pour longtemps elle se trouvait à l'abri de la disette, tout allait pouvoir reprendre son cours normal, car la

(1) Ch. Cunat. Col. G. B. Malleson.
(2) Ibid. Ibid.
(3) Ibid. Ibid.

pénurie de toutes choses avait tellement fait monter le prix des denrées les plus ordinaires et les plus nécessaires, que l'Assemblée coloniale avait dû se résoudre à augmenter de cinquante pour cent les appointements des salariés ainsi que le budget de la commune (14 Pluviôse an 4). (1)

Tout paraissait donc s'arranger au mieux, si ce n'est pour Surcouf et ses armateurs. Le lendemain de son arrivée le gouvernement mit l'embargo sur ses prises, y compris le *Triton* ; l'*Emilie* n'ayant obtenu qu'un simple congé de navigation, Surcouf avait outrepassé ses droits en faisant la course, il devait en subir les conséquences, l'administration confisquait tout ! Les armateurs protestèrent auprès du gouverneur et de l'intendant qui les éconduisirent ; ils présentèrent (3 Ventôse) une pétition à l'Assemblée coloniale, proposant de faire abandon à la colonie de toutes les cargaisons à condition qu'on leur rendrait les bâtiments et tout ce qui ne serait pas jugé indispensable, cette demande fut également rejetée. L'affaire fut portée devant le tribunal de commerce qui maintint la confiscation (27 Mars et 10 Avril 1796 ; 7 et 21 Germinal an 4). Les défendeurs interjetèrent appel et furent déboutés (5 Fructidor), la Cour confirmant, purement et simplement la décision de la première juridiction. (2)

Il ne faudrait pourtant pas conclure à l'animosité des autorités contre Surcouf, elles considéraient seulement la loi comme formelle et ne pouvaient faire autrement que de l'appliquer. L'intendant Du Puy écrivit au ministre de la marine le 8 Thermidor, en ces termes : " La dernière de ces prises est celle
" du *Triton*, aussi célèbre que profitable au trésor public... Il n'a
" manqué à cette victoire que d'avoir été légalement remportée.
" Les tribunaux laissant à la métropole le soin de récompenser
" la valeur, ont déclaré la prise confisquée au profit de la
" république... Les capteurs ont cru que je pourrais provisoire-
" ment exercer envers eux une partie de la bienveillance
" nationale ; mais obligé ne ne pas excéder ma procuration, je
" me suis borné à leur offrir quelques facilités pour aller eux-
" mêmes solliciter en France un nouveau jugement. " (3)

L'Assemblée coloniale de son côté, dans une séance extraordinaire tenue le 2 Fructidor, arrête à l'unamimité que les administrateurs seront priés de faire connaître au ministre
" l'éclatante bravoure du citoyen Surcouf et les généreux
" procédés qu'il a eu à l'égard des prisonniers faits sur le navire
" le *Triton*." (4)

Surcouf le premier moment d'irritation passé, se rendit aux explications de M. Du Puy, il accepta un passage gratuit sur un bâtiment se rendant en France, et un à-compte de 20.000 livres

(1) *Ch. Cunat.*
(2) Ibid. *Col. G. B. Malleson.*
(3) *Ch. Cunat.*
(4) Ibid.

tournois que l'intendant lui remit pour parer aux éventualités. Avec lui partit le capitaine Villaret-Joyeuse, frère de l'amiral, chargé par la colonie de remettre au Directoire une justification des mesures prises par elle envers les agents Baco et Burnel.

Surcouf débarqua à Cadix au mois de Décembre 1796, se rendit immédiatement à Paris, présenta sa requête aux Directeurs qui l'approuvèrent et la transmirent aux Cinq cents (30 Floréal an 5).

Cette assemblée reconnut le bien-fondé de la demande (17 Fructidor), et Surcouf ayant enfin gain de cause, se montra aussi généreux dans le succès qu'il s'était montré opiniâtre à faire reconnaître ce qu'il considérait comme ses droits sacrés. Il renonça spontanément aux deux tiers de sa créance et déclara être prêt, s'il était impossible de le payer en numéraire, à accepter des valeurs équivalentes. Par le fait il ne toucha que 660.000 livres sur les 1.700.000 qui lui revenaient. (1)

C'était un joli denier ! Mais qu'était-ce en comparaison des pertes du commerce anglais ? Sait-on combien ce dernier admit lui-même avoir perdu par le fait des corsaires, en tant que prises et cargaisons introduites au Port-Nord-Ouest de l'Ile de France, depuis la déclaration de la guerre (1793) jusqu'à la fin de Décembre 1795 ? Plus de trois mille navires marchands, représentant avec leurs cargaisons une somme de six millions de livres sterling, ou 150 millions de francs ! (2)

(1) *Ch. Cunat. Col. G. B. Malleson.*
(2) *A. d'Epinay*

IV

Arrivée du décret du 16 Pluviôse.—Le comité de sûreté publique et l'Assemblée coloniale s'entendent pour le tenir caché jusqu'à nouvel ordre.—Les agents du Directoire.—Baco, Burnel, Lamare ; leur mission, leur plan.—Leur arrivée à l'Ile de France ; leur débarquement, leur attitude vis-à-vis de l'Assemblée, de la population, du gouverneur.—Revue des troupes ; la conférence, la foule se soulève.—Embarquement des agents, soulèvement des troupes.—Projets de vengeance, craintes de la colonie.—L'Amiral anglais et l'Assemblée coloniale.—Les assignats, leur dépréciation.—Suspension de paiements, parère de dépréciation.—Mandats d'impositions.—Bons de dépôt.—Allègement de la situation financière.—Jugements de prises.—Croisière de l'Amiral Sercey.—Les envoyés de Tippo-Saïb.—Mésaventures d'un turc à l'Ile de France.—Les inventeurs de projets pour détruire les croisières anglaises.—L'Amiral Sercey et l'Assemblée ; dislocation de la division navale.—Deux frégates accompagnent un convoi espagnol.—Secours à envoyer à Batavia.—Révolte des troupes.—Encore une frégate qui rentre en France.—Macé, un espion du Directoire.—Croisière infructueuse de Sercey.—La *Preneuse* et le *Brûle Gueule* entrent dans la baie de la Rivière Noire pour échapper à la croisière anglaise.—Nouveaux troubles.—Déportation des insurgés.—Dissolution de l'Assemblée coloniale.—Son renouvellement.—Encore une révolte.—Naufrage de 55 déportés.—(1795-1799)

Quelle que soit la cause du retard mis à faire parvenir à l'Ile de France le décret du 16 Pluviôse an 2, c'est seulement le 21 Septembre 1795 que les documents le concernant arrivèrent dans la colonie. Le courrier fut comme toujours porté au Comité de sûreté publique chargé d'en opérer le dépouillement ; les lettres adressées aux administrateurs généraux, à l'Assemblée coloniale et au Directoire avaient été mises de côté et le reste allait être envoyé à la poste, lorsque par le plus grand des hasards, l'attention d'un des membres fut attirée sur une soixantaine de plis du même format et de la même écriture, adressés aux Chaumières, aux régiments et à la garde nationale. La chose lui parut étrange, il en avisa ses collègues qui partagèrent entièrement son opinion, mais ne surent à quel parti s'arrêter. Après un moment de réflexion, il se décida à prendre une de ces lettres au hasard et à la décacheter ; elle contenait une expédition du décret, accompagnée d'une lettre circulaire signée par les députés de la colonie et rédigée en ces termes :

" Braves citoyens, nous vous envoyons le décret du
" 16 Pluviôse, ce monument de la générosité française. Hâtez-
" vous de le mettre à exécution ! Nous pensons bien que les
" propriétaires et les riches s'y opposeront...... Eh bien ! Courez
" alors sur les riches et sur les propriétaires, comme sur les
" ennemis de la chose publique : "

Cet appel aux mauvaises passions qui sommeillent au fond

du cœur humain, émanant des représentants de la colonie, constituait pour le moins une singulière façon de comprendre leur mandat ; libre à eux de souhaiter l'abolition immédiate de l'esclavage si telle était leur opinion, mais leur devoir était de s'adresser directement et ouvertement à la population par l'entremise de l'Assemblée Coloniale dont ils tenaient leurs pouvoirs, et non d'agir en cachette et de prêcher une véritable croisade contre les classes dirigeantes pour le cas où elles tenteraient, comme c'était probable, de s'opposer à cette mesure.

Le comité le comprit si bien qu'il fut unanime à vouloir empêcher la distribution de ce factum ; tous les plis furent soigneusement réunis en une liasse, ficelée, cachetée du sceau de chaque membre et remise à la garde du Président. On jugea prudent ne pas souffler mot de cette affaire, mais comme le hasard pouvait moins bien servir la colonie une autre fois, on résolut de réclamer de l'Assemblée la nomination d'un cabinet noir qui prendrait connaissance indistinctement de toutes les correspondances venant de l'extérieur. Cette demande parut si exorbitante à l'Assemblée Coloniale, qu'elle cria de suite à l'arbitraire et ne se gêna pas pour dire son fait au comité ; le président voyant qu'il n'avait aucune chance d'être écouté, se décida à porter à la tribune les pièces confisquées dont il donna lecture. La stupéfaction fut grande, on peut le croire, l'opinion de l'Assemblée en fut si profondément modifiée qu'elle n'hésita pas à déclarer que le comité de sûreté publique avait sauvé la colonie. (1)

Puisqu'en somme le décret ne lui avait pas été régulièrement adressé, elle décida en outre qu'elle continuerait à l'ignorer, les paquets furent scellés de nouveau et déposés en lieu sûr. Les choses en restèrent donc là pour le moment ; sur les entrefaites on apprit la chûte de la Convention et son remplacement par un Directoire Exécutif. Il y avait gros à parier que tous ces changements feraient oublier la colonie, il n'en fut rien pourtant, le Directoire fut bien vite mis au courant, peut-être par les députés de l'Ile de France eux-mêmes, de l'escamotage auquel s'était livrée l'Assemblée Coloniale ; il décida d'exiger l'application de la loi dans son intégrité et nomma à cet effet deux agents munis de pleins pouvoirs et escortés de 2.200 soldats afin d'en imposer à la population. (Février 1796). Le choix du Directoire tomba sur les citoyens Baco et Burnel, à qui le ministre de la marine Truguet fit savoir que le décret de Pluviôse était si bien connu à l'Ile de France, que le citoyen Thorenne l'avait déjà appliqué pour son propre compte. " J'espère, ajoutait-il, que " l'exemple du citoyen Thorenne aura été suivi par quelques " autres citoyens et que vous trouverez tous les esprits disposés " à obéir à la loi." (2)

Le 4 Mars les agents quittèrent la France avec leurs 2.200 soldats commandés par le général Magallon de la Morlière ;

(1) D'Unienville. A. d'Epinay.
(2) Ibid. Ibid.

la division sur laquelle ils avaient pris passage se composait de quatre frégates, la *Forte*, portant le guidon du contre-amiral Sercey, la *Régénérée*, capitaine Willaumez, la *Vertu*, capitaine l'Hermite et la *Seine* armée en flûte et commandée par le lieutenant Bigot. (1)

Baco de la Chapelle remplissait les fonctions de procureur du roi à Nantes lorsqu'il fut choisi par cette ville pour la représenter aux Etats généraux de 1789 ; trois ans après, en 1792, elle le plaça à la tête de la municipalité. Son administration se passa à déjouer les tentatives des chouans sur cette ville. Accusé de professer des opinions fédéralistes, il fut arrêté et enfermé à l'Abbaye, poursuivi par la haine de Legendre et de Carrier, il n'évita la guillotine que grâce aux évènements du 9 Thermidor qui lui rendirent la liberté. Il fut alors désigné par le Directoire pour exécuter ses projets vis-à-vis de l'Ile de France. A son retour de cette colonie il fut nommé directeur de l'opéra, puis en Août 1799, agent aux Iles du Vent ; il ne conserva ces fonctions qu'un peu plus d'une année, il mourut peu de temps après à la Guadeloupe. Au dire du général Magallon qui eut tout le loisir de l'étudier pendant la longue traversée de l'Ile d'Aix à l'Ile de France, Baco était un républicain ardent, poussant peut-être ses convictions à l'extrême, mais un parfait honnête homme incapable de commettre une lâcheté. (2)

Son collègue Etienne Laurent Pierre Burnel, ne le valait certainement pas sous ce rapport. Fils d'un magistrat de la Guyane, il arriva pour la première fois à l'Ile de France le 16 Novembre 1790 pour y tenter fortune, persuadé, dit un chroniqueur, qu'il lui suffirait de se baisser pour amasser des richesses. (3) Ces illusions ne durèrent pas, profitant de la tournure que prenaient les évènements, il se mit à la tête d'un journal qui parut le 1er Janvier 1791 et qui végéta pendant environ dix-huit mois. Il cumulait alors les fonctions de rédacteur en chef de cette éphémère feuille de chou, de secrétaire de l'Assemblée Coloniale et de correspondant général de celle de Pondichéry ; il était en même temps inscrit au barreau de l'Ile de France et fit un peu plus tard partie du directoire colonial. Dans les premiers mois de 1794 il retourna en France, laissant derrière lui la réputation peu enviable d'un intrigant, quoique on n'ait eu aucune indélicatesse à lui reprocher. Le navire sur lequel il avait pris passage tomba aux mains des Anglais, il fut fait prisonnier, mais fut bientôt relâché et sut si bien faire valoir la connaissance qu'il possédait de la colonie, que le Directoire ne crut pas pouvoir mieux faire que de l'adjoindre à Baco. Lui aussi était un anti-esclavagiste convaincu, persuadé qu'en accomplissant sa mission, il allait faire le bonheur de toutes les classes, même de celles contre qui, il recommandait d'employer la force brutale. S'il était véritable-

(1) *A. d'Epinay.*
(2) *A. d'Epinay. D'Unienville.* " Revue pittoresque de l'Ile Maurice."
(3) *Ibid. Ibid. Ibid.* " Souvenirs d'un vieux colon."

ment de bonne foi, il faut avouer qu'il avait une façon singulière d'interpréter les choses ; ne s'avisa-t-il pas à son retour en France, d'affirmer qu'il avait été acueilli à bras ouverts à son débarquement au Port-Nord-Ouest par ses anciens collègues de l'Assemblée Coloniale. (1)

Les deux agents étaients accompagnés de leur secrétaire, le citoyen Lamare, démagogue de la plus belle eau, mais doué, paraît-il, d'une conscience des plus larges qui lui permettait à l'occasion de faire bon marché de ses principes si absolus qu'ils fussent. (2)

Une fois en route les deux citoyens, bien que ne doutant pas un instant du succès de leur entreprise, jugèrent prudent de s'assurer des bonnes dispositions de leur escorte ; ils n'eurent pas grand' peine à se faire bien venir des soldats, mais le général Magallon, en dépit des avances qu'ils lui firent, se renferma dans une réserve glaciale dont rien ne put le faire se départir. (3)

Le 18 Juin 1796, vers 9 heures du matin, l'escadre fut signalée au vent de l'Ile de France ; c'était un décadi, le Port était à peu près désert, les bureaux étaient fermés, les principaux négociants, comme la plupart des membres de l'Assemblée Coloniale, se trouvaient en villégiature à la campagne. Dès qu'on fut informé de la présence des agents à bord, on se hâta de regagner la ville.

L'Assemblée se réunit sans désemparer et nomma trois délégués pour aller au devant des envoyés du Directoire et surtout pour tâcher de se rendre compte de leurs dispositions.

Il était près de deux heures et la division venait de mouiller en tête de rade, lorsque les commissaires mirent le pied sur le pont de la *Forte* ; dès les premières paroles échangées, ils comprirent que la situation était plus grave qu'on ne l'avait supposé. La colonie se trouvait en présence de deux exaltés attelés à une idée fixe qu'ils voulaient à tout prix mettre à exécution, munis de pouvoirs illimités, appuyés par des forces respectables et bien décidés à agir avec vigueur ; à les entendre parler, le règne des atermoiements était passé, il fallait avoir recours à l'intimidation et à la force brutale.

Que faire en pareille occurence ?

Avertir promptement l'Assemblée, l'engager à tout mettre en œuvre pour empêcher les agents de descendre à terre et gagner du temps le plus possible. C'est ce que firent les commissaires ; l'un d'entre eux retourna à terre, soi-disant pour hâter les préparatifs de la réception, mais en vérité pour raconter ce qu'il avait entendu et engager fortement l'Assemblée à s'opposer au débarquement des agents et des troupes ; les deux autres

(1) *D'Unienville. A. D'Epinay.* " Souvenirs d'un vieux colon. " " Revue pittoresque de l'Ile Maurice. "
(2) " Revue pittoresque de l'Ile Maurice. "
(3) *A. d'Epinay.*

restèrent à bord, soulevant mille questions de détail et d'étiquette, disant que l'Assemblée tenait beaucoup à ce que tout se passât avec la plus grande solennité. Malgré l'impatience de Burnel surtout, qui avait hâte de se rendre à terre et qui trouvait souverainement ridicule toutes ces manifestations, ils n'en démordirent pas ; l'heure du dîner étant arrivée, on se mit à table et le repas se prolongea jusqu'à 5 heures. Il n'y avait pas moyen, sans risquer d'éveiller les soupçons, de retarder encore le moment décisif. Bientôt une embarcation fut mise à la mer et accosta la coupée, Baco et Burnel y prirent place avec leur secrétaire, à côté du général Magallon, de l'amiral Sercey et des envoyés de l'Assemblée Coloniale. Deux baleinières les suivaient, montées par une compagnie de grenadiers, l'arme au bras. (1)

A mesure que l'on approchait, on pouvait distinguer les uniformes des soldats de la garnison et de la garde nationale massés autour du débarcadère, une foule compacte les entourait, allait, venait, se groupait, gesticulait, bref, semblait en proie à une grande agitation. A peine venait-on de doubler la pointe Des Forges qu'une embarcation se détacha du rivage, fit force de rames pour rejoindre les arrivants et rendue à portée de voix, s'arrêta court ; un jeune officier de marine se leva et leur intima l'ordre de ne pas avancer sous peine d'essuyer le feu des troupes, cet officier était M. Magon de Médine. L'amiral fit stopper immédiatement et lever les rames ; mais Burnel reconnaissant le jeune homme, l'appela par son nom et lui enjoignit de venir prendre les instructions de Sercey, son chef hiérarchique. M. Magon obéit sans réfléchir, à peine était-il entré dans le bateau que l'on recommença à nager vers le rivage. Une seconde embarcation approche, commandée par un autre officier de marine, M. Barbier ; Burnel l'apostrophe de la même façon, mais l'officier ne s'y laisse pas prendre : " Et moi aussi, Burnel, je vous " connais," riposte-t-il, " je n'ai d'ordre à recevoir que des chefs " qui m'envoient, je leur obéis et vous répète que si vous avancez, " à l'instant je fais feu sur vous ! " En même temps il tire un pistolet de sa ceinture et le braque sur Burnel, ses compagnons couchent les autres en joue ; les agents décontenancés sont blêmes de fureur. Baco est encore le plus calme, il cherche un moyen de sortir de cette impasse, Burnel trépigne et se répand en injures grossières, quant à Lamare, le secrétaire, il crie du haut de sa tête : " Fusillez-moi tous ces gens là ! " Sur les entrefaites arrive un troisième bateau conduisant plusieurs membres de l'Assemblée qui gesticulent et font force signaux ; c'est par erreur que les agents ont été arrêtés, ils peuvent débarquer avec les troupes, la foule est venue au devant d'eux pour leur faire accueil.

Que s'était-il donc passé ? Quelle était donc la raison de ce revirement soudain ? C'était tout simplement la garnison qui profitant du désarroi général pour faire des siennes, venait de

(1) *D'Unienville. Grant. A. d'Epinay.*

déclarer qu'au premier coup de fusil tiré sur les envoyés du Directoire, elle tournerait ses armes contre la population. (1)

Baco et Burnel mettent pied à terre, revêtus de leur grand costume directorial, en satin blanc, culotte courte, chapeau à plumes et sur l'épaule un manteau de velours nacarat ; la couleur de ce vêtement frappa tellement les colons qu'en parlant des agents ils ne les désignèrent plus que sous le nom de *Nacaruts*. (2)

Ils se font conduire tout droit à l'Assemblée ; tout frémissants encore de l'accueil qui leur a été fait et des murmures qui ont salué leur passage, ils font connaître leur résolution bien arrêtée de forcer les colons à s'incliner devant leur autorité, ils dissoudront l'Assemblée sur le champ s'il le faut et pour se débarrasser des fauteurs de désordre, ils n'hésiteront pas à s'emparer de tous les jeunes gens en état de porter les armes pour les incorporer bon gré mal gré dans les troupes de l'Inde.

L'Assemblée proteste avec chaleur contre ces prétentions exorbitantes ; au milieu d'un vacarne épouvantable, un de ses membres, M. Descroizilles, monte à la tribune et parvient à grand peine à obtenir un peu de silence. L'orateur se faisant l'interprête des sentiments qui agitent ses collègues, ne s'arrête pas à discuter, il le prend de haut, à l'insolence il croit devoir répondre par l'insolence, aux menaces par des menaces ; que les agents ne se leurrent pas de l'idée qu'ils réussiront à intimider l'Assemblée, l'Assemblée Coloniale est composée d'hommes qui sont leurs égaux, qui tiennent leurs pouvoirs de la nation et qui ne les craignent pas. S'ils persistent dans leur résolution de vouloir tout boulerser dans la colonie, eh bien ! la colonie entière se soulèvera contre eux ! Quelques milliers de baïonnettes ne sont pas faits pour l'effrayer. Si les agents veulent que le sang coule, le sang coulera, l'Ile de France est prête à faire le sacrifice de quelques uns de ses enfants, ils succomberont, soit, mais du moins les despotes auront payé de leur vie l'attentat qu'ils veulent commettre !

Pourquoi agir de la sorte, à quoi bon user de violence lorsqu'on peut atteindre le même but par la douceur et la persuasion ? Les agents sont porteurs d'ordres formels du gouvernement métropolitain, disent-ils, ces ordres que ne les communiquent-ils à l'Assemblée ? Ils ne devaient certes pas s'attendre à ce que la colonie se jetât dans leurs bras à leur arrivée, ils se doutaient bien qu'ils éprouveraient une certaine résistance. Pourquoi donc ne pas chercher à s'éclairer sur la meilleure façon d'exécuter ces ordres puisqu'ils doivent être mis en vigueur ?

La discussion continua assez longtemps sur ce ton, enfin les agents finirent par consentir à ce qu'une commission composée de neuf membres fût désignée pour s'entendre avec eux sur les

---

(1) *D'Unienville. Grant.*
(2) " Souvenirs d'un vieux colon."

mesures à prendre. En sortant de la salle des séances, ils mirent le comble à l'exaspération populaire en déclinant d'une façon assez impertinente l'offre toute naturelle que leur faisait le pauvre gouverneur Malartic de les recevoir à l'hôtel du Gouvernement. (1)

Le lendemain de bonne heure ils se présentent au gouvernement, produisent leur commission, font reconnaître les pouvoirs dont ils sont investis et préviennent Malartic qu'il ait à se tenir à leur disposition s'ils ont besoin de son assistance. Les troupes débarquent et se rendent aux casernes ; dans la journée Baco et Burnel passent en revue la garnison et la garde nationale au Champ de Mars, Baco est frappé surtout de la bonne tenue des compagnies d'artillerie et de marine, il ne peut s'empêcher d'en faire la remarque et de dire à Burnel : " Et c'est là ce que " vous me dépeigniez comme un poulailler ?" (2)

Tout cela ne se passe pas sans désordre, la foule est houleuse, elle ne marchande pas aux agents ses huées et ses sarcasmes en les voyant se mettre en frais pour s'assurer de l'appui des soldats. L'Assemblée a déjà expédié des courriers dans les campagnes pour avertir les habitants et les engager à lui envoyer des délégués ; elle discute maintenant sur le parti à prendre et la conduite à tenir, car les évènements de la veille ne lui laissent que fort peu d'espoir d'arriver à une solution pacifique. Elle se ressent comme de juste du souffle d'orage qui plane sur la colonie, les mesures les plus radicales sont successivement proposées et repoussées, les uns veulent jeter les agents à l'eau avec une pierre au cou, les autres sont d'avis de profiter d'un bal qui doit avoir lieu le lendemain soir au Vauxhall et auquel les Nacarats ont promis d'assister ; dans la cohue rien ne sera plus aisé que de les gratifier chacun d'un bon coup de poignard qui tranchera la question. On se sépare sans avoir rien décidé, mais le bruit s'est répandu par la ville qu'on cherche à se débarrasser des gêneurs, ils en sont vite informés et jugent prudent de se renfermer aux casernes, ils s'excusent de ne pouvoir assister à la soirée et se demandent entre eux s'ils ne prendront pas les devants en s'emparant de la personne de Malartic et en le faisant pendre à la grille du Gouvernement. Réflexion faite, ils abandonnent ce projet, qui avait dû germer dans la cervelle du citoyen Lamare, ils se contentent de faire doubler le poste chargé de veiller à leur sureté. (3)

Le 21 Juin la commission nommée par l'Assemblée Coloniale pour s'entendre avec Baco et Burnel, siégea pour la première fois à l'hôtel du Gouvernement. Une foule assez nombreuse, composée en grande partie des colons les plus honorables, était à ce moment réunie sur la Place d'Armes, attendant avec impatience que les agents eussent fait connaître le but officiel de leur mission ; cet attroupement parut inquiéter le général Magallon,

(1) *D'Unienville. A. d'Épinay.*
(2) *D'Unienville.* " Souvenirs d'un vieux colon." *A. d'Epinay.*
(3) *D'Unienville. A. d'Epinay.* " Souvenirs d'un vieux colon."

qui se présenta à plusieurs reprises à la porte du gouvernement. Un des principaux habitants, le capitaine Maingard, s'adressa à lui en ces termes : " Rassurez-vous général, vous n'avez pas
" affaire à la populace, nous sommes tous de bons pères de
" famille anxieux de connaître notre sort. Usez de votre influence
" auprès des envoyés du Directoire afin qu'ils fassent cesser
" notre incertitude, qu'ils disent loyalement pourquoi ils sont
" venus parmi nous ; si comme on le dit, leurs intentions sont
" bonnes, ils n'auront rien à redouter, nous les traiterons avec
" les mêmes égards, le même respect, que nous nous sommes
" plus à vous témoigner à vous-même général, depuis votre
" arrivée." Magallon énervé, riposte sèchement : "Qui êtes-vous ?"
— " Qui je suis ? Créole et père de famille, habitué à braver la
" mort depuis longtemps, et prêt à perdre la vie aujourd'hui
" pour sauver la colonie ! "

A ce moment le procureur-syndic Pigeot de Saint-Valery, espérant dissiper le rassemblement, parut à une fenêtre et se mit à faire l'éloge de Baco et de Burnel, terminant sa harangue par cette phrase malheureuse qui prêtait tant soit peu à l'équivoque : " Ils veulent le bien de la colonie ! — " " Et nous, " nous ne voulons pas le leur donner ! " s'écria le capitaine Rontaunay de la marine marchande. Cette boutade fut accueillie par un immense éclat de rire, et l'orateur, tout penaud, s'empressa de battre en retraite. (1)

Cependant les agents furent bien forcés de divulguer l'étendue de leurs pouvoirs ainsi que le plan de conduite qu'ils avaient adopté. Leurs pouvoirs étaient illimités, comme nous l'avons dit, c'était tout simplement une sorte de dictature, le Directoire leur laissait les coudées franches et s'engageait à ratifier tout ce qu'ils jugeraient bon de faire ; leur plan consistait, nous l'avons vu, à s'appuyer sur les troupes, à les diriger contre la population en cas de soulèvement, à exiger la mise à exécution immédiate du décret de Pluviôse, à dissoudre l'Assemblée et à déporter les colons récalcitrants s'il le fallait. Voyant qu'il n'y avait pas d'entente possible, la commission indignée se retira et alla rendre compte à l'Assemblée de la décision qu'elle s'était crue obligée de prendre ; l'Assemblée plus tumultueuse que jamais, déclara à l'unanimité que la mission des agents du Directoire équivalait à la ruine de la colonie et à l'égorgement de la population. (2)

De retour aux casernes, Baco et Burnel firent appeler le général Magallon, lui dirent que tout espoir de conciliation avec l'Assemblée et la population devenant désormais impossible, ils le chargeaient de prendre le commandement des troupes et de se tenir prêt à marcher au premier signal ; Magallon leur fit observer que depuis qu'il avait mis le pied sur le sol de l'Ile de

---

(1) " Relation anonyme de l'arrivée des agents du Directoire " (Revue Historique et Littéraire. 4me. année. Nos. 48, 49).
(2) D'Unienville.

France, il se trouvait par la force des choses, sous les ordres directs du général de Malartic et qu'il ne pouvait rien faire sans ses instructions. Ils lui proposèrent alors, en vertu de leur pouvoir discrétionnaire, de déposer le gouverneur et de le nommer à sa place ; il va sans dire que le général Magallon accueillit cette offre comme elle le méritait. (1)

Le jour suivant, 22 Juin, la déclaration de l'Assemblée avait été rendue publique, elle s'était répandue comme une traînée de poudre et avait porté à son paroxysme l'exaltation des esprits. La foule menaçante grondait tout autour du gouvernement ; lorsque les commissaires de l'Assemblée arrivèrent, un certain nombre de curieux se glissèrent à leur suite et parvinrent ainsi dans la salle où se trouvaient les agents. L'un d'entre eux, M. Poilvert marcha droit à Baco et lui tira à bout portant un coup de pistolet qui ne partit pas ; Baco cherchait à dégainer son sabre quand les assistants se précipitèrent pour l'en empêcher, Burnel, lui, faisait assez piteuse figure, apercevant parmi les assistants le capitaine Maingard, il se jeta dans ses bras et réclama sa protection ; Poilvert fut entraîné hors du gouvernement. Il n'avait pas fait deux pas dans la rue que la foule apprenant ce qui vient de se passer enfonce les grilles, escalade les murs, se rue dans les escaliers, désarme les gardes en un clin d'œil, fait cercle autour des agents en vociférant : " A bord ! " à bord ! " Les commissaires et les membres de la municipalité parviennent non sans peine à les protéger, ils leur font comprendre que la partie est perdue pour eux et qu'ils risquent leur vie à vouloir persister quand même. Le parti le plus sage est d'obéir à la foule qui réclame leur embarquement ; la corvette le *Moineau* est prête à les recevoir, là du moins ils seront en sûreté. Baco et Burnel y consentent plus aisément qu'on ne l'aurait cru, la foule en est informée, elle se précipite hors du gouvernement, les uns s'emparent des batteries, les autres escortent les agents jusqu'au quai, la garde nationale prend les armes, braque ses canons sur les casernes, pendant ce temps Malartic vient de signer l'ordre au commandant du *Moineau* de lever l'ancre immédiatement, des instructions cachetées qu'il ouvrira une fois hors des eaux de l'Ile de France, lui feront connaître sa destination. La joie et l'enthousiasme succèdent à la fureur, Malartic est porté en triomphe ; pendant ce temps les troupes consignées aux casernes, donnent des signes non équivoques d'insubordination, un membre de l'Assemblée qui se présente pour les haranguer, court grand risque d'être écharpé ; fort heureusement le général Dagincourt réussit à ramener le calme à force de sang-froid et d'énergie. Malartic arrive sur les entrefaites et voyant l'ordre rétabli, promet aux soldats une gratification que la colonie supportera sous la forme d'une imposition dite du *trentuple*, soit trente fois la valeur de la capitation des esclaves. (2)

(1) *Pridham.*
(2) *D'Unienville.* A. *d'Epinay.*

Baco et Burnel s'étaient laissés embarquer sans protester, ayant hâte de s'éloigner de cette colonie qui leur avait été si peu hospitalière ; lorsque la terre eut disparu derrière l'horizon, et que le calme se fut fait dans leurs esprits, ils voulurent connaître le but de leur voyage ; ils allèrent trouver le commandant qui ouvrit ses dépêches en leur présence et leur annonça qu'il avait ordre de les conduire aux Iles Philippines. Cette perspective ne leur souriait guère, aussi mirent-ils tout en œuvre pour décider cet officier à changer son itinéraire ; cédant à leurs supplications et à leurs promesses, il consentit enfin à mettre le cap sur Madagascar, de là les agents purent regagner la France, se promettant bien de faire payer cher aux colons leur insuccès et leurs mésaventures. Mais à leur arrivée tout était encore changé, les principes tant prônés par la Convention n'étaient plus de mise sous ce gouvernement débile et émasculé que subissait alors la France, partout la réaction battait son plein, la situation était des plus tendues et l'on avait bien trop à faire d'essayer de la débrouiller pour aller s'embarrasser encore de ce qui pouvait se passer aux colonies. Force leur fut donc d'abandonner leurs projets de vengeance et de se contenter des emplois qu'on leur offrit ; c'était peut-être beaucoup plus qu'il ne leur était permis d'espérer après leur équipée.(1)

Les agents partis, la surexcitation apaisée, la colonie revenue à elle-même, put se rendre compte de la gravité des faits accomplis et des conséquences qui pourraient en résulter ; à ce moment même on apprit comment le *Moineau* au lieu de se diriger sur les îles de la Sonde, faisait voile actuellement pour l'Europe avec sa dangereuse cargaison. L'inquiétude fut profonde, on pouvait certainement s'attendre à voir bientôt reparaître les deux manteaux nacarats escortés cette fois de tout un corps d'armée. La résistance ne serait pas possible, il faudrait se soumettre bon gré mal gré et quelles représailles n'aurait-on pas à subir ! Il fallait aviser au plus tôt ; les félicitations chaleureuses qu'on venait de recevoir de l'île sœur par l'entremise de deux délégués, MM. Ozoux et de Sainte Croix, envoyés à l'Ile de France dans ce but, ne pouvaient modifier en rien la situation. L'Assemblée Coloniale résolut d'exposer les faits tels qu'ils s'étaient passés, avec les raisons qui avaient forcé la colonie à ne pas tenir compte des instructions remises aux agents, dans un mémoire justificatif qu'elle adresserait au ministère. Un évènement qui se produisit alors vint lui faciliter la besogne, en lui permettant de mettre bien en vue les sentiments patriotiques qui avaient de tout temps été professés par la population.

L'amiral anglais, commandant la division qui croisait devant l'Ile de France, averti de l'émotion qui régnait alors, crut faire un coup de maître en envoyant un parlementaire proposer à l'Assemblée Coloniale de mettre l'île sous la sauvegarde du gouvernement britannique ; la réponse ne se fit pas attendre,

(1) *D'Unienville.* A. *d'Epinay.*

elle fut en tout point telle qu'elle devait l'être, brève et fière à la fois :

" En repoussant les commissaires de la République, nous
" n'avons fait que conserver notre colonie à la France, c'était
" notre devoir ; nous y manquerions à l'heure actuelle et nous
" trahirions la mère-patrie si nous y laissions pénétrer un seul
" de ses ennemis ! " (1)

Les premiers assignats avaient été émis on s'en souvient en 1793 pour faire face aux exigences des troupes ; 400.000 livres en papier furent ainsi jetées dans la circulation pour remplacer le numéraire qui faisait défaut, depuis lors la situation n'avait fait qu'empirer. Les corsaires un moment retenus loin de l'Ile de France, pouvaient y aborder depuis le combat livré par la *Cybèle* et la *Prudente*, leurs prises étaient nombreuses, les cargaisons consistaient principalement en grains qui avaient sauvé l'île de la famine, en marchandises et denrées de toute sorte qui s'accumulaient dans les magasins, quant aux espèces monnayées il n'en était entré qu'en fort petite quantité. La métropole n'envoyait plus aucun secours, la colonie devait pourvoir à toutes ses dépenses ; pour celles de l'administration intérieure, la chose était encore aisée, les taxes locales composées de la capitation des esclaves, d'un droit d'enregistrement frappant certains actes, des différents droits de port, tels que droit d'entrée, droit de sortie et droit d'ancrage, lui rapportaient bon an, mal an, environ 200.000 piastres qui pouvaient suffire avec de l'ordre et de l'économie. Mais l'intendant avait en outre à subvenir à l'entretien de la garnison, de la division navale, à toutes les dépenses extérieures qui constituaient une charge des plus lourdes. Il fallait bien avoir recours au papier colonial, qui d'émission en émission atteignit bientôt le chiffre fabuleux de un milliard six cent cinquante six millions, cinq cent vingt huit mille sept cent vingt livres (1656.528.720 livres), tandis que la dépréciation de cette valeur suivait pareillement une progression ascendante tout aussi effrayante ; de 63 pour cent en 1793, au moment de l'apparition des premiers billets de confiance, elle parvenait à 67 pour cent en 1794, à 88 pour cent en Septembre 1795, un an après en Septembre 1796 elle atteignit 99 pour cent

(1) *Pridham.*
Rapport inédit de Cossigny sur l'Ile de France, adressé à M. Lescalier, conseiller d'Etat chargé spécialement des colonies.

"Port-Nord-Ouest, 8 Brumaire an 9.
....
" Les deux colonies rejettent entièrement le décret de Pluviôse, le gouverne-
" ment qui croit que le principe est admis, est dans l'erreur. Tout agent du
" gouvernement qui viendra avec des ordres relatifs à l'exécution de ce décret, ne
" sera pas reçu ; on est déterminé à employer tous les moyens, sauf à recourir aux
" Anglais qu'on déteste. Les noirs ne s'occupent pas du décret et n'en désirent
" pas l'exécution, ils craignent que quelques intrigants d'entre eux, ne s'élèvent
" au-dessus d'eux et ne les maltraitent beaucoup plus que les blancs. Le renvoi
" de Baco et de Burnel a été un mouvement unanime, concerté et exécuté avec
" beaucoup de sagesse et de prudence, il a sauvé l'île de la dévastation."
(Revue Historique et Littéraire, 5me année, No. 22 à 25).

et au mois d'Octobre le papier ne valait plus rien absolument. (1)
Il fallait à toute force remédier à cet état de choses ; l'Assemblée commença par autoriser les créanciers à refuser le papier monnaie (14 Messidor) en paiement de leurs titres, cela ne faisait nullement l'affaire des débiteurs, aussi décida-t-elle quelques jours après, (30 Messidor) de suspendre tous les paiements en général jusqu'à ce que l'on eût avisé au moyen de sortir de cette impasse. Il était évident qu'on ne pouvait forcer les porteurs de billets à accepter en remboursement un papier avili au taux de sa valeur faciale, mais était-il équitable de faire subir le poids de cette dépréciation, autant dire de cette annulation d'un titre, aux débiteurs exclusivement ? Non certainement, car dans l'espèce, s'il y avait un coupable, c'était plutôt le gouvernement. L'Assemblée résolut donc de se tenir à un moyen terme et afin de l'établir aussi exactement qu'il était possible, elle fit dresser un parère de dépréciation embrassant toute la période depuis la première émission des assignats jusqu'au 20 Novembre 1796 ; cela prit du temps comme on le pense, et l'opération ne fut terminée que le 1er Novembre 1798. Elle causa même un soulèvement général comme nous le verrons un peu plus loin.

Mais tout n'était pas terminé, le papier monnaie était réduit à néant, c'était très bien, il s'agissait maintenant de lui trouver un équivalent, car la caisse était vide et les dépenses allaient leur train. On imagina donc de créer une nouvelle valeur en mandats reposant sur les impositions ; ici il y avait bien une garantie, mais elle n'était ni assez claire ni assez certaine pour être acceptée, aussi ces mandats émis pour une valeur de 750.000 livres furent ils retirés presque immédiatement de la circulation.(2)

On songea alors aux marchandises accumulées dans les magasins ; cette fois on avait mis le doigt sur le remède. En échange de ces denrées que les habitants venaient déposer dans les magasins du gouvernement, on leur délivrait un reçu, rien n'était plus simple que de donner cours légal à ces récépissés ou *bons de dépôt* qui joignaient à la garantie morale du gouvernement, la garantie matérielle provenant de la chose déposée. (3)

C'était logique, l'application en était des plus faciles, il suffisait d'une surveillance un peu active pour éloigner la fraude, bien qu'elle ait encore trouvé moyen de se faire jour de temps à autre. Ne vit-on pas une fois un des négociants les plus en vue, de ceux dont le crédit était le mieux établi, convaincu d'escroquerie, de fausse déclaration dans la valeur des marchandises qu'il avait mises en dépôt, attaché pendant deux jours au pilori, en pleine place publique ? Grâce à des amis influents il put ensuite prétexter une indisposition et se faire admettre à l'hôpital ; on en profita pour le faire s'embarquer clandestinement sur un navire qui partait pour l'Inde. (4)

(1) *D'Unienville, G. Azéma, E. Pajot.*
(2) *D'Unienville, G. Azéma, E. Pajot, E. Trouette.*
(3) *D'Unienville G. Azéma, E. Pajot.*
(4) "Souvenirs d'un vieux colon."

Dans le courant de l'année 1799, les bâtiments neutres, danois, suédois et américains commencèrent à faire relâche à l'Ile de France ; ils y laissèrent en échange de denrées, bon nombre d'espèces monnayées, principalement des quadruples espagnoles, et les bons de dépôt furent petit à petit retirés de la circulation. (1)

Nous avons eu l'occasion de parler des corsaires, le moment est venu de dire quelques mots de la procédure suivie à leur égard pour s'assurer s'ils s'étaient conformés aux prescriptions de la loi. Le tribunal de commerce, siégeant comme cour d'amirauté, était chargé de ces affaires.

Chaque prise devait être dûment constatée par des témoins pris parmi l'équipage ou les passagers du navire capturé. On s'assurait tout d'abord de sa nationalité ; s'il appartenait à une nation neutre, la prise était nulle et le bâtiment relâché ; s'il appartenait au contraire à une nation ennemie, la prise était bonne, mais il fallait distinguer encore si le corsaire était nanti de lettres de marque l'autorisant à faire la course. Dans ce cas, la prise était vendue à son profit sauf prélèvement d'un droit qui revenait au gouvernement ; au cas contraire, lorsque l'autorisation n'était pas en règle, l'état confisquait la prise. C'est ce qui arriva à Surcouf au sujet des prises de l'*Emilie*.

Les juges avaient affaire à une clientèle peu commode, d'armateurs, de capitaines, de marins, gens d'étoffe assez rude, peu enclins à la patience, qu'exaspérait l'idée de se voir frustrés de ce dont ils s'étaient emparés au péril de leur vie. Combien de magistrats, combien d'avocats de la partie adverse furent insultés, vilipendés, menacés, frappés même par des énergumènes chez qui la force primait le bon droit. M. Lécluse, juge au tribunal de commerce, fut trouvé un matin roide-mort dans son lit ; il avait la veille ordonné la mise en liberté d'un bâtiment neutre saisi par un corsaire au mépris du droit des gens ! (2)

L'amiral Sercey ne s'était pas attardé à l'Ile de France, arrivé au Port-Nord-Ouest le 18 Juin 1796, il partit le 14 Juillet suivant, ayant renforcé sa division de la *Cybèle* et de la *Prudente* qui se trouvaient dans la colonie et d'un petit corsaire, l'*Alerte* commandé par Drieux de Saint-Malo, pour lui servir de mouche. Drieux ne se tenant pas dans les strictes limites de son rôle et entraîné par la fougue de son tempérament, se mit à faire la course et fut bientôt pris par un vaisseau anglais ; le plus fâcheux de l'affaire c'est qu'il n'eut pas le temps de détruire ses papiers, les Anglais s'en emparèrent et purent ainsi connaître les plans de Sercey et les déjouer. Comme ils n'avaient pour le moment que fort peu de bâtiments de guerre dans le golfe de Bengale, ils avaient tout intérêt à en éloigner l'escadre française ; ils y parvinrent au moyen de faux rapports faisant craindre à l'amiral l'arrivée de plusieurs vaisseaux qui étaient à sa

---

(1) *D'Unienville. G. Azéma. E. Pajot.*
(2) *A. Pascau*—"Chroniques de l'Ile de France." " Souvenirs d'un vieux colon."

recherche. Sercey venait de détacher deux de ses frégates la *Prudente* et la *Régénérée*, qu'il avait envoyées à Tranquebar, il se retira sur Malacca, où il fit un tort considérable au commerce anglais. Le 8 Septembre, il se trouva nez à nez dans les eaux de Penang avec deux vaisseaux de 74, l'*Arrogant* et le *Victorieux*, un combat acharné s'engagea et se termina par la défaite des Anglais qui purent tout juste se retirer sous les batteries de la côte, l'*Arrogant* était en flammes. Sercey dut renoncer à les poursuivre, sa division ayant été fort maltraitée, il eût du reste été chanceux de se hasarder à portée des forts, sans compter que quatre frégates anglaises se trouvaient alors à Penang. (1)

Lorsque Surcouf s'était emparé du *Triton* au mois de Mars précédent, il avait eu connaissance par des documents trouvés sur ce bâtiment, de tout un projet d'attaque formé par les Anglais contre Batavia ; Sercey se trouvant à une distance peu éloignée de cette colonie hollandaise, résolut d'y laisser des secours afin de la mettre à l'abri d'un coup de main.

Il y mouilla le 19 Novembre, s'y répara, s'y ravitailla et se trouva bientôt en mesure de reprendre la mer pour une nouvelle campagne. Quittant Batavia le 28 Janvier 1797, il rentra dans le golfe de Bengale et après une longue croisière se dirigea vers l'Ile de France où il arriva dans les derniers jours de l'année.

Pendant ce temps des demandes de secours étaient arrivées de tous côtés ; comment la colonie qui avait bien juste de quoi subvenir à sa propre défense, pouvait-elle songer à y faire face ? Demande de secours supplémentaires de la part de la régence de Batavia, demande d'armes et de munitions de la part du roi de Pégou, demande d'assistance par la colonie hollandaise de Graaf-Reynett, dans l'Afrique Australe, réclamation de Tippoo-Saïb des troupes qui lui avaient été promises tant soit peu à la légère par des individus dépourvus de tout caractère officiel. (2)

L'histoire de cette prétendue ambassade de Tippoo-Saïb est assez curieuse pour que nous en disions quelques mots.

Le 5 Février 1797, Ripaud de Montaudevert, alors officier à bord du corsaire l'*Apollon* et passé au commandement d'une prise anglaise, arriva à Mangalore ; pour se faire valoir, il prit la qualité d'envoyé officiel de la République Française et se fit conduire à grand fracas au camp du rajah qui le combla de distinctions et de présents. Ripaud ne crut pas pouvoir faire moins pour reconnaître cette hospitalité magnifique, que de proposer à Tippoo l'appui de l'Ile de France. Ce dernier ayant encore présente à l'esprit l'expédition envoyée jadis au secours de son père Hyder Ali, et se souvenant des prouesses accomplies par le bailli de Suffren, s'empressa comme on le pense, d'accepter cette ouverture, mais comme c'était un prince prudent et réfléchi, il jugea plus convenable et plus sûr d'envoyer deux

---

(1) *A. d'Epinay.*
(2) *A. d'Epinay*, D'*Unienville*.

agents sous le plus strict incognito se concerter avec Malartic et l'Assemblée Coloniale au sujet des dispositions à prendre afin de faire aux Anglais le plus de mal possible ; Ripaud fut naturellement choisi pour escorter cette mission, il leva l'ancre le 3 Décembre et arriva au Port-Nord-Ouest le 17 Janvier 1798. (1)

Fidèles à leurs instructions, les agents désiraient se faire passer aux yeux de la population pour de simples négociants ; malheureusement la nouvelle de leur prochaine arrivée était déjà parvenue dans la colonie et Malartic ignorant le secret qui leur avait été imposé, crut bien faire en les accueillant par un salut de 150 coups de canon, en les faisant débarquer en grande pompe et en lançant une proclamation engageant les jeunes gens à s'enrôler comme volontaires pour aller faire la guerre dans l'Inde. Les envoyés ahuris, eurent mille peines à faire cesser cet enthousiasme, en vain protestèrent-ils contre ce tapage allant radicalement à l'encontre des désirs de leur souverain, en vain par l'entremise de M. Dubuc, leur interprète, tâchèrent-ils de faire comprendre au gouverneur tout le tort que ces manifestations pouvaient faire à leur cause ; l'élan avait été donné maladroitement, le secret divulgué avant même qu'on eût su combien il était important de le garder, il fallait s'incliner devant la force des choses et tâcher de tirer parti le plus possible de ce débordement d'ardeur guerrière.

Le résultat fut des plus maigres, quatre-vingt-six volontaires vinrent se ranger sous les drapeaux du prince indien ; l'Assemblée Coloniale crut devoir pallier cet échec en l'enguirlandant de quelques phrases bien senties sur le peu de ressources que possédait la colonie, et sur les vœux qu'elle formait pour le succès de l'entreprise (30 Janvier 1798.) La *Preneuse* sous les ordres du commandant l'Hermite, fut détachée de l'escadre pour reconduire les ambassadeurs avec la poignée d'hommes qui les accompagnaient ; elle partit le 8 Mars, avec ordre de rallier le gros de la division à Batavia.

En même temps que les agents de Tippoo Saïb était arrivé à l'Ile de France une espèce de colosse haut de six pieds, large de quatre, barbu, velu comme un ours, turc ou persan de nationalité, répondant au nom de Talamas et parlant un effroyable charabias. Qu'était-il venu faire ici ? Tenter fortune à ce qu'on prétend. Ce qu'il y a de certain, c'est qu'il s'était faufilé à bord du bâtiment et que sa présence ne fut connue que plusieurs jours après avoir quitté la terre. Toutes ces circonstances le firent regarder d'un assez mauvais œil à son arrivée dans la colonie ; quelqu'un ayant même remarqué qu'il pouvait fort bien être un envoyé secret du Directoire, arrivé par la caravane d'Egypte, cela suffit pour le faire passer pour suspect. Une perquisition fut ordonnée chez lui, ses papiers furent saisis et comme ils étaient écrits en langue persane, et qu'il n'y avait à cette époque aucun interprète capable de les traduire en français, les

---

(1) *A. d'Epinay. D'Unienville. Pridham.*

soupçons ne firent que croître de plus belle. Le pauvre diable mis sous la surveillance de la haute police, se creusait la tête pour deviner d'où pouvait lui venir cet excès d'honneur ; à la fin il réussit à comprendre à peu près ce que cela signifiait, il protesta de son innocence, ce qu'on ne crut guère, et pour obtenir plus promptement d'être renvoyé dans l'Inde, il soumit au gouverneur un plan péniblement élaboré, pour porter assistance à Tippoo-Saïb. Il va sans dire que les autorités saisirent la balle au bond, un corsaire fut affrété pour reconduire Talamas à Mangalore. Lorsque l'ancre fut levée et qu'on fut hors de portée des batteries de l'Ile de France, le bon musulman secouant la poussière de ses sandales et se drapant dans son manteau déclara solennellement que jamais plus on ne le reverrait dans ces parages. (1)

En quoi consistait le plan de Talamas ? Personne ne l'a jamais bien su ; d'ailleurs les inventions extraordinaires ne manquaient pas à ce moment, un pilote ne proposa-t-il pas à Malartic de construire un bateau sous-marin au moyen duquel il se faisait fort de détruire les croisières ennemies. Sait-on pour quelle raison le gouverneur repoussa cette offre ? Il trouva que le moyen était déloyal ! Ripaud lui, voulut les brûler au moyen d'une chemise soufrée ; on le traita de fou et on l'engagea à aller faire ailleurs l'essai de cette nouvelle tunique de Nessus. (2)

L'Assemblée coloniale voulant à toute force faire des économies, imagina alors d'éloigner la division navale sous prétexte qu'elle consommait trop de vivres ; l'amiral Sercey n'eut pas de peine à prouver que pour commencer il n'avait pas d'ordres à recevoir de l'Assemblée, et qu'ensuite, ayant à son bord pour six mois au moins de vivres, il ne voyait pas comment il pouvait être à charge à une colonie où il avait fait entrer dernièrement 700.000 piastres et quatre millions de livres de riz. (3)

Les choses en étaient là lorsqu'arrivèrent deux galions espagnols venant des Philippines et portant en Europe pour plus de 20 millions de valeurs diverses. Redoutant les croisières anglaises, les commandants firent offrir à la colonie la somme de 300.000 livres pour obtenir l'escorte de deux frégates. Comme la *Vertu* et la *Régénérée*, exigeaient des réparations considérables, Sercey céda à son corps défendant et les laissa rentrer en France. Elles partirent avec le convoi le 22 Janvier. (4)

A quelque temps de là, toujours dans le but de diminuer les dépenses par ce moment de crise, et aussi de débarrasser la colonie de quelques mauvaises têtes ne rêvant que le désordre, l'Assemblée engagea le gouverneur à envoyer au secours de la régence de Batavia deux bataillons des 107e et 108e de ligne, venus à l'Ile de France avec Baco et Burnel et se faisant

(1) *A. d'Epinay.*
(2) Ibid.
(3) Ibid.
(4) Ibid.

remarquer tout particulièrement par leur indiscipline. Le 3 Avril au matin ces hommes reçurent l'ordre de s'embarquer sur la *Seine* qui était prête à mettre sous voile, ils s'y refusèrent catégoriquement. Depuis la veille au soir, ils se tenaient sur le qui-vive, ayant été avertis de ce projet d'embarquement par une lettre anonyme ainsi conçue :

" Braves ! on veut vous envoyer à Batavia pour périr ;
" refusez ! La colonie veut transiger avec les Anglais et veut se
" défaire de vous tous qui voulez la défendre ; résistez à la
" séduction de vos chefs ! Vous imiterez les soldats de Dumouriez
" qui par leur désobéissance à leur général ont affirmé la Républi-
" que. Baignez vous dans le sang ! Ce n'est que par le sang
" que la constitution doit s'établir à l'Ile de France. Depuis assez
" longtemps les riches jouissent de la fortune, elle doit passer
" entre vos mains, la nation vous en donne la propriété ainsi
" qu'elle l'a fait avec vos camarades en France !"

S'emparant de tout ce qu'il y a d'armes et de munitions dans les casernes, la garnison s'y barricade, mettant huit pièces de canon en batterie devant la porte d'entrée. Convaincue qu'elle a la force de son côté, elle repousse toutes les sommations qui lui sont faites, déclare qu'elle ne partira ni pour Batavia, ni pour ailleurs et défie l'Assemblée de la déloger. L'alarme est répandue dans les quartiers qui prennent immédiatement les armes et viennent prêter main-forte aux autorités. Le 4 au matin toutes les gardes nationales et bon nombre de colons sont réunis autour du gouvernement ; Malartic veut se rendre seul et sans armes au milieu des insurgés afin de leur faire entendre raison, ainsi que le demandaient plusieurs d'entre eux. On s'y oppose énergiquement, faisant comprendre au gouverneur qu'une fois entre leurs mains et considéré comme un otage, toute chance de transaction devra être abandonnée. A ce moment un officier d'artillerie, M. de Lafitte, fait hisser deux obusiers sur le versant de la montagne de la Découverte qui domine les casernes ; la position était bien choisie, quelques coups bien dirigés auraient vite fait un carnage épouvantable parmi tous ces hommes rassemblés dans un espace aussi restreint. C'est ce que comprit un des révoltés, un artilleur nommé Chabot, qui avait espéré un moment pouvoir réduire cette batterie au silence au moyen de ses pièces de campagne. Avant d'ouvrir le feu, Malartic envoya le maire, M. Chauvet, faire trois dernières sommations aux troupes ; les deux premières furent inutiles, à la troisième il posa comme *ultimatum* l'offre aux deux bataillons désignés pour Batavia, de s'embarquer immédiatement pour retourner en France avec armes et bagages et enseignes déployées. Cette fois les soldats acceptèrent. (1)

Il était plus que temps, plusieurs officiers de la garde nationale étaient venus prévenir Malartic qu'une défection était

(1) *A. d'Épinay. D'Unienville.* " Souvenirs d'un vieux colon."

à craindre de la part de certaines compagnies, malgré les efforts de leurs commandants.

L'Assemblée coloniale réunie à la hâte, fit part à l'amiral Sercey des circonstances qui exigeaient impérieusement le sacrifice d'un autre bâtiment; la *Seine* étant prête à appareiller, elle fut mise à la disposition des autorités, les soldats désignés s'y rendirent ainsi qu'il avait été convenu et la frégate partit pour France le soir même. (1)

Pendant l'embarquement des troupes, plusieurs personnes qui descendaient la rue de la Comédie, aperçurent un individu escaladant les murs de l'Intendance et s'enfuyant à leur approche; ils eurent le temps de le reconnaître, c'était un nommé Macé, naturaliste de profession, arrivé depuis peu dans la colonie et qui logeait dans les bâtiments de l'administration. La chose leur parut si étrange qu'ils allèrent de suite en donner connaissance au juge de paix. Une descente fut faite chez ce particulier et l'on découvrit sur sa table le brouillon de la fameuse lettre adressée aux troupes ainsi qu'un journal où il avait l'habitude de coucher jour par jour ses observations; il en résultait clairement que cet homme était un espion, soudoyé ou non par les agents du Directoire, auxquels il avait déjà envoyé un rapport sur la colonie. Arrêté quelques heures après, Macé nia énergiquement avoir écrit la lettre; il prétendit que le brouillon en question avait dû être déposé sur sa table, pour donner le change, par quelqu'un du parti de la prétendue réaction, qui ne rêvait que d'éloigner tous les défenseurs de la colonie afin de la livrer aux Anglais. Mais lorsqu'on lui présenta son journal et qu'on lui fit remarquer la similitude des écritures, il se tint coi et refusa de donner de plus amples explications. L'Assemblée le fit immédiatement reconduire chez lui, on lui donna juste le temps de faire un paquet de ses hardes, on le mit dans une embarcation, on le transporta à bord de la frégate qui allait partir et avant qu'il eût pu revenir de son étonnement, il voguait à pleines voiles vers la mère-patrie en compagnie de ceux qu'il avait excités à la révolte. (2)

Sur les huit frégates qui composaient sa division, Sercey en avait déjà renvoyé trois en France sur les prières de l'Assemblée Coloniale; la quatrième la *Preneuse*, était allée reconduire les envoyés de Tippoo Saïb et devait ensuite rejoindre le reste de l'escadre à Batavia. Quelques bâtiments hollandais étaient attendus du Cap de Bonne Espérance pour se joindre aux forces françaises. Le but de l'expédition était de s'emparer du convoi de Chine avec l'appui des vaisseaux espagnols actuellement à Manille. Voyant le temps s'écouler, Sercey dépêcha le *Brûle Gueule* commandant Bruneau, afin de rejoindre la *Preneuse* à Batavia, les deux frégates devaient se rendre à Manille, tout concerter avec les Espagnols, tout préparer et y attendre l'arrivée

(1) *D'Unienville.* A. *d'Épinay.*
(2) Ibid. Ibid.

des autres bâtiments. Les commandants Ravenel et Beaulieu-Leloup, avec la *Prudente* et la *Forte*, furent envoyés en croisière, ils devaient se trouver à Batavia à point nommé, y attendre l'amiral et ne point rentrer à l'Ile de France à moins de nécessité absolue. Malheureusement Ravenel voyant la date du rendez-vous passée, se figura qu'il ferait mieux d'aller au devant de la *Cybèle* que montait l'amiral, sans réfléchir que les frégates devaient fatalement se croiser sans se rencontrer. C'est justement ce qui arriva ; Sercey comprenant qu'il n'avait pas à compter sur les Hollandais, quitta l'Ile de France un peu plus tard qu'il n'avait pensé, il y avait à peine quatre jours qu'il était en route lorsque la *Prudente* et la *Forte* mouillèrent au Port-Nord-Ouest. Ravenel reconnaissant son erreur, voulut repartir immédiatement, espérant en forçant de voiles regagner en partie le temps perdu ; mais il avait compté sans l'Assemblée Coloniale qui s'y opposa formellement. La *Prudente* fut désarmée, vendue au commerce et alla se faire prendre par les Anglais sur le banc des Aiguilles. Le commandant Beaulieu fut chargé d'une mission pour le gouvernement de Pondichéry ; il rencontra la frégate anglaise la *Sibylle* sur les brasses du Gange, un combat acharné s'engagea, la *Forte* fut capturée et son commandant tué. (1)

Pendant ce temps l'Hermite rejoint par le commandant Bruneau, attendait toujours la division française ; le moment du passage du convoi approchant, il obtint du gouverneur de Manille deux vaisseaux espagnols et alla s'embusquer dans les détroits ; grâce au mauvais vouloir des espagnols le convoi ne put être rejoint. L'Hermite voyant le coup manqué, se replia sur Batavia où il retrouva Sercey de fort méchante humeur, furieux contre les Hollandais, furieux contre Ravenel qui ne l'avait pas attendu au rendez-vous, furieux contre l'Assemblée qui était en partie cause que ses plans avaient échoué, contre Beaulieu qui s'était laissé prendre sa frégate, mais qui du moins avait payé cette défaite de sa vie. Au récit que lui fit l'Hermite, l'amiral pesta contre les Espagnols, mais cela n'avançait à rien, l'Hermite seul avait soutenu l'honneur du drapeau en causant des pertes sérieuses aux Anglais, pourtant l'expédition avait complètement manqué, le but principal n'ayant pas été atteint. Il fallut regagner l'Ile de France, Sercey mit son guidon sur la *Preneuse* et donna l'ordre d'appareiller. Le 9 Mai 1799, comme on approchait du Port-Nord-Ouest, très au large, on reconnut une escadre anglaise forte de trois vaisseaux, d'une frégate et d'un brick, qui croisait à une faible distance de la terre, entre le Coin de Mire et la Baie du Tombeau. Vouloir pénétrer quand même au chef-lieu était impossible, les ennemis avaient tout le temps d'en barrer la route, la division française ne se composant que de la *Preneuse* et du *Brûle-Gueule*, il ne fallait pas non plus songer à forcer le passage. L'Hermite après s'être consulté avec Sercey, résolut de profiter du vent qui lui était favorable pour forcer de voiles, élonger la côte et se jeter dans la Baie

(1) A. d'Epinay.

de la Rivière Noire ; il y parvint avec un rare bonheur et embossa ses frégates juste au moment où les Anglais arrivés à sa poursuite, se préparaient à ouvrir le feu. Quelques pièces furent lestement débarquées et mises en batterie sur le rivage, des renforts envoyés par l'Assemblée arrivèrent à ce moment, on reçut les Anglais par une canonnade bien nourrie qui dura plus de quatre heures ; les ennemis voyant leur proie leur échapper se décidèrent à regagner le large. (1)

A peine rendu au Port-Nord-Ouest, Sercey ne put s'empêcher de faire de vifs reproches à l'Assemblée pour avoir, en modifiant ses ordres, compromis le succès d'une entreprise dont il avait si bien auguré. Il écrivit au ministre pour lui rendre compte du délabrement de ses forces et réclamer des renforts qui n'arrivèrent jamais.

Cependant la tranquillité n'avait pas été de longue durée à l'Ile de France ; l'Assemblée coloniale venait de faire connaître le rapport de la commission chargée d'établir une base équitable pour le remboursement des créances, en raison de l'avilissement des assignats ; certains créanciers crièrent naturellement à l'injustice et réclamèrent tout haut la dissolution d'une Assemblée qui d'après eux, ne possédait plus la confiance de la population. Sur les entrefaites, un certain Bernardin, ex-soldat au 12e bataillon d'infanterie alors à Batavia, d'où il avait été expulsé pour inconduite, se mit à la tête d'une troupe de 500 exaltés, maltraita une vingtaine d'artilleurs qui voulaient leur barrer le chemin, se présenta à l'hôtel du gouvernement et obligea Malartic à envoyer à l'Assemblée un message réclamant la démission de tous ses membres. L'Assemblée réunie à la hâte dans la salle du tribunal de paix, sur la Place d'Armes, et présidée par M. Journel, dut se démettre de ses fonctions. Dans la soirée, les insurgés étaient maîtres de la ville, postes, batteries, canons, poudrières ; ils réclamaient maintenant la déportation de quatorze des députés les plus en vue (4 Novembre 1798, 14 Brumaire an 7.) Pendant deux jours ils se maintinrent dans leurs positions et purent croire qu'ils avaient partie gagnée, mais le 7 au matin, toute la population des campagnes étant accourue en armes, ils furent entourés en un clin d'œil et se rendirent à merci ; inutile d'ajouter que la plupart des meneurs qui avaient si fort exigé la démission et la déportation de l'Assemblée, avaient disparu comme par enchantement. Le gouvernement sachant à qui il avait affaire, ne daigna même pas les rechercher ; on choisit les plus coupables, ils furent embarqués sur la *Nathalie* et renvoyés en France (8 Novembre 1798).

L'Assemblée était pourtant bel et bien dissoute, il fallait songer à son remplacement ; le 15 Novembre les assemblées primaires furent convoquées pour s'entendre sur les modifications qu'elles jugeraient convenable de porter à la constitution. Elles se décidèrent pour une représentation de 21 membres seulement,

---

(1) A. *d'Epinay.* *D'Unienville.*

dont 7 pour la ville et 14 pour les quartiers (25 Brumaire an 7). La nouvelle Assemblée se réunit pour la première fois au gouvernement le 21 Décembre (1er Nivôse an 7), presque tous ses membres avaient fait partie de la dernière législature.

Bientôt un bâtiment, le *Courrier des Indes*, arrivé de Bordeaux, apporta des nouvelles des déportés de la *Nathalie* ; comment pris par un navire anglais, ils étaient parvenus à se rendre maîtres de ceux qui les avaient capturés, comment ils les avaient fait passer sur la *Nathalie*, conservant pour eux la *Swallow*, qui était un meilleur marcheur, comment à court de vivres, ils touchèrent à Cayenne où ils retrouvèrent Burnel dans toute sa splendeur ; comment Burnel après les avoir ravitaillés, leur donna force recommandations pour les Cinq cents, et comment enfin, à leur arrivée en France, il furent fort bien accueillis et invités à présenter un rapport sur les évènements qui avaient occasionné leur éloignement de la colonie. (1) Il n'en fallait pas davantage pour causer de nouveaux désordres ; cette fois on voulait faire plus grand, l'appétit vient en mangeant, il fallait couper le cou à 20 individus désignés, s'emparer du gouverneur, des administrateurs, des corps constitués et des habitants les plus influents pour les envoyer quelque part, n'importe où, pourvu qu'ils ne pussent pas en revenir.

Ensuite la colonie passée entre les mains des vrais, des purs, on se paierait le luxe de piller tout ce qui en vaudrait la peine, magasins et demeures particulières. Ce beau projet avait à ce qu'il paraît des ramifications dans tous les quartiers, la Municipalité ayant été mise au courant, en donna avis à l'Assemblée qui voulut faire preuve de fermeté : elle décréta la peine de mort contre tout individu reconnu coupable d'avoir pris part à un complot, soit par ses actes, soit même par ses paroles. (21 Septembre 1799, 6me jour complémentaire an 7). Au lieu de les intimider, cet arrêté décida les conjurés à hâter l'exécution de leur projet ; ils se soulevèrent, mais cette fois les précautions avaient été prises ; sous prétexte qu'une croisière anglaise était en vue, les habitants avaient pris les armes, trente des principaux rebelles furent arrêtés et la colonie tout-entière réclama leur renvoi. L'Assemblée fit faire une enquête, 55 des principaux agitateurs de toute classe et de toute profession, furent embarqués sur le *Brûle Gueule* et renvoyés en France (22 Septembre, 1er Vendémiaire an 8) ; on ne jugea pas équitable de leur appliquer le nouvel arrêté qui aurait pu paraître dans la circonstance avoir un effet rétroactif. (2)

La traversée fut assez heureuse jusqu'à l'arrivée à Brest, où le *Brûle Gueule* se perdit à la pointe du Raz, sur 206 hommes qui le montaient, passagers et équipage, trente-huit seulement parvinrent à se sauver, et parmi, douze seulement des cinquante cinq déportés. (3)

(1) A. d'Epinay.
(2) D'Unienville. A. d'Epinay.
(3) Ibid. Ibid.

V.

Croisière de la *Preneuse*. Combat de la Baie Delagoa.—Le *Jupiter*.—Retour à l'Ile de France.—Le *Tremendous* et l'*Adamant*.—Perte de la *Preneuse* dans la Baie du Tombeau.—L'Hermite et l'Amiral Pelew.—Un vainqueur généreux. — L'Hermite est remis en liberté. Il échappe à une tentative d'empoisonnement.— Quelques mots sur l'espionnage. — Les corsaires. — Hodoul ; Dutertre, son antipathie pour Surcouf, leurs disputes continuelles.—Le *Malartic*.—Surcouf et la *Clarisse*.—Son stratatagème pour échapper à la *Sibylle*.—La *Louisa* et le *Mercury*, La *Confiance*.—Le salut aux trois couleurs. — Esprit d'à-propos de Surcouf.—Prise du *Kent*. Malroux ; L'*Amphitrite*.— Capture de la *Perle*, le *Trincomalee* ; il saute, l'*Amphitrite* sombre.—Mort de Malroux.—La *Perle* arrive à l'Ile de France.— Pinaud et le *Prince*.—Autres corsaires.—Cousinerie et le *Tigre du Bengale*.—Une ruse digne de Surcouf. (1797-1801).

Le 3 Août 1799 (16 Thermidor an 7) l'amiral Sercey expédia la *Preneuse* commandée par l'Hermite, en croisière dans le canal de Mozambique, en lui recommandant de se mettre en rapport avec la colonie hollandaise de Graaf Reynett, qui avait, on s'en souvient, réclamé l'aide de l'Ile de France contre les Anglais. Cette expédition bien qu'elle n'ait donné aucun résultat appréciable et ait abouti au contraire à la perte de la frégate, mérite pourtant d'être racontée tout au long, car elle forme une suite non-interrompue d'actions remarquables qui en font une des plus belle pages de notre histoire. Nous disons bien notre histoire, parce que la *Preneuse*, la dernière frégate qui nous restait, vint se faire brûler sur nos côtes ; si elle fut réduite à amener ses couleurs, elle du moins ne tomba pas au pouvoir des Anglais. Dans cette campagne son commandant fit preuve de qualités hors ligne, bravoure, audace, sang-froid, fermeté, grandeur d'âme, une seule chose lui manqua, ce fut un peu de bonheur ! La fatalité s'acharna après lui jusqu'au dernier moment ; il n'en est pas moins resté une des figures les plus sympathiques et les plus populaires de nos annales, nul mieux que lui ne l'a mérité !

L'Hermite part donc le 3 Août, gagne la côte africaine, reconnaît après plusieurs essais infructueux qu'il ne faut pas songer à communiquer avec les Hollandais, tous les atterrages sont soigneusement gardés par des bâtiments anglais ; il remonte le canal de Mozambique puis le redescend sans avoir fait de captures importantes. Le 20 Septembre (4me complémentaire,) il pénètre dans la baie Delagoa où il aperçoit à l'ancre deux vaisseaux de la compagnie gardés par une corvette, le *Rattle Snake*, un brick et une goëlette. Il était onze heures du soir, mais un magnifique clair de lune permettait de distinguer les objets comme en plein jour. Malgré la disproportion des forces, l'Hermite se décide à attaquer vigoureusement ; il vient s'embosser à portée des bâtiments et se prépare à ouvrir le feu. Les Anglais l'ont reconnu et devinant sa manœuvre, ils filent leur cable et vont se ranger au fond de la baie sous la protection d'une batterie qui commande la rade ; à ce moment la petite goëlette, au lieu d'imiter les autres bâtiments, se couvre de voiles, s'approche de la *Preneuse*, lui passe en poupe et gagne le large. Cela s'est fait si rapidement que l'Hermite n'a pas eu le temps de s'y opposer, il n'y attache du reste aucune importance et engage l'action. Il ne se doutait pas alors que ce petit navire était monté par un des officiers de la corvette anglaise, qui après s'être assuré en passant que c'était bien la *Preneuse*, allait tout d'une traite en informer l'amiral au Cap et mettre à l'Hermite toutes les forces anglaises à ses trousses.

Le combat commence avec acharnement, la *Preneuse* dirige ses coups sur le vaisseau le plus rapproché, elle le crible de projectiles, en moins d'une heure deux fois il a amené son pavillon, mais à chaque fois la corvette lui envoyant sa bordée, l'a forcé à relever ses couleurs ; le feu de la batterie atteint la frégate et lui cause des avaries, mais les Anglais sont très maltraités, encore un peu de patience et elle n'aura plus que la corvette pour adversaire, c'est assez dire que les chances du combat sont pour les Français. A ce moment, l'Hermite aperçoit le petit brick dérivant sur lui et vomissant des torrents de fumée, c'est un brûlot que lui détachent les ennemis ; il avance lentement mais sûrement, porté par le flot, dans un quart d'heure peut-être il aura atteint la *Preneuse*. La brise vient du large, il est impossible d'échapper. L'Hermite se sent perdu ; à moins que le vent ne vienne à changer subitement pendant un moment, juste le temps de sortir de la baie, c'est la seule chance de salut ! Le changement se produit, l'Hermite fait orienter les voiles, vire de bord et s'élance en avant, il passe à frôler l'engin destructeur, mais qu'importe, il est sauvé ! Il reste jusqu'au jour devant la baie, espérant pouvoir achever l'œuvre qu'il a commencée, mais la mer a grossi, le vent est contraire, il faut se résoudre bien à contre cœur à s'éloigner. (1)

Il continue sa croisière, descend jusqu'au banc des Aiguilles espérant faire quelque heureuse rencontre qui lui permettra de terminer fructueusement son expédition avant de rentrer à l'Ile de France.

Le 10 Octobre (19 Vendémiaire an 8), au lieu de navires marchands, la *Preneuse* rencontre le vaisseau de ligne le *Jupiter* et prend chasse, la poursuite dure jusqu'au lendemain à 3 heures de l'après-midi ; le vaisseau grâce à sa marche supérieure, ayant considérablement gagné sur la frégate, l'Hermite se décide à engager le combat par une mer démontée. La hauteur des vagues nuit considérablement à la justesse du tir, le vent

(1) Ch. Cunat. D'Unienville. Berger Dujonet. "Souvenirs d'un vieux mauricien." L. Garneray. "Voyages, aventures et combats."

fraîchit et l'Anglais diminue sa voilure, ne gardant que ce qu'il lui faut de toile pour se maintenir dans sa position ; l'Hermite s'en aperçoit de suite, une idée d'une audace extrême lui est venue et il va l'exécuter, sachant que la *Preneuse* porte la voile admirablement.

Il charge sa frégate de toile au point de compromettre sa mâture, au point de la faire chavirer et gouverne droit sur le *Jupiter*. La *Preneuse* est presque couchée sur le flot, ses basses vergues labourent les lames, sa vitesse est effrayante ; elle passe ainsi au vent de l'anglais à portée de pistolet, lui lâche sa bordée en plein bois à la hauteur de sa flottaison, le dépasse par l'arrière, range sa poupe et lui envoie une seconde décharge qui balaie son pont dans toute sa longueur; le *Jupiter* vire de bord pour présenter le flanc à son ennemi, et par le fait il court maintenant bâbord amures, sa batterie de tribord est sous le vent, la brise est si forte qu'il penche de ce côté au point que ses canons sont à fleur d'eau. C'est ce qu'attendait l'Hermite ; la première décharge a troué la coque du vaisseau juste au pied du grand mât et lui a fait une ouverture béante qui a passé inaperçue tant que le *Jupiter* présentait ce côté au vent, maintenant que cette avarie se trouve sous le vent et au dessous du niveau de la mer, l'eau s'y engouffre rapidement, le *Jupiter* donne de la bande de plus en plus, pour aveugler cette voie d'eau il n'existe qu'un moyen, virer de bord encore une fois, mais pour cela il faut une fois de plus présenter sa poupe à la *Preneuse* et essuyer son feu meurtrier. Il n'y a pas à hésiter pourtant, l'eau gagne à vue d'œil, les pompes ne peuvent suffire à redresser le vaisseau qui va couler bas, le *Jupiter* vire de bord, essuie une nouvelle bordée sans riposter, hisse ses voiles et s'enfuit ; la *Preneuse* lui appuie chasse, mais ce qui était à craindre arrive alors, sous le poids de sa voilure un de ses mâts craque et vient bas, il ne faut plus songer à la poursuite, l'Hermite laisse l'Anglais s'échapper et met le cap sur l'Ile de France, ses avaries l'y obligent, ses munitions sont épuisées, c'est la dernière frégate que possède la colonie, risquer plus c'est courir de gaîté de cœur à une perte certaine. (1)

Le 10 Décembre au coucher du soleil, on distingue les montagnes du Grand Port, l'Hermite redoutant la présence d'une croisière ennemie, juge plus prudent de passer la nuit à courir des bordées ; au point du jour les vigies de la côte le renseigneront et selon les signaux qu'il recevra, il continuera sa route vers le Port Nord-Ouest ou se réfugiera dans la rade qui est devant lui. Pour le moment, rien de suspect, pas un signal de nuit, seules quelques lumières tremblotantes indiquent çà et là, dans la plaine et sur le versant des montagnes, l'emplacement des habitations. Le lendemain au petit jour, la *Preneuse* rangeant la côte à trois lieues environ, hisse son numéro qui est répété immédiatement par le sémaphore de la montagne du Lion, signalant la frégate comme faisant route vers le Port-Nord-Ouest.

(1) *L. Garneray, Ch. Cunat, D'Unienville, Berger Dujonnet.*

Le vent du large s'est élevé, la *Preneuse* fait bonne route, toutes voiles dehors, il est 10 heures du matin et tout laisse espérer que vers 3 heures, à 4 heures au plus tard, on aura jeté l'ancre au chef-lieu. On a passé le poste de Flacq, l'Ile d'Ambre et la Poudre d'Or, on approche du Cap Malheureux, lorsque deux vaisseaux jusque là masqués par l'Ile Ronde, apparaissent, manœuvrant obliquement pour couper la route à la *Preneuse*. Ce sont deux vaisseaux de 74, le *Tremendous* et l'*Adamant*, aux ordres du contre-amiral Sir Edward Pelew, plus connu plus tard sous le nom de Lord Exmouth. (1)

L'Hermite n'hésite pas une seconde, changer de route, c'est se faire atteindre un peu plus tôt, un peu plus tard par les Anglais dont la marche est de beaucoup supérieure à la sienne, comme il est facile d'en juger par le chemin qu'ils ont déjà fait ; une chance unique se présente à lui de regagner l'avance perdue, peut-être sera-ce suffisant pour pouvoir entrer au port, l'entreprise est téméraire mais c'est la seule planche de salut. Il gouverne aussitôt de façon à se rapprocher de terre, rase l'Ile Plate et se lance dans les hauts-fonds qui séparent la Pointe aux Canonniers du Coin de Mire. Assez bon pratique de la côte, il sait que si sa frégate peut à la rigueur passer, ce chemin est interdit à des vaisseaux de haut bord calant un plus fort tirant d'eau et conduits par des officiers qui ne peuvent avoir une notion bien exacte de ces parages fréquentés seulement par des embarcations. Son audace le sert à merveille, la *Preneuse* a franchi le mauvais pas sans encombre, elle a doublé la Pointe aux Canonniers et sans ralentir son allure, elle se dirige au plus près sur l'Ile aux Tonneliers dont les batteries sont déjà visibles. Cependant les Anglais, un moment déconcertés par cette fuite imprévue, ont remonté vers le nord pour suivre la route accoutumée. L'Hermite est juste en face de la Baie du Tombeau, une heure encore et il sera sauvé, les ennemis sont encore en train d'arrondir le Coin de Mire ; à ce moment la brise tombe subitement, la frégate s'arrête et reste en panne, les Anglais continuent d'approcher profitant des dernières risées, bientôt eux aussi restent immobiles, trop éloignés pour ouvrir le feu. Mais la marée monte et la *Preneuse* drossée par le flot, se rapproche peu à peu du rivage. On a bien mouillé une ancre, mais sur un fond de corail qui usera rapidement les cables, si bien que la frégate jetée sur les récifs deviendra la proie de l'ennemi.

Le vent s'élève maintenant, il a passé du sud-est au nord-ouest, une rafale a masqué les voiles de la *Preneuse* et l'a rapprochée encore de la terre ; le fond diminue de plus en plus, L'Hermite commande la seule manœuvre possible, il mouille une ancre au large pour servir de pivot dans l'abatée qu'il va faire vers le rivage, décrit une circonférence dans la baie et remonte vers le large pour redescendre ensuite vent arrière dans le Port-Nord-

---

(1) *Garneray*. Nous suivons presque textuellement le récit de ce témoin oculaire.

Ouest. Soit que l'ancre ait chassé, soit que la *Preneuse* ait été entraînée trop près de terre, au moment même où elle va sortir de la baie, elle talonne contre un écueil ; avant qu'on ait pu rien tenter pour la dégager, l'avant s'est tourné vers la terre et la frégate reste immobile.

L'Hermite fait aussitôt carguer les voiles et envoie mouiller au large une ancre de bossoir sur laquelle on hale la frégate afin de lui faire présenter le travers à l'ennemi. La mer est étale et ne va pas tarder à descendre, le vent est retourné au sud-est ; si la frégate est mise à sec par le reflux, elle tombera vers le large, alors la résistance sera impossible. Il faut l'alléger au plus vite, les canons de gaillard sont jetés à la mer ainsi que les pièces à eau, les mâts sont rasés et dans leur chûte blessent grièvement quelques hommes, l'Hermite lui-même est contusionné.

La foule est accourue sur la plage, à ce moment une embarcation montée par un aide de camp de l'amiral Sercey, accoste la *Preneuse*, l'officier est chargé par l'amiral de demander à l'Hermite quels sont les secours les plus urgents dont il a besoin. " Je manque de tout ! " répond l'Hermite. Il profite de l'embarcation pour envoyer à terre les malades et les blessés et demande seulement des vivres, de l'eau et des servants pour ses canons.

La *Preneuse* maintenue verticalement par des épontis, présente à l'ennemi sa batterie de tribord, surmontée sur les gaillards par toutes les pièces de bâbord que l'on y a hissées. Les deux vaisseaux depuis que le vent a changé sont obligés de courir des bordées pour se rapprocher, ils avancent mais lentement ; ils peuvent engager l'action maintenant, on est prêt à les recevoir. Avec les renforts qu'elle a reçus la *Preneuse* compte environ deux cents combattants, tous décidés à faire leur devoir et à ne pas se rendre tant qu'on pourra tirer un coup de canon. Il est trois heures lorsque le vaisseau anglais le plus rapproché, le *Tremendous*, ouvre le feu auquel on riposte avec vigueur ; aux deux extrémités de la baie des batteries de campagne sont dressées par les artilleurs coloniaux dans le but de venir en aide à la frégate, malheureusement ces pièces de petit calibre ne peuvent faire aucun mal aux Anglais qui se tiennent hors de leur portée. Malgré tout, la position n'est pas mauvaise, la *Preneuse* pouvant à chaque instant recevoir les secours et les munitions dont elle a besoin, tient les Anglais en échec par son feu bien dirigé ; à plusieurs reprises ils semblent se consulter et se demandent s'ils continueront le combat qui ne peut leur procurer qu'un bien faible avantage en compensation des risques qu'ils ont à courir. L'Hermite a l'œil à tout, mais sa principale inquiétude est pour les béquilles qui soutiennent la frégate, quelques unes ont été brisées par les boulets ennemis et il est impossible de les remplacer ; plusieurs fois il a cru sentir un frémissement de la quille prouvant que le navire a perdu son aplomb ; ne pouvant rien tenter contre l'irréparable, il s'est empressé de faire activer le feu afin de détourner l'attention de son équipage que cette découverte démoraliserait. Les décharges se succèdent sans interruption, chaque coup qui porte est salué par les applaudissements des spectateurs massés sur le rivage. Soudain un cri de désespoir s'élève, la *Preneuse* vient de tomber sur son flanc de tribord ! L'eau gagne les batteries et les submerge, le pont se présente à découvert aux coups des Anglais ; la lutte devient impossible. L'Hermite renvoie son équipage à terre, il ordonne à son état major d'en faire autant, lui restera le dernier à bord et mettra le feu à la *Preneuse* afin qu'elle ne tombe pas au pouvoir de l'ennemi.

Les officiers le supplient de les garder auprès de lui jusqu'au dernier moment, il y consent.

L'Hermite malade depuis longtemps, n'a tenu bon jusqu'ici qu'à force d'énergie et d'empire sur lui-même ; la certitude du désastre, l'inutilité de rien tenter, tout cela l'affecte profondément et provoque une réaction soudaine, il fait quelques pas en chancelant et s'abat comme une masse, privé de sentiment. On se précipite pour le relever, on veut le transporter dans une des embarcations, mais on ne peut y parvenir en raison de la pente abrupte qu'offre la carène. M. Dalbarade son lieutenant, fait accoster la yole du côté du large, l'embarquement sera des plus faciles, mais l'ennemi s'en est aperçu, un boulet la coupe en deux, elle coule à pic avec les hommes qui la montent. L'enseigne Graffin veut se jeter à la nage pour aller chercher un autre canot, au moment où il va sauter à la mer, il est frappé d'un biscaïen en pleine poitrine et tombe à côté du commandant. L'Hermite revient à lui, ordonne de mettre le feu au bâtiment et d'amener le pavillon ; il engage ses officiers à s'échapper, pas un n'y consent. A peine les couleurs sont elles descendues que les Anglais cessent le feu ; ils envoient immédiatement plusieurs embarcations vers la *Preneuse* ; la première aborde, un lieutenant anglais s'approche de l'Hermite en se découvrant et se met à ses ordres, le commandant se déclare prêt à le suivre et descend appuyé sur ses officiers. L'Anglais lui demande quelles sont ses volontés à l'égard du jeune enseigne mort à ses côtés. " Il a demandé, " dit l'Hermite " à suivre le " sort de la *Preneuse* "—" Mais, j'ai ordre de la brûler."—" En ce " cas, messieurs, remontez et ensevelissez le corps de notre " camarade dans nos couleurs nationales. Dépêchez vous, je " souffre beaucoup ! "

Lorsque l'Hermite approche des deux vaisseaux, le drapeau tricolore est hissé à leur corne de misaine ; voyant qu'il est blessé ou malade, l'amiral fait descendre un fauteuil dans lequel il est doucement soulevé et déposé sur le passavant. L'Hermite se soulève avec effort, les officiers anglais rangés en ligne, le saluent respectueusement, l'amiral Pelew s'avance à sa rencontre en disant : " Capitaine, permettez-moi de vous serrer la main, " la main du plus vaillant homme de guerre, je le déclare " hautement, qui soit à ma connaissance ! " L'Hermite s'incline et lui présente son épée.—" Je l'accepte, comme celle d'un héros, " elle ne me quittera jamais. Je ne puis vous offrir en échange " que celle d'un bon et loyal marin ; veuillez je vous prie la " conserver en souvenir de l'estime profonde que vous m'ins- " pirez." Ensuite priant l'Hermite de s'appuyer sur son bras, il le conduit à l'appartement qui lui est réservé. (1)

L'émotion causée dans la colonie par cette défense héroïque fut telle, que chacun voulut venir en aide aux survivants de la *Preneuse*, une souscription fut couverte en quelques heures pour payer la rançon du brave commandant ; il va sans dire que l'amiral anglais repoussa cette proposition avec hauteur. Il fit mieux et se montra dans la circonstance aussi noble que généreux. Un matin les deux anglais vinrent mouiller en tête de rade sous pavillon parlementaire, une embarcation se détacha du vaisseau amiral au bruit du canon, et pénétra dans le port ; la foule attirée par ces détonations inaccoutumées, s'était portée sur les quais. Quel ne fut pas son délire en reconnaissant parmi les officiers qui arrivaient, l'Hermite lui-même, le vaillant l'Hermite, rendu à la liberté sans autre condition que la promesse de ne plus servir jusqu'à la fin des hostilités. On ne lui laisse pas le temps de descendre, avant que l'embarcation ait abordé, il est déjà soulevé à bout de bras, porté sur un pavois formé d'avirons entrecroisés et conduit en triomphe au gouvernement en dépit de ses protestations. (12 Décembre 1799.) (2)

L'Hermite séjourna environ dix-huit mois à l'Ile de France après sa mise en liberté, il y fut même victime d'une tentative d'empoisonnement à laquelle il échappa grâce aux soins énergiques qui lui furent prodigués en temps convenable, mais il s'en ressentit toute sa vie. Il résidait à ce moment à la Poudre d'Or chez un de ses amis, M. Montalent, constructeur de navires ; un esclave du nom de Scipion fit le coup à l'instigation d'un espion anglais ; le complot fut découvert par un ancien marin de la *Preneuse* nommé Kernau, mais lorsque l'Hermite avait déjà absorbé le breuvage.

L'esclave fut conduit devant son maître, avoua tout et fut enfermé dans un cachot où le lendemain matin on le trouva roide mort, ayant à ses côtés une bouteille d'arack empoisonné. Kernau se rendit au rendez-vous donné à Scipion pour recevoir le prix de sa complaisance, il y trouva l'Anglais et lui fendit le crâne d'un coup de bâton ; ce dernier eut encore la force de le blesser mortellement d'un coup de pistolet. (3)

Bien des faits insignifiants par eux-mêmes, mais acquérant une certaine importance lorsqu'on se donne la peine de les grouper, font voir combien l'Angleterre était au courant de ce qui se passait dans la colonie, elle y entretenait des agents à sa solde, qui ne se faisaient pas faute de tout voir, de tout observer

(1) *Garneray*.
(2) Ibid. *D'Unienville*.
(3) Ibid.

et de tout rapporter. Ils trouvaient une facilité remarquable dans la façon dont les prisonniers de guerre étaient traités ; partout ils étaient accueillis en amis, on les laissait aller, venir où bon leur semblait, on parlait devant eux à cœur ouvert ; beaucoup eurent sans doute l'esprit assez élevé pour ne pas abuser de la situation qui leur était faite, mais combien en profitèrent, combien payèrent par la trahison, la sympathie qui leur était témoignée ! Parmi les colons eux-mêmes, ne s'en trouva-t-il pas quelques uns, qui, éblouis par les promesses, par l'appât d'un gain trop facile à conquérir, se laissèrent aller à cette ignominie ?

Rien que les accusations incessantes, répétées à cette époque plus ou moins absurdement contre l'Assemblée, contre le gouverneur, contre des particuliers, accusations sans fondement il est vrai, de vouloir livrer l'Ile de France aux Anglais ; tout cela ne prouve-t-il pas qu'il existe une chose dont la population a l'esprit frappé, la possibilité de trahir ? Le proverbe dit vrai : il n'y a pas de fumée sans feu, quand on parle aussi souvent de trahison, c'est que la trahison existe quelque part, si cachée qu'elle soit ! Chose triste à dire, quelques uns sous le couvert d'opinions royalistes, commettaient la félonie ouvertement et s'en vantaient ! Lorsque le *Centurion* et le *Diomed* vinrent croiser devant l'Ile de France, avant-coureurs d'une expédition qui n'aboutit pas, n'y avait-il pas à bord d'un de ces vaisseaux un officier de la marine française connaissant exactement le littoral de la colonie, qui devait servir de pilote et diriger le débarquement des forces anglaises ! (1)

Que de hontes ! Que de vilenies ! Il faut pour les faire oublier l'héroïsme et l'honneur d'un l'Hermite, l'audacieuse témérité de nos corsaires ; nous avons parlé du premier, au tour des autres maintenant.

Nous étions rendus à la prise du *Triton* et aux ennuis éprouvés par Surcouf pour avoir fait la course sans être muni de lettres de marque, suivons autant que possible l'ordre chronologique. Le premier en date est Jean François Hodoul, de la Ciotat ; il quitte l'Ile de France le 1er Mai 1797 sur l'*Apollon*, et se dirige sur la côte de Malabar ; le 14 il recueille sept africains abandonnés par un équipage anglais sur un bâtiment qui va couler bas. Il s'empare en quelques jours de l'*Elise*, du *Macré*, du *Bader Bux*, tous chargés d'or et de perles, de richesses incalculables. Il reprend la route de l'Ile de France, enlève le *Laurel* à l'abordage, est forcé de mettre aux fers l'équipage de ce navire, les trois quarts de ses hommes ayant été répartis sur ses prises, il prend encore le *Trayalle* et le *Harrington* et entre au Port-Nord-Ouest avec un véritable convoi de ses captures. Il passe ensuite sur l'*Uni* dont il s'est rendu propriétaire, part le 15 Mai 1800, touche aux Seychelles, croise dans la mer Rouge et le golfe Persique, sur les côtes de l'Inde et les

(1) *Garneray.* "Souvenirs d'un vieux colon." *A d'Epinay.*

brasses du Gange, s'empare de plusieurs navires anglais et retourne à l'Ile Mahé des Seychelles où il se fixe définitivement. (1)

Jean Dutertre, de Port Louis près Lorient, put marcher de pair avec Surcouf pour l'audace et le courage, il ne lui fut inférieur que sur un point, la chance ; s'il accomplit des actions d'éclat qui le rendirent justement célèbre à l'Ile de France, il n'eut pas comme son rival ce bonheur insolent qui le fit sortir toujours à son avantage des situations les plus inextricables. D'une nature violente à l'excès, Dutertre adorait son état pour les dangers qu'il avait à surmonter, par amour de la lutte et par haine des Anglais dont il fut deux fois prisonnier ; son séjour sur les pontons ne s'effaça jamais de sa mémoire ! Quant à la fortune, il ne s'en souciait guère, non plus que des douceurs de la vie ; pendant toutes ses croisières, il mangeait à la gamelle avec son équipage.

Surcouf et lui se détestaient cordialement, aussi se ménageaient-ils d'autant moins entre intimes, qu'ils étaient bien forcés de reconnaître en public leur mérite réciproque. Lorsque Surcouf eut abandonné l'*Emilie* pour le *Cartier*, Dutertre prit le commandement de ce corsaire, il passa ensuite sur le *Modeste* et la *Bonne Cuisine*. Il s'empara dans le golfe de Bengale d'un galion indien portant les trésors du nabab d'Arcot, de la *Surprise* et de quatre vaisseaux de la Compagnie des Indes ; chargé de conduire à Surate quelques officiers français, il fut surpris par les Anglais, dans l'action il fut blessé d'un coup de feu en pleine poitrine et fait prisonnier. Après lui avoir donné les premiers soins on le fit passer sur un transport qui rentrait en Europe avec un convoi de prisonniers ; il relâcha à Sainte-Hélène où se trouvait ancré à ce moment un navire américain se rendant à l'Ile de France. Profitant de la nuit, Dutertre se jeta à la nage et se fit recueillir par l'américain qui le ramena au Port-Nord-Ouest. Il prit alors le commandement du *Malartic* de 12 canons et de 110 hommes d'équipage (1799) ; c'est au cours de cette expédition qu'il rencontra dans le golfe de Bengale la *Clarisse* commandée par Surcouf (17 Décembre). Celui-ci toujours jovial et toujours bon enfant, invita Dutertre à dîner et le traita royalement on peut le croire ; pendant le repas Dutertre mis en belle humeur par de copieuses libations, félicita Surcouf sur son champagne et lui offrit quelques caisses de vins exquis dont il venait de s'emparer ; Surcouf accepta volontiers à condition qu'il lui serait permis de faire présent en échange au commandant et à l'équipage du *Malartic* des dernières modes de Covent Garden dont il avait trouvé tout un chargement sur une de ses dernières prises. "Tu sais bien que "nous ne sommes pas des damoiseaux" répondit Dutertre reprenant soudain son humeur chatouilleuse, "d'ailleurs, quand je "donne je ne vends pas ; si tu t'avises de m'envoyer tes colis,

(1) *A. d'Epinay.*

" je les f... par dessus les bastingages ! " Surcouf se contenta de sourire et commanda le café. On se sépara bientôt, et Dutertre en regagnant son bâtiment, trébucha contre les ballots envoyés par son rival. Pris d'une colère folle, il donna ordre d'accoster la *Clarisse*, héla Surcouf, lança toute la pacotille à la mer en l'invitant à voir le cas qu'il faisait de ses cadeaux. Surcouf perdant patience à son tour, jeta les bouteilles à tour de bras par dessus bord; cette scène désopilante ne cessa que lorsque les munitions étant épuisées, on se fut donné rendez-vous pour se couper la gorge sous les bois noirs du Champ-de-Mars. (1)

Lorsque plusieurs mois après, les deux corsaires se retrouvèrent à l'Ile de France, leur première pensée fut de mettre leur projet à exécution; fort heureusement le gouverneur en fut informé, il les fit venir tous les deux, leur fit tout doucement la morale et les força à se jurer une amitié éternelle. Ces beaux sentiments furent vite oubliés; moins de deux mois après, tandis que Surcouf recrutait des hommes pour son nouveau corsaire la *Confiance*, Dutertre réarmant le *Malartic*, en faisait de même, et pour enlever toutes chances à son rival, avait affiché que pour cette expédition il changerait ses habitudes, et qu'au lieu de partager la gamelle de son équipage, il tiendrait table ouverte et inviterait ses hommes à prendre leurs repas avec lui; pour prouver que telle était bien son intention, il avait embarqué une quantité fabuleuse de victuailles de toute sorte et déclarait qu'il ferait relâche tous les quinze jours pour renouveler ses provisions. Surcouf exaspéré de voir tous les marins se porter en foule vers le *Malartic*, eut recours à un stratagème qui pour être tant soit peu canaille n'en était pas moins fort ingénieux. Il ramassa une soixantaine de mauvais drôles, leur glissa deux piastres dans la main et les envoya au bureau de la marine se faire porter sur le rôle d'équipage de la *Confiance*, chacun sous le nom d'un des matelots qu'il voulait engager. On juge de la fureur de ces marins lorsqu'ils furent appelés quelques jours après au commissariat et qu'ils apprirent qu'ils avaient été embauchés malgré eux.

Mais entre ces deux hommes la rivalité ne pouvait continuer longtemps sur le pied de cette petite guerre à coups d'épingle; ils ne tardèrent pas à avoir une explication fort orageuse, Surcouf traitant Dutertre de gargotier, Dutertre ripostant du tac au tac par une allusion directe à ce nouveau système d'engagements forcés, bref il fut décidé qu'on irait sur le terrain. Malartic s'interposant encore une fois, leur fit comprendre combien leur existence à tous les deux était précieuse à l'Ile de France et que du reste il y avait un moyen bien simple de trancher leur différend; la colonie contenait assez de *frères de la côte*, se valant tous les uns les autres, pour qu'ils pussent compléter leurs équipages en en prenant chacun la moitié; s'ils avaient une préférence pour certains d'entre eux, c'était bien simple, il n'y

(1) *Garneray Ch. Cunat Col. G. B. Malleson. A. d'Épinay. Pridham.*

avait qu'à tirer ces hommes au sort, de cette façon tout s'arrangerait. Dutertre et Surcouf partirent d'un grand éclat de rire, la chose était si naturelle qu'ils n'y avaient pas songé ; ils se serrèrent la main et remercièrent cordialement Malartic de son excellent avis. (1)

Cette nouvelle croisière du *Malartic* fut fatale à son commandant ; Dutertre après avoir capturé plusieurs bâtiments anglais, entre autres le *Governor North* et le *Marquis of Wellesley*, dut se rendre à la frégate le *Phénix* ; envoyé en Angleterre il ne réussit pas à s'échapper cette fois et ne fut relâché qu'à la paix d'Amiens (27 Mars 1802). Il retourna à l'Ile de France, et à la reprise des hostilités recommença à faire la course au grand détriment du commerce anglais. (2)

Après avoir gagné auprès du Directoire son procès contre les administrateurs de l'Ile de France, Surcouf séjourna encore quelque temps à Saint-Malo ; on vint lui offrir alors de prendre le commandement d'un nouveau corsaire qu'on équipait dans le moment à Paimboeuf, c'était la *Clarisse* de 14 canons et montée par un équipage d'élite de 140 hommes. (Février 1798). Tous les préparatifs étant achevés, on mit à la voile dans les derniers jours du mois de Juillet et après une traversée relativement heureuse, car on ne rencontra qu'un grand trois mâts anglais de 26 canons avec lequel on entama une violente canonnade et qui parvint à s'échapper grâce aux avaries que la *Clarisse* avait reçues dans sa mâture, Surcouf arriva à l'Ile de France le 5 Décembre en dépistant l'escadre anglaise qui bloquait alors la colonie. (3)

Il partit peu de temps après pour le détroit de la Sonde, longea la côte de Sumatra et rencontra en rade de Sousa dans le royaume d'Achem, deux vaisseaux de la Compagnie chargeant du poivre ; il attaqua vivement le plus gros qui se défendit avec énergie. Peu soucieux de perdre son temps et sa poudre sans grand résultat, Surcouf fit descendre dans des embarcations son frère Nicolas avec 40 hommes et les envoya aborder l'ennemi du côté opposé ; ils y parvinrent aisément grâce à l'épaisse fumée qui obscurcissait l'air. Pris entre deux feux, l'Anglais amena et le second ne tarda pas à partager le même sort. Cette victoire avait encore coûté cher à la *Clarisse*, elle avait perdu plusieurs hommes et avait été assez maltraitée pour qu'il fût nécessaire de rentrer à l'Ile de France (Juin 1799). Les deux prises furent dirigées sur Bourbon afin d'éviter les croiseurs ennemis. (4)

Le 16 Août 1799, la *Clarisse* remise en état, lève l'ancre, touche à Saint Denis le 18, est canonnée d'importance par la batterie de la pointe des Jardins, qui malgré son pavillon tricolore, malgré son numéro hissé à la corne du grand mât, ne veut absolument pas la reconnaître pour autre chose qu'une

---

(1) L. *Garneray*.
(2) A. *d'Épinay*. Col. G. B. *Malleson*.]
(3) Ch. *Cunat*.
(4) Ibid.

corvette anglaise. Surcouf est furieux, d'autant plus qu'il doit communiquer avec la terre, ayant des dépêches à remettre au général Magallon de la part de Malartic ; la mer est démontée, impossible de mettre une embarcation à flot, il faut tenir la mer jusqu'à ce que le raz de marée soit passé ; ce n'est que le 22 qu'on parvient à débarquer le courrier à la Ravine aux Chèvres, la *Clarisse* s'éloigne aussitôt après et se dirige sur Java dont elle relève les côtes le 27 Septembre. Le 1er Octobre Surcouf s'empare d'un navire danois portant une cargaison anglaise, il dépose à terre l'équipage de ce bâtiment, capture un portugais, rencontre le corsaire l'*Uni* commandé par Lemême, prend langue avec lui pour les différents points de relâche, entre dans le golfe de Bengale, enlève à l'abordage le trois mâts anglais l'*Auspicious* venant de Calcutta avec une importante cargaison (10 Novembre). (1)

Le 30 Décembre au soir, il découvre un grand bâtiment et se dirige de façon à lui couper la route ; la nuit vient, la poursuite est interrompue, le lendemain au petit jour, Surcouf veut reprendre la chasse quand il aperçoit fondant sur lui la frégate anglaise la *Sibylle*, la même qui s'était emparée de la *Forte* à l'embouchure du Gange quelque temps auparavant. Cette fois le morceau était trop gros à avaler, fuir même était difficile, car on était à bonne portée de canon et la *Sibylle* n'avait pas précisément une réputation de mauvaise marcheuse ; Surcouf se décide à mettre en panne et à hisser les couleurs britanniques. Tandis que la frégate approche pour le reconnaître, il cache son équipage, ne gardant sur le pont que juste ce qu'il lui faut d'hommes pour la manœuvre ; tous ceux-là, il les fait se déguiser en marins anglais, il affuble un de ses officiers d'un uniforme de lieutenant de la marine de S. M. George III, s'enfonce sur les yeux une perruque rousse, prend une démarche roide et compassée, et son porte-voix à la main, il apostrophe ainsi le commandant de la *Sibylle* : " C'est vous commandant, j'étais à
" votre recherche. On vous attend avec impatience à Calcutta;
" figurez-vous que l'on vient de recevoir des nouvelles d'Europe,
" on a appris là-bas la prise de la *Forte*, et naturellement votre
" nom figure en première ligne sur la liste de promotion. "—
" Qui êtes-vous ?" répond le commandant visiblement flatté.—
" Un simple navire marchand faisant la cueillette."—"Hum ! pour
" un navire marchand, vous paraissez joliment outillé, et votre
" bâtiment ressemble plutôt, Dieu me pardonne, à un corsaire et
" qui plus est à un corsaire français." — " Mais c'en est un
" commandant, et pas le premier venu, je vous prie de croire,
" c'est tout bonnement la célèbre *Clarisse* que montait Surcouf."
" —Surcouf ! Mais où est-il alors, Surcouf ? "— " Il doit être
" à l'heure actuelle à Madras, ou sur le point d'y arriver pieds
" et poings liés ; car après m'être emparé de lui et trouvant son
" vaisseau bien supérieur au mien, je me suis hâté de faire
" l'échange, on ne saurait prendre trop de précautions par ces

(1) Ch. Cunat.

" temps calamiteux ; c'est même ce que j'ai dit à mon second
" en l'envoyant sur mon navire conduire notre captif à Madras,
" aussi l'a-t-on mis de suite aux fers pour lui enlever toute envie
" de s'évader. D'ailleurs j'ai auprès de moi un officier de
" marine que j'ai trouvé prisonnier sur la *Clarisse*, et puisque
" vous retournez à Calcutta je vous serais même très recon-
" naissant, commandant, si vous vouliez le prendre à votre
" bord. — " Envoyez-le donc," dit l'Anglais complètement ras-
suré.—" C'est-ce que je vais faire quoique nos embarcations
" soient dans un bien triste état. " Surcouf fait mettre un canot
à la mer, il fait descendre le prétendu officier anglais avec deux
marins et leur donne à voix basse ses instructions. " Je cours
" une bordée, commandant, et reprendrai le canot en repassant ;
" merci bien de la peine et au revoir ! "

L'embarcation se dirige assez péniblement vers la frégate, rendue à moitié chemin, un des marins prend un épissoir et en donne un bon coup dans le fond du bateau qui ne tarde pas à s'emplir ; les naufragés poussent des cris de détresse, la *Sibylle* envoie un canot pour les repêcher, on y parvient non sans peine ; ils accostent, montent sur le pont et une fois là, un des marins tombe en pâmoison, son camarade simule une crise de nerfs et se livre à une série de sauts de carpe qui ahurissent les Anglais. Au bout d'un moment, le commandant s'aperçoit qu'il a été joué, et furieux, fait appuyer chasse à la *Clarisse* qui n'a pas perdu son temps on peut le croire. La prétendue bordée qu'il a courue, a donné à Surcouf une bonne avance, mais cela ne suffit pas, il jette par dessus bord huit de ses plus gros canons, ses pièces à eau, ses agrès de rechange, tous les objets encombrants, fait décoincer ses mâts et file avec une vitesse telle que bientôt la *Sibylle* est hors de vue. (1)

Par surcroît de précaution il fait fausse route pendant la nuit et le lendemain matin (1er Janvier 1800.—11 Nivôse an 8), il tombe sur trois bâtiments naviguant de conserve, et se dirige sur l'un d'eux qui se trouve sous le vent ; c'est le *James* qui se voyant poursuivi, ouvre le feu avec ses pièces de retraite, Surcouf le gagne de vitesse, l'aborde et le force à amener son pavillon, puis il le dirige sur l'Ile de France. Trois jours après, le 4 janvier, il fait la rencontre de deux navires américains portant 16 canons et un nombreux équipage, la *Louisa* et le *Mercury* qui lui offrent le combat ; la *Clarisse* n'a plus que six canons et son équipage est réduit de moitié par les détachements qu'il a fallu faire pour monter ses prises. Surcouf n'en tente pas moins l'abordage, il fond sur la *Louisa* qui l'accueille d'une bordée à petite portée de pistolet, tandis que le *Mercury* vire de bord pour le prendre entre deux feux. La *Louisa* et la *Clarisse* se heurtent au milieu de la fumée, le beaupré de cette dernière s'engage dans les haubans de l'américain et se rompt ; Surcouf commande l'abordage et après un combat sanglant la *Louisa*

(1) *L. Garneray. Ch. Ounat.*

abaisse son pavillon. Le *Mercury* prend la fuite aussitôt, poursuivi par la *Clarisse* qui perdant son petit mât de hune, est obligée d'abandonner la chasse. Nicolas Surcouf prend le commandement de la prise et les deux frères regagnent l'Ile de France, où ils parviennent dans les premiers jours de Février. (1)

Vers cette époque arriva au Port-Nord-Ouest un bâtiment de 4 à 500 tonneaux sortant des chantiers de Bordeaux et réputé le premier marcheur de son temps ; c'était la *Confiance*, armée en guerre par M. Comte, riche négociant de cette ville et consignée à MM. Tabois Dubois de l'Ile de France. Les agents ne crurent pouvoir mieux faire que d'en proposer le commandement à Robert Surcouf, le corsaire portait 18 canons et environ 200 hommes d'équipage. Surcouf surveilla avec un soin jaloux les différents préparatifs, s'adjoignit comme aide-de-camp Louis Garneray, l'un des survivants de la *Preneuse* ; lorsque le bâtiment fut entièrement réespalmé, il partit vers la première quinzaine d'Avril 1800, et mit le cap tout d'abord sur les détroits, en attendant la saison favorable pour pénétrer dans le golfe de Bengale. Après une croisière assez insignifiante, au cours de laquelle il captura un bâtiment américain, il apprit qu'un convoi allait bientôt quitter Batavia sous l'escorte de l'*Essex* frégate appartenant à la marine des Etats-Unis ; peu désireux de faire une pareille rencontre, Surcouf traverse la mer des Indes, et s'en va se ravitailler aux Seychelles. Au mois d'Août suivant il quitte Mahé, longe la côte orientale de Ceylan en attendant la fin de la mousson sud-ouest, prend trois navires marchands qu'il expédie à l'Ile de France, continue sa route, est arrêté par le calme et met en panne pendant plusieurs jours. Un matin il voit un vaisseau de ligne s'avancer lentement vers lui à la faveur d'une légère brise de terre ; l'Anglais car c'en est un, craignant que sa proie ne lui échappe, cherche à la rassurer en arborant le drapeau tricolore ; Surcouf ne s'y laisse pas prendre, il hisse le yacht britannique, salue par trois fois les couleurs nationales et profite d'un souffle de vent pour détaler, en riant de bon cœur du tour qu'il a joué à l'ennemi.

De là il se dirige sur Sadras et prend encore deux navires anglais ; l'un d'eux fut enlevé au milieu de la nuit sans résistance aucune, il était pourtant muni d'une batterie, et lorsque son capitaine mit le pied sur la *Confiance*, il crut devoir prévenir Surcouf qu'il ignorait absolument quel chétif adversaire il avait devant lui, autrement il se fût défendu et l'avantage eût sans doute été de son côté ; Surcouf exaspéré par cette fanfaronnade de mauvais goût, lui proposa de retourner à son bord afin de faire voir ses capacités, il lui offrit même d'attendre son feu avant de commencer le sien. L'Anglais se garda bien d'accepter. (2)

Surcouf avait le don de ces reparties qui ferment la bouche

(1) *Ch. Cunat.*
(2) *Garneray. Ch. Cunat.*

à un adversaire ; un jour un anglais disait devant lui : " Vous " autres, Français, vous vous battez pour de l'argent, tandis que " nous, Anglais, nous ne combattons que pour l'honneur et pour " la gloire !"—" Eh bien !" riposta-t-il, " qu'est-ce que cela " prouve ? sinon une chose, c'est que nous combattons chacun " pour acquérir ce qui nous manque." (1)

Le 7 Octobre 1800, de grand matin, on distingue à l'horizon une voile qui s'avance directement sur la *Confiance*, la distance est encore trop grande pour reconnaître la force de ce bâtiment, comme il arrive à contre-bord, on ne le voit qu'en raccourci ce qui rend l'appréciation encore plus difficile. Un fait certain, c'est que c'est un fort gros vaisseau ; appartient-il à la marine militaire, Surcouf ne le croit pas, il pense plutôt que c'est un vaisseau de la Compagnie des Indes et il ne se trompe pas.

C'est en effet le *Kent* de 1,200 tonneaux, 38 canons et qui porte actuellement 437 hommes effectifs, sans compter les passagers parmi lesquels se trouvent beaucoup de dames. Ce navire avait quitté Londres en même temps que la *Queen*, appartenant à la même compagnie ; ils voguèrent de conserve jusqu'au Brésil, à San Salvador un incendie se déclara à bord de la *Queen* qui sombra, le *Kent* recueillit environ 250 personnes, marins, soldats et passagers (9 Juillet 1800) et continua sa route huit jours plus tard.

Surcouf ne pouvait connaître cette circonstance qui rendait son ennemi encore plus formidable ; il n'avait sur la *Confiance* que 130 hommes seulement, mais cela lui suffisait, car il n'avait pas la prétention de lutter à coups de canon avec les grosses pièces dont son adversaire était pourvu, mais bien de l'aborder et de l'enlever de haute lutte par une attaque hardie.

Le *Kent* de son côté a reconnu un corsaire, son commandant, le capitaine Rivington, fait tirer un coup de semonce à boulet, le projectile passe au dessus de la *Confiance* qui avance toujours, et essuie la bordée de l'ennemi sans riposter ; Surcouf vire de bord pour approcher du vaisseau et l'aborder sous le vent, le *Kent* a imité sa manœuvre et lui présente toujours sa ceinture de canons, le commandant a même fait inviter ses passagères à monter sur le pont " pour voir comment on coule un corsaire " français." Une seconde décharge ne produit que de légères avaries, Surcouf tente encore d'arrondir la poupe du vaisseau ennemi qui a eu le temps de faire de nouveau volte-face et foudroie la *Confiance* à portée de fusil. Surcouf avance toujours en dépit des avaries, gagne la hanche de bâbord du *Kent* et hisse les trois couleurs. Le capitaine veut virer de bord encore une fois, mais le navire privé de l'appui de sa grande voile carguée pour faire feu, n'obéit pas au gouvernail, abat, et cule contre la *Confiance* qui se trouve sous sa poupe, à l'abri de ses canons. " Merci ! portefaix de mon cœur !" crie Surcouf, il

(1) *Garneray*. Ch. *Cunat*.

masque partout, range le vaisseau sous le vent et lui envoie toute sa bordée à bout portant.

Les deux bâtiments se touchent, l'ancre de l'anglais accroche un des sabords d'avant de la *Confiance* et y reste fixée ; Surcouf commande l'abordage, les premiers marins qui se servent de cette ancre pour passer sur l'ennemi, sont mitraillés ; d'autres les suivent, les volontaires de Bourbon sont dans les vergues et font pleuvoir des grenades sur les Anglais. Profitant du désarroi causé par cette attaque, Drieux chasse les Anglais du gaillard d'avant, Surcouf le torse nu, une hâche à la main, se précipite à son tour, abattant un homme à chaque coup. En un clin d'œil le pont est balayé, tous les Anglais, rejetés les uns sur les autres, sont refoulés sur la dunette et n'ont plus l'espace nécessaire pour combattre, on en fait une véritable tuerie ; Rivington tombe de son banc de quart atteint par une grenade, Surcouf s'en aperçoit, charge une dernière fois, culbute les Anglais dans la batterie, fait couper la drisse du pavillon qui tombe, s'empare des postes, désarme les prisonniers, et fait jeter les cadavres à la mer. Mais le second du *Kent* apprenant la mort de son commandant, veut à toute force le venger, il fait pointer deux pièces pour faire sauter le pont ; les Français s'en aperçoivent à temps, se précipitent dans la batterie et obligent tout le monde à se rendre. Surcouf a promis à ses hommes une heure de *part du diable* s'ils sont vainqueurs, ceux-ci ne se font pas prier et s'en donnent à cœur joie ; entendant des cris de femmes, Surcouf s'informe et apprend qu'il se trouve des dames à bord, il se rend près d'elles, leur déclare qu'elles n'ont rien à craindre, qu'on ne touchera pas à un objet leur appartenant, mais il a promis le pillage à ses hommes, il doit être esclave de sa parole ; pourtant avant que l'heure soit écoulée il donne ordre de le faire cesser. Il laisse Drieux sur le *Kent*, regagne la *Confiance*, hèle un trois-mâts maure qui passait fort à propos, y fait embarquer bon gré, mal gré tous ses prisonniers avec leurs bagages, garde seulement deux officiers pour constater la prise et tous ceux qui sont trop grièvement blessés pour être transbordés, il retient aussi leurs chirurgiens pour leur donner des soins.

Les Anglais perdirent environ 70 hommes, les Français n'eurent que 16 blessés, dont trois seulement moururent, cela vient sans doute de la soudaineté de l'attaque et du peu de temps que dura l'engagement. La *Confiance* et le *Kent* firent voile ensemble et mouillèrent à l'Ile de France au mois de Novembre. (1)

L'enthousiasme qui avait accueilli Surcouf, lorsqu'il revint quelques années auparavant avec le *Triton*, fut encore dépassé ; cette fois ce fut du délire, on le porta en triomphe, on lui fit ovation sur ovation, on ne pouvait se lasser d'écouter le récit de cet audacieux coup de main où le sang-froid joint à une bravoure

(1) *Garneray, Ch. Cunat, Col. G. B. Malleson.*

poussée jusqu'aux dernières limites de la témérité, avait eu raison si facilement de la force et du nombre. La prise du *Kent* est un des faits d'armes les plus extraordinaires qu'il ait été donné à l'histoire d'enregistrer.

De retour à l'Ile de France Surcouf prit six mois d'un repos bien gagné, il ramena alors son navire en France (29 Juin 1801), afin de lui donner un armement plus formidable ; la paix d'Amiens survint, notre corsaire dit adieu aux périls qui avaient été jusqu'ici toute son existence, il se retira à Saint Malo et s'y maria. Mais cet adieu, de même que la paix, ne fut pas de longue durée, nous aurons l'occasion de le revoir bientôt dans nos mers, toujours le premier sur la brèche, toujours intrépide, toujours redouté de ses ennemis qui furent réduits à mettre sa tête à prix. (1)

Malroux de Saint Malo (2) était alors un homme d'une quarantaine d'années, d'une taille médiocre mais trapu et râblé, au teint bronzé, au visage énergique qu'adoucissaient deux yeux noirs d'une expression indéfinissable. Excellent marin, courageux jusqu'à la témérité, prompt à prendre une détermination, calme et froid dans le danger ; avec toutes ces qualités il semblerait qu'il eût dû toujours réussir dans ses entreprises et pourtant c'était presque toujours le contraire qui arrivait, Malroux était un de ces malchanceux que la guigne n'abandonne un instant que pour mieux se faire sentir un peu plus tard. A chaque combat il pouvait être sûr de recevoir une blessure généralement assez grave ; il en avait pris philosophiquement son parti et avait même constaté que c'était presque toujours le dernier coup qui l'atteignait. Cette noire déveine avait tant soit peu influé sur son caractère, il était toujours triste et préoccupé, jamais un sourire n'effleurait ses lèvres ; et pourtant ce hardi corsaire possédait un cœur excellent, jamais on ne le vit dans un moment de colère ou d'impatience, brutaliser un homme de son équipage ou même lui adresser un reproche en termes un peu vifs.

Le 25 Août 1799 Malroux quitta l'Ile de France sur l'*Amphitrite*, petit trois mâts de 16 canons, pour la mer Rouge, à l'affût des richesses que tous les ans les musulmans de l'Inde envoient à La Mecque. Le 7 Octobre on signale sous le vent un trois mâts de 30 canons, que son gréement fait aisément reconnaître pour un navire arabe, bien qu'il flotte le pavillon anglais. Malroux met le cap dessus et ne tarde pas à approcher. L'arabe fait le branle-bas et reçoit l'*Amphitrite* par une bordée assez mal dirigée. Malroux laisse arriver comme pour l'abordage, fait monter ses hommes dans les haubans, approche rapidement à portée de pistolet ; abandonnant ses canons qu'il n'a pas eu le temps de recharger, l'équipage du maure se précipite dans les agrès pour repousser l'attaque qu'il croit certaine, le corsaire

---

(1) *Ch. Cunat.*

(2) Les uns écrivent Maleroux, les autres Malerousse, nous préférons l'orthographe donnée par *Garneray*.

revient du lof et ouvre un feu meurtrier à mitraille, qui jonche le pont de son adversaire de morts et de blessés. La plupart des pièces sont démontées, le trois mâts lutte encore pendant une heure avec le courage du désespoir et se décide enfin à remplacer le drapeau anglais par le pavillon arabe ; cette substitution tant soit peu tardive n'arrête pas Malroux, il continue la canonnade et bientôt le pavillon est amené. Ce bâtiment était la *Perle*, venant de Bassorah et portant un trésor, en argent monnayé, objets d'or, pierres précieuses, saumons de cuivre pour une valeur de trois lacks de roupies, plus quarante chevaux arabes de toute beauté. Toutes ces richesses furent immédiatement portées sur l'*Amphitrite*, faute d'espace il fallut laisser les chevaux sur la *Perle*. L'expédition avait réussi du premier coup au delà des espérances des plus ambitieux ; la sagesse exigeait qu'on mît au plus vite cette capture à l'abri, aussi fut-il décidé qu'on rentrerait immédiatement à l'Ile de France. (1)

Tout alla bien jusqu'au 10 au soir, lorsqu'on aperçut deux voiles à l'horizon ; le lendemain matin on pouvait reconnaître une forte corvette de 24 canons, c'était le *Trincomalee* escorté d'une petite goëlette qui lui servait d'aviso, portant 4 canons et 2 obusiers. Bien que leur marche fût de beaucoup supérieure à celle de l'*Amphitrite* et de sa prise, grâce au calme qui régnait alors, les deux anglais ne purent guère approcher, on échangea quelques coups de canons sans se faire grand mal. Le 12 au matin les bâtiments sont encore en présence, la brise s'est élevée et Malroux prend chasse ; forcé de régler son allure sur celle de la *Perle* qu'il ne veut pas abandonner, il est bientôt réduit à accepter le combat. L'*Amphitrite* fait face au *Trincomalee* et la *Perle* à la *Comète* ; la canonnade commence avec vigueur de part et d'autre et continue jusqu'au coucher du soleil. A ce moment le mât d'artimon de la corvette vient bas et masque en partie sa batterie, Malroux veut profiter de la circonstance pour s'échapper, le corsaire se couvre de voiles, mais son mât de misaine percé par plusieurs boulets, se brise et tombe à la mer, rendant la fuite impossible.

Le combat recommence donc avec acharnement ; de son côté la *Perle* ayant un équipage fort insuffisant pour manœuvrer sa lourde masse, est harcelée par la goëlette qui cherche à tout moment à l'aborder, mais sans succès. Vers minuit le *Trincomalee* perd son grand mât qui dans sa chûte masque encore une fois sa batterie, Malroux tente une fois de plus de fuir vent arrière, mais privé de ses voiles d'avant, l'*Amphitrite* ne peut virer de bord et continue à présenter le flanc à la corvette. Celle-ci ne possédant plus que ses voiles d'avant, cherche vainement à se maintenir par le travers, elle dérive vent arrière et vient donner contre le corsaire qu'elle aborde de long en long.

Malroux commande l'abordage, les Anglais sont rejetés sur le gaillard d'arrière, où Duverger, le second de l'*Amphitrite*,

(1) *Garneray, Ch, Cunat, Col, G. B, Malleson.*

veut à toute force les exterminer, Malroux se refuse à une cruauté qu'il juge inutile et les laisse s'enfermer dans la batterie où ils ne tardent pas à recommencer le feu et tirent des coups de fusil par les écoutilles. On abat les mantelets des sabords, cela n'arrête pas les Anglais qui continuent à tirer à travers les sabords fermés et finissent par mettre le feu à la corvette. Duverger est d'avis de regagner le corsaire au plus vite et de laisser les ennemis se débrouiller au milieu de l'incendie qu'ils ont eux-mêmes allumé dans leur rage imprudente ; Malroux s'interpose encore une fois et veut au moins tenter de sauver les malheureux qui brûlent dans la batterie, ils lui prouvent leur reconnaissance en fusillant ceux qui viennent à leur secours. De guerre lasse on les abandonne, le feu gagne de plus en plus, les flammes commencent à se faire jour à travers le pont, on a tout juste le temps de rejoindre l'*Amphitrite*, lorsqu'une terrible explosion se fait entendre, le *Trincomalee* saute au milieu d'un nuage de fumée, avec tout son équipage dont les débris informes retombent de tous côtés.

La commotion a été telle que l'*Amphitrite* en a perdu les deux mâts qui lui restaient, ses bordages et sa membrure sont tellement disjoints que c'est miracle si elle flotte encore ; il n'y a pas un instant à perdre car elle ne tardera pas à sombrer. Malroux fait boucher tant bien que mal les déchirures des embarcations, les fait mettre à l'eau et dirige le sauvetage en personne, tout l'équipage et les blessés sont descendus, sauf quelques moribonds qu'on est forcé d'abandonner, le navire s'enfonçant si rapidement qu'il y aurait danger à attendre plus longtemps. On se dirige à force de rames sur la *Perle*, Malroux est le dernier à quitter le bord, mais à peine s'est-il éloigné qu'il se rappelle avoir oublié ses lettres d'expédition, il rebrousse chemin, accoste l'*Amphitrite*, pénètre dans sa cabine déjà aux trois quarts remplie d'eau, saisit ses papiers, remonte sur le pont et au moment de mettre le pied dans le canot, il se sent arrêté par un obstacle, c'est le filet de casse-tête du gaillard d'arrière dans lequel il s'est embarrassé ; avec un sang-froid incroyable, il cherche à se dégager, ses mouvements ne font que resserrer les mailles du réseau, on se précipite à son secours, mais à ce moment même l'*Amphitrite* s'engloutit, entraînant son commandant, la chaloupe et les hommes qui ont tenté de le sauver ! Quelques-uns de ces derniers s'échappent à la nage et sont recueillis par le canot de la *Perle* ; lorsque les survivants se trouvent en sûreté, on court aux batteries et le feu recommence, la *Comète* ne se souciant pas de renouveler la lutte, vire de bord et s'éloigne rapidement.

La *Perle* avant de quitter le lieu où ce terrible drame s'était déroulé, eut encore la bonne fortune de recueillir deux Anglais ; l'un, le nommé Thomas Dawson, le seul survivant de la corvette et l'autre M. Carmlington officier de la *Perle*, qui était prisonnier sur l'*Amphitrite*. Duverger prit le commandement du navire, on toucha à Mascate le 15 Octobre, les deux Anglais y furent mis en liberté ; le 24 on se dirigea sur l'Ile de France où l'on n'arriva qu'après une longue et pénible traversée de plus d'un mois (1)

Pinaud de Nantes, succéda à Surcouf sur la *Clarisse*, lorsque celui-ci prit le commandement de la *Confiance* ; dans le courant de l'année 1800, après une croisière assez fructueuse, il fut pris par un navire de guerre anglais, déposé à Madras et détenu dans un cachot pendant près d'un an. Au commencement du mois d'Octobre 1801, on le fit passer avec 600 autres prisonniers sur le *Prince*, bâtiment de la compagnie qui se rendait en Angleterre, escorté de cinq navires de guerre. Le 29 Octobre comme le convoi se trouvait dans les parages de Rodrigue, un gros temps vint disperser les bâtiments ; Pinaud profita de l'occasion pour tenter un hardi coup de main avec l'assistance de ses compagnons de captivité, en un clin d'œil l'équipage du *Prince*, commandant, officiers et matelots, fut assailli, garotté, jeté à fond de cale ; Pinaud prenant le commandement du navire, continua à suivre l'escadre afin de détourner les soupçons. La nuit venue il fit éteindre les feux et se dirigea à toutes voiles sur l'Ile de France où il arriva sans encombre trois semaines plus tard (20 Novembre 1801). (2)

Bien d'autres corsaires encore firent parler d'eux à cette époque, s'il fallait les nommer tous et raconter leurs prouesses, on n'en finirait pas. Citons seulement Nicolas Surcouf, frère de Robert, Coutance, Henri, Courson, Péron et Cousinerie.

Ce dernier mérite une mention spéciale pour la façon dont il échappa un jour à un navire de guerre anglais, par une de ces ruses que n'aurait certes pas reniée l'esprit inventif de Robert Surcouf.

Il commandait alors le *Tigre du Bengale*, et croisant sur la côte orientale d'Afrique, il avait recueilli dans les environs de Zanzibar plusieurs naufragés anglais ; il les avait pris à son bord par humanité et sans aucune arrière-pensée ; sa bonne action reçut sa récompense à quelques jours de là. Comme il regagnait tranquillement l'Ile de France, il tomba sur une corvette anglaise qui lui appuya une chasse endiablée ; la résistance n'était pas possible au petit brick dont elle n'eût fait qu'une bouchée, la fuite était le parti le plus sage, mais la corvette marchait bien et se rapprochait rapidement. Cousinerie se prit la tête entre les mains et réfléchit un instant ; soudain il se redressa, il avait trouvé !

Il fait amener sur le pont tout ce que le bâtiment contient de futailles vides, les fait défoncer par un bout, fait percer à l'autre extrémité deux trous avec une grosse tarière, y passe un bout de filin, y assujettit un boulet de 12 afin de servir de lest à ces esquifs d'un nouveau genre. Tout est prêt, il est temps

(1) *Garneray. Ch. Cunat. Col. G. B. Malleson.*
(2) *Col. G. B. Malleson, A. d'Epinay.*

d'opérer, car la corvette ne tardera pas à arriver à portée de canon ; il fait empoigner deux de ses naufragés, les fourre dans une des barriques et fait glisser le tout à l'eau le long du bord ; pour calmer les protestations des Anglais, il leur donne quelques provisions, une bouteille d'eau de vie et un jeu de cartes. Tout cela s'est fait en un clin d'œil sans arrêter la marche du brick qui est déjà loin, laissant les deux infortunés pousser des lamentations à fendre le cœur ; la corvette arrive, elle est bien obligée de mettre en panne pour recueillir ces loyaux sujets du roi George. Cousinerie a gagné une bonne avance et détale tant qu'il peut, mais bientôt la poursuite recommence, il faut avoir recours au même truc, deux Anglais sont encore mis à l'eau, puis deux autres, puis deux autres encore. La nuit vient, la corvette n'a pu approcher le *Tigre du Bengale* qui profite de l'obscurité pour faire fausse route. " C'est vraiment " dommage, " conclut Cousinerie " le jeu était amusant, il me " restait encore six Anglais et trois futailles." (1)

(1) *Garneray.*

VI

Troubles à la Réunion, projets d'indépendance.—Les *ultrà-royalistes*.—Envoi de deux commissaires.—Nouveau troubles.—Malartic se rend à la Réunion sur la *Sophie*.—Convocation d'une séance publique de l'Assemblée à Saint Denis. —L'ordre est rétabli.—Malartic fait une tournée dans les quartiers ; il s'embarque à Sainte Rose.—Retour à l'Ile de France, ouragan.—Mort de Malartic, deuil public, ses funérailles.—Translation de ses cendres au Champ de Mars.—Hommage rendu par la croisière anglaise.—Le *Tombeau Malartic*. Le général Magallon de la Morlière prend les rênes du gouvernement.—Ses inquiétudes au sujet de la défense de la colonie.—Un navire enlevé au mouillage.—Projet d'invasion des Anglais.—Arrivée de M. de Cossigny.—Ses instructions.—Le pécule des esclaves ; protestation de la colonie.—Envoi d'un délégué au Premier Consul ; rapport de M. Blanzy.—L'Assemblée coloniale et le général Magallon.—Les déportés de l'an 9 aux Seychelles.— L'Assemblée leur interdit l'entrée de la colonie sous peine de mort.—Leur odyssée.—La paix d'Amiens.—L'expédition du *Géographe*.—Bory St. Vincent. —La vaccine.—Décret du 30 Floréal an 10. La constitution suspendue.— L'escadre de Linois et le général Decaen.—Mésaventures à Pondichéry.— Déloyauté des Anglais.—Arrivée de l'escadre à l'Ile de France.—Débarquement du général Decaen, fâcheuse impression —Arrivée du *Berceau*.—Decaen entre en fonctions. (1799-1803.)

A peine le calme était-il rétabli à l'Ile de France que des nouvelles de la Réunion vinrent causer la stupéfaction la plus profonde aux administrateurs. Il ne s'agissait rien moins pour cette colonie, que de secouer le joug de la métropole et de se déclarer indépendante sous le protectorat de l'Angleterre. Voici en quelques mots comment ce projet extraordinaire pour ne pas dire plus, avait germé dans un petit milieu de fanatiques et avait fait son chemin grâce à une sorte d'engouement chevaleresque qui n'aurait certainement pas résisté à une ombre de réflexion.

Tant que la Convention s'était maintenue au pouvoir, et avec elle les jacobins et les sans-culottes, le parti aristocrate ou soi-disant tel, se complaisant dans l'étalage de sentiments du plus pur royalisme, ce parti réactionnaire, pour lui donner un qualificatif plus conforme à ses idées et au milieu dans lequel il évoluait, plus nombreux à la Réunion qu'à l'Ile de France, s'était groupé avec une certaine cohésion afin de contrebalancer, autant qu'il lui était possible, l'influence exercée par les Chaumières sur le remplaçant de M. Duplessis-Vigoureux, M. Roubaud. Lorsque ce dernier céda l'administration à M. Jacob de Cordemoy, les beaux jours des patriotes étaient comptés, Thermidor survint, puis le Directoire, et la réaction reprit peu à peu le terrain qu'elle avait perdu. L'agitation causée à l'Ile de France par l'arrivée des agents Baco et Burnel, ne fut guère ressentie que platoniquement à l'île sœur où ces envoyés du

Directoire n'eurent pas le temps d'aborder ; l'émotion fut grande toutefois et le décret de Pluviôse y rencontra peut-être une opposition plus énergiquement formulée.

Quoi qu'il en soit les évènements suivirent leurs cours et il arriva ce qui devait fatalement arriver : Le parti royaliste si uni naguère, lorsqu'il s'agissait de lutter contre les prétentions de la démocratie, commença à se scinder en deux groupes, différant entre eux non par leurs convictions qui restèrent les mêmes, mais par mille nuances assez accentuées pour valoir aux uns le surnom d'*ultra-royalistes*, tandis que les autres demeuraient royalistes tout simplement.

Les premiers se crurent tenus, non seulement de professer le plus grand enthousiasme pour les chouans et pour tous les complots royalistes dont le bruit leur parvenait,—car on était alors sous l'impression chaude encore des premières nouvelles reçues de la conspiration de Georges Cadoudal,—mais encore de les imiter et même de les devancer si la chose était possible.

Le prétexte était tout trouvé, on remettait en avant le décret de Pluviôse, menace toujours suspendue sur la tête des colons, sans songer que les circonstances étaient singulièrement modifiées par la chûte d'un gouvernement débile, par l'avènement au pouvoir d'un homme doué d'une énergie à toute épreuve, n'ayant qu'un but pour le moment, le rétablissement de l'ordre, et assez peu enclin par ce qu'on avait pu juger de son caractère, à donner son appui à ce qu'il considérait à part lui, comme autant de billevesées philanthropiques, viandes creuses dont son esprit ne faisait aucun cas.

A dire vrai, aux colonies comme en Europe, on était alors sous l'impression que Bonaparte, après avoir fait disparaître les dernières traces du régime républicain, allait tout bonnement mettre la France régénérée par un baptême de sang, aux pieds de l'héritier de Saint Louis, qui n'aurait qu'à allonger la main pour s'emparer du sceptre que son frère n'avait pas su conserver.

Telles étaient les convictions acceptées dans un certain milieu, que l'idée d'un changement possible de dynastie eût sans doute bouleversé comme un avant-coureur de la fin du monde. Qu'y a-t-il de surprenant que des exaltés brouillés de longue date avec la logique et le simple bon sens, aient cru faire un véritable coup de maître en devançant les évènements ? La république avait fait son temps, il n'y avait pas à en douter, on allait sans doute bientôt apprendre la rentrée de Sa Majesté dans sa bonne ville de Paris, la chose ne pouvait tarder. Et quel honneur pour une petite colonie, située à plus de six mille lieues de la métropole, lorsqu'on apprendrait là-bas, peut-être au moment même où le Roi commencerait ce règne qu'il daterait de sa septième année, que fidèle à ses principes, bien qu'elle ait mis du temps à s'en souvenir, elle avait abattu le drapeau tricolore, arboré la cocarde blanche, rejeté tout ce qui pouvait rappeler un passé abhorré et s'était conservée vierge de toute souillure, pour se donner corps et âme à celui qu'elle attendait depuis si longtemps !

Il y avait là bien de quoi séduire un parti composé pour la plupart de fanatiques n'admettant pas qu'on pût mettre en doute la réalité de leurs chimères. Ils s'en ouvrirent à leurs collègues plus modérés et parurent fort surpris de n'en pas recevoir l'accueil qu'ils attendaient ; mais comme ils possédaient la majorité au sein de l'Assemblée coloniale, ils ne perdirent pas courage, s'assurèrent de l'appui de la foule toujours prête à donner son concours à qui lui promet un bouleversement de l'ordre établi, et se croyant sûrs du succès, ils profitèrent d'une représentation qui eut lieu au théâtre de Saint Denis pour prendre la cocarde blanche et proclamer publiquement l'indépendance de la colonie ! (1)

Ne voulant pas se laisser accuser d'égoïsme, les indépendants adressèrent immédiatement une longue lettre à l'intendant de l'île voisine, M. de Chanvallon pour lui faire part du soulèvement qui s'était produit à la Réunion et l'engager ainsi que les habitants de l'Ile de France, à faire cause commune avec eux. (12 Frimaire an 8, 3 Décembre 1799.) On juge de l'ahurissement de l'intendant ; ne pouvant en croire ses yeux, il courut faire part de ces nouvelles au gouverneur ainsi qu'à l'Assemblée. Il fut décidé séance tenante que deux délégués seraient immédiatement envoyés à Saint Denis pour faire entendre raison aux promoteurs de cette folle équipée.

Deux membres de l'Assemblée coloniale furent choisis, l'un d'entre eux, le président, M. le Baron d'Unienville, fut muni par Malartic de ses pleins pouvoirs. Rendus à Saint Denis, les commissaires jugèrent prudent de ne pas divulguer le but de leur mission avant de s'être entourés des renseignements nécessaires ; ils se présentèrent donc à l'Assemblée coloniale comme chargés simplement par le gouverneur général de s'entendre sur diverses mesures ayant trait aux approvisionnements et à la sûreté des deux colonies et réclamèrent à cet effet la convocation d'une assemblée générale qui fut fixée au lendemain. Ils se rendirent ensuite auprès du gouverneur particulier et des divers membres de l'administration, obtinrent d'eux le récit exact de tout ce qui s'était passé, s'assurèrent que les moyens d'action des indépendants étaient à peu près nuls, que la majorité des habitants prise à l'improviste par cette brusque levée de boucliers, ne se sentait nullement disposée à leur donner son appui ; somme toute, le danger n'était pas si grand qu'on avait bien voulu le croire.

Le jour suivant la séance s'ouvrit en présence d'un auditoire de plus de quinze cents personnes ; le premier délégué prit la parole, fit connaître la procuration dont il avait été investi, le véritable objet pour lequel il avait fait convoquer l'assemblée et fit une charge à fond contre le projet d'indépendance. Le

(1) D'Unienville. A. d'Epinay. E. Pajot.

résultat fut encore plus complet qu'on n'osait l'espérer ; la majorité de l'Assemblée bien que composée d'ultra-royalistes, s'attendait si peu à cette vigoureuse sortie qu'elle ne se défendit pas comme elle aurait pu le faire. Après cinq heures de débats orageux, voyant bien que l'opinion publique ne la soutiendrait pas, elle jugea habile d'abandonner la partie pour le moment, sans toutefois trancher la question, en décidant qu'elle écartait toute délibération ultérieure ayant trait au projet d'indépendance (6 Décembre 1799.—15 Frimaire an 8). (1)

Les commissaires durent se montrer satisfaits de cette déclaration qui ne disait pourtant pas grand chose ; ils reprirent la route de l'Ile de France, mais dans la nuit une embarcation venant de Saint Benoît, les accosta et les engagea à rebrousser chemin afin d'éviter une croisière qui bloquait alors le Port Nord-Ouest. C'étaient le *Tremendous* et l'*Adamant* en quête de la *Preneuse* qui allait bientôt se perdre en tâchant de leur échapper. Retournant à Saint Denis les deux commissaires y restèrent environ un mois et purent regagner l'Ile de France sans encombre le 15 Janvier suivant. A les entendre, leur mission avait réussi complètement, il n'était plus question là-bas de ce grand projet, car les intéressés se gardèrent sans doute de rien laisser paraître de leurs intentions tant que les commissaires restèrent au milieu d'eux. La partie semblait donc gagnée, il n'y avait plus qu'à se réjouir du résultat obtenu ; se réjouir était bien le mot, car l'Ile de France avait tout intérêt, en dehors de la question de devoir et de patriotisme, à s'opposer à cette séparation ; non seulement elle aurait à souffrir de l'interruption des relations commerciales avec la Réunion, non-seulement elle courrait le risque de perdre les sommes considérables dont elle se trouvait créancière vis-à-vis des colons de l'île sœur, mais chose plus grave encore, par sa position même, elle se trouverait fatalement soumise un beau jour à la nation dont sa voisine aurait réclamé la protection.

Pourtant, moins d'une semaine plus tard, Malartic reçut un appel désespéré du gouverneur Jacob ; le complot avait repris corps, soutenu cette fois par une grande partie de ceux qui s'étaient d'abord montrés indécis ; on devait prochainement arborer le drapeau royal et renvoyer le gouverneur, qui dénué de toute autorité, ne pouvait agir et se tenait prêt à toute éventualité.

Malartic, malgré tout ce qu'on put lui dire des fatigues et des dangers auxquels il allait s'exposer, voulut aller lui-même à Saint Denis faire un dernier appel aux sentiments d'honneur et de droiture de ces égarés ; il demanda seulement à l'Assemblée coloniale de lui prêter le concours de son président et de deux de ses membres. (2) Le temps pressait, les préparatifs furent

(1) *D'Unienville. A. d'Epinay.*
(2) M. D'Unienville était alors président de l'Assemblée ; les deux autres délégués étaient MM. Bestel, secrétaire et Descombes. (*A. Macquet*).

faits à la hâte, et le 3 Pluviôse (23 Janvier 1800), à 4 heures du soir, la petite goëlette la *Sophie* levait l'ancre avec ses passagers. La traversée fut heureuse, le lendemain on mouillait au Barachois ; le gouverneur descendit immédiatement à terre et se rendit au gouvernement, salué par la population avec un profond respect où perçait malgré tout, l'ennui qu'on éprouvait de cette arrivée intempestive.

La journée étant trop avancée pour convoquer sur le champ une réunion générale, la grande bataille fut remise au lendemain ; cependant le bruit s'étant répandu que les indépendants devaient tenter de s'emparer de Malartic et de ses compagnons, une compagnie d'artillerie arriva en toute hâte au milieu de la nuit, afin de protéger l'hôtel du gouvernement.

La réunion eut lieu le lendemain sous la présidence de M. Joseph de Villèle, le futur ministre de la Restauration, qui prononça quelques paroles de bienvenue à l'adresse du gouverneur général ; Malartic remercia en termes émus protestant de son dévouement aux deux colonies et s'assit en jetant le cri de " Vive la République !", auquel l'auditoire répliqua par des acclamations de " Vive le Roi !" Ensuite un des promoteurs du projet d'indépendance fit un long discours, développant un à un tous les avantages que la colonie en retirerait, et comme ses paroles étaient accueillies avec des marques non équivoques d'approbation, il déclara que toute discussion serait superflue, l'Assemblée comme la colonie entière étant unanime à appuyer cette résolution. Après lui, un des délégués de l'Ile de France se leva, et avec une désinvolture remarquable, abandonna ses collègues et le gouverneur pour se ranger du côté des indépendants.

Cette défection imprévue semblait porter le dernier coup aux espérances de Malartic, déjà il considérait la partie comme perdue irrémédiablement, lorsque M. le Baron D'Unienville demanda à être entendu, non point pour combattre le projet de parti pris, mais simplement pour en discuter tous les avantages comme tous les inconvénients, afin de s'en faire une idée bien exacte ; il ne demandait pour sa part qu'à être convaincu en son âme et conscience, et dans ce cas il ferait tout son possible pour décider l'Ile de France à entrer dans cette voie, car les deux colonies étaient unies par des liens trop puissants pour qu'on pût songer à les séparer.

Admettant tout d'abord la bonne foi parfaite des chefs du parti, il se demandait s'ils ne se trompaient pas eux-mêmes en voulant jeter la colonie dans une pareille aventure. Il voyait parmi les indépendants beaucoup de gens ayant contracté des engagements vis-à-vis des habitants de l'Ile de France, est-ce qu'ils espéreraient par cette scission s'acquitter sans bourse délier ? La meilleure réponse à faire était de lui assurer qu'avant de rien décider, toutes ces créances seraient sinon remboursées, du moins garanties par un engagement solennel.

L'Ile de France, plus que la Réunion avait à compter avec le Directoire dont elle avait jadis repoussé les agents ; elle contenait elle aussi bon nombre de citoyens sages et prudents qui n'auraient pas hésité à soutenir le projet d'indépendance s'il devait aboutir au bonheur et à la prospérité de la colonie.

C'était très bien de secouer le joug de la métropole, mais encore fallait-il être de force à lui résister, si comme il était probable, elle voulait contraindre la colonie à rester sous sa domination. On parlait de se jeter dans les bras des Anglais, non seulement une pareille démarche attirerait aux colons la réprobation universelle, mais encore était-on bien sûr que l'Angleterre, voudrait d'une île sans ports pour abriter ses vaisseaux ? Quelle honte pour les colons si cette chose arrivait, si l'Angleterre rejetait avec mépris les ouvertures qu'on se serait abaissé à lui faire !

Le plus sage était donc de resserrer plus que jamais les liens qui unissaient les deux colonies, afin d'être plus forts contre l'ennemi commun, l'Angleterre, en attendant des jours meilleurs.

Malgré les protestations tumultueuses des plus fanatiques, cette allocution produisit un revirement d'opinion ; la grande majorité de l'Assemblée repoussa le projet et confirma l'arrêté du 15 Frimaire. (1)

Malartic heureux de son succès, envoya la *Sophie* l'attendre à Sainte Rose et partit pour une tournée générale dans la partie du Vent ; partout il fut accueilli avec des transports de joie, Saint Benoît seul se montra franchement hostile, les indépendants y étaient en nombre. Le 15 Pluviôse, (4 Février) il reprit passage à bord de la goëlette et aborda à l'Ile de France juste à temps pour éviter un ouragan qui se déchaînait quelques heures plus tard. (5 Février 1800) (2)

Ce fut à peu près le dernier acte important du vieux gouverneur, à quelques mois de là, le 26 Juillet (7 Thermidor an 8) jour de la fête de Sainte Anne, sa patronne, tandis qu'il se rendait à la chapelle pour faire ses dévotions accoutumées, il fut pris d'un éblouissement et tomba frappé d'une congestion cérébrale. On se précipita à son secours, on lui prodigua les soins les plus dévoués, mais une médication énergique ne put parvenir à enrayer le mal, il expira après une longue agonie de plus de deux jours sans avoir guère récouvré sa connaissance ; il était âgé de 70 ans. (28 juilllet.)

Son corps embaumé, revêtu de son grand uniforme et couvert de décorations, fut exposé en chapelle ardente au gouvernement dans la salle du trône, entièrement tendue de draperies funèbres. La mort avait respecté son visage, il semblait dormir paisiblement.

(1) *D'Unienville. A. d'Epinay.*
(2) Ibid.   Ibid.

Pendant vingt quatre heures ce fut un défilé non-interrompu de toutes les classes de la population ; chacun avait tenu à venir contempler une dernière fois ce digne vieillard qui pendant sa longue administration ne s'était pas fait un seul ennemi.

Le deuil était général ; en ville les magasins avaient fermé, les affaires étaient suspendues, le glas sonnait sans interruption, de dix minutes en dix minutes le canon d'alarme se faisait entendre, dans la rade tous les bâtiments avaient mis couleurs en berne et vergues en pantenne. L'Assemblée Coloniale avait décidé de lui rendre les honneurs publics, rien ne fut négligé pour donner à ses funérailles l'éclat et la solennité qu'exigeaient les circonstances. (1)

Le lendemain, 11 Thermidor, on procéda à cette cérémonie ; le corps placé à découvert sur un char magnifiquement décoré et traîné par les sous-officiers de l'artillerie, quitta le gouvernement, remonta lentement la rue Nationale (2) et mit près de deux heures pour atteindre la chapelle de l'hôpital où fut prononcée l'absoute. Un cortège nombreux, composé des divers officiers de la garnison et de l'administration, de l'Assemblée coloniale au grand complet, de députations des municipalités, des différents quartiers, des tribunaux, des corps constitués, du clergé, tous en grand costume, suivait le char funèbre au milieu d'une foule immense rangée respectueusement le long des maisons, tandis que les troupes et les gardes nationales formaient la haie, l'arme au bras et la baïonnette au canon. La cérémonie religieuse achevée, on plaça le général sur un lit de parade dressé dans le chœur devant le maître autel, tous les officiers se relayèrent pour garder le corps pendant le temps que dura l'exposition. (3)

Le 16 Août suivant (29 Thermidor), il fut renfermé dans une chappe de plomb, sur laquelle on fixa une plaque en cuivre portant ses armes, son nom, ses titres, son âge ainsi que la date de sa mort, et déposé dans un second cercueil de bois. (4) Ensuite comme la première fois, le convoi quitta l'hôpital en grande pompe, des enfants vêtus de blanc marchaient en tête, portant les uns des torches, les autres des corbeilles remplies de fleurs qu'ils semaient sur tout le parcours. On se rendit au Champ de Mars où un service funèbre eut lieu sous une tente dressée à cet effet, puis le président de l'Assemblée prit la parole et retraça d'une voix émue la longue carrière toute de bonté et de générosité de celui qu'on se plaisait à surnommer le *Père de la colonie* ; et l'on déposa le corps dans un caveau provisoire, en attendant l'achèvement du monument que l'Assemblée Coloniale avait décidé d'ériger à la mémoire du gouverneur. (5)

(1) *D'Unienville*. *A. d'Épinay*. *F. de Froberville*. " Revue pittoresque de l'Ile Maurice."
(2) La rue Royale.
(3) *D'Unienville*. *A. d'Épinay*. *F. de Froberville*. " Revue pittoresque de l'Ile Maurice."
(4) *F. de Froberville*.
(5) " Revue pittoresque de l'Ile Maurice." *F. de Froberville*. " Souvenirs d'un vieux colon." *D'Unienville*.

Un détail vraiment touchant prouve combien Malartic était respecté des ennemis eux-mêmes ; le commodore Hotham, commandant la croisière anglaise, exprima le désir d'assister en personne à la translation des cendres et écrivit au général Magallon pour savoir si la colonie voudrait bien lui en accorder l'autorisation. Cette demande fut comme on pense accueillie avec tous les égards qu'elle méritait, et ce fut avec une poignante émotion qu'on vit l'escadre anglaise s'avancer sous pavillon parlementaire jusqu'au Fort Blanc où elle s'embossa, pavillons en berne, vergues en croix, joignant le fracas de son artillerie au bruit de celle des vaisseaux français et des batteries. Le commodore descendit avec son état major, le général Magallon qui l'attendait au Chien de plomb avec son escorte, s'avança vers lui, le remercia au nom de la population entière de son acte de courtoisie, puis tous deux se dirigèrent vers l'hôpital où le cortège déjà formé était prêt à se mettre en route. Lorsque la cérémonie fut terminée, les officiers anglais furent reconduits avec la plus grande cordialité jusqu'à leurs embarcations, ils regagnèrent l'escadre et appareillèrent après avoir tiré une dernière salve de coups de canon en l'honneur de la colonie. (1)

L'exécution du monument du général de Malartic fut confiée à l'architecte Gastambide, les travaux préparatoires commencèrent immédiatement et furent poussés avec assez de vigueur pour que l'année suivante, au jour anniversaire de la mort du gouverneur, ses dépouilles pussent être transférées dans la tombe qu'elles ne devaient plus quitter. (29 Juillet 1801). Le caveau terminé, il s'agissait maintenant d'élever le mausolée ; on s'en occupa activement jusqu'à l'époque troublée du général Decaen, alors que les épreuves par lesquelles passa la colonie, vinrent en arrêter l'exécution.

Le tombeau situé au fond du Champ-de-Mars, juste en face de la rue du Gouvernement et au pied des collines formant l'amphithéâtre du Pouce, se composait alors d'un sarcophage porté sur des gradins et surmonté d'un fût de colonne cylindrique. D'après le plan original, cette colonne devait avoir trente pieds de haut et être surmontée d'une urne coiffée d'un casque de bronze ; à chaque coin du sarcophage devaient être posées des urnes, sur chaque face des trophées d'armes et des inscriptions, sur la façade principale donnant sur la rue du Gouvernement, le buste en bronze de Malartic devait être placé au bas de la colonne. Le monument devait être entouré d'une vaste pièce d'eau ombragée de cyprès et de bois noirs, à quelque distance et dans ce bosquet, deux pavillons devaient être construits pour servir d'habitation à quatre invalides chargés de la garde du monument. On conçoit aisément que tous ces travaux ne pouvaient se faire qu'à force de temps et d'argent ; lorsque l'Ile de France passa sous la domination anglaise, le *Tombeau Malartic*, comme on l'appelle communément, déjà passablement négligé,

(1) "Souvenirs d'un vieux colon." *Berger Dujonnet.* "Souvenirs d'un vieux Mauricien."

fut laissé dans l'abandon le plus complet, les pierres commençaient à s'effriter et à se disjoindre sous la poussée des plantes parasites. Heureusement qu'une femme de cœur, Lady Gomm, fut douloureusement impressionnée à la vue de cette ruine ; usant de son influence sur son époux, le gouverneur Sir William Gomm, elle fit courir des listes de souscription, organisa une vente de charité et fut bientôt à la tête d'une somme, bien modeste hélas ! si modeste, qu'il fallut renoncer à se conformer au projet de M. Gastambide. Mais on parvint du moins à achever le monument et à lui donner un aspect sobre et sévère qui n'est pas entièrement dépourvu de grandeur. La colonne fut supprimée et remplacée par un obélisque, des plaques de bronze portant les inscriptions strictement nécessaires furent scellées à la base du sarcophage, une simple grille en fer entoura le tombeau (1847). (1)

Un chroniqueur a protesté quelque part contre la laideur du monument actuel, qui ressemble dit-il à une cheminée d'usine ; est-il bien sûr que le projet de M. Gastambide n'aurait pas rappelé vaguement une de ces pièces montées dont les confiseurs ont le monopole ? Le plan que nous avons sous les yeux en ce moment, nous laisse dans une cruelle incertitude. Est-ce accoutumance, est-ce ignorance des choses de l'art, mais pour notre part nous l'aimons cet *affreux* Tombeau Malartic, nous poussons même le vandalisme au point de trouver qu'il fait bel effet au fond de cette plaine dénudée, il tranche dans sa simplicité sur ce fond de collines couvertes de cassis et de massons rabougris, d'herbes grillées par le soleil et d'aloès au reflet métallique. Il est bien tel qu'il est, il est bien où il est : un monument plus riche ferait croyons-nous triste mine dans un pareil cadre, sécheresse, aridité, poussière, tel est notre Champ de Mars !

Cependant le général Magallon de la Morlière, en sa qualité de plus ancien officier supérieur, avait été nommé gouverneur général par l'Assemblée Coloniale le 10 Thermidor (29 Juillet 1800). Allié par son mariage à une des plus anciennes familles de l'Ile de France, son élévation au poste le plus important ne fit que resserrer les liens qui l'unissaient déjà à la colonie ; son administration des plus paisibles lui valut l'estime et l'affection de toute la communauté. (2)

Son premier acte fut de s'assurer exactement des forces dont pouvait disposer la colonie, une revue générale fut passée au Champ-de-Mars, l'effectif était bien maigre, les ressources dont on disposait pour subvenir à l'entretien de cette poignée d'hommes, étaient bien insuffisantes, comment faire pour résister aux Anglais si l'idée leur venait de mettre à exécution le projet qu'ils caressaient depuis de longues années ? La défense serait

---

(1) *F. de Froberville.* " Keepsake Mauricien."
(2) *D'Unienville. A. d'Epinay.* " Souvenirs d'un vieux colon."

à peu près impossible. Tourmenté de cette situation critique, Magallon n'hésita pas à en informer le ministre qui était alors le grand Carnot, dans une dépêche datée du 20 Thermidor an 8 (17 Août 1800).

La nuit suivante un incident qui se produisit, sembla justifier ses craintes : un navire hambourgeois récemment arrivé et mouillé en dehors de la rade entre le Fort Blanc et l'Ile aux Tonneliers, fut enlevé par la croisière sans que le poste de garde aux batteries eût rien fait pour donner l'éveil ; un conseil de guerre fut immédiatement convoqué pour juger le commandant de l'Ile aux Tonneliers et le Capitaine du Port, le premier parvint sans doute à se disculper de toute accusation de négligence, car il fut acquitté, le second vivement censuré pour n'avoir pas fait entrer ce bâtiment dans le port, fut suspendu de ses fonctions. (1)

Du reste Magallon ne s'inquiétait pas à la légère lorsqu'il faisait part au ministre de la possibilité d'une invasion anglaise, la chose était arrêtée en principe à cette époque ; le gouverneur général de l'Inde, Lord Mornington, s'en occupait activement, le commandement de l'expédition avait même été donné à son jeune frère Arthur Wellesley, le futur duc de Wellington, alors simple lieutenant-colonel de l'armée des Indes. Fort heureusement pour la colonie, il y eut au dernier moment des divergences d'opinion entre les deux frères, si bien que les troupes furent envoyées en Egypte. (2)

La corvette l'*Aurore*, arrivée le 23 Vendémiaire an 9 (13 Octobre 1800), porta à la colonie la nouvelle du coup d'état du 18 Brumaire. On avait eu trop peu à se louer de la sollicitude du Directoire, on avait même fait trop peu de cas de ses instructions, pour ne pas applaudir à la chûte d'un gouvernement dont on eût déjà encouru la vengeance si on ne se fût trouvé à une distance aussi grande de la métropole. D'ailleurs le nom de Bonaparte était entouré d'une auréole de gloire, d'un prestige éblouissant, on le savait favorable aux colonies, son mariage avec une créole des Antilles semblait en être une garantie, croyait-on, comme si une telle considération pouvait être de quelque poids dans les desseins d'un pareil homme ! L'impression fut excellente en somme, mais une circonstance toute fortuite vint renverser cet enthousiasme et causer une violente agitation.

Cossigny de Palma, l'ancien député de l'Ile de France, nommé directeur du Moulin à Poudre, avait pris passage sur l'*Aurore* pour venir occuper son poste ; entre autres instructions qui lui avaient été remises par Forfait, le ministre de la marine, se trouvait l'injonction de payer des gages aux nègres de l'Etat placés sous ses ordres ; cette mesure passablement innocente à première vue, allait diamétralement à l'encontre de toutes les idées reçues en matière d'esclavage, tolérer une pareille innovation, c'était chercher de gaîté de cœur à désorganiser tous les

---

(1) D'*Unienville*. Le commandant de l'Ile aux Tonneliers était alors le capitaine Maingard.
(2) *A. d'Epinay*

ateliers particuliers. L'Etat n'en avait pas le droit ; mieux valait encore agir franchement et mettre le décret de Pluviôse à exécution, plutôt que de se confondre en belles protestations pour les réduire ensuite à néant par des menées sournoises et hypocrites. C'est ainsi que le comprirent les colons, en cela ils n'avaient point tort, malheureusement ils allèrent trop loin en voulant voir dans Cossigny un agent chargé par le gouvernement d'une assez vilaine besogne. Celui-ci, justement indigné, proposa de repartir sur le champ, mais l'Assemblée sachant combien cette accusation était peu fondée, l'engagea à rester. Elle convoqua des députés extraordinaires de chaque quartier, leur soumit toutes les pièces de l'affaire et les força à convenir preuves en mains, de la parfaite innocence de Cossigny ; pourtant, en raison de l'article des instructions ayant trait aux esclaves, il fut décidé à l'unanimité que la direction du Moulin à poudre ne pourrait lui être donnée. Cela n'empêcha pas la Municipalité, toujours intransigeante, de démissionner en masse.

L'agitation continua, on se réunit, on discuta sur le parti à prendre, les plus exaltés exigeaient à toute force l'expulsion de Cossigny, d'autres plus modérés voulaient que l'Assemblée rédigeât une protestation qui serait envoyée au premier Consul. Cossigny fit comprendre au général Magallon qu'il fallait à tout prix rassurer les esprits, il était pour sa part bien décidé à se retirer, mais il croyait nécessaire que les doléances de la colonie après avoir été soigneusement rédigées, fussent remises en mains propres au chef de l'Etat par un délégué choisi par elle, qui pût donner de vive voix bien des explications de la plus haute importance. Pour sa part, il se serait volontiers chargé de cette mission, mais les esprits étaient trop prévenus contre lui pour ne pas mal interpréter ses actes en cas de non-réussite, il n'avait pas, il le voyait bien, la confiance de la colonie et ce serait une lourde faute que de vouloir le charger d'une entreprise aussi délicate. Magallon proposa donc à l'Assemblée de confier la défense des intérêts publics à son aide de camp, le chef de bataillon Blanzy.

Un mémoire fut préparé, relatant tout au long les évènements qui s'étaient produits ainsi que les craintes des colons ; M. Blanzy muni d'instructions détaillées, s'embarqua sur l'*Egyptienne* dans la première quinzaine de Juin 1801 ; en même temps que lui partit Cossigny de Palma, chargé par le gouverneur d'une longue dépêche pour le ministre, renouvelant ses demandes de secours et insistant sur la nécessité de faire dresser par Cossigny un mémoire détaillé " sur la situation politique et " militaire des Iles de France et de la Réunion." (1)

Blanzy à peine descendu à Paris, se rendit auprès du ministre de la marine et lui fit un récit fidèle de ce qui s'était passé à l'Ile de France ; lorsqu'il en arriva aux instructions remises à Cossigny, Forfait tomba des nues, jamais il n'avait ordonné pareille chose ;

(1) *D'Unienville.* "Revue Historique et Littéraire de l'Ile Maurice." 5me année. Nos. 19, 20.

des recherches furent faites dans les bureaux et prouvèrent surabondamment que la faute en était au zèle intempestif du conseiller d'état attaché au département des colonies, M. Lescalier, qui chargé de rédiger le factum, avait jugé bon d'y faire entrer quelques unes de ses idées personnelles. Ce M. Lescalier n'avait-il pas été jadis commissaire civil à l'Ile de France à l'époque de l'affaire Saint Félix ? Cela pourrait expliquer bien des choses ; en tous cas, il avait pris ses précautions et se trouvait hors d'atteinte, voguant à pleines voiles vers l'Egypte sur la flotte de l'amiral Ganteaume.

Bonaparte reçut le délégué de l'Ile de France avec une grande affabilité, s'indigna lui aussi qu'on eût osé outrepasser ses ordres, donna l'assurance formelle qu'il n'avait nullement l'intention de rien modifier à la situation des colonies, s'enquit des besoins des deux îles et promit d'envoyer avant longtemps des secours de toute sorte. Blanzy le remercia et l'assura qu'un renfort en troupes d'infanterie et d'artillerie serait le bienvenu, à condition qu'on y joignît un envoi d'argent pour pourvoir à leur entretien. Il se retira alors, écrivit à Magallon un rapport daté du 30 Ventôse an 9 (20 mars 1801) qui parvenu à l'Ile de France, fut communiqué à l'Assemblée le 8 Octobre suivant (15 Vendémiaire an 10). (1)

Magallon avait également reçu une lettre de Forfait, lui annonçant que le Premier Consul l'avait confirmé à son poste et qu'il comptait sur le courage et le patriotisme des habitants pour conserver à la France les deux dernières possessions qui lui restaient dans la mer des Indes. (2)

Pendant ce temps l'Assemblée coloniale, s'occupant de son renouvellement et trouvant que la représentation populaire n'était pas suffisamment exprimée par le chiffre restreint de 21 membres, porta à 45 le nombre de ses députés, (2 Floréal an 9), dont 17 au moins devaient être présents pour que ses délibérations eussent force de loi et 11 au moins pour pouvoir arrêter des rédactions. (4 Prairial an 9.) (3) Bien d'autres modifications qu'elle projetait de soumettre aux assemblées primaires touchant l'administration intérieure, furent vivement combattues par le gouverneur qui n'admettait pas l'ingérence de ces assemblées en pareille matière, comme contraire à la constitution et à l'intérêt public. Il y eut naturellement des paroles aigre-douces prononcées de part et d'autre, mais bientôt la concorde fut rétablie et l'annonce d'un arrêté des Consuls du 14 Nivôse an 9, déportant aux Iles Seychelles 132 individus convaincus de conspiration contre le gouvernement consulaire, vint donner un nouveau cours aux idées.

De ces 132 condamnés politiques, 71 seulement furent expédiés aux Seychelles, 32 sur la *Chiffonne* et 39 sur la *Flèche* ; le premier de ces bâtiments arriva à Mahé le 11 Juillet et après

(1) "Revue Historique et Littéraire de l'Ile Maurice."—5e année Nos. 19, 20.
(2) Ibid. 5e année No. 21.
(3) Greffe de la Cour Suprême. Reg 25, No 772, 778,

avoir débarqué son dangereux chargement, était en train de s'y faire réparer, lorsque le 9 Août, il fut surpris à son mouillage par la frégate anglaise la *Sibylle*, la fuite était impossible, la *Chiffonne* privée d'une partie de sa mâture, ne pouvait songer à tenir la mer, elle dut accepter un combat inégal et après une défense acharnée, elle fut réduite à amener ses couleurs, ayant eu 94 hommes mis hors de combat, tant tués que blessés, sans que la population retenue par la capitulation qui lui avait été imposée sept ans auparavant, eût pu rien faire pour lui porter secours.

La *Flèche* toucha le 10 Avril à la Réunion et voulut débarquer quelques uns des déportés dont la santé causait d'assez vives inquiétudes, mais la population s'y opposa formellement. Elle resta balottée sur la méchante rade de Saint Denis jusqu'au 14 Août, jour où elle mit à la voile pour sa destination. Le 4 Septembre, avant d'avoir eu le temps de mettre ses passagers à terre, elle fut attaquée dans la rade de Sainte Anne par la corvette anglaise l'*Albatros* ; le combat ne dura guère, la *Flèche* hors d'état de lutter contre un adversaire mieux armé et mieux monté, débarqua néanmoins les déportés et son équipage sous le feu de l'ennemi, s'échoua et préféra se faire couler plutôt que de se rendre. (1)

L'Assemblée coloniale de l'Ile de France informée officiellement par le commandant militaire de Mahé, M. Jean Baptiste Quéau de Quincy, de la présence aux Seychelles de 69 condamnés politiques,— deux avaient succombé peu de jours après leur arrivée,— décréta dans sa séance du 4 Vendémiaire an 10 (26 Septembre 1801) que tous ceux d'entre eux qui seraient trouvés sur le territoire de la colonie, seraient passibles de la peine de mort ; mesure tant soit peu draconienne contre des malheureux qui n'avaient au bout du compte rien fait aux colons. Leur présence pouvait occasionner des désordres, cela est très possible, cela est même très probable, mais il semblerait que l'interdiction de séjour eût dû grandement suffire, l'Assemblée ne le jugea pas ainsi et préféra faire preuve d'un excès de sévérité ; c'était d'ailleurs montrer de l'énergie à fort bon compte car l'occasion ne se présenta pas d'appliquer l'arrêté.

Lorsqu'au début de l'année suivante, la corvette le *Bélier* apporta la confirmation des préliminaires de paix entre la France et l'Angleterre, on venait d'apprendre au Port-Nord-Ouest que les déportés faisaient des leurs aux Seychelles, les habitants étaient unanimes à se plaindre d'un pareil voisinage ; fatigués d'un exil dont ils ne prévoyaient pas le terme, bien qu'ils eussent prophétisé bien haut à l'époque de leur débarquement, la chûte prochaine du *Tyran sanguinaire* comme ils l'appelaient, quelques uns d'entre eux tentèrent de s'emparer d'un petit lougre de 50 tonneaux appartenant à M. Planeau, sur lequel ils espéraient sans doute s'évader pour gagner l'Inde ou la côte d'Afrique, en

(1) *D'Unienville. A. d'Epinay, Fescourt.* (Les déportés de l'an 9).

admettant qu'ils n'aient pas péri dix fois dans une pareille entreprise.

Le commandant Hulot, du *Bélier*, fut chargé par la colonie de se rendre à Mahé, d'y prendre à son bord tous les fauteurs de désordre et d'aller les déposer aux Iles Comores, là du moins on n'entendrait plus parler d'eux. Hulot parvint à réunir sur la corvette 33 des exilés ; le 13 Mars il se dirigea sur Anjouan où il aborda le 3 Avril. Cette traversée de trois semaines fut un véritable enfer pour ces malheureux ; traités avec une sévérité inouïe, on prétend qu'ils réclamèrent du commandant la faveur suprême d'être fusillés pour en finir une bonne fois, celui-ci leur répondit que n'ayant pas d'ordres à cet égard, il ne pouvait prendre sur lui de disposer de leur existence.

Il les laissa donc sans abri et sans ressources sur cette côte inhospitalière ; une épidémie s'abattit sur eux, en moins de quinze jours 21 de ces malheureux succombèrent, 8 plus heureux parvinrent à gagner la côte d'Afrique sur des embarcations arabes, quatre seulement demeurèrent à Anjouan. De ceux qui étaient restés aux Seychelles, bon nombre moururent aussi, quelques uns s'y marièrent et s'y fixèrent définitivement, les autres enfin obtinrent un peu plus tard l'autorisation de venir s'établir à l'Ile de France et à la Réunion. (1)

Les premiers bruits de la paix d'Amiens avaient été portés par la corvette anglaise le *Pingouin*, dépêchée du Cap de Bonne Espérance à cet effet et arrivée à l'Ile de France le 19 Janvier 1802 ; le 5 Février le *Bélier* confirma cette nouvelle, comme nous l'avons dit plus haut, il portait en outre au gouverneur une dépêche du nouveau ministre de la marine, Decrès, donnant les assurances les plus formelles que le gouvernement avait l'intention de maintenir l'état des personnes tel qu'il avait toujours existé aux colonies, protestant en son nom personnel de son attachement pour les deux îles et pour la classe des planteurs en particulier, les excellents rapports qu'il avait eus jadis avec ceux, " le rendant " avide de leur bonheur et de leur estime." (2)

On sait ce qu'il y avait au fond de ces belles paroles ; aide de camp de l'amiral de Saint Félix, Decrès avait failli un jour étrenner cette fameuse lanterne dressée sur la Place d'Armes, vers la même époque il rechercha en mariage, l'une après l'autre, deux riches héritières de la colonie par lesquelles il fut repoussé. Voilà les deux seuls souvenirs qu'il avait conservés à part lui ; le service rendu par ceux qui l'arrachèrent des mains des sans culottes, l'hospitalité qui l'avait accueilli partout, cela il ne s'en souvenait guère. Plus d'une fois Napoléon lui ordonna d'envoyer des secours aux colonies, il promit mais il n'en fit rien ; lorsque le général Decaen eut pris le gouvernement

(1) *D'Unienville. A. d'Epinay. Fescourt* (Les déportés de l'an 9).
(2) Lettre de *Decrès* à Magallon, du 25 Vendémiaire an 10. (Revue Historique et Littéraire de l'Ile Maurice. 5me année. No. 21).
Voir aussi pièces justificatives No. 12.

de l'Ile de France, cette animosité fut doublée de l'antipathie personnelle qu'il nourrissait contre le capitaine-général, à chaque demande d'assistance il envoyait toujours des ressources insuffisantes qui arrivaient toujours trop tard. A la fin il finit par céder après une scène violente qu'il eut avec l'Empereur, il envoya sur le champ trois frégates, qui parvinrent à l'Ile de France......après la capitulation ! (1)

Quelques semaines plus tard la colonie put croire à l'ouverture d'une ère de prospérité ; le 5 Novembre précédent (15 Brumaire an 10), l'Assemblée avait envoyé aux Consuls une adresse dépeignant le triste état des deux îles, dont les croisières anglaises paralysaient le commerce, tandis que complètement dépourvues de numéraire, elles n'avaient même pas la ressource de recourir au papier-monnaie, cette valeur étant tellement dépréciée qu'une nouvelle émission eût sans doute amené un soulèvement général. En réponse à ces doléances, la frégate la *Thémis* fut immédiatement dépêchée à l'Ile de France, elle y parvint dans les premiers jours de Mars 1802, avec 200 hommes de troupes commandés par le général Des Brulys, des secours de toute nature et chose plus précieuse, 30,000 piastres en numéraire. Le ministre annonçait la signature très prochaine de la paix, et par conséquent la fin des entraves apportées au commerce colonial ; il était chargé par le Premier Consul de réclamer les renseignements les plus précis et les plus détaillés sur l'administration, la culture et le commerce afin de tout mettre en œuvre pour assurer la prospérité générale.

L'effet de ces nouvelles fut d'autant plus grand que la colonie n'y comptait guère, ayant de longue date perdu l'habitude de voir la métropole subvenir à ses besoins, même dans une mesure assez minime. Magallon s'empressa de transmettre au ministre les vœux et la reconnaissance de la population, dans une dépêche en date du 21 Germinal an 10 (11 Avril 1802). Il terminait par ces mots : " La paix donnée à l'Europe a sauvé " l'Ile de France ; cette île était sur le point d'être attaquée par " les Anglais ; il eût été impossible de la conserver à la France."(2)

La paix d'Amiens, signée le 27 Mars 1802 (6 Germinal an 10), fut officiellement connue à l'Ile de France le 2 Juillet suivant.

Le 13 Mars 1801 étaient arrivés au Port-Nord-Ouest les deux corvettes le *Géographe* et le *Naturaliste*, sous les ordres des commandants Baudin et Hamelin, chargés d'explorer les mers du sud ; à bord de ces bâtiments se trouvaient les deux frères de Freycinet, Louis Henri de Saulces et Louis Claude, Péron, Milbert, et Bory Saint-Vincent ; ce dernier malade au moment où l'expédition allait mettre à la voile (25 Avril), dut se résigner à rester à l'Ile de France, il employa ses loisirs à

---

(1) *D'Unienville. A. d'Épinay.*
(2) " Revue Historique et Littéraire de l'Ile Maurice." 5e année, No. 21.

parcourir l'île dans tous les sens, à faire l'ascension de ses principales montagnes et à recueillir des notes précieuses sur sa géologie et son histoire naturelle. Le 10 Août suivant, il se rendit à Bourbon sur la goëlette la *Petite Fanny*, il y fit bon nombre d'observations du même genre, principalement sur le volcan, s'embarqua à Saint-Paul dans les premiers jours de Décembre, suivit la côte jusqu'à Sainte-Rose et rentra à l'Ile de France dans l'espoir de prendre passage pour l'Europe sur le *Prince*, dont le départ se trouva retardé de plusieurs mois ; Bory voulut alors profiter de ce délai pour visiter les Seychelles, mais il ne put trouver un bâtiment pour l'y conduire, il allait se rendre à Madagascar lorsque l'annonce de la paix prochaine le fit encore modifier ses projets ; il resta à l'Ile de France, y continua ses observations, découvrit sur l'Ile aux Tonneliers un aérolithe énorme dont il donna une description détaillée, et s'embarqua enfin sur le *Prince* le 16 Mars 1802. (1)

Cette même année le *Naturaliste* rentra en France et fut remplacé par la goëlette la *Casuarina* qui fut désarmée au Port Nord-Ouest l'année suivante.

Le 12 Avril 1803, la vaccine introduite dans la colonie depuis deux ans par M. Rivaud, médecin en chef des hôpitaux de la Réunion, fut propagée avec succès par un capitaine de la marine marchande, M. Deglos ; l'expérience qui en fut faite et qui réussit du reste complètement, nous semblerait tant soit peu barbare, mais à cette époque on n'y regardait pas de si près pour ce qui concernait l'existence du bétail humain, et le baron D'Unienville à qui nous empruntons ce récit, semble y voir une chose toute naturelle.

Un négrier, la *Jeune Caroline*, venait d'arriver avec une traite nombreuse attaquée de la petite vérole ; six jeunes enfants avec leurs mères furent vaccinés puis embarqués avec les varioleux et soumis à une quarantaine de trois mois et demi à Coëtivy, vivant pendant ce temps dans une promiscuité complète avec les malades : ils échappèrent tous au fléau. (2)

Quelques jours après, 300 hommes du 12e bataillon de triste mémoire, revenant de Java où leurs services n'étaient plus requis, retournèrent à l'Ile de France, l'Assemblée ne les laissa débarquer qu'après leur avoir fait prêter serment de bonne conduite (3)

Ce fut un des derniers actes de l'Assemblée coloniale, son rôle se borna désormais à pourvoir aux dépenses nécessaires jusqu'à l'arrivée des secours annoncés par Decrès ; on attendait en même temps le remplaçant de Magallon, sans savoir au juste si ce serait le général Montchoisy, son successeur désigné, ou bien le général Décaen, devant venir de l'Inde comme l'annonçait l'amiral Villaret-Joyeuse dans une lettre au gouverneur.

(1) *A. d'Epinay.*
(2) *D'Unienville. A. d'Epinay.*
(3) Ibid. Ibid.

Tout ce qu'on savait pour le moment, c'est que le décret suivant, gros de conséquences, avait été rendu par le Corps législatif le 30 Floréal an 10 (20 Mai 1802) :

" Art : 1er. Dans les colonies restituées à la France, en
" exécution du traité d'Amiens, du 6 Germinal an 10, l'esclavage
" sera maintenu conformément aux lois et règlements antérieurs
" à 1789.

" Art : 2. Il en sera de même dans les autres colonies
" françaises au delà du Cap de Bonne Espérance.

" Art : 3. La traite des noirs et leur importation dans les
" dites colonies, auront lieu conformément aux lois et règlements
" existant avant la dite époque de 1789.

" Art : 4. Nonobstant toutes les lois antérieures, le régime
" des colonies est soumis, pendant dix ans, aux règlements qui
" seront faits par le gouvernement. " (1)

Ce dernier paragraphe voulait dire clairement qu'à partir du jour où ce décret serait mis en vigueur à l'Ile de France, la constitution coloniale serait suspendue pendant dix années, l'Assemblée dissoute et les deux îles ainsi que leurs dépendances, placées sous tel régime que la métropole ferait connaître quand le moment serait venu.

Cette incertitude où l'on se trouvait des changements qu'on aurait bientôt à subir, de la personne qui serait chargée par le gouvernement de les mettre à exécution, tout cela causait de vives appréhensions ; pourtant la paix d'Amiens avait donné un nouvel essor au commerce, les plantations plus ou moins négligées pendant les dernières années, étaient reprises avec ardeur, l'ordre régnait et tout faisait présager des jours meilleurs.

Cette paix avait rendu à la France les derniers comptoirs qu'elle possédait dans l'Inde, Pondichéry, Chandernagor, Karikal, Mahé et Yanaon. Le 6 Mars 1803 une division navale aux ordres du contre amiral Linois, quitta Brest avec mission de conduire directement à Pondichéry tout un personnel administratif et militaire de 1351 passagers, accompagnant le général Decaen, nommé capitaine-général et chargé de reprendre possession de cette colonie. Tout ce nombreux cortège était réparti sur le *Marengo*, vaisseau amiral de 74 canons, les frégates l'*Atalante*, la *Belle Poule*, la *Sémillante* et deux transports la *Côte d'Or* et la *Marie Françoise*.

Le 17 Juin cette division après avoir touché au Cap de Bonne Espérance, passa en vue de l'Ile de la Réunion sans s'y arrêter ; elle arriva le 12 Juillet devant Pondichéry et y rencontra une escadre anglaise composée de cinq vaisseaux, trois frégates et deux corvettes, qui semblait épier ses mouvements et se tenir en observation avec une persistance inconcevable de la

(1) A. d'Épinay.

part d'une nation avec laquelle on était en paix. Decaen dépêcha immédiatement à Madras un de ses aides de camp, pour annoncer son arrivée et demander l'exécution du traité ; cet officier s'embarqua sur la *Belle Poule* qui avait précédé le gros de la division et était rendue à Pondichéry depuis quelques jours. A ce moment le général fut averti par le commandant de cette frégate et par d'autres personnes ayant eu le loisir de se mettre au courant des divers bruits qui circulaient dans la ville, que des instructions secrètes venant de Calcutta auraient été reçues par le gouverneur de Madras, l'invitant à tout mettre en œuvre pour retarder indéfiniment la remise à la France de ses possessions. Il paraissait évident que les Anglais avaient reçu de graves nouvelles d'Europe, la guerre n'était pas déclarée mais cela ne pouvait tarder, aussi agissaient-ils en conséquence. L'embarras de Decaen était profond, que devait-il faire ? Attendre la réponse du gouverneur de Madras qui ne serait sans doute qu'un faux-fuyant calculé pour gagner du temps, rester ainsi devant Pondichéry, au risque de compromettre la sécurité des bâtiments français étroitement surveillés par des forces de beaucoup supérieures, pour le cas où les hostilités reprendraient au premier signal ? D'un autre côté, pour sauver cette division, fallait-il prendre le contre-pied de ses instructions, abandonner les colonies de l'Inde, quand peut être les rumeurs dont on lui avait fait part étaient dénuées de tout fondement et que le gouverneur de Madras allait pour sa part loyalement accomplir ses engagements ? Était-il autorisé à modifier ainsi les ordres formels de son gouvernement, ne l'accuserait-on pas de pusillanimité pour avoir ajouté foi trop facilement à des racontars dont rien, sauf des présomptions assez fortes, n'établissait l'exactitude ?

Cette incertitude ne fut pas de longue durée, le lendemain arriva le *Bélier* qui avait quitté Brest dix jours seulement après Linois ; le ministre ordonnait à l'escadre française de regagner en toute hâte l'Ile de France avec ses passagers. Il fallait donc partir de suite et à l'insu de la flotte anglaise qui ne manquerait pas de s'opposer à cette retraite ; la *Belle Poule* était partie pour Madras, il fallait l'abandonner ; 200 hommes de troupes commandés par l'adjudant Binot et tout un personnel d'administration avaient été débarqués à Pondichéry, on était réduit à les sacrifier. Cette mesure s'imposait, toute radicale qu'elle fût. Pour mieux donner le change aux Anglais, Linois envoya demander à l'amiral Raynier, de lui prêter ses chaloupes le lendemain de bonne heure afin de permettre à ses bâtiments d'affourcher. Cependant tout fut préparé pour la fuite, et au coup de minuit, chaque navire filant son câble, put gagner le large sans encombre ; la division fut bien aperçue fuyant sous toutes voiles, par une corvette anglaise qui la signala au moyen de fusées ; quelques coups de canon partirent de terre, mais on était hors de portée.

Le jour suivant, 14 juillet, les deux transports la *Côte d'Or* et la *Marie Françoise* ne pouvant suivre l'allure des frégates, furent rejoints par les Anglais ; sommés de se rendre en violation flagrante du droit des gens, les bâtiments n'amenèrent leurs couleurs que lorsque la frégate la *Terpsichore* les y eût contraints à coups de canon. La *Côte d'Or* fut relâchée grâce aux énergiques réclamations de son commandant, elle put poursuivre sa route, mais la *Marie Françoise* fut conservée par les Anglais.

Le 17 Août à 8 heures du matin, la *Belle Poule* mouillait au Port Nord-Ouest, arrivant de Madras après avoir touché à Pondichéry et annonçant qu'elle n'avait plus retrouvé sa division au mouillage ; elle s'était alors dirigée sur l'Ile de France et le matin même à la pointe du jour, elle venait d'être chassée par plusieurs vaisseaux auxquels elle avait pu échapper grâce à la supériorité de sa marche. Ordre fut donné de se tenir prêt à toute éventualité, mais ce n'était heureusement qu'une fausse alerte, à 2 heures de l'après-midi les prétendus ennemis entraient au Port-Nord-Ouest ; c'était la division Linois elle même, composée du *Marengo*, de la *Sémillante*, de l'*Atalante* et du *Bélier*, portant les généraux Decaen et Vandermaësen, M. Léger, préfet colonial, un nombreux état-major et des troupes qui furent portées quelques jours plus tard à 800 hommes par l'arrivée de la *Côte d'Or*. (1)

Le général Decaen débarquant en grand uniforme au milieu de ses troupes en armes " comme en pays conquis, " froissa profondément par son attitude, la population peu habituée à ces façons cavalières ; attendant des instructions supplémentaires d'un moment à l'autre, il se tint sur la réserve et ne fit rien pour atténuer cette fâcheuse impression. Les colons de leur côté, visiblement mécontents, se demandaient comment cela allait finir, et faisaient des vœux *in petto* pour être bientôt délivrés de ces hôtes si peu sociables.

On ne tarda pas à être fixé ; le 25 Septembre la corvette le *Berceau* apportait l'annonce de la reprise des hostilités ; en raison de cet évènement, tout espoir de récupérer les comptoirs de la côte de Coromandel étant abandonné, le général Decaen recevait sa nomination de capitaine-général des établissements à l'Est du Cap de Bonne Espérance, grade équivalant à celui de maréchal de France.

Deux jours après le nouveau gouverneur entrait en fonctions ; une proclamation du général Magalion faisait savoir à la colonie qu'il lui avait remis ses pouvoirs, M. Léger était en même temps reconnu comme Préfet Colonial. (6 Vendémiaire an 12, 27 Septembre 1803.) (2)

L'Assemblée coloniale avait vécu !

(1) *A. d'Epinay.* D' *Unienville.*
(2) Ibid. Ibid.

QUATRIÈME PARTIE

ADMINISTRATION DU GÉNÉRAL DECAEN

(1803—1810)

I

Réorganisation de l'Administration.—Le Général Decaen et la population.—Ses préventions.— Il revient à des sentiments plus équitables. MM. Léger et Crespin.—Attributions du capitaine général, du Préfet et du Commissaire de Justice.—Un Préfet atrabilaire, un Commissaire de Justice trop content de lui-même.— Les tribunaux. — Réorganisation militaire, Gardes nationales, Chasseurs de Bourbon.—Le bataillon africain.—Changement du code de signaux, ses conséquences.—Matthew Flinders à l'Ile de France ; ses tribulations ; la vérité sur ce voyageur.—Ses différends avec le capitaine général ; susceptibilité et parti pris, arrogance et entêtement.—Etait-ce un espion ? Responsabilité de Decaen à ce sujet.—Linois et le convoi de Chine ; ses croisières ; ses dissentiments avec Decaen ; rivalité fâcheuse.—Retour de Linois ; il se fait prendre par les Anglais.—La marine de la colonie réduite à une seule frégate— Decaen charge son frère d'une mission pour l'Empereur —Aventures de René Decaen à Austerlitz.—Il retourne à l'Ile de France sur la *Canonnière*.—Il débarque au vieux Grand Port.—*Copenhague* ; un original comme on en voit peu.—Grand enthousiasme dans la colonie.—Croisières de la *Canonnière* ; elle échappe aux Anglais.—La *Piémontaise* (1803-1806).

L'Assemblée Coloniale avait vécu en effet ; cette phrase en dit long et dépeint bien le sans-façon cavalier avec lequel le capitaine-général traita la représentation populaire. Sans prononcer sa dissolution, sans même l'avertir qu'elle eût à cesser d'exercer ses fonctions, considérant sans doute qu'elle devait en être amplement informée par l'article 4 de la loi du 30 Floréal an 10 qui avait été enregistrée dans la colonie, il se borna à réclamer de l'Assemblée la remise immédiate de toutes ses archives et en fit autant pour les cours de Justice et les divers départements de l'administration (28 Septembre 1803—7 Vendémiaire an 12). (1) L'avant-veille M. Louis René Crespin avait reçu sa nomination de Commissaire de Justice et était entré immédiatement en fonctions. (2)

Cette manière d'agir jointe à la sévérité impolitique et parfois outrageante du Préfet Colonial, M. Léger, à la suffisance insupportable de M. Crespin, à l'impertinence des officiers de l'Etat Major qui se croyaient tout permis, froissa profondément la population habituée de longue date au gouvernement si peu autoritaire d'un Conway ou d'un Malartic et trouvant par conséquent passablement étrange d'être menée tambour battant, mèche allumée, avec un despotisme quasi militaire, elle qui avait si souvent imposé ses volontés aux administrateurs. En cela elle n'avait pas tort, mais tout provenait d'un malentendu ; le général Decaen complètement étranger aux hommes et aux

(1) D'*Unienville*. E. Pajot.
(2) *Code Decaen* No. 5.

choses de la colonie, s'était laissé persuader que l'Assemblée Coloniale avait constamment outrepassé ses pouvoirs et s'était complue dans le désordre et dans l'anarchie, en quoi elle avait été puissamment aidée par la grande majorité des habitants.

Résolu à mettre un frein à cette prétendue licence, dès son entrée en fonctions, il s'était tracé une ligne de conduite dont il ne se départit pas un instant. Il trancha dans le vif et se tint à l'écart jusqu'à ce que tous les services eussent été remaniés, afin d'éviter les réclamations qu'il était bien décidé à ne pas admettre et les explications qu'il jugeait superflu de donner. Son œuvre accomplie, il voulut se rendre compte par lui-même de l'état de la colonie, il prit des renseignements, observa, jugea et fut bientôt forcé de convenir qu'il s'était laissé prendre à des apparences trompeuses et à de faux rapports. Avec un sentiment délicat du point d'honneur, il n'hésita pas à avouer ses torts, les colons de leur côté agirent avec la même franchise et lui firent connaître les griefs qu'ils avaient amassés contre lui ; si bien qu'en fort peu de temps leurs dispositions réciproques se modifièrent à un tel point, que la population, à bien peu d'exceptions près, voua au gouverneur une affection et un dévouement sans bornes qui furent largement payés de retour.

Charles Mathieu Isidore Decaen naquit le 13 Avril 1766, à Caen, en Normandie, son père y exerçait comme avocat ; à l'âge de dix-huit ans il entre comme volontaire dans le corps d'artillerie de la marine qu'il abandonne au bout de trois ans pour se livrer à l'étude du droit. La guerre éclate en 1792, il reprend du service, est bientôt nommé sergent-major des volontaires du Calvados et promu l'année suivante au grade de capitaine. De 1792 à 1801 il sert successivement sous Kléber et Hoche en Vendée, sous Moreau en Allemagne, où par son arrivée à point nommé, il contribue en grande partie à la victoire d'Hohenlinden, sous Canclaux, sous Dubayet, sous Marceau, sous Pichegru. Moreau l'avait en haute estime et lui témoignait une affection pleine d'intérêt, qui prétend-on, ne fut pas étrangère à la décision prise par Bonaparte de l'éloigner d'Europe en lui donnant, sous prétexte d'avancement, le gouvernement des Etablissements français de l'Inde. Nous avons vu plus haut comment grâce à la mauvaise foi britannique, il dut faire une prompte retraite et se replier sur l'Ile de France pour en prendre l'administration.

Tout le monde s'est plu à reconnaître l'activité et l'énergie du capitaine-général, sa droiture et sa loyauté ; quelques uns ont prétendu le comparer à La Bourdonnais, mais il faut avouer que les circonstances étant si dissemblables, le parallèle est tant soit peu forcé. Decaen a certainement fait preuve de précieuses qualités comme administrateur, comme général il a su tirer parti des faibles ressources que lui offrait la colonie pour tenir longtemps les Anglais en échec, jusqu'au jour où il dut se résigner à capituler devant des forces infiniment supérieures ; mais possédait-il ce génie créateur qui a fait de La Bourdonnais un être tout-à-fait à part ? Nous ne le pensons pas.

Ce sont pourtant deux grandes figures qui ont marqué, comme le dit fort bien un écrivain, (1) l'un l'aurore et l'autre le déclin de la colonie de l'Ile de France !

D'un caractère bouillant et impétueux, Decaen supportait difficilement la contradiction ; il était même très malaisé de le faire revenir sur une détrmination ou sur une première impression. Très chatouilleux, très susceptible, il ressentait vivement la moindre action, la moindre parole qui lui semblait à tort où à raison attenter à sa dignité ou à son autorité ; ses différends avec Linois et Flinders n'eurent guère d'autre cause. Mais il suffisait de lui prouver qu'il était dans l'erreur pour qu'il se hâtat d'en convenir et mît tout en œuvre pour réparer ses torts. Malgré son naturel ardent et emporté, il était encore assez maître de lui-même au milieu de ses plus grandes colères, pour comprendre que parfois il dépassait la mesure et pour s'apaiser tout-à-coup. Cachant sous une grande brusquerie de manières une profonde bonté, il se fit bien des ennemis parmi ceux qui n'avaient pas su le pénétrer, mais pour ceux qui avaient appris à le connaître, sachant que ces dehors peu engageants n'étaient que tout à la surface et recouvraient un cœur d'or, une âme d'élite, pour ceux-là, c'était le meilleur et le plus loyal de tous les hommes.

Les fonctions du capitaine-général étaient des plus importantes, ses pouvoirs étaient des plus étendus ; ayant la haute main sur toutes les forces de terre et de mer, il avait également qualité pour se mettre en relation avec tous les pays situés à l'Est du Cap de Bonne Espérance, soit alliés, soit neutres, soit même ennemis ; il avait seul le droit de nommer aux emplois vacants, mais ne pouvait s'immiscer en aucune façon, soit directement, soit indirectement, dans ce qui constituait les attributions du Préfet Colonial, du Commissaire de Justice ou des tribunaux.

Le Préfet Colonial exerçait à peu de chose près la même autorité que les intendants, soit seuls, soit concuremment avec le gouverneur ; tous les départements de l'administration civile se trouvaient placés directement sous ses ordres et sous son contrôle, recettes, dépenses, contributions, douanes, inscription maritime, domaine, agriculture, commerce, instruction publique, culte, presse, hôpitaux, haute police, entretien des troupes.

Après s'être consulté avec le capitaine-général, il avait seul le droit de faire des règlements provisoires sur les matières de son administration, mais il lui était interdit sous aucun prétexte d'empiéter sur les fonctions de l'ordre judiciaire.

Le Commissaire de Justice avait la surveillance du personnel des tribunaux et la garde des lois ; seul il pouvait faire des règlements provisoires sur les matières de procédure avec le consentement du capitaine-général et en se conformant en tous cas à l'esprit comme à la lettre de la jurisprudence actuellement en usage. Il avait droit de présider les tribunaux lorsqu'il le

(1) *A. d'Epinay.*

jugeait nécessaire et était chargé tout particulièrement de la police " envers les gens sans aveu, les vagabonds et les pertur-" bateurs de la tranquilité publique, " qu'il avait qualité de faire mettre à l'ombre sur un simple mandat d'amener. (1)

M. Léger était, comme nous avons eu occasion de le dire, peu sympathique à la population ; habile administrateur, mais poussant un peu loin l'amour de la forme et ne transigeant pas avec ses principes, autoritaire, renfrogné, gourmé, cassant, il se fit craindre plus qu'il ne se fit respecter ; il serait injuste de ne pas reconnaître les capacités dont il fit preuve et l'assistance qu'il ne marchanda pas au gouverneur, mais était-il besoin pour cela de se rendre si désagréable ?

M. Crespin exerçait les fonctions de Commissaire National près les tribunaux depuis trois années, lorsqu'il fut désigné par le général Decaen pour occuper provisoirement le plus haut poste de l'ordre judiciaire ; il y fit preuve de tant d'habileté et d'une si haute capacité, que son intérimat ne prit jamais fin, la capitulation le trouva encore à sa place. C'était un homme érudit, profondément versé dans la science du droit ; il eut des détracteurs, mais cela tint plutôt au système qu'il était chargé d'inaugurer qu'à sa propre personnalité. Il n'avait qu'un défaut, c'était d'être trop pénétré de sa propre valeur, son outrecuidance dépassait ce qu'on peut rêver de plus invraisemblable !

Les tribunaux remis sur le pied de 1792, conservèrent pourtant leurs dénominations de Tribunal d'appel et de Tribunal de première instance, le ministère public fut exercé par des commissaires du gouvernement et par leurs substituts ; tous ces officiers furent immédiatement nommés (6 Vendémiaire an 12) leurs insignes distinctifs furent abolis, plus de robes, plus de simarres, plus d'hermine, plus de mortiers, rien qui pût les faire reconnaître du commun des mortels, si ce n'est un galon d'or qu'ils portaient à leur chapeau. (2)

La Cour d'Amirauté fut maintenue, de même que le Tribunal terrier dont la composition fut ainsi modifiée :

" Le Tribunal terrier sera composé du capitaine-général, " du Préfet, du Commissaissaire de Justice et de quatre membres " du Tribunal d'appel, dans le ressort duquel les dites contesta-" tions seront élevées ; les dits membres du Tribunal terrier " seront au choix du capitaine-général. L'un deux fera les " fonctions de ministère public. " (3)

Toutes les autres juridictions, toutes les autres autorités créées sous la Révolution furent supprimées d'un trait de plume,

(1) Loi organique du 13 Pluviôse an 11. Enregistrée le 7 Vendémiaire an 12. *E. Pajot.*
(2) *Code Decaen.* No. 12. *E. Pajot.* Le Tribunal d'Appel prit en Mai 1804 le nom de Cour d'appel de l'Ile de France.
(3) Extrait des délibérations du Gouvernement de la République, du 3 Germinal an 12. *Code Decaen* No. 4

plus de jurés, plus de municipalités ni de juges de paix ; on les remplaça dans les quartiers par des commissaires civils chargés de tenir les registres ayant trait aux naissances, mariages et décès des particuliers. La subdivision de l'île fut rétablie telle qu'elle existait avant 1789, à l'exception de la Savane qui forma un nouveau district. (1)

Un tribunal spécial criminel fut chargé de connaître des crimes et délits commis par les esclaves ; composé de neuf membres dont trois appartenaient à l'ordre judiciaire, trois à l'élément militaire et trois à l'élément civil, il ne pouvait délibérer qu'en nombre impair, si bien qu'un des juges se trouvant empêché, un second devait immédiatement se récuser. L'instruction se faisait sans délai, les débats pouvaient avoir lieu à huis clos et la décision de cette cour était définitive et sans appel. (2)

Tels furent les changements apportés à l'organisation judiciaire ; l'administration militaire subit également les modifications suivantes :

Le général Jacob de Cordemoy, commandant à l'Ile de la Réunion, fut mis à la réforme et remplacé par le général Magallon qui prit le titre de lieutenant-général et s'embarqua pour sa destination le 10 Octobre sur l'escadre de l'amiral Linois, accompagné de M. Marchand nommé sous-préfet, de divers autres fonctionnaires et d'un détachement de 174 hommes. (3)

Le général Vandermaësen prit le commandement des troupes cantonnées à l'Ile de France, le général Des Brulys eut la direction de l'artillerie et le colonel du génie de Richemont, celle des fortifications des deux îles. (4)

Des gardes nationales furent organisées dans tous les quartiers et placées sous les ordres d'officiers choisis par le capitaine-général (28 Vendémiaire an 12). (5) Un corps spécial de 300 créoles de l'île voisine fut levé sous le nom de *Chasseurs des colonies orientales,* plus connu sous la dénomination de

---

(1) Arrêté du 9 Vendémiaire an 12. *Code Decaen* Nos. 8 et 9. Abolition du Jury en matière criminelle, 30 Septembre 1804.
(2) E. Pajot.
Le code civil bien que promulgué dans la colonie par l'arrêté du 17 Octobre 1805, ne fut mis en vigueur qu'à partir du 1er Juin 1806, et le code de Procédure civile, le 20 Juillet 1808.
Par une aberration des plus fâcheuses, en mettant le code civil à exécution, on imagina de créer deux registres distincts de l'état civil, l'un pour la population blanche, et l'autre pour la population libre de couleur. À quoi cette distinction pouvait-elle bien servir, sinon à raviver d'absurdes préjugés de caste en blessant profondément l'amour propre d'une fraction honnête et paisible de la population ?
—Pour en finir avec les changements introduits, citons encore la remise en vigueur du calendrier grégorien (1er Avril 1806) et le rétablissement de la religion catholique, (Arrêté du 25 Juillet 1807 mettant à exécution le décret impérial du 19 Février 1806).
(3) A. d'Épinay. V. Pièces justificatives No. 13.
(4) D'Unienville. A. d'Épinay.
(5) *Code Decaen.* No. 32.

Chasseurs de Bourbon, et qui ne tarda pas à se faire une réputation bien établie de hardiesse et d'intrépidité. (1)

Le 2 Juin 1806 un autre bataillon fut créé, celui des *Chasseurs de réserve*, dont l'effectif fut recruté avec soin parmi la population esclave et dont les officiers étaient de jeunes créoles ayant déjà fait leurs preuves ; comme l'indiquait son nom, cette petite troupe ne devait prendre les armes qu'en cas d'urgence, le reste du temps, les hommes continuaient leurs services auprès de leurs maîtres. Un peu plus tard, lorsque la première tentative des Anglais sur l'Ile de la Réunion vint faire entrevoir la possibilité d'une invasion, cette compagnie fut remaniée et devint permanente sous le nom de *Bataillon africain* ; l'effectif se monta à 650 hommes fournis par les propriétaires en proportion du nombre de leurs esclaves. Une indemnité de 200 piastres leur fut accordée par tête d'homme engagé (27 Août 1809). (2)

Toujours animé d'un sentiment de défiance envers la colonie et pour éviter la répétition des faits qui s'étaient passés sous l'administration de ses prédécesseurs, le général Decaen crut devoir changer complètement le code des signaux et défendit expressément d'en donner communication aux habitants ; cet excès de précaution amena un résultat qu'il n'avait pas prévu. Un petit lougre appartenant à M. Genève en fuyant devant une frégate anglaise, vint s'abriter sous la batterie de la Pointe aux Canonniers qui se trouvait alors complètement dépourvue de munitions ; la vigie fit bien les signaux nécessaires pour appeler des secours, mais les habitants n'y comprenant goutte, personne ne songea à se déranger ; le gouverneur fit immédiatement battre le rappel en ville et les renforts n'arrivèrent sur les lieux que pour voir les Anglais se rembarquer tout tranquillement après avoir mis le feu à leur prise. Des remontrances furent adressées au général par les parties intéressées, armateurs et négociants ; ce ne fut toutefois qu'après bien des pourparlers qu'il consentit enfin à livrer au public la partie du nouveau code relative aux signaux de secours et à la position de l'ennemi. (3)

Le 15 Décembre 1803, la petite goëlette anglaise le *Cumberland* de 29 tonneaux, jette l'ancre à la Savane dans la Baie du Cap ; elle est commandée par le capitaine Matthew Flinders de la marine royale et arrive d'Australie.

Chargé par son gouvernement deux ans auparavant, d'une mission scientifique ayant pour but principal de reconnaître les rivages de cette île immense qu'on cherche à coloniser, Flinders prend le commandement de l'*Investigator* et atteint King George's sound au mois de Décembre 1801. Il remonte vers le Nord, s'engage dans le détroit de Torrès et arrive à Port Jackson, sur la côte orientale, au mois de Juillet 1802. Il continue ses observations pendant près d'une année ; en Juin 1803 il est obligé

(1) A. d'*Epinay*.
(2) Ibid.
(3) D'*Unienville*, A. d'*Epinay*.

de quitter l'*Investigator*, vieux bâtiment incapable de tenir la mer. Le gouverneur de la Nouvelle Galles du Sud lui confie le *Porpoise* et le fait accompagner par deux vaisseaux de la marine coloniale, le *Cato* et le *Bridgwater*. En franchissant encore une fois le détroit de Torrès les deux premiers navires se jettent au plein, leurs équipages se refugient sur un îlot, tandis que le *Bridgwater* qui les a devancés, continue sa route pour Batavia.

Flinders fait armer une chaloupe et entreprend vaillamment une traversée de 250 lieues pour aller chercher des secours à Port Jackson ; il affrète deux petits bâtiments, la *Rolla* et le *Cumberland*, revient sauver ses compagnons qu'il fait passer sur la *Rolla* et qu'il renvoie à leur point de départ ; lui, avec son petit *Cumberland* continue sa route avec l'espoir de rentrer en Angleterre. Assailli par un gros temps aux atterrages de l'Ile de France, il y aborde pour se faire réparer et s'y ravitailler.

Son arrivée insolite sur un bâtiment lilliputien, son entrée inopinée dans une crique où les navires étrangers n'ont jamais eu coutume d'aborder, les demandes de vivres et d'apparaux qu'il adresse au commandant du quartier, sans se préoccuper de se mettre en règle avec les autorités locales, tout cela est immédiatement porté à la connaissance du capitaine-général dont la défiance est mise en éveil ; il expédie immédiatement à Flinders le *Diligent* commandé par le pilote Renault, pour lui enjoindre de ne pas descendre à terre et de se présenter incontinent avec sa goëlette au Port Nord-Ouest.

Les tribulations de ce navigateur, ses pourparlers avec le capitaine-général, ont été diversement appréciés et ont donné lieu à des versions contradictoires, selon qu'on s'est plu à voir en lui l'innocente victime du plus noir despotisme, ou bien l'un des espions les plus effrontés que l'Angleterre ait produits. Il est assez difficile de démêler l'exacte vérité au milieu de ces allégations si dissemblables, mais nous croyons pour notre part que Flinders ne méritait ni cet excès d'honneur, ni cette indignité. Les uns ont prétendu que Decaen ne l'avait retenu prisonnier que dans l'unique but de s'emparer de ses papiers et de faire profiter l'expédition de Baudin de ses découvertes ; c'est une infamie qui ne supporte pas l'examen, Flinders en a fait raison lui-même du reste, et puis Decaen était-il homme à perdre son temps à de pareilles fadaises ? L'expédition du *Géographe* était bien le cadet de ses soucis ! Les autres ont affirmé que Flinders était entré à la Savane en donnant la chasse à un bâtiment côtier, ceci est pour le moins fort invraisemblable ; voyez-vous le formidable adversaire représenté par une goëlette de 29 tonneaux ! Pour un peu, en jetant l'ancre, il aurait sommé la colonie de capituler et de se rendre à discrétion ! Tout cela est de la fantaisie ; voici ce qui nous paraît se rapprocher le plus de la vérité.

Flinders était muni d'un sauf-conduit valable en temps de guerre pour son premier bâtiment, l'*Investigator* ; pourquoi lorsqu'il l'abandonna, ne se mit-il pas en règle pour le *Cumberland*? Cela lui aurait évité bien des ennuis. Comme capitaine de la marine royale, il ne pouvait guère plaider l'ignorance, il savait tout aussi pertinemment que la guerre était déclarée, puisqu'en vue de l'île il arbora les couleurs de cartel ; il devait également connaître, quoi qu'il ait dit, la situation du Port Nord-Ouest et ne pas aller donner dans le mouillage le plus retiré de toute la colonie, à moins qu'il n'y ait été réellement forcé par un gros temps ou des avaries majeures. C'est là qu'il apprit sans doute que le *Géographe* était sur le point de rentrer en Europe, et qu'il forma le projet de se faire rapatrier par le commandant Baudin qu'il avait connu jadis et dont il ignorait la mort. De toutes les façons il n'était pas en règle, il devait comprendre que ce passe-port portant le nom d'un navire qui n'était pas le sien, devait mettre les autorités en défiance ; il semblerait que dans ces conditions, il eût dû s'attacher à faire le moins de bruit possible, tout en sauvegardant sa dignité. Bien au contraire, il le prit de très-haut dès les premières questions qu'on lui posa, questions assez pénibles à s'entendre adresser il est vrai, mais que justifiaient les circonstances. Son arrogance ne fit naturellement que confirmer la fâcheuse impression ressentie par le général Decaen.

Si Flinders en abordant dans la colonie, avait espéré trouver auprès des autorités la même urbanité chevaleresque, la même complaisance irréfléchie qui accueillait les étrangers au temps de Malartic, il se trompait étrangement ; le capitaine-général n'admettait pas ces compromissions tout innocentes qu'elles fussent. De plus, le voyageur anglais arrivait dans un mauvais moment, alors que le gouverneur plein de ses idées préconçues, n'était pas encore revenu à des sentiments plus équitables sur le compte de la population. Il vit tout d'abord dans cet intrus un simple agent secret, les apparences semblaient lui donner raison, l'attitude de son prisonnier n'était point faite pour modifier en rien cette manière de voir, et puis, meilleure raison encore, il avait reçu des instructions précises pour des cas semblables et Flinders n'avait pas de papiers en règle.

Le *Cumberland* conduit par le capitaine Renault, entra donc au Port-Nord-Ouest le 17 Décembre à 4 heures de l'après-midi et vint mouiller le long d'une frégate que Flinders prit d'abord pour le *Géographe* ; il demanda alors au pilote quand le capitaine Baudin comptait partir, grande fut sa déception lorsqu'il apprit non-seulement la mort du commandant, mais le départ de son navire qui avait mis à la voile la veille. Il fallait donc se résoudre à continuer sa route sur le *Cumberland*, mais pour cela il devait s'adresser directement au gouverneur afin de faire régulariser son permis de navigation et obtenir l'autorisation de se faire remettre en état. Aussitôt la visite de l'officier du port achevée, Flinders se fit conduire à terre et se rendit à l'hôtel du Gouvernement.

C'était l'heure du souper du général, force lui fut donc

d'attendre que ce repas fût terminé ; l'officier qui l'accompagnait l'engagea, pour prendre patience à s'asseoir sous les ombrages de la Place d'Armes, et bientôt il fut entouré d'un cercle de curieux, dont quelques uns parlant un peu l'anglais, lui firent mille questions sur son voyage, s'extasiant sur sa hardiesse d'avoir tenté une aussi longue traversée sur un aussi petit bâtiment. Après une attente assez prolongée, jugeant que le capitaine-général devait être visible, on retourna au gouvernement et peu après Flinders fut introduit dans une pièce où se trouvaient deux personnages, l'un gros, court, trapu, vêtu d'une veste ronde garnie de dentelles et l'autre en uniforme, très correct, très distingué et très flegmatique. Le premier, qui n'était autre que le général Decaen, le regardant dans le blanc des yeux sans lui faire le moindre salut, lui demanda son passeport et sa commission, puis après en avoir pris connaissance, il lui fit observer avec une certaine vivacité d'expressions, que le passeport mentionnant le nom de l'*Investigator* et non celui du *Cumberland*, comment expliquait-il l'irrégularité qu'il avait commise en abordant à l'Ile de France sur sa petite goëlette ?

Flinders raconta alors l'abandon de son navire et comment le gouverneur de la Nouvelle Galles du Sud lui avait donné le *Cumberland* pour rentrer en Angleterre. Decaen demanda ensuite à voir son ordre d'embarquement et son autorisation d'atterrir à l'Ile de France ; l'ordre d'embarquement, lui répondit Flinders, se trouvait à bord du *Cumberland*, quant à l'autorisation, il n'en avait pas, n'ayant touché à l'Ile de France que forcé par des circonstances toutes fortuites, pour y faire des vivres et s'y faire réparer.

— " Vous m'en imposez, monsieur ! " s'écria le gouverneur, " il n'est pas probable que le gouverneur de la Nouvelle " Galles du Sud ait expédié le chef d'un voyage de découvertes " sur un aussi petit navire !" Sur ces mots il se retira après lui avoir rendu ses papiers.

Flinders fut reconduit à bord du *Cumberland*, toutes ses lettres, ses journaux de bord, ses chartes furent mises dans une malle qu'on l'engagea à sceller. Il profita de l'attitude pleine de correction des officiers qui l'avaient accompagné, pour se plaindre amèrement de la conduite du capitaine-général à son égard, déclarant qu'il était bien décidé à ne plus mettre les pieds au gouvernement, ni à terre, jusqu'à ce que le général se fût bien et dûment excusé de son manque de savoir vivre. Les officiers l'engagèrent à ne pas attacher trop d'importance à quelques paroles prononcées dans un moment d'irritation, le gouverneur était un excellent homme, malheureusement affligé d'un caractère très emporté ; tout s'arrangerait pour le mieux, ils en étaient convaincus, mais ils espéraient bien que Flinders ne mettrait pas sa menace à exécution, car ils avaient ordre de le reconduire immédiatement à terre et il leur serait tout au moins pénible d'avoir à l'y contraindre.

" Quoi ! Je suis donc prisonnier ! " s'écria Flinders indigné,—" Vous l'êtes en effet, Monsieur, mais pour quelques
" jours seulement sans aucun doute, jusqu'à ce que vos papiers
" aient été examinés. Du reste un logement convenable a été
" préparé pour vous et pour votre secrétaire et le général a donné
" ordre qu'on ne vous laissât manquer de rien."

A ce moment arriva un pilote accompagné de plusieurs noirs de la direction du port, qui touèrent le bâtiment dans la rade ; à 1 heure du matin les deux prisonniers, Flinders et son secrétaire M. Aken, furent débarqués, le *Cumberland* demeurant sous la garde d'un piquet de soldats. Il faisait nuit noire, aussi ne purent-ils voir où on les conduisait, on s'arrêta devant un assez vaste bâtiment situé au centre de la ville ; après leur avoir fait traverser un sombre corridor et gravir un escalier malpropre, on les introduisit dans une chambre assez vaste n'ayant pour tout mobilier que deux lits de camp, deux chaises de paille, une table et un miroir dont le cadre avait été jadis doré, pas de barreaux aux fenêtres pourtant, mais une sentinelle placée à leur porte. Quelle était donc cette étrange prison ?

Fatigués de leur longue et laborieuse journée, les deux Anglais se couchèrent, mais dévorés d'anxiété, les puces et les punaises aidant ainsi que les moustiques, ils ne purent s'endormir qu'au point du jour.

A leur réveil les prisonniers s'aperçurent qu'ils étaient tout bonnement logés dans une taverne assez peu comfortable et portant le nom de *Café Marengo*, rien n'indiquait aucune précaution prise envers eux, si ce n'est la présence d'un factionnaire dans leur chambre, présence plus importune que gênante, car le grenadier de garde les laissait tranquillement causer entre eux et même se mettre à la fenêtre, se bornant à arpenter la pièce de long en large ; du reste, sur leur demande, cette sentinelle fut déplacée le lendemain et monta la garde dans le corridor.

Après avoir fait honneur à un bon repas, ayant été privés depuis si longtemps de pain, de viande et de légumes frais, ils reçurent la visite de l'aide-de-camp du général, le lieutenant colonel Monistrol qui les pria de se rendre au gouvernement où toute une série de questions fut posée à Flinders avec demande d'y répondre par écrit ; un secrétaire parlant passablement l'anglais lui servit d'interprète. Lorsque toutes les réponses eurent été rédigées et traduites en français, on les porta au gouverneur qui fit inviter Flinders à souper avec lui ; celui-ci tant soit peu surpris de cette amabilité,— qui d'ailleurs était bien dans le caractère du général, regrettant sans doute les paroles blessantes qu'il avait prononcées la veille dans un moment de colère et cherchant à les faire oublier—répondit assez sèchement, qu'il avait dîné et que d'ailleurs les circonstances dans lesquelles il se trouvait, lui interdisaient d'accepter ; si le capitaine-général tenait tellement à jouir de sa société, il n'avait qu'à le faire mettre en liberté, alors lui, Flinders, se sentirait extrêmement flatté et n'hésiterait pas à se rendre à son appel. Decaen lui fit répondre que puisqu'il en était ainsi, il ne manquerait pas de renouveler son invitation dès que le commandant aurait été relâché.

Le capitaine-général désirait transmettre à son gouvernement, —pour mettre sa responsabilité à l'abri dans le cas où il aurait à fournir au *Cumberland* une assistance qui n'était due qu'à l'*Investigator*,—des extraits du journal de navigation de Flinders relatifs à l'abandon du vaisseau pour lequel il avait obtenu un passeport, à son embarquement sur la goëlette et aux circonstances qui l'avaient fait modifier son itinéraire en s'arrêtant à l'Ile de France. La nuit était venue, il était près de 9 heures, Flinders fatigué de cette longue séance, demanda à se retirer, remit son journal à l'interprète en lui indiquant les passages requis et le priant de vouloir bien faire lui-même ce que demandait le gouverneur.

Le surlendemain, apprenant que son équipage livré à lui-même et fort peu surveillé par les soldats de garde à bord du *Cumberland*, ne se gênait pas pour s'en donner à cœur joie de tout ce qu'il pouvait trouver de spiritueux dans la propre cabine du commandant, ni pour descendre à terre sans autorisation, Flinders écrivit au général Decaen pour le prier de permettre à M. Aken de retourner à bord afin de rétablir l'ordre ; l'interprète vint le voir dans l'après-midi, lui annonça que le capitaine-général le remerciait de sa communication à laquelle il répondrait par écrit le lendemain et qu'en attendant il avait fait punir le caporal pour avoir toléré ces excès en dépit de ses instructions et arrêter tous les matelots qu'on avait trouvés à terre.

La réponse du général Decaen arriva en effet le lendemain, portée par l'aide-de-camp Monistrol accompagné de l'interprète M. Bonnefoy, qui devait en expliquer la teneur au principal intéressé. Ce n'était pas la lettre qu'attendait Flinders, mais un bel et bon arrêté en due forme qui le mettait au courant de la décision prise à son égard et dont voici la teneur :

" Au quartier général de l'Ile de France
" le 29 Frimaire an 12 de la République.

" Decaen, capitaine-général des établissements français à
" l'Est du Cap de Bonne Espérance. D'après l'examen qui a été
" fait du journal du commandant de la goëlette anglaise le
" *Cumberland*, ayant acquis la conviction que le commandant
" Flinders, précédemment, capitaine de la corvette l'*Investigator*,
" envoyé par le gouvernement anglais pour un voyage de
" découvertes dans la mer Pacifique, a dénaturé absolument sa
" mission pour laquelle il avait obtenu du Premier Consul le
" passeport signé du ministre de la marine sous la date du 4
" Prairial an 9. Par lequel passeport il n'était pas certainement
" autorisé à relâcher à l'Ile de France, pour pouvoir reconnaître
" les vents périodiques, le port et l'état actuel de la colonie, etc. ;
" qu'ainsi par cette conduite il a violé la neutralité sous laquelle
" il lui avait été permis indirectement d'aborder en cette île.

" Ordonne que le chef de bataillon Monistrol se rendra à
" bord de la goëlette le *Cumberland*, pour, en présence du capi-
" taine Flinders, faire lever les scellés provisoirement mis sur
" sa chambre et faire ramasser dans une ou plusieurs malles,
" tous les autres papiers qui peuvent contribuer à augmenter
" les preuves déjà acquises contre lui ; lequel, après avoir apposé
" de nouveaux scellés sur ces caisses ou malles, devra être
" reconduit à la maison où sa démarche suspecte a nécessité de
" le faire retenir dès l'instant même de son arrivée dans ce port.

" Le capitaine-général ordonne en outre, que ces malles
" seront réunies à celle déjà scellée par le capitaine Flinders ;
" ajoutant à cette disposition provisoire, que l'équipage de cette
" goëlette sera retenu à la caserne de mer, et qu'un inventaire
" sera préalablement fait par un commissaire de la marine, de
" tout ce qui peut exister à bord du *Cumberland* outre que les
" papiers ; lesquels effets seront mis sous le scellé et gardés
" conformément aux règlements ; pour après ces dispositions
" être statués ainsi qu'il appartiendra.

" Expédition du présent sera adressée au Préfet Colonial.

" Le Capitaine-Général

(" Signé.) DECAEN,

" Pour copie conforme :

(" Signé.) MONISTROL." (1)

On juge de l'exaspération du commandant anglais ; so voir
pris pour un vulgaire espion, être stupidement retenu prisonnier
alors qu'il avait hâte de rentrer en Angleterre pour rendre
compte de sa mission ; tout cela grâce à sa négligence impardon-
nable qui l'avait fait oublier de se mettre en règle, grâce à sa
trop grande curiosité qui lui avait, prétendait-il, donné l'idée de
prendre des renseignements sur l'Ile de France, projet bien
innocent, ne devant servir qu'à lui seul lors de son prochain
voyage de découvertes, d'autant plus innocent qu'il l'avait formé
alors que la guerre n'était pas encore déclarée et qu'à son arrivée
il n'avait pu le mettre à exécution.

Toutes ces bonnes raisons parurent passablement sujettes à
caution au général Decaen qui ne crut pas avoir le droit de
s'y arrêter ; Flinders n'était pas en règle, sa conduite prêtait à
l'équivoque, cela suffisait amplement pour le faire retenir
prisonnier jusqu'à décision de la métropole.

Flinders ne le jugea naturellement pas ainsi, et prenant
sa meilleure plume, il adressa à son *geôlier* une longue protestation
qu'il data de *sa prison*.

Les termes de cette lettre, pour être un peu vifs, étaient
néanmoins encore fort convenables et ne pouvaient froisser le
gouverneur, mais quelle réponse pouvait-il y faire à moins

(1) Archives de la marine.

d'entrer en discussion avec son prisonnier et de paraître se déjuger alors qu'il croyait avoir agi en son âme et conscience. Le général crut donc ne pas devoir en tenir compte, seulement comme Flinders réclamait les services de son valet de chambre resté à bord, il donna ordre de lui accorder immédiatement cette satisfaction.

Cependant les détenus souffraient cruellement de la chaleur, leur sang échauffé par une longue traversée et un mauvais régime, leur avait provoqué une éruption sur tout le corps, éruption douloureusement avivée par les piqûres des moustiques et les morsures des punaises au point de se transformer en ulcères. Flinders se décida alors à demander l'assistance d'un chirurgien et pria le gouverneur de lui faire savoir s'il serait autorisé à correspondre avec l'Amirauté anglaise, avec ses parents et ses amis ; à cela il fut répondu qu'on ne l'empêchait nullement d'écrire à qui que ce fût, pourvu que ses lettres fussent envoyées tout-ouvertes au major de la ville qui se chargerait de les expédier. Le chirurgien vint le soir, mais comme il ne parlait pas l'anglais, il dut revenir le lendemain matin avec l'interprète ; il dit à Flinders que ces plaies étaient de nature scorbutique et lui prescrivit des limonades, des fruits et des légumes.

Ne recevant pas de réponse à sa lettre, Flinders perdit patience et le 25 Décembre il adressa au capitaine-général un message où il le prenait directement à partie, l'accusant d'avoir eu l'idée bien arrêtée de le détenir avant même de l'avoir vu et d'avoir abusé de sa situation pour l'abreuver d'outrages et de dégoûts :

" Je dis qu'il y avait une intention préméditée d'arrêter le
" *Cumberland*, et voici comment ; le soir de mon arrivée, avant
" d'examiner mes papiers (excepté ma commission et mon
" passeport), vous m'avez déclaré avec pétulance que je vous en
" imposais. Or, je ne puis croire qu'un officier de votre rang et
" de votre jugement, puisse s'exprimer sans preuves avec moins
" de courtoisie et de mesure—à moins d'être aveuglé par la
" passion ou d'obéir à une résolution arrêtée d'avance d'agir
" *volens nolens*. Dans votre ordre du 21 dernier il est dit que le
" capitaine-général a acquis la conviction que je suis la personne
" que je prétends être, et celui en faveur duquel un passeport
" a été obtenu du Premier Consul par le gouvernement Anglais :
" il s'ensuit donc, comme je désire l'expliquer, *que je ne suis
" point et n'ai pas été* un imposteur. Ce motif d'accusation a
" été abandonné après qu'on eût cru en avoir trouvé un autre
" plus plausible ; mais je ne puis féliciter Votre Excellence sur
" ce changement d'attitude, car la première raison donnée est
" l'argument le plus soutenable."

La réponse ne se fit pas attendre, elle fut portée dans la soirée par un planton, et Flinders se trouvant pour le moment sans interprète, dut en entreprendre la traduction à grands coups de dictionnaire ; cette réponse n'était pas de nature, comme on le pense bien, à le décharger de ses soucis.

" Au quartier général à l'Isle de France le 3 Nivôse
" an 12 de la République Française.

" Decaen, capitaine-général des établissements
" français à l'Est du Cap de Bonne Espérance.

" Au Capitaine Flinders, commandant la goëlette
" le *Cumberland*.

" Je n'avais pas répondu à votre lettre du 21Xbre, Monsieur
" le capitaine, parce qu'il devenait inutile d'établir ici entre
" vous et moi, un débat sur les motifs plus ou moins fondés,
" dont je m'étais autorisé pour retenir jusqu'à nouvel ordre le
" *Cumberland*. D'un autre côté, j'aurais eu trop d'avantage à
" réfuter vos assertions malgré les raisonnements et les citations
" dont vous les avez ornées.

" J'avais bien voulu encore attribuer le ton peu réservé
" dont vous aviez fait usage dans cette lettre, à la mauvaise
" humeur que vous a donnée votre position actuelle. J'étais
" loin de penser qu'après avoir réfléchi sérieusement aux causes
" et aux circonstances, vous vous autoriseriez d'un silence aussi
" délicat pour aller encore plus loin ; mais votre dernière lettre
" ne me laisse plus d'alternative.

" Votre entreprise aussi extraordinaire que peu réfléchie,
" de partir du Port Jackson sur le *Cumberland*, plus pour donner
" une preuve d'un zèle officieux, plus pour les intérêts particu-
" liers de la Grande Bretagne, que ce qui avait pu engager le
" gouvernement français à vous donner un passeport, ce que je
" développerai en temps et lieu, m'avait déjà donné une idée de
" votre caractère ; mais cette lettre franchissant toutes les bornes
" de l'honnêteté, m'impose de vous dire, en attendant que l'opinion
" générale juge de vos torts ou des miens, de cesser toute
" correspondance, tendant à vouloir démontrer la justice de
" votre cause, puisque vous savez si peu garder les règles de la
" bienséance. "

" Je vous salue

" Decaen " (1)

Cette lettre pour être passablement dure n'en était pas moins
méritée et Flinders dut comprendre lui-même que dans sa
position, il n'avait rien à gagner de toutes les manières à prendre
une attitude de tranche-montagne ; il se le tint pour dit et
demeura tranquille ; mais comme l'oisiveté lui pesait, il songea
à reprendre ses travaux et demanda à se faire remettre en
possession d'une partie de ses papiers, offrant un reçu en échange
et sa parole d'honneur que rien ne serait modifié *ou détruit*, il
voulait simplement y ajouter quelques observations. Ces
documents furent mis à sa disposition le lendemain ; l'aide-de-
camp Monistrol se chargea de les lui porter lui-même et lui

(1) Archives de la marine.

exprima le regret qu'il eût cru devoir écrire au général comme il l'avait fait, à cela Flinders donna candidement pour raison que s'adressant à un républicain, il pensait s'être servi d'expressions assez convenables. Voyant l'ahurissement de l'officier à cette repartie qui donnait une bien triste idée de son savoir-vivre, il se dit à part lui, (et le répète dans ses mémoires) que décidément les Français avaient une étrange façon de comprendre la liberté, l'égalité, et la fraternité !

Notre voyageur avait pour sa part une façon tout aussi extraordinaire de respecter une parole donnée, car aussitôt qu'il fût laissé seul avec ses papiers, il fouilla dans la malle qui les contenait, s'empara de son livre de signaux et le mit en pièces. C'est lui-même qui le dit, et il ajoute que sa conscience fut déchargée d'un lourd fardeau ! Nous comprenons combien il était important de ne pas laisser ce code entre les mains des ennemis, mais ne pouvait-il agir différemment ? Pourquoi avoir engagé sa parole avant qu'on ne le lui eût demandé ? Il est très probable qu'on lui eût remis ses manuscrits sans exiger aucune condition, comme on le fit par la suite à diverses reprises ; alors libre d'agir comme il l'aurait jugé convenable, personne n'eût rien trouvé à y redire. Loin de là, il commença par se lier d'honneur et n'hésita pas à y forfaire un instant après. Etrange façon de comprendre la valeur d'un serment !

Sa santé étant très ébranlée, le chirurgien, M. Chapotin, l'engagea fortement à s'adresser au capitaine-général pour obtenir l'autorisation de prendre l'air et de faire un peu d'exercice. Flinders prétendit qu'après ce qui s'était passé, il ne voulait à aucun prix demander le moindre service au gouverneur ; M. Chapotin ému de pitié pour ses souffrances, se proposa généreusement pour faire les démarches nécessaires et obtint bien vite ce qu'il désirait. Quelque temps après, ennuyé de sa solitude, il daigna demander à être transféré dans un local où se trouvaient internés plusieurs prisonniers de guerre de sa nation, le général Decaen s'empressa d'accéder à ce nouveau désir. C'est là que Flinders eut l'occasion de se mettre en rapport avec bien des colons honorables, qui se faisaient un cas de conscience d'adoucir dans la mesure du possible le sort de ces malheureux à qui le sort des armes avait été contraire. La plupart de ces détenus étaient visités journellement par eux, on leur portait des livres, des instruments de musique, des couleurs lorsqu'ils savaient peindre, on obtenait pour eux la permission de sortir et on leur offrait une large hospitalité. Il est évident qu'avec sa haute instruction et la réputation qui l'avait précédé dans la colonie, Flinders ne pouvait passer inaperçu ; les circonstances particulières dans lesquelles il se trouvait, lui donnaient comme une certaine auréole aux yeux des habitants qui avaient encore sur le cœur la fâcheuse attitude du capitaine-général à leur égard. Il fut choyé plus que tout autre, on demanda au gouverneur de le relâcher sur parole ou tout au moins sous caution ; ce dernier s'y refusa d'abord formellement, mais au bout de quelque temps, comprenant que la santé de son prisonnier l'exigeait, il lui permit d'aller résider à la campagne, chez M. de Ravel, à Flacq (1), à la seule condition de n'en pas sortir sans en donner avis à l'administration ; cette restriction n'était qu'une simple formalité, car Flinders put aller et venir partout où bon lui sembla sans encourir le moindre reproche. On se borna à le faire surveiller et l'on s'aperçut vite qu'il savait mettre son temps à profit, car plus d'une fois on le vit, la nuit principalement, étudier les côtes de l'île, faire des sondages et relever des plans.

Aussi lorsque le 12 Mars 1806, l'Empereur, sur l'avis du Conseil d'Etat, tout en approuvant le capitaine-général d'avoir retenu Flinders à l'Ile de France, prenant en considération les infortunes et la situation particulière de ce navigateur, donna ordre à Decaen de le relâcher, celui-ci ne crut pas devoir obéir et expliqua son refus dans un rapport en date du 20 Août 1807 ; cette décision, disait-il, avait sûrement été prise par le Conseil d'Etat à un moment où l'on pouvait entrevoir un rapprochement avec l'Angleterre, mais les circonstances s'étaient singulièrement modifiées depuis, et à l'heure actuelle il considèrerait comme extrêmement imprudent de mettre son prisonnier en liberté. Il le garda jusqu'au 8 Mai 1810 et le fit alors passer avec plusieurs autres détenus sur un cartel qui devait mettre à la voile immédiatement, mais qui fut retenu en tête de rade pendant cinq semaines encore, les principaux négociants de l'île ayant présenté une adresse au gouverneur, lui faisant voir le danger qu'il y aurait à faire partir les prisonniers, alors qu'on attendait plusieurs bâtiments venant de France, dont ils n'auraient pas manqué de signaler la venue à l'escadre anglaise. Enfin, le 13 Juin, les navires étant arrivés, le cartel put se mettre en route et Flinders quitta définitivement l'Ile de France, après une détention de six ans et demi. On ne saurait blâmer le Capitaine-général de sa décision, il est évident que Flinders une fois libre, se serait empressé de transmettre à son gouvernement tous les renseignements qu'il avait pu obtenir, on prétend même qu'il n'attendit pas jusque là pour le faire en secret. C'est fort possible après tout.

Lorsqu'enfin il quitta la colonie, il avoua à un de ceux qui l'avaient toujours traité avec la plus grande bonté, croyant voir en lui un véritable ami, qu'au début il s'était longtemps défié de lui, le considérant comme un espion que le gouverneur aurait attaché à ses pas ! Voyant l'indignation peinte sur les traits de son hôte, il lui dit : " Chaque peuple a ses usages et ses mœurs, en " me recevant chez vous, vous n'avez suivi que l'impulsion de " votre cœur, mais si quelque malheur imprévu vous plaçait " jamais en Angleterre dans une situation semblable à celle où " je me suis trouvé dans votre maison hospitalière, méfiez-vous " de cette hospitalité, elle pourrait vous être funeste. Vous

(1) " Souvenirs d'un vieux colon."

" trouverez sans doute ailleurs de grandes vertus, de beaux
" caractères, mais vous ne rencontrerez pas beaucoup de Thomi
" Pitot ! " (1)

Voilà ce que nous avons pu démêler des aventures du capitaine Flinders, était-il réellement un espion ? Nous ne le croyons certainement pas, mais nous sommes convaincu que sa conscience ne l'aurait jamais beaucoup gêné pour faire connaître le fruit de ses observations au gouvernement britannique dans le cas où il aurait été remis en liberté ; pour nous, cela ne fait pas l'ombre d'un doute ! Le général Decaen, quoi qu'on en dise, agit donc sagement en le retenant prisonnier ; en pensant qu'il était venu dans la colonie dans le seul but de se livrer à des recherches indiscrètes, il commit sans doute une erreur de jugement, mais au bout du compte, tout ce qu'on peut lui reprocher c'est de n'avoir pas été assez maître de son caractère, et d'avoir en certaines occasions, au début principalement, abusé de sa position pour prononcer certaines paroles dont il regretta la dureté par la suite.

A peine arrivé dans la colonie dont le trésor était à peu près vide, Decaen s'empressa de songer au moyen le plus simple d'opérer une rentrée de fonds ; une augmentation de taxes n'eût sans doute pas fourni la somme nécessaire et n'eût fait que mécontenter la population déjà passablement obérée. Le plus pratique était de faire payer les frais aux ennemis. L'époque approchait où le convoi anglais venant de Chine allait se mettre en route, il fallait aller l'attendre au passage dans les détroits de la Sonde et tâcher de s'en emparer. Le capitaine-général en causa longuement avec l'amiral Linois et cette expédition fut décidée ; l'escadre composée du *Marengo*, de la *Belle Poule*, de la *Sémillante* et du *Berceau*, leva l'ancre le 10 Octobre 1803 à destination de Batavia où elle devait déposer le 12e bataillon d'infanterie de ligne envoyé au secours des Hollandais. Elle toucha à Saint Denis le jour suivant, pour y mettre à terre le général Magallon avec son personnel, puis continua sa route.

Le 1er Décembre, elle s'arrête devant Bancoulen, y détruit les navires et comptoirs anglais, le 12 elle arrive à Batavia et y dépose les renforts. Linois se ravitaille, fait part de ses projets au gouverneur hollandais et lui demande l'appui de quelques navires de guerre ; il n'obtient que le petit brick l'*Aventurier* et se dirige le 30 Décembre vers la mer de Chine. Le 1er Février 1804, il s'empare du brick de guerre *Admiral Raynier* et de la *Henriette* armée de 24 canons ; le 10 il apprend que le convoi a quitté Macao ; le 14 à 11 heures et demie du matin, il reconnaît 28 voiles par le travers de Poulo Aor, le convoi entier met en panne, 5 vaisseaux de haut bord s'en

---

(1) Revue Pittoresque de l'Ile Maurice. " Notice sur Ch. Th. Pitot " par *Isidore Lolliot*. A. *d'Epinay*—" Annales de l'Union Catholique " 5me année, 6me 7me, 8me, 9me et 10me Livraisons. *Flinders* " Voyage à la terre australe."
Voir pièces justificatives No. 14.

détachent et viennent reconnaître la force de la division française ; la journée se passe à courir des bordées hors de portée de canon, à 5 heures on s'est considérablement rapproché, mais Linois ne veut pas engager un combat de nuit, il conserve l'avantage du vent et louvoie jusqu'au jour. Les Anglais de leur côté, semblent bien décidés à l'attendre, ils ont hissé leurs feux de position et demeurent immobiles.

Ce convoi est commandé par le capitaine Nathaniel Dance, il se compose de 28 bâtiments dont 16 de 1200 tonneaux chaque, armés de 652 canons et portant ensemble 2,259 hommes d'équipage, les douze autres ont 132 pièces, ce qui donne un total de 784 bouches à feu contre 192 que porte la division Linois ; c'est à un adversaire aussi formidable qu'il va s'attaquer.

Le 5 Février à midi et demi, l'action s'engage avec violence, mais Linois a beau faire, il ne peut empêcher les Anglais de se déployer, il comprend qu'il va être fatalement entouré et pris, il se décide à la retraite plutôt que de laisser anéantir les seuls bâtiments qui restent à la France dans ces parages. Il reprend la route de Batavia, rencontre en chemin l'*Atalante* qui arrivait de Mascate où elle avait été envoyée en mission, détache la *Belle Poule*, la joint à cette frégate et toutes les deux vont croiser dans le golfe de Bengale. Elles s'emparent de l'*Althœa* de la Compagnie des Indes et la ramènent à l'Ile de France ; sa cargaison rapporta au trésor colonial la somme de quatre millions et demi. (8 Mai)

Linois trouve devant Batavia l'amiral hollandais Harting, il lui propose de se joindre à lui pour faire une nouvelle croisière, le Hollandais refuse, Linois reprend alors la route de l'Ile de France ; il y arrive le 1er Avril avec le *Marengo*, la *Sémillante* et le *Berceau*, tous plus ou moins avariés, coulant bas d'eau, ayant 115 malades et le reste des équipages littéralement sur les dents.

En apprenant l'insuccès de l'entreprise sur laquelle il comptait si absolument, Decaen éprouva un vif dépit et ne put s'empêcher de témoigner son mécontentement à Linois avec une vivacité fort regrettable ; l'amiral profondément froissé, lui répondit à peu près sur le même ton. Bref, là où l'union et la bonne entente étaient si nécessaires au bien de la colonie, on perdit un temps précieux en discussions frivoles et en récriminations inutiles. Pour mettre un terme à cette situation des plus tendues, la corvette le *Berceau* fut expédiée en Europe, Linois rédigea son rapport au sujet du convoi de Chine, et en chargea un de ses officiers, le capitaine Delarue ; Decaen de son côté, écrivit un mémoire des plus véhéments qu'il remit à son aide-de-camp, M. Lefebvre de Béhaine, pour être remis en mains propres au Premier Consul.

Celui-ci devenu l'Empereur Napoléon depuis le 18 Mai, lut attentivement les dépêches, pesa le pour et le contre et finit par gratifier Decrès d'une verte admonestation. Avec un pareil ministre il n'y avait pas à s'y tromper, directement ou indirectement, par son incurie ou son mauvais vouloir, il était toujours la cause première de ce qui pouvait arriver de fâcheux aux colonies. (1) Napoléon résolut pour l'avenir de concentrer toutes les forces de terre et de mer dans l'Océan Indien sous la responsabilité absolue du capitaine-général et ordonna au ministre de ne le laisser manquer de rien. Ces instructions ne furent pas mieux suivies que les précédentes. (2)

Cependant Linois se hâte de se réparer, il ne veut pas rester plus longtemps dans une colonie où il est forcément en rapports constants de service avec un officier supérieur affligé d'un aussi mauvais caractère. La *Belle Poule* et la *Psyché* ne sont pas encore en état, il les laissera au Port-Nord-Ouest et appareillera avec le *Marengo*, l'*Atalante* et la *Sémillante*. Il part le 20 Juin 1804, se dirige sur la baie de Saint Augustin, y embarque des vivres frais, aborde à Anjouan pour faire de l'eau, et gagne la côte orientale d'Afrique. De là, il touche aux Comores, arrive aux Maldives le 18 Août, capture deux bâtiments chargés de blé et les envoie à l'Ile de France. Le 18 Septembre sur la côte de Coromandel, devant Vizigapatam, il livre un combat au *Centurion* et à deux frégates anglaises aux ordres de l'amiral Raynier, les Anglais s'échouent après avoir amené leurs couleurs ; Linois ne peut s'en emparer, craignant de compromettre la sécurité de la division en approchant trop près de terre sur des hauts fonds. Il rallie l'Ile de France ; le 14 Octobre il amarine le *Hope* et s'empare de la correspondance de Lord Wellesley ; le 31 il entre au Port-Sud-Est où le *Marengo* donne sur un écueil, il faut le réparer ainsi que la *Sémillante*.

Pendant ce temps la *Psyché*, la *Belle Poule* et l'*Atalante* reprennent la mer (Décembre) et reviennent le 21 Avril 1805 avec plusieurs prises. Il faut alors réespalmer l'*Atalante* ; Linois donne ordre à son commandant de le retrouver au Cap au mois de Septembre et se dirige sur les Seychelles avec les autres bâtiments. (22 Mai.) Il y trouva une lettre du général Decaen, écrite le lendemain de son départ, dans un accès de mauvaise humeur sans doute, et contenant les allégations les plus blessantes, accusant Linois d'avoir cherché dans toutes ses expéditions, plutôt son intérêt personnel que celui de la colonie, bien heureux

---

(1) *A. d'Epinay.* D'après *Saint Elme le Duc*, (manuscrit de la bibliothèque nationale), l'amiral avait écrit au ministre pour se plaindre du capitaine-général ; le ministre ayant adressé à Decaen une lettre de reproches, (30 Prairial), celui-ci riposta (6 Ventôse an 14), en rejetant naturellement tous les torts sur Linois.
" Lors de la première prise faite par la division, Linois aurait juré sur son
" honneur que dans le cas où à son retour, il ne toucherait pas ce qui lui
" reviendrait de ses parts de prises, la colonie serait privée à l'avenir d'en
" recevoir aucune. Il aurait ordonné que ce qui lui revenait de ses parts de
" prises, fût placé chez un banquier, parce qu'il voulait que son argent lui
" rapportât.
" Le capitaine-général aurait voulu que les parts de prises fussent versées
" à la caisse des invalides, pour faciliter le service ; l'amiral s'y étant refusé, il
" le traita dans son rapport d'homme *avare* et *cupide*, il lui reprocha aussi d'être
" *jaloux*." (*Saint Elme le Duc*, " manuscrit de la bibliothèque nationale.")
(2) *A. d'Epinay.*

encore de retrouver à l'Île de France un asile assuré pour s'y faire réparer et ravitailler, ses dépenses absorbant bien au-delà de tout ce qu'il avait pu y introduire par ses prises.

A cette épître Linois répondit par un démenti des plus formels ; cette fois il avait assez supporté d'affronts et d'avanies, il fallait que cette situation fût tranchée d'une manière ou d'une autre. (1)

Il se dirige sur Ceylan ; le 7 Juillet il croise le *Prince* qui se rend à l'Ile de France sous pavillon parlementaire pour y échanger des prisonniers. Linois ayant besoin de renforcer ses équipages, réquisitionne 74 hommes. Le 11 il s'empare du *Brunswick* de 1,200 et de la *Sarah* de 1000 tonneaux.

Apprenant qu'une escadre anglaise est à sa recherche, il se dirige sur le Cap de Bonne Espérance, y arrive le 13 Septembre, rallie l'*Atalante* qui l'y attendait et qui périt six semaines après à False-Bay pendant un raz-de-marée.

Le 10 Novembre Linois transporte sa croisière aux environs de Sainte Hélène ; il ne lui reste plus que le *Marengo* et la *Belle Poule*. Bientôt il apprend que les Anglais se sont emparés du Cap (Janvier 1806) ; il songe à rentrer en Europe, car l'amiral Pelew bloque l'Ile de France, attendant son retour et l'amiral Popham est à sa recherche sur le banc des Aiguilles.

La traversée s'accomplit sans encombre jusqu'au 4 Mars, entre les Iles du Cap Vert et les Canaries ; il se rencontre alors avec une escadre anglaise composée de 7 vaisseaux, 2 frégates et une corvette sous l'amiral Sir John Borlasse Warren. A 5½ heures du matin, le combat s'engage avec furie, le *London* de 110 canons fait face au *Marengo*, l'*Amazone* de 48 canons attaque la *Belle Poule* ; désemparée, elle cède la place à un vaisseau de 74 qui est bientôt rejoint par deux autres. Le *Marengo* et le *London*, se foudroient à bout portant, Linois grièvement blessé, cède le commandement au capitaine Chassériau ; à 9 heures, 10 canons sont démontés, le *Marengo* n'en peut plus, trois autres vaisseaux viennent appuyer le feu du *London* ; la partie est trop inégale, la division française a 177 hommes hors de combat, dont plusieurs officiers supérieurs, Linois se décide à se rendre. Il fut traité avec la plus grande courtoisie par les Anglais remplis d'admiration pour une défense aussi héroïque. (2)

A ce moment de toute l'escadre de la mer des Indes il ne restait plus au Port-Nord-Ouest qu'une seule frégate, la *Sémillante*.

Decaen, dans le but d'attirer aux Iles de France et de la Réunion les bâtiments étrangers, avait proclamé *ports-francs* les ports de ces deux îles (Septembre 1804), avec la seule restriction pour la dernière de ces deux colonies, que les marchandises en

(1) *A. d'Épinay*. Voir pièces justificatives No 15.
(2) *A. d'Épinay*, *D'Unienville*.

sortant devaient passer à l'Ile France qui bénéficiait de la moitié des droits perçus (8 Novembre) ; toutes ces mesures établies dans le but de remplir le trésor public qui se vidait plus vite qu'il ne s'emplissait, n'aboutirent à rien en raison de la surveillance rigoureuse exercée par les croisières anglaises. De temps à autre quelque riche prise faite par la division de l'amiral Linois ou par les corsaires, venait tout juste permettre de parer aux dépenses les plus indispensables, mais cela n'avait qu'une durée éphémère et l'on était bientôt réduit plus que jamais à vivre d'expédients. Les secours si souvent annoncés n'arrivaient pas malgré de fréquentes réclamations.

Le 17 Octobre l'Empire avait été officiellement proclamé à l'Ile de France, le capitaine-général s'empressa d'adresser au nouveau souverain les félicitations et les vœux de la colonie, y joignant une description fidèle de l'état d'abandon où elle était laissée ainsi qu'une pressante demande d'assistance. Afin d'être bien sûr que sa dépêche ne s'égarerait pas en route, il se décida à affréter une goëlette américaine réputée pour la supériorité de sa marche, y embarqua son jeune frère en lui recommandant de faire diligence, de rejoindre l'Empereur n'importe où il se trouverait et de ne pas se dessaisir de ses paquets sous aucun prétexte, avant de les avoir remis à leur destinataire.

Le jeune René Decaen partit donc, sa traversée fut aussi heureuse que rapide, il toucha en Normandie juste le temps de voir les siens, gagna Paris, y apprit que l'Empereur était en Bohême, se dirigea à franc étrier vers son quartier général et y parvint le lendemain de la victoire d'Austerlitz. Ne connaissant pas le mot d'ordre, il fut arrêté par la première sentinelle qu'il rencontra et conduit au poste. C'est là qu'eut lieu le dialogue si connu et si souvent raconté. En arrivant au corps de garde il fut interrogé par un sergent qui lui demanda son nom.—" Decaen," répondit-il.—" Et qui êtes vous ?"—" Aide-de-camp." —" De qui ?"—" Du général Decaen."—" D'où venez vous ?"— " De Caen.—" Et où allez-vous ?"—" Au camp."—" Ah ça ! " mon garçon, il y a trop de cancans dans votre histoire et vous " allez me faire le plaisir de passer la nuit à l'ours." Et il allait le faire comme il l'avait dit, lorsque fort heureusement une patrouille survint, le jeune homme n'eut pas de peine à faire comprendre à l'officier le but de sa mission et la hâte qu'il avait d'exécuter les instructions de son frère ; il fut conduit auprès de Napoléon qui l'écouta avec une profonde attention, lui laissa tout juste le temps de se reposer vingt quatre heures et lui fit reprendre la route de Paris, porteur d'un ordre au ministre de la marine, d'avoir à expédier immédiatement une frégate à l'Ile de France, sur laquelle René Decaen prendrait passage et annoncerait à son frère, en lui portant les premiers secours, que plusieurs autres frégates allaient le suivre avec des renforts, des munitions et des lettres de change.

Effectivement la *Canonnière*, commandée par le capitaine César Joseph Bourayne, quitta Cherbourg dans la première quinzaine de Décembre 1805, (1) avec le jeune aide-de-camp, porteur de traites pour une valeur considérable ; le commandant devait se hâter le plus qu'il pourrait, gagner l'Ile de France au plus vite et même y débarquer son passager au premier point de la côte qu'il relèverait. Moins de quatre-vingts jours après, le 24 Février 1806, la *Canonnière* avait connaissance du Morne du Bambou, déposait René Decaen au Vieux Grand Port, sur une habitation appartenant à M. Jean Marie Virieux, procureur-général, alors suspendu de ses fonctions par le gouverneur ; Madame Virieux se trouvant au Bambou, accueillit l'aide-de-camp, lui offrit à déjeûner et voyant combien il avait hâte de se mettre en route, lui donna un cheval et le fit accompagner par un homme de confiance pour lui indiquer la route.

Enlizé dans les sables mouvants, retardé au passage de la Grande Rivière Sud-Est, notre voyageur atteignit tout juste à la nuit le Poste de Flacq et s'arrêta chez M. Jersey le commandant du quartier ; mourant de faim il fit honneur au repas qu'on lui servit et raconta brièvement les péripéties de son voyage, depuis son départ du camp d'Austerlitz ; M. Jersey lui assura qu'en se remettant en route immédiatement, il pourrait encore arriver au Port-Nord-Ouest avant la frégate dont le brouillard avait empêché de signaler la présence ; à 10 heures au plus tard il serait rendu. Pendant cette conversation, un voisin qui avait paru boire avidement ses paroles, forma le bizarre projet de devancer le jeune Decaen, il disparut subitement, enfourcha son meilleur cheval, et galoppa à franc étrier sur la route du Port, précédant l'officier d'une bonne demie-heure.

C'était un certain M. M... possesseur d'une assez grande fortune, qu'il était en train de dépenser en excentricités de toute sorte. Fort doux et fort inoffensif de sa nature, il imitait dans leur démarche et leur accoutrement tous les Anglais qu'il rencontrait ; pour lui le suprême bon ton, c'était de revêtir le costume inauguré à cette époque par les anglo-indiens, pantalon à guêtres, gilet de mousseline orné de trois rangées de boutons, casque en moëlle de sureau, un énorme gourdin sous le bras ; il faisait ainsi des stations interminables sur la Place d'Armes devant la Bourse. Lui qui ne disait pas deux mots d'anglais, il exultait lorsqu'on lui avait dépêché un petit noir s'informer s'il était Anglais ou Américain.—" Yes, by God !" C'était sa réponse, il ne sortait pas de là. Comme on lui avait fait croire que les Anglais afin de rendre leurs chevaux de course plus légers, les suspendaient la nuit dans leurs boxes au moyen d'une ventrière, d'une corde et d'une poulie et leur administraient un jaune d'œuf pour tout repas du matin, il voulut en faire l'expérience et acheta bientôt une douzaine de coursiers débarquant d'une prise, pour les mettre à ce régime débilitant. C'est sur le *crack* de

(1) D'après *Saint Elme le Duc* (" Manuscrit de la bibliothèque nationale "), la *Canonnière* aurait quitté Cherbourg le 14 Novembre 1805. Dans ce cas l'anecdote citée plus haut serait inexacte, pour ce qui a trait du moins à la bataille d'Austerlitz.

son écurie que notre homme courait ainsi bride abattue. On l'avait surnommé *Copenhague* et le sobriquet lui était resté.

Entre 9 et 10 heures du soir, il déboule sur la place du gouvernement, jette la bride de son cheval au factionnaire et demande à voir le capitaine-général ; le brigadier Brouilly tâche de lui faire comprendre qu'il est trop tard pour déranger le gouverneur qui se repose, Copenhague insiste et fait tant de bruit que le général arrive lui-même s'enquérir de ce qui se passe.—" Ce n'est rien, général, c'est Copenhague qui a la " cervelle détraquée et qui dit des bêtises. "—" Des bêtises " général ! Je vous affirme que j'arrive à l'instant de Flacq où " j'ai soupé avec votre frère qui est débarqué depuis ce matin, " vous portant beaucoup d'argent et de grandes nouvelles ; " l'Empereur a remporté une victoire à Austro... Austrolo... " Austrogo, et..."

Le général persuadé plus que jamais qu'il a le cerveau fêlé, donne ordre de mener le pauvre diable à l'hôpital et de recommander au médecin en chef M. Chapotin, de s'occuper de lui le lendemain.

Au même moment on entend le galop d'un cheval ; cette fois c'est René Decaen qui saute à terre, se jette au cou de son frère et lui confirme ce que lui a raconté Copenhague, erreurs géographiques à part. Celui-ci est naturellement relâché, on lui offre à coucher dans la chambre de l'aide-de-camp.

On ne songe plus à dormir, Decaen envoie chercher le général Vandermaësen ainsi que les principaux fonctionnaires, on passe la nuit à écouter le récit des évènements. Les officiers décident de donner une aubade au gouverneur, les mesures sont prises par le directeur de l'artillerie, le colonel Pombodin et le commandant Lenouvel de la garde nationale. A la diane tous les forts et toutes les batteries font entendre une salve de coups de canon ; la ville est en émoi, on court à la Place d'Armes, on obtient des aides-de-camp communication des dépêches, l'enthousiasme est à son comble. On n'oublie pas pour cela le pauvre Copenhague, on le turlupine à qui mieux mieux ; lui aussi prend part à la joie populaire, se disant sans doute en lui-même qu'une bonne partie des compliments que l'on débite, lui revient de droit, n'a-t-il pas été le premier à faire part des nouvelles au capitaine-général ? Il accepte donc avec une modestie feinte tous les éloges que lui prodiguent quelques mauvais plaisants ; ayant été le premier à la peine, il n'est que juste qu'il soit à l'honneur maintenant (1)

Le capitaine Bourayne mouille au Port-Nord-Ouest dans la nuit du 24 au 25 Février ; Decaen lui donne à peine le temps de rafraîchir ses équipages et l'expédie le 21 Mars avec ordre de rallier Linois qui croisait alors croyait-on dans les environs du Cap. Il gagne la côte d'Afrique et rencontre devant Natal un

---

(1) " Souvenirs d'un vieux Mauricien " par *B. D. (Berger Dujonnet père)*.

convoi de onze bâtiments de la Compagnie protégés par le *Tremendous* vaisseau de 74 qui offre le combat à la *Canonnière*, celle-ci riposte avec vigueur ; pendant l'action un boulet effleure le chapeau de Bourayne, le fait pivoter sur lui-même et met sa coiffure en désordre.—" Il paraît, dit-il, que ces gaillards là ne " me trouvent pas bien brossé aujourd'hui !" Après un engagement acharné, le vaisseau anglais se retire et Bourayne en fait autant, ne se souciant pas d'entamer une nouvelle lutte dans l'état de délabrement où se trouve sa frégate.

Le 29 Avril il est devant False-Bay ; y voyant vraiment trop de bâtiments flottant les couleurs hollandaises, il mouille au large sous voiles et envoie une embarcation à terre pour le renseigner au moyen d'un signal convenu ; l'embarcation pénètre dans la rade et accoste sans faire le moindre signal, Bourayne n'hésite pas, il file son câble et disparait avant que les Anglais, qui étaient maîtres de cette colonie depuis quelques semaines, aient eu le temps de se mettre à sa poursuite. Il gagne la Réunion, car l'Ile de France est bloquée, ne pouvant s'y faire réparer, le général Des Brulys, qui y commandait alors depuis le mois de Décembre, l'engage à se rendre aux Philippines (27 Mai 1806). (1)

Deux mois auparavant, le 22 Mars, une autre frégate la *Piémontaise*, aux ordres du commandant Louis Jacques Epron, était arrivée à l'Ile de France, donnant à la colonie un regain d'espoir, bien frêle hélas ! dans les bonnes dispositions du ministre.

Ce bâtiment fut aussitôt envoyé en croisière, il partit le 11 Juin et revint le 4 Juillet avec le vaisseau de la Compagnie, le *Warren Hastings* de 1200 tonneaux et 48 canons, portant un chargement de thé évalué à trois millions. Le mois suivant la *Piémontaise* reprit encore la mer, captura cinq bâtiments portant en sus de leurs importantes cargaisons, près de deux millions de francs en numéraire. Le 15 Décembre elle était de retour au Port-Nord-Ouest. (2)

(1) *A. d'Épinay.*
(2) Ibid.

II

Le premier Janvier chez la population esclave.—La société coloniale dans les campagnes, l'hospitalité.—La vie au Port-Louis, le luxe, origine de cet état de choses.—Madame Decaen, ses réceptions, son affabilité.—Baptême d'Isle de France Decaen.— Réception des dignitaires de la Légion d'honneur.— Le général Decaen s'amende.—La *Table Ovale*.—Mahébourg.—Embellissements du Port-Nord-Ouest.—Le port.—Endiguement des ruisseaux, projets de Decaen sur le Jardin de la Compagnie.—La nouvelle Poudrière ; le Lycée colonial.—Le percement du Pouce ; le pont de la Grande Rivière ; le Réduit. — Vues du général Decaen sur Madagascar.—Flatterie adressée à l'Empereur. — Le Port Napoléon, le Port Impérial et l'Ile Bonaparte.—Une comédie qui aboutit à quelque chose.—(1804-1806).

Le jour commence à poindre, une brume légère flotte encore au dessus des champs de cannes et de maïs, tout est paisible, tout semble dormir sur les plantations d'un bout à l'autre de la colonie. Soudain le coq claironne son premier appel. A peine la dernière note s'est-elle éteinte, perdue dans le silence et dans l'éloignement qu'une vive fusillade éclate, crépite, fait bondir et réveille en sursaut les maîtres plongés dans un profond sommeil. Maintenant c'est une cacophonie discordante d'instruments de toute espèce, depuis l'aristocratique criucrin et son confrère non moins distingué, l'accordéon, que torturent des doigts malhabiles, tandis que le triangle indiquant les temps forts, semble scander leur supplice et étouffer les fausses notes sous son cliquetis assourdissant. A côté, c'est le vulgaire tambour fabriqué d'un barillet tendu d'une peau de cabri convenablement passée à la flamme pour en augmenter la résonnance ; le bobre formé d'une simple gaule de six à huit pieds de haut, courbée en arc, et dont la corde est représentée par un fil de laiton au milieu duquel s'adapte une calebasse qui s'appuie sur la poitrine du virtuose, tandis qu'il exécute des fioritures sur sa table d'harmonie en la caressant à coups de baguette ; la marvanne, sorte d'étui en liane tressée qui contient une poignée de cailloux et qu'il faut agiter en mesure ; la trompe malgache faite d'une corne de bœuf évidée ; la harpe malgache, d'une facture plus délicate, fabriquée d'un tronçon de bambou choisi entre deux nœuds espacés, long de deux pieds environ, dont le derme détaché de distance en distance et sur toute sa longueur en minces filaments portés sur des chevalets, tandis que le ligneux en dessous est fouillé en rigoles, forme une espèce de guitare dont on joue avec un bâtonnet. Tous ces instruments accompagnent à l'unisson des refrains monotones psalmodiés avec l'accent à la fois nasillard et guttural que l'on sait.

C'est le premier jour de l'an, le "*bananée*", la fête par excellence de la population esclave. La veille ils ont terminé leur tâche par une corvée générale de fourrage pour les bêtes ou de bois à feu pour la cuisine ; la nuit, ils l'ont passée à danser, chanter et boire, maintenant que le jour paraît et qu'ils sont libres de tout souci jusqu'au lendemain, ils viennent revêtus de leurs habits de gala, présenter leurs souhaits au maître et à sa famille. En approchant de la maison principale, sans arrêter pour cela leurs chants, leur musique et leurs coups de fusil, chacun s'est confectionné un bouquet avec toutes les fleurs qu'il a pu trouver.

A peine la maison est-elle ouverte, à peine ont-ils reçu en échange de leurs vœux de santé, bonheur et prospérité, la chemise ou la jupe traditionnelle accompagnée de quelques pièces blanches et d'une forte lampée d'arack, assez souvent renouvelée, qu'ils prennent d'assaut varangues, salon et salle à manger et se livrent à un *séga* frénétique qui dure jusqu'à midi sans interruption. Il se retirent alors pour prendre un repos bien gagné. La plupart ne va pas loin ; éreintés par six ou sept heures d'une danse épileptique, étourdis par la quantité prodigieuse d'alcool absorbé que le grand soleil de la journée fait bouillonner sous leurs crânes, en dépit de leur épaisse toison laineuse ; ceux-là tombent dans le premier massif venu où ils peuvent trouver un peu d'ombrage, d'autres s'affalent au bord du chemin, tous enfin s'endorment et ronflent à qui mieux mieux, cuvant leur fatigue et leur ivresse, mais prêts à recommencer aussitôt que la nuit sera faite.

Le soir appartient surtout aux commandeurs, aux domestiques, gens que leurs fonctions placent bien au-dessus de leurs congénères comme une aristocratie fermée dont ils sont jaloux au dernier point ; ici, le suprême bon ton est de faire fi des amusements populaires, on imite les maîtres dans le parler, dans la démarche ; on méprise, du moins au début, le séga par trop démocratique pour se livrer aux douceurs de la contredanse. Le maître a prêté ses salons, souvent il daigne ouvrir le bal en personne, chacun se règle sur lui et copie ses mouvements avec plus ou moins de succès, ce qui donne lieu à des scènes d'un grotesque réjouissant. Les danses se succèdent avec entrain jusqu'à l'heure du souper, souper fourni également par le maître et auquel les assistants font largement honneur ; tout est englouti en un clin d'œil et copieusement arrosé de vin, de liqueurs et surtout d'arack ; au dessert quelques " artistes " font assaut de virtuosité, en chantant des romances pleurardes et de grands airs d'opéra, la voix est juste mais le timbre donne la chair de poule et la prononciation est inénarrable. Pendant ce temps le menu fretin entassé devant les portes et les fenêtres, assiste avec le plus grand intérêt à ce déploiement d'élégance.

Après le repas, le bal reprend de plus belle, mais les assistants abondamment repus de victuailles et de boisson, sentent peu à peu s'effacer leurs notions de bonne tenue et de savoir-vivre ; l'orchestre attaque un séga, le maître s'empresse de donner à sa famille le signal de la retraite. Il reste encore une heure ou deux pour ne pas froisser la susceptibilité de *ses invités*, la fête dégénère bientôt en bacchanale et pour faire partir ces enragés danseurs, afin de les forcer à prendre un peu de repos avant le travail du lendemain, il est souvent obligé d'éteindre le luminaire. Alors c'est un sauve-qui-peut général, des cris, des hourras frénétiques ; ceux qui se piquent le plus d'une bonne éducation et parmi eux, ceux qui portent le mieux la voile, se croient tenus avant de s'en aller, d'adresser à leur amphitryon une petite harangue toute confite en remercîments.

Il est souvent plus de minuit lorsque le calme est rétabli.(1)

Fidèles à leurs anciennes habitudes, les colons passaient tout l'été sur leurs plantations, évitant ainsi l'atmosphère écrasante du Port trop bien abrité contre les vents généraux par sa ceinture de montagnes granitiques dont la réverbération ne faisait qu'accroître encore l'ardeur de la canicule. Vivant largement sans trop grandes dépenses, la journée était généralement employée à la surveillance des travaux de toute nature, mais le soir chaque habitant recevait ses voisins à tour de rôle ; les étrangers de passage dans la colonie étaient le plus souvent hébergés pendant des semaines et même des mois, on organisait en leur honneur des promenades, des excursions et surtout des chasses qui duraient plusieurs jours. On partait en bande, suivi de tout un cortège de rabatteurs, on campait le soir en plein bois, dînant du gibier qu'on avait abattu, dormant à la fraîche sous quelque ajoupa construit à la hâte de branchages et de feuilles de palmiste ou de latanier, roulé dans une bonne couverture de laine bien chaude qui n'était pas de trop dans les montagnes ; le lendemain on recommençait et souvent on était cinq, six et même huit jours avant de regagner l'habitation. (2)

Ceux qui vivaient sur le littoral, organisaient de préférence des parties de pêche à la ligne, à la seine, aux casiers, dans les barachois, dans les criques, sur les brisants et parfois même au large sur de frêles pirogues qu'un coup de mer pouvait aisément faire chavirer. En somme, l'amphitryon n'aurait pas cru s'être acquitté dignement des devoirs que lui imposait l'hospitalité, s'il n'avait fait son hôte goûter à tous les plaisirs, à toutes les jouissances qu'il était en son pouvoir de lui offrir. Et tout cela sans cérémonie, sans apprêt, à la bonne franquette, laissant voir le désir d'être agréable et le parti pris bien arrêté de n'être pas indiscret.

L'invité était comblé de prévenances, on s'attachait à deviner ce qui pouvait lui plaire, mais on avait la précaution de lui laisser toute son indépendance et toute sa liberté d'action ; voulait-il se reposer, écrire, travailler, il pouvait le faire sans crainte d'être dérangé, sans l'appréhension de déranger les autres. Le pavillon qu'on lui avait assigné comme résidence, isolé de la maison principale sans en être pour cela trop éloigné,

(1) *D'Unienville*. J. *Milbert* " Voyage pittoresque à l'Ile de France."
(2) *Milbert*.

lui offrait tout le comfort voulu ; s'y retirait-il, personne n'y trouvait à redire, personne ne serait venu l'y relancer à moins qu'il n'en eût exprimé le désir.

Vers la fin du mois de Mai, alors que les fortes chaleurs de l'été ont pris fin, la température devient plus supportable, on respire un air plus frais ; la plupart des campagnards, ceux de la classe aisée principalement, songent à regagner la ville où la saison des fêtes et des plaisirs ne va pas tarder à commencer. Comme au bon vieux temps de La Bourdonnais et de M. de Souillac, les routes offrent l'aspect le plus animé ; ce ne sont que processions de palanquins de toutes les formes et de toutes les couleurs, plus ou moins richement décorés suivant le goût ou la fortune des propriétaires, les uns en bois vernissé, ornés de marqueteries ou d'incrustations de cuivre, aux ouvertures garnies de stores de soie ou de jalousies, les autres, antiques machines, datant des premières années de la colonie, visant plus au comfort qu'à l'élégance, fabriqués de planches solidement ajustées, larges, spacieux, commodes mais lourds et frustes, leurs rideaux de coutil rayé n'en préservent pas moins du soleil les belles créoles qui les occupent, les jeunes enfants sont couchés dans un simple hamac de corde ou de jonc enfilé à même un bambou et recouvert d'un rideau protecteur. A côté les hommes suivent, non plus à pied comme au temps jadis, mais à cheval ou à âne, c'est déjà un progrès ; devant et derrière s'aligne une longue file de porteurs de bagages, de serviteurs de toute sorte, cuisiniers, domestiques, femmes de chambre et bonnes d'enfants.

Le Port prend alors une animation inaccoutumée, toute la vie de la colonie semble s'y être concentrée, les belles maisons du quartier du Rempart sont sorties de leur longue léthargie, portes et fenêtres sont ouvertes, on y entend résonner le clavecin et la guitare, partout des chants, des rires, des jeux d'enfants, les jardins sont peuplés de marmots qui y folâtrent et se roulent tout le jour ; l'après-midi on prend le frais sous les varangues ou contre les grilles, c'est l'heure des visites qu'on reçoit en plein air et qui se prolongent jusqu'à la nuit et l'heure du souper. Les créoles, quelle que soit la distance à parcourir, elles n'ont parfois que la rue à traverser, ne sortent jamais à pied ; la chaise à porteurs n'est-elle pas à leur disposition, dont l'élégance, les panneaux recouverts de peintures fort artistement exécutées, les portières fermées par des glaces biseautées, l'intérieur tout capitonné de satin à semis de bouquets pompadour, tout dénote un raffinement de luxe inconnu autrefois.

Quelque chose est changé dans les habitudes de la classe dirigeante, la simplicité d'autan a disparu devant l'invasion de ces officiers aux brillants uniformes tout chamarrés de dorures et de clinquant, de ces femmes en grande toilette, couvertes de soie, de velours et de pierreries. La population semble honteuse d'avoir porté pendant si longtemps de la mousseline, des toileries, des vêtements de nankin ou de conjon bleu, elle aussi a voulu faire assaut de luxe et égaler au moins les nouveaux venus. Les hommes ont adopté l'habit de drap à la française, la culotte courte, les bas de soie et les souliers à boucles, les femmes n'ont plus regardé à la cherté des étoffes, des fanfreluches et des colifichets, elles ont renoncé aux fraîches et simples toilettes en harmonie avec le climat, pour se parer de tout ce que le luxe peut inventer, soieries, dentelles, plumes, perles, rubis, diamants. Les demeures aussi s'en ressentent ; plus de lambris peints à la détrempe ou recouverts d'un modeste papier valant quelques sous, mais de riches tentures, de lourds rideaux de damas ou de brocart. Dans l'ameublement, l'article de Chine en bambou et laque, si léger, si gracieux dans ses contournements étranges, commence à faire place à l'affreux acajou rehaussé de dorures, aux formes roides et mal-commodes qui caractérisent le style empire. La bonne *porcelaine de pierre*, faïence de Chine décorée de paysages invraisemblables d'un bleu magnifique, où l'on voit de tout en même temps, des nuages, des montagnes, des oiseaux, des fleurs, des rivières escaladées par des ponts rustiques, des kiosques, des pagodes, des bateaux, des poissons, des cavaliers et des fantassins, ces services si complets que l'on paierait aujourd'hui leur pesant d'or, sont dédaignés pour la vaisselle plate et les cristaux.

Les sauteries intimes après souper, organisées en un clin d'œil selon le caprice du moment, sont remplacées par des réceptions magnifiques auxquelles on a donné le nom modeste de *thés*, bien qu'ils s'y consomme fort peu de cette infusion. Les *thés* mis à la mode par Madame Decaen, servent de prétexte à un déploiement de toilettes les plus magnifiques ; les salons brillamment éclairés sont ornés de fleurs et de verdure à profusion et pour clore, l'amphitryon se croirait déshonoré s'il n'offrait un souper pantagruélique à ses invités.

Pendant que la jeunesse s'amuse à exécuter les plus savantes contredanses, les hommes sérieux comfortablement installés dans une pièce à l'écart, se livrent aux douceurs de la bouillotte ; ce n'est plus le modeste boston ou le reversis des temps passés, où les plus malheureux en étaient quitte pour la perte de quelques piastres. Ici le progrès s'est également fait sentir, on ponte ferme, on perd ou l'on gagne des sommes énormes, peu en rapport avec les ressources assez modestes dont on semblerait pouvoir disposer.

D'où venait cet argent ? Comment la colonie qui naguère, après la chûte des assignats, était réduite sinon à vivre d'expédients, tout au moins à restreindre ses dépenses, comment la colonie pouvait-elle faire face à ce luxe, à ces folies ?

Cet état de choses vraiment anormal provenait tout simplement des richesses immenses introduites par les corsaires ; la plupart des habitants étant plus ou moins intéressés dans ces armements, chaque prise vendue leur valait un assez joli dividende renouvelé plusieurs fois dans l'année selon la chance ou l'occasion, parfois atteignant et parfois dépassant même de beaucoup le montant de leur mise. C'est un fait digne de remarque que l'argent aisément gagné se dépense encore plus facilement ; c'est pourquoi chacun s'empressait de jouir du présent sans aucun souci du lendemain. Que leur importait après tout ? La source de ces richesses tarie, ils seraient quitte à reprendre leur existence d'autrefois sans aucun regret, avec la satisfaction profonde d'avoir goûté à toutes les jouissances. Après eux le déluge ! (1)

Madame Decaen dans ses réceptions, dans sa mise, dans ses toilettes, dans l'affabilité de ses manières, donna sans contredit le ton à la société coloniale ; femme charmante sous tous les rapports, elle contribua sans doute puisamment par son influence au rapprochement qui ne tarda pas à s'opérer entre le capitaine général et la population.

Lorsque le 19 Octobre 1805, elle accoucha d'un fils, la colonie entière vint féliciter son gouverneur et réclamer le privilège de donner son nom à l'enfant. Un an après, jour pour jour, Gustave Hippolyte Emilien Isle de France Decaen fut tenu sur les fonts du baptême par le doyen des habitants, M. Thomas Dayot et par Mademoiselle Françoise Barrois, sœur de Madame Decaen, représentant sa mère qui se trouvait en France. La cérémonie eut lieu avec un grand éclat, le général Decaen aimait assez le panache, on ne s'en fit pas faute à cette occasion ; toutes les autorités furent conviées, tous les officiers ainsi que toute la société. En sortant de l'église on se rendit au gouvernement pour prendre part à un repas splendide, après quoi il y eut concert, bal et souper ; le gouverneur fit grandement les choses. De son côté la colonie avait fait frapper une médaille commémorative qui fut distribuée à tous les assistants. (2) Quatre exemplaires en or furent remis à l'enfant, au père, au parrain, ainsi qu'à la marraine, les autres invités reçurent des médailles d'argent.

Vers cette époque, lorsque fut promulguée la loi instituant la légion d'honneur et que le capitaine général en fut nommé grand officier, il tint en grande pompe une réunion du chapitre afin de procéder à la réception des membres de cet ordre résidant dans la colonie (2 Mars 1805).

Le général Decaen était si bien revenu sur le compte des habitants, que, malgré le blâme sévère qu'il avait fait entendre à l'époque de son arrivée, sur la conduite de M. de Malartic et sur la politesse parfois outrée qu'il témoignait aux ennemis, il n'hésita

---

(1) *J. Milbert. D'Unienville. Dr. Lacaze.* " Souvenirs d'un vieux colon."
(2) Voici la description de cette médaille telle que la donne M. A. d'Épinay.
" La médaille en argent mesure 58 millimètres de diamètre, au pourtour :
" Parrain et marraine, Thomas Dayot habt. et Mlle. Fse. Barrois Ayle Mle. ; une
" couronne de roses ; au centre : " Gustave Hippolyte Emilien Isle de France,
" baptisé au nom de la colonie le 19 Octobre 1806 ". De l'autre côté ; au pourtour :
" Reconnaissance, attachement " ; une couronne de roses ; au centre : " Les
" habitants de l'Isle de France au capitaine-général Decaen ". Au bas en très
" petits caractères : " Aveline Exit." (*A. d'Épinay*. Ile de France).

pas à agir lui aussi de la même manière, en envoyant des fruits et des légumes aux officiers d'une croisière qui bloquait alors la colonie (1805) ; le résultat immédiat de cette courtoisie fut un échange de prisonniers, parmi lesquels Flinders ne fut pas compris, malgré l'insistance de ses compatriotes.

A côté de cette existence tout en dehors, de fêtes continuelles, de luxe et de dissipation, il ne faudrait pas croire que les hommes doués de quelque instruction eussent totalement renoncé aux jouissances de l'esprit ; un cercle littéraire fut fondé le 27 Mars 1806, sous le nom de la *Table Ovale*, et qui ne tarda pas à attirer à lui presque tous les membres de quelques sociétés analogues qui avaient végété assez tristement sous les appellations de *Société d'Émulation* et de *Société des Kangourous*. Cette dernière composée de tout jeunes gens, professait par genre plutôt que par conviction, une admiration sans bornes pour les œuvres légères et licencieuses, pour ne pas dire plus ; la *Société d'Émulation* s'occupait avec plus ou moins de bonheur de recherches scientifiques, en botanique, en histoire naturelle, en géologie et en astronomie principalement.

La *Table Ovale*, elle, prétendit au début bannir toutes les questions sérieuses ; on se réunissait à dîner chez le Docteur Josse, rue de La Bourdonnais, entre l'allée Bouchaud et la rue du Champ Delort. (1) Parfois, lorsque le temps était beau, la table était dressée dans le jardin, sous une charmille de roussaillers ou sous le feuillage d'un énorme badamier. Le menu était toujours des plus soignés, car sans être précisément gourmands, les membres avaient un faible très accentué pour la bonne chère, la cave ne laissait rien à désirer. La conversation était vive et animée, mais ce n'est réellement qu'au dessert, les coudes sur la table, tout en grignotant quelque fruit de la saison, depuis le letchi, l'ananas et la mangue figette jusqu'à la vulgaire banane, jusqu'à l'acide fruit de cythère, jusqu'à l'insipide sapote, que l'on songeait à s'occuper du but de la réunion. Selon le goût du moment, le genre préféré était la chanson à boire ; chacun disait la sienne, quelques uns étaient assez habiles à improviser de ces mirlitonnades qui paraîtraient bien niaises aujourd'hui, mais qui avaient le don de faire se pâmer nos anciens. D'autres abordaient des sujets plus relevés, enfourchaient Pégase, et que bien que mal, forçaient la pauvre bête à grand renfort de coups de talon et de houssine à gravir les sommets du Parnasse.

Les productions de nos Pindares et de nos Anacréons ne sont guère connues que d'un petit nombre de curieux, il vaut mieux, croyons-nous, d'après les échantillons qui nous ont passé sous les yeux, ne pas trop remuer ces cendres ; c'était la mode, on s'y conformait, on aurait certainement pu faire mieux, mais on pouvait aussi faire beaucoup plus mal. La *Table Ovale* fut et resta sous l'administration du général Decaen, un simple cercle littéraire, composé de gens de goût et d'esprit dont le principal

(1) Actuellement Rue Wellington.

crime fut de se promener mutuellement l'encensoir sous le nez et d'enfanter des productions un peu faiblardes ; mais elle n'osa pas encore verser dans la politique, l'homme à poigne qu'on avait pour gouverneur n'aurait certes pas toléré ces écarts, d'autant plus qu'il avait la loi pour lui, quelque arbitraire qu'elle pût paraître, la constitution coloniale avait été suspendue pour dix ans. A partir de 1813 il n'en fut pas de même, le temps des légitimes revendications était venu, la *Table Ovale* sut les affirmer hautement et courageusement à différentes reprises ; ce qu'elle crut devoir faire, elle le fit alors sans faiblesse aucune. Mais passons, cela n'entre pas dans le cadre de ces études.

Avant d'aborder un autre sujet, il n'est pourtant pas superflu de rappeler les noms des principaux membres de cette société, ne serait-ce que pour donner un souvenir à ceux qui furent du moins de braves et dignes colons pleins d'honneur et d'indépendance, s'ils furent des poètes assez médiocres. Citons d'abord les deux véritables fondateurs de ce cercle, MM. Jacques Mallac et Thomi Pitot, derrière lesquels se rangeaient le colonel Maingard, MM. Arrighi, Bernard, Chomel, Josse, Prosper d'Epinay, Coudray, Tenaud, Rudelle, Faduilhe, Edouard Pitot, Catoire, Richard, Linneville, Devaux, Colin, Magon, Mancel, Vincent, Larré, Beausire, Jacquelin, et Adrien d'Epinay. (1)

Dans le courant de l'année 1805, le général Decaen après avoir visité l'île en tous sens, reconnut que l'établissement du Port Sud-Est laissait fort à désirer comme situation ; placé au fond de la baie, au pied de la montagne du Lion, non-seulement l'abord en était difficile en raison des écueils dont la passe était sillonnée, mais encore les communications par terre avec le chef-lieu étaient longues, pénibles et en temps de pluie souvent impossibles. En effet, le poste établi à la base d'une chaîne de montagnes dont les nombreux contreforts s'avançaient jusqu'à la mer, ne laissant qu'un passage sinueux et étroit tout le long de la berge, coupé de distance en distance par l'embouchure de plusieurs rivières, assez large parfois, comme celle de la Rivière Champagne, et qu'il fallait traverser soit à gué, soit en pirogue ; tout cela devait fatalement retarder l'arrivée des secours au cas où ce point du littoral serait attaqué par l'ennemi. De l'autre côté de la baie au contraire, à l'endroit appelé la *Pointe de la colonie*, un vaste plateau formant presqu'île, borné d'un côté par la mer et de l'autre par l'estuaire de la Rivière Lachaux, présentait sinon une plus grande facilité d'atterrissage, du moins la possibilité d'être relié au Port-Nord-Ouest par une route directe qui traverserait l'île en diagonale.

Cet emplacement choisi, le capitaine-général y fit construire des ouvrages de défense, des casernes, de vastes magasins, des bâtiments de toute sorte, bref une petite ville bien modeste s'y éleva, à laquelle il donna le nom de Mahébourg en mémoire de l'illustre fondateur de la colonie. Un petit fort existait sur un

(1) *A. d'Épinay.* " Revue pittoresque de l'Ile Maurice."

des îlots situés à l'entrée du goulet qui conduit à la rade, Decaen le fit remettre en état ; tout fut combiné afin d'éviter une surprise. On ne se doutait certes pas à ce moment que quelques années plus tard, ce fort allait être enlevé par un coup de main hardi et mettre en danger l'Ile de France entière, si l'arrivée inopinée d'une division française n'était venue changer pour un instant la face des évènements, en infligeant aux Anglais une des plus sanglantes défaites qu'ils aient eu à subir dans ces parages. (1)

Le gouverneur ne s'en tint pas là, le chef-lieu fut également l'objet de sa sollicitude ; le système de fortifications de La Bourdonnais fut repris et perfectionné, le port négligé depuis 1792 recommençait à s'envaser, on s'en aperçut lors de l'arrivée du *Marengo* ; ce vaisseau de haut bord dut s'arrêter en tête de rade, ne pouvant pénétrer dans le chenal. Decaen fit pour le Caudan ce que Tromelin avait fait pour le Trou Fanfaron, les eaux des ruisseaux qui s'y déversaient furent détournées au moyen de digues et rejetées plus loin à la mer ; la rade convenablement débarrassée des immondices qui l'obstruaient, pût donner asile aux plus gros bâtiments. Au milieu de la passe un gros ponton rasé, l'*Amiral*, amarré par quatre chaînes, servait de prison militaire et surveillait le port dont il annonçait la fermeture à 8 heures du soir par un coup de canon de retraite et l'ouverture à la diane, le matin à 6 heures. (2)

La Place d'Armes flanquée de ses bâtiments en équerre et surmontés d'une grosse tour carrée, était toujours fermée par sa herse que défendaient à droite et à gauche deux petites batteries montées de douze pièces de 8. Vis-à-vis du Gouvernement, à l'angle de la rue Nationale, bordée maintenant de jolies boutiques, se trouvait la Bourse (3) vaste bâtiment que Decaen voulait transférer au jardin de la Compagnie (4). Dans ce but il fit achever les remblais commencés par MM. de Souillac et d'Entrecasteaux, fit canaliser les ruisseaux du Pouce et de la Butte à Tonniers, construisit des quais de chaque côté et les planta d'arbres.

Il voulait aussi démolir l'ancien bazar qui se trouvait derrière l'hôtel du gouvernement et le reconstruire aux environs de la nouvelle Bourse ; le temps lui fit défaut pour réaliser ces projets. Une nouvelle poudrière fut construite un peu au-dessus du Jardin de la Compagnie, derrière la salle de spectacle, au milieu d'un vaste terrain vague qui fut entouré de murs. Ce bâtiment dont l'épaisseur même fait de suite deviner la destination première, remanié tant bien que mal, agrémenté d'un clocher en pain de sucre, sert actuellement de temple protestant. (5)

L'Église paroissiale tombant de plus en plus en ruines,

(1) *A. d'Épinay.*
(2) *Milbert.*
(3) *Ibid.*
(4) *F. de Froberville,* " Souvenirs de l'Ile de France."
(5) *Milbert.*

restait fermée sur la place où les arbres avaient atteint le maximum de leur développement ; devant, la fontaine pyramidale versait toujours son filet d'eau par ses quatre gueules de lion ; presque en face, un peu plus bas, on avait construit la Maison de Justice où siégeaient tous les tribunaux. (1)

De l'autre côté de la ville, dans le quartier du Rempart et non loin du Champ Delort, le capitaine général fit construire le lycée colonial (2 Décembre 1806). (2)

L'approvisionnement d'eau de la ville étant devenu insuffisant, on soumit au gouverneur un projet pour percer la base du Pouce au moyen d'un tunnel qui aurait servi à la fois d'aqueduc, conduisant les eaux de Moka et de route stratégique pour faire communiquer ce quartier avec le chef-lieu ; les travaux préliminaires furent commencés, mais les circonstances les firent bientôt suspendre. (3)

D'un autre côté, Decaen s'occupa des différentes voies de communication ; c'est à lui qu'on doit le premier pont construit sur la Grande Rivière, un peu au-dessus du pont actuel ; le tablier était en bois, les culées et les piles en maçonnerie ; malheureusement on n'avait pas songé aux grandes crues, le pont n'était pas assez élevé, on dut l'abandonner plus tard.

Le Réduit, complètement négligé depuis le temps de M. de Conway, était dans un état de délabrement à faire pitié ; on s'occupa de le restaurer et le jardin qui tournait à la forêt vierge, envahi par les ronces et les mauvaises herbes, fut confié à un horticulteur qui sut bientôt lui rendre son aspect d'autrefois. (4)

Tout cela c'était de la bonne besogne, de la besogne utile, Decaen le savait bien, cela ne lui suffisait pas cependant, il sentait que pour se maintenir, si l'Ile de France avait pu jusqu'ici se passer de l'assistance de la mère-patrie, les temps étaient bien changés aujourd'hui. L'Angleterre devenant de jour en jour plus puissante dans l'Inde, après y avoir affermi sa domination, ne manquerait pas dès qu'elle aurait les coudées franches, de se tourner contre ces îles qui portaient de si rudes atteintes à son commerce par leurs frégates et par leurs corsaires. Les secours de toute nature étaient urgents, plus d'une fois il avait réclamé, il avait même, on s'en souvient, envoyé son propre frère porter ses doléances à l'Empereur en personne ; ce dernier avait donné des ordres formels qui n'avaient été exécutés qu'en partie, et depuis lors on ne recevait plus rien.

Pourtant que de projets nourrissait le capitaine-général ! Sûr des moyens d'action qu'il attendait toujours en vain, il aurait pu mettre à exécution ses vues sur Madagascar ; l'Inde était

(1) *Milbert.*
(2) Ibid.
(3) Ibid.
(4) " Keepsake Mauricien."

perdue pour la France, soit ! Mais là, tout près, n'y avait-il pas un continent aussi vaste à exploiter ? La nation qui s'y serait établie à demeure n'aurait-elle pas détenu la puissance suprême ? La grande île africaine protégée par l'Ile de France et la Réunion comme par des avant-postes, ne serait-elle pas une compensation suffisante des fautes, des erreurs et de la mauvaise foi qui avaient amené l'abandon du dernier lopin de terre que la France possédait à la côte orientale de l'Inde ? (1)

Il s'empressait pourtant de chasser ce beau rêve comme une chimère irréalisable, il le savait bien, mais du moins il voulait se défendre contre les ennemis qu'il sentait tous les jours se rapprocher de plus en plus et resserrer le cercle de fer dans lequel ils allaient envelopper la colonie. Comment faire pourtant, quel nouveau prétexte trouver pour attirer encore une fois sur lui l'attention de Napoléon sans courir le risque de lui déplaire par des plaintes trop souvent répétées ?

Pour Decrès il n'y avait rien à en faire, il n'y aurait jamais rien à obtenir de lui ; son antipathie pour les colons s'était augmentée de tout le mauvais vouloir qu'il avait sans cesse témoigné à leur gouverneur. Mais l'Empereur, comme le commun des mortels, avait son côté faible, il résistait difficilement aux témoignages d'admiration et d'adulation qu'on lui offrait, l'encens le plus grossier était peut-être celui qui flattait le plus cet homme extraordinaire.

Decaen eut l'idée d'exploiter ce travers. On était au mois d'Août 1806 ; le 16 pour la fête de l'Empereur, il y aurait comme toujours revue des troupes et distribution d'aigles ; pour que son plan réussît, il fallait que la colonie l'ignorât, car il redoutait son manque d'enthousiasme pour un gouvernement qui n'avait jusqu'ici rien fait pour elle, si ce n'est de la priver de ses libertés politiques. Mais encore fallait-il s'assurer du concours d'un certain nombre de personnes et leur faire la leçon afin d'éviter une anicroche qui aurait bouleversé son plan de fond en comble. La veille de la revue il fit mander un des commandants de la garde nationale, lui expliqua la position où il se trouvait et la nécessité absolue d'obtenir quelque chose de Napoléon ; il avait donc songé pour sa fête à changer les noms des deux ports de la colonie ainsi que celui de l'Ile Bourbon pour leur substituer le nom de l'Empereur lui-même, comptant bien que cette flatterie, quelque basse qu'elle pût paraître, aurait un résultat inespéré. Il fallait pour cela bien s'entendre avec un certain nombre de personnes sûres, officiers et simples gardes nationaux, les faire consentir à prêter la main à cette flagornerie et à appuyer la demande qui serait faite publiquement au gouverneur par l'un d'eux. La chose entendue, le jour suivant comme la revue tirait à sa fin, un des commandants de la garde

(1) Ce rêve il tenta de le réaliser un peu plus tard ; quelques tentatives infructueuses d'établissements furent faites du côté de Foule pointe, de Tamatave et de Sainte Luce (1809).

nationale s'avança, fit une petite harangue et pria le capitaine-général, au nom de la population toute entière, de vouloir bien ordonner, comme preuve de l'attachement des deux colonies à leur souverain, que les Ports Nord-Ouest et Sud-Est, ainsi que l'Ile de la Réunion, fussent désormais appelés le *Port Napoléon*, le *Port Impérial* et *l'Ile Bonaparte*. Cette demande fut naturellement appuyée par tous les compères qui surent donner à leur voix une ampleur phénoménale ; profitant de l'ahurissement de la foule et craignant sans doute qu'une parole incongrue ne vînt rompre le charme, Decaen s'empressa avec la plus vive émotion, d'acquiescer au *vœu unanime* des colons. Quelques hourras éclatèrent, le tour était joué. Le lendemain un arrêté paraissait dans la gazette officielle à cet effet. (1)

Les habitants revenus de leur étonnement, eurent le bon esprit de ne pas prendre la chose au tragique ; ils comprirent de suite le but que s'était proposé le gouverneur et furent les premiers à rire de cette idée originale. A l'ennui près d'avoir été bernés de la sorte avec autant de désinvolture, ils ne pouvaient lui en vouloir de sa trouvaille ; le changement d'ailleurs était de si peu d'importance. On avait déjà eu le Port de la Montagne, de la Fraternité et l'Ile de la Réunion et pourtant on ne s'en était pas trouvé plus mal !

C'est peut-être grâce à cette petite comédie que l'on dut l'arrivée de quelques bâtiments de guerre ; en tous cas, le 13 Juillet de l'année suivante, (1807), on apprit que Napoléon, profondément touché des marques d'affection, d'attachement et de loyauté des deux colonies, avait investi le général Decaen d'un pouvoir discrétionnaire pour tirer des lettres de change sur le trésor impérial. (2

Le jeu valait bien la chandelle !

(1) *Code Decaen No. 203. D'Unienville. A. d'Épinay.*
(2) *D'Unienville.*

III

Corsaires et marins.—Lemême ; croisières de la *Fortune* ; la *Fortune* est capturée par la *Concorde* ; Lemême est fait prisonnier ; sa mort. Nicolas Surcouf, Jean Dutertre, Courson, Quenet, Crevelt, Tréhouard ; la *Psyché* est achetée par l'Etat ; Decaen en donne le commandement à Bergeret. Henri ; Le Nouvel, le *Napoléon* ; Desjean Hilaire ; Perrond, la *Bellone* ; Bazin ; Moulin ; Robert Surcouf, le *Revenant*. Embargo sur les bâtiments anglais ; la capture de Surcouf mise à prix. Nouveaux succès de ce corsaire, il cède le commandement du *Revenant* à Potier. La *Conceção de Santo Antonio*. Le *Revenant* est réquisitionné par Decaen, il est joint à l'escadre coloniale sous le nom de l'*Iéna*. Surcouf rentre en France sur la *Sémillante* devenue le *Charles*. Ses démêlés avec le capitaine-général ; il lui joue un bon tour, fureur de Decaen.—Pierre Bouvet, l'*Entreprenant*.—Bourayne. Combat de la *Canonnière* et du *Laurel*.—Les exploits d'Epron et de la *Piémontaise*.—Billard, la *Caroline*.— Dornal de Guy, la *Manche*.—Hamelin, la *Vénus*.— Les projets des Anglais prennent corps. Ils s'établissent à Rodrigue. Armements. Descentes à Sainte Rose et à Saint Pierre. Coup de main sur Saint Paul—(1803-1809).

La reprise des hostilités fut accueillie avec joie par les corsaires ; ils n'attendaient que ce signal pour renouveler leurs exploits d'antan et pour faire au commerce anglais le plus de mal possible. Montés comme toujours par des hommes déterminés, qu'aucune crainte n'arrêtait, que l'amour des aventures et du danger poussait bien plus que l'appât des richesses, que la haine stimulait contre l'ennemi invétéré dont plusieurs avaient senti la main de fer pendant leur séjour plus ou moins prolongé sur les pontons, leurs petits bâtiments sortirent bientôt plus nombreux que jamais des rades des îles sœurs où ils ne tardèrent pas à faire renaître l'abondance, pour un moment seulement, jusqu'à ce que les croisières anglaises, sans réussir toutefois à établir un blocus effectif autour de ces colonies, en eussent du moins rendu l'approche pleine d'incertitude et de périls.

De ces hardis écumeurs, François Lemême fut le premier prêt ; nous l'avons vu jadis retournant à l'Ile de France avec une fortune énorme qui ne dura guère, grâce à son peu d'entente des affaires commerciales et à sa trop grande confiance en des personnes qui s'en montrèrent indignes. Un des principaux négociants, M. Leclézio, lui proposa alors le commandement de la *Fortune*, trois-mâts portant 12 canons et 160 hommes d'équipage ; Lemême accepta sans hésiter et son armement terminé rapidement, il leva l'ancre le 23 Novembre 1803 et se dirigea vers le golfe de Bengale.

Les débuts de cette croisière laissèrent fort à désirer ; à peine rendu dans ces parages, il se trouva en présence de la frégate anglaise le *Fox*, à laquelle il échappa grâce à la supériorité de son allure (28 Décembre) ; un mois après, le 22 Janvier 1804, serré de près par une autre frégate, le *Bombay*, il dut pendant quatre jours soutenir son feu en fuyant sous toutes voiles et ripostant avec ses canons de retraite. Le *Bombay* eut 50 hommes hors de combat et reçut des avaries assez sérieuses pour permettre au corsaire de prendre une avance considérable et de le perdre de vue. Après ces deux alertes la *Fortune* bénéficia d'une chance inouïe, en fort peu de temps elle captura le *Barlow* (9 Février) et l'expédia à l'Ile de France, l'*Industry* (13 Février) dont le capitaine, Dalby, avait jadis été le prisonnier de Lemême ; apprenant que ce bâtiment appartenait à son commandant et n'était pas assuré, le corsaire imitant l'exemple de Surcouf, le lui rendit avec sa liberté ; ensuite ce fut le *Benbow* et le *Mahomed Bux* (Mars 1804). Le 1er Avril Lemême touche à Achem, y fait de l'eau et des provisions puis repart quatre jours après ; il prend successivement la *Pomone*, le *Vulcan*, l'*Active* et l'*Éléonore* et regagne l'Ile de France avec ses prises. (27 Mai 1804). (1)

Il fait immédiatement réparer son navire et y ajoute une batterie couverte, son équipage est porté à 200 hommes ; il reprend la mer au mois d'Août, touche à Saint Denis pour achever d'y recruter son personnel, pénètre dans le golfe Persique et amarine la *Nancy* (20 Août). Le jour suivant il se rend maître d'un ancien corsaire de l'Ile de France, la *Créole*, sur laquelle il trouve 50,000 piastres en quadruples espagnoles ; ensuite c'est le *Shrewsbury* dont il s'empare le 13 Octobre et qu'il expédie également à l'Ile de France. (2)

Le 7 Novembre il fait une rencontre d'un autre genre, au point du jour il se trouve à toute petite portée de la frégate anglaise la *Concorde*, de 48 canons, qui ayant éteint ses feux, s'était approchée de lui pendant l'obscurité. La *Fortune* prend chasse aussitôt, mais la distance est trop faible, il faut coûte que coûte livrer combat ; Lemême le comprend et riposte avec acharnement au feu meurtrier de la frégate. Celle-ci mieux armée, n'obtient pourtant pas un avantage bien appréciable. Pour le corsaire c'est une question de vie et de mort ; il faut à tout prix continuer la lutte jusqu'au soir, puis faire fausse route et échapper à son adversaire. Tout allait bien, lorsque son équipage, composé en grande partie de marins étrangers recueillis un peu partout pour combler les vides causés par une longue croisière, lâche pied subitement et se réfugie à fond de cale, abandonnant les pièces qui se trouvent par le fait réduites au silence ; menaces, supplications, rien n'y fait, Lemême, la rage au cœur se résigne à amener son pavillon ! Il était 10½ heures du soir.

La *Concorde* prit à son bord tout l'équipage français qu'elle déposa à Bombay le 13 Novembre. Lemême avec quatre de ses officiers, ses compatriotes, Charpentier, Froussard, Bourdais et

(1) A. d'*Épinay*, Col. G. B. *Malleson*.
(2) Ibid.   Ibid.

Baudot, fut envoyé en Europe à bord du *Walthamstow*. Parti de Bombay le 15 Février 1805, notre corsaire ne parvint pas au terme de son voyage, il expira en mer le 30 Mars suivant. (1)

Cependant Bonaparte alors Premier Consul, avait entendu parler de Robert Surcouf et des prouesses accomplies par lui dans la mer des Indes ; il désira le voir et mit tout en œuvre pour le décider à entrer dans la marine de l'état avec un grade supérieur. L'obligation de se soumettre aux ordres d'un chef hiérarchique ne pouvait guère sourire à un homme toujours habitué à être maître de ses actions et à avoir ses coudées franches, aussi déclina-t-il la proposition flatteuse qui lui était faite. Bonaparte lui demanda alors quelle serait d'après lui, la meilleure manière de faire du tort aux Anglais. Le corsaire lui répondit avec la franchise qui lui était habituelle : " Si j'étais à votre " place, je mettrais le feu à tous mes bâtiments de ligne, je ne " livrerais jamais le combat aux flottes ou aux escadres anglaises, " mais je ferais construire et je lancerais dans toutes les mers " des frégates et des avisos en si grand nombre que le commerce " anglais serait promptement réduit à néant." (2)

Il va sans dire que le Premier Consul, alors tout à ses projets d'invasion d'Angleterre, goûta fort peu cette boutade qui ne paraît pourtant pas si absurde après tout, lorsqu'on y réfléchit après tant d'années écoulées. Surcouf en fut quitte pour obtenir en compensation la croix de la légion d'honneur. Il rentra à Saint Malo et se mit à faire des armements pour son compte, c'est ainsi qu'il expédia à l'Ile de France son frère Nicolas sur le corsaire la *Caroline*. (3)

Son ancien rival Jean Dutertre, mis en liberté à la paix d'Amiens, ne tarda pas à reprendre la mer lui aussi ; dans une seule croisière qu'il fit avec Courson en 1804, il causa un tel dommage aux ennemis que l'on fut indigné en haut lieu du peu de protection que la marine britannique offrait à ses nationaux.

La liste de ses prises est longue à en juger par la nomenclature suivante qu'en donne un historien anglais : La *Rébecca*, l'*Active*, le *Clarendon*, le *William*, la *Betsy Jane*, le *Henry Addington*, l'*Amiral Raynier*, la *Lady William Bentinck*, la *Nancy*, l'*Acteon*, les *Brothers*, l'*Hébé*, la *Mangamah*, le *Warren Hastings* (4).

Vers 1805 Dutertre abandonna son existence aventureuse pour entrer dans la marine impériale, il servit sous Epron à bord de la *Piémontaise* en 1806 et mourut en 1811. (5)

Ensuite c'est Crevelt, qui sur l'*Alfred* amarine le *Friendship* et l'*Endeavour*, (Décembre 1803—Avril 1804). (6).

(1) *A. d'Épinay. Col. G. B. Malleson.*
(2) *Ch. Cunat. Col. G. B. Malleson.*
(3) *Ch. Cunat.*
(4) *Col. G. B. Malleson.*
(5) Ibid. *A. d'Epinay.*
(6) *A. d'Epinay.*

Puis Quenet, commandant d'abord le *Paria* portant seulement deux pierriers et 20 hommes d'équipage, qui s'empare du brick le *Trial* et ensuite de la *Harriet*, navire de 500 tonneaux et armé de 8 canons. (25 Mars—18 Novembre 1804). Le 15 Janvier de l'année suivante, il monte le *Gustave*, part en croisière et capture l'*Anne* jaugeant 250 tonneaux et armée de 2 canons.(1)

Un autre bâtiment qui eut une carrière des plus glorieuses, c'est la *Psyché* ; arrivée de Bordeaux à l'Ile de France comme simple navire marchand le 6 Décembre 1802, elle fut bientôt armée en course et confiée à Tréhouard. Parti de l'Ile de France au mois de Novembre 1803, ce corsaire revint le 16 Mai suivant avec trois prises, le *Superb*, l'*Alfred*, et l'*Amiral Applin*, ce dernier avec une cargaison valant à elle seule au delà d'un million de francs. (2)

Vers cette époque, Linois étant retourné à l'Ile de France après avoir échoué dans la capture du convoi de Chine, son escadre réclamait des réparations urgentes, le *Berceau* fut renvoyé en France et Decaen se décida à acheter la *Psyché* pour le compte de l'Etat ; elle fut armée de 24 pièces et 10 caronades de 12 et confiée à Jacques Bergeret (18 Juin 1804). Malgré les représentations du commandant, appuyé en cela par l'amiral Linois, Decaen ne consentit pas à faire accompagner la *Psyché* par un autre bâtiment de guerre ; elle partit seule le 9 Novembre à destination du golfe de Bengale. Elle fit quelques prises et en dernier lieu s'empara de la *Thétis* et du *Pigeon*. Ce dernier, Bergeret l'avait fait armer tant bien que mal afin d'en obtenir une assistance précieuse en cas d'attaque, il l'avait confié à un de ses officiers, M. Olivier. Quant à la *Thétis*, assez lourd navire et piètre marcheur, il la prit à la remorque. Le 13 Février 1805 on signala une grosse frégate ennemie, c'était le *San Fiorenzo*, portant 53 bouches à feu ; malgré la disproportion des forces, Bergeret se décida à attaquer ; il coupa l'amarre qui le rattachait à la *Thétis*, donna ordre au *Pigeon* de le suivre et s'avança au devant de l'anglais. Le lieutenant Olivier obéit, mais comme il était assez éloigné de la *Psyché* qui était aux prises avec l'ennemi et manœuvrait de façon à l'aborder, il se figura qu'elle avait amené et sans songer à s'en assurer, il vira de bord et fit route pour l'Ile de France.

Bergeret livré à lui-même n'en persiste pas moins dans son projet ; ne pouvant espérer vaincre dans un duel d'artillerie un adversaire mieux armé que lui et dont la moitié des canons sont des pièces de gros calibre, il tourne sans cesse autour du *San Fiorenzo*, cherchant à lui jeter ses grappins. Comme il va y parvenir, un incendie se déclare à bord, il lui faut se tenir à distance et combattre ce nouvel ennemi sous les bordées de son adversaire. La lutte continue donc avec acharnement de part et d'autre, l'anglais est tellement maltraité qu'il abandonne bientôt

(1) *A. d'Épinay.*
(2) Ibid.

le champ de bataille, mais en s'éloignant il reconnaît la position critique de la *Psyché*, on n'a pu se rendre maître du feu, sa coque est percée à jour, sa mâture ne tient plus que par ses haubans, la moitié de son équipage est hors de combat, trois de ses pièces seulement peuvent encore jouer ; le *San Fiorenzo*, suspend sa fuite, revient à la charge et l'action s'engage de nouveau.

Bergeret cédant enfin aux instances de ses officiers presque tous plus ou moins grièvement blessés, et comprenant que prolonger la résistance ne servirait qu'à faire massacrer son équipage en pure perte, fait hisser le pavillon parlementaire et offre à l'anglais de lui rendre sa frégate à la condition que les hommes encore valides en sortiront avec armes et bagages. Cette capitulation si honorable fut acceptée, quelques marins anglais furent envoyés sur la *Psyché* pour aider à se rendre maître du feu, un chirurgien fut chargé de donner des soins aux blessés et les deux bâtiments firent route ensemble jusqu'à Calcutta. Peu de temps après un parlementaire fut affrêté pour ramener à l'Ile de France Bergeret et les débris de son équipage (19 Avril 1805.) De tout l'état major, les enseignes Hugon et Jaulery survécurent seuls à leurs blessures. (1)

La *Henriette* était un des plus fins marcheurs de son époque, ce corsaire avait été construit spécialement dans ce but en Amérique, le pays des rapides clippers par excellence. Henri, son commandant, arriva pour la première fois à l'Ile de France le 10 Juin 1804 et en repartit une semaine après. Sa première croisière, si elle ne fut pas féconde en captures importantes, ne lui laissa du moins aucun doute sur les qualités nautiques de son bâtiment. Chassé en même temps par deux des meilleurs voiliers de la marine anglaise, le vaisseau le *Lancaster* et la frégate le *Phaeton*, la *Henriette* sans rien modifier à son allure ordinaire, ne put être rejointe et les distança bientôt.

Une seconde expédition commencée le 8 Octobre et terminée le 18 Décembre, permit au corsaire de conduire à l'Ile de France le *Faza Soubany* de 500 tonneaux, la *Friendship* de 380 tonneaux, le *Shah Allam* de 400 tonneaux, la *Marguerite* de 280 tonneaux et le *James Sybald* de 1,000 tonneaux ; tous ces bâtiments portaient des chargements de grande valeur et quelques pièces de canon, le *James Sybald* pour sa part en avait 10. En essayant de s'en rendre maître, Henri fut blessé au ventre par un biscaïen qui lui fit sortir les entrailles. A peine remis, il reprend encore la mer, le 9 Janvier 1805, et s'empare du *Coromandel* jaugeant 450 tonneaux et armé de 14 pièces de 12, puis de la *Vipère* de 12 canons et du *Phœnix* de 600 tonneaux.

Le 7 Avril il repart encore, amarine un grand navire le *Dawetz Nissant* et finit par se rendre au vaisseau le *Powerful* de 74 canons. (2)

(1) *A. d'Epinay.*
(2) *Ibid.*

Malo Le Nouvel arrive au mois de Mai 1805 sur le *Napoléon*, corsaire de 30 canons et portant 180 hommes d'équipage ; à bord de ce bâtiment se trouve comme volontaire, Charles Cunat, qui devait plus tard employer les loisirs d'une retraite bien gagnée à évoquer ses souvenirs et à écrire la vie des corsaires à laquelle il avait été intimement lié. Le Nouvel débute vers la fin d'Octobre par une croisière le long de la côte d'Afrique et et s'empare du *Diamant* dans le canal de Mozambique et de l'*Hercules*, sur le banc des Aiguilles, ces deux navires étaient armés de 20 pièces de canon. Au mois de Novembre de l'année suivante, dans les mêmes parages, il est attaqué par deux frégates ; après un engagement acharné qui coûte cher à l'ennemi, plutôt que de se rendre il préfère abandonner son bâtiment après l'avoir jeté à la côte et fait débarquer son équipage sous le feu croisé des Anglais. (1)

Un tout petit corsaire, les *Deux Sœurs*, capitaine Desjean Hilaire, quitte l'Ile de France le 2 Août 1806, le 30 il s'empare du *Fath-al-bary* portant 10 canons et 4 millions de francs en or, cette capture est un coup d'une rare audace, car l'anglais était incomparablement plus fort que lui. Il reprend ensuite la *Prairie*, ancien corsaire français tombé aux mains des Anglais, et un peu plus tard, sur les brasses du Pégou, il amarine le *Mustapha* de 700 tonneaux et portant 7 canons (10 Novembre). Reprenant alors la route de l'Ile de France avec ses prises, il va donner la nuit contre la frégate anglaise la *Wilhelmina*, qu'il a prise pour un honnête navire marchand ; il en reçoit deux bordées à couler bas, mais qui mal dirigées ne lui font aucun mal. Reconnaissant son erreur, il détale tant qu'il peut et parvient à échapper. (18 Novembre). (2)

L'année suivante au mois de Juin, Desjean Hilaire donne sur un banc de récifs près de Chédube ; tandis qu'il fait de vains efforts pour se dégager, arrive la corvette le *Rattlesnake* qui approche imprudemment et s'échoue elle aussi. Elle met pourtant ses embarcations à la mer et s'empare du faible équipage du corsaire qu'elle conduit à Calcutta, on les met bientôt en liberté et ils regagnent l'Ile de France. (Juillet 1807). (3)

Le corsaire la *Bellone*, capitaine Perrond, était mouillé au Port-Sud-Est, il en sortit le 22 Janvier 1806 et rencontra la *Sémillante* quelques jours après, comme elle se disposait à combattre le *Pitt*, un des vaisseaux anglais affectés au blocus de l'Ile de France ; voyant le danger que courait la frégate aux prises avec un adversaire de beaucoup supérieur, Perrond n'hésita pas et vint se ranger à ses côtés. Ce renfort inopiné donna à réfléchir à l'anglais qui prit chasse immédiatement ; les deux bâtiments se mirent à sa poursuite mais ne purent le rejoindre et rentrèrent de conserve au Port-Nord-Ouest le 2 Février.

(1) *A. d'Épinay*.
(2) Ibid.
(3) Ibid.

Perrond ayant interrompu sa croisière pour venir en aide à un bâtiment de l'état, reprit la mer le 15 Avril et revint bientôt avec quatre prises, la *Lady William Bentinck*, la *Laurence Pearson*, l'*Orient* et le *Melville*. (1)

Le 5 Août 1806 Bazin, commandant le *Jaseur*, est en rade de Saint Denis lorsque dans la nuit la corvette anglaise *Sea Flower* survient, met des embarcations à la mer et tente de s'emparer du corsaire par un audacieux coup de main ; mais Bazin veille, il laisse les Anglais l'accoster sans donner signe de vie et au moment même où ils croient avoir partie gagnée, ils sont saisis, garottés et leurs chaloupes coulées à pic. Partant quelques jours après pour les détroits de la Sonde, il en revient le 12 Février suivant avec la *Betsy*, le *James* et la *Nancy* portant plus de 80,000 piastres en numéraire. (2)

L'*Adèle*, commandée par Moulin, sort du Port-Nord-Ouest, devenu alors le Port Napoléon, Cunat se trouve à bord comme officier. On pénètre dans la Mer Rouge, on fait plusieurs captures, on revient sur ses pas et l'on manque de se faire prendre par la frégate le *Cornwallis*. On pénètre dans le golfe de Bengale, on amarine la *Charlotte* et l'on reprend la route de l'Ile de France ; cette fois encore on rencontre une frégate anglaise à laquelle on ne peut échapper, l'équipage est pris et conduit à Tranquebar et de là à Pondichéry. Ce n'est qu'à la fin de l'année 1809 qu'il est relâché par un échange de prisonniers. C'est alors que Cunat regagnant l'Ile de France, passe comme aspirant sur la *Minerve* aux ordres de Bouvet. (3)

Fatigué de l'inaction à laquelle il s'était volontairement condamné, et repris par le démon des aventures et la nostalgie de l'espace, Robert Surcouf se résolut soudain à revivre encore une fois son existence passée et à s'assurer par lui-même si les années qui s'étaient accumulées sur sa tête ne lui avaient fait perdre aucune de ses brillantes qualités et si la fortune inconstante aurait pour l'homme fait les mêmes faveurs qu'elle prodiguait jadis avec tant de largesse à l'adolescent.

Mais il ne suffisait pas de se mettre en route ; il lui fallait un bâtiment bien à lui, construit pour lui, d'après ses plans et ses propres idées. Le *Revenant* fut mis sur le chantier dans le courant de 1806, ses moindres parties furent l'objet d'études approfondies ; tout dans ce corsaire s'harmonisait à perfection, finesse, élégance, vélocité, toutes ces qualités il les réunissait au suprême degré. Sous ses apparences frêles et gracieuses, avec ses 18 canons et ses 192 hommes d'équipage, c'était un redoutable adversaire avec qui l'anglais allait avoir à compter.

Le 2 Mars 1807 Surcouf sortit de Saint-Malo ayant à son bord quelques passagers qu'il s'était chargé de conduire aux îles. La traversée fut heureuse autant que rapide ; forcé par les

(1) *A. d'Epinay.*
(2) Ibid.
(3) Ibid.

circonstances de recruter ses hommes un peu partout, jusque dans les prisons et les hôpitaux, Surcouf établit à son bord une discipline des plus sévères, ne tolérant pas la moindre infraction, la moindre négligence et n'adressant la parole même à ses officiers que pour affaire de service, sauf quand il les voyait dans sa cabine. Avec ses passagers il retrouvait sa belle humeur, conversant volontiers, discutant même et les étonnant, les charmant par son urbanité comme par l'étendue de ses connaissances. Car ce rude marin avait mis à profit le temps qu'il avait passé en France, ce gros garçon naguère sans instruction aucune, sachant à peine signer son nom, avait fait le tour de force de se remettre pour ainsi dire à l'école, il avait beaucoup lu, beaucoup réfléchi et avec sa vive intelligence, avait vite compris et s'était assimilé les sujets les plus divers. (1)

Le 31 Mai on aperçut les montagnes de l'Ile Bonaparte, Surcouf rangea la côte et vint atterrir à l'embouchure de la Rivière d'Abord près de Saint-Pierre, il y déposa un de ses passagers, descendit lui-même à terre, s'informa de la force et de la position ordinaire de la croisière anglaise dans les parages de l'Ile de France et des chances qu'il avait de l'éviter. Après quelques jours de repos il reprit sa route ; le 3 Juin, chassé par une frégate anglaise, il s'éloigna considérablement de son chemin, après l'avoir perdue de vue, il rencontra le lendemain un grand vaisseau qui s'empressa de hisser les couleurs danoises. Ne se laissant pas prendre à cette ruse, Surcouf ne lui donna pas le temps d'approcher, après une poursuite assez longue, étant parvenu à distancer son adversaire, il remit le cap sur l'Ile de France, où il parvint le 10 Juin à 2 heures du soir, après une traversée de 98 jours.

Surcouf arrivait fort à propos, depuis quelque temps le blocus s'était resserré, très peu de bâtiments avaient pu entrer à l'Ile de France, la plupart des prises faites par les corsaires se réfugiaient à l'Ile Bonaparte dont les abords étaient moins strictement surveillés. La colonie entière où Surcouf comptait de nombreux amis, l'accueillit avec enthousiasme ; elle ne doutait pas un seul instant qu'il ne la ramenât aux temps du *Triton* et du *Kent*. Le capitaine-général lui-même témoigna au corsaire sa satisfaction d'apprendre qu'il allait parcourir le golfe de Bengale juste au moment du transport des grains.

Ses préparatifs furent vite terminés, le 1er Septembre le *Revenant* évita et alla mouiller en tête de rade afin d'obvier aux désertions fréquentes au dernier moment ; le surlendemain 3 Septembre, au moment où il appareillait, ayant lâché ses amarres et tandis que ses huniers hissés lui faisaient opérer un mouvement de recul, la frégate la *Piémontaise* qui sortait du port sous toutes voiles, dirigée par un pilote M. Didier de Saint Amand, passa sur l'arrière du corsaire et faute d'espace pour évoluer, vint l'aborder par son travers, lui brisant sa vergue de hune et

(1) Ch. Cunat.

défonçant une embarcation suspendue aux porte-manteaux. Surcouf ne broncha pas, jugeant que le dommage assez peu important du reste, avait été commis bien involontairement, mais son second, Joseph Potier, fut pris d'une colère folle et parlait déjà d'envoyer sa bordée à la frégate ; le commandant Epron fit mettre immédiatement en panne et envoya à bord du *Revenant* un de ses propres canots ainsi qu'un espar de rechange, priant Surcouf d'accepter le tout en compensation du tort qu'il lui avait causé et s'excusant de cette maladresse dont il n'était pourtant responsable en aucune façon, la *Piémontaise* se trouvant alors livrée à un pilote. (1)

Se dirigeant droit au Nord, Surcouf relève les côtes de Ceylan quinze jours plus tard, il rencontre la corvette le *Rattlesnake* qui cherche en vain à l'approcher ; le même jour il aperçoit une frégate qui le chasse vigoureusement, après quelques heures de poursuite, des signaux échangés lui apprennent que ce bâtiment n'est autre que la *Piémontaise*, chacun s'éloigne de son côté. Le 26 Septembre, par le travers des brasses du Gange, il s'empare du *Trafalgar* chargé de 10,000 balles de riz et quelques heures plus tard du *Mangles* portant 11,000 balles de riz et une batterie barbette de 14 canons. Ces deux prises sont expédiées à l'Ile de France sous les ordres de son lieutenant Louvel-Desveaux. Le 28, il s'empare de l'*Amiral Applin* également chargé de riz et armé de 12 caronades de 18. Le lieutenant Lemaître à qui il le confia, fit naufrage quelques jours après sur la côte et tout l'équipage périt sauf deux hommes.

Quatre jours après il prend encore un bâtiment portant 5,500 balles de riz, la *Suzannah* ; à ce moment passe une gourabe chargée de sel, il l'arrête, y fait monter ses prisonniers et lui donne l'ordre d'aller les déposer à Ganjam. (2 Octobre 1807.) Le jour suivant c'est le *Hunter*, vieux bâtiment pouvant à peine tenir la mer, il prend juste ce qu'il lui faut en fait de cordages et de manœuvres et le laisse aller. Le 4, il poursuit inutilement un grand bâtiment qui entre sur lest dans le Gange ; pour éviter les croiseurs, car il se doute bien que sa présence va être signalée à Calcutta et à Madras, il se dirige sur la pointe Négraille. Le 8 Octobre, auprès des Iles Andaman, il est chassé par une frégate et range la terre de si près qu'il manque d'y toucher ; il reste environ quinze jours à croiser sur les côtes du Pégou, puis il regagne les bouches du Gange.

Il n'avait pas eu tort de croire que le gouvernement de l'Inde averti de son apparition dans ces parages, allait prendre des mesures contre lui ; une récompense d'un lack de roupies, soit deux-cent-cinquante-mille francs fut offerte à quiconque s'emparerait de sa personne, et par-dessus le marché l'embargo fut mis sur tous les navires à l'ancre dans l'Hougly, aussi longtemps qu'on signalerait la présence du corsaire dans le golfe de Bengale.

(1) *Ch. Cunat.*

Le 19 Octobre il capture le brick le *Success* chargé de bois, il se borne à prendre ce qui peut lui être de quelque utilité et met le feu au bâtiment. Pendant dix jours il longe vainement la côte, ne rencontrant que des bâtiments parias ; un navire de guerre lui donne la chasse le 28 et ne peut l'approcher ; le jour suivant, en désespoir de cause, il se met à la poursuite d'un bâtiment, l'approche de si près qu'il peut lire le mot *Fortune* inscrit sur sa poupe ; au moment où il va le sommer d'amener, quelle n'est pas sa surprise de le voir fuir à toute vitesse et le laisser loin derrière. Piqué au jeu, Surcouf fait décoincer ses mâts, modifie son tirant d'eau et s'élance à sa poursuite ; il ne le rejoint qu'au bout de 52 heures, il lui lâche sa bordée, l'anglais riposte pour la forme et amène son pavillon après quelques minutes. Surcouf reconnaît alors que ce fin voilier n'est autre que l'ancien corsaire de Lemême, il fait armer une chaloupe de sa prise, y fait passer la plupart de ses prisonniers et les envoie à terre, car on se trouve en vue des côtes de Golconde ; la *Fortune* est sabordée, ainsi se termine sa carrière. (1)

Il revient alors à son poste d'observation dont il s'était considérablement éloigné dans cette poursuite ; le 1er Novembre il fait fuir la corvette la *Sea Flower*, peu anxieuse de se mesurer avec un pareil adversaire.

Le 16, en face de la Pointe des Palmiers, il rejoint trois bâtiments de la Compagnie en quête de pilotes ; il espère d'abord s'emparer du plus rapproché avant que les autres aient le temps d'arriver, il manœuvre en conséquence mais s'aperçoit bientôt que le pont de l'anglais est couvert de soldats ; il n'a que le temps de virer de bord car les deux autres vaisseaux s'avançaient à la rescousse.

Ensuite il capture le *New Endeavour* et le *Colonel Macanby* et les relâche généreusement, ces bâtiments appartenant à leurs capitaines et n'étant pas couverts par l'assurance (17, 18 Novembre 1807.) (2)

Il longe la côte de Birmanie, revient sur ses pas et le 16 Décembre il aperçoit le *William Burroughs*, dont il se rapproche sous toutes voiles ; afin d'éviter de donner l'éveil aux croiseurs en tirant du canon, Surcouf met une embarcation à la mer et envoie sommer l'anglais de se rendre ; celui-ci garde le personnel de l'embarcation en otage et cherche à s'échapper, Surcouf reprend la poursuite et se dispose à envoyer sa bordée à cet ennemi récalcitrant qui s'empresse d'amener. On l'expédie à l'Ile de France ; à ce moment un brick portugais passe et Surcouf en profite pour se débarrasser de ses prisonniers. Il évite à quelques jours de là un vaisseau de guerre qui le croise sans le reconnaître. Le 31 Décembre il s'empare d'un brick portugais, l'*Oriente* et du *Jean Lab Dam*, dont les papiers irréguliers lui prouvent qu'il a affaire à des bâtiments anglais. (3)

(1) Ch. Cunat, Col. G. B. Malleson.
(2) Ibid. Ibid.
(3) Ibid. Ibid.

Après cette longue croisière, le personnel du *Revenant* ne comptait plus guère que 70 hommes valides ; Surcouf aurait malgré tout continué sa campagne, mais il fut avisé de l'arrivée prochaine d'une frégate envoyée expressément à sa poursuite par le gouverneur général de l'Inde. Il jugea donc plus sage de reprendre la route de l'Ile de France et se dirigea vers le Sud. Le 17 Janvier 1808, comme il venait de franchir la ligne, il se croisa avec un vaisseau de haut bord escortant un convoi.

L'ennemi essaya bien de le poursuivre, mais craignant de trop s'éloigner des bâtiments dont il avait la garde, il ne tarda pas à rebrousser chemin. Surcouf continua sa route et entra au Port Napoléon le 31 Janvier, il y trouva toutes les prises qu'il y avait expédiées et son retour ne fut qu'une longue suite d'ovations. (1)

Malgré tous ses succès, Surcouf préféra céder le commandement de son navire à Potier afin de pouvoir surveiller de plus près les intérêts qu'il avait en jeu ; le *Revenant* fut donc réarmé, pourvu d'un nouvel équipage de 200 marins choisis parmi les meilleurs de la colonie, Vincent Moulac y prit le grade de second capitaine. Le moment d'appareiller approchait, mais jusqu'ici aucun plan de croisière n'avait été arrêté, le nom de Surcouf, le nom même du *Revenant* suffisait alors pour retenir les navires anglais à leur mouillage ; il y avait toutes chances à parier qu'à peine la présence du corsaire signalée dans le golfe de Bengale, il n'y rencontrerait pas un seul bâtiment de commerce sinon accompagné par quelque frégate ou quelque vaisseau de ligne. Cette perspective n'avait rien de bien tentant, aussi Surcouf retardait-il tous les jours le moment du départ, espérant que sa bonne étoile lui servirait bientôt une occasion favorable. En cela il ne se trompait pas : sa chance habituelle fit que peu de jours après un officier, M. Prades, arriva à l'Ile de France conduisant une prise ; assailli par un gros temps, il s'était réfugié à Goa et avait pu en repartir avant la nouvelle officielle de la rupture entre la France et le Portugal. Il avait remarqué dans ce port un superbe bâtiment de 1,500 tonneaux, la *Conceçaō de Santo Antonio*, construit pour porter 64 canons mais n'en ayant que 34, qui chargeait une cargaison de grande valeur et allait bientôt partir pour Lisbonne. Le départ de ce vaisseau était considéré à Goa comme un évènement tellement important, qu'il défrayait toutes les conversations ; chacun citait la date probable à laquelle il lèverait l'ancre, l'itinéraire qu'il allait parcourir, ainsi que les différents ports où il ferait relâche.

Aprenant les hésitations de Surcouf, cet officier vint le trouver et lui proposa de faire cette riche capture. Le corsaire l'accueillit avec empressement, lui offrit de s'embarquer comme lieutenant sur le *Revenant*, lui déclarant que pour mener à bien l'entreprise, sa présence à bord était des plus nécessaires.

(1) Ch. Cunat. Col. G. B. Malleson.

Le 30 Avril Potier cinglait vers la côte occidentale de l'Inde et le 17 Mai il atteignait la hauteur du Cap Natal ; c'était le lieu choisi pour la rencontre. Pendant toute une semaine, en dépit de violents orages, le *Revenant* se maintint constamment aux alentours, enfin le 24 Mai au matin, alors que l'on était en train de réparer les dégâts causés par un grain essuyé la nuit précédente, une voile apparut à l'horizon. A tout hasard Potier fait faire le branle-bas, il fait porter sur le navire, force de voiles afin d'en approcher rapidement sans toutefois se rendre suspect. Prades est déjà dans les hunes, au moyen d'une longue vue il a déjà positivement reconnu la *Conceçaõ* qui modifie légèrement sa route, soit pour éviter le corsaire, soit plutôt pour s'assurer qu'il lui donne réellement la chasse. Le temps s'est remis au beau, la brise est encore fraîche mais maniable, la mer reste pourtant très grosse et très houleuse. Arrivé à portée, le corsaire cargue ses basses voiles, hisse ses couleurs et les appuie d'un coup de canon, le portugais agit de même et le combat s'engage avec furie. L'état de la mer rend très difficile la manœuvre des pièces du *Revenant* en raison du peu d'élévation de sa batterie, mais par contre, elle le rend pour cela même moins exposé au tir de son adversaire ; celui-ci a l'avantage d'un feu plongeant, mais le but sur lequel il dirige ses coups est difficile à atteindre tandis que chaque bordée du corsaire porte en plein bois ; la lutte continue longtemps indécise. Une décharge à mitraille vient couper les rabans des mantelets de sabords du vaisseau qui s'abattent en masquant la batterie, en vain les Portugais tentent-ils de les relever, accueillis par une vive fusillade, ils y renoncent et se réfugient sur les gaillards d'où leur feu, servi par un personnel double, augmente d'intensité. Il faut en finir, Potier fait charger ses pièces à mitraille jusqu'à la gueule, place les gabiers dans les hunes avec des grenades, se porte sur le travers du portugais et commande feu partout en visant dans les sabords : le résultat est terrible, c'est une véritable hétacombe, un baril de poudre saute et augmente encore la confusion. De crainte d'incendie, le *Revenant* a culé et s'est porté sur la hanche de son adversaire, son feu a cessé car il est certain que l'ennemi va amener. Loin de là, il recommence à tirer de son gaillard d'avant. Une nouvelle décharge fait comprendre au portugais que la résistance est devenue inutile, il se décide à abaisser son pavillon. Le premier lieutenant, M. Fouroc, passe sur la prise et les deux bâtiments voguant de conserve, arrivèrent à l'Ile de France à la fin du mois suivant.(1)

Après cette expédition dont le résultat surpassait de beaucoup tout ce que Surcouf avait pu rêver, il s'occupa activement de désarmer le *Revenant* dans le but de le reconduire lui-même en France en aventurier avec un chargement de grande valeur. (Juillet 1808). A ce moment la frégate la *Sémillante* venait de regagner le Port Napoléon après un engagement indécis avec la *Dédaigneuse*, (15 Mars), dans lequel les deux bâtiments avaient

(1) Ch. Cunat, A. d'Epinay, Colonel G. B Malleson.

essuyé de graves avaries. La colonie était à ce point dépourvue de ressources, que faute d'apparaux nécessaires ont dut renoncer à réparer cette frégate ; le capitaine-général se résigna à contre cœur à la vendre au commerce. Le seul bâtiment de la marine impériale qui restât alors à l'Ile de France, c'était la *Caroline* commandée par le capitaine Billard, venant d'arriver d'Europe et hors d'état de reprendre la mer faute de pouvoir se réparer. Afin de ne pas laisser la colonie sans aucune défense, le général Decaen, usant du droit que lui avait conféré le Premier Consul, crut devoir réquisitionner le *Revenant* pour le compte de l'État, en remboursant bien entendu à ses propriétaires la valeur de ce bâtiment après estimation (23 Septembre). L'ancien corsaire prit le nom de l'*Iéna*.

Cet acte d'autorité si justifié qu'il fût, ne pouvait plaire à Surcouf dont il dérangeait tous les plans ; notre homme très chatouilleux sur ce qui concernait sa propriété,—nous avons eu occasion d'en juger du reste—, regimba, refusa, sacra, menaça, à tel point que le gouverneur crut devoir le prévenir que s'il persistait, il se verrait forcé à son grand regret de l'embarquer comme simple officier sur la nouvelle corvette. Cet avertissement fut fort mal reçu, Surcouf au comble de l'exaspération mit Decaen au défi d'attenter à sa liberté individuelle ; la circonstance était grave, cet homme aveuglé par la fureur, enragé par ce qu'il considérait comme une atteinte portée à ses droits les plus sacrés, pouvait d'un moment à l'autre se laisser aller aux excès les plus fâcheux. Decaen le comprit aussitôt et se maîtrisant plus qu'on n'aurait pu l'attendre de sa nature autoritaire, il lui répondit avec calme mais en même temps avec énergie : " Monsieur Surcouf, je n'abuserai point à votre égard de mon " autorité comme chef supérieur, mais de votre côté, modérez- " vous, croyez que les intérêts du pays ont seuls dirigé le " gouvernement colonial dans la conduite qu'il a tenue !" (1)

Après un moment de réflexion Surcouf en prit son parti ; la *Sémillante* venait d'être armée sous le nom du *Charles* par plusieurs négociants qui y embarquèrent une cargaison importante valant 5 millions de francs ; on offrit au corsaire d'en prendre le commandement pour la ramener en France, il accepta, mais les réparations indispensables traînèrent en longueur, ce ne fut que dans le courant du mois de Novembre que Surcouf put prendre la mer. Son départ devait être encore signalé par une nouvelle algarade avec le capitaine-général.

L'Etat major de la *Conceçaó*, retenu prisonnier à l'Ile de France, coûtait à la colonie une assez forte somme ; dans l'état de dénûment où elle était plongée, trouver le moyen de supprimer cette dépense n'était pas chose à dédaigner. Decaen le jugea ainsi et pensa que le plus simple était d'embarquer ces officiers sur le *Charles* qui allait partir sous peu ; Surcouf lui fit observer combien cette mesure serait dangereuse en raison de l'insuffisance

(1) *Ch. Ounat. A, d'Épinay.*

de son équipage recruté en partie parmi les anciens marins même du vaisseau portugais, en cas de révolte il ne pourrait certainement répondre de rien. Cette raison était bonne mais le gouverneur ne voulut pas s'y rendre, croyant malgré tout au mauvais vouloir du corsaire ; il insista et déclara que s'il n'était pas fait selon ses instructions, il refuserait de signer le congé de navigation. En présence de cette menace Surcouf crut prudent de se taire, bien décidé à part lui à avoir le dernier mot.

Le 21 Novembre le *Charles* embarqua ses passagers incommodes et leva l'ancre ; rendu en dehors du port, au moment où le pilote allait regagner la terre, Surcouf fit descendre les Portugais dans son embarcation et les renvoya tranquillement, tandis qu'il s'éloignait sous toutes voiles.

On juge de la fureur du général Decaen lorsqu'il apprit le tour qui lui était joué ! Donnant libre cours à sa colère, il fit paraître le lendemain même dans la *Gazette des Isles de France et Bonaparte*, un arrêté longuement motivé, relatant l'incident, le peu de cas que Surcouf avait fait de ses ordres et de son autorité, et plaçant sous séquestre toutes les propriétés qu'il possédait dans les deux colonies ; le jour même de larges affiches multicolores furent placardées sur tous les murs de la ville afin que nul n'ignorât cette décision. La population en général fut loin d'approuver le gouverneur, la mesure lui paraissait trop radicale pour une espièglerie qui au bout du compte était justifiée par les circonstances ; personne ne doutait que Surcouf n'expliquât sa conduite au ministre d'une façon des plus satisfaisantes. C'est ce qui eut lieu en effet ; à peine rendu en France, après avoir mis un peu d'ordre dans ses affaires et visité ses parents et ses amis, Surcouf partit pour Paris, on venait d'y apprendre l'arrêté du capitaine-général. Decrès reçut Surcouf avec les plus grands égards, heureux de pouvoir faire payer à Decaen les plaintes réitérées qu'il n'avait cessé d'adresser contre lui à l'Empereur, il approuva hautement le corsaire, l'appuya auprès de Napoléon et obtint un décret spécial lui donnant raison en tout et pour tout et cassant la décision prise par le gouvernement colonial. Decaen reçut même l'ordre de publier cette réparation dans les deux colonies. (1)

Surcouf se retira alors à Saint-Malo et s'occupa jusqu'à la fin des hostilités à armer des corsaires qui renouvelèrent dans les mers d'Europe les exploits de la *Clarisse*, de la *Confiance* et du *Revenant* dans les mers des Indes. Lorsqu'en 1815, après les Cent jours et la Seconde Restauration, il apprit que le général Decaen, accusé de haute trahison, était détenu à l'Abbaye et sur le point de comparaître devant un conseil de guerre, oubliant ses rancunes passées, il lui fit offrir 100.000 francs pour s'évader ; Decaen sûr de son bon droit et de son innocence, déclina l'offre mais n'en conserva pas moins pour le corsaire un souvenir attendri.

(1) Ch. Cunat.

Surcouf d'ailleurs se faisait un cas de conscience de reconnaître que malgré sa brusquerie et quelques abus d'autorité, le capitaine-général avait tiré le meilleur parti des circonstances difficiles où il s'était trouvé placé, et qu'il aurait été impossible de mieux faire pour conserver si longtemps une colonie aussi négligée de la métropole. (1)

Robert Surcouf mourut à Riancourt, aux environs de Saint-Malo, le 8 Juillet 1827.

La carrière de l'*Iéna* ne fut pas de longue durée ; envoyée par le gouverneur en mission dans le golfe Persique, elle s'empara de deux petits bâtiments, la *Swallow* et la *Janet*, mais attaquée par la frégate la *Modeste*, de 48 canons, après une défense opiniâtre, elle dut amener son pavillon. Son odyssée n'était pourtant pas finie, passant dans la division anglaise sous le nom du *Victor*, elle fut reprise un peu plus tard par Duperré et eut l'honneur de figurer quoique faiblement, au combat du Grand Port. (2)

Pierre Bouvet avait pris passage au Cap de Bonne Espérance sur un navire américain, le *Charles*, se rendant à l'Ile de France, le 17 Janvier 1806, en vue de terre, la frégate anglaise le *Pitt* hèle l'américain et le visite. Bouvet est reconnu et fait prisonnier, le *Pitt* le conduit à Bombay où il obtient de l'amiral Pelew d'être relâché moyennant promesse de ne point servir jusqu'à ce qu'il ait été régulièrement échangé ; on le dépose à l'Ile de France le 1er Juin et au bout de quelques mois il est dégagé de sa parole. Il songe alors à mettre à exécution un projet qu'il avait nourri pendant sa captivité.

Une chose l'avait frappé pendant qu'il longeait les côtes de l'Inde à bord du *Pitt* ; cette frégate qui surveillait activement tous les bâtiments qu'elle rencontrait et ne manquait pas de les visiter lorsqu'ils lui paraissaient suspects, n'attachait aucune importance aux côtiers indigènes qui font le cabotage sous le nom de *patmars*. Il était évident que les Anglais devaient les considérer comme incapables de tenir la haute mer. Bouvet pensa donc avec raison qu'en faisant construire un bâtiment semblable à l'Ile de France, il aurait toutes chances une fois rendu sur le littoral indien, de croiser partout où bon lui semblerait sans donner le moindre soupçon ; il lui serait facile alors, non pas précisément de s'emparer de tous les bâtiments qu'i lrencontrerait, mais de faire son choix et de ne capturer que ceux qui en vaudraient réellement la peine. Il soumit son plan au général Decaen qui l'approuva en tous points et s'occupa activement de mettre le *patmar* sur le chantier ; l'*Entreprenant* mis en cale le 15 Septembre 1806 fut prêt à prendre la mer le 7 Décembre, il mesurait 45 pieds de quille, 66 de pont et 15 de bau, il portait un canon de 8 à l'avant, était monté par 40 hommes d'équipage, dont quatre lascars, et avait coûté 96,138

---

(1) *Ch. Cunat. Col. G. B. Malleson, A. d'Epinay.*
(2) Ibid.   Ibid.   Ibid.

francs, y compris les vivres pour une campagne de quatre mois. (1)

Parti de l'Ile de France avec un gréement ordinaire, Bouvet atteignit les côtes de l'Inde dans les derniers jours de Janvier ; son premier soin fut de modifier sa mâture et de donner à son navire l'aspect inoffensif d'un bâtiment indigène en installant sa voilure telle qu'elle devait l'être pour tout *patmar*. S'il rencontrait une frégate anglaise, tout l'équipage se cachait dans l'entrepont ; seuls les quatre lascars restaient bien en vue et continuaient la manœuvre sans éveiller les soupçons. (2)

Le 7 Février il fit la rencontre d'un brick-paquebot de la Compagnie des Indes, la *Marguerite*, jaugeant 275 tonneaux, manœuvré par 75 hommes d'équipage et armé en guerre assez formidablement pour sa taille, de 8 caronades de 12 et 2 pièces de 9. La cargaison qu'il portait valait au bas mot deux millions et demi. L'*Entreprenant* approcha sans donner l'éveil et s'en empara sans coup férir ; après cette riche capture, Bouvet crut prudent de passer sur sa prise, il y transborda tout ce qui pouvait lui être utile, fit passer les Anglais sur l'*Entreprenant* et s'éloigna juste à temps pour n'être pas rejoint par une frégate qui arrivait sous toutes voiles au secours de la *Marguerite*. (3)

Il mit aussitôt le cap sur l'Ile de France, mais la présence d'une croisière étant signalée, il jugea plus sage de se réfugier à Saint-Paul (23 Mars 1808) ; de là il prit passage sur un caboteur pour gagner le Port Napoléon. Entre les deux îles son bâtiment fut visité par une frégate ennemie, mais Bouvet qui avait pris la précaution de se déguiser et dont les Anglais ne pouvaient guère soupçonner la présence sur ce petit voilier, passa inaperçu. Il arriva donc sans encombre, alla trouver le capitaine-général, le décida à envoyer la *Sémillante* à l'Ile Bonaparte pour servir d'escorte à la *Marguerite*. Tout fut fait comme il le désirait et le 20 Avril suivant, les deux bâtiments arrivaient à bon port à l'Ile de France. (4)

Il obtint encore du gouverneur de faire construire un petit brick de 12 canons et devant porter 88 hommes d'équipage ; un ancien corsaire, le *Duc de Chartres*, alors abandonné dans un coin de la rade, servit de modèle à ce fin voilier qui prit le nom de *Nouvel Entreprenant*. En attendant d'en prendre le commandement, Bouvet se rend à Bourbon sur un négrier accompagné du capitaine Barrois, beau-frère et aide de camp du général Decaen ; devant Sainte-Rose on se trouve cerné par l'escadre anglaise, l'*Otter* commandée par le capitaine Willoughby s'empare du négrier ; Bouvet muni d'un faux passeport, feint

(1) *A. d'Epinay.*
(2) Ibid. *H. de Rauville* " Reddition de l'Ile de France."—" Revue Historique et Littéraire de l'Ile Maurice "—2me Année. No. 40.
(3) *A. d'Epinay.*
(4) Ibid.

d'être gravement malade et se fait porter avec les plus grandes précautions à bord de la corvette anglaise.

Une fois là, il propose de racheter son bâtiment pour 10.000 piastres. On y consent, on le dépose à Saint Denis, Willoughby reçoit l'argent et apprend en même temps qui il a laissé échapper, mais il était trop tard, Bouvet se trouvait à l'abri. (1)

Il regagne l'Ile de France le 1er Août ; le 4 Octobre, l'*Entreprenant* étant prêt, Bouvet est envoyé en mission dans le golfe Persique, pour déposer à Ormuz un agent du gouvernement impérial près de l'ambassadeur de France à Téhéran. A la fin de ce mois, au moment où il pénétrait dans le golfe, le *Nouvel Entreprenant* est attaqué par le *Bénarès* de 18 canons et la *Wasp* de 6 ; sa première décharge bien dirigée fait la *Wasp* couler à pic, le *Bénarès* n'attend pas la suite et fortement endommagé, il gagne Mascate à toutes voiles. (30 Octobre 1808). Après s'être acquitté de sa mission, Bouvet se dirige vers la côte Malabare, s'empare de 19 bâtiments et rentre à l'Ile de France le 16 Mars 1809. (2)

Nous avons laissé le commandant Bourayne au moment où faute de pouvoir réparer sa frégate à la Réunion, il se dirigeait vers Manille (27 Mai 1806) ; il croisa dans les mers de la Sonde pendant deux années environ et revint à l'Ile de France au mois de Juillet 1808.

Le Port Napoléon d'abord bloqué par la *Terpsichore* et le *Pitt*, puis par le *Pitt* seul, la première frégate étant rentrée dans l'Inde en réparations, se trouva un moment dégagé après la rencontre de ce dernier croiseur avec la *Sémillante* assistée du corsaire la *Bellone* (1806).

Une autre escadre survint bientôt composée du *Blenheim*, vaisseau de 80, de la frégate le *Java* et de la corvette le *Harrier*. Le 8 Février 1807 la *Sémillante* quitte le Port Napoléon dans la matinée ; le soir, assaillie par une violente tempête, elle perd tous ses mâts et ne peut regagner son mouillage que neuf jours plus tard.

Pendant ce temps la croisière anglaise est également prise par la tourmente, le *Blenheim* et le *Java* se perdent corps et biens, avec 1,100 hommes d'équipage et le commandant en chef, l'amiral Tunbridge. (3)

Le blocus fut ensuite repris par le *Sceptre*, le *Cornwallis* et la *Dédaigneuse* ; au moment où Bourayne arrivait avec la *Canonnière*, les Anglais s'étaient momentanément éloignés. Une corvette, le *Laurel*, avait été envoyée de l'Inde pour renforcer la division ; elle parut en vue de l'Ile de France et ne trouvant aucun des bâtiments

---

(1) A. *d'Epinay.* " Précis des campagnes du capitaine de vaisseau Pierre Bouvet."
(2) A. *d'Epinay.*
(3) Ibid.

au rendez-vous, elle les attendit et entreprit à elle seule de surveiller les mouvements de l'ennemi. Elle venait de s'emparer d'un navire portugais sur lequel se trouvaient quelques dames françaises, le commandant Woolcombe envoya alors au général Decaen un parlementaire lui offrir de les faire débarquer. Cette proposition fut naturellement bien accueillie, un officier fut envoyé à bord du *Laurel* pour ramener les passagères ; c'était justement le premier lieutenant de la *Canonnière* ; à peine retourné à terre il alla trouver son commandant, lui rendit compte du peu de résistance que pourrait opposer la corvette et l'engagea fortement à s'en rendre maître. Bourayne, bien que sa frégate ne fût pas entièrement réparée, n'hésita pas à saisir cette occasion, il en parla au capitaine-général qui lui donna son assentiment ; comme son équipage était loin d'être au complet, des affiches furent apposées, invitant tous les jeunes gens de la colonie à s'enrôler comme volontaires pour cette expédition.

L'enthousiasme fut grand, en une journée ses cadres étant au complet, la *Canonnière* put lever l'ancre et se mettre à la recherche de l'anglais qu'elle rencontra le 12 Septembre vers 4 heures de l'après-midi au large de la Grande Baie. La canonnade s'engagea immédiatement avec vigueur de part et d'autre, mais trop faible pour lutter contre un adversaire mieux armé, quoique son équipage fût composé en grande partie de jeunes colons encore novices dans le métier des armes, le *Laurel* ne tarda pas à amener.

A 5 heures la frégate et sa prise reprenaient le chemin du Port Napoléon.

L'accueil fait à Bourayne fut une véritable ovation, cette facile victoire avait coûté à la colonie le sang de cinq de ses enfants, mais cette fois c'était bien une victoire coloniale, comme celle de la *Cybèle* et de la *Prudente* au temps jadis. On se cotisa pour offrir au commandant de la *Canonnière* une superbe paire de pistolets. Aussitôt remis en état, les deux bâtiments partirent en croisière pour les mers de Chine ; ils revinrent à l'Ile de France au mois de Mai 1809 et ne pouvant être réparés, ils furent vendus au commerce, armés en aventuriers et renvoyés en France avec des cargaisons importantes. Tous deux furent pris par les Anglais au moment où ils touchaient au port.(1)

La *Piémontaise* rentrée de croisière le 15 Décembre 1806, reprenait la mer le 5 Mars de l'année suivante, le gouverneur y avait fait passer son frère René avec le grade d'enseigne de vaisseau. Elle rentra le 29 Juin, repartit le 3 Septembre et revint le 1er Décembre avec plusieurs prises ; le 31 elle recommença une nouvelle croisière et faillit s'emparer de tout un convoi escorté par la frégate le *Francis Drake*, l'arrivée inopinée d'un vaisseau de ligne l'obligea à se retirer. (Février 1808). Le mois suivant à la hauteur du Cap Comorin, elle est attaquée par une

---

(1) *Ch. Cunat, A. d'Epinay, Pridham.*

forte frégate anglaise, le *San Fiorenzo*. Epron dirige si bien son feu que l'ennemi désemparé abandonne le champ de bataille ; il veut le poursuivre et l'achever, mais ses officiers dont l'un était Jean Dutertre, notre ancienne connaissance, lui représentent le danger qu'il y aurait à recommencer la lutte, car la *Piémontaise* elle aussi a grandement souffert dans son équipage principalement, Epron se laisse persuader et s'éloigne. Cependant l'anglais a mis la nuit à profit pour se réparer, le lendemain il rejoint la *Piémontaise* ; avec ses batteries manquant de munitions et mal servies par un personnel insuffisant, elle ne se défend plus que faiblement. Le commandant anglais Harding est frappé à mort, son second le remplace, la lutte continue ; du côté des français il y a 56 tués et 94 blessés, bientôt Epron est obligé de se rendre (8 Mars 1808). Le second de la *Piémontaise*, Charles Moreau qui avait servi sous Suffren, ne voulut pas survivre à cette défaite et se brûla la cervelle plutôt que de voir le drapeau anglais flotter sur sa frégate. (1)

La *Manche* commandée par le capitaine de vaisseau Dornal de Guy, est expédiée de Cherbourg le 15 Novembre 1807 ; après une traversée assez mouvementée, au cours de laquelle elle fait quelques prises, la frégate touche au Grand Port le 6 Mars 1808 et le jour même relève pour le Port Napoléon où elle entre avant la nuit en doublant le Morne Brabant ; après s'être réparée et ravitaillée à la hâte, elle part en croisière dans le canal de Mozambique (8 Avril). Dix sept jours plus tard elle s'empare du bâtiment portugais le *Généreux Albuquerque*, l'envoie à l'Ile de France et se dirige sur Anjouan, où elle jette l'ancre le 30. Cette petite île était alors dans la désolation, la sultane favorite assez sérieusement indisposée, n'éprouvait aucun soulagement en dépit des traitements les plus divers que lui faisait subir la faculté de l'endroit. Cela n'était pas fait pour mettre en belle humeur le petit potentat des Comores qui n'avait du reste jamais passé pour être un homme patient et résigné, aussi la population en voyait-elle de toutes les couleurs. L'arrivée de la *Manche* donna à ce prince un regain d'espoir, il alla en personne à bord trouver le chirurgien-major Desjardins et le pria de venir faire visite à son intéressante compagne ; ce dernier ne se fit pas prier et en peu de jours il parvint à la tirer d'affaire.

---

(1) A. *d'Epinay*.

A propos de cet engagement de la *Piémontaise* et du *San Fiorenzo*, Saint Elme le Duc (manuscrit de la bibliothèque nationale) cite un détail assez pittoresque pour que nous le transcrivions ici, sous toutes réserves bien entendu :

Il était de règle à bord des bâtiments de guerre, qu'après un certain nombre de coups, on saignât les gargousses de crainte que la charge entière ne fît éclater les pièces trop échauffées ; la batterie de la *Piémontaise* était commandée par le lieutenant de vaisseau Scohy, qui eut la malencontreuse idée de trop diminuer les charges, si bien que les coups de la frégate n'eurent plus la force de pénétration nécessaire. Après l'action on trouva incrustés dans les flancs du *San Fiorenzo*, plus de 800 boulets qui n'avaient pu en traverser les bordages de bois de teck ; l'historien en déduit que sans cette circonstance toute fortuite, le *San Fiorenzo* eût sans aucun doute coulé bas.

Nous lui laissons la responsabilité de cette conclusion tant soit peu hasardée,

Le sultan se confondit alors en remercîments et lui déclara qu'il le considérait comme le plus grand médecin du monde entier. Afin de manifester sa satisfaction d'une manière plus tangible, il envoya au docteur un présent qui lui fut porté en grande pompe ; c'était un panier d'oranges parmi lesquelles se trouvait un jeu de boîtes entrant les unes dans les autres. Le docteur Desjardins s'attendait bien à trouver dans la dernière un joyau de prix, quelque diamant de la plus belle eau, quelque perle du plus magnifique orient ou tout au moins quelque émeraude ou quelque rubis ; grande fut sa stupéfaction de n'y découvrir que trois feuilles de bétel, une noix d'arec et une pincée de chaux ! Le sultan avait fait royalement les choses ! (1)

Le 10 Juin la *Manche* reprit sa route, le 24 elle captura deux navires arabes portant 180.000 piastres et les dirigea sur l'Ile de France ; on mit le cap sur les Iles de la Sonde ; en route l'eau vint à manquer. Il y avait à bord une forte réserve de vin de porto pris sur un bâtiment portugais lors de la traversée de Cherbourg à l'Ile de France. Le major fit alors remplacer la ration d'eau de chaque homme par une mesure équivalente de porto ; on ne devait pas s'ennuyer à bord de la *Manche* ! En rade de Padang on s'empare du brick anglais la *Jeanne* qui est envoyé à l'Ile de France (11 Septembre). Peu de jours après, la *Manche* amarine la corvette *Sea Flower* (28 Septembre) Le commandant y fait passer un équipage, la confie au lieutenant Le Bolloche et l'envoie à Bancoulen tenter un coup de main sur le vaisseau de la compagnie le *Hope*, alors en train de décharger sa cargaison. Le plan réussit à souhait ; le *Hope* est enlevé de nuit ainsi que toutes les embarcations qui se trouvent le long de son bord, on l'expédie aux îles. Son équipage étant atteint de scorbut et de dyssenterie, Dornal de Guy se résout à rentrer à l'Ile de France. En y arrivant il est poursuivi par le vaisseau le *Raisonnable* de 80 canons et par une frégate auxquels il échappe et se réfugie à Saint Paul. Dans cette rade se trouvait à ce moment la frégate la *Caroline* à côté des deux prises le *Hope* et la *Jeanne* ; la *Sea Flower* était retombée au pouvoir de l'ennemi (3 Novembre 1808). Après s'être rafraîchie pendant quelques jours, la *Manche* suivie de la *Caroline* et de ses deux prises, se dirigea vers le Port Napoléon où elle pénétra le 29 Novembre. (2)

La *Vénus* sous les ordres du commandant Hamelin, partit de Cherbourg le 10 Novembre 1808 à destination de l'Ile de France où elle arriva le 21 Mars de l'année suivante. Le capitaine général lui donna juste le temps de se remettre en état de prendre la mer et confia à Hamelin le commandement d'une petite division composée de la *Vénus*, la *Manche* et la *Créole*, goëlette montée par le capitaine Ripaud de Montaudevert.

Cette escadre mit à la voile le 26 Avril et se dirigea sur

(1) *A. d'Epinay.*
(2) Ibid.

l'Ile Bonaparte en même temps que l'*Entreprenant* aux ordres de Bouvet ; celui-ci chargé d'une mission particulière pour le gouvernement de Manille, se sépara bientôt des autres bâtiments qui mirent le cap sur Madagascar. Le 19 Mai Hamelin mouille à Tamatave, apprend qu'un soulèvement a eu lieu à Foulepointe où les Français courent grand risque d'être massacrés ; il débarque 360 hommes et inflige une rude leçon aux naturels. De là la division remonte vers le golfe de Bengale où nous la retrouverons un peu plus tard. (1)

Nous avons vu comment sous l'administration du général Magallon, l'Ile de France avait été menacée d'une formidable invasion anglaise, invasion qui resta à l'état de projet en raison du manque d'entente entre le gouverneur général de l'Inde et son frère, le futur Lord Wellington.

Le marquis de Wellesley quittant l'Inde peu de temps après, ses plans furent abandonnés, principalement à cause de la conviction bien enracinée dans les sphères gouvernementales, que toute expédition dirigée contre deux îles naturellement si fortes et si bien défendues, devait fatalement aboutir à une déception. On se borna donc à mettre ces deux colonies en état de blocus ; cela nuisit certainement à leur commerce et les plaça plus d'une fois dans une situation des plus critiques par le fait du manque d'approvisionnements, mais toujours il se trouva à point nommé quelque frégate ou quelque corsaire pour dépister les ennemis et entrer à pleines voiles avec ses prises dans les ports où ils ramenaient pour un instant, non pas précisément l'abondance, mais au moins la certitude de ne pas mourir de faim.

Cependant le tort considérable que les bâtiments irréguliers causaient au commerce anglais, le refuge assuré qu'ils trouvaient au Port Napoléon, d'où ils ne tardaient pas à ressortir après s'être lestement réparés et remis en état, tout cela joint à l'obligation où se trouvaient les croiseurs anglais de tirer leurs approvisionnements de toute nature, soit du Cap de Bonne Espérance, soit de Bombay, à une distance considérable de leur base d'opération, tout cela causa un malaise si accentué dans l'Inde, que le nouveau gouverneur général Lord Minto, se crut obligé de faire savoir au ministère qu'il était plus que temps d'aviser. Il proposa à cet effet de s'emparer de la petite île de Rodrigue située à 100 lieues de l'Ile de France, d'y établir un dépôt de vivres et de munitions sans cesse renouvelé, afin de subvenir aux besoins de l'escadre de blocus.

Le vaisseau le *Belliqueux*, portant un corps de 200 Européens et 200 Cipayes aux ordres du lieutenant-colonel Keating, fut dépêché de Bombay au mois de Mai 1809, mouilla devant Rodrigue et en prit possession sans résistance aucune, l'île n'étant alors habitée que par trois jardiniers, qu'on ne molesta

(1) *A. d'Epinay.*

en aucune façon, mais qu'on surveilla d'assez près en ayant soin de ne laisser à leur disposition aucune embarcation qui pût leur servir à gagner l'Ile de France pour y répandre l'alarme. (4 Août)

Cette mesure n'apporta cependant pas un grand changement à la surveillance, les corsaires n'en continuèrent pas moins leurs déprédations ; il fut alors décidé que la garnison serait considérablement augmentée en vue de quelque tentative future. (1)

Le 16 Août 1809 le capitaine Corbett se présente avec deux frégates, la *Néréide* et la *Sophia*, devant le village de Sainte Rose sur la côte orientale de l'Ile Bonaparte, ouvre le feu contre une batterie défendue par 16 soldats et quelques gardes nationaux, s'en empare, encloue les canons, bouleverse les terrassements et fait sauter les poudres. Après s'être procuré des vivres qu'ils ont soin de payer comptant, les Anglais se rembarquent en voyant arriver la garde nationale de Saint Benoît sous la conduite du major Hubert de l'Isle. Le 18 ils veulent essayer la même opération sur Saint Pierre, mais sont reçus si énergiquement qu'ils se retirent avec précipitation pour reparaître encore deux fois, le 23 et le 25, et tout aussi inutilement devant Sainte Rose. (2)

Le commodore Rowley, commandant la station navale, apprend que la frégate la *Caroline*, capitaine Ferretier, est entrée à Saint Paul avec deux riches prises, l'*Europe* et le *Streatham*, dont elle s'est emparée dans le golfe de Bengale et dont les cargaisons représentent une valeur de 15 millions de francs. Il retourne à Rodrigue en toute hâte, fait part de ces nouvelles au colonel Keating et séance tenante on décide de tenter un coup de main pour se rendre maître de ces bâtiments.

Le 16 Septembre, 368 hommes et officiers, moitié Européens et moitié Indiens, s'embarquent sur la *Néréide*, l'*Otter* et la *Wasp* ; la petite division met le cap sur l'Ile Bonaparte et le 18 elle passe en vue du Port Napoléon. Le 19 elle est ralliée par le vaisseau le *Raisonnable* et les frégates le *Sirius* et la *Boadicea* ; le corps d'expédition composé de 604 hommes, se concentre à bord de la *Néréide* ; le 20 on passe au large de Saint Denis, dans la nuit quelques espions sont débarqués du côté de la Possession ; ils n'ont aucune peine à acheter les gardiens du sémaphore de la montagne de Saint Denis, poste confié, chose incroyable, à doux repris de justice, qui moyennant quelques guinées, s'engagent à diriger le débarquement des Anglais. (3)

En effet, le 21 Septembre vers 5 heures du matin, la *Néréide* jette l'ancre un peu au Sud de la Pointe des Galets, à 7 milles environ de St. Paul et débarque les troupes qui se forment immédiatement en trois colonnes ; la première dirigée par le capitaine Imlack, franchit la Rivière des Galets, longe la côte jusqu'à l'embouchure du ruisseau qui se déverse de l'Etang dans la baie de Saint Paul et remonte ce ruisseau pour se réunir aux autres

(1) *Col. G. B. Malleson.*
(2) *Ibid. A. d'Epinay. G. Azéma.*
(3) *A. d'Epinay.*

forces devant la batterie centrale ; la seconde colonne a traversé la Rivière des Galets un peu plus haut et s'est dirigée sur le pont de l'Etang ; la troisième, sous Forbes et Keating se met en marche directement sur la batterie. (1) Tout s'est passé avec une rapidité telle que le commandant Saint Mihiel, ignorant absolument l'approche des Anglais n'a pu se préparer à la défense ; il a tout juste le temps de rassembler la garnison composée de 150 soldats de ligne environ, plusieurs habitants se joignent à lui, une pièce de campagne est tirée à bras par des esclaves et la petite troupe se dirige en toute hâte au devant des Anglais qu'elle rencontre devant la batterie du centre et qu'elle tient en échec avec une grande énergie ; plusieurs attaques sont repoussées, à ce moment arrive un détachement que la *Caroline* a pu mettre à terre et qui, conduit par le lieutenant Robin, s'est augmenté en route d'une trentaine de gardes nationaux. Les Français songent alors à reprendre l'offensive, lorsqu'ils s'aperçoivent que profitant de leur absence, les Anglais ont tourné la position, se sont rendus maîtres des ouvrages qui dominent la rade et ont ouvert le feu sur la *Caroline* et les autres bâtiments. Saint Mihiel se replie immédiatement et cherche à plusieurs reprises à recouvrer ces batteries, mais il doit y renoncer en présence de la supériorité numérique de l'ennemi. Il se retire donc pied à pied et se retranche autour de la poudrière en attendant les secours qui ne tarderont sans doute pas à arriver du chef-lieu. Cependant la division anglaise a joint son feu à celui des batteries et les bâtiments français sont réduits à amener. A $8\frac{1}{2}$ heures du matin la ville entière est au pouvoir des Anglais qui font main basse sur tout ce que contiennent les magasins. (2)

Dans l'après-midi le commodore Rowley dépêche le capitaine Corbett en parlementaire pour demander à Saint-Mihiel la remise aux Anglais de tout le matériel de guerre ; Saint Mihiel refuse de traiter et se maintient dans sa position malgré les efforts faits pour l'en déloger.

Ce n'est qu'à 8 heures du soir qu'arrive le général Des Brulys suivi d'une compagnie de chasseurs du régiment de l'Ile de France et de la garde nationale de Saint Denis, il s'arrête à une demie lieue de Saint Paul et y passe la nuit. Le lendemain matin il reconnaît la position occupée par les Français et au lieu de chercher à les rejoindre, persuadé que l'attaque sur Saint Paul n'est qu'un prétexte pour l'éloigner de la capitale où doit porter le principal effort des ennemis, craignant de se voir couper la retraite, il reste toute la journée dans l'inaction. De leur côté les Anglais ignorant quels sont les secours qui peuvent d'un moment à l'autre arriver aux Français et ne voulant pas compromettre le résultat d'une entreprise qui leur a

(1) *Col. G. B. Malleson.*
(2) *Eugène Fabre.* " La guerre maritime dans l'Inde sous le consulat et l'Empire." *Col. G. B. Malleson. A. d'Epinay.*

si bien réussi, jugent prudent de se tenir sur la défensive ; la journée du 22 se passe ainsi sans la moindre démonstration de part et d'autre. Vers 4 heures de l'après-midi arrive un nouveau renfort de 350 gardes nationaux de Sainte Suzanne, mettant ainsi environ 900 hommes sous les ordres du lieutenant-général. Des Brulys perd la tête à l'idée de la responsabilité qui lui incombe, il se persuade plus que jamais que les Anglais vont attaquer Saint Denis ; cédant aux supplications de quelques habitants épouvantés de l'incendie des magasins que les Anglais ont allumé et redoutant pour leur ville les suites d'une lutte sans doute inutile, il se retire sur le chef-lieu, abandonnant Saint Mihiel avec ses 150 hommes. (1)

Le 23 à 10 heures du matin le colonel Keating se présente en personne et offre à Saint Mihiel de traiter d'un armistice, celui-ci y accède provisoirement en se réservant de communiquer le projet à son chef hiérarchique ; un courrier est immédiatement envoyé à Saint Denis au général Des Brulys qui réunit un conseil de guerre et lui soumet le message. Comme il paraissait disposé à ratifier ce qu'avait fait le commandant Saint Mihiel, malgré la vive opposition des principaux officiers, l'un d'entre eux, le chef de bataillon Soleille, se leva avec indignation et apostropha ainsi le gouverneur : " Général, si vous signez cette " capitulation, vous porterez votre tête sur l'échafaud !" Tous les officiers se retirèrent alors et Des Brulys ne sachant que faire, n'osant passer outre à l'opinion émise par ses subalternes, redoutant le blâme du capitaine-général, ne se sentant pas de force à défendre la colonie contre un ennemi si supérieur en nombre, complètement démoralisé, s'enferma dans sa chambre et se coupa la gorge après avoir laissé sur sa table la lettre suivante qui donne une juste idée de son état d'âme si elle ne peut en rien justifier sa conduite :

" Je ne veux pas être traître à mon pays, je ne veux pas
" sacrifier des habitants à la défense inutile d'une île ouverte.
" D'après les effets que j'entrevois de la haine et de l'ambition
" de quelques individus tenant à une secte révolutionnaire, la
" mort m'attend sur l'échafaud. Je préfère me la donner. Je
" recommande à la Providence et aux amis sensibles ma femme
" et mes enfants.

" 25 Septembre 1809.

" DES BRULYS " (2).

Cet évènement laissait les choses en l'état ; le commandant Saint Mihiel dut prendre sur lui d'accepter la proposition à laquelle il n'avait accédé que provisoirement ; les troupes anglaises devaient retenir Saint Paul jusqu'à ce qu'elles eussent eu le temps d'embarquer sur leurs prises tout le matériel dont elles s'étaient emparées. Elles y restèrent jusqu'au 2 Octobre et

(1) E. Fabre, Voïart, G. Azéma, A. d'Epinay.
(2) Dr. Lacaze, Voïart, G. Azéma.

leur opération terminée, la division s'éloigna emmenant la *Caroline*, frégate de 44 canons, le brick le *Grappler* de 11, le *Streatham* jaugeant 850 tonneaux, l'*Europe* de 820, la *Fanny* de 250, les *Trois Amis* de 80 et la *Créole* de 80 tonneaux également. (1)

A peine la nouvelle fut-elle connue à l'Ile de France, que le général Decaen envoya à l'Ile Bonaparte pour en prendre le commandement, le colonel Sainte Suzanne du régiment de l'Ile de France (7 Octobre). Cet officier débarqua le 9 à Saint Denis et débuta par la proclamation suivante, qui lue à distance après bientôt un siècle, semble manquer tant soit peu de grandeur d'âme et de dignité ; mais il n'est que juste de faire la part des sentiments qui agitaient alors les antagonistes ; si les Français traitaient les Anglais de mercenaires et de déserteurs, ceux-ci ne se gênaient nullement pour les appeler pirates et bandits !

" Colons !

" Son Excellence le capitaine-général vient de me donner
" une preuve de sa confiance en m'honorant du commandement
" de votre île et en me plaçant à votre tête pour repousser les
" perfides ennemis qui oseraient encore tenter de souiller votre
" territoire de leur présence.

" Si le capitaine-général a dû être vivement touché des
" derniers évènements que vous venez d'éprouver, il a au moins
" des motifs de consolation en apprenant le dévouement et
" l'ardeur avec lesquels vous vous êtes réunis pour vous opposer
" aux progrès de l'ennemi : Nul doute que ce ne soit à ces belles
" dispositions de votre part qu'on ne doive son prompt rembar-
" quement. Soyez bien convaincus que toutes les fois que vous
" vous présenterez avec confiance, il ne pourra soutenir vos
" regards.

" Comment !... Quand notre auguste Empereur fait triom-
" pher ses aigles du Tage aux bords du Danube ! Quand rien ne
" résiste à sa valeur éprouvée dans mille combats ; nous, nous
" des Français, nous permettrions qu'un vil ramassis de cipayes
" et de déserteurs vienne encore nous braver, nous insulter !
" Non ; vous attendez avec impatience l'instant de vous venger.
" Votre valeur connue, votre attachement à la mère-patrie, à la
" gloire nationale, m'en sont de sûrs garants !

" Quelquefois ces astucieux ennemis feignent de vous
" ménager, méfiez-vous de ces caresses, ce sont celles du tigre.
" S'ils étaient sûrs de leur fait, ils vous traiteraient comme ils
" ont traité les habitants de Buenos-Ayres et de Copenhague et
" enfin tous les peuples qu'ils ont subjugués ; ils ne laissent
" après eux que le pillage, l'incendie et le meurtre.

(1) *A. d'Épinay. Col. G. B. Malleson. Pridham.*

" Gardes nationales, on n'abusera pas de votre dévouement,
" on renverra dans leurs foyers tous ceux dont la présence ne
" sera pas jugée nécessaire à la défense des postes les plus
" intéressants, mais trouvez-vous prêts à marcher au premier
" signal ; soyez toujours unis ; que les petites passions se taisent
" devant le grand intérêt qui est le salut de la patrie. Ayez
" confiance dans les chefs que le gouvernement vous donne ; je
" vous réponds que vous serez invincibles !

" Habitants de l'Ile Bonaparte, je sais que d'avance vous
" voulez bien m'honorer de votre estime ; croyez que je suis
" sensible à un témoignage aussi flatteur, votre bonheur, votre
" gloire, seront les seuls objets de mes sollicitudes ! " (1)

(1) *Voïart.*

IV

Croisière de la *Vénus*, la *Manche* et la *Créole*. Duperré et la *Bellone* ; prise du *Victor* et de la *Minerve*.—Bouvet et l'*Entreprenant* à Manille ; prise de l'*Ovidor*.—La piastre Decaen.—Départ de la division Duperré.—L'*Astrée*.—Tentative des Anglais sur Jacotet.—Un commandant de quartier fait prisonnier. En désespoir de cause les Anglais l'échangent contre des cochons, des cabris et des volailles.—Descente au Mapon.—Affaires de la Baie du Cap et du Bras de mer Saint Martin.—Nouveaux projets des Anglais sur l'Ile Bonaparte. Débarquement à Sainte Marie et à la Grande Chaloupe ; attaque de Saint Denis ; le combat de la Redoute. Capitulation de l'île. Inquiétude provoquée à l'Ile de France par cet évènement. La colonie se sent perdue. Formation d'une compagnie de marins.—Les prisonniers irlandais et indiens consentent à s'engager.—Panique chez les propriétaires de troupeaux.—(1808-1809.)

La petite division du commandant Hamelin avait quitté Madagascar vers la fin de Mai 1809, comme nous l'avons vu plus haut, et se disposait à achever sa croisière sur les côtes de l'Inde. Les débuts furent assez médiocres ; le 17 Juillet la frégate anglaise la *Clorinde* fut rencontrée et chassée longtemps en pure perte. Quelques jours après Hamelin s'empara de l'*Orient* et de la *Lady Bentinck* ; sur ces entrefaites la *Créole* se sépara de l'escadre, soit qu'elle ne pût suivre l'allure des autres bâtiments, soit bien plutôt que l'esprit aventureux de son capitaine trouvât tout avantage à avoir ses coudées franches et à ne plus être soumis à la discipline qui étouffait fatalement toute tentative d'indépendance. Quoi qu'il en soit, ce petit bâtiment fut retrouvé le 30 Septembre aux environs de Sumatra, suivi d'un navire américain, le *Samson* dont il s'était emparé comme portant de faux papiers.

Le 20 Octobre Ripaud fait encore des siennes, il s'empare du brick la *Friendship* en rade de Tappanouly. Apprenant que le gouverneur de cette place est absent, il somme son remplaçant de se rendre à discrétion, sous peine de voir toute sa garnison exterminée ; cet officier intimidé par tant d'assurance, consent à capituler. Ripaud détruit fort, canons et munitions, coule bas les bâtiments et se retire en emmenant toute la population valide comme prisonnière de guerre. (1)

On regagne alors l'Ile de France, le 19 Décembre à cent lieues de terre, une violente tempête disperse la division ; la *Vénus* approche du Grand Port le 30, on lui signale l'ennemi aux environs du Coin de Mire ; elle descend au Sud, longe la côte, double le Morne Brabant et se réfugie dans la Baie de la Rivière

(1) *A d'Epinay.*

Noire, abîmée, démâtée et voguant sous voiles de fortune. A peine la frégate a-t-elle jeté l'ancre, que trois bâtiments anglais viennent la bloquer. Hamelin débarque 150 hommes avec quelques pièces de canon et se prépare à la résistance. Pendant ce temps la *Manche* suivie par deux prises, l'*United Kingdom* et le *Charlestown*, rencontre au Nord de l'Ile de France le commandant Duperré rentrant également avec la *Bellone* et deux prises la *Minerve* et le *Victor* ; l'escadre réunie met le cap sur le Port Napoléon où elle entre le 2 Janvier 1810, tandis que les Anglais s'éloignent devant ce renfort imprévu, ce qui permet à Hamelin de regagner lui aussi le port le 13 Janvier. (1)

Mais la *Manche*, la *Vénus* et la *Créole* ont tant souffert qu'elles sont hors d'état de reprendre la mer avant six mois. (2)

Le 18 Janvier 1809 la frégate la *Bellone*, commandée par le capitaine de vaisseau Victor Duperré, avait quitté Saint Malo à destination de l'Ile de France ; elle y parvient le 14 Mai échappant à la croisière anglaise qui lui appuie chasse. Après s'être réparée, elle part en croisière le 10 Août, sortant du Port Napoléon en plein midi, en présence de toute une division anglaise composée d'un vaisseau de haut bord, d'une frégate et d'une corvette qui cherchent vainement à la rejoindre. Après avoir touché à Sainte Luce sur la côte de Madagascar, Duperré se dirige vers l'Inde ; le 3 Novembre il s'empare dans le golfe de Bengale de la corvette anglaise le *Victor* qui n'était autre que notre ancienne connaissance l'*Iéna* et le *Revenant* de Robert Surcouf ; après avoir fait plusieurs autres prises, Duperré force la frégate portugaise la *Minerve* à amener, à la suite d'un rapide engagement (23 Novembre).

Le 27 la *Bellone* amarine le vaisseau de la compagnie l'*Amiral Drury* qu'elle envoie dans l'Inde avec tous ses prisonniers.

C'est en rentrant de cette croisière que la *Bellone* rencontre la *Manche* le 24 Décembre et regagne avec elle le Port Napoléon. (3)

Au mois d'Octobre 1808 la mouche No. 6, commandée par le lieutenant Ducrest de Villeneuve, arrive à l'Ile de France, apportant la nouvelle des évènements d'Espagne ; Decaen l'envoie immédiatement en parlementaire à Manille afin d'en faire part au gouverneur Fulgueras et de pressentir ses intentions. Ducrest et son équipage sont retenus prisonniers au mépris du droit des gens ; ne sachant ce qu'est devenu ce petit bâtiment, Decaen envoie l'*Entreprenant* à sa recherche. (26 Avril 1809). Echappant aux croisières anglaises, Bouvet entre à Manille sous pavillon parlementaire (28 Août) il expédie un canot à terre, on le retient ; le jour suivant l'*Entreprenant* est bombardé par les navires

---

(1) *A. d'Epinay.* Gazette des Isles de France et Bonaparte, No. 2, 10 Janvier 1810.
(2) *A. d'Epinay.*
(3) Ibid.

anglais qui se trouvent sur la rade. Le 4 Septembre Bouvet envoie son *ultimatum* au gouverneur et le lendemain son embarcation, ses hommes ainsi que l'état-major et l'équipage de la mouche lui sont rendus. Il se retire après avoir obtenu cette satisfaction.

Le 11 Novembre il prend la *Maria* de 300 tonneaux et l'envoie à l'Ile de France. Le 19, devant Poulo Aor, il rencontre un convoi venant de Chine escorté par la frégate la *Dédaigneuse*; Bouvet donne la chasse au premier bâtiment qui se trouve à quelque distance des autres, il est poursuivi par la frégate, mais celle-ci craignant de trop s'éloigner du convoi, s'arrête pour l'attendre. L'*Ovidor* serré de près par l'*Entreprenant*, s'engage dans des hauts fonds et diminue sa voilure, Bouvet l'y suit et le rejoint à 11 heures du soir. Le portugais n'obéissant pas à la première sommation, il lui envoie sa bordée et l'*Ovidor* s'empresse d'amener. C'était un vaisseau de 900 tonneaux, portant 18 canons et monté par un équipage de 160 hommes ; sa cargaison valait 50.000 piastres, plus 230.000 piastres en lingots et en numéraire. Bouvet rallie alors l'Ile de France avec sa prise et y parvient le 26 Janvier 1810 sous le feu de la croisière anglaise. (1)

Cette capture arrivait on ne peut plus à propos pour remettre à flot les finances coloniales et faciliter le réarmement de la division que Duperré venait de se former par ses prises. Le général Decaen ne marchanda pas ses éloges à Bouvet—pour qui il semble avoir toujours eu une prédilection marquée—, et lui donna le brevet de capitaine de frégate en lui confiant la *Minerve*. Il se décida également, après s'être assuré des services d'un modeste graveur nommé Aveline, à frapper une monnaie coloniale et prit à cet effet deux arrêtés les 6 et 8 Mars. (2)

" Considérant qu'il y a utilité pour les deux îles et pour le
" gouvernement d'augmenter la quantité de numéraire en
" circulation dans ces colonies ; que les matières d'or et d'argent
" introduites par la prise de l'*Ovidor* seraient exportées sans
" aucun avantage public si elles étaient vendues dans leur état
" naturel ; et qu'en les convertissant en une monnaie dont
" l'exportation ne puisse présenter d'appât aux spéculateurs, elles
" faciliteront efficacement les transactions particulières ; et qu'il
" est d'ailleurs généralement adopté dans les colonies orientales
" des Européens d'y avoir une monnaie qui n'en est pas
" exportée............ (3).

.... " Sur l'exposé du préfet colonial, que les mesures
" pour convertir en monnaies les matières d'or et d'argent
" acquises par l'administration, en vertu de l'arrêté du 28 Février
" dernier, sont prises, tous les moyens d'exécution préparés, et
" qu'il importe maintenant de régler le titre, le poids, la forme

---

(1) *A. d'Epinay.*
(2) *Code Decaen* No. 210—211.
(3) *Code Decaen.* No. 210.

" et l'empreinte de ces monnaies ; que la fidélité dans l'exécution
" des dispositions qui seront arrêtées sera garantie par les soins
" d'une commission chargée de surveiller la fonte des matières,
" l'addition de l'alliage déterminée, et tous les détails d'exécution
" de la fabrication des pièces d'or et d'argent qui seront frappées.

" Considérant qu'il est urgent de compléter le plus tôt
" possible les mesures nécessaires pour frapper la monnaie
" projetée et en assurer la circulation garantie par les précau-
" tions convenables ;

" Après avoir délibéré avec le préfet colonial, arrête :

" ARTICLE PREMIER. Les monnaies d'or et d'argent dont la
" fabrication a été ordonnée par notre arrêté du 6 courant,
" auront les titres, poids et valeurs ci-après déterminés, savoir :

" Pour la monnaie d'or ; le titre sera de 20 karats. La
" taille sera de 36 pièces et quatre septièmes au marc.

" La valeur monétaire de chaque pièce sera de 40 livres,
" argent de la colonie.

" Le diamètre des pièces sera de deux centimètres et deux
" millimètres et leur épaisseur d'un millimètre.

" Pour la monnaie d'argent ; le titre sera de dix deniers.

" La taille sera de 9 pièces et un septième au marc.

" La valeur monétaire de chaque pièce sera de 10 livres
" argent de la colonie.

" Leur diamètre sera de trois centimètres et neuf millimètres
" et leur épaisseur de deux millimètres.

" ARTICLE 2. Ces pièces porteront pour empreinte, d'un côté
" l'aigle impérial couronné, avec le millésime 1810 au-dessous,
" et ces mots : *Isles de France et Bonaparte*, pour légende ; de
" l'autre ces mots : 40 *livres*, pour les pièces d'or et 10 *livres*
" pour les pièces d'argent, renfermés entre deux palmes de
" laurier et d'olivier ; les unes et les autres porteront un cordon
" sur la tranche. (1)

Dès que les balanciers eurent été installés, on commença
sans retard la frappe de la pièce de 10 livres en argent, mais on
n'eut pas à s'occuper de la monnaie d'or, car l'administration
pour faire face à des dépenses de toute nature, avait été obligée
de se défaire des matières premières, les lingots d'or avaient
été donnés en paiement aux différentes maisons de commerce
qui lui avaient avancé les fonds nécessaires pour parer aux
éventualités. (2)

La piastre Decaen, car elle est généralement connue sous ce
nom, ne différa pas sensiblement de la description donnée dans
l'arrêté du 8 Mars 1810 ; le seul changement important concerne

(1) *Code Decaen* No. 211.
(2) *D'Unienville*.

la date ; l'aigle ayant été représenté essorant et foudres en griffes, l'artiste n'eut pas la place nécessaire pour introduire le millésime de ce côté, il put tout juste y mettre sa signature. La date 1810 fut portée sur l'autre face au dessous des branches de feuillage encadrant les mots : *Dix livres* placés sur deux lignes. Etant données les difficultés de l'exécution avec un outillage fort imparfait, cette pièce est assez bien venue et fait réellement honneur à celui qui en a composé les coins.

Mesurant 39 millimètres de diamètre, pesant 27 grammes, c'est-à-dire 2 grammes de plus que la pièce ordinaire de 5 francs et titrant 840 millièmes de fin, la piastre Decaen valait 72 centimes environ de plus que sa valeur faciale, mais comme elle ne fut reçue dans les caisses publiques de la colonie, même après la capitulation, que pour 5 francs ou 4 shillings, elle fut appelée à disparaître rapidement. La plus grande partie fut dirigée sur Madagascar où l'on sait comment les Hovas pratiquent à coups de ciseaux la subdivision du numéraire ; il n'est donc pas étonnant que cette monnaie soit devenue presque introuvable, seuls quelques collectionneurs en conservent un exemplaire. (1)

Cependant la mise à exécution de ce projet ne fit pas perdre de vue au gouverneur qu'il avait une escadrille à remettre en état ; les réparations marchèrent leur train, les armements furent complétés et dès le 14 Mars le commandant Duperré put reprendre la mer avec la *Bellone*, la *Minerve* et le *Victor* ces deux derniers bâtiments confiés à Bouvet et à Morice.

Il dirigea sa croisière vers le canal de Mozambique. (2)

Le mois suivant, la frégate l'*Astrée* arrivant d'Europe, tomba au milieu de la division anglaise qui lui appuya une rude chasse ; le capitaine Lemarant n'eut d'autre ressource pour lui échapper, que de se jeter dans la baie de la Rivière Noire ; les habitants du quartier prévenus à temps, se portèrent aux batteries, ouvrirent un feu bien nourri sur les Anglais et les obligèrent à se retirer. (3)

Le 7 Avril, l'aviso l'*Estafette*, commandé par l'aspirant Montave, escortant deux prises faites dans les eaux de l'Ile de France, dont une, le trois-mâts américain l'*Océan*, dut se diriger sur le mouillage le plus rapproché pour éviter de tomber aux mains des Anglais. Il jeta l'ancre dans la baie de Jacotet, à la Petite Savane, attendant sous la protection des batteries l'arrivée d'une frégate pour l'escorter jusqu'au Port Napoléon. Le commandant Willoughby de la *Néréide* aperçut les bâtiments en passant et forma aussitôt le projet audacieux de les enlever. Dans la nuit du 1er au 2 Mai, ayant éteint ses feux, il vint s'embosser en travers de la passe, descendit six embarcations chargées de troupes, prit lui-même le commandement de la première et nagea silencieusement jusqu'au fond de la baie. Tout avait été si bien combiné et exécuté avec tant de précision,

(1) *A. d'Épinay. E. Pajot. Th. Sauzier.* " La piastre Decaen, "
(2) *A. d'Épinay.*
(3) Ibid. *D'Unienville.*

qu'il avait déjà pu débarquer une partie de ses forces avant que l'éveil eût été donné par la vigie de l'*Estafette*. Le détachement courut aux armes, mais il était trop tard, les Anglais étaient déjà maîtres du poste, enclouaient les canons et mettaient le feu au chantier de marine du commandant de quartier, M. Etienne Bolger qui fut fait prisonnier au moment où ayant rassemblé quelques gardes nationaux, il s'apprêtait à résister. (1)

L'expédition si promptement terminée, Willoughby se disposait à se rembarquer en emmenant à la remorque les deux prises, tandis que la *Néréide* tenait en respect l'*Estafette*, lorsque plusieurs habitants de Bel Ombre, attirés par la lueur de l'incendie, arrivèrent en toute hâte, rencontrèrent les fuyards, apprirent d'eux les évènements, leur firent rebrousser chemin et se dirigeant au pas de course sur un fortin dominant la baie, ils ouvrirent sur l'ennemi une fusillade des mieux nourries. Etant parvenus à remettre deux pièces en état, ils dirigèrent un feu plongeant sur les chaloupes. Willoughby comprenant le danger de sa position, abandonna ses prises et regagna à force de rames la *Néréide* qui couvrit sa retraite par son artillerie. Ayant embarqué ses hommes, la frégate s'éloigna en toute hâte, le coup était manqué ; le seul résultat fut la capture de M. Bolger que Willoughby n'avait pas relâché. Une fois rendu à bord et lorsque le calme fut rétabli, le commandant anglais tenta de gagner son prisonnier à force de prévenances ; s'il espérait le faire parler et obtenir ainsi quelque renseignement qui pût lui être utile, il se trompait étrangement. M. Bolger était un de ces vieux colons têtus et taciturnes qui ne disent jamais plus qu'il ne faut dire. Après l'avoir promené pendant plusieurs

(1) Telle est la version donnée par le baron d'Unienville et qui cadre assez bien avec la relation officielle faite par le général Decaen dans sa proclamation aux habitants de la Savane en date du 4 Mai 1810 (*Gazette des Isles de France et Bonaparte*, No. 19, Mercredi 9 Mai 1810). En voici une autre un peu différente, que la tradition a conservée dans le quartier ; nous la transcrivons sous toutes réserves, bien que n'hésitant pas à la reproduire, en raison de certains côtés pittoresques qui lui donnent un cachet d'originalité.

Le 1er Mai dans l'après-midi, Willoughby aperçoit les bâtiments à l'ancre dans la baie de Jacotet, son parti est vite pris ; hissant aussitôt les couleurs françaises, il donne dans la passe et mouille à l'entrée de la baie, à une assez grande distance de terre afin d'éviter de se faire reconnaître, quoiqu'il ait eu le soin de déguiser son équipage.

Voyant une frégate jeter l'ancre, le commandant du quartier, M. Etienne Bolger se dit que sans aucun doute elle se chargera d'escorter les bâtiments jusqu'au Port-Napoléon ; il fait parer une embarcation et se dirige à force de rames vers le navire de guerre dans le but de faire connaître à son capitaine le service qu'il réclame de lui. Willoughby a pris la précaution d'abaisser seulement l'escalier qui fait face au large, l'embarcation arrondit sans défiance la poupe de la *Néréide*, gagne la coupée, elle accoste et en un tour de main tous ceux qui la montent sont pris et hissés à bord. Le temps passe ; pourtant à terre on ne s'inquiète pas outre mesure de l'absence prolongée de M. Bolger, l'heure du dîner est arrivée, le commandant l'aura bien sûr invité à partager son repas. A l'heure actuelle, ils sont sans doute en train de banqueter en se racontant les nouvelles. La soirée s'avance, la nuit est venue, le poste sachant la baie gardée par une frégate française, se relâche de sa surveillance. Un peu avant le jour Willoughby met ses chaloupes à la mer et risque son coup de main. Lorsqu'il a été repoussé par les habitants de Bel Ombre, il regagne sa frégate et s'éloigne avec son prisonnier. Le reste de l'anecdote ne diffère pas de la version donnée plus haut.

jours autour de l'île et sans aucun profit, Willoughby fidèle au système éminemment pratique adopté par ses compatriotes, se dit qu'après tout un prisonnier d'aussi mince importance n'était qu'une bouche de plus à nourrir, mieux valait qu'il le fût par la colonie que l'on bloquait, ses approvisionnements en seraient diminués d'autant, les petits ruisseaux font les grandes rivières. Il se décida donc à se débarrasser de M. Bolger, mais il voulut du moins que sa mise en liberté lui rapportât quelque chose. La *Néréide* ne tarda pas à reparaître devant Jacotet, un parlementaire fut envoyé aux habitants leur offrant de troquer leur commandant contre une certaine quantité de vivres ; la proposition fut fort bien accueillie et c'est ainsi que M. Etienne Bolger put reprendre ses fonctions après avoir été régulièrement échangé contre quelques cochons, quelques cabris et quelques volailles ! (1)

Le 25 Mai, nouvelle tentative des Anglais au Mapou, à l'autre extrémité de l'île, dans le but évident de faire une razzia des troupeaux qui paissaient sur le littoral. Vigoureusement accueillis par les habitants, ils furent rejetés dans leurs embarcations et s'éloignèrent au plus vite. (2)

Plus d'une fois les habitants de la Savane s'étaient plaints aux autorités militaires du peu de protection qu'offrait le mouillage de Jacotet, tandis qu'un peu plus loin, la Baie du Cap avec quelques ouvrages convenablement armés, aurait été pour les bâtiments un lieu de refuge inexpugnable. Il semblerait que la tentative de la *Néréide* eût dû ouvrir les yeux au capitaine-général, il n'en fut rien pourtant, on renforça le poste de Jacotet et l'on ne fit absolument rien pour la Baie du Cap, qui resta avec ses deux petites pièces de canon ayant chacune juste six coups à tirer !

Le résultat ne se fit pas attendre ; le 2 Juin la mouche No. 23 fuyant devant la *Néréide*, veut entrer dans la Baie du Cap, manque la passe et s'en va talonner sur la pointe d'un récif hors de portée de la batterie ; la *Néréide* lui intime l'ordre d'amener et voyant son injonction rester sans effet, elle s'avance jusqu'aux brisants et envoie une péniche s'en emparer.

Le commandant de la batterie réserve ses coups, sachant bien qu'avec le peu de munitions dont il dispose pour deux pièces de petit calibre, il ne peut faire grand tort à la frégate ; il attend que la péniche passe à bonne portée, la criblant alors de mitraille, il met la plupart de son équipage hors de combat et la force à rétrograder. La *Néréide* dirige son feu contre le fortin ; profitant de la fumée, deux nouvelles embarcations sont lancées, parviennent jusqu'à l'aviso et le capturent d'autant plus aisément que la majeure partie de son équipage l'a abandonné, ayant pu gagner la terre avec ses dépêches, grâce à la fusillade ouverte par une cinquantaine de tirailleurs postés sur les glacis

---

(1) *D'Unienville. A. d'Épinay.* Gazette des Isles de France et Bonaparte. No. 19. 9 Mai 1810.

(2) *D'Unienville. A. D'Épinay.*

de la Rivière du Cap. Les Anglais s'éloignent avec la mouche après l'avoir renflouée et la batterie épuise ses munitions sans leur faire grand mal.

Après cette affaire il fut décidé que deux batteries et un poste de quinze hommes seraient établis à la baie du Cap. (1)

Un mois après, le 2 Juillet, un both se trouvant au mouillage au bras de mer Saint Martin, non loin de la Baie du Cap, la frégate anglaise le *Sirius* envoya sept embarcations armées de caronades et d'espingoles pour l'amariner ; cette fois les Anglais après un premier succès, furent tenus en échec par une quinzaine de jeunes gens masqués par un accident de terrain, jusqu'à l'arrivée de 150 hommes environ, accourant de Bel Ombre et de Jacotet avec une pièce de bataille. A la vue de ce renfort les ennemis se replièrent précipitamment après avoir tenté de mettre le feu au petit bâtiment. Les Anglais perdirent un midshipman et trois marins, un créole, M. Chantoiseau, fut assez grièvement blessé. (2)

Ces tentatives renouvelées si fréquemment prouvaient clair comme le jour que les temps étaient proches ; les Anglais commençaient à mettre à profit les renseignements qu'ils avaient amassés depuis si longtemps et qu'ils continuaient à recevoir encore sur nos deux îles. Leur situation s'était améliorée dans l'Inde, si bien qu'à l'heure actuelle, pouvant disposer de forces plus considérables, leur surveillance devenait plus effective ; ils ne manquaient pas une occasion de harceler un ennemi qu'ils savaient réduit à ses dernières ressources ; chaque débarquement, fût-il repoussé sans résultat, ne contribuait pas moins à affaiblir d'autant les moyens de défense qu'on pouvait encore leur opposer. Ils savaient cela et ils en profitaient.

Cela n'empêcha pas de nouveaux bruits de trahison de se faire jour comme au temps de Malartic ; le capitaine-général commit la faute de les accueillir trop facilement, il voulut en avoir la conscience nette et ordonna que ces accusations fussent examinées en détail. Cette enquête n'aboutit à rien, si ce n'est à froisser bien inutilement une population qui n'avait jamais hésité à payer de sa personne lorsque les circonstances l'exigeaient. (3)

Enhardi par le succès aussi complet qu'inespéré de l'attaque de Saint Paul l'année précédente, le gouverneur général de l'Inde n'hésita plus ; sans perdre un temps précieux à consulter le ministère, il prit sur lui de lever des troupes dans chacune des trois présidences de son gouvernement. Ces forces concentrées à Madras, furent embarquées le 8 Mai 1810 sur 12 transports qu'escortaient le vaisseau de ligne le *Diomed* et les frégates la *Doris* et le *Ceylon*.

(1) *D'Unienville, A. d'Epinay,*
(2) Ibid. Ibid.
(3) *D'Unienville.*

Le 24 Juin l'escadre mouillait à Rodrigue, le chef de l'expédition projetée, le lieutenant-colonel Keating était alors en tournée sur la *Boadicea*, afin de reconnaître une dernière fois les abords de l'île qu'il allait attaquer ; il revint quelques jours après, fit un dénombrement de ses forces qui se montaient à 5,000 hommes, dont 2,000 européens, 1850 indiens et le reste en marins de la division. Avec cet effectif il s'agissait d'atterrir à Saint Denis, de fondre sur la ville avant que ses défenseurs eussent eu le temps de se réunir en nombre suffisant, de s'en emparer de haute lutte et d'amener ainsi la capitulation de l'Ile Bonaparte privée de tout commandement supérieur ainsi que de ses différents services administratifs. Le résultat de cette expédition avait paru si peu douteux à Lord Minto, qu'il avait déjà fait choix du gouverneur de la nouvelle colonie ; M. Robert Townsend Farquhar, employé du service civil du Bengale, accompagné de son assistant et secrétaire, le Docteur Charles Telfair, se trouvait à bord d'un des bâtiments, attendant avec confiance le moment de prendre son poste. (1)

Les préparatifs étant faits de longue main, l'escadre fut prête le 3 Juillet et leva l'ancre immédiatement ; rendez-vous avait été donné aux divers transports à 50 milles au vent de l'Ile Bonaparte, c'est là que les troupes divisées en quatre brigades, furent réparties sur la *Boadicea*, le *Sirius*, la *Magicienne*, l'*Iphigénie* et la *Néréide* ; les commandants de chaque brigade étaient pourvus de cartes et de plans donnant exactement les divers points de la côte où l'on avait chance d'opérer un débarquement ainsi que la position de toutes les batteries qui protégeaient le chef-lieu, deux guides suivaient également l'expédition pour la diriger à coup sûr et aussi rapidement que possible vers l'objectif qu'on s'était choisi. (2)

Le 7 Juillet à 10 heures du matin, la division entière se présentait devant Sainte Marie ; à 4 heures l'avant-garde formée de 150 hommes commandés par le lieutenant-colonel Campbell et d'un détachement de marins dirigés par le commandant Willoughby, fut débarquée à l'embouchure de la Rivière des Pluies entre Saint Denis et Sainte Marie ; quelques heures plus tard, un autre corps de 150 hommes, sous le lieutenant-colonel Macleod, commandant la troisième brigade prit terre un peu sur la droite, au Butor. Le reste de la brigade devait suivre, mais le temps qui avait été fort beau jusque là, commença à se gâter, un violent orage éclata ; la mer assez houleuse mais encore maniable, devint tout d'un coup si mauvaise qu'il ne fallut plus songer à gagner le rivage, un raz-de-marée comme il y en a si fréquemment sur ces côtes ouvertes, roulait des flots énormes et charriait une avalanche de galets. Très tourmenté du sort qui était reservé aux deux colonnes mises à terre sans aucun ordre précis, le colonel Keating essaya à différentes reprises de faire

---

(1) *Col. G. B. Malleson. A. d'Epinay. Pridham.*
(2) *Col. G. B. Malleson. A. d'Epinay.*

échouer par l'arrière une embarcation, dont un homme au moins eût pu atteindre la côte et porter au colonel Macleod l'ordre de se joindre au premier détachement et de tenir bon coûte que coûte jusqu'à ce que le reste des troupes eût pu débarquer. Toutes les tentatives furent inutiles, le courant était si fort que tous les bateaux qui y pénétraient étaient entraînés vers la haute mer et chaviraient le plus souvent avant qu'on eût pu leur porter secours. Cependant les instants étaient précieux, la nuit allait se faire, d'un moment à l'autre les Français instruits de la présence des deux détachements, pouvaient arriver en force, les cerner et les forcer à mettre bas les armes. Tout cela Keating le comprenait, chaque minute de retard pouvait compromettre l'existence de 300 hommes et faire manquer l'expédition si soigneusement préparée.

Un jeune officier du 69e régiment, le lieutenant Foulstone, vint alors trouver le commandant en chef, lui demanda de lui confier ses instructions, se faisant fort de gagner la terre à la nage ; dans la circonstance on n'avait pas le choix, Keating accepta donc cette offre sans beaucoup d'espoir et plutôt pour ne pas négliger la moindre chance de salut qui se présentait. Le lieutenant fut en effet conduit jusqu'au courant par une embarcation ; il choisit son temps, juste au moment où une vague énorme allait déferler, il piqua une tête. Roulé comme un bouchon dans cette formidable masse d'eau, il eut la chance incroyable d'être rejeté au delà du chenal dangereux ; malgré les contusions dont il était couvert, il eut la force de se maintenir sur l'eau juste le temps de reprendre respiration ; là où il se trouvait la mer était encore très dure mais un bon nageur pouvait tenir, d'autant mieux que les vagues le portaient maintenant vers le rivage où il arriva peut-être un peu plus tôt qu'il n'aurait souhaité, à demi enseveli sous une montagne de ces cailloux mouvants. Il avait touché terre, c'était l'important ; avec d'infinies précautions il se glissa hors de sa prison de galets, il n'avait pas de membre brisé et pouvait s'en estimer très heureux. Une fois rendu sur un sol un peu plus résistant, il se traîna péniblement jusqu'au colonel Macleod et lui fit part des instructions de son chef ; il s'agissait de rallier Campbell et Willoughby de fondre sur Sainte Marie, l'emporter d'assaut et y attendre les évènements jusqu'au lendemain. Tout cela fut accompli rapidement et sans presque rencontrer aucune opposition. (1)

Le jour suivant, voyant que le raz-de-marée continuait, Keating résolut d'aller chercher un lieu d'atterrissage de l'autre côté de Saint Denis ; il leva l'ancre de bonne heure et vint mouiller à la Grande Chaloupe, ici l'endroit relativement plus abrité lui rendit sa tâche plus facile, à 11 heures du matin le reste de la troisième et de la quatrième brigades avait pris terre ; on se mit en marche aussitôt, on escalada la montagne et

(1) Col. G. B. Malleson.

à 2 heures on était rendu au sommet, dominant la ville dans toute son étendue. Pourtant Keating avait été devancé ; la veille, pendant qu'il tentait de faire parvenir un émissaire aux troupes débarquées au Butor, le colonel Fraser avec la première brigade avait pris terre à la Grande Chaloupe et son débarquement avait été signalé au colonel Sainte Suzanne qui se dirigea immédiatement à sa rencontre ; sans perdre une minute, Fraser avec 350 hommes gravit rapidement les hauteurs, y parvint avant les Français et les y tint en échec jusqu'au coucher du soleil ; se repliant alors il vint occuper la route de Saint Paul afin d'empêcher les renforts de venir au chef-lieu. Le reste de ses forces ayant opéré son débarquement, le rejoignit dans la nuit ; il se trouva alors à la tête de 7 à 800 hommes, moitié cipayes et moitié européens, avec une batterie d'artillerie. A 4 heures du matin laissant les cipayes à cheval sur la route, il se porta en avant et regagna la position qu'il avait occupée la veille. Lorsque le jour parut, il put facilement distinguer toutes les forces françaises massées dans la plaine à ses pieds et composées de 190 soldats et 350 gardes nationaux, avec deux pièces de campagne et soutenus par les batteries de la place.

En colonnes serrées, sous le feu de l'artillerie, les Anglais dévalèrent par les lacets descendant la montagne et ne s'arrêtèrent qu'une fois rendus dans la plaine, juste le temps de serrer leurs rangs et de souffler un instant, puis se précipitèrent tête baissée sur les Français qui attendirent de pied ferme le choc de leurs ennemis et les rejetèrent en désordre les uns sur les autres. Le commandant Lautrec avec 60 chasseurs du régiment de l'Ile de France et 40 gardes nationaux, placé à l'avant-garde, fut le premier à arrêter les Anglais par une décharge à bout portant ; profitant du premier moment de confusion, il fit charger à la baïonnette, culbuta les premiers rangs et ne s'arrêta que devant les masses compactes d'un ennemi de beaucoup supérieur. Comprenant que sa témérité allait le faire envelopper lui et sa poignée de braves, il se retira posément en défendant chaque pouce de terrain.

Cependant les Anglais un moment indécis, renforcés par la deuxième brigade du colonel Drummond, reprenaient l'offensive ; cette fois ils étaient trop, les Français lachèrent pied et après un vif engagement à la Redoute, où perdirent la vie les jeunes Pattu de Rosemond et Gillet de Laprade, ils repassèrent la Rivière Saint Denis et s'abritèrent derrière les batteries qui dominaient le rempart de l'autre rive.

Les Anglais maîtres des canons que les Français avaient abandonnés, les tournèrent contre la ville ; le commandant Soleille du génie, accompagné de quelques hommes tenta une diversion sur un autre point, mais sa petite troupe suivant la route découverte qui longeait la mer, fut si bien mitraillée par l'escadre anglaise qu'elle dut rentrer précipitamment. Un dernier effort fut tenté par Lautrec sur la Redoute où les Anglais s'étaient installés solidement ; 300 hommes se précipitèrent en avant, essayèrent vainement de reconquérir les positions perdues et de guerre lasse, rejetés dans la rivière, ils regagnèrent les hauteurs en laissant la route jonchée de leurs morts et de leurs blessés. Le brave Lautrec lui-même, grièvement atteint, ne dut son salut qu'au dévouement du sergent Leclair.

La résistance était impossible, du côté des Anglais les renforts arrivaient toujours, la division mouillée du Cap Bernard au Butor, menaçait la ville de son artillerie ; Sainte Suzanne n'espérant plus rien et ne voulant pas exposer plus longtemps la population aux risques d'une prise d'assaut, jugea que l'honneur était satisfait et se décida à adresser un parlementaire au colonel Fraser pour traiter d'une capitulation. Au même instant le reste des forces anglaises sous le commandant en chef de l'expédition, venait de déboucher et allait se jeter sur la ville, lorsque Fraser fit savoir au colonel Keating que les Français avaient mis bas les armes.

Il était 6 heures du soir. (1)

La capitulation fut signée le jour suivant (9 Juillet) au matin ; à midi les troupes anglaises pénétraient dans la ville et prenaient possession des différents postes, tandis que la faible garnison qui avait si vaillamment combattu, sortait avec les honneurs de la guerre et déposait ses armes sur le rivage ; les officiers conservèrent leurs épées et leurs décorations, tous furent embarqués sur des transports et conduits au Cap. Le colonel Sainte Suzanne fut relâché et autorisé à retourner en France sur parole. Les Anglais eurent 88 tués et 160 blessés, les Français 12 tués et 50 blessés ; le colonel Keating tint à honneur de faire recueillir les morts et de les faire inhumer quelle que fût leur nationalité, dans cette plaine de la Redoute qu'ils avaient arrosée de leur sang ; un monument bien modeste existe encore perpétuant le souvenir de cette journée (2)

L'annonce de cet évènement causa la plus grande émotion à l'Ile de France, c'était un nouveau pas accompli par les Anglais, qui allaient dorénavant concentrer toutes leurs troupes et les diriger sans doute avant longtemps contre la colonie. (3) Quelles forces pourrait-on leur opposer ? De quelles ressources pourrait-on disposer ? Il faudrait fatalement abandonner les différents postes pour réunir les hommes valides au Port Napoléon. Où l'attaque aurait-elle lieu ? Et si l'ennemi débarquait simultanément dans plusieurs endroits différents, comment lui ferait-on face ?

Aux faibles ressources dont on disposait, on avait pu ajouter

(1) A. d'Epinay. Col. G. B. Malleson. E. Pajot. G. Azéma. Eug. Fabre.
(2) A. d'Epinay. Eug. Fabre.
(3) Cette nouvelle fut portée à l'Ile de France par le corsaire la *Gazelle* le 15 Juillet 1810.

encore un bataillon de 400 marins et une compagnie formée de prisonniers irlandais et cipayes, qui avaient consenti à participer à la défense de la colonie, en raison des sentiments de haine qu'ils nourrissaient contre l'Angleterre, ou bien plutôt afin d'obtenir une amélioration à leur sort, préférant tout à la perspective de rester enfermés sur les pontons. (1)

Malgré tout, le malaise était grand, grande était l'inquiétude ; le premier symptôme bien significatif fut donné par les propriétaires de bétail qui se hâtèrent de rappeler leurs troupeaux du littoral où ils se trouvaient trop à la portée des ennemis. (2)

(1) D'*Unienville.*
(2) Ibid.

V

Conséquences de la prise de l'Ile Bonaparte par les Anglais. Ils s'emparent de l'Ile de la Passe.—Croisière de la division Duperré sur la côte d'Afrique ; le *Wyndham*, le *Ceylon* et l'*Astell*.—Retour à l'Ile de France.—L'escadre force l'entrée du Port Impérial.—Le *Wyndham* se réfugie à la Rivière Noire ; il es repris par l'ennemi.—Le *Sirius*, puis l'*Iphigénie* et la *Magicienne* se joignen à la *Néréide* ; combat du Grand Port ; Duperré blessé est remplacé par Bouvet. — Prise de la *Néréide*.—Les Anglais font sauter la *Magicienne* et le *Sirius*.— Arrivée de la division Hamelin.—L'*Iphigénie* et le fort de l'Ile de la Passe se rendent aux Français.—Pertes des combattants.—Les forces anglaises sont à peu près anéanties.—Rowley arrive trop tard au secours de l'*Iphigénie* ; la *Boadicea* est poursuivie par la *Vénus* et la *Manche*.—Capture du *Bombay Merchant*. — Promotions. — Retour de Decaen au Port Napoléon. — Réjouissances.—Service funèbre à Mahébourg.—Les prisonniers ; la population leur fait accueil.—M. Farquhar refuse de les recevoir à Bourbon.— Duperré quitte le Grand Port avec sa division.—Le sabre du commodore Pym.—La *Bellone* manque de canonner l'*Astrée*.—Leçon donnée par Duperré à Lemarant.—Réception de Duperré au Port Napoléon. (Août—Octobre 1810).

La prise de l'Ile Bonaparte par les forces anglaises n'avait été qu'une première étape vers leur projet définitif, la conquête autrement importante à leurs yeux de cette Ile de France, de ce *nid de corsaires* qui avait jusqu'ici fait tant de tort à leur commerce dans la mer des Indes. La nouvelle n'avait pu encore parvenir à Calcutta, elle n'y arriva que le 24 Août, et par conséquent aucune instruction n'avait été reçue par le gouverneur de l'Ile Bourbon, M. Farquhar. Mais sachant qu'à ce moment la seule division française en état de tenir la mer, les frégates la *Bellone* et la *Minerve* et la corvette le *Victor*, sous les ordres du commandant Duperré, se trouvait en croisière sur la côte d'Afrique, il pensa que l'occasion était unique de s'emparer de quelques uns des postes avancés qui protégeaient les abords de l'île. De ceux-là, l'Ile de la Passe, commandant l'entrée du Port Impérial, et l'Ile Plate, barrant la route ordinaire prise par les bâtiments pour gagner le Port Napoléon, tout en surveillant les mouillages de la Poudre d'or et de la Grande Baie, ces deux postes étaient les plus importants. Il fut décidé que pour commencer on enlèverait par un coup d'audace le premier de ces îlots.

L'Ile de la Passe fait partie d'un groupe de rochers arides situés à trois milles environ de la terre et fermant l'accès du Port Sud-Est, auquel on ne parvient que par un chenal étroit et sinueux à travers des bancs de madrépores. Une batterie y existait depuis de longues années et le général Decaen, lorsque son attention fut attirée sur cette rade et qu'il y fonda le village de Mahébourg, en avait considérablement augmenté les défenses.

Un bastion en demi-lune, armé de 12 pièces de 36, couvrait de son feu croisé les approches dans la direction du large et dominait la passe de toute la hauteur de ses murailles que les bâtiments étaient forcés d'effleurer presque de leurs vergues pour entrer, comme pour sortir. En dedans et abrité par ce rocher, se trouvait le mouillage du Fer à Cheval protégé par une seconde batterie de 6 pièces de 24 et de 4 mortiers. Ce fort ne contenait que 38 soldats pour toute garnison, commandés par le capitaine Escussot, mais cette poignée d'hommes aurait suffi amplement à le défendre si cette formidable citadelle n'eût présenté un point vulnérable, un côté faible dont les Anglais n'étaient que trop bien informés. Du côté de la terre, à la pointe nord-ouest de cette îlot, sur une mer calme et tranquille, se trouvait un débarcadère bordé à droite et à gauche d'une simple haie de palissades dont la base s'élevait à peine à un pied au dessus de l'eau. (1)

Le 14 Août 1810 le *Sirius* et la *Néréide* arrivent en vue de l'île, trois grandes embarcations et 70 hommes de la première frégate passent sur la seconde et le *Sirius* gagne le large pour ne pas donner l'éveil. La *Néréide* emploie la journée à croiser auprès de l'îlot, mais une frégate seule ne cause aucune appréhension à la garnison ; par surcroît de précaution, le capitaine Willoughby s'éloigne encore dans l'après-midi, à 10 heures du soir il revient et met en panne à 4 ou 5 milles de la passe.

Sept embarcations sont descendues, contenant 140 hommes d'élite ; le temps est calme mais pluvieux, la mer unie comme un miroir et la nuit obscure. Avançant à force de rames, les Anglais atteignent bientôt l'entrée du chenal, ils y pénètrent avec précaution et ne sont aperçus de la sentinelle qu'au moment où ils rangent les remparts du fort. Au qui-vive du factionnaire un des marins répond que leur bâtiment s'est perdu au sud de l'île et qu'ils ont tenté de gagner le rivage dans leurs embarcations ; ils ne continuent pas moins de ramer avec vigueur malgré la défense qui leur est faite de pénétrer dans la rade avant de s'être fait reconnaître du caporal de service, qui dormait sans doute dans le poste. Avant que cet officier ait pu arriver, les Anglais touchent au débarcadère ; la sentinelle donne l'alarme, en un clin d'œil elle est désarmée en même temps que quatre noirs qui seuls étaient restés éveillés. Le reste de la garnison surprise dans son sommeil, est forcé de se rendre à merci sans avoir pu faire un simulacre de résistance. Une fois maîtres de la place, les assaillants hissent un falot sur le bastion du large pour annoncer à la frégate la réussite de leur entreprise.

Un bâtiment se trouve à l'ancre un peu plus loin, c'est la flûte la *Diligente* commandée par Ripaud de Montaudevert ; les Anglais enhardis par un premier succès, tentent de l'enlever pendant cette même nuit ; mais ils trouvent cette fois à qui

(1) *Ch. Cunat.* "Le combat du Grand Port," *A. d'Epinay.* "Revue pittoresque de l'Ile Maurice."

parler, une de leurs embarcations est coulée, les autres virent de bord à la hâte et regagnent le fort. Le lendemain au petit jour, les colons du Grand Port peuvent voir avec stupeur, le drapeau anglais flotter sur l'Ile de la Passe et la *Néréide* venir se ranger sous ses batteries au mouillage du Fer à Cheval. (1)

Un courrier est envoyé au Port Napoléon, il y parvient dans l'après-midi alors que le capitaine-géneral passait au Champ-de-Mars une revue des troupes et des gardes nationales à l'occasion de la fête de l'Empereur (15 Août).

Decaen harangue aussitôt la population, il réunit un détachement et l'expédie sans plus tarder au Port Impérial sous les ordres du général Vandermaësen. Rendu à Mahébourg Vandermaësen est rejoint par bon nombre d'habitants, il a forte affaire à repousser les attaques successives que les Anglais dirigent sur divers points du littoral. N'étant pas suffisamment nombreux pour tenter une opération importante, ces derniers se bornent à harceler les Français tant qu'ils peuvent ; ils s'emparent d'un fortin à la Pointe du Diable et se retirent après avoir encloué les canons. Au Vieux Grand Port ils culbutent l'avant garde de Vandermaësen et regagnent la *Néréide* à la vue d'un renfort qui arrive aux Français ; ils font une tentative à la Grande Rivière Sud-Est, mais là les batteries sont bien armées, ils s'empressent de rebrousser chemin.

Partout où ils passent, ils réquisitionnent vivres et bétail qu'ils paient comptant, fidèles au principe qu'ils ont adopté ; partout ils laissent à profusion des ballots d'imprimés, exhortant la population entière à faire cause commune avec eux, leur vantant l'administration paternelle de l'Angleterre qui doit infailliblement les ramener à l'âge d'or et faisant un parallèle on ne peut plus engageant entre le régime de liberté et de félicité dont ils jouiront dorénavant et l'état d'asservissement et de misère abjecte où les tient le gouvernement impérial !

Ces élucubrations d'un goût douteux pour le moins, et qui auraient été franchement odieuses si elle n'eussent été puériles et ridicules, manquèrent totalement leur but ; personne n'y ajouta foi, personne n'en fut ébranlé et le général Decaen en profita pour stigmatiser ces agissements au cours d'une proclamation : " regrettant, disait-il, que ces infamies n'eussent pas
" été distribuées en plus grande quantité, afin qu'il en fît faire
" des cartouches et des bourres de mousquet pour les renvoyer à
" la face de leurs auteurs ! " (2)

Mais ce n'était pas avec une poignée d'hommes qu'on pouvait espérer déloger les Anglais du poste formidable dont ils s'étaient rendus maîtres, toute attaque venant de la terre serait infailliblement repoussée ; il fallait leur fermer la mer, les

---

(1) *Ch. Cunat. A. d'Épinay.*
(2) *Ch. Cunat, A. d'Épinay, Pridham,* "Revue pittoresque de l'Ile Maurice."
Voir pièces justificatives No. 16.

bloquer étroitement avant l'arrivée de leurs renforts, quitte à les enlever ensuite d'assaut si cela était nécessaire. Or pour cela il fallait des frégates, celles qui se trouvaient au Port Napoléon étaient désarmées et en voie de subir des réparations importantes. Decaen n'hésita pas, il activa ces travaux tant qu'il put ; il fallait à tout prix être prêt avant les Anglais, y parviendrait-il ? Malgré toute son énergie il ne put y réussir, mais le salut de la colonie allait venir du côté où l'on s'y attendait le moins.

Nous avons vu Duperré avec sa petite division, composée de la *Bellone*, la *Minerve* et le *Victor*, quittant l'Ile de France le 14 Mars pour se diriger vers la côte orientale d'Afrique. Le 3 Juin il entre dans la baie de Saint Augustin au sud de Madagascar, y trouvant un baleinier américain le *Cap Horn*, faisant eau de toute part et abandonné de son équipage, il se borne à prendre sa mâture et ses agrès et fait voile pour Mozambique. (1) Il y parvient le 29, y met à terre ses prisonniers et prend un renfort de 50 cafres.

Le 3 Juillet on signale trois voiles, ce sont des vaisseaux de la compagnie anglaise armés chacun de 26 canons et portant en sus d'un nombreux équipage, chacun 400 hommes du 24e régiment d'infanterie, qui se rendent dans l'Inde avec leurs officiers et le général Weatherhall. La *Minerve* est la première rendue à portée de canon ; vers 4 heures de l'après-midi elle entame une lutte furieuse contre les trois bâtiments à la fois, l'acharnement est égal de part et d'autre et le succès incertain, lorsque vers 6½ heures la *Bellone* survient et foudroyant l'*Astell* et le *Wyndham*, les décide bien vite à amener leurs couleurs ; la *Minerve* dirige alors tous ses efforts sur le *Ceylon* et le réduit au silence, son commandant, le capitaine Meriton, est grièvement blessé. A sept heures le combat est terminé par la prise des trois vaisseaux. Pendant que la *Bellone* amarine le *Wyndham* et la *Minerve*, le *Ceylon*, le commandant Morice du *Victor* est chargé de s'occuper de l'*Astell*, mais il le fait avec tant de lenteur et de négligence, que l'anglais voyant la nuit arriver, se laisse tout doucement culer et profite de l'obscurité naissante pour virer de bord et hisser ses voiles, bien qu'il ait amené son pavillon. Le *Victor* reçoit l'ordre de le poursuivre, il le fait avec hésitation, perd l'*Astell* de vue, perd lui-même sa route, et enfin, apercevant au loin un feu de position au grand mât de la *Bellone*, il le prend pour un signal de ralliement et rejoint la division sans avoir accompli la tâche qui lui incombait. (2)

Les enseignes de vaisseau Darod, de la *Bellone* et Moulac de la *Minerve*, furent chargés du commandement des deux prises.

Comme il était urgent de les réparer ainsi que la *Minerve*, ces bâtiments ayant subi pendant l'action de graves avaries dans leur mâture, Duperré mit le cap sur Anjouan où il parvint deux jours après. Les équipages et les prisonniers furent descendus

---

(1) A. d'Épinay, A. Wantzloeben. " Le combat du Grand Port. "
(2) Ch. Cunat. A. d'Épinay.

à terre et les travaux furent poussés activement. Le 16 Juillet, tout étant remis en état, les prisonniers furent répartis sur chacun des cinq bâtiments et le lendemain à 8 heures du matin, l'escadre appareilla sur deux colonnes, le *Victor* en tête, la *Bellone* et le *Wyndham* à bâbord, la *Minerve* et le *Ceylon* à tribord. (1)

La croisière était terminée, Duperré forçait de voiles pour regagner l'Ile de France, mais son allure était forcément réglée sur celle des lourds bâtiments qu'il avait capturés ; de temps en temps les deux frégates leur donnaient la remorque et l'on gagnait ainsi quelques milles au bout de la journée. Il fallait se hâter d'arriver, car les munitions étaient presque épuisées et l'on avait appris par les récits des prisonniers, qu'une escadre plus nombreuse surveillait activement les atterrages de l'île et qu'il serait sans doute assez malaisé de l'éviter. (2)

On naviguait ainsi depuis bientôt un mois, lorsque le 15 Août au matin toute la division hissa ses couleurs et les appuya d'une salve de 21 coups de canon, pour célébrer la fête de l'Empereur. Un banquet réunit les commandants et les principaux officiers à bord de la *Bellone*, l'allégresse était grande, encore quelques jours et l'on toucherait au port, et l'on pourrait se reposer des fatigues de cette longue expédition. Il ne se doutaient certes pas, ces braves marins, des évènements qui se déroulaient à ce moment même à l'Ile de France, ni de la lutte terrible qu'ils allaient avoir à soutenir, triomphe aussi glorieux qu'éphémère, hélas ! et que plus d'un allait avoir à payer du plus pur sang de ses veines ! (3)

Le 20 Août à 8 heures du matin, courant par une fraîche brise d'E. S. E., la division aperçoit enfin dans le nord-ouest les montagnes du Grand Port perdues dans l'éloignement et disparaissant sous une brume épaisse ; à 10 heures la silhouette de la chaîne est devenue plus distincte, le Morne du Bambou se détache nettement, on reconnaît les falaises du sud dominées par des plateaux différant de couleur et nuance selon la nature des plantations qui y sont faites. A midi on reconnaît l'Ile de la Passe et son fort battant pavillon tricolore et hissant le signal : " L'ennemi croise du Coin de Mire à l'Ile aux Cerfs. " Un grand trois-mâts est à l'ancre au Fer à Cheval, lui aussi porte les trois couleurs ; il a toute l'apparence d'un bâtiment de guerre, mais comme il n'a pas de flamme à son grand mât, les conjectures vont leur train, ce ne peut être que l'ancienne *Sémillante* vendue au commerce et devenue le *Charles*, qu'on attendait à l'Ile de France lors du départ de la division.

Puisque l'ennemi croise de l'Est au Nord il n'y a pas à hésiter, il faut donner dans le Port Impérial au plus vite et mettre

---

(1) *Ch. Cunat. A. d'Épinay.*
(2) *Ch. Cunat.*
(3) *Ch. Cunat. A. d'Épinay.*

les prises à l'abri, bien heureux encore de n'avoir pas fait de fâcheuse rencontre ! Duperré ordonne à la *Minerve* et au *Ceylon* de lui passer en poupe, de suivre le *Victor* et d'aller mouiller au Fer à Cheval à côté du bâtiment qui s'y trouve déjà ; aussitôt qu'ils y seront rendus, il suivra avec le *Wyndham*, afin de leur permettre d'évoluer librement dans un chenal aussi étroit.

Les deux vaisseaux accomplissent la manœuvre et la division s'avance sur une seule ligne, le *Victor* en tête, la *Minerve*, le *Ceylon*, puis la *Bellone* et enfin le *Wyndham*. A midi et demi un des soldats de la *Bellone* tombe à la mer, elle met en panne pour tenter de le repêcher, mais en vain ; l'ordre de la marche est rompu par le fait, le *Wyndham* se détourne de sa route afin d'éviter d'aborder la frégate.

A 1 heure le *Victor* donne dans la passe, il est aussitôt canonné par le fort et le navire à l'ancre qui tous deux remplacent le drapeau français par le yacht britannique ; au moment où les trois couleurs sont descendues du mât de la batterie, le drapeau tombe sur un canon et s'enflamme au contact de l'étoupille, le vent le rejette sur un amas de gargousses qui sautent et blessent grièvement une quinzaine de soldats anglais. Cependant la corvette poussée par la brise est arrivée à toucher la frégate, qui n'est autre que la *Néréide* ; celle-ci lui intime l'ordre de mouiller et d'amener sans plus tarder. Le capitaine Morice, sous l'impression que la colonie entière est aux mains de l'ennemi, et sans réfléchir, jette l'ancre immédiatement et abaisse son pavillon.

La *Bellone* est restée en panne au dehors, elle hisse aussitôt le signal de ralliement immédiat ; Bouvet veut obéir, il commande de virer sur bâbord.—" Impossible, commandant, nous allons " nous jeter sur les brisants de la pointe Laverdi,"—" Viens " sur tribord !"—" Encore moins, nous nous briserons sur les " rochers du fort !"—" Eh bien ! alors, mes enfants, la barre " droite et vive l'Empereur !"

La *Minerve* reprend sa marche en avant, essuie sans riposter le feu du fort dont ses basses vergues effleurent les parapets, un coup de barre la rapproche de la *Néréide*, et au moment où les deux frégates se croisent, elles se saluent d'une terrible bordée. Le *Ceylon* à son tour est foudroyé par la batterie, parmi ses blessés se trouve son ancien commandant, le commodore anglais Meriton, prisonnier à son bord ; il range la frégate dont il subit le feu meurtrier, mais il passe lui aussi. Bouvet sans s'arrêter, ordonne à Morice de couper son câble et de le suivre à l'instant ; cet ordre est exécuté et les trois bâtiments français s'engagent dans la baie et jettent l'ancre hors de portée des canons ennemis. (1)

Duperré a un instant de poignante anxiété, sa division est-elle tombée dans un piège et va-t-elle devenir la proie de

---

(1) Ch. Cunat, A. d'Épinay, "Journal de la *Bellone*," "Vie de l'amiral Duperré" par F. Chassériau.

l'ennemi ? Pourtant il n'hésite pas ; puisque trois de ses bâtiments ont forcé le passage, son devoir est de les suivre jusqu'au bout et de partager leur sort quel qu'il soit. La *Bellone* se couvre de voiles, signale au *Wyndham* de la suivre et donne bravement dans le chenal.

Le *Wyndham* mal dirigé, manque l'entrée de la passe et est forcé de laisser arriver pour ne pas se jeter sur les récifs ; il s'élève dans le sud, et se méprenant au signal que lui a fait la *Bellone* de gagner le port le plus rapproché, au lieu de revenir sur l'autre bord, il s'éloigne à la recherche d'un mouillage. Repoussé successivement de Jacotet et de la Rivière Noire par les batteries qui refusent de le reconnaître pour un navire français, il est repris devant ce dernier poste par le *Sirius* accouru au bruit du canon (1)

Cependant la *Bellone* dépasse le fort sans tenir compte de la décharge qui la foudroie à bout portant, atteint la *Néréide*, essuie sa bordée et lui passant en poupe, riposte de toutes ses pièces chargées à triple charge ; sans s'arrêter, elle revient à bâbord et se trouve bientôt réunie à sa division qui redescend lentement vers le fond de la baie et jette l'ancre en face de la Pointe de Masulipatam. On s'aperçoit alors que le pavillon français flotte encore sur tout le littoral ; les communications sont vite établies avec le Grand Port et Duperré heureux d'apprendre que la situation n'est pas aussi désespérée qu'il l'avait craint d'abord, ordonne pourtant de faire le branle-bas et de redoubler de vigilance pendant la nuit.

Son premier soin le lendemain matin, est de mettre à terre ses prisonniers ainsi que ses blessés, cela fait, il s'occupe de disposer ses forces de manière à présenter à l'ennemi une ligne d'embossage redoutable.

Trois entrées seulement donnent accès à la baie intérieure, ce sont d'étroits goulets louvoyant au milieu de pâtés de corail ; la première, peu profonde et fréquentée seulement par les caboteurs ou les bâtiments de faible tonnage, longe la côte septentrionale et aboutit au Vieux Grand Port et à l'embouchure de la Rivière Champagne ; la Grande Passe au sud, suit l'accore d'un vaste banc qui se prolonge assez loin au large, jusqu'à la Pointe Laverdi, ou Laverdure, et sur lequel se dresse l'Ile aux Aigrettes ; la Petite Passe se trouve au milieu, ces deux dernières seules accessibles aux vaisseaux de haut bord. Duperré range sa division de façon à fermer ces trois passages en présentant bâbord au large, La *Minerve* adossée au chenal du nord, présente le travers à la Petite Passe ; la *Bellone* en avant, touchant de son beaupré le grand récif, obstrue la Grande Passe, tandis que le *Ceylon*, à tribord sur l'avant de la *Minerve* et le *Victor* également à tribord sur l'avant du *Ceylon*, complètent la

---

(1) *Ch. Cunat. A. d'Epinay.* " Journal de la *Bellone*. " *D'Unienville*, " Revue pittoresque de l'Ile Maurice. "

ligne de bataille, barrant entièrement l'entrée de la baie, ne courant aucun risque d'être tournés par l'ennemi et placés de façon à ce que les bâtiments les plus faibles puissent soutenir les frégates tout en étant moins exposés qu'elles au feu de l'ennemi.(1)

Vers 4 heures de l'après-midi une embarcation parlementaire est dépêchée par le capitaine Willoughby avec une lettre pour Duperré, le sommant de lui remettre le *Victor* sous prétexte que cette corvette a amené son pavillon sur l'injonction de la *Néréïde*; Duperré répond de vive voix, qu'étant dans les eaux de l'Ile de France, il n'a plus qualité pour correspondre avec l'ennemi, cela regarde le capitaine-général seul, à qui la demande sera transmise, et du reste ajoute-t-il fièrement, si les Anglais ont tant envie de la corvette, ils n'ont qu'à venir la prendre. (2)

Un courrier avait été envoyé au général Decaen au Port Napoléon pour lui annoncer l'arrivée de la division Duperré dans la rade du Grand Port ; sachant que les équipages devaient être passablement réduits par une croisière de six mois, non seulement en tant qu'hommes mis hors de combat, que par la nécessité d'armer deux prises considérables, il réunit donc toutes les forces dont il put disposer, y joignit un détachement de soixante marins qu'il fit débarquer de la *Manche* et de l'*Entreprenant*, et se rendit sur le champ à Mahébourg après avoir recommandé à Hamelin de prendre le commandement des bâtiments dont les réparations étaient à peu près terminées et de lever l'ancre immédiatement afin de se porter sans retard au secours de la division Duperré, qui selon toutes prévisions, allait avoir affaire aux forces anglaises réunies. (3)

Le gouverneur arriva à Mahébourg dans la nuit du 21 au 22 et le lendemain matin les équipages des divers bâtiments furent portés au grand complet. Une petite pièce de campagne qui servait de canon de place au détachement cantonné à Mahébourg, fut hissée sur une hauteur et mise en batterie ; de l'autre côté de la baie, au Vieux Grand Port, le général Vandermaësen ayant trouvé deux vieux canons datant de l'époque où le chef-lieu de la colonie y était établi, les fit mettre en état tant bien que mal. Il va sans dire que cette artillerie ne fut d'aucun service pendant l'action, les projectiles de la petite pièce de Mahébourg ne portaient pas et risquaient le plus souvent d'atteindre les frégates françaises, quant aux contemporains de MM. de Nyon et de Maupin, tout en présentant les mêmes désavantages, ils offraient par dessus le marché l'inconvénient encore plus grave d'éclater et de mettre les artilleurs hors de combat ; après une ou deux décharges on s'en aperçut bien vite et on les laissa jouir d'un repos bien gagné par une prescription presque centenaire.

La *Minerve* et le *Ceylon* qui la veille avaient légèrement

---

(1) *Ch. Cunat.* " Journal de la *Bellone.* "
(2) Ibid. Ibid.
(3) Ibid. Ibid. *D'Unienville.*

touché sur un pâté de corail, furent remis à flot et prirent le poste de combat qui leur avait été assigné.

Le 22 Août se passa en préparatifs de toute sorte, ce ne fut qu'un va-et-vient entre les frégates et la terre, évacuation des non-combattants, répartition des renforts et embarquement de munitions. Vers la fin de la journée une frégate anglaise parut au large, c'était le *Sirius* qui apprenant les nouvelles par le *Wyndham* dont il venait de s'emparer à la Rivière Noire, avait envoyé sa prise en avertir le commandant de l'Ile Bourbon et s'était empressé de venir au secours de la *Néréide*. Les deux bâtiments communiquèrent, et bientôt après on les vit hisser leurs voiles et se diriger vers la division française. Ils n'allèrent pas loin, dès les premières embardées le *Sirius* donna en plein sur un écueil où il resta accroché jusqu'au matin. Duperré profita de ce répit pour faire enlever pendant la nuit les balises qui indiquaient le chenal et pour les faire placer bien en évidence sur les bancs de corail. (1)

Le *Sirius* fut bientôt renfloué, mais ce premier échec semblait avoir donné à réfléchir aux Anglais, car la matinée du 23 se passa sans qu'ils eussent essayé de renouveler leur tentative. Vers 1 heure de l'après-midi deux voiles furent aperçues au large de la Pointe du Diable ; on crut d'abord reconnaître l'avant-garde de la division Hamelin, mais cet espoir fut bien vite déçu lorsqu'on vit ces bâtiments échanger des signaux avec le fort et les frégates anglaises. C'étaient l'*Iphigénie* et la *Magicienne*, commandées par les capitaines Lambert et Curtis, elles avançaient rapidement favorisées par un bon vent du Sud-Est, bientôt elles s'engagèrent dans la Passe et vinrent jeter l'ancre auprès de la *Néréide* et du *Sirius*. Le capitaine Pym qui montait ce dernier bâtiment, fit hisser à son mât le pavillon commodore, des embarcations descendues des trois autres frégates l'accostèrent ; il était évident qu'un conseil de guerre allait s'y tenir. Peu de temps après on les vit regagner leur bord où une grande animation laissait aisément deviner quelle décision venait d'être prise. Duperré était prêt, il avait fait faire le branle-bas de combat et pris toutes ses dispositions depuis le matin ; par surcroît de précaution le dîner avait été servi à 4 heures et tous, officiers et matelots, sans distinction de rang et de grade, avaient mangé à la gamelle. (2)

À 5 heures les frégates anglaises hissent leur petit foc et leur brigantine, lèvent l'ancre et s'avancent lentement sur deux colonnes, la *Magicienne* et l'*Iphigénie* vers la *Minerve*, la *Néréide* et le *Sirius* vers la *Bellone*. Le spectacle est imposant, un grand silence se fait, les eaux de la baie, unie comme un miroir, sont à peine ridées par le sillage des frégates qui glissent à leur surface, le temps est pur, le soleil vient de disparaître derrière les collines boisées qui ferment l'horizon entre les Rivières Champagne et

---

(1) *Ch. Cunat.* Journal de la *Bellone.* *A. Wantzloeben.*
(2) Ibid.   -   Ibid.   Ibid.

des Créoles, tout est calme, tout est tranquille. Soudain une violente détonation se produit, elle éclate et se prolonge comme un roulement de tonnerre que les échos des montagnes répercutent et se renvoient de loin en loin ; la rade un instant sillonnée d'éclairs est maintenant couverte d'un épais nuage de fumée roulant lourdement ses volutes que la brise a peine à dissiper.

La *Magicienne* espérant tourner la position, est allée donner dans la Passe des Caboteurs où elle s'est échouée à petite portée de pistolet de la *Minerve* qu'elle prend en enfilade ; les efforts du capitaine Curtis pour se remettre à flot sont vains, à chaque fois les boulets de la frégate française mettent hors de combat les hommes employés à cette manœuvre, une nouvelle décharge brise la mèche du cabestan et rend toute tentative inutile. Mais la position n'est pas tenable pour les Français, Bouvet se guindant sur ses amarres d'arrière, parvient presque à présenter le flanc à l'ennemi, lorsque survient l'*Iphigénie*, qui ayant suivi la passe, foudroie la *Minerve* en pleine joue de bâbord ; Bouvet file alors ses embossures d'avant, mais au même moment, celles de l'arrière lui font défaut, tranchées par les projectiles de la *Magicienne*. La *Minerve* en dérive, drossée par la brise et par le flot, laisse le *Ceylon* à découvert ; celui-ci exposé au feu des deux frégates, coupe ses amarres, hisse son petit hunier et emboîte le pas à la *Minerve* qu'il ne veut pas abandonner. (1)

De l'autre côté le *Sirius* a voulu imiter la manœuvre de la *Magicienne* et en tentant de tourner la *Bellone*, il a donné tout droit sur le grand plateau du sud, il y est si solidement et si malencontreusement rivé qu'il ne peut modifier sa position et se trouve présenter l'avant à la division française, ses pièces de chasse seules pouvant lui servir. La *Néréide* a suivi la Grande Passe, elle a pris position à portée de fusil de la *Bellone* et l'a saluée de sa première bordée ; la seconde chargée outre mesure, Willoughby l'a réservée pour le *Victor*. L'effet en est terrible, c'est une véritable hécatombe, tous les principaux officiers sont mis hors de combat, les amarres sont coupées, et la malheureuse corvette va s'échouer au fond du port, sur les vases de la Rivière des Créoles sans avoir seulement tiré un coup de canon. (2)

Mais la ligne de bataille est rompue, la *Bellone* se trouve seule en butte au feu meurtrier des Anglais, elle peut en outre être tournée par la *Néréide* et l'*Iphigénie* et séparée de ses conserves. Duperré largue ses amarres et dérive lui aussi, suivi de près par les frégates anglaises. Cependant le *Ceylon* a abordé la *Minerve* en poupe, il la pousse doucement en avant, juste au moment où la *Bellone* arrivait de son côté ; les trois bâtiments réunis bord à bord se trouvent immobilisés. La *Bellone* seule présente toutes ses batteries à l'ennemi, la *Minerve* est aux deux tiers masquée par cette frégate et ne peut jouer que de neuf bouches à feu ; le *Ceylon* également caché en partie par la

(1) Ch. Cunat, "Journal de la *Bellone*." A. Wantzloeben,
(2) Ibid.

Minerve, est pourtant moins mal partagé qu'elle, deux seulement de ses pièces d'avant sont rendues inutiles. (1)

La division française en se retirant, a contourné un haut fond, le Grand Pâté, la *Minerve* et le *Ceylon* passant au nord l'ont légèrement labouré de leur quille, la *Bellone* le côtoyant au sud, l'a évité ; la *Néréide* en s'avançant imprudemment à leur poursuite, s'y jette en plein et y demeure fixée.

Tirant tout le parti possible de la position désavantageuse de la *Minerve*, Duperré fait passer tous les hommes inoccupés à bord des deux autres bâtiments dont les batteries se trouvent servies par un personnel double, ce qui active considérablement le feu ; les munitions ne manquent pas, car la frégate fournit à ses voisines toutes celles dont elle ne peut faire usage. Il est 7 heures, le feu continue de part et d'autre sans interruption ; Moulac du *Ceylon* vient d'avoir la jambe brisée, il se fait panser à la hâte sans pour cela quitter son banc de quart. La nuit vient, il semble que les Anglais ripostent déjà avec moins d'acharnement ; la *Néréide* renonce même à la lutte, mais l'obscurité, la fumée, les volées des autres bâtiments, empêchent les Français de s'en apercevoir ; il est 8 heures, et le combat dure encore. (2)

Vers 10½ heures Duperré est atteint à la figure par un éclat de mitraille, il est précipité dans la batterie, on le relève privé de sentiment ; son second, le lieutenant de vaisseau Fougeray, fait immédiatement prévenir Bouvet à qui revient l'honneur du commandement suprême. Celui-ci prend aussitôt la direction du combat après avoir échangé quelques paroles avec Duperré qui peut à peine lui faire part de ses idées. A 11 heures les Anglais cessent le feu, Bouvet profite de cette trêve pour laisser souffler ses équipages et leur faire prendre un peu de nourriture et de repos ; à 11½ heures il recommence la lutte, mais voyant que l'ennemi ne répond pas, il la suspend de nouveau. Les marins épuisés s'endorment à leurs postes de combat, tandis que les officiers font le guet à tour de rôle. (3)

Le capitaine-général voyant cette accalmie, dépêche vers 3 heures du matin l'enseigne Béthuel à bord de la *Bellone* pour savoir comment l'escadre s'est comportée et la prévenir que des munitions ont été réunies à terre à son intention. Cet officier prévient aussi Bouvet qu'un nommé Sance, soldat du fort de l'Ile de la Passe, prisonnier sur la *Néréide*, a pu gagner la terre à la nage quelques heures auparavant et a annoncé au général Decaen que cette frégate avait amené. La nouvelle paraissant fort invraisemblable, Bouvet attend le jour pour savoir à quoi s'en tenir. (4)

(1) Ch. Cunat. " Journal de la *Bellone*." F. Chassériau.
(2) Ibid.   Ibid.   Ibid.   A. Wantzlœben.
(3) Ibid.   Ibid.   Ibid.   Ibid.
(4) Ibid,   Ibid,

Enfin l'aube paraît, une lueur blafarde et indistincte perçant à peine les nuages de fumée qui restent suspendus sur la mer ; c'est alors seulement qu'on peut se rendre compte de ce qu'a été cette lutte terrible : la division française est là, hâchée, broyée, les ponts couverts de sang et de débris de toute sorte, les équipages harassés de fatigue, rouges de sang et noirs de poudre, mutilés, décimés mais animés d'une rage sans égale. Du côté des Anglais le désastre est encore plus grand : le *Sirius*, toujours dans sa position défavorable, a relativement peu souffert, l'*Iphigénie* se trouve entièrement masquée par la *Néréide*, la *Magicienne* percée à jour, présente encore le travers, mais la *Néréide* à elle seule, offre le spectacle le plus lamentable et le plus terrifiant !

Sa batterie enfoncée, ses canons démontés, son grand mât ainsi que son mât de misaine rasés à quelques pieds au dessus du pont, seul le mât d'artimon se dresse encore à moitié, au tronçon de son phare supérieur pendant le long de sa coque, un lambeau de pavillon flotte encore. Quelques coups de canon bien dirigés sur cette épave jettent bas avec les débris de mâture les couleurs qui y sont clouées ; cette fois la *Néréide* a bien réellement amené ! (1)

Mais tout n'est pas dit, avant de songer à l'amariner il faut à toute force faire taire le feu croisé de la *Magicienne* qui foudroie sans rémission toute embarcation tentant de se rendre à bord de la prise.

Pour ajouter à l'horreur de ce spectacle, la mer en montant charrie le long des bâtiments des centaines de cadavres, elle présente une nuance indécise, variant du jaune sale au gris roussâtre, une odeur fade s'en exhale, ne laissant aucun doute sur la nature de ces débris. (2)

Avec le soleil le combat recommence avec rage, mais avec des chances moins égales cette fois, l'avantage est bien décidément en faveur des Français. La *Magicienne* seule par sa position se trouve en mesure de riposter avec quelque succès aux volées de ses adversaires, tout leur feu se concentre maintenant sur elle. Le capitaine Mourgues, chef de batterie de la *Minerve*, trouve moyen de hisser une pièce à l'arrière de la frégate, la braque par un des sabords de la chambre de poupe et découvrant le pont de la *Magicienne* dans toute sa longueur, le balaie sans relâche de ses coups chargés à mitraille.

Vers midi le feu des Anglais s'arrête, ils ne tirent plus qu'à intervalles espacés ; Bouvet dépêche aussitôt le lieutenant René Decaen à son frère pour lui réclamer une ancre et un cable d'un mille de long afin de tâcher de renflouer la *Minerve*, se faisan fort s'il y parvient, d'obliger les trois autres frégates anglaises à suivre l'exemple de la *Néréide*. (3) Pendant ce temps l'*Iphigénie*

---

(1) Ch. Cunat. "Journal de la *Bellone*.
(2) Ibid.
(3) Ibid.

s'éloigne de plus en plus du champ de bataille ; les embarcations de la *Magicienne* font un va-et-vient continuel entre cette frégate et les deux autres, tout laisse supposer que les Anglais vont l'abandonner.

Vers 3 heures, n'ayant plus grand chose à redouter des canons anglais, le lieutenant Roussin de la *Minerve* est envoyé pour prendre possession de la *Néréide*. En mettant le pied sur ce bâtiment il s'arrête saisi d'horreur et de pitié. Parmi des débris de toute sorte, pêle-mêle au milieu de flaques de sang, une centaine de morts et de mourants sont entassés sur le pont, dans les escaliers, dans les batteries. Près de son banc de quart, étendu sur un coffre d'armes et enveloppé dans le yacht britannique, le capitaine Willoughby, grièvement blessé à la tête, un œil sortant de son orbite, le visage tuméfié et couvert de sang, gît privé de sentiment, il semble que le souffle de la mort ait déjà passé sur lui. Dans l'entrepont, dans le carré réservé aux chirurgiens, quelques praticiens donnent encore des soins aux blessés qui ont pu se traîner jusqu'à eux ; plus loin, au pied du mât de misaine, une quarantaine de marins dont le plus haut gradé se trouve être un midshipman, presque un enfant, couchés ou accroupis à terre, la tête entre les mains, avec le calme du désespoir, attendent qu'un évènement se produise pour les faire sortir de leur impassibilité stoïque ; parmi eux sont dix-huit français prisonniers, restes de la garnison de l'Ile de la Passe. Ils racontent au lieutenant que depuis la veille à 8 heures du soir on a renoncé à la lutte, tous les officiers y compris le commandant, ayant été mis hors de combat ; en vain ont-ils hélé la *Bellone*, leurs voix se sont perdues dans le fracas de la canonnade, en vain ont-ils tenté d'aller placer un feu au tronçon du mât qui restait à la frégate, à chaque tentative une volée de mitraille a abattu les malheureux qui s'étaient dévoués pour le salut commun. De guerre lasse, à bout de courage et d'énergie, ils se sont parqués dans l'entrepont, gagnés par une sorte de torpeur, indifférents à tout ce qui peut leur arriver, s'attendant d'un moment à l'autre aussi bien à sauter avec la carcasse de leur vaisseau qu'à être recueillis par des amis ou des ennemis ! (1)

Après avoir fait déblayer les ponts et jeter les cadavres à la mer, Roussin fait recueillir tous les blessés qui peuvent encore recevoir des soins ; le capitaine Willoughby placé sur une civière, est descendu le premier et porté à bord de la *Bellone* où il est couché à côté de Duperré, un premier pansement est fait et il ne tarde pas à revenir à sa connaissance. (2)

Pendant ce temps un espar a été amarré au sommet de ce qui restait du mât d'artimon et le drapeau français est hissé sur la *Néréide*. (3)

Dans la soirée la *Magicienne* est abandonnée, son équipage

(1) A. Wantzloeben.
(2) Ch. Cunat. A. Wantzloeben.
(3) Ibid.   Ibid.

y met le feu avant de se retirer à bord de l'*Iphigénie*. Des bâtiments français on peut suivre les progrès de l'incendie à travers les trous dont la carène de cette frégate est criblée ; pour éviter qu'en sautant elle ne communique le feu à la division, Bouvet fait immédiatement descendre toutes les matières inflammables, les sabords sont hermétiquement fermés, des prélarts appliqués sur les panneaux, les ponts et les flancs des navires arrosés sans interruption. (1)

Bientôt les flammes se font jour à travers les écoutilles, les Anglais avaient par une suprême pensée de haine et de vengeance, chargé jusqu'à la gueule toutes les pièces de la *Magicienne* en les braquant sur les Français ; au fur et à mesure que la fournaise rougit les canons, les coups partent et les projectiles viennent une dernière fois faire des ravages parmi leurs adversaires. Vers 9¾ heures toute la baie est ébranlée par une violente commotion, une immense gerbe de feu jaillit des flancs de la *Magicienne*, suivie d'une détonation épouvantable, un nuage de fumée âcre et pénétrante s'élève dans l'air, tandis que des débris informes projetés au loin par l'explosion, retombent en pluie de tous côtés. (2)

La nuit fût calme, on se borna à s'observer de part et d'autre ; les Français profitèrent de ces quelques heures de répit pour achever l'évacuation des blessés de la *Néréide*, et pour tout préparer afin de remettre à flot les bâtiments échoués.

Le 25 Août au lever du soleil, le feu est dirigé sur le *Sirius* qui n'y répond que faiblement, sa position ne lui permettant de faire usage que de ses pièces d'avant ; bientôt le capitaine Pym se dispose à l'évacuer, toutes les embarcations sont mises à la mer et l'équipage dirigé sur l'*Iphigénie*. Pendant ce temps Bouvet met tout en œuvre pour dégager sa division du banc sur lequel elle est immobilisée.

Pour la *Bellone* et le *Ceylon* il faut d'abord les alléger autant que possible en envoyant à terre tous les blessés, en les débarrassant des objets encombrants ; la *Minerve* offre moins de difficultés, mais le travail ne marche pas assez vite au gré du commandant ; sans l'interrompre il se rend à bord du *Victor* avec une partie de ses hommes, qui joints à l'équipage de cette corvette se disposent à la haler.

Le temps presse, Bouvet veut se servir du *Victor* pour se rendre maître du *Sirius* alors entièrement abandonné ; déjà une fumée suspecte s'élève à travers les joints de cette frégate, prouvant que les Anglais l'ont incendiée avant de se retirer. Bouvet espérant la sauver, ordonne d'arrêter la canonnade afin de permettre à l'ennemi d'éteindre le feu ; mais c'est en vain, au moment même où le *Victor* s'ébranlant sur sa quille, commence à avancer dans une eau plus profonde, le *Sirius*

---

(1) A. *Wantzloeben*.
(2) Ch. *Cunat*. A. *Wantzloeben*. " Journal de la *Bellone*."

saute avec un bruit terrible, une lueur fulgurante, un nuage de fumée, des débris retombant de toute part, suivis d'un grand silence. La frégate anglaise a disparu. (1)

Immédiatement après on voit l'*Iphigénie* hisser à son grand mât le pavillon du commodore Pym et continuer la manœuvre qu'elle a adoptée depuis la veille pour se mettre sous la protection du fort. Dans l'après-midi elle se trouve déjà hors de portée des canons de la *Bellone*; son but évident est de se rapprocher le plus possible de l'entrée de la Petite Passe pour en sortir à la faveur de la brise de terre qui souffle parfois dans la matinée. (2)

Un peu plus tard le général Decaen se fit conduire à bord de la *Bellone*, accompagné du général Vandermaësen, de plusieurs officiers, aides-de-camp, commandants de la garde nationale et notables habitants ; après avoir chaleureusement serré la main à Duperré, il insista pour que le commandant consentît à descendre à terre, où du moins s'il ne recevait pas des soins plus empressés qu'à bord de sa frégate, le calme et le repos hâteraient sans doute son rétablissement. Duperré se défendit longtemps, prétextant qu'il ne pouvait abandonner la *Bellone* tant que les évènements seraient encore en suspens ; enfin il finit par céder aux pressantes sollicitations d'un habitant de Mahébourg, M. de Robillard, qui lui offrit de le recevoir chez lui ainsi que son prisonnier, le capitaine Willoughby. Cette délicate attention fut pour beaucoup, croyons-nous, dans la décision du commandant. Non-seulement les deux capitaines, mais aussi les blessés appartenant à leur état-major, reçurent dans cette famille une hospitalité cordiale et les soins les plus touchants. (3)

Le lendemain la *Minerve* enfin renflouée, se touait au moyen d'ancres de jet et de grelins, afin de se rapprocher de l'*Iphigénie*, le *Victor* l'accompagnait dans sa manœuvre aussi lente que pénible, car il ne fallait pas compter sur l'aide de la brise qui soufflait constamment du large. Le vent contraire offrait du moins cet avantage, qu'il ôtait pour le moment à la frégate anglaise toute chance d'évasion. La *Bellone* relevée elle aussi s'en allait mouiller auprès de la *Néréide* ; le *Ceylon* restait à dégager, on s'y occupait activement. La journée se passa ainsi sans autre incident, la nuit vint et la persistance de la brise du large rassura Bouvet sur la présence de l'*Iphigénie*.

Le 27 Août le soleil se leva radieux, le ciel était d'une pureté admirable ; au loin au mouillage du Fer à Cheval, on apercevait l'*Iphigénie* toujours immobile, la *Minerve* continuait sa marche lente mais assurée. A 11 heures la vigie de la Pointe aux Feuilles signala quatre voiles au nord et bientôt reconnut la division du capitaine Hamelin, composée des frégates la *Vénus*, la *Manche* et l'*Astrée* et de la corvette l'*Entreprenant*. Le

---

(1) Ch. Cunat. "Journal de la *Bellone*." A. *Wantzloeben*.
(2) Ibid.   Ibid.   F. *Chassériau*, A. *Wantzloeben*.
(3) A. *Wantzloeben*.

capitaine général se fit conduire aussitôt à bord de la *Minerve* où il arbora son pavillon amiral. (1)

    Hamelin avait quitté le port Napoléon le 23, au moment où l'on y entendait le bruit affaibli des premières détonations ; retardé pendant la traversée par les vents contraires, il passa trois jours à louvoyer au nord de l'île, ce ne fut que le 27 qu'il put reconnaître la côte de Flacq. La division avançait péniblement, à 3 heures seulement on put la découvrir courant des bordées pour s'élever au vent de l'Ile de la Passe ; il n'était guère probable qu'elle mouillât avant la nuit.

    Maintenant l'*Iphigénie* était dans l'impossibilité de s'échapper, sa capture était bel et bien assurée ; le général Decaen signala aux bâtiments sous voile de ne pas communiquer jusqu'à nouvel ordre, prépara une sommation d'avoir à se rendre à discrétion, qu'un parlementaire devait porter le lendemain matin à la première heure, au capitaine Lambert et retourna à Mahébourg. (2)

    Cependant Hamelin n'ayant pas distingué les signaux de la *Minerve*,—ou comme semblent l'insinuer quelques uns, n'ayant pas voulu les voir, dans le but de prendre part au triomphe des armes françaises, bien qu'il n'eût pas été à la peine,—avait, aussitôt mouillé devant l'Ile de la Passe, mis le commandant de l'*Iphigénie* en demeure de lui livrer le fort et la frégate. Cet officier ne se refusa pas à signer une capitulation, mais il prétendit ne rendre aux Français que l'Ile de la Passe, se réservant le droit de se retirer avec l'*Iphigénie* et tous les équipages. Hamelin ne voulut naturellement pas souscrire à des conditions aussi inacceptables, il insista pour la remise du fort et de la frégate et pour la reddition de tous les équipages auxquels il accorda d'être renvoyés *de suite*, sur parole ou échange dans un port anglais. Les pourparlers se prolongèrent jusqu'au matin, lorsqu'arriva la sommation autrement absolue du général Decaen ; Lambert lui fit alors parvenir la correspondance échangée entre lui et le commandant de la *Vénus*, espérant bien que le capitaine-général ne lui imposerait pas des conditions plus dures que celles accordées par son lieutenant. Decaen fut sans doute très mécontent de l'ingérence d'Hamelin dans cette négociation où il n'avait que faire, vue la présence de son chef hiérarchique, mais il n'en laissa rien paraître et ratifia purement et simplement ce qui avait été convenu, sauf un point : il se réserva un délai d'un mois pour renvoyer les prisonniers et exigea que nul ne pourrait reprendre du service avant d'avoir été regulièrement échangé.(3)

    Un moment après les couleurs anglaises étaient abaissées et à 11 heures Decaen envoyait un détachement hisser le drapeau tricolore sur le fort et sur la frégate.

    Les pertes des Français dans ce combat sanglant qui avait

---

(1) Ch. Cunat—" Journal de la *Bellone*." F. Chassériau. A. Wantzloeben.
(2) Ibid.
(3) Voir pièces justificatives. No, 17.

duré cinquante quatre heures, sauf quelques brèves intermittences, se montaient à 36 tués et 112 blessés, et parmi ces derniers le commandant en chef Duperré et le lieutenant Moulac commandant le *Ceylon* ; tous les bâtiments étaient assez sérieusement endommagés, mais qu'était-ce auprès du désastre des Anglais ! 276 tués et blessés, au dire d'un de leurs historiens, dont le commandant Willoughby. Deux frégates détruites par l'explosion, deux abandonnées à l'ennemi, la *Néréide* à l'état d'épave il est vrai, mais l'*Iphigénie* ayant relativement très peu souffert de la lutte. Tous les officiers, tous les équipages et toute la garnison de l'Ile de la Passe faits prisonniers, parmi lesquels quatre capitaines de frégates, Willoughby, Pym, Curtis et Lambert.

C'était la défaite la plus grande et la plus complète infligée aux armes britanniques depuis bien longtemps dans la mer des Indes ! (1)

Pendant que ces évènements se passaient à l'Ile de France, le gouverneur de Bourbon M. Farquhar, le colonel Keating et le commodore Rowley, poursuivaient leur projet de renforcer le poste de l'Ile de la Passe et d'en établir un second à l'Ile Plate. Le transport le *Bombay Merchant* avait pris un approvisionnement suffisant d'eau, de vivres et de munitions, un bataillon et une batterie d'artillerie, et allait mettre à la voile, lorsque le 22 Août au soir le *Wyndham* arriva, porteur des nouvelles dont l'avait chargé le capitaine Pym. La division Duperré était bien entrée au Grand Port, mais rien n'était encore perdu ; bien au contraire, on pouvait espérer faire d'une pierre deux coups, s'en emparer ou la maltraiter de façon à l'empêcher de prendre la mer avant longtemps. Le commodore Rowley prit les devants avec la *Boadicea*, renforcée de deux compagnies et d'un détachement d'artillerie, le transport devait le suivre en toute diligence.

Retardé lui aussi par les vents contraires, ce ne fut que le 27 au matin que Rowley fut accosté au sud de l'Ile de France par une embarcation montée par un officier et quatorze hommes que lui dépêchaient les capitaines Lambert et Pym pour lui annoncer toute l'étendue de leur désastre. Le 28 Août au petit jour la *Boadicea* se trouve par le travers de l'Ile de la Passe, devant laquelle les frégates françaises la *Vénus* et la *Manche* sont mouillées sous voiles ; elle met en panne et fait des signaux à l'*Iphigénie*, à ce moment l'*Astrée* survient. Rowley juge prudent de se retirer, les frégates se mettent à sa poursuite, la *Vénus* le gagne d'abord haut la main, mais ne voulant pas se séparer de la *Manche* qui ne peut la suivre, elle diminue sa voilure et finit par abandonner la chasse. Cela ne faisait pas l'affaire de Rowley qui voulait les entraîner le plus loin possible afin de permettre au *Bombay Merchant* qui allait arriver, de secourir l'*Iphigénie*. Il fit donc face aux frégates, qui ne comprenant rien à ce qu'elles prenaient pour de la forfanterie, lui appuyèrent chasse jusque

(1) Ch. Cunat—" Journal de la *Bellone*."

devant Saint Denis. Rowley en passant envoya un exprès au capitaine Tomkinson de la corvette l'*Otter*, actuellement en réparations, pour lui dire de passer avec armes et bagages sur le *Wyndham* et de le rejoindre à Saint Paul. En arrivant dans ce dernier port, il apprit que le *Wyndham* ne pouvant tenir la mer, le transport l'*Emma* avait été armé en toute hâte et se trouvait prêt à l'accompagner. Il reprit alors la route de l'Ile de France ; voyant que l'*Emma* ne pouvait suivre son allure, il l'envoya croiser entre l'Ile Ronde et Rodrigue pour donner connaissance aux bâtiments qu'elle pourrait rencontrer de l'état d'infériorité des forces britanniques dans ces parages. La *Boadicea* atteignit l'Ile de la Passe, mais n'y trouva plus l'*Iphigénie* ; au fond du port la *Bellone*, la *Minerve*, la *Néréide* et le *Ceylon*, plus ou moins remis en état, semblaient prêts à reprendre la mer. Rowley ayant manqué encore une fois son coup, retourna à Saint Paul. (1)

Hamelin lui, n'était pas revenu les mains vides ; regagnant l'Ile de France après avoir abandonné la *Boadicea* en vue des côtes de Bourbon, il rencontra le *Bombay Merchant* que Rowley voulait à tout prix le faire éviter, il s'en empara et le conduisit au Port Napoléon. De son côté, Lemarant, avec l'*Astrée* et l'*Entreprenant*, croisant au nord de l'Ile, reprenait la mouche No. 23 et l'ancien corsaire la *Loterie*. (2)

Avant de quitter Mahébourg, le capitaine-général avait tenu à récompenser tous ceux qui s'étaient particulièrement distingués dans cette lutte héroïque : Duperré fut fait provisoirement contre-amiral, sauf ratification de l'Empereur, Bouvet passa sur l'*Iphigénie* avec le grade de capitaine de vaisseau et le commandement en chef jusqu'au rétablissement de Duperré, le lieutenant Roussin le remplaça sur la *Minerve* avec le titre de capitaine de frégate ; la même promotion fut accordée à Moulac qui conserva le commandement du *Ceylon*, à Fougeray qui prit provisoirement celui de la *Bellone* et à René Decaen à qui échut celui de la *Néréide*. (3)

Le 1er Septembre le gouverneur rentrait au Port Napoléon aux acclamations frénétiques de la foule, qui l'escorta depuis la Grande Rivière jusqu'à la porte du gouvernement, aux cris de " Vive le général Decaen ! Vivent nos braves marins ! " Le Préfet colonial, le commissaire de justice, les généraux, les officiers de terre et de mer et de la garde nationale, l'attendaient pour le féliciter. A son entrée, la musique militaire rangée dans la cour, l'accueillit par une marche triomphale. Tous les principaux habitants de la ville, étaient présents ; ils remirent au général une adresse lui peignant leur joie profonde et leur dévouement. Decaen leur répondit par quelques paroles émues ; ensuite un bambin, colonel du bataillon du lycée, s'il vous plaît, s'avança et déclama " des strophes guerrières à la louange de

---

(1) Dépêches officielles anglaises. "Revue Historique et Littéraire de l'Ile Maurice." 5me année, No. 48. *Pridham*.
(2) A. d'*Epinay*.
(3) A. *Wantzloeben*.

" nos intrépides marins, composées à la hâte par M. J. Coudray,
" professeur. " Ce *Chant de Victoire* pour avoir été ainsi
improvisé au pied levé, n'en était pas meilleur pour cela !
N'exhumons pas ces vieilles rengaînes, bien d'autres parurent à
cette époque et de la même force à peu près.

" Un feu d'artifice, une illumination et un souper pendant
" lequel la musique militaire s'est fait entendre de nouveau, ont
" terminé cette journée si satisfaisante (?) et dans laquelle le
" général Decaen a bien moins paru le chef de la colonie qu'un
" père environné de sa nombreuse famille." (1)

Le même jour une autre cérémonie autrement touchante
avait lieu à Mahébourg, une simple messe dite pour les victimes
du combat ; les principaux officiers, les équipages y assistaient,
tous ceux bien entendu à qui leurs blessures à peine cicatrisées
le permettaient. Les troupes cantonnées à Mahébourg et la garde
nationale rendirent les honneurs militaires, la division vergues
en pantenne et pavillon en berne, tira du canon de cinq minutes
en cinq minutes depuis 9 heures du matin jusqu'à midi. (2)

Cet hommage rendu sans apprêt, sans luxe et sans tapage,
à l'endroit même où les malheureux avaient succombé, esclaves
de leur devoir, avait quelque chose de grand et de sévère, bien
préférable aux flonflons et aux mirlitonnades du Port Napoléon !

Les prisonniers avaient été expédiés au chef-lieu par petits
détachements ; il n'est que juste de signaler l'humanité et
l'intérêt que leur porta la population. On accourait en foule
pour les voir passer, leur serrer la main, leur adresser quelques
bonnes paroles et ce qui est mieux, leur offrir des rafraîchissements, mille douceurs que les pauvres diables appréciaient fort.
Le 9 Septembre le capitaine-général embarqua sur une goëlette
cinquante femmes anglaises, des enfants et des non-combattants,
tous pris sur le *Ceylon* par la *Minerve* dans le canal de
Mozambique ; ce petit bâtiment fut envoyé en parlementaire au
gouverneur de Bourbon en le priant de vouloir bien reprendre
ces innocents et lui offrir aussi de lui faire passer tous les
prisonniers du Grand Port, qu'il serait bien difficile à la colonie,
vu le peu de bâtiments dont elle disposait, de transporter dans
un port anglais dans le délai fixé par la capitulation. M. Farquhar
refusa net, il ne voulut pas laisser aborder la goëlette et fit
répondre au général Decaen que puisque les Français avaient
cru devoir faire ces prisonniers, ils devaient pourvoir à leur
subsistance, c'était leur affaire, il s'en lavait les mains ! Pour
être dans son droit strict, le gouverneur anglais se montrait
singulièrement inhumain vis-à-vis de quelques femmes et de
quelques enfants ! (3)

---

(1) Gazette des Isles de France et Bonaparte. No. 36 Mercredi 5 Septembre 1810.
(2) A. *Wantzloeben.*
(3) A. *d'Epinay.* A. *Wantzloeben.* Ch. *Ounai.* D'*Unienville.* " Souvenirs d'un vieux colon." " Revue pittoresque de l'Ile Maurice."

Le 25 Septembre la division Duperré réparée tant bien que mal, était prête à mettre à la voile, elle se composait des trois combattants du Grand Port et de la *Néréide*, cette dernière particulièrement affectée au transport des prisonniers que l'état de leurs blessures n'avait pas permis d'expédier par terre au Port Napoléon.

Pendant deux jours, elle fut arrêtée par des vents contraires et passa son temps à se touer pour se rapprocher de l'entrée du goulet. Enfin le 27, Duperré à peu près rétabli, se fit conduire à bord de la *Bellone* dont il reprit le commandement. Parmi les diverses formalités qu'il eut à remplir, il eut à se faire remettre les armes prises sur l'ennemi. Un sabre magnifique à la poignée enrichie de pierres précieuses attira son attention, il avait été jadis offert, disait la légende gravée sur la lame, par la Compagnie des Indes au capitaine Pym en souvenir de sa victoire sur Linois, lors de l'attaque du convoi de Chine. Un jeune officier, neveu du commodore, réclamant cette arme, Duperré lui répondit que cette inscription étant fausse et outrageante pour un marin qui n'avait pas été vaincu, il ne pouvait consentir à faire droit à sa demande. Comme le jeune homme insistait, prétextant la richesse de la garde et du fourreau, Duperré le regardant avec un souverain mépris, saisit le sabre, brisa la lame sur son genou, la jeta à la mer, puis remettant à l'officier poignée et fourreau : " Je vous rends, Monsieur, ce que vous " trouvez de plus précieux ! " (1)

Enfin le 2 Octobre à 11 heures du soir on peut gagner la haute mer, Duperré fait mettre le cap au nord, la division s'avançant à la file, la *Bellone* en tête. Au petit jour, par le travers de la Grande Baie, entre l'Ile Plate et le Coin de Mire, on aperçoit une frégate qui semble vouloir couper la route à la colonne et ne tient aucun compte des signaux qu'on lui fait. Roussin demande aussitôt à Duperré de lui accorder la faveur pour la *Minerve* de se mesurer seule à seule avec l'ennemi ; le commandant s'y refuse, ordonne à tous les bâtiments de poursuivre leur route et faisant faire le branle-bas, il oriente sa frégate droit sur le nouvel arrivant. Rendu à portée de canon, au moment où il va lui lâcher sa bordée, il voit à sa grande surprise la frégate hisser les couleurs françaises ; c'était l'*Astrée* que le capitaine-général envoyait à sa rencontre. N'ayant pas à bord de pavillon de reconnaissance, le capitaine Lemarant avait failli passer un fort vilain quart d'heure ; Duperré exaspéré de cette négligence qui aurait pu coûter gros à la colonie, en dit vertement sa façon de penser au commandant tout penaud. Sans s'arrêter à l'intention courtoise qui avait dicté la conduite du gouverneur, il intima l'ordre au malavisé capitaine de prendre la queue du convoi et continua son chemin sans proférer une autre parole. (2)

A 2 heures de l'après-midi la petite escadre saluait le Port

(1) *F. Chassériau.*
(2) *A. Wantzloeben.*

Napoléon, à 5 heures elle jetait l'ancre ; un aide de camp du général vint prier Duperré de vouloir bien différer son débarquement jusqu'au lendemain à 10 heures, afin de donner le temps nécessaire pour préparer la réception solennelle qu'on désirait lui offrir. Le commandant dut y consentir quoique passablement à contre-cœur, ne se souciant pas beaucoup de ce genre de manifestation qu'il trouvait sans doute hors de saison, le temps ayant marché et les circonstances s'étant sensiblement modifiées depuis le jour de sa victoire.

Enfin le 4 Octobre, à l'heure dite, il descendit à terre salué de 13 coups de canon par les frégates, les batteries des forts et de l'artillerie ; la garnison et la garde nationale rangées de chaque côté de la Place d'Armes lui présentèrent les armes tandis que les tambours battaient aux champs. La tête découverte, le visage encore enveloppé de bandages, Duperré s'avançait entre les deux seuls officiers de la *Bellone* qu'eussent épargnés le feu des Anglais, MM. Fougeray et Vigoureux.

L'accueil de la population fut des plus enthousiastes, seul l'aspect de sa blessure qui n'était pas encore cicatrisée, empêcha qu'on le portât en triomphe, le sol sous ses pas était jonché de fleurs ; une tente immense avait été dressée au fond de la Place d'Armes, où tous les personnages marquants de la colonie s'étaient donné rendez-vous. Après les paroles de bienvenue, un banquet réunit les assistants, officiers supérieurs, états-majors de la division, corps administratif et judiciaire, clergé, notables habitants. Au dessert une paire de pistolets richement damasquinés et dont les canons étaient complètement dorés, lui fut offerte au nom de la colonie. De son côté la chambre de commerce du Port Napoléon présenta aux marins de la *Bellone* un uniforme d'honneur, dont le chapeau portait la fière devise inscrite au gouvernail de la frégate : *Honneur et Bellone !* (1)

(1) *A. Wantsloeben.* "Nouveau Mauricien." No. 136—4 Janvier 1883.

VI

Considérations sur la victoire du Grand Port ; pourquoi n'en retira-t-on aucun fruit.—Faibles ressources de la colonie ; conséquences de la blessure de Duperré.—Les forces navales partagées en deux divisions.— Rivalité des commandants ; mécontentement et jalousie.—Fatal entêtement du capitaine général ; il refuse d'admettre que les Anglais puissent se concentrer à Rodrigue.— Renseignements fournis par l'enseigne Gauthier.—Fatalité.— Projet de blocus de l'Ile Bourbon.—Combat de l'*Iphigénie*, l'*Astrée* et l'*Africaine* ; une victoire inutile.—La *Vénus* et le *Ceylon* ; victoire suivie d'une défaite.— La *Vénus* est prise par la *Boadicea* ; Hamelin est prisonnier — Le Conseil Colonial ; but de cette institution.—Découragement du généra Decaen et de la population.—Les Anglais se rassemblent à Rodrigue ; départ de l'expédition.—Préparatifs de défense.—Encore la nauscopie ; M. Feillafé annonce l'arrivée des Anglais. — Ses tribulations, son emprisonnement.— Envoi d'un aviso à Rodrigue, toujours trop tard ! La flotte anglaise paraît, elle mouille au Mapou.—Débarquement.—Escarmouche du Bois Rouge.— Les Anglais s'arrêtent au Moulin à Poudre.—Prise des batteries du Tombeau et de la Baie aux Tortues.—Les Français se portent en avant.—Reconnaissance faite par Decaen.—Passage de la Rivière du Tombeau.—Combat de la Montagne Longue.—Retraite des Français ; les Anglais sont arrêtés par la batterie Dumas.— Concentration des forces anglaises ; arrivée de la division du Cap.—Projet de sortie du général Decaen.—Une fausse alerte.—Débarquement des troupes à la Petite Rivière.—Offre de capitulation, suspension des hostilités.—Vandermaësen et Duperré sont chargés de négocier avec le major-général Warde et le commodore Rowley.—Capitulation honorable.— Clauses de cette capitulation.—Les prisonniers de guerre anglais.—Les engagés irlandais.—(Septembre-Décembre 1810).

Le combat du Grand Port fut pour les Français une victoire aussi complète qu'ils pouvaient le désirer, deux belles frégates tombaient en leur pouvoir, deux autres étaient détruites ; tous leurs équipages, tout le détachement placé par les Anglais en garnison à l'Ile de la Passe, tout cela était ou tué ou prisonnier. Les forces navales de leurs ennemis ne se composaient plus, pour le moment que de la frégate la *Boadicea*, de la corvette l'*Otter* en réparations et du petit brick le *Staunch*. Il semblerait qu'alors rien n'était plus facile que d'écraser ces faibles adversaires, une action rapide et énergique eût fait retomber l'Ile Bonaparte aux mains de ses anciens possesseurs. L'Ile de France n'eût pas été sauvée pour cela, car il eût fallu disposer de ressources que la colonie n'était guère accoutumée à recevoir de la mère-patrie, mais la crise eût sans doute été éloignée de quelques mois. Et si les secours étaient arrivés !......

Comment se fait-il donc qu'un triomphe aussi absolu n'ait donné après tout que de si piètres résultats ? Certes nous verrons encore des actions d'éclat, des traits d'audace et de bravoure, prouvant que nos marins étaient toujours à la hauteur de leur réputation ; combats glorieux mais combien inutiles hélas ! où le sang coulait à flots sans autre avantage que de soutenir l'honneur du drapeau ! A quoi donc cela tenait-il ? A des causes multiples dont nous allons tenter de dégager les plus importantes.

D'abord, à la faiblessse des moyens d'action ; car ce serait une grave erreur de croire que la colonie pouvait de suite mettre en ligne les dix bâtiments qui composaient sa force navale. Quatre d'entre eux, la *Bellone*, la *Minerve*, la *Néréïde* et le *Ceylon*, maltraités au dernier point, furent un grand mois avant de se remettre en état, non pas de tenir la mer, mais de regagner péniblement le Port Napoléon avec des mâts et des agrès de fortune. A peine rendus au chef-lieu, on se décida à sacrifier les uns pour parachever l'équipement des autres, mais le temps s'écoula et la crise survint avant qu'ils eussent pu rendre aucun service. La *Manche*, de son côté, vieille frégate ayant roulé depuis longtemps par toutes les mers, fut reconnue impropre au service et abandonnée à son retour du Grand Port où elle n'avait fait qu'accompagner Hamelin. Restaient donc trois frégates, la *Vénus*, l'*Iphigénie* et l'*Astrée* et deux corvettes, le *Victor* et l'*Entreprenant* ; ces forces réunies et fondant sans retard sur les bâtiments anglais de moitié moins nombreux, auraient encore suffi pour les écraser et s'emparer de l'île voisine avant l'arrivée des renforts, mais pour cela il fallait une décision prompte, une exécution encore plus rapide, et rien de cela ne fut fait...

La seconde cause, qui à première vue semblerait n'avoir aucun rapport avec les évènements, mais qui pourtant eut sur eux une influence primordiale bien qu'indirecte, ce fut la blessure de Duperré. En effet, cet officier promu à un grade supérieur, devenait par le fait le chef incontesté de l'escadre ; réunie sous sa direction absolue, — ses antécédents du moins permettent de le supposer, — elle eût sans doute accompli bien au delà de ce qu'on était en droit d'exiger d'elle. Mais Duperré hors d'état d'exercer son commandement, qu'advint-il ?

Dans le premier moment d'enthousiasme Decaen chargea Bouvet de le remplacer, après lui avoir décerné le grade de capitaine de vaisseau. Certes le choix était excellent, nul n'était plus digne et plus capable en même temps d'occuper ce poste, malheureusement sa nomination méconnaissait des droits acquis, éveillait des jalousies et chose plus grave peut-être, le rapide avancement de ce brave marin coïncidant dans chacune de ses phases avec celui beaucoup plus étonnant du jeune frère du gouverneur, on oublia ses succès, on ne tint aucun compte des services rendus et de ses brillantes facultés pour ne retenir qu'une chose : la faveur et la partialité avaient tout fait !

Hamelin plus ancien en grade avait certainement plus de droits que Bouvet à ce poste supérieur, mieux valait encore le désigner, ou, s'il ne réalisait pas l'idéal du gouverneur, pourquoi ce dernier ne lui imposait-il pas d'autorité l'homme de son choix ? Cette façon d'agir était pourtant bien dans son caractère. Au lieu de cela, dans le but de tout concilier, il scinda l'escadre en deux divisions indépendantes, chacune sous les ordres d'un des capitaines de vaisseau. Ce moyen terme, s'il fit taire quelques récriminations, n'amena en somme rien de bon ; réunies, les forces navales avaient toutes les chances de succès, séparées, elles livrèrent de beaux combats et se couvrirent de gloire, la fortune leur sourit au début de chaque engagement, mais la victoire qui leur semblait assurée changeait subitement de camp et l'action se terminait soit par une retraite honorable, soit par une défaite chèrement payée ; de toutes les façons le résultat était toujours négatif pour le salut de l'Ile de France !

Pour comble, le général Decaen, tout en reconnaissant qu'une expédition se préparait, se figura sur la foi de renseignements erronés, obtenus on ne sait trop comment, que le quartier général des forces britanniques devait être à Saint Paul. Avec un entêtement incroyable il n'en voulut pas démordre et ne permit même pas à Bouvet de pousser une reconnaissance jusqu'à Rodrigue, que le bruit public désignait comme le lieu du rendez-vous. Une circonstance toute fortuite qui se produisit alors, sembla lui donner raison, aussi s'applaudit-il en lui-même de sa clairvoyance et persista-t-il à rester les yeux fermés jusqu'au dernier moment.

Le 1er Septembre la frégate l'*Africaine* se rendant à Bourbon, rencontre au vent de l'Ile de France la mouche No. 23 et s'en empare. (1) Son commandant, l'enseigne de vaisseau Gauthier, est embarqué sur le transport le *Ranger* et dirigé sur Rodrigue ; il y reste quelques jours et apprenant que le *Ranger* retourne à Bourbon, il obtient de passer dans cette colonie. En route le *Ranger* est capturé par la *Vénus* et conduit au Port Napoléon ; Decaen averti que Gauthier avait séjourné à Rodrigue, le fait venir et l'interroge. Celui-ci répond qu'il n'existe dans cette île qu'une batterie gardée par une garnison de 200 Européens et 300 cipayes. C'était l'exacte vérité, seulement si cet officier avait eu la chance de lever l'ancre quelques heures plus tard, il aurait sans doute appris par le *Nisus* arrivant du Cap avec le vice amiral Bertie, qu'on réunissait actuellement des forces considérables dans les trois présidences de l'Inde, que ces troupes allaient bientôt prendre passage sur un grand nombre de transports, se réunir à Rodrigue et y attendre l'arrivée d'autres renforts venant d'Europe et du Cap de Bonne Espérance, pour attaquer simultanément l'Ile de France ; la date du rendez-vous était même fixée à la première quinzaine de Novembre. (2) A quoi tiennent les évènements !

(1) Cet aviso avait eu des tribulations de toute sorte ; pris le 2 Juin par la *Néréïde* à la Baie du Cap, il avait été repris quelques jours auparavant par l'*Astrée* revenant du Grand Port.

(2) A. d'*Epinay*. L'auteur dit que Gauthier quitta Rodrigue le matin du jour où arrivèrent 35 transports débarquant 10,000 hommes ; c'est croyons-nous une erreur. Ces transports n'arrivèrent à Rodrigue que du 1er au 21 Novembre (Dépêches officielles anglaises. "Revue Historique et Littéraire de l'Ile Maurice," 5me année. No. 30. Col. G. B. *Malleson*).

Le 25 Novembre le capitaine-général se décida à envoyer l'aviso le *Lutin* à Rodrigue, nous verrons plus loin dans quelles circonstances, afin de reconnaître les forces anglaises qui y étaient assemblées. Inutile d'ajouter que ce bâtiment arriva trop tard, l'expédition était en route depuis le 22. (A. d'*Epinay*).

Le général Decaen avait un plan : prendre l'offensive, bloquer étroitement l'Ile Bourbon, détruire ses forces navales et la réduire par la famine avant qu'elle eût pu recevoir des secours de l'Inde. C'était parfait, mais le temps pressait, un coup de main eût peut-être mieux valu qu'un blocus ; quoi qu'il en soit, il fit part de ses projets à Bouvet et le chargea de les mettre à exécution. Portant son guidon sur l'*Iphigénie*, le commandant quitte le Port Impérial, (3 Septembre) rejoint devant le Port Napoléon l'*Astrée*, le *Victor* et l'*Entreprenant* qui doivent l'accompagner dans sa croisière, seulement les munitions sont insuffisantes, Bouvet n'a pu en embarquer au Grand Port qu'une très petite quantité, il lui manque aussi divers objets d'armement ; le *Victor* est détaché pour se rendre au Port Napoléon faire la réquisition nécessaire, avec ordre de rallier la division au plus tôt devant Sainte Rose. Ce fut une grave erreur ; il eût mieux valu mille fois pour Bouvet retarder son expédition de quelques jours et s'occuper lui-même de cette opération, au lieu de s'en remettre à un officier dont il avait déjà constaté l'apathie et la négligence. Le capitaine Morice, soit par sa faute, soit par celle des autorités locales, fut si long à exécuter ses ordres, que Bouvet arriva au lieu désigné et ne l'y trouva pas (9 Septembre). (1)

Autre faute, il laissa alors l'*Entreprenant* attendre le retardataire, en recommandant à son capitaine de le rejoindre aussitôt que le *Victor* serait arrivé. Avec l'*Astrée* il remonta vers le nord, voulant reconnaître la côte jusqu'à Saint Paul. Dans la nuit du 11 au 12 Bouvet est arrêté par le calme devant la Grande Chaloupe, au point du jour il voit trois bâtiments sortir de Saint Paul, doubler la Pointe des Galets et mettre le cap sur Saint Denis. C'est le commodore Rowley, avec la *Boadicea*, l'*Otter* et le *Staunch*, qui au moment de lever l'ancre pour venir l'attaquer, a appris qu'une autre frégate anglaise se trouve depuis la veille au soir au mouillage de Saint Denis ; il modifie en conséquence son itinéraire pour la rejoindre. L'*Africaine* en effet arrivait du Cap avec des dépêches de la métropole pour le gouvernement de l'Inde, elle devait toucher à Rodrigue, mais apprenant la position critique des forces anglaises, elle s'était détournée de sa route pour prêter assistance au commodore Rowley. Le capitaine Corbett débarqua immédiatement ses blessés et prit à son bord le major Elliott avec 100 grenadiers ; plusieurs officiers de la garnison se proposèrent comme volontaires, et parmi ceux-ci le colonel Barry, secrétaire du gouvernement, tous se rendant comme à une partie de plaisir au spectacle de la prise de deux frégates françaises. Sa division ainsi renforcée, Rowley se mit à la poursuite des Français ; le vent s'était élevé et soufflait grand frais, malgré les efforts de son commandant, l'*Africaine* s'éloignait de ses conserves et gagnait rapidement sur l'ennemi. (1)

(1) "Précis des campagnes du commandant de vaisseau Pierre Bouvet."
(2) A. d'Epinay. D'Unienville. G. Azéma. E. Fabre. Dépêches officielles anglaises. "Revue Historique et Littéraire de l'Ile Maurice"—5me Année. No. 43. Pridham.

A la vue de ce nouvel assaillant sur lequel il ne comptait guère, Bouvet n'eut qu'une idée, se laisser poursuivre ainsi hors de portée jusqu'à ce qu'il eût retrouvé ses deux corvettes, alors la partie devenant plus égale, faire volte-face et engager le combat. Son plan aurait peut-être réussi si l'*Africaine* n'eût pas été une marcheuse hors ligne ; la nuit était venue, cette frégate avait distancé les autres de 4 à 5 milles, lorsque vers 3 heures du matin, elle se trouva à portée de canon. Se sachant soutenue, elle n'hésita pas à commencer la lutte, ses premières bordées furent pour l'*Astrée*, qui recevant des avaries dans sa voilure, se retira à l'abri de l'*Iphigénie* afin de se réparer. Un véritable duel à mort s'engagea entre les deux frégates ; à diverses reprises l'*Africaine* tenta d'aborder sa rivale, mais toujours elle fut repoussée par un feu bien nourri et meurtrier. A ce moment l'*Astrée* revenant à la charge, eut la malencontreuse idée d'attaquer l'*Africaine* sur le bord opposé, la plaçant par le fait entre deux feux ; ses volées dirigées sans discernement, firent peut-être autant de mal à sa conserve qu'à l'ennemi. Les trois frégates dérivant l'une sur l'autre, se trouvèrent bientôt bord à bord, courant grand risque de se broyer mutuellement si la mer n'eût pas été aussi calme. Enfin à $4\frac{1}{2}$ heures, ayant perdu son commandant, ses officiers, 98 des 100 grenadiers embarqués, son équipage de 400 hommes réduit à 69, la frégate anglaise amena son pavillon. Le seul officier que le feu eût épargné était le secrétaire de M. Farqubar, le colonel Barry eut donc le triste privilège de remettre l'*Africaine* au capitaine Bouvet. L'*Iphigénie* eut 9 tués et 32 blessés, l'*Astrée* 1 tué et 2 blessés. (1)

De son côté Rowley avait bien entendu la canonnade, mais persuadé que Corbett n'avait pas l'intention de s'engager à fond et se bornerait à infliger aux Français quelques avaries dans leur gréement, afin de retarder leur marche et de permettre à la division de le rejoindre, il ne pressait point son allure, préférant ne pas quitter les corvettes qui l'accompagnaient. Pourtant lorsque vers $4\frac{1}{2}$ heures du matin le silence se fit, l'inquiétude commença à le gagner ; forçant de voiles il arriva à temps au point du jour, pour voir l'*Africaine* amenée, ne semblant avoir perdu que son petit hunier de misaine. Il regagna alors l'*Otter* et le *Staunch*, leur signala de hâter leur marche et tous trois ensemble, les bâtiments anglais arrivèrent sur le champ de bataille.

Bouvet ne les attendit pas, l'*Iphigénie* avait souffert dans la lutte, l'*Astrée* surtout avait éprouvé des avaries dans ses œuvres vives, les munitions tiraient à leur fin ; il jugea que le risque à courir était trop grand contre des réserves toutes fraîches, il préféra abandonner la partie pour le moment et regagner l'Ile de France. Hissant le signal de ralliement, il gagna le large suivi

---

(1) *A. d'Épinay. E. Fabre. D'Unienville.* Dépêches officielles anglaises. "Revue Historique et Littéraire de l'Ile Maurice" — 5me Année. No. 43. "*Précis des campagnes du Capitaine de vaisseau Pierre Bouvet.*"

de l'*Astrée*, tandis que la *Boadicea* prenant l'*Africaine* à la remorque, virait de bord pour rentrer à Saint Paul. (1)

Réparant sa frégate aussitôt, Bouvet reprit la route de Bourbon afin de rallier le *Victor* et l'*Entreprenant* ; le dernier seul était à son poste, le capitaine Morice voyant la date du rendez-vous passée, avait cru bien faire en allant croiser au nord de l'Ile de France ! Sa présence et celle de l'*Entreprenant* dans la matinée du 12 Septembre, auraient assuré la capture de l'*Africaine*, et peut-être même causé la perte de la division anglaise !

A son retour Bouvet s'empara au large du Morne Brabant de la corvette l'*Aurora* de 16 canons, venant de Madras (20 Septembre), et mouilla le lendemain au Port Napoléon. (2)

Le 17 Septembre la frégate anglaise le *Ceylon* de 40 canons, arrivant de Madras en route pour Bourbon, côtoie d'assez près le nord de l'Ile de France, elle porte des troupes, un nombreux état-major, le trésorier-payeur avec la caisse de l'armée et le commandant en chef de la future expédition, le général Abercrombie, qui a voulu en passant serrer la terre de façon à se faire par lui-même une idée des différents points d'atterrissage.

Aussitôt les vigies la signalent, Decaen donne ordre à Hamelin de se mettre à sa poursuite avec la *Vénus* et le *Victor* qui vient de rentrer ; vers 2 heures de l'après-midi les deux bâtiments français lèvent l'ancre et forcent de voiles vers le sud-ouest où l'on aperçoit encore à l'horizon la silhouette de l'ennemi. (3)

Malgré l'ardeur de la chasse, ce ne fut que dans la nuit, vers 1½ heure, qu'Hamelin put atteindre le *Ceylon*, à environ deux lieues au large de Saint Denis ; il ouvrit immédiatement le feu auquel l'anglais riposta énergiquement. A 4 heures du matin, les trois mâts de hune ainsi que le mât d'artimon de la *Vénus* venant bas sur bâbord, masquent complètement sa batterie ; faisant mine d'aborder l'ennemi, Hamelin lui passe en poupe, le foudroie de sa bordée de tribord chargée à mitraille et d'un feu plongeant de mousqueterie, gagne l'autre bord et continue le combat de ce côté avec un redoublement d'acharnement. A 5 heures, le *Ceylon* a perdu ses trois mâts de hune et voyant le *Victor* arriver à la rescousse, il se décide à amener. (4)

Jetant à la mer les mâts brisés et les agrès qui paralysent sa manœuvre, la *Vénus* se dispose à gagner le large après avoir signalé à la corvette d'amariner la prise et de la prendre à la remorque. Le convoi remonte lentement vers l'Ile de France, la frégate voguant sous basses voiles, le *Victor* traînant péniblement le *Ceylon*, l'état de la mer rendant la remorque des plus

(1) Dépêches officielles anglaises. " Revue Historique et Littéraire de l'Ile Maurice." 5e année. No. 43. *A. d'Epinay. E. Fabre.*
(2) *A. d'Épinay.*
(3) *A. d'Épinay, Pridham, H. de Rauville.* "Reddition de l'Ile de France." "Revue Historique et Littéraire de l'Ile Maurice." 2me année, No. 40.
(4) *A. d'Épinay.* Supplément à la " Commercial Gazette " du 15 Mai 1877.

difficiles ; la journée se passe ainsi, on fatigue beaucoup sans faire de chemin, vers 4 heures de l'après-midi c'est à peine si l'on a fait six ou sept lieues.

A ce moment trois voiles paraissent dans le sud et grandissent à vue d'œil ; c'est le commodore Rowley qui de Saint Paul a aperçu la fin du combat et s'est mis à la recherche d'Hamelin avec ses trois bâtiments, la *Boadicea*, l'*Otter* et le *Staunch*. Le *Victor* est demeuré en arrière, il veut augmenter son allure pour rattraper la *Vénus*, l'amarre casse et le *Ceylon* reste en détresse ; comprenant bien qu'il n'a aucune chance de salut, Hamelin veut du moins sauver la corvette, il ordonne à Morice de l'abandonner, de se charger de voiles et de porter au Port Napoléon le nouvelle du désastre qu'il prévoit. Virant de bord, il s'avance lui-même au devant des Anglais ; à 5½ heures rendu à petite portée de la *Boadicea*, il lui lâche sa volée, les deux corvettes surviennent et pendant trois quarts d'heure c'est une lutte furieuse, enragée. Hamelin ne consent alors à amener que pour épargner son équipage. Reçu par Rowley avec les plus grands égards, il est conduit à Saint Paul et peu de temps après est reconduit en France avec son état-major et son équipage sur un bâtiment parlementaire. (1)

Cette fois encore la victoire aurait pu rester aux Français jusqu'au bout si Hamelin avait été accompagné seulement d'une autre frégate. Qu'en serait-il résulté si le général en chef était resté prisonnier ? L'expédition projetée aurait sans doute été retardée. La présence de cet officier supérieur à bord du *Ceylon*, aurait dû faire ouvrir les yeux au capitaine-général : il n'en fut rien, il persista à vouloir ignorer ce qui se tramait à Rodrigue et ne tenta rien pour s'en assurer. (2)

L'eût-il fait après tout, cela ne l'aurait pas avancé à grand chose, il était déjà trop tard ; tous les fruits de la victoire du Grand Port était bel et bien compromis ; la division française se trouvait de nouveau affaiblie par la perte de sa plus belle frégate, tandis que les Anglais avaient retrouvé leurs avantages, les renforts leur arrivaient sans interruption. L'orage s'amassait autour de l'Ile de France, cette fois c'était bien la fin de tout !

Tout s'ébranlait en effet ; les dernières ressources étaient épuisées, quant à les renouveler par un nouvel emprunt, il n'y fallait pas songer, le crédit de l'administration était bel et bien mort et enterré malgré les efforts du Préfet Colonial. S'il ne pouvait pas toujours tenir ses engagements à date fixe, son caractère désagréable en était en partie la cause et lui avait aliéné les principaux négociants et habitants, qu'il aurait dû au moins traiter avec quelques ménagements puisqu'il avait constamment besoin de leur appui.

(1) *A. d'Epinay.* Supplément à la " Commercial Gazette " du 15 Mai 1877.
(2) Ce n'est que le 2 Novembre que Decaen apprit par une lettre du gouverneur de Batavia, que des forces anglaises avaient quitté l'Inde à destination de Rodrigue. (*A. d'Epinay*).

A bout d'expédients, le capitaine-général joua son va-tout, il essaya de faire vibrer la fibre patriotique de la population en lui annonçant qu'il allait convoquer un conseil colonial pour l'assister dans son administration. Une chambre électorale fut immédiatement nommée pour élire les députés qui devraient être au nombre de onze, trois pour le Port Napoléon et un pour chacun des huit quartiers. (29.30 Septembre 1810). Les élus nommés au suffrage plus que restreint, furent confirmés par l'Arrêté du 12 Octobre qui parut dans la Gazette officielle du 17. (1)

Il va sans dire que les colons ne donnèrent pas dans le panneau ; en dépit de la prétendue liberté octroyée à leurs délégués d'émettre leur opinion sur toutes les questions d'utilité publique, ils se doutaient bien que leurs travaux se borneraient à donner une apparence un peu présentable aux exigences de l'administration. Une des premières mesures du Conseil fut en effet de mettre en cours bien au dessus de sa valeur réelle, une monnaie de billon, le *cash*, que les prises avaient introduite en grandes quantités ; le prétexte donné fut le besoin de faciliter les transactions journalières, mais cette opération se chiffra par un gros bénéfice pour le Trésor. (2)

Une autre opération plus importante fut élaborée en dépit de l'opposition de certains membres qui reculèrent devant l'adoption d'une mesure aussi radicale ; mais il n'y avait pas à tergiverser, il fallait de l'argent à tout prix, la colonie entière devait se saigner à blanc une dernière fois pour le salut commun. Il ne s'agissait rien moins que d'un emprunt forcé de deux millions de francs, soit trois cent soixante trois mille six cent trente six piastres, que le gouvernement faisait à tous les propriétaires fonciers, sous la forme d'un impôt territorial. Un état de répartition fut dressé, établi au *pro ratâ* du nombre d'arpents de terre que chacun possédait, et chaque contribuable fut tenu de faire pour sa quote part des bons au porteur qui seraient négociés sur le champ. Le temps manqua au gouvernement pour mener à bien cette entreprise tant soit peu draconienne. (3)

---

(1) *Code Decaen*. Nos. 212, 213. *D'Unienville*. Gazette des Isles de France et Bonaparte, No. 14, Mercredi 17 Octobre 1810.

Voici la composition de ce conseil :

MM. Saulnier, aîné..............⎫
K/balanec ....⎬ du Port Napoléon.
Pitot ....⎭
Chamarel................... de la Rivière Noire.
La Courtaudière........... de la Savane.
Chrétien .... du Port Impérial.
Prévost .... de Flacq.
Rouillard................... de la Rivière du Rempart.
Loustau, père .... des Pamplemousses.
Maret .... des Plaines Wilhems.
Curac, aîné .... de Moka.

(2) *D'Unienville*, A. *d'Épinay*, *Code Decaen*. No. 214. Arrêté du 27 Octobre 1810.

(3) "Souvenirs d'un vieux colon." *D'Unienville*. *Code Decaen*. No. 215. Arrêté du 1er Novembre 1810.

Lorsqu'une administration en est rendue à employer de pareils expédients, on peut dire qu'elle n'a pas de longs jours à vivre ; Decaen le sentait bien, découragé de se voir abandonné par le ministre, souffrant du manque d'entente qui existait entre les commandants de son escadre, sentant que la colonie qui jusqu'ici l'avait entouré d'affection et de respect, commençait à se détacher de lui, se rendant compte qu'il était en grande partie responsable de cet état de choses, malade de corps aussi bien que d'esprit, il n'en résolut pas moins de tenir bon et de faire son devoir jusqu'au bout.

La population était réduite à un état de malaise voisin de l'exaspération ; la conduite de certains officiers y contribuait pour une bonne part, l'un d'eux, un officier subalterne il faut le dire, n'avait il pas récemment menacé l'inspecteur colonial de permettre à ses hommes le pillage des magasins particuliers s'ils n'étaient pas payés sur le champ ? Aussi éprouva-t-on comme une sorte de soulagement le 26 Novembre, lorsque les premières voiles anglaises furent signalées ; l'approche du danger faisait diversion à ces préoccupations intestines, la colonie entière, bien que lasse et découragée, se groupa aussitôt autour de son gouverneur. (1)

Reprenons les évènements d'un peu plus haut ; Le vice-amiral Bertie, commandant-en-chef de la station navale, quitte le Cap le 4 septembre sur le *Nisus*, il touche à Rodrigue où il parvient quelques heures après le départ du *Ranger* qui portait à Bourbon l'enseigne Gauthier, ainsi que nous l'avons dit plus haut. Il y donne avis qu'une escadre arrivant d'Angleterre prendra des troupes au Cap pour les réunir à celles qui seront bientôt envoyées de l'Inde. Il se dirige ensuite sur l'Ile de France, croise le 2 et le 3 Octobre du Grand Port au Port Napoléon et ne rencontrant pas la division anglaise, il se rend à Saint Paul. Sur la rade se trouvent le *Boadicéa*, l'*Otter*, le *Staunch*, l'*Africaine*, le *Ceylon* et la *Vénus*. On lui rend compte des derniers évènements qu'il ignorait encore, la prise de l'Ile de la Passe, le combat du Grand Port, les engagements de l'*Africaine* et du *Ceylon* et la capture de la *Vénus*, comment la chance qui avait un moment abandonné les Anglais, semblait leur être redevenue favorable, grâce à l'énergique persévérance des chefs, grâce surtout à l'arrivée à point nommé de deux frégates. L'*Africaine* et le *Ceylon* avaient été remis en état, ces réparations avaient absorbé toutes les ressources de la colonie ; l'arrivée du *Nisus* avec des agrès de rechange, permit de faire réespalmer la *Vénus*, à laquelle l'amiral anglais donna le nom de *Néréide*, en souvenir de la belle défense de la frégate de Willoughby au Grand Port. (2)

Le 14 octobre Bertie quitta Saint Paul avec les cinq frégates, pendant quatre jours il vint bloquer le Port Napoléon,

(1) D'Unienville.
(2) Dépêches officielles anglaises. " Revue Historique et Littéraire de l'Ile Maurice " 5me année. No. 30. Col. G. B. Malleson, A. d'Epinay, D'Unienville.

puis le 19, mettant son pavillon sur l'*Africaine* et se faisant suivre du *Ceylon*, portant le général Abercrombie, il mit le cap sur Rodrigue, laissant les trois autres frégates continuer la croisière.

Le 24 au matin il rencontre une division de sept bâtiments sous les ordres du contre-amiral Drury, arrivant d'Europe à destination de l'Inde ; usant de son pouvoir discrétionnaire, Bertie détache la *Cornélia* et l'*Hesper* et les envoie à Rowley pour renforcer l'escadre de blocus ; les frégates la *Clorinde* et la *Doris* sont réunies à sa division et les autres poursuivent leur route. Le 3 Novembre on mouille devant Rodrigue, la division de Bombay est déjà au rendez-vous, la *Psyché* et le *Cornwallis* arrivent le 6, escortant celle de Madras ; le 12 arrivent les forces qu'on a pu réunir à Bourbon. (1)

On n'attendait plus que les troupes du Bengale et du Cap, mais elles n'arrivaient pas ; le temps pressait, la saison s'avançait, les deux commandants en chef résolurent donc d'accorder aux retardataires un dernier délai jusqu'au 21, si à cette date ils n'étaient pas rendus, on partirait sans eux ; tous les préparatifs furent faits pour lever l'ancre le 22 dans la matinée. Dans la nuit du 21 au 22 l'*Illustrious*, vaisseau de 74, survint, précédant de quelques heures les transports venant de Calcutta ; ces derniers reçurent l'ordre d'attendre le jour sous voiles et de se joindre à la flotte aussitôt qu'elle aurait levé l'ancre.

Les forces britanniques se composaient alors de 21 navires de guerre et 46 transports portant 11,300 soldats d'infanterie et de cavalerie européenne, 2,000 marins et 2,700 cipayes, soit 16,000 hommes en tout. (2)

En voyant réapparaître l'escadre de blocus, le capitaine-général fit venir Duperré et lui confia le commandement des bâtiments en réparation, avec ordre de procéder sans retard à leur mise en état.

Cette division d'invalides se composait de la *Bellone*, de la *Néréide*, de l'*Iphigénie*, de la *Minerve*, du *Victor* et de l'*Entreprenant* ; le *Ceylon* était transformé en ponton servant à l'internement des prisonniers, la *Manche* était condamnée, l'*Astrée* seule à peu près capable de tenir la mer. (22 Octobre) (3)

La police du port était alors exercée par deux batteries flottantes, dont l'une servait de vaisseau amiral et l'autre de prison militaire ; Duperré proposa au général de supprimer ces vieux bâtiments pour les remplacer par une ligne de frégates embossées. L'*Astrée* et la *Manche* y prirent position sous le commandement de Dornal de Guy, on leur adjoignit la *Bellone* bien qu'entièrement démâtée, mais ayant conservé toute sa batterie que Duperré n'avait pas voulu consentir à faire mettre

---

(1) Dépêches officielles anglaises. *Col. G. B. Malleson.*
(2) Dépêches officielles anglaises. *Col. G. B. Malleson A. d'Epinay.* Plus tard, par l'arrivée de la division du Cap, elles se montèrent à 90 navires de guerre et transports, 14,850 soldats et marins européens, 8740 cipayes soit 23,590 hommes.
(3) " Journal de la *Bellone*. "

à terre. Après quoi les bâtiments ne conservèrent que le strict nécessaire, tout l'excédent de leurs équipages fut débarqué (25 Octobre.) (1)

Le capitaine-général envoya ensuite un parlementaire au commodore Rowley, afin de s'entendre avec lui au sujet du rapatriement des prisonniers de guerre sur des bâtiments de cartel préparés à cet effet depuis quelque temps déjà ; le commandant anglais lui fit savoir qu'il ne pouvait prendre sur lui de trancher la question, les dépêches seraient transmises à l'amiral qui y ferait sans doute réponse aussitôt que cela lui serait possible.

En attendant, environ 1500 prisonniers qui restaient détenus dans les prisons de la ville, passèrent à bord de la *Minerve* et de la *Néréide* installées pour les recevoir. (2)

L'organisation de la défense était poussée activement, les travaux suivaient leur cours ; à force de persévérance et d'énergie, Decaen avait pu se trouver à la tête de 2,000 hommes environ, dont 500 du régiment de l'Ile de France, formant la garnison de la colonie, 400 chasseurs de Bourbon, quelques canonniers, restes d'une compagnie d'artillerie légère jadis célèbre, à peu près 300 étrangers, des prisonniers de guerre, Irlandais pour la plupart, qui avaient consenti à s'engager afin d'obtenir un adoucissement à leur sort, un corps de 400 marins provenant des frégates et 400 gardes nationaux formant le contingent de la ville. Il y avait en sus 300 hommes de troupes répartis dans les différents postes des quartiers, la garde nationale des campagnes figurait aussi pour 800 hommes, dont à peine 300 en état de servir, et 650 esclaves africains formant le bataillon des chasseurs de réserve, force à peu près nulle, qui ne pouvait rendre qu'une assistance illusoire. (3)

Le 22 Novembre on raconte en ville que dans la matinée, un M. Feillafé, habitant des Pamplemousses, a vu une flotte anglaise se diriger à toutes voiles sur l'Ile de France ; ce digne colon, fervent disciple de M. Bottineau, employait ses loisirs à des observations nauscopiques,—qu'on excuse le néologisme. Tous les matins avant le lever du soleil et lorsque l'atmosphère était d'une limpidité suffisante, il gravissait la colline située à proximité de sa demeure, et du sommet de la Montagne Longue son œil découvrait un vaste horizon borné au sud-ouest par la Montagne de la Découverte et au sud-est par la chaîne du Pieterboth. Au dire de quelques amis, il était devenu d'une habilité rare à percer les mystères de l'au-delà de la vision humaine. Le 22 Novembre donc, s'étant rendu à son observatoire favori, quelle ne fut pas sa stupeur, en distinguant nettement au nord-est et dans la direction de Rodrigue, un groupement considérable de bâtiments dont il

---

(1) " Journal de la *Bellone*."
(2) Ibid.
(3) " Journal de la *Bellone*." Rapport du Conseil d'Enquête sur la capitulation de l'Ile de France.

ne put reconnaître exactement le nombre, mais qui n'était sûrement pas inférieur à cinquante ; tous étaient encore au mouillage sous voiles, la position verticale des mâts le disait assez. Croyant à une hallucination, il se frotta les yeux et regarda de plus belle ; à ce moment le soleil parut éclairant en plein la vision qui sembla s'animer, il vit les bâtiments s'orienter dans le vent, les voiles s'incliner sous le souffle de la brise, bref la flotte entière se mettre en marche ! Bouleversé par cette découverte, M. Feillafé se rendit immédiatement au Port Napoléon et raconta avec force détails ce qu'il avait aperçu. Selon lui, il n'y avait aucun doute possible, le moment fatal approchait, dans trente-six heures, dans quarante-huit au plus, la flotte anglaise serait en vue. Toute réssitance était inutile, comment lutter contre de pareilles forces ! Bref, en un moment la nouvelle avait fait le tour de la ville, chacun l'appréciait à sa façon, mais dans l'état des esprits, il se trouva bien peu de gens qui refusèrent absolument d'y croire. La stupeur était si grande, l'émotion si profonde, que le capitaine-général crut devoir réagir ; il fit prier M. Feillafé de vouloir bien cesser ses racontars, comme n'aboutissant qu'à décourager une population qui avait plus que jamais besoin de son sang-froid et de son énergie. Le nauscope ne tint aucun compte de cet avertissement pourtant assez raisonnable, lui aussi avait perdu la tête, son petit amour-propre aidant, il se posa en prophète incompris, il se plaignit que les autorités voulaient l'empêcher de parler, nouveau Jérémie, de dire aux habitants les malheurs qui les attendaient. Il fit tant et si bien, que le général Decaen, à qui peut-être le mot de Rodrigue rappelait son fâcheux entêtement, se vit obligé de faire enfermer le pauvre diable. La rapidité avec laquelle les évènements se succédèrent firent complètement oublier M. Feillafé ; le calme revenu, l'administration anglaise installée, on pensa un beau jour au nauscope et on le remit en liberté. (1)

Mais la population ne s'était pas calmée, loin de là ; en présence de la surexcitation des esprits, Decaen résolut d'envoyer un éclaireur s'assurer de ce qui se passait à Rodrigue ; dans la nuit du 24 au 25 Novembre l'aviso le *Lutin* fut dépêché à cet effet. Cette fois encore il était trop tard ! (2)

La flotte anglaise se trouva arrêtée par le calme à peu de distance de Rodrigue, elle avança péniblement, profitant de chaque risée et ce ne fut que le 26 Novembre à 10 heures du matin, que les premiers bâtiments au nombre de 20, puis de 34, furent signalés au vent de l'Ile de France. Si le capitaine-général avait encore conservé à part lui quelques illusions, cette vue aurait suffi pour les dissiper ; il était évident qu'une attaque se préparait, de quel côté aurait-elle lieu ? Les alentours du chef-lieu paraissaient désignés.

L'entrée de la rade était défendue par le feu croisé de l'Ile

---

(1) *Merchants' and Planters' Gazette*, 13 février 1886.
(2) A. *d'Epinay*.

aux Tonneliers et du Fort Blanc et fermée par une chaîne en bois accrochée à chaque rive ; cela ne parut pas suffisant, il fut décidé que cette chaîne serait remplacée par deux cables, fixés à chaque extrémité à deux pontons submergés, et supportés de distance en distance par des bâtiments flotteurs au moyen de chaînes qui y seraient rivées.

Le jour suivant ce travail fut achevé, les frégates embossées furent rapprochées à se toucher et renforcées par l'adjonction de la *Minerve*, qui vint prendre sa place après avoir transbordé ses prisonniers sur un autre bâtiment. Un pont volant jeté sur chaque frégate assurait les communications d'un bout à l'autre de la ligne, qui barrant entièrement le port, ne pouvait être tournée ni par l'avant, ni par l'arrière. (1)

Pendant ce temps les 34 voiles ennemies restent toujours en panne à l'horizon, le 28 elles sont 65. Decaen fait battre la générale, les forces sont rassemblées au Champ-de-Mars, il les passe en revue et les harangue ; le commandement en chef est confié au général Vandermaësen, les troupes formées en trois divisions, l'aile gauche sous les ordres du chef de bataillon Josset, couvre les approches de la ville depuis la Grande Rivière jusqu'au Fort Blanc ; l'aile droite établie dans les ouvrages avancés depuis l'Ile aux Tonneliers jusqu'à la batterie Dumas, avec un avant-poste sur la Rivière des Lataniers, est confiée au major Lerch, le centre prend position sur la Place d'Armes, et son commandant, le chef de la Légion Nationale Latour, a ordre de se porter partout où besoin sera. (2)

Le 29 au matin 9 bâtiments ont encore rallié la flotte ; forte de 74 voiles, elle s'avance et jette l'ancre au Mapou entre la Poudre d'Or et la Grande Baie. Tous ces parages avaient été soigneusement sondés et relevés par les croisières anglaises depuis nombre d'années ; on savait qu'il existait dans la ceinture de récifs qui entourent la terre, plusieurs ouvertures par lesquelles des embarcations pouvaient aisément pénétrer. L'amiral avait jugé avec raison que cet avantage joint à la probabilité presque assurée de ne rencontrer aucune résistance sur une partie du littoral aussi retirée, compenserait largement l'inconvénient de prendre terre à une assez grande distance du Port Napoléon. (3)

Tout se passa comme il l'avait prévu. A midi, soixante embarcations sont descendues, la 1ère division commandée par le Major Général Warde, débarque d'abord. A peine les premières troupes anglaises ont-elles mis pied à terre, qu'une violente explosion se produit à quelque distance dans l'Ouest, la batterie Malartic, à la pointe occidentale de la Grande Baie, vient de sau-

(1) " Journal de la *Bellone*."
(2) E. Fabre, H. de Rauville, A. d'Epinay.
(3) Dépêche du Général Abercrombie à Lord Minto, du 7 décembre 1810.

ter, le faible poste qui en avait la garde, s'est retiré après avoir mis le feu aux poudres. (1)

Au fur et à mesure qu'un corps se formait, il se mettait aussitôt en marche ; la route pendant les cinq premiers milles traversant un fourré assez épais, il était urgent de le dépasser avant la nuit et de camper au delà, afin de ne pas permettre aux Français de l'occuper. Seul le colonel Smith fut laissé sur la plage avec sa brigade, pour protéger le débarquement ; il y bivouaqua et continua sa route le lendemain matin. Les autres colonnes, longeant la côte à droite pendant environ un mille, prirent ensuite à gauche le chemin à travers bois ; c'est là que l'avant-garde fut arrêtée un moment par la garde nationale de la Rivière du Rempart ralliée par le poste de la batterie évacuée, 180 hommes en tout, dirigés par le commandant Hubert Martin. Une vive escarmouche, une fusillade bien nourrie de part et d'autre, quelques blessés parmi lesquels le colonel Keating, et les Français lâchèrent pied.

Après quatre heures d'une marche des plus pénibles par une route à peine tracée, obstruée de ronces et coupée de fondrières, on déboucha enfin dans la plaine ; la nuit venait, il parut nécessaire de donner aux troupes quelques heures de repos. On se remit en marche vers une heure du matin, avec l'intention de ne s'arrêter qu'au Port Napoléon ; mais épuisés de fatigue et de soif dans cette partie de l'île où l'on ne rencontre pas un cours d'eau, les hommes ne purent aller loin et force fut de s'arrêter aux environs du Moulin à Poudre à $1\frac{1}{2}$ heure de marche de la ville. (2)

Dès que le jour parut, la brigade Macleod fut détachée pour pousser une pointe jusqu'au rivage et s'emparer des batteries du Tombeau et de la Baie aux Tortues, afin d'assurer les communications avec les bâtiments qui venaient d'y mouiller pour fournir à l'armée les vivres et les munitions dont elle pouvait avoir besoin ; quelques uns de ces postes avaient déjà été occupés sans coup férir par les marins de l'escadre, les autres furent abandonnés par les Français qui se retiraient après avoir encloué ou emmené les canons à mesure que les Anglais approchaient. (30 Novembre.) (3)

L'annonce du débarquement des Anglais à une distance aussi grande de la ville, dans une région couverte de ronces et de broussailles, où quelques hommes déterminés auraient suffi pour tenir une armée en échec, jeta le général Decaen dans un étonnement si profond, qu'il ne voulut y voir au premier abord, qu'une simple démonstration, un piège pour couvrir l'attaque véritable. Pourtant il fallut bien se rendre à l'évidence, la situation n'en était devenue que plus grave, depuis que les

---

(1) Dépêche du Général Abercrombie, *Col. G. B. Mulleson.* "Conquest of Mauritius" par *Charles Telfair,* A. *d'Epinay,* H. *de Rauville,* D'*Unienville.*
(2) Dépêche du Général Abercrombie, *Col. G. B. Malleson;* "Conquest of Mauritius" A. *d'Epinay,* H. *de Rauville,* D'*Unienville.*
(3) Dépêche du général Abercrombie, "Conquest of Mauritius."

ennemis forçant les défenses naturelles que le pays leur présentait, se trouvaient maintenant à une si petite distance du chef-lieu. Donnant ordre au général Vandermaësen de se porter en avant après avoir laissé dans les retranchements juste assez d'hommes pour défendre les principaux postes, il rejoignit la petite troupe qui comptait environ 1300 hommes plus un bataillon d'esclaves africains et lui fit prendre position à deux milles du Port Napoléon, dans une plaine s'appuyant à droite à la Montagne Longue dont la garde nationale des Pamplemousses fut chargée d'occuper la crête. Vers 2 heures de l'après-midi, Decaen accompagné de son état-major et d'une centaine de guides, résolut de se rendre compte par lui-même des forces auxquelles il avait affaire ; coupant à travers bois, il tomba à l'improviste sur un poste avancé d'une vingtaine d'hommes, le mit en déroute et dans l'ardeur de la poursuite, il s'approcha à moins de cent mètres des lignes anglaises. Celles-ci n'ayant pas encore été rejointes par leur cavalerie, deux compagnies légères arrêtèrent la petite troupe par leur fusillade et la voyant tourner bride, elles se mirent à sa poursuite. Decaen eut son chapeau traversé d'une balle et reçut à la jambe une légère éraflure, mais son but était atteint, il avait pu rapidement estimer le nombre des assaillants, ils avaient déjà à ce moment dix fois plus de troupes qu'il n'en pouvait disposer. De retour à la Montagne Longue, il envoya un détachement de 300 hommes avec deux pièces de campagne, pour détruire le pont de la Rivière du Tombeau et tâcher d'arrêter les Anglais s'ils tentaient d'en forcer le passage. (1)

Le 1er Décembre au point du jour, le général Abercrombie se mit en marche ; rendu à quelque distance de la rivière, il s'aperçut que les abords étaient gardés, faisant avancer une batterie chargée à mitraille, il eut bientôt fait de déloger ses adversaires qui se replièrent précipitamment et abandonnèrent leurs canons après avoir déchargé leurs armes. Au lieu de couper le pont, ils s'étaient bornés à en enlever le tablier ; ce ne fut qu'un jeu pour les Anglais de le franchir au pas de course en sautant de traverse en traverse. Mais pour l'artillerie c'était une autre affaire, il fallut chercher un gué, que l'on trouva à peu de distance plus bas ; grâce à l'énergie des marins, les canons furent hissés sur l'autre berge à grand renfort de bras, après bien des tentatives infructueuses et après avoir perdu bien des hommes, car les Français ralliés un peu plus loin sur une éminence, faisaient pleuvoir sur eux une grêle de balles. (2)

Cependant les Anglais ayant repris leur ordre de marche, continuent de se porter en avant ; ils atteignent bientôt la plaine où Vandermaësen les attend de pied ferme. Il les laisse approcher, arriver à bonne portée, et démasquant subitement ses batteries, l ouvre un feu meurtrier qui met pour un moment les assaillants

---

(1) *Col. G. B. Malleson.* " Conquest of Mauritius." *H. de Rauville.* Supplément à la *Commercial Gazette.*

(2) *Col. G. B. Mallleson,* " Conquest of Mauritius."

dans le désarroi le plus complet ; mais leurs troupes ont eu le temps de se déployer et ripostent avec vigueur. Le colonel Campbell s'élance à la baïonnette avec la garde avancée, l'attaque est impétueuse, la défense est opiniâtre, les pertes sont nombreuses de chaque côté, le colonel Campbell et le major O'Keefe restent parmi les morts. (1)

Sur la gauche, le régiment de l'Ile de France renforcé de deux compagnies de chasseurs coloniaux et appuyé sur la colonne centrale dirigée par le chef de bataillon de Bissy, tient plus de 6,000 hommes en échec sur la route des Pamplemousses ; à un moment donné Vandermaësen fait charger, le 84e régiment de ligne est culbuté, rejeté sur le gros des forces, le commandant Blin d'Hiliers pénètre seul à cheval au milieu des Anglais, s'empare d'un drapeau, regagne sa compagnie au galop et au moment où il touche au but, il roule dans la poussière atteint de trois balles dans les reins ; on se précipite, on le relève, on lui prodigue des soins, mais le malheureux officier expire bientôt dans de vives souffrances. (2)

Sur l'aile droite des Français, les choses ne marchaient pas aussi bien ; la garde nationale des Pamplemousses avait négligé de se porter sur la crête de la Montagne Longue, les Anglais voyant ce poste inoccupé, détachèrent une compagnie de cipayes qui s'y installa et remplaça le drapeau de la vigie par les couleurs anglaises. Cette position dominant toute la plaine, Decaen craignit de se voir tourné, d'autant plus que les troupes anglaises augmentaient à chaque moment ; plus de 10,000 hommes se trouvaient alors rangés en bataille devant lui ; il préféra se replier sur la ville. La retraite se fit en bon ordre, le général veilla lui-même à ce que ses hommes n'abandonnassent le terrain que pied à pied ; il ne quitta le champ de bataille que le dernier, suivant au petit pas de son cheval, ayant l'œil à tout, avec un calme impassible, un sang-froid admirable, sans paraître s'apercevoir de la grêle de balles qui s'abattait autour de lui. Cette attitude fière et héroïque fit une profonde impression sur les Anglais, qui ne purent s'empêcher de le saluer d'un hourra formidable ! (3)

Lorsque les Français furent arrivés en sûreté au pied des remparts, tous les forts depuis le bastion Fanfaron jusqu'à la batterie Dumas, reçurent les ennemis par un feu roulant des mieux dirigés ; cette dernière, commandée par le capitaine Joseph Maingard, fit de tels ravages dans les lignes anglaises, qu'elles s'arrêtèrent court, oscillèrent et reculèrent en désordre. Si à ce moment Decaen eût eu à sa disposition seulement 1,200 hommes de troupes de ligne, l'hésitation des Anglais se fût transformée en déroute ; que pouvait-il avec une poignée de

(1) Col. G. B. Malleson. "Conquest of Mauritius." H. de Rauville. A. d'Epinay. Rapport du Conseil d'Enquête.

(2) H. de Rauville, A. D'Epinay. Le Commandant Blin d'Hiliers et le colonel Campbell ont tous deux été enterrés sur la place de l'Eglise de Port Louis, un peu en avant de la fontaine.

(3) D'Unienville. "Conquest of Mauritius." Col. G. B. Malleson, H. de Rauville, A. D'Epinay.

braves bien décidés à faire leur devoir, mais étrangers à la discipline si nécessaire à une attaque de ce genre, il n'osa pas en courir la chance et il eut grandement raison. Se contentant d'avoir arrêté l'ennemi dans son élan, il fit ses troupes rentrer en ville tandis que le général Abercrombie, se retirant un peu plus loin afin de se mettre hors de portée des canons français, faisait halte et campait, car la nuit n'allait pas tarder à arriver. (1)

Les pertes des belligérants dans ces différents engagements furent de 62 hommes du côté des Français et de 162 pour les Anglais. (2)

En présence de cette résistance énergique, le général Abercrombie préféra concentrer toutes ses forces avant de tenter une action décisive ; dans la journée toute la flotte anglaise avait jeté l'ancre dans la Baie du Tombeau, ralliée enfin par la division venant du Cap. Celle-ci reçut l'ordre d'attendre le jour et d'aller débarquer ses troupes à la Petite Rivière afin de prendre l'ennemi entre deux feux ; tous les autres détachements regagnaient les uns après les autres le quartier général, cela causa même une alerte qui faillit avoir des conséquences fâcheuses. Un corps de marins se présenta pendant la nuit, dans l'obscurité leurs vêtements blancs et bleus furent pris pour des uniformes français, on les reçut à coups de fusil et quelques uns payèrent cette erreur de leur vie. (3)

De son côté le général Decaen résolut de tenter un dernier effort ; il rassembla tout ce qu'il put trouver d'hommes valides, y joignit quelques détachements des gardes nationales des quartiers qui venaient de rallier le chef-lieu, fit descendre encore 200 hommes des frégates embossées. Avec ces forces réunies, il devait faire une sortie un peu avant le jour, tâcher de surprendre les Anglais et les rejeter à la mer. L'ordre du départ allait être donné, lorsque le bruit se répandit qu'un détachement ennemi, tournant la Montagne Longue et pénétrant à Moka par Crève-Cœur et la Nouvelle Découverte, s'avançait à marche forcée vers le col du Pouce et ne tarderait pas à descendre en ville par le Champ-de-Mars ; on avait facilement reconnu des Anglais à leurs habits rouges. En présence de cette assertion la sortie fut retardée, une colonne fut envoyée en reconnaissance, elle revint dans la journée accompagnée des prétendus Anglais, qui n'étaient autres qu'une compagnie de marins français ; la chaleur les ayant incommodés, ils s'étaient débarrassés de leur vareuse et arrivaient en bras de chemise, chemises de flanelle rouge qui de loin avaient été prises pour des uniformes britanniques. (2 Décembre.) (4)

(1) Rapport du Conseil d'Enquête, *A. d'Épinay*, "Conquest of Mauritius" *Col. G. B. Malleson.*
(2) *Col. G. B. Malleson, H. de Rauville.*
(3) Dépêche du Général Abercrombie. "Conquest of Mauritius." *Col. G. B. Malleson.*
(4) *A. d'Épinay, H. de Rauville.* "Conquest of Mauritius."

Le jour parut sur ces entrefaites et avant qu'on ait eu le temps de prendre un parti, les vigies signalèrent le débarquement des troupes du Cap dans la Baie de la Petite Rivière ; Decaen jugeant bien que la situation était désespérée et voulant éviter à la colonie l'effusion inutile du sang et les horreurs d'une prise d'assaut, dépêcha un parlementaire au général anglais pour lui porter une offre de capitulation et lui demander une suspension d'armes, dans le cas où ses propositions ne seraient pas acceptées, afin qu'on pût aviser à les modifier s'il y avait lieu. Il était plus que temps, déjà les troupes anglaises s'ébranlaient, on n'attendait plus que le signal du canon de la division du Cap pour donner l'assaut, afin d'opérer simultanément des deux côtés.

Vers 11 heures le parlementaire revint, l'armistice avait été accordé mais la capitulation rejetée, les articles paraissant inadmissibles au commandant anglais. A 4 heures de l'après-midi, Decaen convoqua à l'hôtel du Gouvernement le général Vandermaësen et le commandant Duperré, il leur fit part des réponses faites par Sir John Abercrombie et les chargea de se rendre au quartier général anglais pour reprendre les négociations dans le but d'arriver à une entente. (1)

Abercrombie les mit en rapport avec le major-général Warde et le commodore Rowley et la discussion commença sur le champ : anxieux de terminer la campagne au plus vite à cause de la mauvaise saison qui approchait, désireux d'épargner autant que possible l'existence de ses soldats, et en même temps de rendre plus acceptable à la population le changement de drapeau, touché peut-être aussi de la bravoure témoignée par ses adversaires, le général anglais avait recommandé à ses plénipotentiaires de se montrer aussi larges et aussi accomodants qu'ils le jugeraient possible, tout en sauvegardant l'honneur et le prestige de leur nation. Les pourparlers furent longs, ils se prolongèrent jusqu'à 1 heure du matin ; le projet alors contresigné par les quatre fondés de pouvoirs fut envoyé au gouverneur qui y apposa sa ratification deux heures plus tard. (2)

Cette capitulation était plus qu'honorable, Napoléon lui-même la déclara la plus belle qui fût à sa connaissance :

Les troupes de terre et de mer n'étant pas prisonnières, se retiraient avec armes et bagages, enseignes déployées, tambour battant, mêche allumée et seraient reconduites en France aux frais du gouvernement anglais. Decaen avait désiré conserver à cet effet les quatre frégates et les deux corvettes françaises, la *Manche*, la *Bellone*, l'*Astrée*, la *Minerve*, le *Victor*, et l'*Entreprenant*, les Anglais reprenant bien entendu leur *Iphigénie*, leur

---

(1) " Journal de la *Bellone*. " Col. G. B. *Malleson*. Dépêche du général Abercrombie. " Conquest of Mauritius."

(2) Rapport du Conseil d'Enquête. Dépêche du général Abercrombie. Col. G. B. *Malleson*, " Conquest of Mauritius. " " Journal de la *Bellone*. "

Néréïde ainsi que le *Ceylon*, mais cette condition ne fut pas accordée, on devait bien s'y attendre.

Decaen avait aussi voulu ne livrer la colonie que sous la condition expresse qu'elle ferait de plein droit retour à la France à la signature de la paix ; le général Abercrombie ne voulut naturellement pas même envisager une prétention qui lui semblait exorbitante, il insista donc pour que la remise lui fût faite sans aucune condition, déclarant n'avoir pas qualité pour engager l'avenir.

A part ces deux restrictions, tout ce que demandait le capitaine général fut accordé sans la moindre difficulté : Les habitants conservaient leurs propriétés, leur religion, leurs lois, leurs coutumes, la faculté pendant deux années de quitter la colonie avec leurs propriétés " pour se rendre aux lieux qu'ils voudront." Les blessés admis dans les hôpitaux devaient y être traités de la même façon que les sujets britanniques, un chirurgien français leur donnerait des soins et tous seraient rapatriés par la suite aux frais du vainqueur. Un délai raisonable fut accordé aux fonctionnaires pour arrêter les comptes publics. (1)

Le même jour, (3 Décembre) à 6 heures du matin, les forces anglaises occupèrent les postes depuis la batterie Dumas jusqu'au Trou Fanfaron ; le lendemain elles prirent possession de toutes les autres batteries ainsi que de tous les vaisseaux indistinctement qui se trouvaient dans la rade. Les troupes françaises se retirèrent aux casernes où elles demeurèrent cantonnées jusqu'à leur embarquement qui ne tarda guère, le premier convoi mit à la voile une semaine après. (10 Décembre). (2)

D'après les termes de la capitulation, les prisonniers de guerre anglais devaient recouvrer immédiatement leur liberté ; tous indistinctement avaient été parqués depuis quelques jours sur des bâtiments dans la rade, afin de leur ôter toute velléité de soulèvement à l'approche de leurs compatriotes. Ils étaient certainement bien à l'étroit,—à bord du *Ceylon* il y en avait 800,—il est possible, il est même fort probable que dans ce moment de crise ils durent manquer du strict nécessaire, on ne saurait en faire un crime aux autorités, car elles avaient des préoccupations d'autre nature ; sans doute aussi firent-ils une grande différence entre la douceur à laquelle ils étaient habitués à terre et la sévérité, disons même les mauvais traitements qu'ils rencontrèrent parmi les marins, natures plus frustes, ne connaissant que la consigne et dont plusieurs aussi ayant eu l'occasion de faire connaissance avec les pontons anglais, ne furent pas fâchés de faire payer avec usure aux malheureux qui se trouvaient sous leur coupe, les ignominies dont les avaient jadis abreuvés les sujets du Roi George. Tout

---

(1) Capitulation de l'Ile de France, du 3 Décembre 1810. *Code Farquhar* No. 1. Voir pièces justificatives No. 18.
(2) " Journal de la *Bellone*."

cela ne fait pas l'ombre d'un doute pour nous, mais cela n'excuse nullement la frénésie qui s'empara d'eux lorsqu'on vint leur annoncer qu'ils étaient rendus à la liberté.

Soit qu'ils se fussent enivrés, comme le prétendent quelques-uns dans le but évident de pallier leurs excès, soit que se sentant les plus forts ils eussent voulu se venger sur les vaincus d'aujourd'hui de leurs précédentes défaites, ils se jetèrent sur leurs gardiens, les rouèrent de coups et en précipitèrent un à la mer ; Cunat alors second à bord du *Ceylon*, accourant pour rétablir l'ordre, fut acculé contre un bastingage et allait être assommé à coups de barre d'anspect, lorsqu'il fut délivré par deux officiers anglais, le lieutenant-colonel Colwell, du génie, et le lieutenant en pied de l'*Africaine*, attirés par le bruit de la lutte. La *Minerve*, en dépit de la capitulation, fut obligée d'envoyer sa bordée à ces énergumènes pour les faire tenir tranquilles, il y en eut une douzaine de tués et blessés, le reste se réfugia à la hâte dans l'entrepont, d'où les Anglais les firent sortir un peu plus tard. (1)

Par une inconcevable légèreté, qui devenait dans l'espèce une cruauté involontaire, Decaen avait omis de rien stipuler relativement aux engagés irlandais ; peut-être pensait-il de bonne foi que faisant partie de la garnison, ils devaient profiter de tous les avantages qui lui étaient accordés, mais il eut le tort de ne pas s'expliquer clairement. Si telle avait été son intention, les vainqueurs ne l'interprétèrent pas ainsi, ils considérèrent ces malheureux purement et simplement comme des déserteurs et tous, du premier jusqu'au dernier, furent passés par les armes. (2)

Ce fut du reste la seule exécution qui ensanglanta le début de l'administration anglaise ; encore était-elle dirigée contre des nationaux, bien que la colonie entière en ressentît une douloureuse impression. A part cela, tout se passa avec le plus grand calme et dans le plus grand ordre, les propriétaires qui avaient eu à souffrir des faits de guerre, furent largement indemnisés, chacun continua comme par le passé à vaquer à ses occupations ordinaires ; en somme, comme le dit un chroniqueur à qui nous emprunterons pour terminer ces études, une image heureuse, en somme, le lendemain il n'y eut rien de changé dans la colonie, si ce n'est l'habit des factionnaires, qui de bleu était devenu rouge. (3)

(1) Ch. Cunat. "Conquest of Mauritius." A. d'Epinay. Saint Elme le Duc.
(2) D'Unienville.
(3) Ibid.

PIÈCES JUSTIFICATIVES

No 1.

(Voir page 2).

ACTE DE PRISE DE POSSESSION DE L'ILE DE FRANCE DU 20 SEPTEMBRE 1715.

De Par le Roy,

Nous écuyer Guillaume Dufresne capitaine commandant le vaisseau le *Chasseur* et officiers en vertu de la copie de la lettre de Monseigneur le comte de Pontchartrain, ministre et secrétaire d'Etat à Versailles du 31 Octobre 1714 qui m'a été fournie à Moka golfe de la mer Rouge par le S. de la Boissière commandant le vaisseau l'*Auguste* armé par Mrs. nos armateurs de St. Malo subrogés dans les droits et priuilèges de la Royalle compagnie de France du commerce des Indes Orientales collationnée à l'original au dit Moka le 27 Juin 1715, portant ordre de prendre possession de l'isle nommée Mauritius, située par 20 degrés de latitude Sud, et par septante huit degrés trente minutes de longitude suiuant la carte de Pitre Goos, laquelle d^e carte prend son premier méridien au milieu de l'isle de Ténérif dont je me sers, en cas que la d^e isle ne fust point occupée par aucune puissance, et comme nous sommes pleinement informés, tant de la part du sieur Grangemont capitaine du vaisseau le *Succez* et de ses officiers arriués à cette isle le septième May dernier et mouillé dans la baye nommée par nous baye de la Maison blanche distante du port ou baye où nous sommes mouillés actuellement d'enuiron une à deux lieues, nommée par la ditte carte des Anglois N^o W^t harbour, que cette ditte isle et islots estoient inhabités, et pour estre encore plus informé du fait j'ay dispersé partie de mon équipage dans tous les endroits qui pourroient estre habités, en outre et afin qu'au cas qu'il y eust quelques habitants dans la d^e isle j'ay fait tirer plusieurs coups de canon par distances et différents jours, et après auoir fait toutes les diligences conuenables à ce sujet, estant pleinement informé qu'il n'y a personne dans la d^e isle, nous déclarons pour en vertu et exécution de l'ordre de Sa Ma^{té} à tous qu'il appartiendra prendre possession de la d^e isle Mauritius et islots, et luy donnons suiuant l'intention de Sa Ma^{té}, le nom de Isle de France et y auons arboré le pauillon de Sa Ma^{té} auec copie du présent acte que nous auons fait septuple à l'Isle de France ce 20me 7bre 1715 et auons signé et apposé le sceau de nos armes fait contresigner par le Sr Litant écriuain du dit vaisseau le *Chasseur* les jours et an susd. signé Dufresne, Grangemont, de Chapdelaine, Garnier, Litant.

(Greffe de la Cour Suprême Reg. 1, No. 1.)

No 2.

(Voir page 2).

PRISE DE POSSESSION DE L'ILE DE FRANCE PAR JEAN BAPTISTE GARNIER DU FOUGERAY.

(23 SEPTEMBRE 1721.)

Extrait des Registres du Conseil Provincial de l'Ile Bourbon :

Sur l'Isle aux Tonneliers, à la pointe qui forme l'entrée du port est élevée une croix qui a trente pieds de haut sur laquelle il y a trois fleurs de lys en relief et sur le bas de laquelle est gravé ce qui suit :

> *Lilia fixa crucis capiti mirare sacratæ*
> *Ne stupeas ; jubet hic Gallia stare crucem.*
>   *Anno MDCCXXI.*

Et de l'autre est écrit :

Dufougeray Garnier de St. Malo, commandant le Triton.

Sur l'Isle Maurice, vis-à-vis la dite croix est arboré un pavillon blanc qui a 18 pieds de guindant sur 30 de battant, lequel est élevé sur un arbre laquelle peut avoir 50 pieds y compris la grille au pied duquel est une bordaille de chêne, où est gravé ce qui suit :

Vivat Ludovicus XV, rex Galliarum et Navarræ, in æternum vivat.
Hanc ipse insulam suis dictionibus voluit adjungi,
Illamque jure vindicatam in posterum, insulam franciam nuncupari.
In gratiam honoremque tanti principis, vexillum
Istud niveum extulit Joannes Baptista Garnier
Du Fougeray, dux navis dictæ le Triton, ex urbe
San Maclovio oriundus, in minore Brittanniâ,
Cum ipse huc appulerit die 23â Septembris
Anno 1721, unde 3â Novembris eodem anno,
In Galliam navigaturus, deo favente, anchoras solvit.

Nous, capitaine et officiers du vaisseau nommé le *Triton*, certifions avoir vu planter la croix et arborer le pavillon blanc, auxquels est correctement gravé ce qui est de l'autre part.

En foi de quoi nous avons signé le présent en triple afin que l'un des procès-verbaux demeurât à l'Isle Bourbon pour être enregistré au greffe.

A St. Paul, ce 13e jour de Novembre 1721. Signé : Dufougeray Garnier, Jacques Hayes, J. Rouillaud p^{re}, Cinq Mars, Pinet, Desvaux, Léveillé, Nicolas Baudry, Porrée, L'Huillier de Moroland, Prarrosily, F. Forty.

Enregistré par moi, JOSEPH DEGUIGNÉ,

Ce 18 Décembre 1721.

Traduction des vers latins :

Ne vous étonnez pas de voir les lis gravés au sommet de la croix sacrée ; la France ordonne que cette croix s'élève ici.

Vive Louis XV, roi de France et de Navarre ! qu'il vive éternellement ! Il a voulu lui-même que cette île fût soumise à ses lois, et que, afin d'être justement revendiquée à l'avenir, elle fût nommée Isle de France. Pour la gloire et l'honneur d'un si grand prince, Jean Baptiste Garnier Du Fougeray, capitaine du vaisseau le *Triton*, originaire de la ville de Saint Malo, dans la Bretagne mineure, arbora ce pavillon blanc, lorsque le 23 Septembre 1721, il prit terre ici, d'où il a levé l'ancre le 3 Novembre de la même année, retournant en France avec l'aide de Dieu !

No 3.

(Voir page 3).

DÉLIBÉRATION DU CONSEIL PROVINCIAL DE l'ILE BOURBON, DU 10 OCTOBRE 1721.

L'isle de France cy devant Isle Maurice estant de la dernière consequance pour la conservation de cette Isle Bourbon et ne voyant point venir le batisment de la Compagnie qu'on attend depuis longtemps pour habiter la dite Isle de France, dans la crainte que quelque nation estrangere ne nous previene et ne sen empare, selon les derniers avis que nous en avons ensorte qu'il ne fut plus possible de ravoir jamais cette isle, le conseil assemblé à ce sujet envisagent le prejudice extreme quen soufriroit la Compagnie et lisle Bourbon a jugé absolument necessaire de faire incessament construire aux frais de la Compagnie une barque de vingt quatre à vingt-cinq tonneaux pour porter sur la ditte Isle de France douze ou quinze habitans, un aumonier, et un chirurgien aux appointements de la Compagnie et de nomer Monsieur Durongouët major de lisle Bourbon pour gouverneur de celle de France avec des apointements convenables en attendant que la Compagnie y envoie une collonie.

Le mesme Conseil a aussy arrêté sil ne nous vient point de secours deurope ni de Linde dans tout le mois de Mars prochain de faire construire aux mesmes fraix de la Compagnie une nouvelle barque de cinquante à soixante tonneaux pour aller chercher dans Linde des effetts dont la Colonie ne peut se passer, afin quele ne se trouve plus dans la triste situation ou lindigence la tient depuis plusieurs annés, jusque la que plusieurs habitans se sont trouvés si depourveus de hardes quils ne pouvoient aller à léglise et que pour parvenir à la construction de la ditte barque on se pourvoira incessament par toutes les voies possibles, des bois, planches, agres et autres choses necessaires à la construction de la ditte seconde barque.

Il a aussi esté aresté que Monsieur de Justamond seroit emploié à la place de Monsieur Durongouët avec les mesmes apointements pendant son absence.

Fait à St. Denis dans la chambre du Conseil le dixiesme Octobre mil sept cent vingt un.

Beauvollier de Courchant, Renou, Desforges Boucher, Durongouët Letoullec, Jacques Auber, Joseph Deguigné (greffier du Conseil provincial de lisle Bourbon.)

(Revue Historique et Littéraire de l'Isle Maurice, 1re. année No. 33.)

N° 4.

(Voir page 3.)

Brevet du Sieur Durongouet Le Toullec.

Nous Joseph Beauvollier escuyer Sieur de Courchant gouverneur de lisle Bourbon et autres de sa despendance, voulant nous assurer de lisle de France dont le Roy a pris possession et commencer à la faire cultiver par les habitans que nous y envoions ; et ayant besoin dun officier capable de bien gouverner une colonie, de lavis du Conseil Provincial, avons fait choix du sieur Durongouët le Toullec, major de lisle Bourbon, dont la sagesse, la probité, la capacité et la droitture sont de notoriété publique, pour le nommer et lestablir Gouverneur de cette isle, et par ces presentes, nous le nommons, commettons et établissons gouverneur de la ditte Isle de France, pour en cette qualité sy employer à la police des habitans, les maintenir en bonne union et concorde, faire exécuter les ordres du Roy, et les ordonnances et règlements de la Compagnie, et y ordonner ce quil jugera estre de la gloire de Dieu et de l'honneur de la nation et de laventage du commerce de la Compagnie et de la culture des terres, et ce jusqua ce quil soit autrement ordonné, mandons, et ordonnons à tous les habitans de la ditte Isle de France et à tous les autres quil appartiendra, de reconnaitre le dit sieur Durongouët Le Toullec en la ditte qualité de gouverneur par le respect, l'honneur et lobeissance dûs à son rang et dexecuter tout ce quil leur commandera pour le bien du service a peine de desobeissance car, tel est le bon plaisir du Roy, et telles sont les intentions de la Compagnie, en tesmoin de quoy nous avons signé la presente commission scellée du sceau du Roy et de celui du Conseil Provincial. Donné à St. Denis, Isle Bourbon, le premier décembre mil sept cent vingt un, ainsy signé a loriginal, Beauvollier de Courchant.

Enregistré par moy Joseph Deguigné Greffier du Conseil Provincial de lisle Bourbon le dit jour et an que dessus interligne autrement approuvé

Joseph Deguigné

Greffier du Conseil Provincial de lisle Bourbon

(Revue Historique et Littéraire de l'Ile Maurice de 1ere. année No. 33.)

N° 5.

(Voir page 3.)

PROCÈS-VERBAL D'INSTALLATION DU CHEVALIER DE NYON.

(JANVIER 1722.)

Cette curieuse pièce que Magon St. Elier donne à la fin de ses " *Tableaux pittoresques*," est incomplète, le papier étant en partie déchiré ; nous avons fait de notre mieux pour la reconstituer.

Le sens y est en tout cas si le texte ne cadre pas tout-à-fait avec ce que pouvait être l'original ; il n'y manque qu'une chose la date et l'heure, mais cela n'a pas grande importance.

M. de Nyon a dû arriver à l'Ile de France dans la dernière quinzaine de Janvier, disons vers le 20 ou le 25, puisque si nous ne faisons pas erreur, il déclare que M. Durongouët le Toullec y était installé depuis environ un mois et demi ; or le brevet de cet officier étant du 1er Décembre 1721, il a dû par conséquent prendre son poste du 2 au 10.

Nous avons mis en lettres italiques la partie reconstituée par nous.

Nous, Chevalier de Nyon, Ingénieur, lieutenant-colonel d'infanterie, *en vertu de la provision royale faisant abandon à la* Compagnie des Indes de *cette colonie de l'Isle de France, autrefois* nommée l'Isle Maurice, *dont nous sommes gouverneur, et de l'acte* de la prise de possession fait a u *Port Nord-Ouest* par le sieur Dufresne ci-dessus ex *péditionné en date du 20* Septembre 1715, de la dite Isle de Fr ance ; *nous y avons* abordé et mis à terre avec le sieur de *Hauville* lieutenant de roi, les sieurs de Comm inge *Gast d'Hauterive* et de Monsy major et Capitaine, le...... *Janvier 1722, à......* heures du soir où nous avons trouvé le *Sr. Durongouët le Toullec* Major de l'Isle Bourbon installé depuis *environ un mois* et demie, par délibération du Conseil de l' *Isle voisine* de Bourbon avec cinq à six habitants e *uropéens et esclaves* nègres, lequel après nous avoir remis le co mmandement *et communiqué les connaissances qu'il avait* réussi à *acquérir des bonnes et mauvaises qualités de* cette colonie de l'Isle de France pendant le séjour et l a complète *tournée qu'il a fait dans le port du Nord-Oue* st, *ainsi que* dans le pourtour et le centre de la dite isle. *En foy de quoi* nous avons fait chanter le *Te Deum* en action de grâce, afin que le présent acte soit fort et stable, nous l'avons fait enregistrer au greffe de la dite isle. Fait et passé à l'Isle de France le dit jour et an que dessus. Le Chev^r de Nyon, de Hauville, Gast d'Hauterive, Simon de Monsy, de Comminge et St. Martin, Greffier.

N° 6.

(Voir page 18.)

PROCÈS VERBAL DE LA LEVÉE DE CADAVRE DE FRÈRE ADAM.

(9 JUILLET 1722.)

L'an mil sept cent vingt deux le neffième jour de Juillet, je Jacques Gast d'Hauterive, capitaine ayde major à l'Isle de France, me suis transporté à environ une lieue du port Bourbon, situé au Sud-Est de la dite île, par ordre de Monsieur Denion Gouverneur, sur le rapport à lui fait par les nommés François Nativel créole de l'Ile Bourbon et Cristian Misset soldat de la Compagnie Suisse de Bugniot.

Disans qu'estant à la chasse dans un enfoncement que forme la mer à l'ouest de ce port, Ils avaient trouvé le cadavre de frère Adam de la Congrégation de la mission de St. Lazare, noyé au bord du rivage, et ce après avoir disparu depuis le jour de la St. Jean, vingt-quatrième du mois dernier du dit port qu'il demanda à aller à la découverte de quelques simples et voir une espèce de plaine quy est au sommet d'une montagne prochaine de ce port, qui est une des plus hautes de l'Ile, ce qui lui fut accordé par son supérieur, où il s'est, suivant toutes apparences, perdu en voulant la descendre par un autre endroit qu'il l'avait montée ; que le chemin qu'il a pris l'aura égaré dans les bois où il aura été surpris par la nuit. Quelques recherches que Monsieur le Gouverneur ait fait faire pendant quatre à cinq jours par presque tous les créoles et les noirs, il n'a pu rien découvrir de sa marche, n'y avoir des nouvelles qu'aujourd'hui de son malheureux sort.

Après m'être transporté comme je l'ai dit dans l'endroit indiqué par les chasseurs, assisté du sieur Le Berton, missionnaire apostolique et curé du Port Bourbon, du sieur Faillet enseigne de la dite Compagnie de Bugniot, du sieur Duquaynin commis au magasin et au greffe, du sieur François Chirurgien Major, et des nommés Jean Fontaine et François Nativel créoles de l'Ile Bourbon. Nous avons vu et examiné le cadavre du frère Adam trouvé noyé au lieu indiqué, auquel il n'a été trouvé aucunes fractures sur corps par le sieur François, n'y marques d'autres causes de sa mort que l'eau. Seulement le visage et une main décharnée et mangé par les poissons, ce qui prouve évidemment que le malheur lui est arrivé la nuit du jour qu'il a disparu.

Nous avons jugé, après avoir fait sonder en notre présence la profondeur de l'eau qui ne s'est trouvée que de huit à neuf pouces, que le dit frère ayant recogneu le morne du port, s'estait décidé à passer un petit bras de mer d'environ quatre cents pas de large qui parait n'avoir pas de profondeur d'un bon navire puisque nous lui avons trouvé ses bas et souliers aux pieds, ses culottres et veste sur le corps que probablement il aura trouvé dans ce passage quelque trou profond qui l'aura fait périr et que les vents violents qui règnent depuis longtemps avec les flots et marées l'auront jetté au bord de la mer où il s'est trouvé.

En foi de quoi, j'ai signé le présent procès-verbal avec les témoins soussignés du port Bourbon de l'Isle de France le dit jour et an que dessus.

BORTHON   GAST D'HAUTERIVE   FRANÇOIS
Pre de la Cong. de la Mis.

DUQUENAIN   marque de
CÉSAR VALLIER, Enseigne   + JEAN FONTAINE
ne sachant pas signer.

Vu le Chev : DENYON.

(Revue Historique et Littéraire de l'Ile Maurice
1re année. No. 34.)

No 7.

(Voir page 69.)

ACTE DE PRISE DE POSSESSION DES ILES SEYCHELLES

(DU 1er NOVEMBRE 1756.)

L'an mil sept cent cinquante six le lundy premier jour de Novembre au matin, nous Corneille Nicolas Morphy Capitaine de la frégate de la Compagnie des Indes, le *Cerf*, commandant de l'expédition des découvertes, officier de la dite frégatte et Capitaine de la gaulette le *St. Benoît*.

En conséquence des ordres qui nous ont été donnés par Monsieur Magon Directeur commandant général des Isles de France et de Bourbon, nous étant rendüe le sixième du mois de Septembre de la présente année à la rade d'une Isle d'environ vingt lieues de circuit, situé par quatre degrez trente minuttes de latitude meridionnalle, et cinquante deux degrez trente minuttes à l'orient du meridien de Paris. Le jour suivant ayant découvert un beau Port dans son récif, environné de sept Isles vers l'Est, dans lequel le neuvième du même mois ayant entré le vaisseau, nous nous sommes appliqué à visiter toutte l'Isle tant au costes et dans l'intérieur que sur les montagnes, et par la beauté des bois dont elle est toutte couverte, la bonté de son Port dont nous avons levé le Plan, et dans lequel on peut mettre en suretée cinquante vaisseaux de guerre du premier rang, y careiner et radouber toutte sorte de vaisseaux. Nous sur ces avantages considérées, jugeant qu'elle pourra estre utile à l'Etat, avons fait maçonner une pierre sculptée aux armes de France sur un grand roché faisant face à l'entrée du Port, et élever au dessus un mât auquel ce matin au lever du soleil ayant fait arborer le Pavillon du Roy, nous l'avons saluée par trois salves de Vive le Roy, et par une décharge de neuf coups de canon du vaisseau.

Et selon l'ordre de Monsieur Magon Directeur commandant général des Isles de France et de Bourbon, nous avons pris possession de la ditte Isle et de son Port au nom du Roy et de la Compagnie des Indes, sous le nom d'Isle Seychelles. En témoins de quoy nous avons signée le présent pour servir et de valoir ce que de raison

Fait au Port de l'Isle Seychelles les jour et an que cy dessus.

| MORPHY. | HESRY. | PRÉJAN. |
| DE K/NEISTER. | ERNANT. | BARÉ. |

(Revue Historique et Littéraire de
l'Ile Maurice—1re année No 39.)

N° 8.

(Voir page 89.)

Liberté de commercer dans l'Inde
(29 Novembre 1770.)

De Par le Roy,

Sa Majesté étant dans l'intention d'exciter et de favoriser la population et l'agriculture aux Isles de France et de Bourbon, elle a estimé que la liberté du commerce d'Inde en Inde, sans nuire au véritable objet du privilège accordé à la Compagnie des Indes, pourrait être très utile à ses vues sur ces isles et à leur progrès.

En conséquence elle a accordé la liberté entière aux habitants des dites isles de commercer dans l'Inde. Mande et ordonne Sa Majesté aux Gouverneur, Lieutenant général et l'Intendant des dites isles ou à ceux qui le représenteront de faire jouir les dits habitans de la dite liberté et tenir la main à l'exécution de la présente ordonnance qui sera enregistrée aux Conseils supérieurs des dites isles.

Fait à Versailles le vingt-neuf Novembre mil sept cent soixante dix.

Louis.

Le duc de Praslin.

(Revue Historique et Littéraire de l'Ile Maurice. 4e année—N° 52.)

No 9.

(Voir page 149.)

DÉMISSION DE M. DE CONWAY.

29 Juillet 1790.

M. le Président,

Depuis l'instant où j'ai eu connaissance du décret de l'Assemblée Nationale, en date du 8 Mars dernier, je n'ai rien eu à me reprocher. Je n'ai pas varié un moment dans mes principes, mais puisque j'ai le malheur de déplaire à la colonie, je ne balance pas un moment à donner ma démission.

J'espère que mon successeur sera plus heureux. Nul ne désire plus sincèrement que moi le bonheur des habitants en général et je fais le sacrifice de ma place sans regret, dans l'espoir que ce sacrifice contribuera à ramener la paix.

Je vous prie de prévenir l'Assemblée de cette résolution.

Je suis etc.

CONWAY.

(*Le Cte de Conway* par L. H. de Froberville. Revue Historique et Littéraire de l'Ile Maurice. 6me année. No 16.)

N° 10.

(Voir page 159.)

MM. Collin et Codère.

(*Lettre de M. de Fleurieu, ministre de la marine à M. de Cossigny.*)

Paris le 25 Février 1791.

J'ai reçu Monsieur, la lettre du 1er 9bre dernier N° 17, par laquelle vous annoncez le départ sur l'*Amphitrite* des Srs Colin et Coudère, députés de la colonie de l'Ile de France à l'Assemblée Nationale. C'est avec regret que je vous informe que le bâtiment s'est perdu sur la côte de Pennemarck le 22 du mois dernier et qu'il ne s'est sauvé que deux ou trois personnes de ce naufrage, encore leur existence est-elle fort douteuse. MM. Mouneron et Missy, suppléans des Srs Colin et Coudère, ne pouvant plus douter de leur mort, ont cru devoir faire valoir leurs titres pour les remplacer à l'Assemblée Nationale où ils ont en effet été admis.

J'ai l'honneur d'être très parfaitement, Monsieur, votre très humble et très obéissant serviteur.

Fleurieu.

(Revue Historique et Littéraire de l'Ile Maurice. 7me année. N° 6.)

No 11.

(Voir page 173.)

Les Rues de Port-Louis.

Délibération du Conseil général de la Commune du District de Port-Louis.

L'an mil sept-cent quatre vingt treize, le cinquième de la République et le second de la Liberté et le Mercredi 6 Mars, le Conseil général de la Commune de la ville de Port-Louis, Ile de France, assemblé. Présents, Le Maire, Philibert, Baré, Colomes, Carré, St Mihiel officiers municipaux et Douaud, Procureur de la Commune, Barro Rivierre substitut, Hugon aîné, Couve, Chauvet, Christin, Letourneur et Ricard notables.

A l'instant se sont présentés les citoyens Doger Spéville, maire, Desmoulins officier municipal, La Val, notable du canton de la Rivière Noire, Querel et Bruneau, notables du canton des Plaines Wilhems faisant fonctions d'officiers municipaux, Bonsergent officier municipal des cantons de la Rivière du Rempart et Poudre d'or, Duvivier, maire et Lautour officier municipal du canton de Flacq, Caillou et Quieterie, officiers municipaux du canton du Port Bourbon, Vantzloeben, maire du canton de la Savanne, Perrot et Magon, officiers municipaux du canton des Pamplemousses et Desvaux notable du canton de Moka, tous députés de leurs communes pour la prestation du serment, lesquels ont assisté à la séance d'après invitation du maire de cette commune.

....
....

Le Maire a donné ensuite connaissance d'un relevé des rues portant les noms de différents princes et personnes qui ont commandé dans l'ancien régime, ouï les conclusions du procureur de la commune, le conseil général de la commune arrête que les noms des dites rues ainsi que celui des Batteries du ressort de cette commune sera changé comme suit :

Noms des Rues.	Noms substitués aux Anciens.
Rue Royale	Rue Nationale,
„ du Gouvernement	„ du Chêne de la Liberté,
„ de l'Intendance	„ du Marché neuf,

Noms des Rues.	Noms substitués aux Anciens.
Rue de l'Ancien Conseil	Rue de Mirabeau,
„ de Bourbon	„ de Châlons,
„ de Souillac	„ de Soissons,
„ d'Entrecasteaux	„ de la Côte d'or,
„ Motais	„ de Varennes,
„ de Condé	„ de Brabant,
„ de Conty	„ de Savoye,
„ de Soubise	„ de Chamberry, (1)
„ Dumas	„ de Montmélian,
„ de Chartres	„ de Lorient,
„ Chevreau	„ de la Commune,
„ Desforges	„ de Paris,
„ Foucault	„ de la Marine, (2)
„ de Touraine	„ de Touraine
„ Desroches	„ de Bresse,
„ de la Reine	„ de Nancy, (3)
„ d'Orléans	„ de Thionville,
„ de Poivre	„ de Poivre,
„ de Courcy	„ de Metz,
„ de Chazal	„ de Lille,
„ de Stenaure	„ de Nice, (4)
„ de Monsieur	„ des Liégeois,
„ de Madame	„ des Belges,
„ d'Artois	„ des Allobroges,
„ de Ternay	„ de Poitiers,
„ de Sartines	„ de Besançon,
„ Dauphine	„ de la République,
„ de Suffren	„ de Suffren,
„ de La Bourdonnais	„ de La Bourdonnais,
„ d'Estaing	„ Davignon, (5)
„ Magon	„ de Nantes,
„ Maupin	„ de Brest,
„ Dioré	„ des Marseillois,
„ de Nyon	„ de Toulouze,
„ David	„ de Nismes,
„ Duronzet	„ de Bordeaux,
„ Dufresne	„ de la Rochelle,
„ Bouvet	„ d'Angers,
„ Cul de sac des Milices.	„ de l'Impasse, (6)
„ de la Brillane	„ Codère,
„ Maillart	„ Colin,
„ de Cossigny	„ de Montmédy,
„ du Champ-de-Lort	„ du petit Champ-de-Mars,

(1) Aujourd'hui Rue Triangle.
(2) N'existe plus.
(3) Rue Jemmapes.
(4) Impasse St. Louis.
(5) Rue de Castries.
(6) N'existe plus.

Batterie Royale...	...	...Batterie Nationale,
Batterie de Condé	...	...Batterie de la Grande Rivière,
Batterie du Mât	...	...Batterie des Lataniers,
Chaussée Tromelin	...	...Chaussée de l'Isle aux Tonneliers
Batterie de Kenec	...	...Batterie Neuve.

....
....

(Revue Historique et Littéraire de l'Ile Maurice.
3e année. N° 29.)

No 12.

(Voir page 250.)

LA PAIX D'AMIENS.

Lettre de Decrès au général Magallon.

Liberté—Égalité.

Paris, le 22 Vendémiaire, an 10 de
la République une et indivisible.

Le ministre de la marine et des colonies au
citoyen commandant de l'Ile de France.

Je vous annonce, citoyen commandant, que les préliminaires de la paix avec l'Angleterre ont été signés le 9, et ratifiés le 13 du courant. Je vous adresse plusieurs exemplaires de la Convention conclue à ce sujet. Cet évènement aussi heureux qu'inespéré, en répandant l'allégresse dans tous les cœurs Français, a effacé jusqu'à la dernière trace des dissensions qui nous ont affligés, et réunit tous les partis dans un égal respect, soumission et amour envers notre gouvernement. Nous lui devons le triple prodige de la paix intérieure, de la paix continentale, et enfin de la paix maritime, dans le court espace de moins de deux années.

Jamais la France n'avait obtenu d'aussi grands avantages, et des conditions plus honorables. C'est surtout dans les colonies que doit être senti cet inappréciable bienfait. Elles périssaient d'épuisement ou de désorganisation pour ce qui nous en restait, lorsque le premier Consul les a sauvées en nous faisant rendre d'ailleurs toutes celles que nous avions déjà perdues. Unissez, citoyen commandant, vos actions de grâces à celles que lui rend la République entière. Célébrez avec le luxe de la reconnaissance et du sentiment, quoique avec l'économie qu'il ordonne dans toutes les dépenses, le jour heureux qui va faire renaître la prospérité coloniale et celle de la métropole, en les fortifiant l'une par l'autre et en resserrant les liens d'affection qui doivent à jamais les unir.

Je vous salue,

DECRÈS.

(Revue Historique et Littéraire
de l'Ile Maurice—4e année. No 28.)

N° 13.

(Voir page 261.)

DÉMISSION DU GÉNÉRAL JACOB DE CORDEMOY.

Au quartier général des établissement français
à l'Est du Cap de Bonne Espérance.

Au général Jacob, commandant à
l'Ile de la Réunion.

Le général Magallon vous a fait connaître, citoyen général, que le premier consul m'avait nommé capitaine général des Isles de France de la Réunion et dépendances ; je vous adresse aujourd'hui l'arrêté du 13 Pluviôse qui prescrit une autre administration pour ces colonies et un arrêté du 3 Germinal suivant qui rétablit les tribunaux sur le même pied qu'en 1789 et supprime tous les autres tribunaux et toutes autorités qui ont été créés pendant la révolution, mais qui n'ont point été confirmés par le gouvernement de la République.

Je vous préviens aussi, citoyen général, que le général Magallon, nommé mon lieutenant général par le premier consul, se rend en cette qualité à l'Isle de la Réunion, pour y commander et m'y représenter, conformément à l'article 35 du titre 4 de l'arrêté du 13 Pluviôse.

Le ministre ne m'ayant point adressé pour vous de lettres de service, je suis fâché, citoyen général, d'être obligé de vous annoncer qu'en cessant vos fonctions de commandant à l'Isle de la Réunion, vous n'êtes point appelé à un autre service, et que vous jouirez seulement du traitement de réforme.

Je vous salue,

DECAEN.

(Revue Historique et Littéraire de l'Ile
Maurice, 7ᵐᵉ année. N° 22.)

N° 14.

(Voir pages 262 et suiv :)

MATTHEW FLINDERS.

Rapport du major du quartier de la Savane.

Savanne, le 23 Frimaire an 12 à 4½ du soir.

Citoyen Capitaine-général,

Vers deux heures après midi un schooner, ayant pavillon anglais et chassant une goëlette de côte, a donné dans la baie du Cap. L'alarme a été d'autant plus vive qu'il venait de se répandre ici le bruit qu'une frégate anglaise croisait entre les îles. J'ai de suite rassemblé cinq à six gardes nationaux et tous mes noirs et me suis transporté sur les remparts du Cap, pour de là, autant que possible, m'opposer à toute entreprise de descente. En même temps j'avais expédié à la vigie des Citronniers, pour y instruire du mouillage de ce schooner, et dans les habitations, pour y demander du renfort, ordonner aux femmes et enfants de se retirer dans l'intérieur et aux propriétaires de faire chasser leurs troupeaux dans les bois ; heureusement toutes ces précautions commandées par la circonstance, étaient inutiles. M'étant rendu sur le Cap, avec six gardes nationaux et une douzaine de noirs, tant bien que mal armés, j'ai vu un pavillon parlementaire et peu de monde à bord, j'ai hélé le bâtiment en français, n'obtenant point de réponse, j'ai hélé en anglais, en faisant en même temps paraître un peu ma petite troupe, et j'ai ordonné au bâtiment d'envoyer son canot à terre, ce qui a été exécuté, mais l'équipage du canot refusant absolument de s'en éloigner pour venir à moi, j'ai pris le parti d'aller moi-même à lui, accompagné de quatre hommes ; après avoir ordonné aux hommes postés sur le Cap de faire feu sur le schooner au premier signal que je ferais, m'étant alors assuré des hommes du canot, au nombre desquels était le maître, je me suis rendu à bord pour y vérifier l'état du bâtiment, ayant vu un passeport du Premier Consul et la commission. Etant monté, après m'être assuré de la santé de l'équipage, le capitaine m'a dit être le commandant de la corvette l'*Investigator*, naufragée sur les côtes de la Nouvelle Hollande et munie d'un passeport du Premier Consul pour aller en découverte, l'équipage de son schooner nommé le *Cumberland*, est composé de lui, capitaine Flinders, de son maître, de son bosseman, de sept matelots et un domestique, qu'il est parti de Timor depuis 31 jours, qu'il se rendait au Port N.O., lorsqu'ayant besoin d'eau et d'un pilote il avait suivi la goëlette de côte pour en obtenir ces secours, ajoutant qu'il ignorait la guerre et par conséquent n'avait pas cru répandre l'alarme par sa poursuite.

Il m'a ensuite renouvelé la demande d'un pilote pour se rendre demain au Port N.O. ce dont j'ai référé de suite au commandant de quartier en lui rendant compte de cet évènement.

Je viens de faire porter de l'eau à bord du schooner, n'ayant pas jugé à propos de laisser parcourir la baie par l'équipage et ayant provisoirement défendu toute communication, et en laissant une garde à bord des bateaux de côte mouillés dans la baie.

J'ai expédié une ordonnance à cheval pour prendre les ordres du commandant de quartier, et me hâte, citoyen capitaine-général, de vous expédier le rapport par un courrier, qui a ordre de marcher toute la nuit, afin que vous puissiez faire connaître demain même vos intentions au commandant de quartier.

Veuillez bien excuser, en faveur de mon empressement, le désordre du compte que j'ai l'honneur de vous adresser, en l'absence du commandant, qui, éloigné de plusieurs lieues, peut encore tarder à se rendre ici, d'où il vous rendra compte de son côté de ses dispositions ultérieures.

Salut et respect,

Le major du quartier de la Savanne,

(Signé) DUNIENVILLE.

Rapport de Decaen au Ministre.

Au quartier général à l'Isle de France,
le 26 Nivôse an 12 de la République.

Decaen, capitaine-général des Etablissements français
à l'Est du Cap de Bonne Espérance,

au Ministre de la marine et des colonies.

Je saisis l'occasion du bâtiment de commerce l'*Hydre* (profitant de sa marche supérieure, afin d'arriver à Bordeaux en aventurier) pour vous rendre compte, citoyen ministre, que j'ai jugé indispensable pour les intérêts de la République de retenir dans ce port, et jusqu'à ce que j'aye reçu vos instructions, le schooner le *Cumberland*, monté par le capitaine Flinders, commandant précédemment l'*Investigator*, parti d'Angleterre dans l'an 9, pour un voyage de découvertes dans la mer Pacifique, et auquel le Premier Consul avait dû accorder un passeport.

Les motifs qui m'ont fait retenir ce bâtiment sont tellement fondés, que je suis persuadé d'obtenir facilement votre approbation ; ce que ne m'accorderont peut-être pas certaines personnes qui trouveront dans ma conduite une violation du droit des gens, et d'autres qui crieront que j'ai mis des entraves au progrès des sciences; etc. etc.

Pour vous mettre à même de connaître cette affaire, général ministre, et répondre, au besoin, à la Cour de Londres, qui ne manquera pas de réclamer contre l'arrestation de son voyageur aussitôt qu'elle en sera informée, je vais vous faire un rapport de la manière dont les choses se sont passées. Je vous adresse copie des pièces qui doivent servir de preuves ; mais, comme on pourrait être forcé de les jeter à la mer, je ne les joins pas à ma lettre, que je recommande fortement pour vous être remise, tel évènement qu'il arrive.

Le 24 Frimaire au soir, je reçus un avis qu'une goëlette anglaise était entrée au mouillage dans une baie de l'isle, au quartier de la Savanne ; je fus étonné de cette relâche d'un bâtiment ennemi dans ce hâvre, puisque ce point m'avait été indiqué comme inabordable ; mais la lettre, N° 1 que je reçus ensuite (1), m'annonça que cette goëlette n'y était entrée ainsi que parcequ'elle avait poursuivi un bâtiment de côte, qui s'y était réfugié. Cette lettre rapporte en outre les premières causes alléguées par le capitaine Flinders pour justifier sa relâche à ce point de l'isle. Je donnai aussitôt les ordres pour qu'on s'assurât de la goëlette et qu'on l'amenât au port Nord Ouest où elle mouilla le 25 Frimaire. Son capitaine conduit chez moi me montra le passeport français qui avait été donné pour l'*Investigator*. Lui ayant demandé s'il avait fait naufrage sur ce vaisseau, comme il l'avait annoncé : sa réponse négative me fit faire des conjectures. Je lui demandai alors d'où il venait : il répondit que c'était du Port Jackson où l'*Investigator* avait été condamné et qu'il se rendait en Angleterre. Je lui observai qu'il me paraissait fort extraordinaire qu'il fût parti du Port Jackson sur un petit bâtiment de 29 tonneaux pour se rendre en Angleterre ; que dans ce cas et vu les circonstances de la guerre, il convenait qu'il m'apprît quel était le but d'une semblable entreprise ; il répondit que c'était pour rendre compte de ses voyages. Ses réponses à quelques autres questions que je lui fis, tant sur la cause de sa relâche à l'Isle de France que sur les divers endroits où il comptait faire encore escale, ne m'inspirant pas de confiance, je donnai l'ordre N° 2, qui fut exécuté de suite : c'était d'aller mettre les scellés sur ses papiers, afin d'avoir des preuves qui d'abord ne laissassent point de doute que ce fût le capitaine Flinders qui avait eu un passeport pour l'*Investigator*, et que ce bâtiment avait été condamné au Port Jackson ; que c'était effectivement de ce port que le *Cumberland* était sorti. Il était nécessaire aussi de connaître les relâches du *Cumberland*,

---

(1) C'est le rapport du major D'Unienville qui précède.

les rencontres qu'il avait faites à la mer ; s'il avait reçu des ordres pour venir à l'Isle de France, ou bien si ce capitaine avait pris sur lui de le faire ; quelles étaient alors les causes qui l'y avaient engagé ; enfin, approfondir tout ce qui pourrait me donner l'assurance qu'il n'avait rien entrepris qui pût compromettre la neutralité sous laquelle il pouvait être, en voulant bien considérer comme valable le passeport qu'il avait, quoiqu'il ne montât plus le vaisseau pour lequel il avait été délivré. En conséquence, les questions rapportées dans la pièce N° 3 lui furent faites le lendemain ; ses réponses ne laissent aucun doute sur ce qu'il est effectivement le capitaine Flinders parti d'Angleterre avec l'*Investigator* ; il ajouta que ce bâtiment à son retour du golfe de Carpentarie avait été condamné au Port Jackson, dans le mois de Juillet, où depuis il s'était embarqué comme passager, avec une partie des officiers et de l'équipage de l'*Investigator,* sur le navire le *Porpoise* pour revenir en Angleterre, dirigeant sa route sur Timor, en passant par le détroit de Torrès dont il devait faire une nouvelle reconnaissance ; qu'il partit du Port Jackson le 10 Août avec deux autres bâtiments, le *Porpoise* et le *Caton* ; qu'ils avaient fait naufrage le 18, à 9 heures du soir, se trouvant par 22° 11' 22" latitude Sud et 156° 3' de longitude orientale ; que du banc sur lequel ces bâtiments avaient été naufragés et sur lequel s'étaient sauvés les équipages, avec tout ce qu'on avait pu retirer de vivres et d'effets de ces deux vaisseaux, le capitaine Flinders était parti avec le capitaine du *Caton* et dix hommes sur un canot qu'on avait ponté et fourni de trois semaines de vivres, pour se rendre au Port Jackson, à 700,000 milles anglais de distance, afin d'y aller chercher des moyens pour tirer les naufragés de la fâcheuse position où ils étaient ; qu'arrivé au Port Jackson le 30, on s'occupa d'armer plusieurs bâtiments, dont le schooner le *Cumberland* fut du nombre, et avec lequel le capitaine Flinders revint au banc des naufragés, y prit un équipage de son choix, des vivres pour cinq mois, et se dirigea par le détroit de Torrès sur Timor, pour de là se rendre en Angleterre, selon qu'il avait été décidé entre les deux capitaines et le gouverneur du Port Jackson, qui lui avait remis ses paquets pour l'Amirauté et pour le Lord Hobart, premier secrétaire d'Etat.

Pour avoir des preuves de toutes les assertions du capitaine Flinders et lever les premiers soupçons que sa relâche à l'Isle de France et la manière dont il y était abordé m'avaient inspirés, il était naturel de les acquérir par la représentation de ses papiers, particulièrement de son journal, depuis son dernier départ du Port Jackson. Il remit d'abord le passeport du Premier Consul et ses ordres du Roi d'Angleterre pour commander l'*Investigator* ; ces deux pièces sont sous les N°s 4 et 5. Il représenta diverses cartes et des mémoires relatifs à la Nouvelle Hollande, etc., qui furent remis sous le cachet ; mais, à l'inspection de son journal, ayant reconnu que, dans le nombre des motifs qui l'avaient déterminé à relâcher à l'Isle de France, il avait compris parmi ceux qui n'étaient pas *les moins conséquents,* celui d'acquérir la connaissance *des vents et temps périodiques du port et de l'état actuel de cette colonie française*, et de quelle utilité elle et ses dépendances à Madagascar pourraient être au Port Jackson.

Je vous adresse, général ministre, sous le Nº 6, l'extrait de la partie du journal dans lequel le capitaine Flinders a consigné ses intentions, lesquelles, avec les conjectures que j'ai pu faire, m'ont paru plus que suffisantes pour le retenir ici jusqu'à nouvel ordre ; et, pour le lui notifier officiellement, cet ordre est sous le Nº 7. Le capitaine Flinders peu satisfait de cette disposition, s'imagina qu'en faisant des raisonnements, montrant de l'arrogance et surtout faisant l'impertinent, il obtiendrait son départ : le silence que je gardai à cette première lettre le fit récidiver ; mais il lui fut aussitôt répondu avec injonction de cesser toute correspondance, puisque les règles de la bienséance n'étaient pas ce qu'il observait le plus exactement. Ces trois lettres sont sous les Nºs 8, 9 et 10. Depuis ce moment, le capitaine Flinders a bien envoyé des nouvelles protestations et réclamations, mais il y a mis plus de tenue.

Plusieurs motifs m'ont fait juger indispensable de retenir le capitaine Flinders : 1o. la conduite du gouvernement anglais en Europe, où il a violé tous les traités ; celle qu'il a tenue avant de rendre le Cap de Bonne Espérance, ainsi que ce qui a eu lieu pour Pondichéry contre les vaisseaux de l'expédition ; (depuis le mois de Septembre, je n'ai rien reçu qui puisse me donner des nouvelles sur le sort de ceux que les circonstances m'ont forcé de laisser à Pondichéry) ; 2o. l'arrestation du *Naturaliste* annoncée par les gazettes ; 3o. les intentions bien déterminées, dans le journal du capitaine Flinders, de faire des reconnaissances de l'Isle de France et des possessions françaises de Madagascar, qui ne permettent pas de douter qu'aussitôt que le gouvernement anglais aura acquis une connaissance encore plus étendue de la Nouvelle Hollande, et que les établissements qu'il a ordonné de faire sur différents points de la terre de Van Diemen auront reçu quelque accroissement, et si jusqu'alors ce gouvernement n'a pas éprouvé un grand échec à sa puissance dans l'Inde, il considèrera encore plus attentivement combien l'Isle de France peut nuire à toutes ses entreprises ; combien il lui est essentiel et même urgent de se rendre maître d'un poste où peuvent se préparer et se rassembler et d'où peuvent partir tous les grands moyens de destruction d'une puissance aussi extraordinaire, ou au moins apporter les plus grands obstacles à l'accroissement qu'elle paraît encore vouloir se donner.

On ne peut pas mettre en doute que le gouvernement anglais n'ait l'intention de s'emparer de tout le commerce de l'Océan Indien, des mers de Chine et de la mer Pacifique, et surtout qu'il ne convoite avec un désir insatiable ce qui reste de possessions hollandaises dans ces mers ; il suffit pour s'en convaincre de jeter un regard sur la carte du globe et de faire attention aux nouveaux établissements anglais : Ceylan, Pulopinam, le Port Jackson, ceux de Van Diemen qu'ils ont entrepris ; les reconnaissances renouvelées du détroit de Torrès, pour avoir une communication plus prompte entre la mer Pacifique et l'Océan Indien, des visites souvent répétées à Timor... Tout n'annonce-t-il pas que le gouvernement anglais veut au plutôt faire entrer l'Isle Java dans le nombre de ses dominations, et n'a-t-il pas voulu s'en emparer en 1798 ? N'a-t-il pas fait à cette époque des reconnaissances des côtes de cette isle importante ? Le capitaine Flinders envoyé vers une partie de ces différents points, a-t-il pu avoir d'autres instructions que d'en reconnaître l'importance ? Ses réflexions du 4 Décembre peuvent-elles être considérées pour autre chose qu'un aperçu des combinaisons du gouvernement anglais ? En disant qu'il voulait connaître les vents périodiques, le port, l'état actuel de la colonie de l'Isle de France, ne démontre-t-il pas évidemment que le poste important n'était pas perdu de vue ? Les intentions de cet observateur de reconnaître non seulement ce qu'était l'Isle de France, mais encore quelles étaient les dépendances françaises à l'Isle de Madagascar où il compte, a-t-il dit, faire des voyages, ne démontrent-elles pas évidemment l'étendue et l'ensemble du plan que le gouvernement anglais a résolu ?... Mais, si tant de fortes raisons n'avaient pas existé pour retenir le capitaine Flinders, n'y aurais-je pas été conduit par la précipitation, l'activité et l'entreprise de ce navigateur, de vouloir se rendre du Port Jackson à Londres avec un bateau de 29 tonneaux ? M'aurait-il été permis de supposer qu'une telle démarche eût été faite seulement pour remettre à l'Amirauté anglaise quelques cartes et mémoires purement relatifs au voyage de découvertes entrepris pour le progrès des sciences ?... Non, les circonstances d'une guerre telle que celle qui vient de se rallumer, devaient me diriger autrement ; j'aurais été blâmé et j'aurais mal servi mon pays en permettant à un bâtiment qui n'avait plus de passeport et dont les démarches m'étaient suspectes, de se rendre en Europe pour faire part aux siens du résultat de ses travaux, de ses opérations et de ses projets ; ainsi que tout ce qu'il aurait eu occasion d'examiner, tant à l'Isle de France que chez nos alliés ; car il se serait sans doute autorisé de la complaisance qu'on aurait eu pour lui et du vu de son passeport, pour visiter ensuite le Cap de Bonne Espérance et rendre compte de son état depuis la reprise de possession ; enfin, les dépêches dont il était porteur n'étaient-elles pas encore un prétexte suffisant pour retenir le capitaine Flinders ? Navigateur de découvertes, n'ayant plus de passeport, devait-il, en temps de guerre, conduire un paquebot, surtout, lorsque, par la distance entre l'époque de la déclaration de guerre et son départ du Port Jackson, il pouvait y avoir appris les nouvelles de la guerre ? Ces dépêches, dont j'ai pris connaissance et dont j'ai l'honneur de vous adresser quelques copies, vous feront connaître, citoyen ministre, l'état actuel des colonies anglaises dans la Nouvelle Hollande ; elles vous sont adressées sous les numéros 11, 12, 13, 14 et 15.

Celle sous le N° 11 est la plus intéressante par les renseignements qu'elle donne et surtout par l'intention bien arrêtée du gouverneur King de ne pas recevoir les Français qui s'aventureront dans son pays pour y commercer ; il représente, entr'autres choses, que, quoiqu'il n'y ait dans la Nouvelle Hollande d'autres appas pour les Français, que la fertilité du pays, que l'ambition et l'esprit de conquête, en cas d'une nouvelle guerre, peut les conduire à entreprendre sur ces nouveaux établissements. Il ajoute qu'il croit être obligé de soumettre à considération la possibilité où est le gouvernement de l'Isle de France, de nuire, en cas de guerre, à cette colonie, d'autant plus que la traversée de l'Isle de France au Port Jackson peut se faire en moins de 7 semaines. Il observe que, dans la même vue de guerre, la colonie du Port Jackson pouvant nuire au commerce des établissements espagnols au Chili, il serait nécessaire de lui envoyer des forces militaires et navales, pour se défendre contre les uns et pour nuire aux autres. Il assure en outre que le Port Jackson est susceptible de toute la défense possible. Au surplus, citoyen ministre, dans cette lettre et dans les autres documents que je vous adresse à cet égard, et ceux que vous portera le *Géographe*, vous aurez autant de renseignements qu'il est possible d'en avoir pour juger de l'état d'accroissement des établissements anglais dans la Nouvelle Hollande et de ceux qu'ils entreprennent sur la terre de Van Diemen, ainsi que de l'activité et des talents du gouverneur anglais King, chargé de l'administration de ce pays, seulement depuis trois années.

J'ai l'honneur de vous saluer,

(Signé :) DECAEN.

Traduction d'un mémoire adressé, de l'Ile de France, le 12 Avril 1806, à Son Excellence le ministre de la marine, par M. Matthew Flinders, navigateur anglais.

Général ministre,

Un voyage entrepris dans le dessein de visiter les parties inconnues de la terre et des mers, est un objet qui intéresse les savants de toutes les nations, et par conséquent ne peut être considéré avec indifférence par un ministre, qui a la direction de la marine d'une nation telle que la France.

Les hommes qui ont entrepris de tels voyages, ont toujours été regardés comme citoyens du monde, comme hommes qui s'étaient dévoués aux plus grands périls et aux plus grandes fatigues pour le bien général, et ils ont obtenu partout assistance et protection, même des ennemis de la nation à laquelle ils pouvaient appartenir. Dans cette noble conduite envers des hommes, qu'une constante exposition aux dangers rend trop souvent malheureux, la France s'est distinguée la première et elle en a reçu des amis de l'humanité et des sciences, des éloges mérités. Que le commandant d'une expédition de découvertes, partie d'Angleterre en 1801 et pour laquelle il avait été délivré un passeport particulier du Premier Consul, signé du ministre Forfait le 4 Prairial an 9, ait été emprisonné et retenu plus de deux ans dans l'Ile de France, devient alors un objet de surprise et de regret.

Ce commandant, après avoir fait naufrage dans une mer éloignée et inconnue, d'où il se retira lui et ses compagnons en entreprenant un passage de 240 lieues dans un bateau non ponté, s'embarqua à Port Jackson sur une goëlette de 29 tonneaux pour retourner en Europe avec les cartes et journaux de ses découvertes, qui, quoique bien endommagés avaient été en grande partie sauvés.

Passant par l'Ile de France, en Décembre 1803, le mauvais état de son petit bâtiment et ses besoins l'obligèrent de s'arrêter au Port Nord Ouest pour le réparer ou l'échanger avant de doubler le Cap de Bonne Espérance.

Malheureusement pour le commandant, comme pour beaucoup d'autres, la guerre avait éclaté de nouveau entre la France et l'Angleterre. Il présenta le passeport qui lui avait été accordé pour la protection de son voyage ; mais malgré la nature de son expédition, les malheurs qu'il avait éprouvés, son ignorance d'une déclaration de guerre et ce même passeport, qui lui promettait assistance et protection, il fut de suite mis en prison, son petit bâtiment fut saisi et ses cartes et papiers, endommagés comme ils l'étaient, lui furent pris.

Ne voulant pas croire que les sentiments nobles et généreux que la France avait autrefois montrés dans la cause des sciences, puissent avoir dégénéré dans la personne de l'auguste chef qui maintenant guide sa destinée ou dans celle de ses ministres ; et attribuant plutôt ses malheurs à une erreur du capitaine-général Decaen, qu'aux mauvaises dispositions du gouvernement français envers lui, le commandant anglais espère que Son Excellence le ministre de la marine ne s'offensera pas de ce qu'il a pris la liberté de s'adresser à lui au sujet de son voyage et du long emprisonnement qui jusqu'à présent a été la seule récompense de ses travaux.

Je ne veux pas lasser Votre Excellence du détail de tout ce que j'ai souffert au moral et au physique depuis le mois de Décembre 1803 ; il suffira de vous dire que depuis sept mois seulement il m'a été permis de résider dans la partie intérieure de cette île avec quelque portion de liberté.

Plein de confiance dans la justice du gouvernement français et dans son désir de protéger les personnes de toutes les nations qui se consacrent aux progrès des sciences, j'ai été dans l'attente continuelle de l'arrivée d'ordres, qui m'auraient rendu la liberté ou m'auraient fait conduire en France avec mes papiers pour y être examiné, mais jusqu'à présent je n'ai éprouvé que les contrariétés les plus mortifiantes.

Me croyant oublié je me suis plus d'une fois adressé au général Decaen, l'auteur de mes maux, pour le prier de m'envoyer en France, afin que, si j'étais coupable de quelque crime, j'y fusse puni ou mis en liberté, si j'étais innocent ; mais cette demande est toujours restée ou sans réponse ou sans effet.

Je supplie Votre Excellence de considérer que je suis un homme ami de la paix, que mon but n'est pas de détruire, mais d'ajouter aux connaissances d'une partie de l'espèce humaine et de soulager la misère de l'autre.

Il est vrai que mon passeport fut délivré pour mon bâtiment l'*Investigator* et ne mentionne pas d'autre navire, mais je puis produire d'amples témoignages de la nécessité où j'ai été de le quitter et certainement ce n'était pas l'*Investigator* en particulier, qui avait été l'objet de la protection accordée par le gouvernement français, mais bien mon voyage de découvertes, les personnes qui y étaient employées et les connaissances qui pouvaient résulter de nos travaux. Mais au lieu de nous donner les secours et la protection que notre passeport nous promettait, notre voyage a été interrompu, moi, le peu de personnes qui m'accompagnaient nous avons été faits prisonniers et mes cartes et papiers ont été saisis.

Si l'on croit qu'en allant à l'Île de France j'avais quelque mauvaise intention, j'assure Votre Excellence, sur ma parole d'un homme d'honneur, que non seulement une telle idée est fausse et injuste, mais qu'avant mon arrivée dans cette île j'ignorais absolument que la guerre existât de nouveau.

Il est vrai que le gouverneur du Port Jackson profita de mon départ pour faire passer des lettres en Angleterre ; ces lettres ont été prises et j'ignore ce qu'elles pouvaient contenir ; mais, ayant été écrites avant que la guerre fut connue, elles ne peuvent en rien détruire l'effet de mon passeport.

Permettez moi de rappeler au souvenir de Votre Excellence les ordres que la Cour de France donna pour la protection du 3me voyage de découvertes du capitaine Cook en 1780, et ceux de la République pour l'expédition du capitaine Vancouver en 1795, quoique ni l'un ni l'autre de ces navigateurs n'eussent de passeport.

Permettez moi aussi de présenter ci-joint à Votre Excellence un document de la réception qu'éprouvèrent les corvettes françaises le *Naturaliste* et le *Géographe*, en 1802, à Port Jackson, lieu de mon dernier départ. Croyez que, dans mes recherches, le désir d'obtenir quelques renseignements sur le sort de l'infortuné Lapérouse fut toujours un de mes premiers soins.

Pensez, général, à tout ce que je dois souffrir, après toutes les fatigues et tous les dangers que j'ai essuyés par amour pour la science, de me voir emprisonné dans une île lointaine, par une nation qui fut toujours la première à les protéger, de voir les plus belles années de ma vie se consumer dans l'inactivité et mon espoir d'avancement et de réputation (la récompense de mes travaux passés et futurs pour la même cause) s'évanouir si cruellement.

Souffrez donc que je supplie Votre Excellence, ou de hâter ma délivrance, ou d'ordonner que je sois conduit en France avec mes papiers et journaux. Je ne demande qu'un examen de ma conduite par des hommes impartiaux et instruits ; s'il est reconnu que les soupçons, qui, selon ce que j'apprends, se sont élevés contre moi, n'ont d'autres fondements que dans mes malheurs, vous ordonnerez que je sois honorablement rendu à la liberté ; mais si j'ai commis quelqu'acte hostile contre la nation française ou ses alliées, je me soumets d'avance à la peine qui pourra être prononcée contre moi ; la seule grâce que je demande c'est un jugement prompt et impartial qui dans l'un ou l'autre cas me délivrera du cruel état d'incertitude et de contrariété auquel je suis en proie depuis vingt huit mois.

Dans la confiance que cet appel à votre humanité et à votre justice ne sera pas fait en vain, je vous prie de me permettre d'assurer Votre Excellence de la haute considération et du respect avec lesquels j'ai l'honneur d'être etc.

(Signé :) Mattw Flinders.

Conseil d'Etat.

Extrait du registre des délibérations. Séance du 1er Mars 1806.

Avis.

Le Conseil d'Etat qui, d'après le renvoi de S. M. l'Empereur et Roi, a entendu le rapport de la section de la marine sur celui du ministre de la marine et des colonies, concernant la détention de la goëlette anglaise le *Cumberland* et du capitaine Flinders à l'Ile de France ;

Vu les pièces jointes au rapport ;

Est d'avis que le capitaine-général de l'Ile de France a eu des motifs suffisants pour y détenir le capitaine Flinders et sa goëlette ; mais qu'en raison de l'intérêt qu'inspirent les malheurs du dit capitaine Flinders, il semble mériter que S. M. autorise son ministre de la marine et des colonies à lui rendre sa liberté et son bâtiment.

Pour extrait conforme :

Le secrétaire-général du Conseil d'Etat,

(Signé :) Locré.

Approuvé : au Palais des Tuileries, le 11 Mars 1806.

(Signé :) Napoléon.

(Cette décision fut notifiée à Decaen par le ministre de la marine le 21 Mars suivant.)

Réponse du Général Decaen.

Isle de France, le 20 Août 1807.

A Son Excellence le ministre de la marine et des colonies.

Monseigneur,

J'ai l'honneur d'informer Votre Excellence que par la frégate anglaise le *Greyhound*, venue ici le 21 Juillet, sous pavillon parlementaire, dans l'espérance d'y recueillir quelques renseignements sur le sort des vaisseaux de S. M. B^e le *Blenheim* et la *Java*, présumés s'être perdus dans les dernières tempêtes qui ont eu lieu en Février, vers les parages de ces îles, j'ai reçu le quatriplicata de la dépêche de Votre Excellence en date du 21 Mars 1806, N° 8, relative au Capitaine Flinders.

Ayant pensé que la décision favorable qu'elle contient à l'égard de cet officier, avait été prise à une époque où l'on pouvait apercevoir quelques rapprochements avec l'Angleterre, je n'ai pas cru au moment où elle m'est parvenue, devoir le faire jouir de suite de cet acte d'indulgence de Sa Majesté. J'ai reçu depuis le duplicata de cette même dépêche; mais les circonstances étant devenues encore plus difficiles et cet officier me paraissant toujours dangereux, j'attendrai un temps plus propice pour mettre à exécution les intentions de Sa Majesté, dont mon zèle pour son service me détermine à suspendre l'effet. J'ai lieu d'espérer, Monseigneur, que cette mesure de prudence obtiendra l'approbation de Votre Excellence.

J'ai l'honneur d'être, etc.

(Signé :) DECAEN.

(*Archives de la marine*).

N° 15.

(Voir page 276).

CORRESPONDANCE ÉCHANGÉE ENTRE DECAEN ET LINOIS.

Au général Linois,

par l'*Hippolyte*,
3 Prairial an 13 (23 Mai 1805.)

Je souhaite, Monsieur le contre-amiral, que vous obteniez les meilleurs résultats du nouveau plan d'opérations analysé dans votre lettre remise au capitaine de port, lorsque vous avez été sous voile, et que vous avez substitué à celui qui avait été arrêté au mois de Frimaire, comme le plus favorable sous bien des rapports, lequel plan, dont le ministre a déjà connaissance, vous m'aviez annoncé comme ne devant pas être changé, non seulement par votre lettre du 20 Germinal, mais depuis, dans une conférence commune avec le préfet colonial, dans laquelle vous avez encore répété que c'était le seul dont l'exécution pouvait convenir.

Si le principal motif que vous faites valoir comme cause de ce changement est réel, c'est-à-dire, si le premier plan d'opérations a été éventé, ce qui ne m'a été appris que par vous, vous voudrez bien, Monsieur le général, attribuer cette indiscrétion à vous ou aux vôtres ; rien n'a été connu de ma part, ni de ceux qui servent immédiatement sous mes ordres, que lorsque cela a été nécessaire.

Un autre de vos motifs, c'est la grande quantité de navires marchands sortis de ce port pour aller dans l'Inde. Je suis bien fâché, Monsieur le contre-amiral, que ce mouvement se présente à votre imagination, comme un obstacle à l'exécution de ce même plan ; moi, je ne vois point que cela ait dû vous causer la plus légère inquiétude, et j'en développerai les raisons quand il le faudra.

Je reviens à votre plan d'opérations, monsieur le contre-amiral. Je vois des apparitions subites à la côte malabare, à Ceylan et sur les brasses, enfin que vous allez faire un voyage rapide ; mais ce que j'aperçois de plus certain, c'est que vous ne voulez pas perdre de vue l'Ile de France, et je n'en suis pas étonné, parceque l'année dernière vous m'avez dit qu'il ne vous était pas possible de rester plus de six mois sans revenir dans le seul port qui vous avait été indiqué par le ministre pour fournir aux besoins de votre division. Si vous rentrez effectivement au mois de Novembre, comme vous en donnez la perspective, vous n'aurez été absent que cinq mois ; mais c'est déjà beaucoup quand on a de grands intérêts particuliers à surveiller. L'intérêt général me semble à moi plus digne de préférence, et c'est cet intérêt général qui m'avait suggéré précédemment quelques projets dont l'exécution n'a point répondu à mon attente (*ici Decaen veut parler du convoi de Chine*). C'est ce même intérêt général qui m'oblige à vous faire observer, monsieur le contre-amiral, que la part qui revenait au gouvernement *des grandes richesses que vous avez introduites à l'Ile de France*, selon votre compte, est absorbée et au delà par les radoubs qu'il faut faire consécutivement soit à l'un, soit à l'autre des bâtiments de la division, lesquels radoubs sont très dispendieux, surtout quand les quilles des vaisseaux ont été froissées sur quelques hauts fonds. Encore une fois, c'est ce même intérêt général qui m'avait fait apercevoir que dans la supposition où vous n'auriez pas été heureux dans la recherche des bâtiments du commerce de l'ennemi, qu'un approvisionnement de quatre ou six mois en vivres, de la toile et des cordages que vous auriez eus dans les magasins de Manille, seraient un grand soulagement pour l'administration de l'Ile de France ; non seulement parce qu'elle ne ferait point cette dépense, mais plus encore, parce qu'elle n'aurait pas l'embarras, ce qui aura lieu si vous rentrez en Novembre, d'être dans l'impossibilité de fournir à cette époque le cordage et beaucoup d'autres choses dont vous pourrez avoir besoin, objets que vous ne trouverez pas non plus au Cap de Bonne Espérance.

Je relève, monsieur le contre-amiral, une observation que vous m'avez faite sur le détachement que j'ai fait fournir à bord du *Marengo*. Ce détachement est composé de 19 hommes de la 109ᵉ, de 13 chasseurs de la Réunion et de 9 canonniers auxiliaires. Si les chasseurs de la Réunion ont quelque ressemblance avec les mulâtres pour le teint, ils ressemblent aussi aux Européens par le courage et la bravoure ; ils ne sont pas à cet égard à faire leurs preuves, et tout récemment encore ils y ont ajouté, car la *Psyché* n'avait que des chasseurs de la Réunion pour son détachement, et je n'ai pas de doute que le capitaine Bergeret n'en fasse l'éloge dans les premières nouvelles officielles qu'il pourra faire parvenir. Les 9 canonniers auxiliaires qui sont vraiment mulâtres, ne sont pas non plus d'une espèce à comparer aux lascars qui sont entrés dans votre armement en remplacement de novices et de mousses, quoique ces lascars, vous devez en convenir, rendent plus de services que 50 enfants de 8 à 12 ans et 50 autres, et même plus, de 12 à 15, qui n'auraient jamais embarqué et qui entreraient cependant dans la composition de votre équipage, si vous armiez dans un port d'Europe.

Dans la supposition que vous puissiez vous diriger vers le Cap, sans venir relâcher à l'Ile de France, je vous envoie copie d'une série de signaux qui m'a été adressée par le gouverneur du Cap, pour votre sûreté en approchant les baies de la Table et de

Simons, dans le cas où à votre approche, vous auriez quelque soupçon que le Cap eût été attaqué et pris par les Anglais. Je vous invite à m'en accuser réception, etc.

Le Capitaine-général,

DECAEN.

P. S. Comme vous avez, monsieur le contre-amiral, visité le navire américain le *Beverley*, le jour de votre sortie, vous êtes informé qu'il avait été visité par l'ennemi. Je vous donne communication du rapport que j'ai reçu de Rodrigue par le navire l'*Espoir*, qui en est parti le 22 Floréal et qui a mouillé ici le 3 Prairial. Il est dit dans ce rapport que depuis le 26 Pluviôse, il est passé en vue de cette île 22 bâtiments dont 18 à trois mâts ; que le 24 Germinal, cinq très gros, avec un brick, allant de conserve et en ligne, avaient passé dans le sud de l'île et qu'un septième à trois mâts, ayant des vigies, était venu très près du port, ce qui avait fait penser que c'était une division anglaise.

A bord du *Marengo,* en rade de Mahé (Seychelles) le 4 Juin 1805 (15 Prairial an 13.)

Au Capitaine-général Decaen,

Je reçois, monsieur le général, par l'*Hippolyte,* votre lettre du 3 Prairial (23 Mai), par laquelle vous osez vous permettre d'énoncer que mon intérêt particulier me dirige de préférence à celui de l'état. Vous devriez, quand vous avez des choses aussi désobligeantes à me transmettre, attendre à pouvoir me les dire de vive voix. J'aurais alors les moyens de réprimer vos écarts. Vous avez dû remarquer que lorsque je vous ai quelquefois exprimé sévèrement mes sentiments, c'était toujours en vous parlant ; mais, dans ma correspondance, j'ai constamment conservé un genre décent qui doit s'observer entre officiers supérieurs surtout indépendants les uns des autres.

Mon empressement à quitter l'Ile de France vous est démontré, puisque aussitôt que j'ai fait finir la dernière manœuvre qui m'était indispensablement nécessaire, j'ai pris la mer avec une portion de nos équipages sortant des hôpitaux, et pas même encore convalescents. Quant à mon retour dans cette île, il ne sera jamais que forcé tant que vous y commanderez, et autant seulement que la sûreté des bâtiments sous mes ordres, la santé des équipages et le bien du service m'en imposeront la loi.

Soyez assuré, monsieur le général, que si le ministre, comme vous me le marquez, a déjà certainement connaissance du premier plan de campagne que j'avais arrêté, c'est une maladresse dont je ne suis point coupable. A d'aussi grandes distances, il me saurait mauvais gré de lui rendre prématurément de pareils comptes. Au reste, j'ai jugé utile au bien de l'état de changer ma campagne ; cela suffit, et des renseignements que je puis obtenir à la mer peuvent m'en faire changer encore. Voilà comme je dois agir conformément à la grande latitude que me donnent mes instructions et récemment la lettre du ministre de la marine en date du 7 Octobre 1804, qui, au nom de Sa Majesté, confirme la confiance dont je suis honoré, et que je m'efforcerai de justifier en me rendant utile aux colonies des îles de France.

Je suis toujours convaincu de n'avoir pas absorbé par les dépenses de la division les richesses que j'y ai introduites, et dont je fais mention dans mon compte-rendu que vous me citez en soulignant les expressions ; puisque nous sommes sur le chapitre de ce rapport, j'en sais assez pour vous assurer qu'il a rectifié l'opinion publique en Europe, qui a fait aussi justice de celui où vous me dénoncez en insérant la copie certifiée par vous d'une lettre particulière d'un Anglais.

J'ai reçu, monsieur le général, les signaux que vous m'adressez ; soyez assuré que je ne négligerai pas de vous transmettre, par toutes les occasions qui se présenteront, les renseignements que je jugerai devoir vous communiquer puisque l'avantage du service l'exige.

J'ai l'honneur de vous saluer,

LINOIS.

(*Saint Elme le Duc*, " Manuscrit de la bibliothèque nationale."
A. *d'Epinay*. " Ile de France.")

No 16.

(Voir page 334.)

Document répandu à l'Ile de France par les Anglais après la prise de l'Ile de la Passe, dans le but de corrompre les habitants.

PROCLAMATION.

Aux habitants de l'Isle de France.

Habitants,

Les Anglais sont au moment de paraître devant vos ports au nom de leur roy, non pas comme ennemis, mais bien comme vos sincères amis. Votre commerce, les productions précieuses de vostre isle, les fruits de votre industrie, sont depuis plusieurs années anéantis, ou renfermés dans vos magasins. Toutes les nations de l'Europe qui sont soumises à la domination française ne peuvent pas consommer une livre de productions coloniales sans la permission de l'Angleterre. Le gouvernement français a beau changer sa profession mercantile contre le métier des armes, engagé à la poursuite des objets d'une ambition injuste et sans bornes, il a beau tâcher d'écraser et de tenir dans le plus vil esclavage toutes les nations du continent, il ne peut rien contre l'Angleterre qui bloque ses côtes et l'empêche de mettre un bateau à la mer. Le désir insatiable qui croît tous les jours en France d'absorber les royaumes a obligé les Anglais de s'approprier et de maintenir la souveraineté des mers et d'occuper toutes les colonies françaises, non pour faire le monopole de leurs productions mais pour ouvrir un marché favorable à la colonie et à tous ses bons amis et alliés.

Nous sommes avertis que quelques machinateurs ont tâché d'abaisser le caractère anglais à vos yeux ; ils ont même bien faussement raconté que le prix des caffés à la Martinique avait beaucoup tombé ; soyez certains de notre bonne foy, nous vous assurons au contraire que lorsque nous avons pris possession de cette île, le caffé est beaucoup monté. Comment se peut-il être autrement, nos vaisseaux entreront de tous côtés dans vos rades pour échanger les marchandises d'Europe et de l'Inde contre vos productions. Les seules vues britanniques sont la justice, le commerce et l'abondance. Notre gouvernement est généreux, il paye les cultivateurs, les matelots et les soldats, la plus haute valeur de leurs services sans la moindre déduction. Les Français payent en papier et en lettres de change et nous, nous payons en piastres d'Espagne.

Habitants, nous sommes prêts à nous réunir sur vos côtes avec des forces formidables par terre et par mer, pourquoi vouloir vous sacrifier inutilement en vous opposant aux troupes de Sa Majesté Britannique qui ne désire que de vous prendre sous sa protection royale et gracieuse ? Qu'est-ce que votre gouvernement a fait pour vous ? Il a ruiné votre commerce et forcé vos pères et vos enfants à prendre le service sans leur accorder la moindre subsistance. Nous avons des ordres de cultiver l'amitié de toute la colonie et de vous convaincre que Sa Majesté Britannique est disposée à vous donner toutes les sûretés et protections qu'elle donne à ses propres sujets.

Vos propriétés particulières de toute espèce seront respectées, vous aurez l'exercice libre de votre religion. Vos établissements religieux seront maintenus avec leurs privilèges, vos institutions charitables seront protégées, vos lois et vos coutumes seront continuées et honorées.

Non-seulement votre commerce intérieur sera parfaitement libre, mais encore il vous sera permis de naviguer et de commercer dans tous les ports avec les mêmes avantages et selon les mêmes règlements dont jouissent les sujets de Sa Majesté Britannique. Les habitants seront traités le plus favorablement. Il leur sera permis de faire usage de tous les avantages commerciaux que la situation de l'isle peut offrir.

Vous ayant donné cette communication, c'est notre devoir de vous avertir que si, au contraire, contre l'attente de Sa Majesté Britannique, vous quittez vos propriétés pour faire résistance à nos troupes, vous perdez tous vos droits aux indulgences que nous venons de vous offrir et nous avons les ordres les plus positifs de subjuguer tous les quartiers et toutes les parties de l'isle par la force de ses armes—mesure qui étant donné le résultat de manquement d'égard aux intentions favorables de Sa Majeste Britannique envers vous, vous rendra responsables de l'effusion du sang, la perte de vos propriétés, la dépravation et la révolte de vos esclaves, enfin de toutes les calamités de la guerre.

Habitants, restez sur vos biens, maintenez l'ordre dans vos ménages, tenez vos esclaves en respect, mettez la paix dans tous les quartiers.

Je désire avec d'autant plus d'empressement de voir les habitants se rendre à mes conseils salutaires, que j'ay au moins la satisfaction d'être nommé gouverneur de l'administration générale de l'Isle de France et de Bourbon et dépendances. Je vous engage à vous réunir dans vos différents quartiers et faire choix parmi vous des habitants qui méritent votre confiance afin d'apprécier la justice de mes observations. Soyez persuadés que ce sont mes sentiments les plus véritables. Les Bourbonnais jouissent déjà du bonheur qui vous attend et nous vous engageons par cette proclamation à les imiter.

Donnée à Saint Denis, Isle de Bourbon, le 28 Juillet 1810.

Le gouverneur :

R. T. Farquhar.

Par ordre,

Le Secrétaire :

G. A. Barry.

No 17.

(Voir page 347.)

CORRESPONDANCE ÉCHANGÉE ENTRE LE CAPITAINE GÉNÉRAL ET LE COMMANDANT LAMBERT DE L' "IPHIGÉNIE."

A bord de la frégate de S. M. I. et R. la *Minerve*
le 27 Août 1810.

Par la suite de votre entreprise du 23 de ce mois, avec votre escadre, contre les frégates de Sa Majesté l'Empereur des Français, roi d'Italie etc. la *Bellone* et la *Minerve*, mouillées dans ce port, vous êtes réduit à la position la plus critique ; vous ne devez point espérer d'amélioration, puisque d'un côté j'ai donné ordre à des forces supérieures de vous tenir étroitement bloqué et que de l'autre, vous ne devez point attendre de délivrance, parce que d'ici à plusieurs mois, il ne pourra point paraître de vaisseaux de S. M. B. en assez grand nombre pour balancer les forces supérieures que j'ai en ce moment à ma disposition. Cette affreuse position dans laquelle vous vous trouvez avec un grand nombre de vos compatriotes, par l'effet de l'incendie que vous avez été forcé de mettre à deux de vos frégates ; n'ayant plus pour refuge que l'*Iphigénie* que vous ne pouvez réparer et un rocher stérile où vous n'avez point d'asile pour le grand nombre de vos blessés, où enfin dans très peu de jours vous serez sans moyens d'existence ; de si grandes calamités, dont vous souffrez déjà beaucoup, doivent, M. le commodore, vous pénétrer que toute idée de résistance serait illusoire et inhumaine.

En conséquence, je vous somme au nom de Sa Majesté l'Empereur, mon maître, de vous rendre prisonnier de guerre avec vos équipages, ainsi que la garnison de l'Ile de la Passe ; de restituer à S. M. I. et *absolument intacts*, les batteries, bâtiments, armes, munitions, et enfin tout ce qui est établi pour la défense de ce poste ; de remettre également à ma disposition la frégate de S. M. B. l'*Iphigénie* sans aucune destruction quelconque que celle qu'elle a eue dans l'action où elle a pris part.

Si, contre mon attente, vous différez seulement d'une heure à vous rendre aux conditions que je vous prescris, vous ne devez point compter sur aucune clémence de ma part : ou vous et vos équipages périront de faim et de misère, ou, si j'entreprends de vous réduire, ce qui sera promptement exécuté, tout sera passé au fil de l'épée.

Je n'ai plus, monsieur le commodore, qu'à vous exhorter à ne pas m'obliger d'exécuter envers vous et ceux que vous commandez, l'un ou l'autre des actes extrêmes dont je viens de vous menacer.

Le Capitaine-général

(Signé :) Decaen.

Pour copie conforme,

Le chef d'état major

(Signé :) Monistrol.

A bord de la frégate de S. M. B. l'*Iphigénie*,
le 28 Août 1810.

Excellence,

J'ai l'honneur d'accuser la réception de votre lettre, sur le sujet pénible pour mon cœur, d'une capitulation. Je vous transmets ci-joint, copie de la correspondance qui a eu lieu entre monsieur le capitaine Hamelin et moi, relativement à celle à laquelle j'avais accédé, avant d'avoir reçu votre lettre ; et j'ai une trop haute opinion de l'honneur de Votre Excellence pour supposer que vous y ferez aucuns changements ; excepté ceux qui pourraient résulter de ce que je n'entends pas bien la langue française.

J'ai l'honneur d'être, de votre Excellence,
le très-humble et très obéissant serviteur

(Signé) Lambert.

Monsieur,

Pour ne pas augmenter la perte en hommes que vous avez faite, sans espoir de succès pour le service du Roi, votre maître, je vous engage à vous rendre à discrétion ; sinon, avec les quatre bâtiments sous mes ordres, je vais m'embosser et vous réduire indubitablement.

J'ai l'honneur d'être etc.

(Signé) Hamelin
à bord de la *Vénus*, le 27 Août 1810.

A l'Isle de la Passe, le 28 Août 1810.

Monsieur,

Le sort de la guerre est toujours douteux, nous ne pouvons rendre à discrétion une île et une frégate aussi bien disposées sous tous les rapports, mais comme vous m'exprimez le désir d'arrêter l'effusion du sang, nous offrons de capituler aux conditions suivantes.

Savoir :

Que l'Ile sera rendue dans son état actuel ; que la frégate l'*Iphigénie* aura la faculté de partir avec toute la garnison, pour tel port que vous désignerez, appartenant au gouvernement britannique.

J'ai l'honneur d'être etc.

(Signé) TH. LAMBERT.

A bord de la *Vénus*, le 28 Août 1810.

Monsieur,

Si toute résistance à mes forces n'était pas vaine, je vous estime trop pour vous proposer de n'en pas faire, mais, pour vos blessés craignez le feu de quatre frégates, rendez à discrétion la frégate l'*Iphigénie* et le fort de l'Ile de la Passe ; que le pavillon français y soit hissé au soleil levant ; vous serez tous prisonniers de guerre, mais tous renvoyés de suite, sur parole ou échange, dans un des ports de S. M. Britannique.

J'ai l'honneur d'être etc.,

(Signé) E. HAMELIN.

A bord du vaisseau de S. M. l'*Iphigénie*,
devant l'Ile de la Passe, le 28 Août 1810.

Monsieur,

J'espérais et j'avais la confiance que l'honorable proposition que je fis hier au soir, aurait été acceptée. Mais, d'après les circonstances actuelles, le vaisseau de S. M. Britannique l'*Iphigénie* et le fort de l'Ile de la Passe vous seront remis demain matin, à 10 heures. Le gouvernement français pourvoira à ce que des bâtiments sûrs et convenables soient fournis pour transporter les hommes de l'*Iphigénie* et de la garnison de l'Ile de la Passe au Cap de Bonne Espérance, ou dans tel port d'Angleterre que vous désignerez dans l'espace d'un mois à dater de la présente, ou plus tôt s'il est possible.

J'ai l'honneur d'être etc.,

(Signé)   Lambert.

à bord de la frégate de S. M. I. et R. la *Minerve*, le 28 Août 1810.

Monsieur,

J'ai l'honneur de vous accuser réception de la réponse que vous venez de faire à mes lettres ; ainsi que la communication que vous y avez jointe de votre correspondance et vos propositions à M. le capitaine de vaisseau Hamelin. Il m'est impossible, Monsieur, d'accéder entièrement à l'article de faveur que vous désirez, d'être renvoyé dans un des ports de S. M. B. avec les hommes de l'*Iphigénie* et la garnison de l'Ile de la Passe. Mais, pour donner une nouvelle preuve de la loyauté et de générosité françaises, je consens à vous faire renvoyer dans un mois, sur des bâtiments sûrs, soit au Cap de Bonne Espérance, soit en Angleterre, aux conditions que vous ne pourrez servir contre l'Empereur, mon maître, et ses alliés, que vous n'ayiez été régulièrement échangé ; vous me donnerez deux otages que j'indiquerai pour l'assurance de l'exécution des conditions de ce dernier article de la capitulation que je vous accorde.

Si, comme je me plais à le croire, vous êtes prêt à souscrire aux conditions ci-dessus, je vous invite, Monsieur le commodore, d'ouvrir la facile communication entre moi et M. Hamelin, afin de pouvoir faire mettre à exécution, le plus promptement possible, les conditions qui seront souscrites ; à quoi j'autorise M. le capitaine de vaisseau Hamelin par des dépêches que je lui adresse.

J'ai l'honneur de vous saluer,

Le Capitaine-général

(Signé)   Decaen.

Pour copie conforme :

Bernard, secrétaire.

(Revue pittoresque de l'Ile Maurice).

N° 18,

(Voir page 371.)

CAPITULATION DE L'ILE DE FRANCE
(3 DÉCEMBRE 1810.)

Nous soussignés, le major général H. Warde et le commodore J. Rowley, nommés pour Sa Majesté Britannique, par le vice amiral Albemarle Bertie, commandant en chef des vaisseaux et bâtiments de Sa Majesté Britannique au Cap de Bonne Espérance et des mers adjacentes, et par le lieutenant général l'Honorable John Abercrombie, commandant des forces de Sa Majesté Britannique, d'une part ; et Martin Vandermaësen, général de division, membre de la Légion d'honneur et commandant des troupes de Sa Majesté Impériale et Royale, l'Empereur de France à l'Ile de France, et Monsieur Victor Duperré, capitaine de vaisseau de Sa Majesté Impériale et Royale, nommés par Monsieur Charles Decaen, grand officier de la Légion d'honneur, général de division, capitaine général des établissements français à l'est du Cap de Bonne Espérance, d'autre part ; lesquels étant respectivement chargés de pleins pouvoirs pour traiter de la reddition de l'Ile et de toutes ses dépendances aux forces de Sa Majesté Britannique, sont convenus de ce qui suit :

I. Que les troupes tant de terre que de mer, officiers, sous officiers et soldats, ne seront point prisonnières de guerre.

Réponse : Les troupes de Sa Majesté Impériale et Royale, l'Empereur des Français, formant la garnison de l'Ile de France, les officiers et sous officiers, les officiers de la marine Impériale et Royale, les équipages des vaisseaux de guerre et les autorités civiles ne seront point considérés comme prisonniers de guerre.

II. Qu'ils emporteront leurs effets et leurs bagages.

Réponse : Les troupes de Sa Majesté Impériale et Royale conserveront leurs armes et leurs drapeaux, sans munitions : ils conserveront tous leurs effets particuliers et les bagages qu'ils déclareront sur leur honneur être leur bien propre.

III. Qu'ils seront transportés ainsi que leurs familles, dans les ports de l'Empire Français.—*Accordé.*

IV. Que pour ce transport, je conserverai les quatre frégates de Sa Majesté, la *Manche*, la *Bellone*, l'*Astrée* et la *Minerve*, ainsi que les corvettes le *Victor* et l'*Entreprenant*, avec les officiers et équipages, armement, munitions et approvisionnemens.

Réponse : Cet article est inadmissible. Le transport des équipages des vaisseaux de guerre de la marine Impériale et Royale est prévu par l'Article précédent.

V. Qu'il sera joint à ces bâtimens, six bâtimens de transport que je désignerai, pour être employés à notre transport avec les approvisionnemens nécessaires pour leurs équipages et leurs passagers.

Réponse : Il sera expédié des vaisseaux en cartel, aux frais du gouvernement anglais, bien approvisionnés, pour transporter en France la garnison française et les équipages des vaisseaux de guerre. Les dits vaisseaux auront la liberté de retourner ensuite sans délai dans un port d'Angleterre.

VI. Ces conditions accordées, je rendrai la colonie et toutes ses dépendances, les magasins etc... Les inventaires de tous les objets appartenant à S.M. l'Empereur seront dressés et conservés, pour tout être rendu à la paix.

Réponse : La colonie et ses dépendances seront cédées sans condition, les parties contractantes n'étant munies d'aucun pouvoir pour déterminer leur destination future. Les inventaires de tous les magasins et propriétés de l'Etat qui seront livrés aux forces de S.M. Britannique (dans leur état actuel et sans détériorations), seront faits par des commissaires nommés des deux côtés.

VII. Que les propriétés des habitants quelles qu'elles soient, seront respectées.—*Accordé.*

VIII. Que les habitants conserveront leur religion, leurs lois et coutumes.—*Accordé.*

IX. Qu'il leur sera permis pendant l'espace de deux ans, de jouir de la faculté de quitter la colonie avec leurs propriétés pour se rendre aux lieux qu'ils voudront.—*Accordé.*

X. Que les blessés qu'il sera obligé de laisser dans les hôpitaux, y seront traités de la même manière que les sujets de S. M. Britannique.

Réponse : Les blessés et les malades qui resteront dans les hôpitaux, seront traités comme les sujets de S. M. Britannique. Il sera permis aux chirurgiens français de rester avec eux ; par suite ils seront renvoyés en France aux frais du gouvernement Britannique.

Articles Additionnels.

I. Les fonctionnaires publics du gouvernement français seront autorisés à rester dans la colonie pendant un temps raisonnable, pour régler et arrêter les comptes publics avec les habitants de la colonie.

II. Le 3 Décembre à 6 heures du matin, les troupes de Sa Majesté Britannique prendront possession du fort Dumas et des lignes du Port Napoléon, jusqu'à la batterie Fanfaron.

III. Le 4 Décembre à 6 heures du matin, l'Ile aux Tonneliers, le fort Blanc, toutes les batteries du Port Napoléon, tous les bâtimens, tant vaisseaux de guerre que corsaires et bâtimens marchands, ainsi que toute autre espèce d'embarcations, quelles qu'elles soient, seront remis aux forces navales et militaires de S. M. Britannique, et tous les bâtimens qui se trouveront au mouillage en quelque port ou crique de l'île que ce soit, seront également considérés comme propriétés de S. M. Britannique.

IV. Les troupes de S. M. Impériale et Royale et les équipages des bâtimens de guerre et corsaires, se retireront dans les casernes de la ville, où elles resteront jusqu'à leur embarquement.

V. La subsistance de la garnison française, tant officiers que soldats, ainsi que tous les officiers et équipages des bâtimens de guerre, aussi longtemps qu'elles resteront ici, sera assurée et fournie par le gouvernement anglais.

VI. Qu'au moment de la remise du Port, comme il est stipulé dans le 3e article additionnel, tous les prisonniers anglais de tout rang, qui se trouvent à l'Ile de France, seront remis en liberté.

VII. Que dans le cas où il s'élèverait quelques difficultés dans l'interprétation des articles précédents, ils seront interprétés en faveur du gouvernement français.

Convenu et arrêté au quartier général Britannique, aux Pamplemousses, à 1 heure du matin, le 3 Décembre 1810.

(Signé :) VANDERMAESEN,
Général de division.

HENRY WARDE,
Major général.

JOSIAS ROWLEY,
Commodore.

VICTOR DUPERRÉ,
Capitaine de vaisseau.

Ratifié par nous,

ALBEMARLE BERTIE,
Vice-Amiral.

JOHN ABERCROMBIE,
Lieutenant général.

Fait en deux originaux, l'un en français et l'autre en anglais.

L'original anglais porte la ratification suivante :

Approuvé et ratifié la présente.

DECAEN,
Capitaine général.

CHARLES DE COETLOGON,
Secretary to the Commissioners.

(Code Farquhar No 1.)

Cet ouvrage était sous presse lorsque nous avons eu la bonne fortune de mettre la main sur plusieurs documents et extraits assez curieux pour que nous ayions pensé qu'ils pourraient intéresser le lecteur ; il était malheureusement trop tard pour les intercaler dans le texte et même pour les indiquer par un renvoi, le tirage étant à ce moment en grande partie effectué. Nous nous sommes borné, faute de mieux, à les insérer à la suite de nos Pièces Justificatives, où ils figurent sous les lettres A.B.C.D.

A

(Voir page 21.)

Extrait de Baptême de Bertrand François Mahé de La Bourdonnais.

En disant que Mahé de La Bourdonnais était né le 11 Février 1699, nous nous sommes avancé peut-être à la légère ; en effet, nous n'avons pas la preuve que son extrait de naissance ait jamais été retrouvé. La pièce que voici n'est qu'un extrait de baptême, mais, chose curieuse, la copie certifiée que nous avons eue sous les yeux, porte en marge le mot NAISSANCE, qui doit par conséquent figurer sur le registre. Peut-être La Bourdonnais aurait-il été ondoyé le jour même de sa naissance, la chose était assez commune à cette époque.

11 Février 1699.

Naissance.

Mahé de La Bourdonnais, Bertrand ou Bertrand François.

Extrait du registre des baptêmes des ville et paroisse de Saint Malo (Département d'Ile et Vilaine) pour l'année 1699, déposé aux archives de l'hôtel de ville.

Où est écrit ce qui suit, folio 19, recto (*in fine*).

" Bertrand François Mahé, fils de Jacques
" Sieur de la Bourdonnais et de demoiselle
" Servanne Lidevine Tranchant sa femme
" fut baptisé par moy sous-signé le 11
" Février 1699. Et a esté parain Mestre
" Bertrand Mahé, Conseiller et Procureur
" du Roy de la ville et communauté de
" Dinan, et maraine demoiselle Guyonne
" Ribertière demoiselle des Lauriers qui ont
" signé.

" Signé au registre : Jacques Mahé,
B. Mahé,
Guyonne Ribertière,
Bétuel *baptisavit.*

B

MACHINE DE LA BOURDONNAIS.

(Voir page 28.)

Nous regrettions de n'avoir pu nous procurer une description de la machine inventée par La Bourdonnais ; en voici une assez sommaire, qui existe bien aux Archives, mais encore fallait-il l'y dénicher, perdue qu'elle est au beau milieu d'un inventaire des bâtiments de la Compagnie des Indes dressé en 1771.

Nous respectons orthographe et ponctuation, ou plutôt le défaut de ponctuation :

Estimation dune machine en charpente de six toises quatre pieds de long sur 4 T. 2 pieds dellargeur et deux toises de hauteur servant alever les pontons et autres batteaux plats pour leurs carennes et raboub (sic) cette machine est construite sur un Bassin dans lenceinte du port en Bonne charpente couverte en bardeaux.

Les deux longs côtés sont composés de huit poteaux posés aplomb sur des sablières en bois de douze pouces quarrrés et assemblés par le haut dans les sablières qui forment L'enreiure du comble.

Dans ces poteaux sont assemblés quatre Truils (sic) qui font mouvoir les palans pour lever les Batteaux le bassin est entourré de pilots bordés dun fil de palplanches pour retenir les Terres. La tête des pilots couronnées dun rang de sablieres assemblés sur les dits pilots Boulonnés et retenus par les Etriers de fer.

Le comble de cette machine est a angle obtus composé de 4 fermes assemblées sur des torons en bois sur la largeur du Batiment chaque fermes garni de deux arbalestiers un poincon (sic) de six pieds de long deux tiers deux jambettes en faitage et un rang de panne de chaque coté. Les deux longs cotés garnis de chevrons de quatre pouces lattés dessus en planches dun pouce pour recevoir le bardeau.

Lenreiure du plancher du comble garni de huit poutrelles planchéiées en planches dun pouce $\frac{1}{2}$ pour recevoir les agrets et appareaux de la machine.

Lestimation faitte des partis montant ensemble pour bois et facon de charpente planches plancher et latis Bardeau pilots plaplanches (sic) et sabliere emploiés au bassin cloux divers et gros fer pour boulons cercles et etriers maconnerie et main doeuvre de la somme de cy.................................. 5,630 liv.

C

M. BOTTINEAU.

(Voir pages 118, 119).

Voici quelques détails complémentaires concernant M. Bottineau, nous sommes persuadé que le lecteur nous saura gré de lui faire connaître quelque chose de plus sur cet original.

BOTTINEAU (Etienne), fils d'un laboureur du Bas Anjou, sur les bords de la Loire, se rendit étant encore très jeune à Nantes, où il s'embarqua. Il commença par être pilotin et finit par être employé dans la conduite des travaux du génie à l'Ile de France. C'est à cette époque, en 1764, qu'il découvrit ainsi qu'il l'assure dans ses Mémoires, d'où nous recueillons ces faits, un moyen de reconnaître les terres et les vaisseaux en mer à une distance de 250 lieues, en combinant les effets qu'ils produisent sur l'atmosphère et sur la mer. M. Bottineau prétend qu'ayant fait les premières annonces de sa découverte, six ans après il devint l'objet des haines et des persécutions et particulièrement de l'inimitié du gouverneur, (1) qui pendant la guerre de 1778, l'envoya à Madagascar où il fut réduit en esclavage. En 1785 M. Bottineau vint à Paris et sollicita de M. le duc de Castries, alors ministre de la marine, les récompenses que sa découverte lui paraissait mériter et dont les journaux rendirent compte. Les journaux le reçurent mal et l'on attribue ce mauvais accueil aux plaintes violentes renfermées dans son mémoire contre les autorités de l'Ile de France. Si en effet, comme l'auteur paraît en avoir la conviction, sa découverte est réelle, il faut le plaindre des difficultés qu'il a rencontrées et surtout de ce que le temps ne l'a point arrachée à l'oubli.

Les Mémoires de M. Bottineau parurent sous différents titres en 1785 et en 1786. L'un des rédacteurs de cette biographie fut témoin à Colombo, dans l'Ile de Ceylan, d'une des expériences de M. Bottineau, que le succès couronna pleinement. Deux autres furent moins heureuses, mais l'observateur expliquait d'une manière assez plausible, le démenti que l'évènement donnait quelquefois à ses prédictions.

(*Biographie nouvelle des Contemporains*—Paris 1820-25.)

(1) Le Chevalier de la Brillane.

*Extrait des " Mémoires secrets pour servir à l'histoire de la
" République des lettres en France depuis 1762 jusqu'à nos
" jours." Vol. 12.*

30 AVRIL 1785.—M. Bottineau, ancien employé de la Compagnie des Indes aux Iles de France et de Bourbon, vient de faire imprimer un mémoire adressé au gouvernement, dans lequel il prétend avoir découvert un moyen physique de connaître l'arrivée des navires à la distance de 250 lieues ....

... Il s'aperçut il y a environ 20 ans, que leur arrivée était précédée de *certains phénomènes* qu'il étudia avec soin, et après beaucoup d'erreurs, d'incertitudes, de tâtonnements, d'observations et de succès, il a perfectionné, dit-il, sa méthode au point que depuis plusieurs années, il annonçait à l'Ile de France, l'approche des vaisseaux et même leur nombre et leur distance. Sur 155, il en est arivé au moins la moitié au temps marqué, et quant aux autres, il a été éclairci qu'une partie d'entre eux était alors aux environs de l'île, mais que leur destination, la guerre ou les vents les avaient empêchés d'arriver.

Une des observations les plus importantes est celle par laquelle M. Bottineau annonça de suite plusieurs vaisseaux qu'il assura devoir être une flotte anglaise, dont il était absolument nécessaire, suivant lui, d'avertir M. de la Mothe Piquet. On équipa en conséquence une corvette et une frégate et deux jours après, on reconnut la flotte anglaise. (1) Cette prescience qui doit paraître moins ridicule dans ce moment où tout est merveille, a cependant besoin d'être parfaitement constatée par des expériences bien répétées et bien authentiques pour mériter quelque créance. Ce qui doit rendre encore le talent de M. Bottineau plus supect, c'est que selon l'usage de tous les charlatans, il demande une récompense pour faire part de sa découverte, et la demande proportionnée à son utilité, c'est à dire, très considérable.

28 JUILLET 1785.—M. Bottineau dont on a annoncé dans le temps la prétendue découverte, intéressante pour la navigation, s'explique aujourd'hui lui-même. Dans une lettre aux journalistes de Paris, No 206, il invite les nomenclateurs à lui fabriquer un seul mot simple ou composé pour désigner le genre et la nature de la science.

Il paraît que M. Bottineau est une espèce de fou ; il s'est rendu, il n'y a pas longtemps, à une école de magnétisme animal, il s'est adressé au comte Maxime (de Ségur), il lui a dit qu'en Asie, où il avait résidé longtemps, il se trouvait des Indiens malfaisants qui avaient le secret de *nouer l'aiguillette*, que tout

---

(1) Au cours de notre récit, suivant en cela la version donnée par le " Nouveau Mauricien," nous avons cité Suffren au lieu de la Mothe Piquet ; un peu plus haut, toujours d'après la même autorité nous avons fait mention de la flotte de l'amiral Reynier et c'est la flotte du Chevalier de Peynier qu'il faut lire.

robuste et vigoureux qu'il paraissait, lui Bottineau avait éprouvé ce malheur et se trouvait hors d'état de produire son semblable, qu'en conséquence il venait implorer le secours de la Société de l'Harmonie. M. de Ségur lui a répondu très sérieusement qu'on examinerait son cas, puis on s'est mis à rire de M. Bottineau, qui en s'en allant, pouvait rire aussi des magnétiseurs, peut-être avec autant de raison.

2 Aout 1785.—" Mémoire pour le Sr Bottineau, ancien em-
" ployé du Roi et de la Compagnie des Indes, aux Iles de France
" et de Bourbon, sur une découverte importante à la navigation."

On apprend par cet écrit sans date et sans signature, que M. Bottineau, de pilotin devenu conducteur des travaux du génie au Port Louis, ayant fait des réclamations contre un ingénieur, nommé Duparc, qui avait envahi ses propriétés, au lieu d'avoir justice, fut exilé à Madagascar, d'où revenu mourant après trois mois, il n'eut d'asile que l'hôpital. Le Gouverneur qui l'avait persécuté étant mort (1), ainsi que le Sr Duparc, son instigateur, M. Bottineau obtint sous une nouvelle administration, un petit emploi de contrôleur aux boissons, pour subsister. C'est au milieu de toutes ces traverses que M. Bottineau a perfectionné l'art dont il offre aujourd'hui la découverte au gouvernement. Il paraît que ses essais ont fait assez de bruit pour en mériter l'attention, puisque le ministre de la marine, par une lettre du 6 Avril 1782, a recommandé aux administrateurs de l'Ile de France de tenir un journal des annonces que le Sr Bottineau fera des navires devant arriver, ce qu'il a fait exactement pendant huit mois à la fin de la guerre. Suit un examen de la lettre du gouverneur et de l'intendant de l'Ile de France au maréchal de Castries, où ceux-ci, sans lui être aussi favorables qu'il le désirerait, ne peuvent s'empêcher de lui rendre justice et de lui reconnaître quelque talent en ce genre.

1er Mars 1786.—On annonce " Extrait du mémoire de
" M. Bottineau sur la Nauscopie." Tel est le mot imaginé pour caractériser l'art prétendu de ce charlatan qui découvre l'arrivée des vaisseaux à plus de 250 lieues en mer.

---

12 Floréal an 3 (1er Mai 1795.)

" Le public peut se rappeler des invitations qui me furent
" faites en Juin 1793 par un grand nombre de citoyens, et plus
" récemment encore en Mai 1794 par la Société Populaire de
" cette ville, pour m'engager à continuer mes annonces nausco-
" piques........ mais mon empressement à me rendre au vœu

(1) M. de la Brillane, mort le 28 Avril 1779 et remplacé par le Vicomte de Souillac.

" de mes concitoyens ne m'a point garanti des insultes et des
" mauvais propos qu'on m'a toujours prodigués si libéralement
" à défaut de bonnes raisons. Tous les vaisseaux que j'ai
" annoncés n'étant point arrivés dans cette colonie, par la raison
" très simple que tous les bâtiments qui viennent reconnaître ou
" qui passent près de l'Ile de France, ne viennent pas pour cela
" à l'Ile de France ; j'ai eu dès lors contre moi toute la classe
" nombreuse des sots et des ignorants ; des esprits bornés et
" superficiels qui ne comprennent rien, ne connaissent rien et
" qui ne réfléchissent jamais, ont ridiculement supposé que je
" joignais à la faculté d'annoncer les vaisseaux, le pouvoir
" magique de les faire venir dans un lieu pour lequel ils ne sont
" point destinés. J'ai eu contre moi la classe non moins nom-
" breuse de ces gens à prétentions et à systèmes, qui frondant
" tout, critiquant tout, n'approfondissant rien, croient masquer
" leur ineptie en adoptant le ton tranchant de l'impertinence, et
" s'imaginent avoir tout prouvé quand ils ont dit : Cela ne peut
" pas être. J'ai eu contre moi la tourbe méprisable de ces bas
" envieux, de ces vils détracteurs des talents et des progrès de
" la raison humaine, de ces êtres nuls qui servilement idolâtres
" de leurs préjugés, machinalement attachés à leur routine,
" ennemis jurés de toute vérité nouvelle, ont la stupidité de
" croire qu'il n'est pas possible d'aller au delà du cercle de leur
" étroite conception............

Il cite deux preuves des deux annonces qu'il fit, le 15 Juillet 1793, portant 15 à 20 vaisseaux, et le 25 Mai 1794, " dont
" la non-réalisation excita contre moi cette violente explosion
" d'invectives et de calomnies, d'injures et de vociférations
" auxquelles je n'ai dû opposer que le silence du mépris."—
" Avis du subrécargue (Brady) du marchand Toscan, annonçant
" que pendant son séjour au Cap, en Juin 1793, un convoi de
" 18 vaisseaux anglais pour l'Inde fut signalé à la montagne du
" Lion. Et un extrait du *Courrier de Madras*, 17 Octobre 1794,
" portant : des lettres du Bengale annoncent que pendant que le
" *William Pitt* se réparait à Batavia, le commodore Mitchell partit
" à la rencontre du convoi de Chine et que le 17 Avril 1794 il l'a
" rencontré près de Banca, escorté par le *Lion* et le *Jackall* et l'a
" convoyé suivant le désir de Lord Macartney et du Chevalier
" Gower, jusqu'en dehors du détroit de la Sonde où il l'a laissé
" continuer pour l'Europe. Or, si dans un temps de guerre où
" toutes les communications sont interceptées, j'ai pu malgré ces
" obstacles, me procurer ces preuves, combien à plus forte raison,
" n'en aurais-je pas eu en temps de paix pour toutes mes annon-
" ces, et cependant que de sottises, que d'absurdités et de
" platitudes n'a-t-on pas débitées pour en faire un objet de
" dérision. Tel fut et tel sera constamment avec des hommes qui
" ne veulent rien entendre, le sort de toutes les annonces que
" j'ai faites et que je pourrais faire en cette colonie, sans que
" cela puisse être autrement. Que voulez-vous répondre à des
" gens qui croient que tous les vaisseaux qui naviguent dans la

" mer des Indes, doivent absolument venir à l'Ile de France.
" Ils s'imaginent apparemment qu'il n'y a plus ni Anglais, ni
" Hollandais, ni Danois, ni Espagnols, ni Portugais !

" Je crois en avoir assez dit sur ce point ; les gens sensés
" m'entendent et ne sauraient désormais improuver mon silence.
" Lorsque trente ans de preuves consécutives et d'expériences
" répétées avec succès ne suffisent pas pour consacrer une vérité,
" il ne reste plus qu'à se taire et à remettre la lumière sous le
" boisseau. Mais de quel front osera-t-on après cela venir
" encore me parler de ce que je dois au bien général, à moi à
" qui il en coûte ma fortune tout-entière, à moi qui ai sacrifié mes
" veilles, mon temps et ma santé, à moi qui peux dire encore
" aujourd'hui avec vérité, que toutes les démarches, les dépenses,
" les offres, les propositions que j'ai renouvelées à différentes
" époques, pour faire jouir mon siècle et ma patrie d'une décou-
" verte aussi précieuse qu'étonnante, n'ont abouti jusqu'à présent
" qu'à me susciter des ennuis de toute espèce, à m'attirer des
" avanies, des insultes, des calomnies, des vexations, des injusti-
" ces, des tracasseries et des désagréments dans tous les genres.
" Tout cela est trop, sans doute, beaucoup trop. Mais ce ne serait
" presque rien si l'on n'y avait pas ajouté des horreurs et des
" atrocités révoltantes, et si pour tout dire enfin, je ne me trou-
" vais encore jusqu'à ce jour la victime malheureuse et souffrante
" de la spoliation la plus inique, la plus infâme qui ait jamais
" été exercée contre aucun individu de cette colonie, sous le
" régime arbitraire des despotes ministériels de l'ancien régime !"

BOTTINEAU.

Sans vouloir faire de commentaires sur la valeur de sa décou-
verte, voici en quelques mots l'impression que nous a laissée la
lecture de ces pièces : M. Bottineau était de bonne foi, cela est
hors de doute, sa conviction était profondément enracinée, son
caractère naturellement chagrin et ombrageux s'était aigri par
suite de la non-réussite de son idée fixe. Lorsqu'un esprit s'engage
dans cette voie il est bien rare qu'il ne se détraque pas quelque
peu, certains passages de sa lettre laissent percer clairement le
stigmate de la manie de la persécution.

D

(Voir pages 216-222).

Croisière de la "Preneuse."

Nous avons suivi dans notre récit la version donnée par Garneray ; voici le rapport du commandant Lhermitte lui-même, qui en diffère quelque peu, principalement pour la fin de l'engagement de la frégate avec le " Tremendous et l' " Adamant "—Bien que ce document soit un peu long, nous croyons devoir le donner en entier. (1)

Nous respectons l'orthographe et la ponctuation.

———

Rapport des évènements arrivés à la frégate la *Preneuse*, commandée par le capitaine de V^{au} Lhermitte, à son retour à l'Ile de France après sa dernière croisière.

(Pour servir d'instruction aux membres composant le jury chargé de juger la conduite qu'a tenue le cap^{e} Lhermitte dans la malheureuse journée du 20 Frimaire an 8, où il fut contraint d'amener le pavillon de la dite frégate crevée sur les récifs de la pointe du Sud de la Baie du Tombeau à $\frac{3}{4}$ de lieue de l'entrée du Port Nord-Ouest, Ile de France).

Le g^{al} Sercey donna ordre au cap^{e} Lhermitte d'aller établir une croisière sur la *Preneuse*, d'un mois au Sud de Madagascar, visiter ensuite la baie Saint Augustin ; de là se rendre à la côte d'Afrique et établir une croisière aux environs du Cap de Bonne Espérance, y rester autant qu'il le pourrait ; éviter tout engagement qui pourrait forcer sa rentrée, ou la levée de la croisière, avant le terme qui lui était fixé ; c'est à dire, autant que des vivres lui permettraient de tenir la mer.

Le 16 Thermidor, j'appareillai de la rade des Deux Frères, ayant 4 mois de vivres à bord, 315 hommes d'équipage rem-

———

(1) Remarquer que le capitaine écrit son nom Lhermitte en un seul mot, avec deux *t* ; il dit aussi plus loin que le commandant de la croisière anglaise était le commodore Osborne et non l'amiral Pelew comme le prétend Garneray.

Autre rectification pendant que nous y sommes ; Nous avons parlé (page 164, note 1) du commodore Laussac, la véritable orthographe de son nom est *Lozack*, ainsi que nous l'avons vu par quelques lettres autographes de Malartic qui lui sont adressées.

plis de bonne volonté, mais faibles pour l'artillerie ; d'ailleurs, me manquant, comme on voit, 65 hommes, pour être au grand complet. Malgré cela je mis sous voiles avec plaisir, certain que la bonne volonté que je connaissais à un chacun de ceux qui étaient à bord, et les attentions et les peines de tous mes officiers, aspirants et maîtres, suppléeraient, à l'occasion, au grand nombre, et aussi, que les braves militaires de la compagnie de Tabuteau, formant le détachement du bord, remplaceraient à l'occasion, les canonniers, déserteurs de mon bord, passés impunémemt sur les différents corsaires armés à l'Ile de France. Je suis fâché de relater ce fait, mais il n'est que trop vrai que tant qu'il y a eu ici des bâtiments de la République, leurs déserteurs et en grand nombre n'ont jamais été punis à leur désarmement des corsaires. (1.)

La conduite de l'équipage de la *Preneuse*, a bien justifié la bonne opinion que j'en avais. Non seulement, ils n'ont cessé d'être braves, mais encore ils n'ont cessé de supporter avec patience, les fatigues de cette longue et pénible croisière, pendant laquelle nous avons eu plusieurs coups de vent, qui avaient mis la frégate dans le plus mauvais état, faisant beaucoup d'eau, et tellement elle était déliée que toutes ses serres, barrots, hilloires renversées ne tenaient plus. Malgré tout cela, le capit^e Lhermitte a tenu la mer, 4 mois 9 jours où il lui était ordonné, a eu deux combats vifs dont un de nuit et à l'ancre, dans la baie de Lagoa, près Saint François, qui a duré 6 heures, à portée de pierrier, contre une petite frégate, une grande frégate et une batterie de terre qui les protégeait ; et le dégréement de la *Preneuse* fut leur salut. L'autre combat eut lieu contre le vaisseau le *Jupiter* qui serait devenu la proie de la *Preneuse* quoiqu'elle n'ait jamais pu se servir de ses canons de gaillard, faute de monde, si elle n'avait eu une très grande infériorité de marche, et le vaisseau sorti du Cap, pour prendre la *Preneuse*, après un combat tout à l'avantage de cette dernière, fut trop heureux de chercher son salut dans une fuite, et ne le dut qu'à sa marche supérieure.

Le 1er de ces combats eut lieu le 4 complémentaire, dura depuis 9 heures du soir jusqu'à 3 heures du matin. On tira 1200 coups de canon à bord de la *Preneuse*.

Le 2e se donna le 20 Vendémiaire de l'an 8, à 3h. 30 du soir, dura jusqu'à 6 heures à brûle-pourpoint ; et depuis 20 heures la chasse continuait, recevant et rendant fréquemment pendant ce temps, des volées à demi-portée de canon. Nous

(1.) L'Amiral de Saint Félix avait fait la même observation à l'époque, il avait recommandé au gouverneur de restreindre le plus possible l'octroi des lettres de marque. Cela contribua sans aucun doute à le rendre antipathique aux marins déserteurs, aux corsaires et à tous ceux qui avaient plus ou moins d'intérêt aux armements en course, et ils étaient nombreux. (*Note de l'Auteur*).

étions au moment où l'ennemi a fui, à 6 lieues dans le S. E. de la première pointe Natale.

Quoique en très mauvais état, et très faible en nombre, par mes pertes d'hommes, mes blessés, et mes malades du scorbut et de la dyssenterie sans pouvoir les soulager par des vivres frais ou un peu de vin (on n'avait rien embarqué pour les malades), je n'avais plus que 230 hommes bien-portant ; ma santé à moi était totalement mauvaise, je me décidai néamoins avant de lever ma croisière à aller encore prendre connaissance du Cap de B. E. Il m'était pénible de rentrer sans avoir fait de prises sur l'ennemi.

Je fus forcé de quitter ma croisière le 30 Vendémiaire, le scorbut faisant de grands progrès à bord. Je dirigeai ma route pour me rendre à l'Ile de France, parcourant les 34 et 35° de latitude : Je fis une traversée très dure, et on ne peut plus pénible ; on ne cessait de pomper à bord, et j'avais été forcé de retrancher l'eau et les vivres de toute espèce de l'équipage.

Le 18 Frimaire, par mon point, je me flattais de voir bientôt le terme de ma fatigue. Je m'attendais à voir la terre de l'Ile de France sous peu. Aussi la vit-on le 19 au matin, à 6¾ h. d'en haut ; à 7½ h. d'en bas. Je m'en jugeai à 16 ou 18 lieues. C'étaient les terres du Grand Port, le temps était beau ; le vent E. et E. S. E., faisant sous toutes voiles de 4½ nœuds à 5½ et 6. A 3 heures de l'après-midi, à 5 lieues des terres du Grand Port, me restant au N. O. 5° Ouest, continuant de m'en approcher plus lentement, la brise diminuait ; je fis serrer mon petit perroquet et cacatois, et fis hisser à la tête du petit mât de perroquet les signaux de reconnaissance entre la *Preneuse* et l'Ile de France. Je fis arborer en même temps, le pavillon et la flamme nationale, et continuant sous toutes voiles sur le Grand Port, je me faisais à 6 heures à 3 lieues des récifs de l'Ile de la Passe. Alors j'ai diminué de voiles. Il faisait à 7 h. presque calme ; à 7½ h. très près de terre, voyant des feux de pêcheurs en dedans des récifs, nul bateau en dehors, je fis toutes voiles, et en prolongeant la terre de très près, je me décidai à faire route pour le Port N. O. en passant par le vent. On n'eut à bord aucune connaissance de signaux à terre, et je ne croyais pas l'ennemi sur la côte. Toute la nuit il y eut calme ; au jour petite brise de l'Est et E. N. E., beau temps, une brume épaisse sur les montagnes, l'Ile Ronde au N. ¼ N. E, et au N. N. E.

Au soleil levant, vu une voile au N. E. ¼ E. et au E.N.E. Vu en même temps, des signaux aux montagnes, mais le calme laissait les pavillons perpendiculairement, on n'a pu distinguer les couleurs. (Na. Je ne puis m'empêcher de marquer ici mon étonnement, en voyant que les signaux qu'on fait sur les montagnes ne sont absolument que pour l'utilité de ceux qui restent à terre, tandis qu'il serait si aisé de veiller à la sûreté des navires venant chercher l'Ile de France, et de les mettre en garde contre un ennemi y croisant, et cette mesure serait de peu de dépense assurément.)

A 8 heures la brise étant plus forte, on a distingué les signaux du Piton, annonçant l'ennemi. Je n'avais cessé de voir des pêcheurs en dehors des récifs sur la côte de Flacq, et qui me fuyaient dès que je m'en approchais. Je n'avais pas moins que la veille mes signaux du jour et mes couleurs françaises. Reconnaissant le signal des montagnes, et le navire me chassant, pour un très gros vaisseau et m'approchant beaucoup sans pouvoir éviter de me trouver joint avant de donner dans les îles ; étant également dans l'impossibilité de prendre le large, ou de faire route pour le Grand Port, puisque le vaisseau me restait au vent, je serrai tellement la terre, que je la prolongeai depuis 8½ heures par 15, 10 et même 7 brasses d'eau, et passai ainsi, avec forte brise alors, entre le Coin de Mire et la terre, n'ayant que cette ressource pour éviter le vaisseau de 74 qui était à portée de canon de moi. Il ne hasarda pas de m'y suivre, et passant entre les îles je me trouvai lui gagner deux lieues tout à coup, et ne m'en inquiétais pas plus alors que s'il n'avait pas existé. A 10 heures j'étais Nord et Sud du Coin de Mire, les vents de l'E. S. E., très forte brise,

A 10½ heures, nous avons doublé la Pointe aux Canonniers, dont la batterie, qui nous a reconnue, m'a paru très bien armée. Au même moment, j'ai vu au Nord, deux voiles dont un vaisseau de ligne cherchant à me couper la terre ; mais je m'en inquiétais peu, et étais bien certain de gagner le Port Nord Ouest, malgré eux ; la brise très forte de l'E.S.E. me forçait souvent dans les rafales, de ramasser les bonnettes, et ariser les cacatois et perroquets. Je serrais de très près la terre, et elle ne pouvait m'être coupée. A 11½ heures, j'avais doublé la pointe du Tombeau ; j'étais à une demi-lieue du mouillage des Deux Frères, satisfait de l'avoir ainsi échappé d'un ennemi aussi supérieur en forces, que d'avoir rendu sa poursuite nulle, quand tout à coup par un malheur aussi désespérant qu'inattendu, le vent saute au Ouest : je manœuvre, étant masqué, pour prendre l'autre bord, et aller sous la baie du Tombeau ou dans la Grande Baie ; à peine m'orientais-je, que les vents sautent au N. N. O., me masquant de nouveau, m'empêchant de finir mon évolution ; et le jouet de ces folles brises, la frégate touche et perd son air ; il était midi moins dix minutes. Au même instant je fais mettre canots et chaloupes à la mer, serrer les voiles, dégréer et dépasser les mâts de hune, et perroquets, jeter la drome à la mer, vider l'eau dedans la cale, faire élonger des ancres dans le chenal de la baie du Tombeau, y envoyer sonder un officier ; il était alors pleine mer et les vents fixés au Ouest. L'ennemi m'approchait beaucoup. Déjà le vaisseau de 74 me combattait ; je lui rendais ; à midi et demi, la brise revint de l'Est, à l'E. S. E., assez forte. Je virai sur mes grelins et la frégate ne bougeait pas. J'ordonnai de jeter des canons de 18 ; mais tout cela, malgré la surveillance des officiers et les peines de l'équipage, n'allait pas aussi vite qu'il eût été nécessaire pour la mer qui perdait.

M. Duché était venu à bord, peu après que j'eus touché, dans un canot, voir ce qui m'était nécessaire : au moins, il me le demanda ; je lui dis de retourner promptement au port, m'envoyer les secours propres à ma position, des chaloupes, monde, ancres et grelins ; il me vint aussi un canot de la Cayenne ; dedans un aspirant et quelques noirs rameurs que je gardai. M. Lartigue m'envoya offrir des pirogues et des noirs que j'acceptai et qui me vinrent.

A 4 heures, désespérant de retirer la frégate déjaugée de 3 pieds, les deux vaisseaux au moment de la combattre, et par ma position, touché le bout à terre ; ne pouvant me servir que des pièces de retraite ; j'ai voulu que l'ennemi n'en put rien sauver : je l'ai fait saborder dans la cale, couper les bas mâts avant, dernier essai pour la retirer et tout ayant été nul, j'ai tout fait préparer pour y mettre le feu, au moment où l'ennemi y enverrait des canots, bien résolu à ne pas amener.

A 4 heures 30 j'ai fait embarquer mes malades, dans les embarcations du bord, un officier et aspirant dans chaque ; je les ai fait mettre à terre ; j'ai ordonné aux autres de l'équipage de s'y rendre à la nage et par dessus les récifs, voulant rester seul à bord ; j'ai été contraint de réitérer l'ordre, chacun voulant ne pas me quitter. Malgré cet ordre réitéré, quelques officiers, aspirants, maîtres et officiers mariniers sont restés ; assez enfin pour faire jouer les canons de retraite ; en tout, au plus 50, dont partie ne sachant nager, n'a osé se jeter à la mer pour se sauver.

A 5 heures 40, les deux vaisseaux anglais ont défilé sur moi, à demi-portée de canon ; la terre leur répondait, et nous nous trouvions entre les deux feux, ce qui incommodait extrêmement nos malades et autres se rendant à terre ; nous ripostions autant que possible avec nos canons de retraite, mais à quoi bon ? Vu l'impossibilité d'exécuter mes projets, j'ai congédié tout le monde, sinon 16 des principaux qui ont voulu rester à bord. J'ai alors, ordonné d'amener mon pavillon ; il était près de 6 heures ½. Peu après l'ennemi a cessé le feu et pris le large.

A 7 heures et demie, les citoyens Duché, Mégnard et Morin sont venus chacun dans un canot, m'offrir leurs services. Je leur ai répondu qu'ayant amené, je n'avais plus le droit de les employer. Ils sont retournés à terre ; j'ai omis de dire qu'à 5 heures le C^{en} Merven m'avait apporté un billet de la part du Général Sercey me laissant libre et maître de mes manœuvres ; je n'en avais qu'une seule, c'était d'empêcher l'ennemi de profiter d'aucun effet provenant de la frégate ; j'y ai réussi en partie, mais j'eusse voulu faire sauter la frégate et ne pas amener, cela ne m'a pas été possible. J'aurais bien pu brûler la frégate avant l'arrivée des canots anglais ; alors, trois canots français, les miens s'entend, étaient de retour ; je n'ai pas voulu en profiter, ni ceux qui étaient avec moi, et ces canots sont retournés à terre, à 8¼ heures, moment où ceux ennemis arrivaient à bord, ayant préalablement hélé pour savoir s'ils pouvaient venir, je leur ai fait répondu que oui. A 8½ heures, ils ont pris possession de la frégate. Ce moment m'a été si sensible, que j'ai perdu connaissance ; je ne l'ai reprise qu'à bord du vaisseau l'*Adamant*, capitaine W. Hotham, dont je n'ai qu'à me louer. J'ai appris là que les Anglais avaient mis le feu où je m'étais proposé de le mettre pour faire sauter la *Preneuse*, qu'ils n'en avaient rien sauvé, et que, généralement tous mes effets à moi, ceux de l'Etat dont j'étais chargé, mes journaux, tout avait été brûlé, et je n'avais absolument que ce que j'avais sur le corps, j'étais très malade depuis quatre mois, paralysé du bras, et affaissé sous le poids du chagrin de cet évènement. Voilà l'état où je me suis trouvé à bord de l'*Adamant*, le 20 Frimaire, avec un officier et trois aspirants. Les autres au nombre de 10 officiers, maîtres et aspirants furent transportés à bord du vaisseau de 74, le *Tremendous* et perdirent la plus grande partie de leurs effets. Cela vint de la précipitation avec laquelle ils furent forcés par les Anglais de quitter la frégate, laquelle fut occasionnée par le feu des batteries de terre qui tirèrent sur la frégate, dès qu'ils y surent les Anglais.

Je passai le 21 Frimaire à bord de l'*Adamant*. Le capitaine eut pour moi, les marques de considération les plus distinguées. Il me donna sa salle à manger pour mon logement, me prêta du linge, et donna sa table à mes compagnons d'infortune. Le 22, ayant obtenu du commodore Osborne la liberté d'être mis à l'Ile de France, avec l'obligation cependant de n'en pas sortir avant d'être échangé, loi dure, mais à laquelle il me fallut soumettre, étant mourant, nu, et sans le sol, je ne pouvais me rendre au Cap. J'obtins avec peine même la liberté pour nous tous, et au moment où l'*Adamant* allait demander à parlementer, la terre en fit la demande, à 8 heures du matin, le 22 Frimaire, et à 10 heures, M. Vrignoux, officier du port, vint à bord avec des lettres du gouverneur, me réclamant. Tout était déjà convenu, nous sommes descendu accompagnés d'un lieutenant Anglais (Walzee). J'obtins du capitaine de l'*Adamant* que quelques Français pris sur un both de côte et Espagnols pris sur un navire de la Plata, fussent aussi mis à terre.

A une heure et demie après-midi, nous abordâmes le quai, qui était couvert des habitants de la colonie et dès qu'ils m'aperçurent dans le canot, me marquèrent leur joie, et leur jugement de ma conduite, dans cette terrible catastrophe, par des applaudissements sans nombre et les cris répétés avec enthousiasme : " Il y est ! Il y est ! Vive le brave ! Vive le capitaine Lhermitte !" J'eus de la peine à me défendre d'être porté, en mettant pied à terre et en nous rendant au gouvernement, je fus salué de quinze coups de canon. J'oubliai un instant par cet accueil trop flatteur, le malheureux évènement qui m'était arrivé. Content de ma conduite, que le public témoin d'elle avait jugée si avantageusement, je me consolai d'un malheur de mon état que je ne pouvais éviter.

Rendu au gouvernement, j'y reçus du gouverneur l'accueil le plus consolant. J'y dînai, et le jour même, ainsi que les jours suivants, je reçus des visites de félicitations de la part des habitants.

A coup sûr, cette réception, à jamais chère à mon cœur, était plus que suffisante pour me faire connaître que j'avais rempli les devoirs de ma place, et rien de plus n'était nécessaire pour ma satisfaction : mais étant chargé du commandement d'un vaisseau de la République, la loi voulait qu'en cas de perte d'une manière quelconque, le capitaine fût jugé par un jury ; j'ai, les premiers jours de Nivôse, remis au général Sercey le compte de ma campagne, avec force prière qu'il convoquât un conseil conformément à la loi, pour connaître ma conduite dans les cours de ma campagne ; il m'a répondu à ce sujet, la lettre très honnête qui est annexée au présent rapport, (feuillet 1). Les raisons portés dans cette lettre existant toujours, le nombre des officiers ayant plutôt diminué qu'augmenté, je n'en ai plus reparlé ; mais le navire le *Libérateur* ayant rapporté du Bengale des officiers de la *Forte*, joint à l'état major du navire, j'ai demandé de nouveau un jury au Général Sercey qui m'a répondu par la lettre annexée à la feuille 2. Comme le capitaine de vaisseau Kerdroniou a paru devant un jury, j'ai consulté la loi, et voyant qu'il est possible d'en convoquer un légal, j'ai écrit au gouverneur Magallon afin qu'il en ordonnât un. C'est donc vous, citoyens jurés, qui êtes réunis pour ce. Je vous remets en conséquence, le rapport de ma campagne, avec un précis des évènements qui en ont été la suite. Entendez les témoins que vous jugerez nécessaires pour connaître la vérité de mon rapport et quelque soit votre jugement, veuillez en ordonner la publication et l'impression ; et je demande également au jury que mon second, le citoyen Dalbarade, passant sur le *Huron*, ma santé à moi ne me permettant pas encore de passer en Europe, soit porteur pour le ministre, de mon rapport et de votre jugement ; au moins, du jugement.

Je m'en rapporte entièrement à cet écrit, et ne demande qu'à être jugé sur les obligations qui m'étaient imposées et si je les ai remplies. Si il paraissait quelque accusation contre moi de la part de mes chefs, je me charge de m'en défendre devant le jury, dont j'ai bien l'honneur d'être.

Le très soumis serviteur

LHERMITTE.

A l'Ile de France
   le 13 Vendémiaire an 9,
     de la République française.

J^{en} DALBARADE,
capitaine de frégate, chargé du détail.

RAYMOND,
lieutenant de vaisseau,

VICTOR RIVIÈRE,
lieutenant de vaisseau, chargé de l'artillerie.

JOSEPH ROGER,
lieutenant de vaisseau.

GAMAND,
capitaine d'armes.

NADAUD,
sergent major.

DELHUILLE,
sergent.

TROUILLIER,

GAFFINET,

BOIVIN,
canonnier.

JEAN LOUIS JEAN.

TABLE DES CHAPITRES.

Page.

Avant propos I

PREMIÈRE PARTIE.—*La Compagnie des Indes.* (1715-1767.)

I. Prise de possession de l'Ile de France.—Dufresne.—Garnier Dufougeray.—MM. Durongoüet le Toullec et de Nyon.—Fondation de la colonie.—Le Port Bourbon et le " Camp." Communications.—M. Brousse.— M. Le Noir.—Le conseil d'administration.— Le Conseil Provincial. — Concessions. M. Dumas.—M. de Maupin.—Impositions, Système monétaire.—Législation.—Les esclaves, les marrons.—Rats, sauterelles, singes.—Les habitants, les troupes, les filles de la Compagnie.—Le clergé.—Interdit contre le Port Bourbon. Ingénieurs.—M. de Cossigny. Sa mission, ses déboires, son rapport, M. de La Bourdonnais. (1715-1734.)... ... 1

II. La Bourdonnais, sa jeunesse, ses services ; le *Bourbon.* Ses campagnes dans l'Inde, son retour à l'Ile de France. Il est nommé gouverneur des Iles de France et de Bourbon. Son portrait. Son arrivée au Port Nord-Ouest.—Fâcheuse impression causée par une mesure de la Compagnie.—Agriculture.—Le siège du gouvernement transporté au Port Louis.—Aspect du Port Louis.—Bâtiments, constructions navales, fortifications, mines de fer.—Les troupes, maréchaussée.—Les ingénieurs, le *magasin éternel.*—Les capitaines.—Recensement. La ville, les habitants, les femmes, mets favoris. Mort de Madame de La Bourdonnais.—La Bourdonnais rentre en France. Il réfute les accusations dirigées contre lui. Nouveaux plans ; il quitte la France avec cinq vaisseaux. Son second mariage. Retour à l'Ile de France. (1735-1741.)... 21

III. Expédition dans l'Inde. Retour à l'Ile de France.—Le manioc.—Les Seychelles.—Les Indiens, les esclaves, Indigoteries, cotonneries, sucreries.—Naufrage du *Saint Géran.*—Guerre entre la France et l'Angleterre. Armements. Seconde expédition dans l'Inde.—M. David.—Retour de La Bourdonnais, il rentre en France. Son voyage, sa capture, son arrivée à Londres. Il se rend à Paris, son arrestation, son emprisonnement à la Bastille. Son innocence est proclamée. Mauvaise foi de la Compagnie.—Mort de La Bourdonnais. Pension à sa veuve.—Les assemblées coloniales des Iles de France et de Bourbon et Madame de Montlezun. Opinion du Chevalier Desroches sur La Bourdonnais. (1741-1747.) ... 37

IV. M. & Mme. d'Auband. —Gouvernement de M. David.—Tentative de l'Amiral Boscawen.—Le Réduit, plantations, l'*Epreuve.*—Chasse interdite, marrons. Forval et la princesse Béty, l'Ile Sainte Marie.—M. de Lozier-Bouvet.—Commune des habitants.—M. d'Après et l'abbé de la Caille.—Les sucreries.—Le jardin du Réduit.—Poivre, sa biographie.—Les arbres à épices.—Fusée Aublet.—M. Magon.—Forêts,

pâturages et bestiaux.—Le jardin des plantes du Réduit.—
Salines.—Forges d'Hermans et de Rostaing.—Sucreries.—
L'Église des Pamplemousses.—Les Seychelles.—Guerre de
l'Inde.—MM. de Lally et d'Aché.—Perte de Pondichéry.—
Jugement et exécution de Lally.—M. Desforges-Boucher.—
Nouvelles mesures de la Compagnie.—Les employés, les
banians, agiotage, abus. - Les militaires.—Assemblée générale. — Les députés de la colonie. — Rétrocession au Roi.
(1747-1767.) 53

DEUXIÈME PARTIE.—*Le Gouvernement Royal.* (1767-1790.)

I. Le Gouvernement Royal.—Arrivée de MM. Dumas et Poivre.
M. Desforges-Boucher se retire à Bourbon ; ses réceptions,
ses déceptions.—Attributions du Gouverneur et de l'Intendant.—Le nouveau Conseil Supérieur, le Tribunal terrier,
Curatelle aux biens vacants ; les fabriques, registres de l'Etat
civil.—La monnaie de carte.—Caractère de M. Dumas, impression fâcheuse.—Démêlés entre le gouverneur et l'intendant.—Un mot sur la conduite de Poivre.—Le pamphlet
l'*Auguste protection.*—L'ordonnance sur les syndics des quartiers.—MM. Desribes et Rivalz de Saint Antoine.—M. Dumas
dépasse la mesure, son rappel ; Poivre est blâmé.—MM. de
Maudave et Bernardin de Saint Pierre.—M. le chevalier
Desroches ; ses relations avec Poivre, son opinion sur les
habitants.—Suppression de la chambre syndicale.—Faillite
de la Compagnie des Indes ; la liberté du commerce ; fièvre
de négoce.—Le Port-Louis.—Le cimetière de l'Enfoncement.
—Ouragan de 1771 ; l'*Ambulante* et le *Vert Galant.* —
Travaux d'amélioration du port, reboisement des montagnes.
Voyageurs distingués.—Introduction de plantes utiles.—Le
martin détruit les sauterelles.—Les épices ; Fusée Aublet
et Commerson.—Monplaisir. (1767-1772.)... 75

II. MM. de Ternay et Maillard-Dumesle.—Voyages dans l'île ;
la Savane.—Encore le papier monnaie.—Les préséances aux
cérémonies publiques.—La Juridiction royale.—Nouvelles
divisions de l'île.—Les gazettes hebdomadaires.—Explosion
du moulin à poudre. — L'affaire Lehecq. — Beniowsky.—
Arrivée de M. de la Brillane ; départ de M. de Ternay.—
Quelques mots sur M. de la Brillane, une anecdote.—Les
volontaires de Bourbon ; le régiment de l'Ile de France.—
Saint Jean de Lisboa.—Dépôt des chartes des colonies.—
M. Céré. — Le Jardin Botanique ; les girofliers. — Mort de
M. Magon.—L'espionnage.—La guerre ; les premiers corsaires.—Mort de M. de La Brillane. (1772-1779.) 95

III. M. de Souillac.—Un gouverneur populaire. Son intimité
avec M. de Céré.—La guerre de l'Inde ; d'Orves, Duchemin,
Suffren, Bussy. — La nauscopie. — Paix de Versailles. —
Suffren à l'Ile de France.—MM. Foucault et Chevreau.—
Enquête.—Rappel de M. Chevreau.—M. Motais de Narbonne.
—Départ de M. de Souillac pour Pondichéry.—Béniowsky.
—Le Port Louis ; la rue du Gouvernement, l'Église, le dépôt,

Pages

le Palais de Justice.—La Chaussée.—Un vignoble.—Plantation de Bois noirs.—Un ouragan au mois Juin.—Tremblement de terre.—La nouvelle Compagnie des Indes.—Les mœurs, la société créole.—Fête d'adieu offerte à M. de Souillac. — Les *Rafraîchisseurs*.—MM. d'Entrecasteaux et Motais de Narbonne.—Papier monnaie, sa dépréciation, les assignats. — M. du Puy. — Instructions de Louis XVI à MM. d'Entrecasteaux et du Puy.—Le Conseil Supérieur de Bourbon et la Juridiction royale.—Le comte de Locatel.—M. de Conway.—Licenciement des volontaires de Bourbon.—Les colons et la révolution. (1779-1790.) 115

TROISIÈME PARTIE.—*Les Assemblées Coloniales.* (1790-1803.)

I. La cocarde tricolore.—MM. de Conway et Coriolis.—Agitation populaire.—Le comité des sept.—La colonie réclame deux députés à l'Assemblée Nationale.—Première assemblée générale de la colonie.—Ennuis de M. de Conway.—Arrivée du *Stanislas*, le décret du 8 Mars 1790.—Enthousiasme et agitation.—La lanterne.—Macnémara.—M. de Ravenel.—Les clubs.—L'Assemblée prend le nom d'Assemblée Coloniale.—Les députés, les municipalités.—M. de Maissin fils, un fumiste.—Abus d'autorité de l'Assemblée.—Démission de M. de Conway.—M. de Cossigny, son installation. — Les relations sociales sous la révolution.—Le théâtre, le luxe, l'agiotage.—Le décret du 28 Mars.—Assassinat de M. de Macnémara.—La constitution du 21 Avril 1791.—Fédération de la colonie.—La nouvelle Assemblée.—La petite vérole. (1790-1792.) 137

II. M. de Malartic.—Les commissaires civils.—Piété, charité, bonté et politesse de Malartic ; quelques anecdotes. — Il entre en fonctions.—Le papier monnaie, famine.—Les tribunaux.—Proclamation de la République ; les Chaumières, les sans-culottes, le gouverneur et l'Assemblée.—L'affaire Saint Félix.—Le service de Marat.—La cocarde tricolore.—Les croix de Saint Louis ; la guillotine.—Les noms entachés d'incivisme.—Gally.—Le calendrier républicain.—La soupe des sans-culottes.—Quelques types : Litray, Dauvin, Rivière, le teinturier, le bancal, le bossu, Gadebois.—Les grandes sans-culottides.—La déesse Raison.—Fête de la Liberté.—La guillotine est étrennée.—L'abbé Hoffmann et les sans-culottes.—Procession de la Fête-Dieu.—Considérations sur le décret du 16 Pluviôse an 2 et le retard qu'on mit à le faire exécuter à l'Ile de France.—L'Assemblée Coloniale abolit la traite des noirs.—Les évènements de Thermidor.—La chûte de Robespierre et des Jacobins.—Commencement de réaction. (1792-1794.) 162

III. La marine française et la Révolution.—L'Ile de France abandonnée de la métropole, pourvoit à sa propre subsistance.—Armements en course.—Lemême. — Expédition projetée contre l'Ile de France.—Combat de la *Cybèle* et la *Prudente* contre le *Centurion* et le *Diomed*.—Abolition de la traite des noirs.—Surcouf ; il fait la contrebande. Son aventure avec les délégués du comité colonial de la Réunion. Surcouf passe sur l'*Emilie*.—Malartic lui refuse des lettres de marque. Portrait de Surcouf.—L'*Emilie* se rend aux Seychelles.— Les Seychelles sous la Révolution.—Surcouf manque d'être pris ; il fait la course.—Capture du *Pingouin*, du *Russell*, du *Sambolasse*, du *Cartier*, de la *Diane*, du *Triton*.—Retour à l'Ile de France.—Ses prises sont confisquées.—Protestation de Surcouf.—Il se rend en France.—Le Directoire lui donne gain de cause.—Pertes du commerce anglais. (1793-1796.) ... 183

IV. Arrivée du décret du 16 Pluviôse.—Le comité de sûreté publique et l'Assemblée Coloniale s'entendent pour le tenir caché jusqu'à nouvel ordre.—Les agents du Directoire.— Baco, Burnel, Lamare ; leur mission, leur plan.—Leur arrivée à l'Ile de France ; leur débarquement ; leur attitude vis-à-vis de l'assemblée, de la population, du gouverneur.— Revue des troupes ; la conférence ; la foule se soulève. — Embarquement des agents, soulèvement des troupes.—Projets de vengeance, craintes de la colonie. — L'Amiral anglais et l'Assemblée Coloniale. — Les assignats, leur dépréciation.—Suspension de paiements, parère de dépréciation.— Mandats d'impositions.—Bons de dépôt.—Allègement de la situation financière.—Jugements de prises·—Croisière de l'amiral Sercey.—Les envoyés de Tippoo Saëb.—Mésaventures d'un turc à l'Ile de France.—Les inventeurs de projets pour détruire les croisières anglaises.—L'amiral Sercey et l'Assemblée ; dislocation de la division navale.—Deux frégates accompagnent un convoi espagnol.—Secours à envoyer à Batavia.—Révolte des troupes.—Encore une frégate qui rentre en France.—Macé, un espion du Directoire.—Croisière infructueuse de Sercey.—La *Preneuse* et le *Brûle-Gueule* entrent dans la baie de la Rivière Noire pour échapper à la croisière anglaise.—Nouveaux troubles. Déportation des insurgés.—Dissolution de l'Assemblée Coloniale.—Son renouvellement.—Encore une révolte.—Naufrage de 55 déportés. (1795-1799.) 195

V. Croisière de la *Preneuse*.—Combat de la Baie Delagoa.— Le *Jupiter*.—Retour à l'Ile de France.—Le *Tremendous* et l'*Adamant*.—Perte de la *Preneuse* dans la Baie du Tombeau.—L'Hermite et l'amiral Pelew.—Un vainqueur généreux.—L'Hermite est remis en liberté.—Il échappe à une tentative d'empoisonnement.—Quelques mots sur l'espionnage.—Les corsaires.—Hodoul ; Dutertre, son antipathie pour Surcouf, leurs disputes continuelles.—Le *Malartic*.—Surcouf et la *Clarisse*.—Son stratagème pour échapper à la *Sybille*.—La *Louisa* et le *Mercury*.—La *Confiance*.—Le salut aux trois couleurs.—Esprit d'à-propos de Surcouf.—Prise du *Kent*.—Malroux.—L'*Amphitrite*.—Capture de la *Perle*.— Le *Trincomalee* ; il saute ; l'*Amphitrite* sombre.—Mort de Malroux.—La *Perle* arrive à l'Ile de France.—Pinaud et le *Prince*.—Autres corsaires.—Cousinerie et le *Tigre du Bengale*.—Une ruse digne de Surcouf. (1797-1801.) 216

VI. Troubles à la Réunion ; projets d'indépendance.— Les *ultra-royalistes*.—Envoi de deux commissaires.—Nouveaux

Page.

troubles.—Malartic se rend à la Réunion sur la *Sophie.*—Convocation d'une séance publique de l'assemblée à Saint Denis.—L'ordre est rétabli.—Malartic fait une tournée dans les quartiers ; il s'embarque à Sainte Rose.—Retour à l'Ile de France ; ouragan.—Mort de Malartic, deuil public, ses funérailles.—Translation de ses cendres au Champ-de-Mars.—Hommage rendu par la croisière anglaise.— Le *Tombeau Malartic.*—Le général Magallon de la Morlière prend les rênes du gouvernement.—Ses inquiétudes au sujet de la défense de la colonie.—Un navire enlevé au mouillage.—Projet d'invasion des Anglais.—Arrivée de M. de Cossigny. —Ses instructions.—Le pécule des esclaves ; protestation de la colonie.—Envoi d'un délégué au Premier Consul ; rapport de M. Blanzy.—L'Assemblée Coloniale et le général Magallon. —Les déportés de l'an 9 aux Seychelles.—L'assemblée leur interdit l'entrée de la colonie sous peine de mort.—Leur odyssée.—La paix d'Amiens.—L'expédition du *Géographe.*—Bory Saint Vincent.—La vaccine.—Décret du 30 Floréal an 10.—La constitution suspendue.—L'escadre de Linois et le général Decaen.—Mésaventures à Pondichéry.—Déloyauté des Anglais. — Arrivée de l'escadre à l'Ile de France.—Débarquement du général Decaen ; fâcheuse impression.—Arrivée du *Berceau.*—Decaen entre en fonctions. (1799-1803.) 237

QUATRIÈME PARTIE.—*Administration du général Decaen.* (1803-1810.)

I. Réorganisation de l'administration.—Le général Decaen et la population.—Ses préventions. Il revient à des sentiments plus équitables.—MM. Léger et Crespin.—Attributions du Capitaine-général, du Préfet et du Commissaire de Justice.—Un Préfet atrabilaire, un Commissaire de Justice trop content de lui-même. — Les tribunaux. — Réorganisation militaire ; Gardes nationales, Chasseurs de Bourbon, le Bataillon Africain.—Changement du code de signaux, ses conséquences.—Matthew Flinders à l'Ile de France ; ses tribulations ; la vérité sur ce voyageur.—Ses différends avec le Capitaine-général ; susceptibilité et parti-pris, arrogance et entêtement. — Etait-ce un espion ? Responsabilité de Decaen à ce sujet.—Linois et le convoi de Chine ; ses croisières ; ses dissentiments avec Decaen ; rivalité fâcheuse. —Retour de Linois ; il se fait prendre par les Anglais.—La marine de la colonie réduite à une seule frégate.—Decaen charge son frère d'une mission pour l'Empereur.—Aventures de René Decaen à Austerlitz. Il retourne à l'Ile de France sur la *Canonnière.* Il débarque au Vieux Grand Port.—*Copenhague* ; un original comme on en voit peu.—Grand enthousiasme dans la colonie.—Croisière de la *Canonnière* ; elle échappe aux Anglais.—La *Piémontaise.* (1803-1806.)... 257

II. Le premier Janvier chez la population esclave.—La société coloniale dans les campagnes ; l'hospitalité.—La vie au Port Louis, le luxe, origine de cet état de choses.—Madame Decaen, ses réceptions, son affabilité.—Baptême d'Isle de France

Page.

Decaen.—Réception des dignitaires de la Légion d'honneur.—Le général Decaen s'amende.—*La Table Ovale.*—Mahébourg. Embellissements du Port Nord-ouest.—Le port.—Endiguement des ruisseaux, projets de Decaen sur le Jardin de la Compagnie.—La nouvelle Poudrière ; le Lycée colonial.—Le percement du Pouce ; le pont de la Grande Rivière ; le Réduit.—Vues du général Decaen sur Madagascar.—Flatterie adressée à l'Empereur.—Le Port Napoléon, le Port Impérial et l'Ile Bonaparte.—Une comédie qui aboutit à quelque chose. (1804-1806.) 281

III. Corsaires et marins.—Lemême ; croisières de la *Fortune* ; la *Fortune* est capturée par la *Concorde* ; Lemême est fait prisonnier ; sa mort.—Nicolas Surcouf.— Jean Dutertre, Courson, Quenet, Crevelt, Tréhouard ; la *Psyché* est achetée par l'Etat ; Decaen en donne le commandement à Bergeret.—Henri, Le Nouvel ; le *Napoléon* ; Desjean Hilaire, Perrond, la *Bellone*, Bazin, Moulin, Robert Surcouf, le *Revenant.*—Embargo sur les bâtiments anglais ; la capture de Surcouf mise à prix.—Nouveaux succès de ce corsaire, il cède le commandement du *Revenant* à Potier. - La *Conceção de Santo Antonio.*—Le *Revenant* est réquisitionné par Decaen, il est joint à l'escadre coloniale sous le nom de l'*Iéna.*—Surcouf rentre en France sur la *Sémillante* devenue le *Charles.*—Ses démêlés avec le capitaine-général ; il lui joue un bon tour, fureur de Decaen.—Pierre Bouvet, l'*Entreprenant.*— Bourayne.—Combat de la *Canonnière* et du *Laurel.*—Les exploits d'Epron et de la *Piémontaise.*—Billard, la *Caroline.*—Dornal de Guy, la *Manche.*—Hamelin, la *Vénus.*—Les projets des Anglais prennent corps.— Ils s'établissent à Rodrigue.—Armements.—Descentes à Sainte Rose et à Saint Pierre.—Coup de main sur Saint Paul. (1803-1809.) 293

IV. Croisière de la *Vénus*, la *Manche* et la *Créole.*—Duperré et la *Bellone* ; prise du *Victor* et de la *Minerve.*—Bouvet et l'*Entreprenant* à Manille ; prise de l'*Ovidor.*— La piastre Decaen.—Départ de la division Duperré.—L'*Astrée.*—Tentative des Anglais sur Jacotet.—Un commandant de quartier fait prisonnier.—En désespoir de cause les Anglais l'échangent contre des cochons, des cabris et des volailles.—Descente au Mapou.—Affaires de la Baie du Cap et du Bras de mer Saint Martin.—Nouveaux projets des Anglais sur l'Ile Bonaparte.—Débarquement à Sainte Marie et à la Grande Chaloupe ; attaque de Saint Denis ; le combat de la Redoute.—Capitulation de l'île.—Inquiétude provoquée à l'Ile de France par cet évènement.—La colonie se sent perdue.—Formation d'une compagnie de marins.—Les prisonniers irlandais et indiens consentent à s'engager.—Panique chez les propriétaires de troupeaux. (1808-1809.) 319

V. Conséquences de la prise de l'Ile Bonaparte par les Anglais.—Ils s'emparent de l'Ile de la Passe.—Croisière de la division Duperré sur la côte d'Afrique ; le *Wyndham*, le *Ceylon* et l'*Astell.*—Retour à l'Ile de France.—L'escadre force l'entrée du Port Impérial.—Le *Wyndham* se réfugie à la

Rivière Noire ; il est repris par l'ennemi.—Le *Sirius*, puis l'*Iphigénie* et la *Magicienne* se joignent à la *Néréide*.—Combat du Grand Port ; Duperré blessé est remplacé par Bouvet.— Prise de la *Néréide*.—Les Anglais font sauter la *Magicienne* et le *Sirius*.—Arrivée de la division Hamelin.—L'*Iphigénie* et le fort de l'Ile de la Passe se rendent aux Français.— Pertes des combattants.—Les forces anglaises sont à peu près anéanties.—Rowley arrive trop tard au secours de l'*Iphigénie* ; la *Boadicea* est poursuivie par la *Vénus* et la *Manche*.—Capture du *Bombay Merchant*.—Promotions.—Retour de Decaen au Port Napoléon.—Réjouissances.—Service funèbre à Mahébourg.—Les prisonniers ; la population leur fait accueil.—M. Farquhar refuse de les recevoir à Bourbon.— Duperré quitte le Grand Port avec sa division.—Le sabre du commodore Pym.—La *Bellone* manque de canonner l'*Astrée*.— Leçon donnée par Duperré à Lemarant.—Réception de Duperré au Port Napoléon. (Août—Octobre 1810.) ... 332

VI. Considérations sur la victoire du Grand Port ; pourquoi n'en retira-t-on aucun fruit.—Faibles ressources de la colonie ; conséquences de la blessure de Duperré.—Les forces navales partagées en deux divisions.—Rivalité des commandants ; mécontentement et jalousie.—Fatal entêtement du capitaine-général ; il refuse d'admettre que les Anglais puissent se concentrer à Rodrigue.—Renseignements fournis par l'enseigne Gauthier.—Fatalité.—Projet de blocus de l'Ile Bourbon.—Combat de l'*Iphigénie*, l'*Astrée* et l'*Africaine* ; une victoire inutile.—La *Vénus* et le *Ceylon* ; victoire suivie d'une défaite.—La *Vénus* est prise par la *Boadicea* ; Hamelin est prisonnier.—Le Conseil colonial ; but de cette institution.—Découragement du général Decaen et de la population.—Les Anglais se rassemblent à Rodrigue, départ de l'expédition.—Préparatifs de défense.—Encore la nauscopie ; M. Feillafé annonce l'arrivée des Anglais.—Ses tribulations, son emprisonnement.—Envoi d'un aviso à Rodrigue, toujours trop tard !—La flotte anglaise paraît, elle mouille au Mapou.—Débarquement.—Escarmouche du Bois Rouge.— Les Anglais s'arrêtent au Moulin à Poudre.—Prise des batteries du Tombeau et de la Baie aux Tortues.— Les Français se portent en avant.—Reconnaissance faite par Decaen.—Passage de la Rivière du Tombeau.— Combat de la Montagne Longue.—Retraite des Français ; les Anglais sont arrêtés par la batterie Dumas.—Concentration des forces anglaises ; arrivée de la division du Cap.- Projet de sortie du général Decaen.—Une fausse alerte.— Débarquement des troupes à la Petite Rivière.—Offre de capitulation ; suspension des hostilités.—Vandermaësen et Duperré sont chargés de négocier avec le Major-général Warde et le Commodore Rowley.—Capitulation honorable. —Clauses de cette capitulation.—Les prisonniers de guerre anglais.— Les engagés irlandais. (Septembre—Décembre 1810) 353

PIÈCES JUSTIFICATIVES.

                                                                                                     Page.

1. Acte de prise de possession de l'Ile de France, du 20 Septembre 1715 ... 373
2. Prise de possession de l'Ile de France par Jean Baptiste Garnier du Fougeray. (23 Septembre 1721.) ... 374
3. Délibération du Conseil provincial de l'Ile Bourbon, du 10 Octobre 1721 ... 376
4. Brevet du Sieur Durongouët le Toullec ... 377
5. Procès-verbal d'installation du Chevalier de Nyon (Janvier 1722) ... 378
6. Procès-verbal de la levée du cadavre de Frère Adam. (9 Juillet 1722.) ... 379
7. Acte de prise de possession des Iles Seychelles, du 1er Novembre 1756 ... 381
8. Liberté de commercer dans l'Inde. (29 Novembre 1770.) ... 382
9. Démission de M. de Conway ... 383
10. MM. Collin et Codère ... 384
11. Les Rues de Port Louis ... 385
12. La Paix d'Amiens. (Lettre de Decrès au général Magallon). 388
13. Démission du général Jacob de Cordemoy ... 389
14. Matthew Flinders ... 390
15. Correspondance échangée entre Decaen et Linois ... 401
16. Document répandu à l'Ile de France par les Anglais après la prise de l'Ile de la Passe, dans le but de corrompre les habitants ... 405
17. Correspondance échangée entre le capitaine-général et le commandant Lambert de l'*Iphigénie* ... 408
18. Capitulation de l'Ile de France (3 Décembre 1810) ... 412
A. Extrait de baptême de Mahé de La Bourdonnais ... 415
B. Machine de La Bourdonnais ... 416
C. M. Bottineau ... 417
D. Croisière de la *Preneuse*.—Rapport du commandant Lhermitte ... 422

TABLE ALPHABÉTIQUE DES NOMS PROPRES CONTENUS DANS CET OUVRAGE.

A

Abel (Guillaume) V. Provençal
Abercrombie (Sir John) 358, 362, 367, 369, 370, 371, 412, 414
Aché (Comte d') 69, 70, 91
Adam (Frère) 18, 379
Adhémar (d') 159
Advisse des Ruisseaux 110
Aiguillon (Duc d') 104
Aken 266, 267
Alexis (Czarévitch) 54
Aly (François, dit Davraincourt) 10, 11
Ambroise (maître) 44
Anglade 154
Annibal (noir) 10, 11
Après de Mannevillette (d') 63
Archambault 79
Arifat (Paul d') 120, 121, 130, 155
Arnoult (Guillaume) 102, 103
Arrighi 288
Auband (Lieutenant d', dit Maldaque) 53, 54, 55
Auband (Madame d') 55, 56
Auber (Jacques) 376
Aublet (Fusée) 66, 68, 93, 94
Auffray 156
Aveline 154, 287, 321
Avice 126
Ayet 110
Aymard (d') 118
Azéma 32

B

Baco de la Chapelle 193, 196, 197, 199, 200, 201, 202, 203, 204, 205, 210, 237
Balu 155
Bancal (le) 175
Barbé-Marbois 149, 154
Barbier 199
Barde (de la) V. Sans Quartier
Baré 154, 385
Barnave 151
Barnett (commodore) 47
Baron 102, 103
Barré 92, 381
Barrois (Capitaine) 308
Barrois (Melle Françoise) 286
Barro Rivière 385
Bartolomeo (Fra) 58
Barry (Colonel G. A.) 356, 357, 407
Baudin 251, 263, 264
Baudot 295
Baudry (Nicolas) 375
Bazin 299
Beaulieu Leloup 213
Beausire 288
Beauvollier, 7, 13
Beauvollier de Courchant (Joseph) 2, 376, 377
Bédel 154
Bellecombe (de) 76, 106
Bellecourt (de) 5
Belleval (de) 32
Belval (Chalan de) 88
Béniowsky (Maurice d'Aladar, Baron de) 86, 104, 105, 106, 107, 108, 122, 123
Bergeret (Jacques) 296, 297, 402
Bernage (de) 39
Bernard 288, 411
Bernardin 214
Bernès 140
Bertie (vice-amiral Albemarle) 355, 361, 362, 412, 414
Bestel 240
Béthuel 342
Bétuel (prêtre) 415
Béty (Princesse Sababady) 60, 61, 62
Bezac 101, 102, 103
Bigot 197
Billard 305
Binot (adjudant) 254
Bissy (de) 368
Blanzy 247, 248
Blin d'Hiliers 368
Boivin 429
Bolger (Etienne) 324, 325
Bompar (de) 113
Bonaparte 238, 246, 248, 258, 295
Bonnefoy 267
Bonsergent 385
Borthon (abbé) 5, 17, 18, 379, 380
Bory Saint Vincent 251, 252

Boscawen (amiral) 57, 58
Bossu (le) 176
Bottineau (Etienne) 118, 119, 363, 417, 418, 419, 421
Boucher 68
Boudot de la Motte 154
Bougainville 68, 92
Bouloc 39
Bourayne (César Joseph) 277, 279, 280, 309, 310
Bourdais 294
Bouvet (Pierre) 183, 299, 307, 308, 309, 313, 320, 321, 323, 337, 341, 342, 343, 345, 346, 349, 354, 355, 356, 357, 358.
Boynes (de) 86, 103
Brady 420
Brissot 159
Brouilly 279
Brousse (Denis) 4, 7, 8, 9, 16
Bruneau 212, 385
Brunet (artilleur) 186
Burnel (Etienne Laurent Pierre) 193, 196, 197, 199, 200, 201, 202, 203, 204, 205, 210, 215, 237
Bussy 108, 117, 118, 119, 121, 130

C

Cadoudal (Georges) 238
Caille (abbé de la) 63
Cailleau 154
Caillou 385
Caillou (Mlle) 43. 45
Calbert (Me.) 53
Campbell (colonel) 327, 328, 368
Canclaux 258
Candos (de) 79
Cardonne 73
Caret (Edme) 44
Carmlington (John) 234
Carnot (Lazare) 246
Carré 385
Carrier 197
Castries (maréchal de) 118, 122, 417, 419
Catherine (Impératrice de Russie) 56
Catogan 169
Catoire 288
Cauche (François) 2
Céré (J. N. de) 92, 111, 112, 115, 116, 121, 154
Céré (Mme de) 14
Chabot 211
Chamarel 360

Chantoisean 326
Chanvallon (de) 239
Chapdelaine (de) 373
Chapotin, 271, 279
Charles VI (Empereur d'Allemagne) 54
Charpentier 294
Chassériau 276
Chaudeuil 114
Chautard (Nicolas Valentin) 53
Chauvet 211, 385
Chazal (de) 79, 82
Chemillé (de) 79
Chermont (de) 133, 137, 149
Chevreau 106, 120, 121
Choiseul (Duc de) 84, 85, 86
Chomel 288
Chrétien 360
Christin 385
Cinq Mars 375
Codère 79, 83, 147, 384
Coëtivi 92, 93
Coëtlogon (Charles de) 414
Colin 288
Collier (Mgr) 33
Collin, 144, 147, 384
Colomès, 385
Colwell (lieut.-colonel), 372
Combault d'Auteuil (Charlotte Elizabeth de), 35
Commerson (Philibert de) 92, 94
Comminge (de) 378
Comte 229
Conflans 69
Conway (Thomas, comte de) 134, 135, 137, 138, 139, 140, 141, 142, 143, 146. 149, 164, 257, 290, 383,
Cook 398
Coote (Sir Eyre) 116
Copenhague 278, 279
Corbett (capitaine) 314, 315 356, 357
Cordé 92, 93
Coriolis (Gabriel de) 137, 139, 140, 141
Cornish, (amiral) 76
Cornwallis (commodore) 160
Cossigny (David Charpentier de) 132, 149, 150, 153, 154, 156, 157, 162, 164
Cossigny (Jean François Charpentier de) 19, 20, 26, 28
Cossigny de Palma (Joseph François Charpentier de) 86. 92, 101, 111, 112, 127, 205, 246, 247
Couacaud, 154, 157
Coudray, 288, 350

Coupet (Mme) 19
Courcy (de) 88, 108
Courson, 235, 295
Cousinerie, 235, 236
Coutance, 235
Couve 385
Créqui (Mme. de) 56
Crespin (Louis René) 257, 260
Crevelt 295
Crillon 69
Cunat (Charles) 299, 372
Curac (aîné) 360
Curtis (capitaine) 340, 341, 348

D

Dagincourt 203
Dalbarade 221, 428, 429
Dalby, 294
Dampierre (le comte) 73
Dance (Nathaniel) 274
Darod 335
Darthé, 140, 144, 149, 155, 179
Daussère 169
Dauvin 175
David (Barthélemy) 49, 56, 58, 61, 62, 64, 94, 101, 108, 111
Dawson (Thomas) 234
Dayot (Thomas) 124, 288
Decaen (Charles Mathieu Isidore) 33, 113, 250, 252, 253, 254, 255, 257, 258, 259, 260, 262, 263, 264, 265, 267, 268, 270, 271, 272, 273, 274, 275, 276, 277, 279, 286, 287, 288, 289, 290, 291, 292, 296, 305, 306, 307, 308, 310, 317, 320, 321, 332, 334, 335, 339, 342, 346, 347, 349, 350, 354, 355, 356, 358, 359, 361, 363, 364, 365, 366, 367, 368, 369, 370, 371, 372, 389, 391, 396, 397, 398, 399, 400, 401, 402, 403, 409, 411, 412, 414
Decaen (Isle de France) 286
Decaen (Mme.) 285, 286
Decaen (René), 277, 278, 279, 310, 343, 349
Decrès 167, 250, 252, 274, 291, 306, 388
Deglos 252
Deguigné (Joseph) 43, 375, 377
Delaleu, 120. 149
Delamarre, 43, 44
Delarue 154, 274
Delhuile 429
Denis 73

Denis de la Coudraye 79
Des Brulys 251, 261, 280, 315, 316
Deschiens 114
Descombes 240
Descroizilles 200
Desforges Boucher 71, 73, 75, 76
Desjardins (Docteur) 311, 312
Desjardins (Guillaume) 132
Desjean Hilaire 298
Desmoulins 385
Desmoulins (Jacques) V. Baron
Desnos 155, 157
Désorchères 169
Despéront (François) V. Sans Quartier
Desribes 79, 81, 83, 84
Desroches (Julien Dudresnay, chevalier) 52, 83, 85, 86, 87, 88, 89, 90, 91, 92, 93, 95, 96, 126
Desvaux 375, 385
Devaux 288
Didier de Saint Amand 300
Dioré 4, 5
Doger Spéville 385
Donjon 109
Dornal de Guy 311, 312
Douaud 385
Drieux 207, 231
Dromat (de Saumur) 45
Drummond 329
Drury 362
Dubayet 258
Dubignon 124
Dubuc 209
Dubuisson 101
Duché 426
Duchemin de Chenneville 116, 117
Ducray (Giblot) 14
Ducrest de Villeneuve 320
Ducros (père) 18
Dufresne (Guillaume) 1, 2, 373, 378
Duguesclin (Bertrand) 187
Duguay Trouin 187
Dumas (Benoît) 4, 7, 8, 9, 37, 55
Dumas (Jean Daniel) 75, 78, 79, 81, 82, 84, 85, 88, 89, 125
Dumorier (Joseph Pierre) 162
Dumouriez 211
Duparc 419
Duperré (Guy Victor) 307, 320, 321, 323, 332, 335, 336, 337, 338, 339, 340, 341, 342, 344, 346, 348, 349, 351, 352, 354, 362, 370, 412, 414
Dupleix 47, 49, 66
Duplessis Vigoureux 168, 169, 237

Du Puy 131, 132, 141, 142, 146, 173, 193
Duquesnain 5, 379, 380
Dureau de Vaulcomte 154
Durocher (abbé) 179
Durongouët le Toullec 3, 376, 377, 378
Dutertre (Jean) 224, 225, 226, 295, 311
Duverger 233, 234
Duvivier 385

E

Egmont (Mme d') 56
Eguille (de l') 70
Elizabeth (Impératrice d'Allemagne) 54
Elliott 356
Entrecasteaux (Chevalier Bruni d') 128, 130, 132, 133, 135, 289
Epinay (Adrien d') 288
Epinay (Prosper d') 288
Epron (Louis Jacques) 280, 295, 301, 311
Ernaut 381
Escussot 333
Esnard 156
Estaing (d') 69
Estoupan de Saint Jean 79, 82
Etcheverry (d') 93
Exmouth (Lord) 219

F

Faduilhe 288
Faillet 379
Farquhar (Robert Townsend) 327, 332, 348, 350, 357, 407
Faure 154
Fayolle 169
Feillafé 363, 364
Ferretier 314
Feydeau (Président) 56
Flacourt (de) 85
Flageolet (abbé) 178
Fleurieu (de) 384
Fleury (cardinal) 22, 33, 34, 37
Fleury (chevalier de) 122, 134
Flinders (Matthew) 259, 262, 263, 264, 265, 266, 267, 268, 269, 270, 271, 272, 273, 287, 390, 391, 392, 393, 394, 395, 396, 399, 400
Floch 7, 8, 9
Fontaine (Jean) 379, 380
Fontaine (père Simon Bruno) 102

Forbes, 315
Forfait 246, 247, 248, 397
Forty (F.) 375
Forval de Grenville 60, 61, 110
Forval (Mme. de) V. Béty.
Foucault, 120
Fougeray (lieutenant) 342, 349, 352
Fougeray (Jean Baptiste Garnier du) 2, 374, 375
Foulstone 328
Fournier 145, 146
Fouroc 304
François (chirurgien) 379, 380
Fraser (colonel) 329, 330
Fresne (de) 122
Fressanges 140, 148
Freycinet (Louis Claude de) 251
Freycinet (Louis Henri de Saulces de) 251
Froussard 294
Fulgueras 320
Fulvy (de) 22

G

Gadebois 176
Gaffinet 429
Gallet 14
Gally 173, 174
Gamand 429
Ganteaume (amiral) 248
Garaud 186, 187
Garneray (Louis) 229, 422
Garnier 373
Gastambide, 244, 245
Gatumeau 68
Gauthier (enseigne) 355, 361
Genève 262
Gennes (de) 51
George III, 227, 236
Géraud 79
Gillet de Laprade 329
Gomm (Lady) 245
Gomm (Sir William) 245
Goos (Pitre) 373
Gosse 61
Gouy (major) 133, 134
Gower (chevalier) 420
Graffin 221
Grangemont (de) 1, 373
Grant (Baron) 12, 31, 43, 56, 57, 59, 60
Grant d'Anelle 60
Grégoire (abbé) 159
Grenier (chevalier) 92

Grenville (Mlle. de) 60
Grissac (de) 153
Guérandel 151
Guérin (abbé) 33
Guët (Isidore) 110
Guimont de la Tour 6
Guingans 17
Guion 179

H

Haché 39
Hamelin 251, 312, 313, 319, 320, 339, 340, 346, 347, 349, 354, 358, 359, 409, 410, 411
Harding 311
Harting 274
Hauterive (d') 141
Hauterive (Gast d') 8, 16, 378, 379, 380
Hauville (de) 378
Hayes (Jacques) 375
Henri 235, 297
Hermans 68, 73, 88
Hesry, 381
Heure (l') 14
Hobbart (Lord) 393
Hoche 258
Hodoul (Jean François) 223
Hoffmann (abbé) 179
Hotham (commodore) 244, 427
Houdetot (Ange d') 142, 144, 149
Hubert de l'Isle 314
Hughes (amiral) 118
Hugon aîné 385
Hugon 297
Hulot 250
Hyder Ali 116, 117, 118, 208

I

Igou (abbé) 17, 19, 32
Imlack (capitaine) 314
Isabelle (négresse) 11

J

Jacob de Cordemoy 237, 240, 261, 389
Jacquelin 288
Jaulery 297
Jean Louis Jean 429
Jersey 278
Jollivet 155
Josse (Docteur) 287, 288
Josset 365
Journel 214
Justamond (de) 376

K

Keating (colonel) 313, 314, 315, 316, 327, 328, 329, 330, 348, 366
Kerbalanec 155, 360
Kerdroniou 428
Kerguélen 92
Kernau 222
Kerneister (de) 381
Kérouan (chevalier de) 102
Kersaint (de) 57
King (gouverneur) 395, 396
Kléber 258
Kœnigsmarck (comtesse de) 54, 56

L

La Barde (de) 138
Labat (père) 39
La Biolière (de) 110
Laboissière (de) 1, 373
La Bourdonnais (Bertrand François Mahé de) 3, 17, 20, 21, 22, 24, 25, 26, 27, 28, 29, 30, 32, 33, 34, 35, 36, 37, 38, 39, 43, 45, 46, 47, 48, 49, 50, 51, 52, 56, 57, 60, 68, 76, 90, 92, 111, 123, 124, 126, 173, 258, 284, 288, 415, 416
La Bourdonnais (Mme de) 32, 33
La Brillane (Chevalier Antoine de Guiran) 33, 107, 108, 112, 114, 115, 417, 419
La Butte (de) 155
Lacourtaudière 360
Lafon 69
Lafayette 139, 159
Lafitte (de) 211
Laglaine 151
L'Air 44
Lally Tollendal (comte de) 69, 70, 71
Lalot 6
Lamalétie 140
Lamare 198, 199, 201
Lambert 340, 347, 348, 408, 409, 410, 411
La Meilleraie (de) 109
La Merville (de) 79
La Mothe Piquet 418
Lapérouse 92, 106, 107, 398
Larcher 123
La République 173, 174
La Roche Saint André (de) 109
Larré 288
Lartigue (de) 92, 426
Latouche Tréville 183

Latour 365
La Tour (de) 168
Laussac (commodore) 164, 422
Lautour 385
Lautrec (commandant) 329, 330
La Val 385
Law 21, 22, 150
Le Bolloche 312
Leborgne (abbé Pierre Léonard) 90
Le Boucher 162, 168
Le Brasseur 121, 131
Lebrun de la Franquerie (Marie Anne Joseph) 22
Léchelle, 140, 154
Leclair (sergent) 330
Leclézio 293
Lécluse 207
Lecomte 73
Lefaure 134
Lefebvre de Béhaine 274
Legendre 197
Legentil 92
Léger 255, 257, 260
Legueux 156
Lehecq (chevalier André) 102, 103
Lehecq (Mme) 102, 103
Le Juge 108
Lemaître 301
Lemarant 349, 351
Lemême (François Thomas) 184, 185, 293, 294, 302
Le Noir 4, 5, 1
Lenouvel (commandant) 279
Le Nouvel (Malo) 298
Lerch 365
Le Roy 173, 174
Lescalier 162, 248
Le Tellier 79
Letourneur 385
Levaillant 189
Léveillé 375
Leyrit (de) 69
Lezongard 126, 133, 155
Lhermitte 197, 209, 213, 216, 217, 218, 219, 220, 221, 222, 223, 422, 423, 428, 429
L'Huillier de Moroland 375
Linneville 288
Linois 183, 253, 254, 255, 259, 261, 273, 274, 275, 276, 279, 296, 351, 401, 404
Litant 373
Litray 175, 177, 179
Locatel (comte de) 133, 134
Locré 399

Loiseau 186
Longchamp de Montendre 43, 45
Louis XIII 108
Louis XIV 2
Louis XV 55, 173, 374, 375, 382
Louis XVI 114, 132, 163, 166, 183
Loustau 360
Louvel Desvaux 301
Lozack (commodore) 422
Lozier Bouvet (de) 62, 63, 64, 66
Luxembourg (Mme. de) 56

M

Mabille (Jacques François) 63
Macartney (Lord) 420
Macé 212
Machault (de) 55
Mackintosh 113
Macleod (Lieut.-colonel) 327, 328, 366
Macnémara (général comte de) 144, 146, 147, 155, 156, 157
Magallon de la Morlière (général) 196, 197, 198, 199, 201, 202, 203, 227, 244, 245, 246, 247, 248, 251, 255, 261, 273, 313, 388, 389, 428
Magon 288, 385
Magon (René) 62, 67, 68, 69, 71, 112, 114, 381
Magon de la Villebague 155
Magon de Médine 199
Mahé (Bertrand) 415
Mahé (Jacques) 21, 415
Mahé de la Villebague 24
Maillard Dumesle (Jacques) 95, 96, 104, 105, 111
Maingard (capitaine Joseph) 202, 203, 246, 288, 368
Maissin fils 148
Maissin père 140, 154
Malartic (Anne Joseph Hippolyte Maurès, comte de) 131, 162, 163, 164, 166, 168, 176, 186, 187, 189, 201, 203, 209, 210, 211, 214, 225, 226, 227, 239, 240, 241, 242, 244, 257, 264, 286, 326, 422
Maldaque (Guillaume) 53
Maldaque (Urbain) V. d'Auband.
Malès (de) 44
Mallac (Jacques) 288
Mallet (Mme. de) 45.
Mallet (Mlle. de) 43, 45
Mallet (M. de) 45
Malroux 189, 232, 233, 234
Mancel, 288

Marat, 171
Marceau 258
Marcenay (de) 169
Marchand 261
Maret 360
Marie Thérèse (Impératrice) 54, 55
Marion 92
Marteau (François, dit Dragon) 19
Martin (Hubert) 366
Mascarenhas (Pedro de) 110
Mascle 16, 19
Maudave (chevalier de) 88
Maudave (Laurent de Féderbe, comte de) 73, 84, 85, 86, 87, 103
Mauléon (de) 102
Maupin (de) 9, 19, 20, 339
Maurepas (de) 22, 33, 35
Meadows (général) 185
Mégnard 426
Meriton (commodore) 335, 337
Merven 426
Merville aîné 154
Milbert (J.) 251
Minto (Lord) 313, 327
Mirabeau 151
Misset (Cristian) 379
Missy (de) 147, 159, 384
Mitchell (commodore) 420
Moira (Lord) 33
Moldack (Mme de) 56
Monistrol 266, 268, 270
Monneron (Ange) 131
Monneron (Janvier) 90, 126, 133
Monneron (Jérôme) 155
Monneron (Pierre) 147, 159, 384
Monsy (Simon de) 378
Montalent 222
Montave 323
Montbrun (Mlle de) 102
Montchoisy (général) 252
Montlezun Pardiac (Mme de) 22, 51
Montmorency 69
Montvert (major) 83, 135
Moreau (Charles) 311
Moreau (général) 258
Morice 323, 335, 337, 356, 359
Morin 426
Mornington (Lord) 246
Moroland (de) V. L'Huillier
Morphy (Corneille Nicolas de) 69, 381
Motais de Narbonne 121, 130, 131
Moulac (Vincent) 303, 335, 342, 348, 349
Moulin 299

Mourgues 343
Mouton (père) 102
Muguet de Limas 84

N

Nadaud 429
Napoléon Ier 167, 250, 274, 275, 277, 291, 292, 306, 370, 399
Nativel (François) 379
Newcombe (commodore) 185, 190
Nielly 183
Nyon (chevalier de) 2, 3, 4, 9, 18, 26, 29, 109, 339, 378, 379, 380

O

O'Keefe 368
Olivier 296
Ollier Grandpré 161
Orry 20, 22, 33, 35, 38
Orves (d') 116, 117, 118
Osborne (commodore) 422, 427
Ourtak 155
Oury 121, 154
Ozoux 204

P

Paignan de Gargas (Guillaume Gilbert) 55
Pattu de Rosemond 329
Paulin de Saint Barthélemy (père) V. Fra Bartolomeo
Pelew (Sir Edward) 219, 307, 422
Péron 235, 251
Perrond 298, 299
Perrot 385
Petit 192
Petit Bien 129, 130
Peynier (chevalier de) 119, 418
Peyramon (de) 43, 45
Peyton (capitaine) 47, 48
Philibert 154
Picault (Lazare) 39, 40
Pichegru 258
Pierre le Grand (czar) 54, 56
Pieter Both d'Amersfoort 46
Pigeot de Saint Valéry 202
Pinaud 235
Pinet 375
Pitot (Charles) 360
Pitot (Edouard) 288
Pitot (Charles Thomi) 273, 288
Planeau 249
Pococke (amiral) 70
Poilvert 203

— 446 —

Poivre (Pierre) 64, 65, 66, 67, 75, 78, 79, 80, 81, 82, 84, 86, 87, 88, 91, 92, 93, 94, 95, 96, 111, 121, 125
Poivre (Mme) 88
Pombodin (colonel) 279
Ponsy (de) 39
Pontchartrain (comte de) 1, 2, 373
Popham (amiral) 378
Porrée 375
Potier (Joseph) 301, 303, 304
Prades 303, 304
Prarrosily 375
Praslin (duc de) 382
Prégent 8
Préjan 69, 381
Prévost 360
Prévost (abbé) 16
Prévost de Langeron 154
Provençal 102, 103
Provost 92, 93
Pym (commodore) 340, 348, 351
Pytois 73, 85

Q

Quéau de Quincy (Jean Baptiste) 249
Quelleven 154
Quenet 296
Querel 385
Quieterie 385

R

Ramini Lazim 105, 106
Ravel (de) 272
Ravenel (de) 147, 213
Raymond (lieutenant) 429
Raynal (abbé) 73
Raynaud 32
Raynier (amiral) 254, 275
Reine (de) 39
Renaud (Jean Marie) 185, 186, 187
Renault 263
Renou 376
Ribertière (Guyonne) 415
Ricard de Bignicourt 140, 148, 154, 385
Richard 288
Richelieu (duc de) 56
Richemont (de) 261
Ripaud de Montaudevert 208, 209, 210, 312, 319, 333
Rivalz 164
Rivalz de Saint Antoine 81, 82, 83, 84, 88

Rivaud 252
Rivière 175
Rivière (Victor) 429
Rivington 230, 231
Robespierre 159, 171
Robillard (de) 346
Robin (lieutenant) 315
Rochegoutte (de) 108
Rochon (abbé) 92, 95
Roger (Joseph) 429
Rontaunay 202
Rosily Mesros 162
Rostaing (comte de) 57, 68
Roubaud 237
Rouillard 360
Rouillaud père (J.) 375
Roussin 344, 349, 351
Rowley (commodore Josias) 314, 315, 348, 349, 356, 357, 359, 363, 370, 412, 414
Rudelle 178, 288

S

Saint Félix (contre amiral de) 110, 160, 167, 168, 169, 170, 171, 182, 185, 248, 250, 423.
Saint Martin (Didier de) 5, 7, 8, 9, 16, 17, 32, 33, 49, 50, 378
Saint Mihiel 120, 315, 316, 385
Saint Pierre (Bernardin de) 12, 45, 86, 87
Saint Pierre (M. de) 14
Saint Pierre (Mme. de) 14
Sainte Croix 204
Sainte Suzanne 317, 329, 330
Sance 342
Sanglier 140
Sans Quartier 102, 103
Saulnier aîné 360
Savournin (de) 108
Saxe (maréchal de) 54, 55, 56
Scipion (nègre) 222
Scohy (lieutenant) 311
Ségur (comte Maxime de) 418, 419
Sercey (contre amiral de) 191, 199, 207, 208, 210, 212, 213, 214, 216, 220, 422, 426, 428
Simon 156
Slater (Docteur, Evêque de Ruspa) 33
Smith (colonel) 366
Soleille 316, 329
Sonnerat 92
Sornin 109

Souillac (vicomte François de) 62, 110, 115, 116, 117, 118, 120, 121, 123, 124, 125, 126, 128, 130, 151, 284, 289, 419
Soupire (chevalier de) 69.
Steinauer (de) 83
Suffren (Bailli de) 108, 116, 117, 118, 119, 120, 129, 130, 208, 311, 418
Surcouf (Charles Joseph Ange, sire de Boisgris) 187
Surcouf (Nicolas) 229, 235, 295
Surcouf (Robert) 187, 188, 189, 190, 191, 192, 193, 194, 207, 208, 223, 224, 225, 226, 227, 228, 229, 230, 231, 232, 235, 295, 299, 300, 301, 302, 303, 304, 305, 306, 307, 320

T

Tabois Dubois 229
Tabuteau 423
Talamas 209, 210
Tamsimalo 60, 61, 62
Telfair (Docteur Charles) 327
Tenaud 288
Ternay (Charles Louis d'Arzac de) 95, 96, 104, 105, 107, 112, 113, 132
Tessan 169
Thébaud 79
Thorenne 196
Tippoo Saëb 129, 160, 208, 209, 210, 212
Tirol (Marc Antoine Pierre) 162, 169
Tomkinson 349
Toutain (femme) 17
Tranchant (Servanne Lidevine) 21, 415
Tréhouart (P. J.) 186, 187, 296
Treilhard 183
Trémigon (de) 93
Tromelin (de) 26, 91, 123, 288
Trouillier 429
Truchot (Rose Julienne) 187
Truguet 196
Truméreux (Mme) 171, 172
Tunbridge (amiral) 309

U

Unienville (Baron d') 239, 240, 241, 252, 391

V

Vallier (César) 380
Valory (Marquis de) 102
Vancouver 398
Vandermaësen (général) 255, 261, 279, 334, 339, 346, 365, 367, 368, 370, 412, 414
Vantzloeben 325
Vergennes (de) 122, 123
Verron 92
Vigoureux 24
Vigoureux (lieutenant) 352
Villard 154
Villaret Joyeuse (amiral) 183, 252
Villaret Joyeuse (capitaine) 193
Villarmois (de) 43
Villèle (Joseph de) 169, 241
Villiers (de) 61
Vincent 288
Virieux (Jean Marie) 278
Virieux (Mme) 278
Vrignoux 427

W

Walzee (lieutenant) 427
Warbeck (Mme de) 54, 56
Warde (major général) 365, 370, 412, 414
Warren (Sir John Borlasse) 276
Weatherhall 335
Wellesley (Arthur) 246, 275
Wellesley (marquis de) 275, 313
Wellington (duc de) 246, 313
Willaumez 197
Willoughby (capitaine) 308, 309, 323, 324, 325, 327, 328, 333, 339, 341, 344, 346, 348, 361
Wolf (M. et Mlle) 54
Wolfenbüttel (Princesse Charlotte Christine de Brunswick) 53, 54, 55
Woolcombe 310

Yvon 149, 155

ERRATA.

	Au lieu de :	Lisez :
Page 21—ligne 15—	Ludivine Trenchant de Prébois	Servanne Lidevine Tranchant
,, 43— ,, 33—	Guinée	Deguigné
,, 45— ,, 3—	Dromart	Dromat
,, 69— ,, 8—	Murphy	Morphy
,, 80— ,, 5—	grands ligues	grandes lignes
,, 83— ,, 28—	fort affaire...	forte affaire
,, 92— ;, 25—	ont	a
,, 119— ,, 5—	Amiral Reynier ...	Chevalier de Peynier
,, 166— ,, 24—	prenait	prenaient
,, 203— ,, 43—	général Dagincourt ...	capitaine Dagincourt
,, 336— ,, 34—	de couleur et nuance...	de couleur et de nuance

www.ingramcontent.com/pod-product-compliance
Lightning Source LLC
Chambersburg PA
CBHW071623230426
43669CB00012B/2050